Handbuch des finanzgerichtlichen Verfahrens

Vorläufiger Rechtsschutz – Klageerhebung – Prozess – Revision – Kosten

Begründet von
Dr. Otto M. Sauer
Honorarprofessor an der Universität Bayreuth
Vizepräsident des Finanzgerichts Nürnberg i. R.

Fortgeführt von
Hansjürgen Schwarz
Präsident des Finanzgerichts des Saarlandes

unter Mitarbeit von
Dr. Axel Schmidt-Liebig
Vizepräsident des Finanzgerichts des Saarlandes

und
Dr. Peter Bilsdorfer
Richter am Finanzgericht des Saarlandes

6., neu bearbeitete Auflage

ERICH SCHMIDT VERLAG

Bibliografische Information der Deutschen Bibliothek
Die Deutsche Bibliothek verzeichnet diese Publikation
in der Deutschen Nationalbibliografie; detaillierte bibliografische Daten
sind im Internet über dnb.ddb.de abrufbar.

Weitere Informationen zu diesem Titel finden Sie im Internet unter
ESV.info/3 503 09316 8

1. Auflage 1980
2. Auflage 1990
3. Auflage 1994
4. Auflage 1997
5. Auflage 2001
6. Auflage 2006

Die 1.–5. Auflage erschienen unter dem Titel „Wie führe ich einen Finanzgerichtsprozess?"

ISBN-13: 978 3503 09316 8
ISBN-10: 3 503 09316 8

Alle Rechte vorbehalten
© Erich Schmidt Verlag GmbH & Co., Berlin 2006
www.ESV.info

Dieses Papier erfüllt die Frankfurter Forderungen
der Deutschen Bibliothek und der Gesellschaft für das Buch
bezüglich der Alterungsbeständigkeit und entspricht sowohl den
strengen Bestimmungen der US Norm Ansi/Niso Z 39.48-1992
als auch der ISO Norm 9706.

Gesetzt aus der 9/11 Punkt Stempel Garamond.

Satz: multitext, Berlin
Druck und Buchbindung: Hubert & Co., Göttingen

Vorwort

Im Jahre 2004 sind rund 73.000 neue Verfahren bei den Finanzgerichten erfasst worden. Etwa 80.000 Verfahren sind derzeit dort noch anhängig. Die enorme Bedeutung des Rechtsschutzes in Steuersachen, die sich in diesen Zahlen nur unvollständig widerspiegelt, hat mehrere Ursachen:

Das Steuerrecht ist seit jeher ein Massenfallrecht, das die Finanzverwaltung zwingt, Jahr für Jahr Millionen von Bescheiden zu erlassen. Verfahrensschnelligkeit hat nicht unbedingt Verfahrensrichtigkeit zur Folge. Zudem steht seit jeher die Anwendung des Steuerrechts auf unsicheren Füßen, weil sich der Gesetzgeber schon immer eher den kurzlebigen tagespolitischen Erfordernissen verpflichtet gefühlt hat als langfristigen steuersystematischen Konzepten. Überdies haben die anhängigen Verfahren – vor allem beim Bundesfinanzhof – Mustercharakter für eine Vielzahl gleich gelagerter Fälle, die entweder noch nicht zu Bescheiden geführt haben oder die bei den Einspruchsstellen der Finanzbehörden zum Ruhen gebracht worden sind.

Die Kenntnis des finanzgerichtlichen Verfahrensrechts steht im krassen Gegensatz zu seiner hohen praktischen Bedeutung. Dies ist für den Steuerbürger, der seine Sache vor dem Finanzgericht ohne Hinzuziehung eines sachverständigen Vertreters verfechten kann, noch verständlich. Überraschend ist dagegen, dass auch bei den Angehörigen der beratenden Berufe in großer Zahl kaum vertiefte Kenntnisse dieser Materie anzutreffen sind. Die vorwiegend im Bereich der anderen Gerichtsbarkeiten agierenden Rechtsanwälte treten mangels ausreichender Kenntnisse des Steuerrechts nur selten als Prozessvertreter vor dem Finanzgericht auf. Für die steuerberatenden Berufe ist die Prozessvertretung nur ein lästiger Anhang zur sonstigen Betreuung ihrer Mandanten; sie bemühen sich im steuerlichen Dauerschuldverhältnis (zu Recht) eher um eine Verständigung mit dem Finanzamt und beschreiten nur als „ultima ratio" den Klageweg. Auch die Finanzbehörden wissen in aller Regel, dass ein schlechter Kompromiss häufig besser ist als ein mühsam erkämpfter Prozessgewinn.

Für sie alle – den Steuerpflichtigen, seine Prozessvertreter oder die zuständigen Finanzbeamten – soll dieses Buch ein zuverlässiger Begleiter und Ratgeber sein, wenn eine Meinungsverschiedenheit dennoch vor dem Finanzgericht ausgetragen werden muss. Das Buch zeigt auf, wie man sich in den einzelnen Verfahrenssituationen optimal verhält, damit der Klageerfolg jedenfalls nicht an einem Verfahrensfehler scheitert. Es hilft mit vielen Musterbeispielen etwa bei der Klageschrift, dem Sachantrag, den Anträgen auf Prozesskostenhilfe oder auf Aussetzung der Vollziehung, bei der Revision oder der Beschwerde. Zahlreiche „Verfahrensfallen" werden kenntlich gemacht und dadurch entschärft.

Noch ein Wort zu den Erfolgsaussichten eines Steuerprozesses: Vor Kurzem geisterte eine auf die „Untersuchung" eines Frankfurter Wirtschaftsprofessors gestützte Meldung durch die Presse, wonach der Steuerbürger nur in rund drei Prozent aller Verfahren vor den Finanzgerichten Erfolg habe. Um es kurz zu machen: Diese Behauptung ist schlichtweg falsch. Nachweislich richtig ist, dass mehr als ein Drittel der Klagen vor den Finanzgerichten zu einem Erfolg oder Teilerfolg für den Steuerzahler führt.

Unmittelbarer Anlass zur sechsten Auflage dieses Buches war das Inkrafttreten diverser Änderungsregelungen. Erwähnt sei hier in erster Linie das Gesetz zur Modernisierung des Kostenrechts (Kostenrechtsmodernisierungsgesetz vom 5. 5. 2004, BGBl I 2004, 718). Durch dieses Gesetz wurden u. a. das Gerichtskostengesetz (GKG) und das Zeugen- und Sachverständigen-Entschädigungsgesetz (ZSEG) geändert sowie die Bundesrechtsanwaltsgebührenordnung (BRAGO) durch das RVG (Rechtsanwaltsvergütungsgesetz) ersetzt. Genannt seien aber auch das Erste Gesetz zur Modernisierung der Justiz (vom 24. 8. 2004, BGBl I 2004, 2198) und das Gesetz über die Rechtsbehelfe bei Verletzung des Anspruchs auf rechtliches Gehör (Anhörungsrügengesetz, vom 9. 12. 2004, BGBl I 2004, 3220). Zudem war der fortschreitenden Rechtsprechung durch die Auswertung und Einarbeitung zahlloser neuerer Entscheidungen Rechnung zu tragen.

Nützliche Informationen zu den Aufgaben und der Organisation eines Finanzgerichts finden sich im Internet z. B. unter der Adresse „www.fgds.saarland.de". Dort wird auch jeweils die aktuelle Rechtsprechung des Gerichts eingestellt.

Saarbrücken, im Herbst 2005   Die Verfasser

Inhaltsverzeichnis

	Seite
Vorwort	5
Abkürzungsverzeichnis	13

A. Rechtsweg und Zuständigkeit 17
   1. Überblick 17
   2. Finanzrechtsweg 18
      a) Öffentlich-rechtliche Streitigkeiten 19
      b) Abgabenangelegenheiten 19
      c) Berufsrechtliche Streitigkeiten 27
      d) Zugewiesene Streitigkeiten 27
   3. Zuständigkeit der Finanzgerichte 28
      a) Sachliche Zuständigkeit 28
      b) Funktionelle Zuständigkeit 28
      c) Örtliche Zuständigkeit 30
   4. Kompetenz- und Zuständigkeitskonflikte 31

B. Verfahrensgrundsätze 35
   1. Prozessführung mit oder ohne Bevollmächtigten 35
      a) Bestellung eines Bevollmächtigten durch den Beteiligten 35
      b) Gerichtliche Anordnung zur Bestellung eines Bevollmächtigten 39
      c) Vertretungszwang vor dem BFH 40
   2. Amts-Ermittlungspflicht 41
      a) Ermittlungspflicht des Gerichts 41
      b) Verfahrensherrschaft des Gerichts 43
      c) Mitwirkungspflicht der Beteiligten 50
   3. Beweislast (Feststellungslast) 52
   4. Rechtliches Gehör 55
   5. Richterausschluss und -ablehnung 66
      a) Richterausschluss 66
      b) Richterablehnung 67

C. Klagearten 71
   1. Anfechtungsklage (§ 40 Abs. 1 FGO) 71
   2. Verpflichtungsklage (§ 40 Abs. 1 FGO) 75
   3. (Allgemeine) Leistungsklage 77
   4. Feststellungsklage (§ 41 Abs. 1 FGO) 78
   5. Fortsetzungsfeststellungsklage (§ 100 Abs. 1 Satz 4 FGO) 82

Inhaltsverzeichnis

	Seite
D. Allgemeine Zulässigkeitsvoraussetzungen	85
1. Prozessfähigkeit	85
2. Klagebefugnis	88
a) Natürliche und juristische Personen	88
b) Personenzusammenschlüsse	88
c) Klagebefugnis Dritter	92
d) Leitlinien für den Praktiker	93
3. Rechtsschutzbedürfnis	97
a) Geltendmachung	97
b) Rechtsverletzung	98
c) Rechtsverletzung in der eigenen Person	101
4. Verfahrensrechtliche Klagebegrenzung	103
5. Einspruchsverfahren	104
a) Allgemeine Grundlagen	104
b) Untätigkeitsklage	106
c) Sprungklage	111
E. Klageerhebung	113
1. Wille zur Klageerhebung	113
2. Schriftlichkeit der Klageerhebung	114
a) Schriftstück	114
b) Unterschrift	114
3. Klageerhebung bei Gericht	115
4. Klageeinreichung bei der Finanzbehörde	116
5. „Muss-Inhalt" der Klageschrift	117
a) Überblick	117
b) Bezeichnung des Klägers	118
c) Bezeichnung des Beklagten	119
d) Bezeichnung des Gegenstands des Klagebegehrens	120
e) Bezeichnung des Verwaltungsakts und der Einspruchsentscheidung	124
6. „Soll-Inhalt" der Klageschrift	125
a) Überblick	125
b) Bestimmter Antrag	126
c) Tatsachen und Beweismittel	130
d) Vorlage des Verwaltungsaktes und der Einspruchsentscheidung	133
7. Muster zur Klageschrift	134
8. Klageanträge bei Anfechtungsklagen gegen einen Steuer-, Leistungs- oder Duldungsbescheid	139
a) Aufhebung	139
b) Änderung	141

Inhaltsverzeichnis

	Seite
9. Klageanträge bei Anfechtungsklagen gegen Feststellungsbescheide	147
a) Aufhebung	149
b) Änderung	150
10. Klageanträge bei isolierter Anfechtung der Einspruchsentscheidung	153
11. Klageanträge bei Verpflichtungsklagen	153
12. Klageanträge bei (allgemeinen) Leistungsklagen	157
13. Klageanträge bei Feststellungsklagen	158
14. Klageanträge bei Fortsetzungsfeststellungsklagen	158
15. Klageantrag bei zweifelhafter Zulässigkeit	159
16. Antrag auf Gewährung von Prozesskostenhilfe (PKH)	159
a) Voraussetzungen	161
b) Anspruchsberechtigte	165
c) Folgen der Bewilligung	165
d) Verfahren	167

F. Fristen und Fristüberschreitung ... 169

1. Ausschlussfrist bei Anfechtungsklage ... 170
2. Ausschlussfrist bei Verpflichtungsklage ... 172
3. Fristen bei der Sprungklage ... 172
4. Fristen bei der Untätigkeitsklage ... 173
5. Richterliche Frist zur Vollmachtsvorlage ... 173
6. Richterliche Frist zur Klageergänzung ... 175
7. Richterliche Frist zur Angabe der Tatsachen ... 176
8. Fristen im vorbereitenden Verfahren ... 177
9. Fristen bei Wiedereinsetzung in den vorigen Stand ... 177
10. Ladungsfrist zur mündlichen Verhandlung ... 178
11. Frist für den Antrag auf mündliche Verhandlung nach Gerichtsbescheid ... 178
12. Frist bei Antrag auf Tatbestandsberichtigung ... 179
13. Frist bei Antrag auf Urteilsergänzung ... 179
14. Frist für die Einlegung der Revision ... 179
15. Frist für die Begründung der Revision ... 179
16. Frist für die Einlegung der Nichtzulassungsbeschwerde ... 179
17. Frist für die Einlegung der Beschwerde ... 179
18. Frist für die Wiederaufnahme des Verfahrens (Erhebung der Nichtigkeitsklage und der Restitutionsklage) ... 180
19. Verlängerung von Fristen ... 180
    a) Gesetzliche Fristen ... 180
    b) Richterliche Fristen ... 180
20. Wiedereinsetzung in den vorigen Stand ... 181
    a) Unverschuldete Versäumung ... 181
    b) Verfahren zur Wiedereinsetzung in den vorigen Stand ... 187

Inhaltsverzeichnis

	Seite
G. Vorläufiger Rechtsschutz	191
1. Aussetzung (Aufhebung) der Vollziehung oder einstweilige Anordnung	194
2. Aussetzung der Vollziehung	197
a) Voraussetzungen	197
b) Mögliche Anträge im Aussetzungsverfahren	202
c) Muster eines Antrags auf Aussetzung der Vollziehung	202
d) Entscheidung über den Antrag auf Aussetzung der Vollziehung	204
3. Einstweilige Anordnung	204
a) Mögliche Anträge	206
b) Verfahren der einstweiligen Anordnung	206
c) Muster eines Antrags auf einstweilige Anordnung	207
H. Ablauf des Verfahrens	209
1. Vorbereitungsstadium	210
a) Akteneinsicht	210
b) Streitgenossenschaft und Beiladung	213
c) Klageänderung	223
d) Aussetzung und Ruhen des Verfahrens	226
e) Änderung des angefochtenen Verwaltungsakts	228
f) Klagerücknahme	230
g) Erledigung der Hauptsache	231
h) Keine Streitverkündung	233
2. Entscheidungsphase	233
a) Vorbereitendes Verfahren	234
b) Entscheidung durch den Vorsitzenden bzw. Berichterstatter	236
c) Entscheidung des Senats aufgrund mündlicher Verhandlung	237
d) Entscheidung des Senats ohne mündliche Verhandlung	242
e) Verfahren bei Streitwert unter 500 Euro	245
3. Art der Entscheidung	246
a) Urteil	246
b) Teilurteil – Zwischenurteil – Vorabentscheidung	253
c) Gerichtsbescheid (§ 90a FGO)	253
d) Beschluss	255
e) Andere Verfügungen des Gerichts	255
4. Kostenentscheidung und andere Nebenentscheidungen	256
a) Kostenentscheidung	256
b) Vollstreckbarkeit	259
c) Verzinsung	259
5. Elektronische Kommunikation	260

Inhaltsverzeichnis

	Seite
I. Rechtsmittel und Rechtsbehelfe	263
1. Revision	264
a) Grundsatzrevision	266
b) Rechtssicherungsrevision	268
c) Verfahrensrevision	269
d) Zulassung der Revision	270
e) Besonderheiten des Revisionsverfahrens	273
f) Entscheidung des BFH über die Revision	280
2. Beschwerde	282
a) Einlegung der Beschwerde	284
b) Entscheidung des BFH über die Beschwerde	284
3. Anrufung des BVerfG	285
4. Vorlage an den EuGH	286
5. Berichtigung wegen offenbarer Unrichtigkeiten	287
6. Antrag auf Berichtigung des Tatbestandes eines Urteils	287
7. Antrag auf Urteilsergänzung	288
8. Wiederaufnahme des Verfahrens	288
9. Die Untätigkeitsbeschwerde	289
J. Kosten des finanzgerichtlichen Verfahrens (Überblick)	291
1. Allgemeines	291
2. Gerichtskosten	292
a) Gebühren	292
b) Auslagen	293
3. Kostenschuldner der Gerichtskosten	293
4. Kostenfreiheit	294
5. Höhe der Kosten	294
6. Fälligkeit der Kosten	299
a) Gerichtsgebühren	299
b) Auslagen	300
7. Nichterhebung von Kosten	300
Anhang	
1. Anschriften der Finanzgerichte und des BFH	301
2. Tabelle zur Abschätzung des Prozesskostenrisikos	305
3. Vordruck für die Prozesskostenhilfe	307
4. Raten-Tabelle für Prozesskostenhilfe	313
Literaturhinweise	315
Stichwortverzeichnis	317

Abkürzungsverzeichnis

a. A.	anderer Ansicht
Abs.	Absatz
a. F.	alte Fassung
AG	Aktiengesellschaft
AGFGO	Ausführungsgesetz zur Finanzgerichtsordnung
AGVwGO	Ausführungsgesetz zur Verwaltungsgerichtsordnung
AktG	Aktiengesetz
Anm.	Anmerkung
AO	Abgabenordnung
AO-StB	AO-Steuerberater (Zeitschrift)
ArbGG	Arbeitsgerichtsgesetz
Art.	Artikel
Aufl.	Auflage
BAG	Bundesarbeitsgericht
BB	Betriebs-Berater (Zeitschrift)
BbgFGG	Brandenburgisches Finanzgerichtsgesetz
betr.	betreffend
BewG	Bewertungsgesetz
BFH	Bundesfinanzhof
BFHE	Entscheidungssammlung des Bundesfinanzhofs
BFHEntlG	Gesetz zur Entlastung des Bundesfinanzhofs
BFH/NV	Sammlung der Entscheidungen des Bundesfinanzhofs (Zeitschrift)
BGB	Bürgerliches Gesetzbuch
BGBl.	Bundesgesetzblatt
BRAGO	Bundesgebührenordnung für Rechtsanwälte
BSHG	Bundessozialhilfegesetz
BStBl.	Bundessteuerblatt
BVerfG	Bundesverfassungsgericht
BVerwG	Bundesverwaltungsgericht
bzw.	beziehungsweise
DB	Der Betrieb (Zeitschrift)
d. h.	das heißt
DStR	Deutsches Steuerrecht (Zeitschrift)
DStRE	Deutsches Steuerrecht Entscheidungsdienst (Zeitschrift)
DStZ	Deutsche Steuer-Zeitung (Zeitschrift)
DStZE	Deutsche Steuer-Zeitung (Eildienst)
DVBl.	Deutsches Verwaltungsblatt (Zeitschrift)

Abkürzungsverzeichnis

EFG	Entscheidungen der Finanzgerichte (Zeitschrift)
EGV	Vertrag zur Gründung der Europäischen Gemeinschaft
EStG	Einkommensteuergesetz
EU	Europäische Union
EuG	Europäisches Gericht Erster Instanz
EuGH	Gerichtshof der Europäischen Gemeinschaften
EVertr.	Einigungsvertrag
EW	Einheitswert
FG	Finanzgericht
FGO	Finanzgerichtsordnung
FGOÄndG	Gesetz zur Änderung der Finanzgerichtsordnung und anderer Gesetze
FinMin.	Finanzministerium
FVG	Gesetz über die Finanzverwaltung
GBl.	Gesetzblatt
GbR	Gesellschaft bürgerlichen Rechts
gem.	gemäß
GenG	Genossenschaftsgesetz
GewStG	Gewerbesteuergesetz
GG	Grundgesetz für die Bundesrepublik Deutschland
GKG	Gerichtskostengesetz
GmbH	Gesellschaft mit beschränkter Haftung
GmbHG	Gesetz betreffend die Gesellschaften mit beschränkter Haftung
GVBl.	Gesetz- und Verordnungsblatt
GVG	Gerichtsverfassungsgesetz
GWB	Gesetz gegen Wettbewerbsbeschränkungen
HFR	Höchstrichterliche Finanzrechtsprechung (Zeitschrift)
HGB	Handelsgesetzbuch
h. M.	herrschende Meinung
i. d. F.	in der Fassung
i. L.	in Liquidation
INF	Die Information über Steuer und Wirtschaft (Zeitschrift)
InsO	Insolvenzordnung
InvZulG	Investitionszulagengesetz
i. V. m.	in Verbindung mit
JurBüro	Das juristische Büro (Zeitschrift)
JVEG	Justizvergütungs- und -entschädigungsgesetz
KG	Kommanditgesellschaft
KiStG	Kirchensteuergesetz
KStG	Körperschaftsteuergesetz

Abkürzungsverzeichnis

KV-GKG	Kostenverzeichnis zum Gerichtskostengesetz
LSt	Lohnsteuer
m. w. N.	mit weiteren Nachweisen
n. F.	neue Fassung
NJW	Neue Juristische Wochenschrift (Zeitschrift)
Nr.	Nummer
NRW	Nordrhein-Westfalen
n. v.	nicht veröffentlicht
NWB	Neue Wirtschafts-Briefe (Zeitschrift)
OHG	Offene Handelsgesellschaft
OLG	Oberlandesgericht
OVG	Oberverwaltungsgericht
RVG	Rechtsanwaltsvergütungsgesetz
Rz.	Randziffer
s.	siehe
sog.	sogenannte(n, r, s)
StBerG	Steuerberatungsgesetz
StuW	Steuer und Wirtschaft (Zeitschrift)
UStG	Umsatzsteuergesetz
VA	Verwaltungsakt
VermBG	Vermögensbildungsgesetz
VGFG-EntlG	Gesetz zur Entlastung der Gerichte in der Verwaltungs- und Finanzgerichtsbarkeit
vgl.	vergleiche
v. H.	vom Hundert
VO	Verordnung
VStG	Vermögensteuergesetz
VwGO	Verwaltungsgerichtsordnung
z. B.	zum Beispiel
ZfZ	Zeitschrift für Zölle und Verbrauchsteuern
ZPO	Zivilprozessordnung

A. Rechtsweg und Zuständigkeit

1. Überblick

Will jemand gerichtlichen Rechtsschutz in Anspruch nehmen, so muss er sich zuerst die Frage stellen, welches Gericht er mit seiner Sache befassen kann: Welcher Rechtsweg ist der Richtige? Es ist dies die Folge unseres sehr differenzierten Gerichtssystems mit seinen speziellen Zuweisungen.

In Fragen der Steuern und Zölle kommt primär der Finanzrechtsweg, zu den Finanzgerichten also, in Betracht. Die Frage nach dem richtigen Rechtsweg ist dabei von Amts wegen – also ohne ausdrückliches Zutun des Klägers oder des Beklagten – zu prüfen. Verneint das angerufene Gericht die Zulässigkeit des gewählten Rechtswegs, so spricht es dies nach Anhörung der Verfahrensbeteiligten von Amts wegen aus und verweist den Rechtsstreit zugleich an das zuständige Gericht (§ 17a Abs. 2 Satz 1 GVG). Ein solcher Beschluss ist dann für das Gericht, an das der Rechtsstreit verwiesen worden ist, bindend (§ 17a Abs. 2 Satz 3 GVG). Dies verhindert, dass ein Rechtssuchender dem Recht „hinterherläuft".

> *Beispiel:* A wendet sich mit seiner Klage gegen den Bescheid der Familienkasse betreffend die Aufhebung und Rückforderung von Kindergeld für das Jahr 2004 an das Sozialgericht.
> Seit dem 1. 1. 1996 wird das laufende Kindergeld als Steuervergütung gewährt (§ 31 Satz 3 EStG). Gegen einen Kindergeldbescheid sind nach § 347 Abs. 1 Nr. 1, Abs. 2 AO Einspruch und Klage vor dem Finanzgericht (§ 40 FGO) statthaft (vgl. auch § 33 Abs. 1 Nr. 1, Abs. 2 FGO). Das Sozialgericht wird daher den Rechtsstreit an das zuständige Finanzgericht verweisen.

Trotz der Verweisungsmöglichkeit bei Wahl des unzutreffenden Rechtswegs ist die Wahl des richtigen Rechtswegs bereits vor Einreichung irgendeines Rechtsmittels von ausschlaggebender Bedeutung. Es verhindert nämlich einen ansonsten eintretenden Zeitverlust.

Wenn man von völkerrechtlichen und supranationalen Rechtsstreitigkeiten absieht, müssen innerstaatliche Rechtsstreitigkeiten einer der drei folgenden Gruppen zugeordnet werden:
- bürgerlich-rechtliche Rechtsstreitigkeiten (s. Rz. 3);
- öffentlich-rechtliche Rechtsstreitigkeiten nicht verfassungsrechtlicher Art (s. Rz. 4);
- verfassungsrechtliche Rechtsstreitigkeiten (s. Rz. 5).

Bürgerlich-rechtliche Rechtsstreitigkeiten sind gem. § 13 GVG den ordentlichen Gerichten vorbehalten. Es handelt sich um Rechtsstreitigkeiten, bei denen entweder das Rechtsverhältnis oder die Rechtsfolge oder der geltend gemachte Anspruch den zivilrechtlichen Rechtsnormen zu entnehmen ist. Ihnen ist wesentlich, dass es sich um bürgerlich-rechtliche Beziehungen zwischen Gleichberechtigten handelt. Für bürgerlich-rechtliche Streitigkeiten aus einem Arbeitsverhältnis besteht allerdings eine besondere Gerichtsbarkeit, nämlich die Arbeitsgerichtsbarkeit (§ 2 ArbGG).

4 *Öffentlich-rechtliche Rechtsstreitigkeiten* (nicht verfassungsrechtlicher Art) liegen vor, wenn der geltend gemachte Anspruch sich als Folge eines Sachverhalts darstellt, der durch ein hoheitliches Über- oder Unterordnungsverhältnis zwischen den Beteiligten gekennzeichnet ist oder wenn das Rechtsverhältnis oder die Rechtsfolge aus öffentlich-rechtlichen Bestimmungen folgt. Ihnen ist wesentlich, dass eine Verwaltungsbehörde hoheitlich, etwa durch Erlass eines Verwaltungsakts, tätig geworden ist. Zu den öffentlich-rechtlichen Streitigkeiten gehören auch *Folgebeseitigungsansprüche* aus einem solchen Verwaltungsakt. Für diese öffentlich-rechtlichen Rechtsstreitigkeiten ist nach § 40 VwGO grundsätzlich der Verwaltungsrechtsweg eröffnet. Die *Finanzgerichtsbarkeit* ist – wie auch die Sozialgerichtsbarkeit – ein Teil der Verwaltungsgerichtsbarkeit. Nicht zur Verwaltungsgerichtsbarkeit und damit auch nicht zur Finanzgerichtsbarkeit gehören *Strafsachen*. Diese sind den ordentlichen Gerichten zugewiesen (§ 13 GVG). Demzufolge werden auch Steuerstraf- und Bußgeldverfahren nicht vor den Finanzgerichten, sondern vor der ordentlichen Gerichtsbarkeit (Amtsgericht, Landgericht usw.) verhandelt (vgl. § 33 Abs. 3 FGO).

5 *Verfassungsrechtliche Rechtsstreitigkeiten* sind öffentlich-rechtliche Streitigkeiten über Beziehungen, die dem Verfassungsrecht im materiellen Sinn angehören. Dazu gehören auch Rechtsstreitigkeiten zwischen Verfassungsorganen. Ebenfalls zu den verfassungsrechtlichen Streitigkeiten gehört die Verfassungsbeschwerde, die jeder Einzelne erheben kann und die sich gegen eine behauptete Verletzung der Grundrechte oder grundrechtähnlicher Rechte richtet.

6 Für die **richtige Zuordnung eines Rechtsstreits an eine der Gerichtsbarkeiten** ist das Klagebegehren von entscheidender Bedeutung. Allerdings entscheidet nicht die subjektive Meinung der Beteiligten über die Art des Klagegegenstandes, sondern der objektive Charakter, den das Klagebegehren aufgrund der Tatsachenbehauptungen hat. Demzufolge ist der Vortrag der Beteiligten insoweit von Bedeutung, als er das Klagebegehren rechtlich und tatsächlich näher qualifiziert.

2. Finanzrechtsweg

7 Nach § 33 Abs. 1 FGO ist der Finanzrechtsweg für folgende Streitsachen eröffnet:

- Öffentlich-rechtliche Streitigkeiten über Abgabenangelegenheiten, soweit die Abgaben der Gesetzgebung des Bundes unterliegen und durch Bundesfinanzbehörden oder Landesfinanzbehörden verwaltet werden (s. Rz. 8 ff.).
- Öffentlich-rechtliche Streitigkeiten über die Vollziehung von Verwaltungsakten, soweit die Verwaltungsakte durch Bundesfinanzbehörden oder Landesfinanzbehörden nach den Vorschriften der AO zu vollziehen sind (s. Rz. 8 ff.).

Finanzrechtsweg

- Öffentlich-rechtliche und berufsrechtliche Streitigkeiten über Angelegenheiten, die durch den Ersten Teil, den Zweiten und den Sechsten Abschnitt des Zweiten Teils und den Ersten Abschnitt des Dritten Teils des StBerG geregelt werden (s. Rz. 14 ff.).
- Andere öffentlich-rechtliche Streitigkeiten, soweit für diese durch Bundesgesetz oder Landesgesetz der Finanzrechtsweg eröffnet ist (s. Rz. 16).

a) Öffentlich-rechtliche Streitigkeiten
Es handelt sich also zunächst immer um öffentlich-rechtliche Streitigkeiten. *Öffentlich-rechtliche Streitigkeiten* sind solche, bei denen sich der geltend gemachte Anspruch – entsprechend der tatsächlichen Begründung – aus öffentlich-rechtlichen Bestimmungen ableitet. Der Sachverhalt ist dabei durch ein hoheitliches Über- und Unterordnungsverhältnis zwischen den Beteiligten gekennzeichnet. Die Gegner sind also in keinem Fall gleich. Stets steht auf der Seite des Beklagten eine Verwaltungsbehörde, meist ein Finanzamt oder ein Hauptzollamt; die für das Kindergeld zuständigen Familienkassen der Agenturen für Arbeit sind ebenfalls Finanzbehörden (§ 6 Abs. 2 Nr. 6 AO). Der Bürger hat gegenüber einem Handeln oder Unterlassen der öffentlichen Gewalt einen substantiellen Anspruch auf möglichst wirksame gerichtliche Kontrolle. Dieser gerichtliche Rechtsschutz ist in Art. 19 Abs. 4 GG verfassungsrechtlich garantiert. Der Finanzrechtsweg ist jedoch nur für jemanden eröffnet, der eigene Rechte gegenüber der Verwaltung verfolgt. Dies gilt auch für Verfahren des vorläufigen Rechtsschutzes (s. Rz. 538 ff.), speziell für den Antrag auf einstweilige Anordnung[1] (s. Rz. 581 ff.).

8

Gem. § 155 FGO i. V. m. § 17a Abs. 5 GVG prüft der BFH nicht (mehr), ob der beschrittene Rechtsweg zu ihm zulässig ist, wenn er über ein Rechtsmittel entscheidet, das sich gegen eine finanzgerichtliche Entscheidung in der Hauptsache richtet[2].

9

b) Abgabenangelegenheiten
Abgabenangelegenheiten im Sinn der FGO sind alle Angelegenheiten, die mit der Verwaltung der Abgaben einschließlich der Abgabenvergütungen oder sonst mit der Anwendung der abgabenrechtlichen Vorschriften durch die Finanzbehörden zusammenhängen (§ 33 Abs. 2 Satz 1 FGO). Dabei unterscheidet man solche Angelegenheiten, die einer Vollziehung (mittels Verwaltungsakten) durch die Verwaltungsbehörden bedürfen (§ 33 Abs. 1 Nr. 2 FGO), und solche Angelegenheiten, die eines solchen Vollzugsakts nicht bedürfen (§ 33 Abs. 1 Nr. 1 FGO). Die Unterscheidung richtet sich danach, ob für die Durchführung der Angelegenheit ein vollziehbarer Verwaltungsakt der Behörde erforderlich ist oder ob lediglich ein sonstiges Handeln oder Unterlassen von der Behörde gefordert wird. Gemeinsam ist beiden jedoch, dass es sich um Abgabenangelegenheiten handeln muss, die durch Bundes- oder Landesfinanzbehörden verwaltet werden. Den Abgabenangelegen-

10

---
1 BFH vom 23. 10. 1985 VII B 28/84, BStBl. II 1986, 26.
2 Vgl. etwa BFH vom 8. 2. 1994 VII R 88/92, BStBl. II 1994, 553.

heiten stehen die Angelegenheiten der Verwaltung der Finanzmonopole gleich. Nicht darunter fallen jedoch Straf- und Bußgeldverfahren (§ 33 Abs. 3 FGO).

11 Soweit Abgabenangelegenheiten nicht *durch Bundes- oder Landesfinanzbehörden verwaltet* werden, ist der Finanzrechtsweg nicht gegeben. Dies trifft insbesondere auf die von den Gemeinden und Gemeindeverbänden und anderen öffentlich-rechtlichen Körperschaften verwalteten Abgaben zu. Soweit Abgaben *teilweise von den Bundes- oder Landesfinanzbehörden und teilweise von Gemeinden*, Gemeindeverbänden oder anderen öffentlich-rechtlichen Körperschaften verwaltet werden, ist der Finanzrechtsweg nur für den Teil eröffnet, der tatsächlich der Verwaltung durch die Bundes- oder Landesfinanzbehörden unterliegt. Dies wird insbesondere bei der Gewerbesteuer und Grundsteuer relevant. In beiden Fällen werden die Steuermessbeträge von den Landesfinanzbehörden, die Hebesätze und die Steuerbeträge von den Gemeinden und Gemeindeverbänden festgesetzt. Soweit die Tätigkeit der Landesfinanzbehörden reicht (Festsetzung der Messbeträge), ist der Finanzrechtsweg eröffnet; soweit jedoch die Gemeinden und Gemeindeverbände tätig werden (Hebesatzfestsetzung, Steuererhebung), ist der allgemeine Verwaltungsrechtsweg eröffnet. Gegen die Maßnahmen der Gemeinden und Gemeindeverbände muss demnach grundsätzlich Klage zu den allgemeinen Verwaltungsgerichten erhoben werden.

12 Der **Rechtsweg zu den Finanzgerichten** ist etwa in folgenden Fällen **eröffnet:**

- *Abschöpfung* nach Gemeinschaftsrecht (EU)[3].

- *Ansprüche aus dem Arbeitsverhältnis:* Nach der einhelligen Auffassung der finanzgerichtlichen Rechtsprechung handelt es sich beim Streit über die Erteilung einer Lohnsteuerbescheinigung und über die zutreffende Eintragung, Ergänzung oder Berichtigung von Daten in der Lohnsteuerbescheinigung um einen bürgerlichen Rechtsstreit zwischen Arbeitnehmer und Arbeitgeber über Arbeitspapiere, für den ausschließlich die Gerichte für Arbeitssachen zuständig sind[4]. Das BAG[5] indessen sieht die Sache anders: Danach sollen die Finanzgerichte zuständig sein. Es ist dies eine für den Betroffenen missliche Situation, da er bei der Einreichung einer Klage immer nur Fehler machen kann: Ruft er das Finanzgericht an, wird dieses gem. § 155 FGO i. V. m. § 17a Abs. 2 Satz 1 GVG die Unzulässigkeit des Finanzrechtsweges feststellen und den Rechtsstreit an das zuständige Arbeitsgericht verweisen. Wendet er sich zuerst an das Arbeitsgericht, wird dieses sich mit umgekehrten Vorzeichen für unzuständig erklären. Zwar droht damit kein Rechts-, aber immerhin ein Zeitverlust.

- *Auskunft.* Wird eine Auskunft in Abgabenangelegenheiten von einer Behörde der Finanzverwaltung gefordert, dann ist für alle damit zusammenhängenden Rechtsstreitigkeiten der Finanzrechtsweg eröffnet. Dies besagt aber noch

---

3   BFH vom 20. 11. 1979 VII R 38/77, BStBl. II 1980, 249.
4   BFH vom 29. 6. 1993 VI B 108/92, BStBl. II 1993, 760; FG Hamburg vom 10. 12. 2001 II 275/01, juris; FG Rheinland-Pfalz vom 23. 9. 2002 1 K 1626/02, EFG 2003, 52. Zur Frage einer willkürlichen Verweisung: BFH vom 26. 2. 2004 VII B 341/03, BFH/NV 2004, 728.
5   BAG vom 11. 6. 2003 5 AZB 1/03, NJW 2003, 2629.

nichts darüber, ob die Auskunft auch zu erteilen ist oder nicht. Verlangt die Finanzbehörde z. B. von einem Stromversorgungsunternehmen Auskunft über Bankverbindungen von Kunden des Unternehmens für Zwecke der Vollstrekkung von Steuerforderungen, ist der Finanzrechtsweg gegeben[6]. Der Finanzrechtsweg ist auch eröffnet für Angriffe gegen ein Auskunftsersuchen, das die Finanzverwaltung im Besteuerungsverfahren ins europäische Ausland weiterleiten will[7]. Auskünfte, die im Strafverfahren und von der Steuerfahndung nach Einleitung eines Steuerstrafverfahrens vom Steuerpflichtigen oder von Dritten begehrt werden, gehören indessen nicht hierher. Für solche Auskunftsersuchen nach Einleitung eines Strafverfahrens ist ausschließlich der ordentliche Rechtsweg gegeben, jedenfalls soweit sich die Behörde auf ihre strafrechtlichen Kompetenzen stützt[8]. Dies sieht anders aus, wenn die Auskunft darauf abzielt, den Namen eines Informanten zu erfahren, dessen Information zwar zur Einleitung eines Straf- oder Bußgeldverfahren geführt hat, das jedoch schließlich eingestellt worden ist[9]. Auch gegen Auskunftsersuchen der Zollverwaltung kann vor dem Finanzgericht Rechtsschutz begehrt werden[10].

- *Außenprüfungsbericht.* Für eine Klage auf Übersendung eines Betriebsprüfungsberichts ist der Finanzrechtsweg eröffnet[11].

- *Beweissicherung (selbständiges Beweisverfahren).* Diese kennt auch die FGO (§ 82 FGO i. V. m. §§ 485 – 494 ZPO). Dadurch kann bei langer Verfahrensdauer eine zeitnahe Sicherung der vielleicht vergänglichen Beweise gewährleistet werden[12]. Diese Möglichkeit gewinnt bei der langen Verfahrensdauer finanzgerichtlicher Prozesse eine besondere Bedeutung.

- *Eid-Abnahme.* Beantragt das Finanzamt, einen Steuerpflichtigen oder eine Auskunftsperson eidlich zu vernehmen (§ 94 AO), so ist diese eidliche Vernehmung vor den Finanzgerichten durchzuführen[13]. Dabei besteht nur ein eingeschränktes Überprüfungsrecht des Finanzgerichts.

- *Eingangsabgaben.* Gegen ein Leistungsgebot der Zollbehörden hinsichtlich der Eingangsabgaben für Zollanmeldungen ist der Finanzrechtsweg eröffnet[14]. Zu Maßnahmen zur Beachtung der Verbote und Beschränkungen für den Warenverkehr über die Grenze vgl. § 33 Abs. 2 Nr. 1 FGO[15]. Nicht zuständig sind die Finanzgerichte für die Verfolgung zivilrechtlicher Ansprüche auf Zahlung von Eingangsabgaben aus einer Bürgschaftserklärung[16].

---

6 BFH vom 22. 2. 2000 VII R 73/98, BStBl. II 2000, 366.
7 BFH vom 4. 9. 2000 I B 17/00, BFH/NV 2000, 1522.
8 BFH vom 4. 9. 2000 I B 17/00, BFH/NV 2000, 1522.
9 BFH vom 6. 5. 1997 V B 4/97, BStBl. II 1997, 543.
10 BFH vom 16. 11. 1999 VII R 95/96/98, BFH/NV 2000, 531.
11 BFH vom 11. 12. 1980 IV R 127/78, BStBl. II 1981, 457.
12 BFH vom 23. 2. 1999 IX R 19/98, BStBl. II 1999, 407.
13 BFH vom 26. 9. 1995 VII B 148/95, BFH/NV 1996, 200.
14 Hessisches FG vom 6. 8. 1981 VII B 220/81, ZfZ 1983, 177.
15 Vgl. zu Markenrechtsverletzungen etwa BFH vom 7. 10. 1999, VII R 89/98, BFH/NV 2000, 613; vom 5. 10. 1999 VII R 88/98, BFH/NV 2000, 406.
16 BFH vom 31. 3. 2000 VII B 17/00, BFH/NV 2000, 1265.

- *Fiskus.* Beschreitet der von einem Steuerverwaltungsakt betroffene Fiskus den Finanzrechtsweg (z. B. ein Bundesland bezüglich der für seinen Grundbesitz ergangenen Einheitswertbescheide), so ist dies zulässig; es handelt sich insoweit nicht um einen unzulässigen In-Sich-Prozess, weil verschiedene „selbständige Behörden" gegeneinander den Rechtsstreit führen[17].
- *Insolvenz.* Für eine Klage auf Rücknahme eines von einer Finanzbehörde gestellten Insolvenzantrages ist der Finanzrechtsweg gem. § 33 Abs. 1 Nr. 1 FGO gegeben. Der Insolvenzantrag ist eine Vollstreckungshandlung auf dem Gebiet des Abgabenrechts. Unabhängig davon, dass gegen den Eröffnungsbeschluss des Insolvenzverfahrens sowie gegen die Abweisung eines Antrags auf Eröffnung des Insolvenzverfahrens der Rechtsweg zu den ordentlichen Gerichten gem. § 6 Abs. 1 und § 34 Abs. 1 und 2 InsO gegeben ist, gehört die Rechtsfrage, ob das Finanzamt im Rahmen seiner Vollstreckungstätigkeit einen derartigen Antrag stellen durfte, in die Zuständigkeit der Finanzgerichte[18].
- *Kirchensteuer.* Hier ist eine Zuweisung auf die Finanzgerichtsbarkeit immer nur dann gegeben, wenn der Landesgesetzgeber sich dafür ausdrücklich entschieden hat. Der Regelfall sieht also so aus, dass ein Verfahren vor dem Verwaltungsgericht durchzuführen ist. Im einzelnen gilt in den einzelnen Bundesländern folgendes:

Baden-Württemberg: Soweit das Verwaltungshandeln den Kirchen und Religionsgemeinschaften bzw. deren Kirchengemeinden übertragen ist, ist der allgemeine Verwaltungsrechtsweg eröffnet; soweit das Verwaltungshandeln den Landesfinanzbehörden übertragen ist (Kirchensteuer als Zuschlag zur Einkommen- bzw. Lohnsteuer), ist der Finanzrechtsweg eröffnet (§ 14 Abs. 1 KiStG vom 18. 12. 1969, GBl. 1970 I)[19]. Soweit die Klage den Erlass von Kirchensteuer betrifft, hält der BFH jedoch eine Klage vor dem Finanzgericht nicht für gegeben[20]. Das FG Baden-Württemberg[21] ist demgegenüber jedoch der Auffassung, dass auch für Kirchensteuer-Erlasssachen in Baden-Württemberg der Finanzrechtsweg eröffnet sei.

Bayern: Finanzrechtsweg (Art. 5 Nr. 3 AGFGO, GVBl. 1965, 357), und zwar auch für Erlasssachen[22].

Berlin: Verwaltungsrechtsweg (§ 3 Abs. 2 AGFGO, § 9 KiStG Berlin, GVBl. 1975, 1829).

---

17 BFH vom 9. 10. 1985 II R 204/83, BStBl. II 1986, 148.
18 Vgl. zur Rechtslage nach der InsO BFH vom 12. 12. 2003 VII B 265/01, BFH/NV 2004, 464 unter Hinweis auf den Beschluss vom 11. 12. 1990 VII B 94/90, BFH/NV 1991, 787 betreffend die Rechtslage unter Geltung der KO; FG Münster vom 15. 3. 2000 12 V 1054/00 AO, EFG 2000, 634.
19 Dazu BFH vom 15. 10. 1997 I R 33/97, BStBl. II 1998, 126.
20 BFH vom 15. 10. 1997 I R 33/97, BStBl. II 1998, 126.
21 Außensenate Stuttgart vom 2. 10. 1987 IX K 337/83, EFG 1988, 130; FG Baden-Württemberg vom 16. 9. 1994 9 K 227/92, EFG 1995, 138.
22 FG München vom 27. 1. 1997 13 K 3889/96, EFG 1997, 1044.

Finanzrechtsweg

Brandenburg: Finanzrechtsweg, soweit die Verwaltung den Landesfinanzbehörden übertragen ist (§ 5 BbgFGG, GVBl. I 1992, 504).

Bremen: Finanzrechtsweg (Art. 6 Nr. 1 AGFGO, GBl. 1965, 156).

Hamburg: Finanzrechtsweg (§ 5 Abs. 2 Nr. 2 AGFGO, GVBl. 1973, 431).

Hessen: Verwaltungsrechtsweg (§ 13 Abs. 1 KiStG, GVBl. I 1986, 90)[23].

Mecklenburg-Vorpommern: Finanzrechtsweg (§ 14 KiStG; Art. 1 § 15 Gerichtsorganisationsgesetz, GVBl. 1992, 314).

Niedersachsen: Verwaltungsrechtsweg (§ 6 AGFGO, GVBl. 1965, 277).

Nordrhein-Westfalen: Finanzrechtsweg (§ 14 Abs. 4 KiStG, GVBl. 1968, 375), soweit die Verwaltung den Landesfinanzbehörden übertragen ist.

Rheinland-Pfalz: Verwaltungsrechtsweg (§ 4 AGFGO; § 13 Abs. 1 KiStG, GVBl. 1971, 59)[24].

Saarland: Finanzrechtsweg (§ 5 AGFGO; § 16 KiStG, Amtsblatt 1970, 950).

Sachsen: Finanzrechtsweg (Art. 5 § 3 Sächsisches Gerichtsorganisationsgesetz, GVBl. 1994, 1009)

Sachsen-Anhalt: Verwaltungsrechtsweg (§ 40 Abs. 1 Satz 1 VwGO, § 14 Abs. 1 Satz 1 KiStG).

Schleswig-Holstein: Verwaltungsrechtsweg (§ 10 Abs. 1 KiStG, GVBl. 1968, 81).

Thüringen: Finanzrechtsweg (§ 4 Thüringer AGFGO, GVBl. 1993, 334).

- *Milchprämie.* Für Streitigkeiten über die Festsetzung der Referenzmenge nach der Milch-Garantiemengen-Verordnung ist der Finanzrechtsweg eröffnet[25].
- *Präferenznachweis.* Streitigkeiten, die die Ausstellung von Warenverkehrsbescheinigungen durch deutsche Zollbehörden betreffen, sind ebenfalls auf dem Finanzrechtsweg auszutragen[26].
- *Realsteuern* (Gewerbesteuer und Grundsteuer). Bei diesen Steuern ist der Rechtsweg *zweigeteilt:* Soweit die Bemessungsgrundlagen durch die Finanzbehörden festgesetzt werden, ist der Rechtszug zu den Finanzgerichten eröffnet. Soweit jedoch hierauf die Hebesätze von den Gemeinden in eigener Zuständigkeit angewandt und dann auch die Steuerbeträge eingefordert und vollstreckt werden, ist der Rechtsweg zu den allgemeinen Verwaltungsgerichten eröffnet. Entscheidend ist also hier, wer den Verwaltungsakt gesetzt hat. Hat eine Finanzbehörde einen Verwaltungsakt erlassen, dann geht der Rechtsweg

---

23 Dazu BFH vom 18. 12. 1997 X S 22/96, BFH/NV 1998, 703. Zur Situation bei der Vollstreckung wegen Kirchensteuerforderungen vgl. BFH vom 14. 5. 1991 VII B 152/90, BFH/NV 1992, 182.
24 BFH vom 16. 12. 1986 VIII S 6/85, BFH/NV 1987, 731.
25 BFH vom 26. 3. 1985 VII B 12/85, BStBl. II 1985, 258.
26 BFH vom 29. 3. 1988 VII R 92/85, BStBl. II 1988, 953.

zu den Finanzgerichten; hat eine Verwaltungsbehörde (Gemeinde) den Verwaltungsakt erlassen, dann führt der Rechtsweg zu den allgemeinen Verwaltungsgerichten.

- *Spielgerätesteuer*: Für Streitigkeiten um diese Abgabe ist der Finanzrechtsweg gegeben[27].
- *Vollstreckung*: Soweit der Pfändungsgläubiger eines Steuerpflichtigen versucht, mittels einer von ihm (und nicht vom Steuerpflichtigen selbst) eingereichten Einkommensteuererklärung die Einkommensteuererstattung zu erreichen, ist für ein anschließendes Klageverfahren der Finanzrechtsweg eröffnet[28].

13 Der **Finanzrechtsweg** ist hingegen **nicht eröffnet** in folgenden Fällen:
- *Durchsuchung* im Rahmen der Zwangsvollstreckung. Gem. § 287 AO ist der Vollziehungsbeamte des Finanzamts berechtigt, eine notwendige Vollstreckung in die Wohn- und Geschäftsräume des Betroffenen des Vollstreckungsschuldners auszudehnen, soweit dies erforderlich ist. Hierzu ist jedoch die richterliche Anordnung einer Durchsuchung erforderlich (§ 287 Abs. 4 AO). Der Rechtsweg geht hier jedoch *nicht* zu den Finanzgerichten, sondern zu den ordentlichen Gerichten, und hier zu dem Amtsgericht, in dessen Bezirk die Durchsuchung vorgenommen werden soll (§ 287 Abs. 4 Satz 3 AO).
- *Forstabsatzfondsabgaben*: Für solche Streitigkeiten sind die Finanzgerichte nicht zuständig[29].
- *Gebühren und Auslagen.* Für die Klage eines Prozessbevollmächtigten gegen seinen Mandanten wegen Gebühren und Auslagen im Zusammenhang mit einem Rechtsstreit vor dem Finanzgericht ist der Rechtsweg zu den ordentlichen Gerichten gegeben. Dies gilt auch umgekehrt, wenn der Mandant gegen die Gebührenforderung seines Prozessbevollmächtigten vorgeht. Der Finanzrechtsweg ist *nicht* eröffnet[30].
- *Konkurrenten.* Eine Konkurrentenklage, etwa die eines Groß- und Einzelhändlers gegen die Zollverwaltung wegen der Abfertigungspraxis bei sogenannten Butterfahrten ist auf dem Finanzrechtsweg *nicht* zulässig[31]. Wendet sich jedoch ein Wettbewerber dagegen, dass die Finanzverwaltung einen Konkurrenten zu Unrecht steuerlich begünstigt, so ist hierwegen der Finanzrechtsweg eröffnet[32].
- *LSt-Abführung.* Für einen Anspruch des Arbeitnehmers gegen seinen Arbeitgeber auf Abführung von LSt oder Erteilung einer zutreffenden LSt-Bescheinigung ist der Finanzrechtsweg nicht eröffnet; der Anspruch muss bei der Arbeitsgerichtsbarkeit eingeklagt werden[33].

---

27 BFH vom 26. 6. 1996 II R 47/95, BStBl. II 1996, 538.
28 BFH vom 29. 2. 2000 VII R 109/98. BStBl. II 2000, 573.
29 BFH vom 23. 11. 1999 VII B 186/99, BFH/NV 2000, 476.
30 FG München vom 10. 12. 1981 VI 88/81, EFG 1982, 315.
31 BFH vom 18. 9. 1984 VII R 50-51/82, BStBl. II 1985, 12.
32 BFH vom 15. 10. 1997 I R 10/92, BStBl. II 1998, 64.
33 BFH vom 29. 6. 1993 VI B 108/92, BStBl. II 1993, 760; vgl. auch Rz. 12 „Ansprüche aus dem Arbeitsverhältnis".

- *Parlament.* Für einen Rechtsstreit, der darauf gerichtet ist, dem Parlament Auskunft zu geben bzw. Beweismittel vorzulegen, oder der darauf gerichtet ist, dass dem Parlament untersagt wird, in persönliche Steuerakten eines Bürgers Einsicht zu nehmen, ist der Finanzrechtsweg *nicht* eröffnet[34]. Der Beschluss des BFH vom 1. 12. 1992[35] lässt diese Frage – ebenso wie die erstinstanzliche Entscheidung[36] – offen, nachdem das ursprünglich angerufenen Verwaltungsgericht sich seinerseits für unzuständig erklärt hatte.

- *Selbstanzeige.* Für Streitigkeiten nach einer Selbstanzeige wegen verkürzter Steuern, z. B. hinsichtlich der Festsetzung einer Frist zur Entrichtung der Steuerbeträge, ist der Finanzrechtsweg *nicht* eröffnet[37].

- *Staatshaftung.* Für solche Klagen ist der Finanzrechtsweg *nicht* gegeben; dies gilt auch für Ansprüche, die aus dem Staatshaftungsrecht der früheren DDR resultieren und sich auf rechtswidrige Steuerfestsetzungen gründen[38].

- *Steuerfahndung.* Wendet sich ein „Beschuldigter" gegen die aufgrund einer Steuerfahndung festgesetzten Steuern, handelt es sich um eine Abgabenangelegenheit i. S. des § 33 Abs. 2 FGO, über die gem. § 393 Abs. 1 Satz 1 AO unabhängig vom Strafverfahren zu entscheiden ist[39]. Wendet sich der Rechtsuchende ansonsten gegen eine Maßnahme bzw. gegen eine bedrohende Maßnahme der Steuerfahndung, ist zu berücksichtigen, dass § 208 Abs. 1 AO der Steuerfahndung eine Doppelfunktion zuweist. Sie kann sowohl in Straf- und Bußgeldsachen als auch als Steuerermittlungsbehörde in Abgabenangelegenheiten tätig werden. Es hängt daher vom Einzelfall ab, ob im konkreten Fall eine Abgabenangelegenheit oder eine dem Straf- oder Bußgeldverfahren zuzuordnende Sache zu entscheiden ist. Ist gegen die Person, gegen die sich die Maßnahme der Steuerfahndung richtet oder richten soll, ein steuerstrafrechtliches oder bußgeldrechtliches Ermittlungsverfahren eingeleitet und noch nicht abgeschlossen, wird die Steuerfahndung regelmäßig im Straf- oder Bußgeldverfahren tätig (vgl. § 208 Abs. 1 Satz 1 Nr. 1 AO), auch wenn sie im Zusammenhang mit dem eingeleiteten Ermittlungsverfahren gem. § 208 Abs. 1 Satz 1 Nr. 2 AO Besteuerungsgrundlagen ermittelt. In solchen Fällen ist nach § 33 Abs. 3 FGO der Finanzrechtsweg nicht gegeben. Dies gilt auch dann, wenn der Betroffene um vorläufigen Rechtsschutz gegen Maßnahmen zur Ermittlung der Besteuerungsgrundlagen nachsucht, wobei unerheblich ist, welche Behörde letztlich auf Veranlassung der Steuerfahndung die Ermittlungsmaßnahmen durchführt und ob sich diese Behörde dabei auf ihre Befugnisse nach der AO oder der StPO beruft. Nur wenn die Behörde in solchen Fällen nach außen objektiv und eindeutig erkennbar außerhalb des eingeleiteten Steuerstrafverfahrens aus-

---

34   FG Hamburg vom 5. 2. 1985 III 17/85, EFG 1985, 218; vom 11. 7. 1985 III 127/85, EFG 1985, 539; vom 4. 2. 1985 III 22/85, EFG 1985, 252; FG München vom 15. 12. 1992 16 K 2542/92, DStZ 1993, 341 m. Anm. Kronthaler. S. auch Glanegger, DStZ 1993, 553.
35   BFH vom 1. 12. 1992 VII B 126/92, BFH/NV 1993, 579.
36   FG des Saarlandes vom 5. 6. 1992 1 V 153/92, EFG 1992, 702.
37   BFH vom 17. 12. 1981 IV R 94/77, BStBl. II 1982, 352.
38   BFH vom 15. 5. 1997 VII B 249/96, BFH/NV 1997, 866.
39   BFH vom 4. 5. 2005 XI B 230/03, BFH/NV 2005, 1485.

schließlich im Besteuerungsverfahren tätig wird, handelt es sich um eine Abgabenangelegenheit und es ist der Finanzrechtsweg gegeben[40].

Wendet sich eine Bank gegen die Weitergabe von Unterlagen und Belegen (Beweismaterial) durch die Steuerfahndung an die Wohnsitz-Finanzämter (Veranlagungsstellen) solcher Bankkunden, gegen die sich das steuerstrafrechtliche Ermittlungsverfahren, in dessen Rahmen dieses Beweismaterial anlässlich einer Durchsuchung der Bank gewonnen wurde, nicht richtete (nicht verfahrensbeteiligte Bankkunden), so handelt es sich um eine Abgabenangelegenheit, für die der Finanzrechtsweg eröffnet ist[41].

Gegen alle Akte, die die Steuerfahndung im Rahmen des Steuerstrafverfahrens und unter Berufung auf ihre diesbezüglichen Befugnisse ausübt, muss der ordentliche Rechtsweg, *nicht* der Finanzrechtsweg beschritten werden. Nach Einstellung eines Steuerstrafverfahrens sind die Handlungen der Steuerfahndung dagegen als solche im Besteuerungsverfahren (Verwaltungsakte) zu werten, gegen die der Rechtsweg zu den Finanzgerichten eröffnet ist[42]. Demnach ist der Finanzrechtsweg dann gegeben, wenn sich die Steuerfahndung nicht auf ihre strafrechtlichen, sondern ihre steuerlichen Kompetenzen beruft. Nicht jede Maßnahme nach Einleitung des Strafverfahrens ist also per se strafrechtlicher Natur[43].

- *Steuerstrafverfahren.* Der Finanzrechtsweg ist auch nicht eröffnet für die gerichtliche Überprüfung der Rechtmäßigkeit eines Vorlage- und Auskunftsersuchens, das nach Einleitung eines strafrechtlichen Ermittlungsverfahrens durch die Finanzbehörde ergeht; hierfür ist ausschließlich der ordentliche Rechtsweg gegeben[44].

Ebenso wenig ist der Finanzrechtsweg eröffnet, wenn vorläufiger Rechtsschutz gegen Maßnahmen zur Ermittlung der Besteuerungsgrundlagen erlangt werden soll, die nach Einleitung eines steuerstrafrechtlichen Ermittlungsverfahrens durchgeführt werden[45].

Soweit die Steuerfahndung Vorfeldermittlungen (§ 208 Abs. 1 Nr. 3 AO) anstellt, geschieht dies im Rahmen des Besteuerungsverfahrens. Verlangt sie in dieser Phase etwa Auskünfte von einem Dritten, kann dieser hiergegen im Finanzrechtsweg vorgehen[46].

---

40 BFH vom 6. 2. 2001 VII B 277/00, BStBl. II 2001, 306 m. w. N.
41 BFH vom 6. 2. 2001 VII B 277/00, BStBl. II 2001, 306.
42 BFH vom 2. 12. 1976 IV R 2/76, BStBl. II 1977, 318; FG München vom 9. 10. 1984 XII 276/83, EFG 1985, 540.
43 So auch BFH vom 6. 5. 1997 VII B 4/97, BStBl. II 1997, 543; vom 6. 2. 2001 VII B 277/00, DStR 2001, 350.
44 BFH vom 20. 4. 1983 VII R 2/82, BStBl. II 1983, 482; FG München vom 9. 10. 1984 XII 269/83 AO, EFG 1985, 569.
45 BFH vom 25. 6. 1991 VII B 136, 137/90, BFH/NV 1992, 254.
46 BFH vom 28. 10. 1997 VII B 40/97, BFH/NV 1998, 424; vom 18. 2. 1997 VIII R 33/95, BStBl. II 1997, 499.

Unproblematisch ist die Befugnis des Finanzamts, während steuerstrafrechtlicher Ermittlungen Steuerbescheide zu erlassen. Geschieht dies, ist hiergegen der Finanzrechtsweg eröffnet[47].

- *Stundung von Gerichtskosten*: Soweit ein Kläger nach Durchführung eines finanzgerichtlichen Verfahrens die Stundung der Gerichtskosten zu erreichen versucht, kann er dies nur mit einem Verfahren vor dem Verwaltungsgericht tun (§ 40 Abs. 1 VwGO). Der Finanzrechtsweg ist nicht gegeben[48].
- *Teilnahme der Gemeinden an Außenprüfungen*. Der Finanzrechtsweg steht nicht zur Verfügung, soweit eine Gemeinde ihr Teilnahmerecht nach § 21 Abs. 3 FVG wahrnimmt und die Prüfungsteilnahme einer Gemeinde selbst anordnet[49]. Dies sieht anders aus, wenn das Finanzamt die Prüfung anordnet und dabei die Teilnahme der Gemeinde ankündigt. Danach nämlich steht der Finanzrechtsweg offen[50].

c) Berufsrechtliche Streitigkeiten

Danach ist der Finanzrechtsweg eröffnet für Streitigkeiten über die *Zulassung zur Hilfeleistung in Steuersachen* durch Einzelpersonen und durch Lohnsteuerhilfevereine (§§ 1 – 31 StBerG); über die *Voraussetzungen für die Berufsausübung,* insbesondere das Prüfungswesen, die Bestellung zum Steuerberater oder zum Steuerbevollmächtigten und die Anerkennung der Steuerberatungsgesellschaften sowie Rücknahme und Widerruf der Bestellung oder Anerkennung (§§ 35 – 56 StBerG); über die *Zusammenführung der steuerberatenden Berufe* (§§ 154 – 157b StBerG); über die *Zwangsmittel*, die die Behörden anwenden dürfen, um Aufsichtsmaßnahmen und/oder Untersagung der Hilfeleistung in Steuersachen durchzusetzen (§ 159 StBerG).   14

Nicht hierher gehören berufsrechtliche Streitigkeiten, soweit sie nicht mit dem steuerberatenden Beruf zusammenhängen, etwa berufsrechtliche Streitigkeiten der *Wirtschaftsprüfer, vereidigten Buchprüfer* und *Rechtsanwälte,* selbst wenn diese sich mit Steuersachen beschäftigen. Nicht hierher gehören insbesondere auch die Streitigkeiten über *Beziehungen zwischen den Beratern und ihren Mandanten.* Letztere werden vor den ordentlichen Gerichten (Amts- oder Landgerichten) ausgetragen.   15

d) Zugewiesene Streitigkeiten

Durch Bundesgesetz ist der Finanzrechtsweg eröffnet für: 16

- Streitigkeiten nach dem *Eigenheimzulagengesetz* (§ 15 Abs. 1 Satz 3)
- Streitigkeiten aufgrund des *Zerlegungsgesetzes* (§ 7);

---

47 BFH vom 7. 12. 1999 IV B 146/99, BFH/NV 2000, 413.
48 BFH vom 25. 10. 2000 VII B 230/00, n. v.
49 BFH vom 13. 2. 1990 VIII R 188/85, BStBl. II 1990, 582.
50 BVerwG vom 27. 1. 1995 8 C 30.92, BStBl. II 1995, 522. Zur praktischen Umsetzung vgl. FinMin. NRW, Erlass vom 20. 6. 1996, DB 1996, 1446.

- Streitigkeiten über Verwaltungsakte aufgrund des *Berlinförderungsgesetzes* (§ 19 Abs. 8, § 29 Abs. 7);
- Streitigkeiten über Verwaltungsakte aufgrund des *Bergmannsprämiengesetzes* (§ 3 Abs. 3);
- Streitigkeiten über Verwaltungsakte aufgrund des *Wohnungsbauprämiengesetzes* (§ 8 Abs. 3);
- Streitigkeiten wegen der *Arbeitnehmersparzulage des 5. VermBG* (§ 14 Abs. 6);
- Streitigkeiten wegen der Investitionszulage nach dem *Investitionszulagengesetz* (§ 7 Abs. 1 Satz 3);
- Streitigkeiten über die Festsetzung von *Abschöpfungen* (Gesetz zur Durchführung der gemeinsamen Marktorganisation, § 34);
- Entschädigung der *ehrenamtlichen Richter in der Finanzgerichtsbarkeit* (§ 4 Abs. 1 Satz 2 Nr. 1 JVEG).

3. Zuständigkeit der Finanzgerichte

17 Die Zuständigkeitsfragen sind in den §§ 35 – 37 FGO abschließend und verbindlich geregelt. Dies bedeutet, dass abweichende Vereinbarungen zwischen den Beteiligten hinsichtlich irgendeiner Zuständigkeit bedeutungslos sind. Solche Vereinbarungen können die gesetzliche Zuständigkeit nicht verändern. Durch das (1.) FGOÄG wurde die erstinstanzliche Zuständigkeit des BFH (§ 37 FGO a. F.) gestrichen. In erster Instanz ist damit allein und ausschließlich das Finanzgericht zuständig.

Im wesentlichen sind dabei *drei Zuständigkeiten* zu beachten:

- Sachliche Zuständigkeit (s. Rz. 18);
- Funktionelle Zuständigkeit (s. Rz. 19 ff.);
- Örtliche Zuständigkeit (s. Rz. 27 ff.).

a) Sachliche Zuständigkeit

18 Die sachliche Zuständigkeit beantwortet die Frage, welche Gerichtsart innerhalb des Gerichtszweigs Finanzgerichtsbarkeit für einen Rechtsstreit in erster Instanz zuständig ist. Ausnahmslos entscheiden die Finanzgerichte im *1. Rechtszug* über sämtliche Streitigkeiten, für die der Finanzrechtsweg eröffnet ist (§ 35 FGO).

b) Funktionelle Zuständigkeit

19 Die funktionelle Zuständigkeit beantwortet die Frage, welches Organ eines Gerichtszweiges für das gewählte Rechtsmittel zuständig ist. Im Bereich der Finanzgerichtsbarkeit handelt es sich lediglich um die Abgrenzung der Zuständigkeit des Finanzgerichts als *1. Instanz* von der Zuständigkeit des BFH als *2. (Revisions- und Beschwerde-)Instanz* (§ 36 FGO). Innerhalb desselben Gerichts ist auch die Abgrenzung der Zuständigkeiten zwischen den Senaten, dem Vorsitzenden, dem Berichterstatter und dem Urkundsbeamten eine Frage der funktionellen Zuständigkeit.

Zuständigkeit der Finanzgerichte

Hierher gehört aber auch die in § 6 FGO geregelte Übertragung der Zuständigkeit auf den *Einzelrichter*. Danach kann der Senat einen Rechtsstreit einem seiner Mitglieder als Einzelrichter zur Entscheidung übertragen, wenn

- die Sache keine besonderen Schwierigkeiten tatsächlicher oder rechtlicher Art aufweist und
- die Rechtssache keine grundsätzliche Bedeutung hat.

20

Gegen diese Einzelrichterzuständigkeit waren verfassungsrechtliche Bedenken geäußert worden. So muss bekanntlich der gesetzliche Richter (Art. 101 Abs. 1 Satz 2 GG) vor Beginn eines Rechtsstreits so exakt bestimmt sein, dass jeder Kläger erkennen kann, welches Gericht und welche Mitglieder dieses Gerichts über seinen Fall zu befinden haben. Hierfür bestimmt § 5 Abs. 3 FGO, dass die Senate des Finanzgerichts grundsätzlich in der Besetzung mit drei Richtern und zwei ehrenamtlichen Richtern entscheiden, soweit nicht ein Einzelrichter entscheidet. Die Besetzung der Senate wird im Geschäftsverteilungsplan des Finanzgerichts zum 1.1. eines jeden Jahres eindeutig und umfassend festgelegt. Damit ist auch abschließend geregelt, dass grundsätzlich ein Senat des Finanzgerichts in der Besetzung von drei Berufsrichtern und zwei ehrenamtlichen Richtern entscheidet. Die Zuweisung eines Rechtsstreits an ein Senatsmitglied als Einzelrichter jedoch ist gem. § 6 Abs. 1 FGO von einer (Ermessens-)Entscheidung des Senats abhängig; die Zuweisung wird also erst nach Klageerhebung nach dem Entschluss des Senats (in der Besetzung von drei Berufsrichtern) entschieden. Insoweit steht der gesetzliche Richter als Einzelrichter nicht vor Prozessbeginn fest. Auch hat keiner der Beteiligten Einfluss darauf, ob der Senat den Rechtsstreit einem Einzelrichter zuweist. Die Beteiligten erfahren hiervon zunächst gar nichts; sie werden vorher nicht gehört[51].

21

Insoweit hat jedoch die Entscheidung des BVerfG[52] zur Bedeutung des Art. 101 Abs. 1 Satz 2 GG für die Bestimmung der Sitz- oder Spruchgruppen von Berufsrichtern in überbesetzten gerichtlichen Spruchkörpern bestimmte Voraussetzungen formuliert, denen die Praxis genügen muss. Danach ist es in bestimmten Fällen unbedenklich, die Entscheidung eines Rechtsstreits vom Kollegialgericht auf den Einzelrichter zu übertragen[53]. Das BVerfG hält es jedoch für erforderlich, dass im Voraus nach abstrakten Merkmalen bestimmt ist, welcher Richter an dem jeweiligen Verfahren mitzuwirken hat. Diesem Erfordernis genügt ein nach § 4 FGO i. V. mit § 21g Abs. 2, 3 GVG gefasster Beschluss über die Geschäftsverteilung innerhalb des Spruchkörpers, also des Senats[54].

22

Ein Beschluss, der die Streitentscheidung nach § 6 FGO in die Hände des Einzelrichters begibt, ist im Übrigen nicht anfechtbar (§ 6 Abs. 4 Satz 1 FGO) und damit nach § 124 Abs. 2 FGO grundsätzlich vom Revisionsgericht nicht zu überprüfen[55]. Eine Besetzungsrüge mit der Begründung, die Voraussetzungen für eine

23

---

51 Dazu BFH vom 18. 1. 2000 VII R 2/99, BFH/NV 2000, 599.
52 BVerfG vom 8. 4. 1997 1 PBvU 1/95, BVerfGE 95, 322.
53 Vgl. auch BFH vom 10. 9. 1996 IV R 51/94, BFH/NV 1997, 242.
54 BFH vom 26. 2. 1996 VI R 66/95, BFH/NV 1996, 572.
55 BFH vom 17. 4. 1996 VI R 105/95, BFH/NV 1996, 767.

Übertragung auf den Einzelrichter hätten nicht vorgelegen, hat nur ausnahmsweise Erfolg[56]; so etwa, wenn sich der Einzelrichter selbst bestellt hat, ihm der Rechtsstreit statt durch Senatsbeschluss durch Verfügung des Vorsitzenden zugewiesen worden ist oder wenn sich die Übertragung auf den Einzelrichter aus sonstigen Gründen als „greifbar gesetzwidrig" erweist[57].

24 Die Praxis wird sich mit einer Regelung wie derjenigen des § 6 FGO abfinden müssen; dies selbst in einem zweizügigen Gerichtssystem wie dem der Finanzgerichtsbarkeit. Allerdings lässt sich aus den jährlich vorgelegten Statistiken der einzelnen Finanzgerichte eine sehr unterschiedliche Praxis ableiten, was die Übertragung des Rechtsstreits auf den Einzelrichter betrifft.

25 Der BFH ist nach § 36 FGO *funktionell zuständig* zur Entscheidung über die Rechtsmittel:
- der *Revision* gegen Urteile des Finanzgerichts und gegen Entscheidungen, die Urteilen des Finanzgerichts gleichstehen;
- der Beschwerde gegen andere Entscheidungen des Finanzgerichts, des Vorsitzenden oder des Berichterstatters.

26 Streitigkeiten über funktionelle Zuständigkeiten innerhalb des gleichen Gerichts werden im Urteil zumindest stillschweigend mit entschieden.

c) Örtliche Zuständigkeit

27 Die örtliche Zuständigkeit beantwortet die Frage nach dem räumlichen Entscheidungsbereich des angegangenen Gerichts.

Örtlich zuständig ist *das Finanzgericht, in dessen Bezirk die Behörde, gegen welche die Klage gerichtet ist, ihren Sitz hat* (§ 38 Satz 1 FGO). Dies gilt unabhängig davon, ob es sich um den richtigen Beklagten handelt (vgl. dazu § 63 FGO). Nur wenn sich der Sitz dieser Finanzbehörde außerhalb ihres (Arbeits-)Bezirks befindet, richtet sich die örtliche Zuständigkeit nach der Lage des (Arbeits-)Bezirks (§ 38 Abs. 1 und Abs. 3 FGO).

28 Eine Ausnahme von dieser Grundregel gilt dann, wenn die Behörde, die den Verwaltungsakt erlässt, eine *oberste Finanzbehörde* (des Landes oder des Bundes) ist. In diesem Fall ist das Finanzgericht örtlich zuständig, in dessen Bezirk der Kläger seinen Wohnsitz, seine Geschäftsleitung oder seinen gewöhnlichen Aufenthalt hat (§ 38 Abs. 2 FGO). Dadurch soll dem betroffenen Kläger der Vorteil der Nähe des ihm Rechtsschutz gewährenden Finanzgerichts erhalten bleiben. Nur wenn der Kläger im (Arbeits-)Bezirk der obersten Finanzbehörde keinen Wohnsitz, keine Geschäftsleitung und keinen gewöhnlichen Aufenthalt hat, ist das Finanzgericht zuständig, in dessen Bezirk die oberste Finanzbehörde ihren Sitz hat.

---

56 BFH vom 28. 1. 2003 VI B 75/02, BFH/NV 2003, 926, m. w. N.
57 So die Rechtsprechung des BFH; vgl. etwa BFH vom 19. 1. 1994 II R 69/93, BFH/NV 1994, 725; vom 29. 5. 1996 IV R 26/95, BFH/NV 1996, 908.

Ähnlich ist es bei *Zöllen, Verbrauchsteuern und Monopolabgaben.* Bei Rechtsstreiten über diese Belange ist das Finanzgericht örtlich zuständig, in dessen Bezirk ein Tatbestand verwirklicht wird, an den das Gesetz die Abgabe knüpft.

29

Ändert sich die örtliche Zuständigkeit der Finanzbehörde, die den erstinstanzlichen Verwaltungsakt erlassen hat, nach Eintritt der Rechtshängigkeit, so wird dadurch die örtliche Zuständigkeit des Gerichts grundsätzlich nicht berührt. Dies kommt in Betracht, wenn etwa der Kläger nach Rechtshängigkeit in einen anderen Finanzamts- oder Finanzgerichtsbezirk verzieht. Gleiches gilt, wenn nach Ergehen des Verwaltungsakts die Zuständigkeit des Finanzamts (der erstinstanzlichen Verwaltungsbehörde) durch Zusammenlegung oder Aufhebung von Finanzämtern geändert wird. In diesem Fall ändert sich nicht die Zuständigkeit des Gerichts; nur der Beklagte ist danach ein anderer. Wird ein Änderungsbescheid von einem anderen Finanzamt erlassen als der ursprüngliche Bescheid und wird der Änderungsbescheid gem. § 68 FGO Gegenstand des Klageverfahrens, so richtet sich die Klage nunmehr gegen das Finanzamt, das den Änderungsbescheid erlassen hat. Es tritt ein Beteiligtenwechsel ein. Haben das Finanzamt, gegen das sich die Klage ursprünglich richtete, und das Finanzamt, gegen das sich die Klage nach Änderung des angefochtenen Bescheids richtet, in verschiedenen Finanzgerichts-Bezirken ihren Sitz, hat der Wechsel des beklagten Finanzamts gleichzeitig den Wechsel des zuständigen Finanzgerichts zur Folge[58]. Der Grundsatz, dass die bei Beginn der Rechtshängigkeit bestehende Zuständigkeit erhalten bleibt, gilt also nicht bei einem Wechsel des Beklagten.

30

Von der örtlichen Zuständigkeit des *Finanzgerichts* ist zu unterscheiden die Frage, ob die erstinstanzlich tätig gewordene *Verwaltungsbehörde* zum Erlass des angefochtenen Verwaltungsakts örtlich zuständig war. **Die Frage der örtlichen Zuständigkeit der erstinstanzlichen Verwaltungsbehörde** hat keinerlei Einfluss auf die Zuständigkeit des Gerichts. Die örtliche Unzuständigkeit der erstinstanzlichen Verwaltungsbehörde kann allenfalls die Nichtigkeit oder die Anfechtbarkeit des erlassenen Verwaltungsakts begründen mit der Folge, dass der dagegen erhobenen Klage stattzugeben ist (vgl. jedoch § 125 Abs. 3 Nr. 1 AO). Es handelt sich also nicht um eine Frage der Zuständigkeit des Gerichts, sondern um eine Frage der Begründetheit der Klage.

31

4. Kompetenz- und Zuständigkeitskonflikte

Da die Fragen der Zulässigkeit des Rechtswegs und der Zuständigkeit des Gerichts Prozessvoraussetzungen sind, die von Amts wegen geprüft werden müssen, ist es auch notwendig, dass verbindlich über die Zulässigkeit des Rechtswegs und die Zuständigkeit eines Gerichts entschieden wird.

32

Über die Zulässigkeit des Finanzrechtswegs entscheiden die Finanzgerichte bindend. Dies betrifft sowohl die Bejahung als auch die Verneinung der Zulässigkeit des Finanzrechtswegs. *Bejaht das Finanzgericht die Zulässigkeit* des Rechtswegs, so wird in der Regel hierüber nicht gesondert entschieden; die bejahende

33

---

[58] BFH vom 9. 11. 2004 V S 21/04, BStBl. II 2005, 101.

Entscheidung über die Zulässigkeit ist stillschweigend in jeder Sachentscheidung enthalten. In besonderen Fällen kann das Finanzgericht auch durch Zwischenurteil (s. Rz. 760) lediglich über die Zulässigkeit der Klage vorab entscheiden, bevor es in die Sachentscheidung eintritt (§ 97 FGO). Dieses Zwischenurteil kann dann selbständig mit der Revision angefochten werden, soweit diese statthaft ist (s. Rz. 806 ff.).

34 *Verneint das Finanzgericht die Zulässigkeit des Rechtswegs*, so spricht das Gericht dies nach Anhörung der Beteiligten im Beschlussverfahren aus (§ 17a Abs. 2 Satz 1 GVG). Zugleich verweist es den Rechtsstreit an das zuständige Gericht (z. B. an das Sozialgericht, soweit der Rechtsstreit Kindergeld für Zeiträume vor dem 1. 1. 1996 betrifft). Der Beschluss ergeht von Amts wegen; er bedarf also keines Antrags seitens eines der Beteiligten. Der Beschluss des Finanzgerichts ist für das Gericht, an das verwiesen wird, hinsichtlich der Rechtswegfrage verbindlich (§ 17a Abs. 1 GVG).

35 Gegen einen Verweisungsbeschluss kann Beschwerde (zum BFH) nur dann eingelegt werden, wenn der Beschluss diese ausnahmsweise – etwa wegen grundsätzlicher Bedeutung – zulässt (§ 17a Abs. 4 Satz 5 GVG).

36 Neben den Gerichten der Finanzgerichtsbarkeit können auch die **Gerichte der anderen Gerichtsbarkeiten** bindend über die Zulässigkeit des Rechtswegs befinden. Dies jedoch nur dann, wenn die Entscheidung dieser anderen Gerichte vor einer Entscheidung der Finanzgerichte getroffen wird. Hat nämlich ein Gericht der ordentlichen Gerichtsbarkeit oder ein Gericht der Arbeits-, Verwaltungs- oder Sozialgerichtsbarkeit den zu ihm beschrittenen Rechtsweg zuvor (also vor einer entsprechenden Entscheidung der Finanzgerichte) rechtskräftig für zulässig oder für unzulässig erklärt, so sind die Gerichte der Finanzgerichtsbarkeit an diese Entscheidung ebenfalls gebunden (§ 17a GVG). Dadurch wird erreicht, dass bei Kompetenzstreitigkeiten zwischen den Gerichten nicht etwa der Rechtsschutz suchende Bürger der Leidtragende ist. Für seinen begehrten Rechtsschutz gibt es also immer einen zulässigen Rechtsweg und ein zuständiges Gericht (vgl. Art. 19 Abs. 4 GG).

37 Bei **Streitigkeiten über das zuständige Finanzgericht** entscheidet der *BFH* nach § 39 Abs. 1 FGO:

- wenn das an sich zuständige Finanzgericht in einem Einzelfall an der Ausübung der Gerichtsbarkeit rechtlich oder tatsächlich verhindert ist (Nr. 1);
- wenn es wegen der Grenzen verschiedener Gerichtsbezirke ungewiss ist, welches Finanzgericht für den Rechtsstreit zuständig ist (Nr. 2);
- wenn verschiedene Finanzgerichte sich rechtskräftig für zuständig erklärt haben (Nr. 3);
- wenn verschiedene Finanzgerichte, von denen eines für den Rechtsstreit zuständig ist, sich rechtskräftig für unzuständig erklärt haben (Nr. 4);
- wenn eine örtliche Zuständigkeit nach § 38 FGO nicht gegeben ist (Nr. 5).

Zu dieser Entscheidung kann jeder am Rechtsstreit Beteiligte und jedes mit dem 38
Rechtsstreit befasste Finanzgericht den BFH anrufen. Dieser entscheidet dann in
der Regel ohne mündliche Verhandlung durch Beschluss (§ 39 Abs. 2 FGO).

Hält sich das angerufene Gericht für sachlich oder örtlich unzuständig, so hat 39
es sich auf *Antrag des Klägers* durch Beschluss für unzuständig zu erklären und
den Rechtsstreit an das zuständige Gericht zu verweisen, wenn dieses bestimmt
werden kann (§ 70 Abs. 1 FGO i. V. m. §§ 17 ff. GVG). Dieser Beschluss ist unanfechtbar und für das bezeichnete Gericht bindend; die Wirkungen der Rechtshängigkeit bleiben bestehen.

Einen entsprechenden Verweisungsbeschluss wegen *örtlicher* Unzuständigkeit 40
kann auch das Gericht treffen, an das der Rechtsstreit von einem vorher befassten
Gericht verwiesen wurde (sog. Weiterverweisung). Dieses Gericht der Verweisung ist nämlich nur negativ gebunden dahin, dass es den Rechtsstreit nicht wieder an das verweisende Gericht zurückgeben kann. Wenn es dagegen ein drittes
Gericht für zuständig erachtet, kann es den Rechtsstreit dorthin weiter verweisen.
Bei einer Verweisung wegen *sachlicher* Unzuständigkeit ist umstritten, ob eine
Weiterweisung möglich ist.

Bei diesen Entscheidungen über die Zulässigkeit des Rechtswegs und die Zu- 41
ständigkeit des Gerichts *ist zuerst die Frage der Zulässigkeit des Rechtswegs und
sodann erst die Frage der Zuständigkeit des Gerichts zu prüfen.* Es ergibt sich also
eine gewisse Reihenfolge der Prüfung.

B. Verfahrensgrundsätze

1. Prozessführung mit oder ohne Bevollmächtigten

Jeder Prozessfähige[59] kann seinen Steuerprozess vor dem Finanzgericht selbständig führen und in eigener Person sämtliche Verfahrenshandlungen vornehmen. Vom Grundsatz der Eigenvertretung gibt es drei Ausnahmen: 42
- Bestellung eines Bevollmächtigten durch den Beteiligten (s. Rz. 43 ff.);
- Gerichtliche Anordnung zur Bestellung eines Bevollmächtigten[60] (s. Rz. 53 f.);
- Vertretungszwang vor dem BFH (s. Rz. 55 ff.).

a) Bestellung eines Bevollmächtigten durch den Beteiligten

Die Beteiligten können sich nach ihrem freien Entschluss in jedem Stadium des Verfahrens durch Bevollmächtigte vertreten lassen (§ 62 Abs. 1 Satz 1 FGO). Die *Prozessvollmacht* ist zu unterscheiden von der *Empfangsbevollmächtigung*. Die Empfangsbevollmächtigung berechtigt lediglich zur Empfangnahme aller bekannt zu gebenden Entscheidungen. Die Prozessvollmacht ermächtigt darüber hinaus zur Führung des gesamten Steuerprozesses und zur Vornahme aller dazu erforderlichen Prozesshandlungen[61], wie z. B. der Stellung eines Prozesskostenhilfeantrages oder eines Antrages auf Aussetzung der Vollziehung, der Klagerücknahme, der Erklärung der Erledigung der Hauptsache oder der Einlegung der Beschwerde oder der Revision. Sie erstreckt sich zudem auf die Bekanntgabe von Verwaltungsakten, die den Klagegegenstand betreffen[62] (z. B. Änderungsbescheide). Ist ein Bevollmächtigter wirksam bestellt, so sind alle Zustellungen oder Mitteilungen des Gerichts nicht an den Kläger selbst, sondern an den Bevollmächtigten zu richten (§ 62 Abs. 3 Satz 5 FGO). Ist zweifelhaft, ob eine wirksame Bestellung vorliegt ist, so können Zustellungen und Mitteilungen auch an den Kläger persönlich gerichtet werden, um die Zweifel an der Bevollmächtigung zu beheben. Bei Bestellung mehrerer Prozessbevollmächtigter reicht die Zustellung von Ladungen und sonstigen Schriftstücken an nur einen von ihn aus[63]. 43

Der *Bevollmächtigte* muss prozess- und postulationsfähig sein. Er muss über die Fähigkeit zum sachgerechten schriftlichen und mündlichen Vortrag verfügen. Ansonsten kann er vom Gericht zurückgewiesen werden. Steuerberater, Steuerbevollmächtigte, Steuerberatungsgesellschaften, Rechtsanwälte, Wirtschaftsprüfer, 44

---

59 Zur Prozessfähigkeit s. Rz. 211 ff.
60 Neben den Bevollmächtigten gibt es – als weniger intensive und umfassende Form der Verfahrensunterstützung – die Beistände, für die § 90 ZPO gilt. Da der Beistand wegen der Kompliziertheit der Steuerrechtsmaterie keine nennenswerte Praxisrelevanz hat, soll im Folgenden nur von den Bevollmächtigten die Rede sein.
61 Vgl. BFH vom 26. 8. 1982 IV R 31/82, BStBl. II 1983, 23.
62 BFH vom 29. 10. 1997 X R 37/95,. BStBl. II 1998, 266.
63 BFH vom 25. 9. 1996 III R 53/93, BStBl. II 1997, 269; vom 7. 7. 1998 III R 87/97, BFH/NV 1999, 191; vom 27. 11. 2002 VIII B 179/02, BFH/NV 2003, 489.

Wirtschaftsprüfungsgesellschaften, vereidigte Buchprüfer oder Buchprüfungsgesellschaften können regelmäßig nicht zurückgewiesen werden. Dasselbe gilt für Notare oder Patentanwälte, wenn sie im Rahmen ihrer Befugnisse nach der Bundesnotarordnung und der Bundespatentanwaltsordnung tätig werden (§ 62 Abs. 2 FGO). Ein Berufsangehöriger ist als Prozessbevollmächtigter ausnahmweise aber zurückzuweisen, wenn seine Bestellung bestandskräftig widerrufen worden ist[64].

45 Die Bevollmächtigung muss durch eine *schriftliche Vollmacht* nachgewiesen werden (§ 62 Abs. 3 Satz 1 FGO). Dies bedeutet, dass der Kläger seinem Prozessbevollmächtigten eine schriftliche Prozessvollmacht mit eigenhändiger Unterschrift geben muss, damit dieser sie dem Gericht vorlegen kann. Die schriftliche Vollmacht kann durch eine Erklärung des Klägers zu Protokoll in der mündlichen Verhandlung ersetzt werden. Das Protokoll erfüllt die Schriftform und die eigenhändige Unterschrift des Klägers ist nicht erforderlich. Prozesshandlungen, die von einem Vertreter ohne eine Vollmacht vorgenommen werden, sind grundsätzlich unwirksam. Sie können jedoch genehmigt werden, etwa durch den Kläger zu Protokoll in der mündlichen Verhandlung. Die Vorlage einer Fotokopie – selbst wenn sie beglaubigt ist – oder die eines Telefax durch den Bevollmächtigten reicht nicht aus[65]; anders dagegen ein vom Kläger aufgegebenes Telefax oder Computer-Telefax[66]. Da die Rechtsprechung des BFH Vollmachtskopien nicht einheitlich behandelt, sollte man – insbesondere wenn eine Ausschlussfrist zur Vollmachtsvorlage gesetzt worden ist (s. Rz. 487 ff.) – „auf Nummer Sicher" gehen und stets das Vollmachtsoriginal bei Gericht einreichen. U. E. legt die Rechtsprechung das Merkmal der Schriftlichkeit in § 62 Abs. 3 S. 1 FGO bisweilen zu streng aus; denn die Vorschrift regelt nicht die Wirksamkeit der Vollmacht, sondern lediglich deren Nachweis[67].

46 Die Prozessvollmacht ist *für jedes Verfahren* gesondert zu prüfen und muss deshalb auch für jedes Verfahren gesondert nachgewiesen werden[68]. Sie ist grundsätzlich beim zuständigen Spruchkörper zum jeweiligen Verfahren im Original einzureichen[69].

47 Die *Vollmachtsurkunde* muss – zumindest durch Auslegung – erkennen lassen,

- wer bevollmächtigt hat,
- wer bevollmächtigt ist und
- wozu bevollmächtigt wurde[70].

---

64 BFH vom 24. 9. 2003 X B 137/02, BFH/NV 2004, 92.
65 BFH vom 2. 8. 1994 IX R 102/91, BFH/NV 1995, 534; vom 12. 8. 1998 IV B 94/97, BFH/NV 1999, 324
66 BFH vom 19. 5. 1999 VI R 185/98, BFH/NV 1999, 1604; vom 11. 11. 1997 VII B 108/97, BFH/NV 1998, 604.
67 BFH vom 13. 11. 2003 V B 49/03, BFH/NV 2004, 360.
68 BFH vom 30. 11. 1988 I R 168/84, BStBl. II 1989, 514; vom 10. 4. 1990 V R 49/85, BFH/NV 1991, 178; vom 12. 3. 1991 VII B 130/90, BFH/NV 1991, 762; vom 22. 9. 2000 XI B 126/98, BFH/NV 2001, 324.
69 BFH vom 30. 7. 1991 VIII B 88/89, BStBl. II 1991, 848.
70 BFH vom 27. 2. 1998 VI R 88/97, BStBl. II 1998, 445; vom 9. 6. 1999 I R 23, BFH/NV 2000, 51

Sie muss sich auf einen konkreten Rechtsstreit beziehen. Dieser Zusammenhang kann sich bereits daraus ergeben, dass die Vollmacht einem Schriftsatz beigeheftet ist, der den Rechtsstreit bezeichnet und der auf die anliegende Vollmacht hinweist[71]. Unter Umständen wird der Verfahrensbezug auch dann durch die Beiheftung ausreichend konkretisiert, wenn die Klageschrift keinen ausdrücklichen Hinweis auf die beigeheftete Vollmacht enthält[72]. Aus der Vollmachtsurkunde müssen zudem der Vollmachtgeber und der Bevollmächtigte erkennbar sein. Hat im Falle der Klage einer GbR nur einer der vertretungsberechtigten Gesellschafter Vollmacht erteilt, liegt keine wirksame Bevollmächtigung vor. Auch wenn die Vollmachtsurkunde selbst den Namen des Bevollmächtigten nicht enthält, kann der Bevollmächtigte dadurch hinreichend bezeichnet sein, dass die Vollmacht der Klagebegründung beigefügt ist, in der sich der Prozessbevollmächtigte bestellt[73].

48

Prozessvollmacht

Franz Schermann
Mühlenweg 8
66115 Saarbrücken

beauftragt und bevollmächtigt hiermit
den Steuerberater
Horst Müller
Luisenstraße 62
66111 Saarbrücken

ihn vor dem Finanzgericht des Saarlandes zu vertreten. Der Auftrag und die Vollmacht beziehen sich auf die Anfechtung des Einkommensteuerbescheides für 2003 in Form der Einspruchsentscheidung 040/275/04189 VO 01 vom 14. Januar 2006.

Saarbrücken, den 28. Januar 2006

_____
(Franz Schermann)

Die Berechtigung eines Prozessbevollmächtigten zur Klageerhebung, Antragstellung oder Rechtsmitteleinlegung ist *Sachurteilsvoraussetzung*. Diese muss in jedem Stadium des Verfahrens erfüllt sein und wird durch das Gericht grundsätzlich von Amts wegen überprüft (§ 62 Abs. 3 Satz 2 FGO). Eine wichtige Einschränkung macht Satz 6 des § 62 Abs. 3 FGO. Hiernach braucht das Gericht den Mangel der Vollmacht nicht von Amts wegen zu beachten, wenn als Bevollmächtigter eine Person auftritt, die zur unbeschränkten Hilfeleistung in Steuersa-

49

---

71 BFH vom 27. 10. 1989 VI B 163/89, BFH/NV 1990, 648; vom 15. 11. 1991 VI R 3/90, BFH/NV 1992, 608.
72 BFH vom 20. 9. 1991 III R 49/90, BFH/NV 1992, 400.
73 BFH vom 10. 3. 1988 IV R 218/85, BStBl. II 1988, 731.

Verfahrensgrundsätze

chen im Sinne des § 3 Nr. 1 – 3 StBerG befugt ist[74], d. h. wenn es sich bei den Bevollmächtigten z. B. um Steuerberater, Steuerbevollmächtigte, Steuerberatungsgesellschaften, Rechtsanwälte, Wirtschaftsprüfer, Wirtschaftsprüfungsgesellschaften, vereidigte Buchprüfer oder Buchprüfungsgesellschaften handelt. In diesen Fällen gehen die Finanzgerichte zunächst stillschweigend von einer Bevollmächtigung aus. Sie fordern von einem Angehörigen der beratenden Berufe eine Vollmacht nur an, wenn im konkreten Fall Zweifel an der Existenz einer solchen bestehen. Für die Vertretung durch andere Personen (durch den Ehegatten oder durch zu beschränkter steuerlicher Hilfeleistung befugte Personen[75]) gelten die allgemeinen Grundsätze.

50 Steht nach dem Gesellschaftsvertrag die Vertretung einer *Gesellschaft bürgerlichen Rechts* allen Gesellschaftern gemeinschaftlich zu, bedarf es zum Nachweis der Bevollmächtigung einer von allen Gesellschaftern unterschriebenen Prozessvollmacht. Bestehen Zweifel an der Bevollmächtigung der als Vertreter auftretenden Person, ist die Bevollmächtigung auch einer Person i. S. d. § 62 Abs. 3 Satz 6 FGO durch eine schriftliche Vollmacht nachzuweisen[76].

51 Eine fehlende Vollmacht kann nachgereicht werden (§ 62 Abs. 3 Satz 3 FGO). Der Vorsitzende oder der Berichterstatter können hierzu eine *Ausschlussfrist* setzen (§ 62 Abs. 3 Satz 2, 3 FGO, s. Rz. 487 ff.). Wegen ihrer einschneidenden Bedeutung muss die Fristsetzung dem betroffenen Beteiligten zugestellt werden (§ 53 Abs. 1 FGO). Bei Versäumung der Ausschlussfrist kann gegebenenfalls – wenn ausreichende Gründe dafür vorhanden sind – Wiedereinsetzung in den vorigen Stand gem. § 56 FGO verlangt werden (§ 62 Abs. 3 Satz 4 FGO, s. Rz. 526 ff.). Der Ablauf der Ausschlussfrist hat folgende prozessuale Wirkungen:

- Der Beteiligte ist im Verfahren nicht ordnungsgemäß vertreten.

---

74 Die Vorschrift lautet in der ab 1. 7. 2000 gültigen Fassung:
Zur geschäftsmäßigen Hilfeleistung in Steuersachen sind befugt:
1. Steuerberater, Steuerbevollmächtigte, Rechtsanwälte, niedergelassene europäische Rechtsanwälte, Wirtschaftsprüfer und vereidigte Buchprüfer,
2. Partnerschaftsgesellschaften, deren Partner ausschließlich die in Nummer 1 und 4 genannten Personen sind,
3. Steuerberatungsgesellschaften, Rechtsanwaltsgesellschaften, Wirtschaftsprüfungsgesellschaften und Buchprüfungsgesellschaften,
4. Personen oder Vereinigungen, die in einem anderen Mitgliedstaat der Europäischen Union als Deutschland beruflich niedergelassen sind und dort befugt geschäftsmäßig Hilfe in Steuersachen nach dem Recht des Niederlassungsstaates leisten, soweit sie mit der Hilfeleistung in Steuersachen eine Dienstleistung nach Artikel 50 EG-Vertrag erbringen. Sie dürfen dabei nur unter der Berufsbezeichnung in den Amtssprachen des Niederlassungsstaates tätig werden, unter der sie ihre Dienste im Niederlassungsstaat anbieten. Wer danach berechtigt ist, die Berufsbezeichnung „Steuerberater", „Steuerbevollmächtigter" oder „Steuerberatungsgesellschaft" zu führen, hat zusätzlich die Berufsorganisation, der er im Niederlassungsstaat angehört, sowie den Niederlassungsstaat anzugeben. Der Umfang der Befugnis zur Hilfeleistung in Steuersachen im Inland richtet sich nach dem Umfang dieser Befugnis im Niederlassungsstaat.
75 Hierzu zählen nach § 4 StBerG insbesondere die Lohnsteuerhilfevereine.
76 BFH vom 23. Juli 2002 II B 44/01, BFH/NV 2002, 1602.

- Die Klage gilt als vollmachtlos erhoben und ist durch Prozessurteil als unzulässig abzuweisen[77]. Die Kosten werden dem vollmachtlosen Vertreter auferlegt[78].
- Die Vollmachtserteilung nach Fristablauf (oder wenn eine solche nicht gesetzt war nach Verkündung des die Klage abweisenden Urteils[79]) bewirkt keine (rückwirkende) Genehmigung der Klageerhebung. Die Klage ist nach wie vor als unzulässig abzuweisen[80]. Die Kosten sind dem Kläger aufzuerlegen, weil er durch die (nachträgliche) Erteilung der Vollmacht in die Klageerhebung eingewilligt hat[81]. Der vollmachtlose Vertreter kann die Klage zurücknehmen[82].
- Eine mit wesentlichen Mängeln behaftete Vollmachtsurkunde ist wie eine nicht vorhandene Bevollmächtigung zu werten. Die Klage ist als unzulässig abzuweisen; die Kosten sind dem Kläger, nicht dem vollmachtlosen Vertreter aufzuerlegen[83].

Der Kläger kann dem Bevollmächtigten das Mandat jederzeit entziehen; der Bevollmächtigte kann das Mandat jederzeit niederlegen. Dem Finanzamt gegenüber wird die Beendigung der Vertretung aber erst durch die Anzeige des Erlöschens der Prozessvollmacht wirksam (§ 87 Abs. 1 ZPO i. V. m. § 155 FGO). Durch den Tod des Klägers wird die Vollmacht nicht berührt. Er hat aber nach der Aussetzung des Rechtsstreites eine Vollmacht des Rechtsnachfolgers beizubringen (§ 86 ZPO i. V. m. § 155 FGO[84]).   52

b) Gerichtliche Anordnung zur Bestellung eines Bevollmächtigten
Das Gericht kann durch Beschluss anordnen, dass ein Bevollmächtigter bestellt   53
werden muss (§ 62 Abs. 1 Satz 2 FGO). Das Gericht bestellt also den Bevollmächtigten nicht selbst, sondern gibt dem Beteiligten auf, sich durch einen Bevollmächtigten seiner Wahl vertreten zu lassen. Ein solcher Beschluss wird im Interesse des Beteiligten gefasst, wenn Umfang und Schwierigkeit des Rechtsstreits ihn überfordern. Auch eine schwere Erkrankung oder eine ansonsten nachhaltige Verhinderung des Beteiligten können Anlass einer solche Anordnung sein, wenn der Rechtsstreit andernfalls nicht in angemessener Zeit abgewickelt werden kann[85]. Die Entscheidung, ob ein Beteiligter den Schwierigkeiten des Verfahrens nicht gewachsen ist oder ob eine unangemessene Prozessverzögerung eintritt,

---

77 BFH vom 10. 11. 1966 V R 46/66, BStBl. III 1967, 5; vom 4. 7. 1984 II R 188/82, BStBl. II 1984, 831; Gemeinsamer Senat der Obersten Gerichtshöfe des Bundes vom 17. 4. 1984 GemS-OGB 2/83, HFR 1984, 389.
78 Grundlegend BFH vom 19. 4. 1968 III B 85/67, BStBl. II 1968, 473; s. z. B. auch BFH vom 30. 9. 1999 I R 9/98, BFH/NV 2000, 572.
79 Siehe dazu aber auch BFH vom 16. 11. 1993 VIII R 7/93, BFH/NV 1994, 891.
80 BFH vom 26. 8. 1987 I R 135/84, BStBl. II 1988, 280; vom 12. 2. 1999 III B 29/98, BFH/NV 1999, 1109.
81 BFH vom 11. 1. 1980 VI R 11/79, BStBl. II 1980, 229.
82 Ständige Rechtsprechung: z. B. BFH vom 22. 5. 1979 VII B 10/79, BStBl. II 1979, 564; vom 20. 12. 1995 V R 52/95, BFH/NV 1996, 496.
83 BFH vom 17. 7. 1984 VIII R 20/82, BStBl. II 1984, 802.
84 S dazu auch BFH vom 26. 2. 2002 X B 79/01, BFH/NV 2002, 1035.
85 BFH vom 8. 3. 1967 VI 107-108/64, VI 307-308/65, BStBl. III 1967, 258; vom 14. 11. 1988 IV B 77/88, BFH/NV 1989, 515; vom 23. 10. 2000 VII B 193/00, BFH/NV 2001, 335.

trifft das Gericht unter sachgerechter Ermessensausübung an Hand der Umstände des Einzelfalls.

54 Mit der Bestandskraft der Anordnung verliert der Beteiligte – von der Befugnis zur Vertreterbestellung abgesehen – seine Postulationsfähigkeit. Alle von ihm persönlich vorgenommenen weiteren Prozesshandlungen sind unwirksam; sein weiteres sachliches Vorbringen ist unbeachtlich[86]. Der Beteiligte, gegen den ein solcher Beschluss ergangen ist, wird in seiner Person sozusagen aus dem Prozess ausgeschaltet. Da es sich um einen schweren Eingriff handelt, muss dies das äußerste Mittel des Gerichts sein, um eine angemessene Weiterführung des Prozesses sicherzustellen. Der Kläger kann gegen den Beschluss Beschwerde zum BFH einlegen (§ 128 FGO, Rz. 865 ff.).

c) Vertretungszwang vor dem BFH

55 Vor dem BFH muss sich jeder Beteiligte durch eine Person im Sinne des § 3 Nr. 1 StBerG[87] (Rechtsanwalt, Steuerberater, Steuerbevollmächtigter, vereidigter Buchprüfer oder Wirtschaftsprüfer) als Bevollmächtigten vertreten lassen (§ 62a Abs. 1 Satz 1, 2 FGO). Der Vertretungszwang umfasst grundsätzlich das gesamte Verfahren und alle Prozesshandlungen vor dem BFH. Dies gilt auch für die Einlegung der Revision und der Beschwerde. Lediglich juristische Personen des öffentlichen Rechts und Behörden können sich durch einen ihrer Beamten oder Angestellten mit der Befähigung zum Richteramt vertreten lassen (§ 62a Abs. 1 Satz 3 FGO, „Behördenprivileg").

56 Außer den in § 62a Abs. 1 Satz 1 FGO genannten natürlichen Personen sind vor dem BFH auch Gesellschaften im Sinne des § 3 Nr. 2 und 3 StBerG vertretungsberechtigt, die durch Personen gem. § 3 Nr. 1 StBerG[88] tätig werden (§ 62a Abs. 2 FGO). Dies bedeutet, dass eine natürliche Person mit der in § 3 Nr. 1 StBerG genannten Qualifikation für die Gesellschaft tätig werden muss. Ist sie nicht deren Organ, muss sie sich durch die Vorlage einer Untervollmacht legitimieren[89].

57 Die unterschiedliche Behandlung von „niedergelassenen europäischen Rechtsanwälten" und „europäischen niedergelassenen Steuerberatern" durch § 3 Nr. 1 StBerG stellt keine dem EG-Vertrag widersprechende Diskriminierung europäischer Steuerberater gegenüber europäischen Rechtsanwälten dar[90].

58 Die Mandatsniederlegung des Bevollmächtigten vor dem BFH wird gem. § 87 Abs. 1, 2. Halbsatz ZPO i. V. m. § 155 FGO dem Gegner gegenüber erst durch die Bestellung eines anderen Vertreters i. S. d. § 62a FGO wirksam[91].

---

86 BFH vom 18. 2. 1971 V K 1/69, BStBl. II 1971, 370; vom 22. 8. 1989 IV B 168/88, BFH/NV 1990, 707; vom 9. 11. 1995 XI B 149/94, BFH/NV 1996, 481, 781.
87 S. dazu Fn. 74.
88 S. dazu Fn. 74.
89 BFH vom 22. 10. 1998 X R 77/95, BFH/NV 1999, 625.
90 BFH vom 3. Juni 2004 IX B 71/04, BFH/NV 2004, 1290; Verfassungsbeschwerde nicht zur Entscheidung angenommen, vgl. BVerfG vom 14. August 2004 1 BvR 1776/04.
91 Vgl. BFH vom 14. Februar 2003 X R 35/02, BFH/NV 2003, 652.

2. Amts-Ermittlungspflicht

Das Finanzgericht hat den Sachverhalt grundsätzlich von Amts wegen zu erforschen. Dabei sind die Beteiligten heranzuziehen. Sie haben ihre Erklärungen über tatsächliche Umstände vollständig und der Wahrheit gemäß abzugeben und sich auf Anforderung des Gerichts zu den von den anderen Beteiligten vorgebrachten Tatsachen zu erklären (§ 76 Abs. 1 Satz 1 – 3 FGO). Das Gericht entscheidet später aufgrund seiner freien, aus dem Gesamtergebnis des Verfahrens gewonnenen Überzeugung (§ 96 Abs. 1 Satz 1 FGO). **Diese Amts-Ermittlungspflicht beinhaltet danach dreierlei:**

59

- Das Gericht ist verpflichtet, den in den Prozess eingebrachten *Sachverhalt* materiell auf seine steuerliche Bedeutsamkeit hin *vollständig zu erforschen* und dabei den entscheidungserheblichen Beweisanträgen zu entsprechen[92]. Sodann hat es nach vollendeter Sachaufklärung die *steuerliche Subsumtion* vorzunehmen und über die steuerlichen Folgen zu entscheiden (s. Rz. 60 ff.).
- Das Finanzgericht besitzt die *Herrschaft über das gesamte gerichtliche Verfahren* (s. Rz. 63 ff.). Sind mit der Klage z. B. Umsatzsteuerbescheide für die Jahre 2000 bis 2002 angefochten, kann das Gericht den Rechtsstreit wegen Umsatzsteuer 2001 abtrennen und entscheiden, wenn die streitigen Punkte entscheidungsreif sind. Eine Beschwerde gegen den Abtrennungsbeschluss ist ausgeschlossen (§ 128 Abs. 2 FGO).
- Die Beteiligten haben in diesem Rahmen eine *Mitwirkungspflicht* (s. Rz. 83 ff.). Diese ergibt sich beim Kläger aus der Tatsache, dass er Klage erhoben hat und ein bestimmtes Ziel verfolgt. Damit ist er auch verpflichtet, alle Umstände, die mit dem von ihm verfolgten Klageziel zusammenhängen, vorzutragen und gegebenenfalls dafür Beweis oder – als minderer Grad des Nachweises – Glaubhaftmachung anzubieten[93].

a) Ermittlungspflicht des Gerichts

Das Gericht hat den von den Beteiligten in den Prozess eingeführten Stoff sachlich möglichst exakt festzustellen und rechtlich zu würdigen. *Das Gericht bestimmt dabei grundsätzlich – im Rahmen der Sachanträge – auch über den Umfang und die Art dieser Ermittlungen.* Dies verpflichtet das Finanzgericht jedoch nicht, den Sachverhalt hinsichtlich des Prozessgegenstandes (z. B. Einkommensteuer 2002) insgesamt zu untersuchen. Der Umfang ist vielmehr begrenzt durch jene Vorgänge, die in unmittelbarem Zusammenhang mit dem tatbestandsmäßigen Vorbringen der Beteiligten stehen (z. B. unterbliebene Anerkennung von Aufwendungen wegen doppelter Haushaltsführung eines Arbeitnehmers). **Mangelnde Sachaufklärung** liegt deshalb dann nicht vor, wenn das Gericht Tatsachen oder Beweismittel außer Acht lässt, die sich ihm nach Lage der Akten, aus den vorbereitenden Schriftsätzen und nach dem Ergebnis der mündlichen Verhandlung als unerheblich dargestellt haben. In diesem Bereich ist das Handeln der Be-

60

---

92 BFH vom 12. 8. 1999 XI R 51/98, BFH/NV 2000, 299; vom 27. 11. 1997 V R 48/97, BFH/NV 1998, 711.
93 Wegen dieser Beweislast siehe Rz. 93 ff.

teiligten insofern von Bedeutung, als ihr tatsächliches und wohl auch rechtliches Vorbringen sich dem Gericht „aufdrängen" muss, wenn es nicht tatbestandlich abseits oder hinsichtlich der Rechtsausführungen unerheblich ist. Hier besteht eine gewisse Wechselwirkung zwischen dem, was die Beteiligten vorbringen und dem, was das Gericht untersuchen muss. Der Grundsatz der Amtsermittlung entbindet also die Beteiligten, insbesondere den Kläger, aber auch die Finanzbehörde, nicht davon, Beweisanträge zu stellen[94]. Über einen *unstreitigen Sachverhalt* braucht das Gericht keine Nachforschungen anzustellen. Dies gilt auch dann, wenn sich über einen vorgetragenen Sachverhalt nach Akteninhalt keine Zweifel anbieten[95]. Ebenso wenig ist das Finanzgericht verpflichtet, jedem nur denkbaren Gesichtspunkt nachzuspüren, wenn Parteivortrag, Akteninhalt oder sonstige Umstände hierzu keinen Anlass geben. Das Gericht ist auch nicht zu weiterer Sachaufklärung verpflichtet, wenn seine Feststellungen dem Vortrag des Klägers entsprechen oder es den tatbestandlichen Vortrag des Klägers als unstreitig übernimmt. Ein Mangel der Sachaufklärung (s. Rz. 82) liegt jedoch vor, wenn das Finanzgericht *Tatsachen oder Beweismittel* außer Acht lässt, *die sich ihm nach Sachlage hätten aufdrängen müssen*[96].

61 Die Sachaufklärungspflicht des Gerichts findet dort ihre Grenzen, wo die Mitwirkungspflicht (s. Rz. 83 ff.) der Beteiligten, namentlich des Klägers, nicht voll erfüllt wird. Verletzt nämlich der Kläger seine Mitwirkungspflicht und kann deswegen der Sachverhalt nicht vollständig aufgeklärt werden, so führt dies zu einer Begrenzung der Sachaufklärungspflicht des Gerichts und zu einer Minderung des notwendigen Beweismaßes hinsichtlich des Anspruchs aus dem Steuerschuldverhältnis[97].

62 Es widerspricht aber dem Grundsatz der Sachaufklärung, wenn das Finanzgericht eine Rechtsauffassung seiner Entscheidung zugrunde legt, die im Laufe des Verfahrens nicht erörtert und deren tatbestandliche Voraussetzungen nicht ermittelt worden sind. *Überraschungsentscheidungen* sollen so vermieden werden. Werden die Beteiligten durch eine Entscheidung überrascht, weil sie von einem Sachverhalt ausgeht, der sich aus den Akten nicht ergibt, über den schriftsätzlich nichts geäußert und über den in der mündlichen Verhandlung auch nicht gesprochen wurde, kann eine solche Überraschungsentscheidung wegen Versagung rechtlichen Gehörs (Art. 103 Abs. 1 GG) einen Revisionsgrund darstellen[98]. Dies gilt gleichermaßen, wenn das Gericht maßgeblich auf einen rechtlichen Aspekt abstellt, mit dem die Beteiligten nicht rechnen konnten. Dies ist etwa der Fall, wenn die Beteiligten über die Höhe der AfA für einen Computer streiten, das Gericht die Klage aber mit der Begründung abweist, die Anschaffung sei nicht nachgewiesen, obwohl dieser Gesichtspunkt im Verfahren nie angesprochen worden war. Zu Einzelheiten siehe Rz. 100 ff.

---

94 So BFH vom 26. 2. 1975 II R 120/73, BStBl. II 1975, 489.
95 Vgl. BFH vom 9. 12. 1969 II B 39/69, BStBl. II 1970, 97.
96 BFH vom 13. 3. 1995 XI B 160/94, BFH/NV 1995, 817; vom 23. 4. 1992 II B 174/91, BFH/NV 1993, 243; vom 3. 11. 1976 II R 43/67, BStBl. II 1977, 159.
97 BFH vom 15. 2. 1989 X R 16/86, BStBl. II 1989, 462.
98 Vgl. BFH vom 22. 3. 1972 II R 121/68, BStBl. II 1972, 637.

b) Verfahrensherrschaft des Gerichts

Die Amts-Ermittlungspflicht beinhaltet, dass der Kläger zwar in der Lage ist, das Verfahren durch die Klageerhebung auszulösen, dass aber danach die Herrschaft über den Gang des Verfahrens weitestgehend beim Gericht liegt. *Das Gericht bestimmt, in welchem Umfang der Sachverhalt aufzuklären ist,* in welchem Umfang die Beteiligten an dieser Aufklärung mitzuwirken haben, ferner, welche Beweise, in welchem Umfang und in welcher Art diese Beweise zu erheben sind. Getragen wird diese Verfügungsmacht über den Prozessgang selbstverständlich durch die notwendige materielle Ermittlungspflicht; sie gibt auch den Umfang des Verfahrens vor. Wendet sich der Kläger z. B. nur dagegen, dass von der Finanzbehörde bestimmte Werbungskosten bei seinen Einkünften aus nichtselbständiger Arbeit nicht anerkannt wurden, hat das Gericht keinen Anlass zur Prüfung, ob Einkünfte aus Kapitalvermögen in zutreffender Höhe berücksichtigt sind. 63

Die wesentlichen **Instrumente des Gerichts**, den Prozess voranzutreiben, sind folgende: 64

- **Erklärungen über tatsächliche Umstände:**

Das Gericht kann die Beteiligten auffordern, *Erklärungen über tatsächliche Umstände* vollständig und der Wahrheit gemäß abzugeben und sich zu den von anderen Beteiligten vorgebrachten Tatsachen zu erklären (§ 76 Abs. 1 Satz 3 FGO). 65

- **Prozessförderung:**

Der *Vorsitzende muss den Prozess fördern,* indem er darauf hin wirkt, dass Formfehler beseitigt, sachdienliche Anträge gestellt, unklare Anträge erläutert, ungenügende tatsächliche Angaben ergänzt, sowie alle für die Feststellung und Beurteilung des Sachverhalts wesentlichen Erklärungen abgegeben werden (§ 76 Abs. 2 FGO). 66

Die richterliche Hinweispflicht nach § 76 Abs. 2 FGO betrifft indessen weniger die eigene Sachaufklärung durch das Gericht als vielmehr die Verpflichtung des Gerichts, den Beteiligten im Interesse einer fairen und effektiven Rechtsschutzgewährung sowie zur Wahrung des Anspruchs auf rechtliches Gehör (s. Rz. 100 ff.) Schutz und Hilfestellung zu geben[99]. Insoweit spricht man auch von der „Fürsorgepflicht" des Gerichts[100]. Die Eigenverantwortlichkeit der Beteiligten wird dadurch aber nicht eingeschränkt oder beseitigt. Liegt die rechtliche Bedeutung bestimmter Tatsachen und die daraus folgende Zweckmäßigkeit eines anderen oder zusätzlichen Antrags zur Erreichung des Prozessziels auf der Hand, so stellt ein unterlassener Hinweis des Gerichts deshalb jedenfalls dann keine gegen § 76 Abs. 2 FGO verstoßende Pflichtverletzung dar, wenn der Kläger steuerlich beraten und im Prozess entsprechend vertreten wird[101]. Es macht also einen 67

---

99 BFH vom 20. 10. 1999 III B 109/98, BFH/NV 2000, 716.
100 Siehe dazu Bilsdorfer, NWB F. 2 S. 7147.
101 BFH vom 8. 10. 1998 III B 21/98, BFH/NV 1999, 496; vom 28. 11. 1991 XI R 13/90, BFH/NV 1992, 609.

Unterschied, ob der Kläger allein auf sich gestellt ist oder durch einen steuerlich kundigen Prozessbevollmächtigten vertreten wird. Die richterlichen Hinweispflichten sind dementsprechend abgestuft. So muss z. B. ein berufsmäßiger Vertreter das Verfahrensrecht in aller Regel kennen[102]. Ausnahmen gelten nur, wenn in Literatur und Rechtsprechung Unklarheiten über den Verfahrensweg oder sonst über das Verfahren bestehen[103]. Bei Erklärungen, die fachkundige Dritte bezüglich des Verfahrens abgeben, ist im Zweifel (z. B. handelt es sich um eine Klagerücknahme oder Erklärung über die Erledigung des Rechtsstreits in der Hauptsache; ist Aussetzung der Vollziehung oder einstweilige Anordnung gewollt) dem Wortsinn eine stärkere Bedeutung beizumessen als bei Erklärungen einer nicht derart vertretenen Partei[104].

68 Die Pflicht des Vorsitzenden geht aber nicht so weit, dass er im Falle der Unzulässigkeit oder Unbegründetheit eines Rechtsmittels den Rechtsmittelführer darauf hinweisen muss, um ihm Gelegenheit zur Rücknahme des Rechtsmittels zu geben[105]. In den meisten Fällen wird er dies aber gleichwohl tun.

69 Die Pflichten des Gerichts aus § 76 Abs. 2 FGO stehen mit der prozessualen Mitwirkung der Beteiligten in einer gewissen Wechselwirkung. Wer etwa zur mündlichen Verhandlung trotz ordnungsgemäßer Ladung unentschuldigt nicht erscheint, kann regelmäßig anschließend nicht die Verletzung der Fürsorgepflicht gem. § 76 Abs. 2 FGO rügen[106].

- **Schriftsatzaustausch:**

70 Zur Aufbereitung des Prozessstoffes sollen die Beteiligten *Schriftsätze* einreichen; hierzu können sie vom Vorsitzenden unter Fristsetzung aufgefordert werden (§ 77 Abs. 1 FGO). Urkunden, die für den Prozessstoff bedeutsam sein können, sind vorzulegen (§ 77 Abs. 2 FGO). Die Finanzbehörde ist verpflichtet, die bei ihr nach Klageerhebung eingereichten Unterlagen dem Finanzgericht vorzulegen (§ 86 Abs. 1 FGO)[107].

- **Akteneinsicht:**

71 Die Beteiligten können *Akteneinsicht* nehmen und sich auf ihre Kosten aus den Akten Ausfertigungen, Auszüge und Abschriften erteilen lassen (§ 78 FGO). Zu Einzelheiten siehe Rz. 597 ff.

- **Sachverhaltserforschung:**

72 Dem Gericht stehen auch die *Erforschungsmöglichkeiten der AO* weitgehend offen. So kann es von allen Auskunftspflichtigen die Vorlage von Büchern, Auf-

---

[102] BFH vom 17. 11. 1987 VIII R 346/83, BStBl. II 1988, 287.
[103] BFH vom 20. 2. 1990 VII R 125/89, BStBl. II 1990, 546.
[104] BFH vom 10. 1. 1985 VII B 59/84, BFH/NV 1986, 44.
[105] BFH vom 10. 1. 1995 VII E 11-12/94, BFH/NV 1995, 722.
[106] BFH vom 29. 10. 1999 III B 32/99, BFH/NV 2000, 580.
[107] BFH vom 4. 11. 1999 IV R 101/91, BFH/NV 2000, 718.

zeichnungen, Geschäftspapieren und anderen Urkunden verlangen und eventuell Aufzeichnungen (Fotokopien) daraus entnehmen (§ 93 Abs. 3 Satz 2 AO). Es kann nicht nur von den Beteiligten, sondern auch von anderen Personen die Vorlage solcher Bücher, Aufzeichnungen und Geschäftspapiere verlangen, und zwar auch an Gerichtsstelle (§ 97 Abs. 1 und Abs. 3 AO). Das Finanzgericht kann Augenschein einnehmen und dabei Grundstücke und Räume zusammen mit zugezogenen Sachverständigen betreten und sich sogar Wertsachen vorlegen lassen (§§ 99 und 100 AO)[108]. Das Gericht hat auch eine *Schätzungsbefugnis*, besonders dann, wenn der Kläger über seine Angaben keine ausreichende Aufklärung zu geben vermag oder weitere Auskunft verweigert. Insoweit gelten die Vorschriften des § 162 AO sinngemäß (§ 96 Abs. 1 FGO). Das Gericht kann aus dem Verhalten, insbesondere der Mitwirkung der Klägers, durchaus Schlüsse ziehen, die das Ergebnis des Prozesses sowohl dem Grunde nach als auch der Höhe nach beeinflussen[109].

Diese Mitwirkungspflicht wird erweitert, wenn der Kläger einen Sachverhalt geltend macht, der sich auf *Vorgänge außerhalb der Bundesrepublik Deutschland* bezieht. Dann nämlich muss er dem Finanzgericht die erforderlichen Beweismittel von sich aus präsentieren, wenn er seiner Mitwirkungspflicht ausreichend nachkommen will. Insoweit trifft ihn auch eine Pflicht zur Beweisvorsorge (§ 76 Abs. 1 Satz 4 FGO i. V. m. § 90 Abs. 2 AO). Verletzt der Steuerpflichtige diese gesteigerte Mitwirkungspflicht und ist der Sachverhalt nicht anderweitig aufklärbar, können Finanzbehörde und Finanzgericht zum Nachteil des Steuerpflichtigen von einem Sachverhalt ausgehen, für den unter Berücksichtigung der Beweisnähe des Steuerpflichtigen und seiner Verantwortung für die Aufklärung des Sachverhalts eine gewisse Wahrscheinlichkeit spricht[110]. Bei der Geltendmachung von Unterhaltszahlungen an im Ausland lebende Angehörige sind deshalb z. B. an den Nachweis höhere Anforderungen als bei Zahlungen im Inland zu stellen und regelmäßig nur sichere und leicht nachprüfbare – soweit möglich inländische – Beweismittel zuzulassen[111]. Beantragt der Kläger, einen im Ausland ansässigen Zeugen zu einem Auslandssachverhalt zu vernehmen, muss er gegenüber dem Gericht seine Bereitschaft erklären, für das Erscheinen des Zeugen zu einem rechtzeitig anzuberaumenden Termin Sorge zu tragen[112]. Hat das Finanzgericht im Streit um die Berücksichtigung eines ausländischen Aufwands als Betriebsausgabe zwar die Tatsache des in Frage stehenden Zahlungsvorgangs bejaht, dessen betriebliche Veranlassung aber mangels entsprechenden Nachweises und unter Hinweis auf die besonderen Mitwirkungspflichten nach § 90 Abs. 2 AO verneint, stellt es keinen Verfahrensmangel dar, wenn ein im Ausland wohnhafter Zeuge nicht gehört wurde, den der Kläger allein für die Tatsache der Zahlung benannt, aber nicht zur Sitzung gestellt hatte[113].

---

108 Diese Vorschriften der AO gelten gem. § 76 Abs. 1 Satz 4 FGO für das finanzgerichtliche Verfahren sinngemäß.
109 Vgl. BFH vom 17. 11. 1981 VIII R 174/77, DB 1982, 1249; vom 1. 7. 1987 I R 284-286/83, BFH/NV 1988, 12.
110 BFH vom 17. 3. 1997 I B 123/95, BFH/NV 1997, 730.
111 BFH vom 2. 12. 2004 III R 49/03, BStBl. II 2005, 483.
112 BFH vom 26. 7. 1995 I R 78/93, 86/94, BFH/NV 1996, 730.
113 BFH vom 29. 3. 2000 X B 95/99, BFH/NV 2000, 1222.

Verfahrensgrundsätze

- **„Vorbereitendes Verfahren":**

74 Besonders wichtig sind die Möglichkeiten im *vorbereitenden Verfahren* (§ 79 FGO). So hat der Vorsitzende oder der Berichterstatter schon vor der mündlichen Verhandlung alle Anordnungen zu treffen, die notwendig sind, um den Rechtsstreit möglichst in einer mündlichen Verhandlung zu erledigen. Dazu kann er:

- die Beteiligten zur *Erörterung* des Sach- und Streitstandes und zur *gütlichen Beilegung* des Rechtsstreits laden (Erörterungstermin). Dabei kann den am Verfahren Beteiligten sowie ihren Bevollmächtigten auf Antrag – entsprechend der jeweiligen technischen Möglichkeiten – gestattet werden, sich während des Erörterungstermins an einem anderen Ort als dem Gerichtssitz aufzuhalten und dort rechtswirksam Verfahrenshandlungen vorzunehmen (z. B. Anträge zu stellen). Die Erörterung erfolgt dann im Rahmen einer *Videokonferenz*, bei der die Gesprächsbeiträge zeitgleich in Bild und Ton an den Ort, an dem sich die Beteiligten und Bevollmächtigten aufhalten und in das Sitzungszimmer des Gerichts übertragen werden (s. Rz. 713). Eine Aufzeichnung der Erörterung findet allerdings nicht statt (§ 91a Abs. 2 i. V. m. Abs. 1 FGO). Lehnt das Gericht einen Antrag auf Durchführung einer Videokonferenz ab, handelt es sich hierbei um eine prozessleitende Verfügung, die nicht gesondert mit der Beschwerde angefochten werden kann (§ 128 Abs. 2 FGO).
- den Beteiligten die *Ergänzung oder Erläuterung* ihrer vorbereitenden Schriftsätze sowie die Vorlegung von Urkunden und von anderen zur Niederlegung bei Gericht geeigneten Gegenständen aufgeben, insbesondere eine Frist zur Erklärung über bestimmte klärungsbedürftige Punkte setzen. Eine Aufforderung zur Abgabe von Steuererklärungen ist von § 79b Abs. 2 FGO allerdings nicht gedeckt[114];
- *Auskünfte* einholen;
- die *Vorlage von Urkunden* anordnen.
- das *persönliche Erscheinen* der Beteiligten anordnen;
- *Zeugen und Sachverständige* (ausnahmsweise) zur mündlichen Verhandlung laden (s. Rz. 720). Im Einverständnis mit allen am Verfahren Beteiligten kann das Gericht anordnen, dass sich ein Zeuge oder ein Sachverständiger während der Vernehmung an einem anderen Ort als dem Gerichtssitz aufhält. Die Beweisaufnahme erfolgt dann ebenfalls als *Videokonferenz* (s. oben). Ist Beteiligten, Bevollmächtigten und Beiständen gestattet worden, sich ebenfalls an einem anderen Ort aufzuhalten, wird die Aussage auch dorthin übertragen. Die Aussage soll in diesen Fällen aufgezeichnet werden, wenn zu besorgen ist, dass der Zeuge oder Sachverständige in einer weiteren mündlichen Verhandlung nicht vernommen werden kann, weil er sich z. B. für längere Zeit im Ausland aufhalten wird, und die Aufzeichnung zur Erforschung des Sachverhalts erforderlich ist (§ 93a Abs. 1 FGO). Diesbezügliche Entscheidungen des Gerichts können ebenfalls nicht isoliert mit der Beschwerde angefochten werden (§ 128 Abs. 2 FGO).

---

114 BFH vom 24. 5. 2000 VI R 182/99, BFH/NV 2000, 1481.

- **Ausschlussfristen:**

Eine **Frist zur Angabe der Tatsachen**, durch deren Berücksichtigung oder 75
Nichtberücksichtigung im Verwaltungsverfahren sich der Kläger beschwert fühlt,
kann durch den Vorsitzenden oder den Berichterstatter gesetzt werden. Hierzu
kann er einem Beteiligten aufgeben:

– zu bestimmten Vorgängen *tatsächliche Angaben* zu ergänzen oder Beweismittel zu bezeichnen (§ 79b Abs. 2 Nr. 1 FGO);
– zu bestimmten Vorgängen *Urkunden* oder andere bewegliche Sachen vorzulegen, soweit der Beteiligte dazu verpflichtet ist, weil es sich um Gegenstände handelt, die sich in seinem Herrschaftsbereich befinden oder für die er eine Beschaffungspflicht hat[115]. Das Risiko der bewusst verspäteten Vorlage und Zurückweisung nach § 79b Abs. 3 FGO (s. Rz. 77) hat der Beteiligte zu tragen[116];

Diese Frist ist eine Ausschlussfrist; sie kann auch mit einer Fristsetzung nach § 65 76
Abs. 2 Satz 2 FGO zur Konkretisierung der Klage verbunden werden (s.
Rz. 349 ff.). Diese Ausschließung gilt dann für die Angabe der Tatsachen, in denen der Kläger seine Beschwer sieht (§ 79b Abs. 1 Satz 2 FGO). Dies gilt nur
dann nicht, wenn es dem Gericht mit geringem Aufwand möglich ist, den Sachverhalt auch ohne Mitwirkung des Beteiligten zu ermitteln (§ 79b Abs. 3 Satz 2
FGO). Eine nur mit geringem Aufwand auch ohne Mitwirkung des Beteiligten
durchzuführende Ermittlung des Sachverhalts durch das Finanzgericht scheidet
aber generell für Umstände im Wissensbereich des säumigen Prozessbeteiligten
aus[117]. Diese Regelungen haben den Zweck, im Interesse einer Schonung der
knappen personellen Ressourcen der Justiz eine Belastung der Gerichte mit solchen Streitfällen zu vermeiden, in denen die Kläger nicht erklären, in welcher
Hinsicht sie Rechtsschutz begehren und/oder nicht in der ihnen obliegenden Art
und Weise zur Beibringung des streiterheblichen Sachverhalts beitragen. Wenn
und solange die Kläger diesen Mindestpflichten nicht nachkommen, braucht das
Gericht nicht in eine Sachprüfung der Steuerakten einzutreten[118].

Im Übrigen kann das Gericht *Erklärungen und Beweismittel, die erst nach Ablauf einer solchen Frist vorgebracht werden, zurückweisen* und ohne weitere Ermittlungen entscheiden (§ 79b Abs. 3 FGO), wenn 77

– die Zulassung der Erklärungen und Beweismittel nach der freien Überzeugung des Gerichts die Erledigung des *Rechtsstreits verzögern* würde. Eine Verzögerung wird regelmäßig angenommen, wenn der Prozess bei Zulassung des verspäteten Vorbringens länger als ohne dessen Zulassung dauern würde[119];
– der Beteiligte die Verspätung nicht genügend entschuldigt. Ein *Entschuldigungsgrund* ist auf Verlangen des Gerichts glaubhaft zu machen. Dessen bedarf

---
115 BFH vom 5. 6. 1997 III R 183/94, BFH/NV 1998, 203.
116 BFH vom 23. 4. 1999 I B 120/98, BFH/NV 1999, 1360; vom 14. 4. 1999 IX B 151/98, BFH/NV 1999, 1352.
117 BFH vom 3. 6. 1997 VIII B 69/96, BFH/NV 1997, 875.
118 BFH vom 15. 2. 2000 X B 91/99, BFH/NV 2000, 1472.
119 BVerfG vom 5. 5. 1987 1 BvR 903/85, BVerfGE 75, 302; BGH vom 10. 3. 1986 II ZR 107/85, NJW 1986, 3193.

Verfahrensgrundsätze

es indessen nur, wenn Entschuldigungsgründe überhaupt schlüssig vorgetragen worden sind[120];
– der Beteiligte über die Folgen einer Fristversäumung *belehrt* worden ist.

Dabei müssen die vorgenannten Voraussetzungen alle kumulativ vorliegen, weil sie im Gesetz jeweils mit „und" verbunden sind.

78 Hat das Finanzamt im Einspruchsverfahren gegen einen Schätzungsbescheid dem Einspruchsführer und späteren Kläger vergeblich eine Frist zur Angabe der Tatsachen gesetzt, durch deren Berücksichtigung oder Nichtberücksichtigung er sich beschwert fühlt (§ 364b Abs. 1 Nr. 1 AO), darf das Finanzgericht eine erst in der mündlichen Verhandlung eingereichte Steuererklärung, die in mehrfacher Hinsicht einer Überprüfung bedarf, nach § 76 Abs. 3 FGO zurückweisen und insoweit ohne weitere Ermittlungen entscheiden, wenn die Fristsetzung durch das Finanzamt rechtmäßig ist, die Voraussetzungen des § 79b Abs. 3 FGO erfüllt sind und die Schätzung der Besteuerungsgrundlagen (§ 162 AO) nach Aktenlage nicht zu beanstanden ist[121]. Aber auch bei einer nach Versäumung der Ausschlussfrist gem. § 364b AO erhobenen Klage ist das Finanzgericht verpflichtet, die mündliche Verhandlung nach Maßgabe des § 79 Abs. 1 FGO vorzubereiten und alle prozessleitenden Maßnahmen zu ergreifen, um den Rechtsstreit nach Möglichkeit bis zur mündlichen Verhandlung zur Entscheidungsreife zu bringen; auf welchen Tag die mündliche Verhandlung angesetzt wird, ist in einem solchen Fall vom Gericht unter Berücksichtigung seiner Geschäftslage nach pflichtgemäßem Ermessen zu bestimmen[122]. Unterlässt das Finanzgericht es, schon vor der mündlichen Verhandlung geeignete vorbereitende Maßnahmen gem. § 79 Abs. 1 FGO zu ergreifen, obwohl ihm dies möglich gewesen wäre und hierzu Anlass bestand, ist es regelmäßig ermessensfehlerhaft, vom Kläger erst im Klageverfahren, aber angemessene Zeit vor der mündlichen Verhandlung nachgereichte Steuererklärungen nach § 76 Abs. 3, § 79b Abs. 3 FGO wegen Verzögerung des Rechtsstreits in der mündlichen Verhandlung zurückzuweisen. Dies bedeutet, dass das Gericht rechtzeitig vor der mündlichen Verhandlung eingereichte Steuererklärungen sachlich nachprüfen[123], den Kläger auf etwaige Bedenken hinweisen und die Finanzbehörde auffordern muss, in der Sache zu den Erklärungen Stellung zu nehmen[124]. Damit geht die Fristsetzung durch die Finanzbehörde „im Regelfall ins Leere"[125]. Berücksichtigt das Gericht nach § 76 Abs. 3 FGO Erklärungen und Beweismittel, die im Einspruchsverfahren nach § 364b AO rechtmäßig zurückgewiesen wurden, sind dem Kläger allerdings insoweit die Kosten aufzuerlegen (§ 137 Satz 3 FGO).

---

120 BFH vom 3. 6. 1997 VIII B 69/96, BFH/NV 1997, 875.
121 Vgl. BFH vom 19. 3. 1998 V R 7/97, BFH/NV 1998, 1036.
122 BFH vom 10. 6. 1999 IV R 23/98, BStBl. II 1999, 664.
123 Damit wird die Sachaufklärung „funktionswidrig" vom Finanzamt auf das Finanzgericht verlagert. So zutreffend Seer in Tipke/Lang, Steuerrecht[16], § 23 Rz. 40 (S. 915).
124 BFH vom 9. 9. 1998 I R 31/98, BStBl. II 1999, 26. Zu Recht kritisch dazu Lange, DStZ 1999, 176.
125 Niedersächsisches FG vom 18. 6. 1999 IX 444/98, EFG 1999, 881. Siehe dazu auch Bilsdorfer, StB 2001, 4 (8).

Aus dieser **Verfahrensherrschaft** ergibt sich, dass der Kläger weitgehend davon entlastet ist, für die Erhebung von Beweisen zu sorgen. Er kann sich im Wesentlichen auf das Tätigwerden des Gerichts und den Umfang dieses Tätigwerdens verlassen. Allerdings hat er die Verpflichtung, entsprechenden Anfragen oder Anordnungen des Gerichts nachzukommen. Tut er dies nicht, können ihm prozessuale Nachteile entstehen. 79

Das Gericht entscheidet über den Streitfall nach seiner freien, aus dem Gesamtergebnis des Verfahrens gewonnenen Überzeugung (§ 96 Abs. 1 Satz 1 FGO). Dies entbindet das Gericht jedoch nicht von der Notwendigkeit, die für diese Überzeugung maßgeblichen Tatsachen und Umstände festzustellen und später in der Entscheidung die wesentlichen daraus abgeleiteten Folgerungen nachvollziehbar darzustellen[126]. Hilfstatsachen dürfen ohne Beweiserhebung als wahr unterstellt werden, wenn das Gericht durch rechtlich nicht zu beanstandende Überlegungen zu der Auffassung gelangt, dass die behaupteten Hilfstatsachen den Schluss auf das Vorliegen der zu beweisenden Haupttatsachen nicht zulassen, wenn also die Hilfstatsachen für den Nachweis der Haupttatsachen untauglich sind[127]. 80

Da der Gesetzgeber erkennbar von der grundsätzlichen Gleichwertigkeit einer Entscheidung des Einzelrichters und einer solchen in Senatsbesetzung ausgeht[128], liegt es nach Maßgabe der gesetzlichen Regelungen (§ 6, § 79a Abs. 2 bis 4 FGO) grundsätzlich auch im pflichtgemäßen Ermessen des Gerichts zu wählen, ob die Entscheidung vom Einzelrichter, Vorsitzenden bzw. Berichterstatter oder vom Senat getroffen wird (s. Rz. 708 ff). 81

Die *Rüge mangelnder Sachaufklärung* (s. Rz. 851 ff.) durch das Finanzgericht setzt voraus, dass der Beschwerdeführer darlegt, 82

- welche Tatsachen der Aufklärung bedürftig waren;
- welche angebotenen Beweismittel zu welchen Beweisthemen das Gericht nicht erhoben hat;
- die genauen Fundstellen (Schriftsatz mit Datum und Seitenzahl, Terminprotokolle), in denen die Beweisthemen angeführt worden sind;
- warum sich die Beweiserhebung dem Gericht auf der Grundlage seiner Rechtsauffassung im Übrigen hätte aufdrängen müssen;
- inwieweit die als unterlassen gerügte Beweisaufnahme zu einer anderen Entscheidung hätte führen können;
- inwiefern das Urteil des Finanzgerichts aufgrund dessen sachlich-rechtlicher Auffassung auf der unterbliebenen Beweisaufnahme beruht und
- dass die Nichterhebung der Beweise vor dem Finanzgericht rechtzeitig gerügt worden ist oder aufgrund des Verhaltens des Gerichts nicht mehr vor diesem gerügt werden konnte[129].

---

126 BFH vom 25. 5. 1988 I R 225/82, BStBl. II 1988, 944. Vgl. hierzu auch Klingemann, BB 1989, 1167.
127 BFH vom 14. 9. 1988 II R 76/86, BStBl. II 1989, 151.
128 BFH vom 21. 10. 1999 VII R 15/99, BStBl. II 2000, 88.
129 BFH vom 10. 7. 1998 IV B 114/97, BFH/NV 1999, 57; vom 13. 3. 1997 I B 125/96, BFH/NV 1997, 772.

c) Mitwirkungspflicht der Beteiligten

83 Wenn auch die Amts-Ermittlungspflicht das gesamte finanzgerichtliche Verfahren beherrscht und damit grundsätzlich alle Maßnahmen zur Aufbereitung des Prozessstoffes in den Händen des Gerichts liegen, so haben die Beteiligten, insbesondere der Kläger, doch ganz erhebliche Mitwirkungspflichten.

84 Diese Mitwirkungspflichten der Beteiligten ergeben sich umso mehr dann, wenn es sich um Umstände oder Beweismittel handelt, die im *Herrschaftsbereich der Beteiligten* liegen. Der Kläger darf sich deshalb im Prozess nicht passiv verhalten; er muss vielmehr an der Aufklärung aktiv mitwirken. Dazu gehört insbesondere, dass er für behauptete Tatsachen Beweise anbietet. Er ist insbesondere gehalten, für seine Tatsachenbehauptungen Schriftstücke, Geschäftsbücher und andere Urkunden vorzulegen. Ist ein Sachverhalt zu ermitteln, der sich auf Vorgänge außerhalb des Einflussbereichs des Gerichts oder der Behörden der Finanzverwaltung bezieht, ist diese Mitwirkungspflicht gesteigert insoweit, als der Kläger den gesamten Sachverhalt allein aufzuklären und die erforderlichen Beweismittel zu beschaffen hat (§ 90 Abs. 2 AO). Die Amts-Ermittlungspflicht des Gerichts tritt dann völlig in den Hintergrund.

85 Insgesamt gesehen **muss der Kläger darauf bedacht sein,** den von ihm behaupteten *Tatbestand* exakt darzulegen und, soweit er bestritten wird oder unklar ist, zu beweisen, zumindest die geeigneten Beweismittel anzubieten. Der Kläger muss auch darauf achten, aus den mit der Finanzbehörde ausgetauschten *Schriftsätzen* sich ergebende Unklarheiten oder Unrichtigkeiten zu bereinigen. *Anforderungen und Aufforderungen durch das Gericht* muss er vollständig nachkommen, wenn er nicht prozessuale Nachteile erleiden will. Zur Fürsorgepflicht des Gerichts s. Rz. 67 f.

86 Der Kläger kann und soll – ggf. durch seinen Prozessbevollmächtigten – **Beweisanträge** stellen hinsichtlich solcher Tatsachen, die nach seiner Überzeugung zur Rechtsfindung erforderlich sind und seinen Klageanspruch stützen. Wenn ein Beteiligter einen Beweisantrag stellt, muss er das Beweisthema – d. h. die zu beweisende Tatsache – genau benennen und das Beweismittel konkret bezeichnen. Als Beweismittel kommen Zeugenvernehmung, Vorlage bestimmter Urkunden, Augenscheineinnahme oder gutachtliche Stellungnahme eines Sachverständigen in Betracht. Entscheidend ist, dass der Kläger die zu beweisende Tatsache und das zum Beweis geeignete Beweismittel so genau benennt, dass das Gericht den Beweis ohne weitere eigene Ermittlungen erheben kann. Solche Beweisanträge muss das Gericht behandeln, entweder negativ durch Ablehnung oder positiv, indem es den angebotenen Beweis erhebt. Lehnt das Gericht die Beweiserhebung ab, oder hält es den angebotenen Beweis für bedeutungslos, so muss es dies im ablehnenden Beschluss oder im Urteil im Einzelnen darlegen und begründen[130].

87 Das Finanzgericht darf auf die von einem Beteiligten beantragte Beweiserhebung im Regelfall nur verzichten, wenn

---

130 OLG Düsseldorf vom 23. 10. 1991 5 Ss (OWi) 426/91-(OWi) 174/91 I, NJW 1992, 1521.

- das Beweismittel für die zu treffende Entscheidung unerheblich ist,
- die in Frage stehende Tatsache zugunsten des Beweisführers als wahr unterstellt werden kann,
- das Beweismittel unerreichbar ist oder
- das Beweismittel unzulässig oder absolut untauglich ist[131].

Dabei ist ein Zeuge nicht allein deshalb unerreichbar, weil er zur mündlichen Verhandlung ein Attest vorlegt, wonach er „derzeit" nicht reise- und aussagefähig ist[132]. Wird ein Schätzungsbescheid mit der Behauptung angegriffen, der Kläger habe im streitigen Zeitraum keine Umsätze getätigt, wofür Zeugenbeweis angeboten wird, kann das Gericht ohne Vernehmung des Zeugen nicht verfahrensfehlerfrei zu der Überzeugung gelangen, das Gegenteil der Behauptung sei richtig. Hierin läge eine unzulässige vorweggenommene Würdigung des vom Kläger für die Richtigkeit seiner Sachverhaltsdarstellung angebotenen Beweises[133]. Gleichermaßen verhält es sich, wenn das Gericht die Vernehmung eines Zeugen mit der Begründung ablehnt, dieser könne sich nur zu einigen von einer Vielzahl von Gutachten des Klägers äußern und dadurch die in einem anderen Verfahren gewonnene Meinung des Gerichts nicht erschüttern[134].

88

Bei der Beweiserhebung darf das Gericht auch **Tatsachenfeststellungen, die bei anderen Gerichten** – z. B. Strafgerichten, ordentlichen Gerichten, Verwaltungsgerichten, Arbeitsgerichten – bereits getroffen worden sind, ohne weitere eigene Beweiserhebung übernehmen, wenn die Beteiligten gegen die Feststellungen des anderen Gerichts nicht *substantiierte Einwendungen* erheben und entsprechende Gegen-Beweisanträge stellen[135]. Hat der Kläger jedoch im Klageverfahren der Beiziehung der familiengerichtlichen Scheidungsakten widersprochen, verstößt das Finanzgericht gegen den Grundsatz der Unmittelbarkeit der Beweisaufnahme, wenn es die Akten dennoch beizieht und ihren Inhalt seiner Entscheidung zugrunde legt, obwohl die Erhebung unmittelbarer Beweise möglich ist. Ist die Erhebung des unmittelbaren Beweises nicht möglich, zulässig oder zumutbar, so sind die familiengerichtlichen Akten ohne das Einverständnis der Ehegatten nur beizuziehen, wenn dies im überwiegenden Interesse der Allgemeinheit unter strikter Wahrung des Verhältnismäßigkeitsgebotes erforderlich ist[136].

89

Will ein Verfahrensbeteiligter die Feststellungen eines fremden Gerichts nicht auch für den Steuerprozess hinnehmen, müssen substantiierte Einwendungen gegen diese Feststellungen des anderen Gerichts deutlich und eindeutig vorgebracht

90

---

131 BFH vom 25. 3. 1999 V R 29/97, BFH/NV 1999, 1388; vom 13. 3. 1996 II R 39/94, BFH/NV 1996, 757; vom 19. 9. 1985 VII R 164/84, BFH/NV 1986, 674.
132 BFH vom 19. 5. 1999 V B 57/98, BFH/NV 1999, 1494.
133 BFH vom 27. 11. 1997 V R 48/97, BFH/NV 1998, 711; vom 15. 5. 1996 X R 252-253/93, BFH/NV 1996, 906; vom 19. 7. 1994 VIII R 60/93, BFH/NV 1995, 717.
134 BFH vom 29. 1. 1997 XI R 70/96, BFH/NV 1997, 511.
135 BFH vom 25. 11. 1997 VII B 86/97, BFH/NV 1998, 738; vom 11. 1. 1995 IV B 104/93, BFH/NV 1995, 629; vom 17. 12. 1991 VII B 163/91, BFH/NV 1992, 612; vom 1. 8. 1991 VII B 31/91, BFH/NV 1992, 257.
136 BFH vom 12. 6. 1991 III R 106/87, BStBl. II 1991, 806 unter Bezugnahme auf BVerfG vom 15. 1. 1970 1 BvR 13/68, BVerfGE 27, 344.

werden. Hier ist also die eigene Mitwirkung entscheidend gefordert; ohne sie darf das Finanzgericht die Feststellungen des anderen Gerichts verwerten[137]. Hat der Kläger z. B. vor dem Strafgericht ein Geständnis abgelegt, schließt dies ein, dass er eingeräumt hat, sich der Tat (z. B. der Steuerhinterziehung, § 370 AO) schuldig gemacht zu haben. Davon geht für das finanzgerichtliche Verfahren eine Indizwirkung aus, die nur dadurch ausgeräumt werden kann, dass der Kläger substantiiert darlegt und unter Beweis stellt, weshalb sein Geständnis zu Unrecht abgelegt worden bzw. der ihm vom Strafgericht gemachte Schuldvorwurf unberechtigt ist[138].

91   In jedem Fall muss das Finanzgericht den Verfahrensbeteiligten aber Kenntnis davon geben, dass es Feststellungen eines anderen Gerichts beigezogen hat und damit auch in die eigene Rechtsfindung mit einbezieht. Geschieht dies nicht, so liegt eine Verletzung des rechtlichen Gehörs (siehe Rz. 100 ff.) vor, die zur Aufhebung des Urteils in der Revision führen kann[139].

92   Zieht das Finanzgericht zum Zwecke der Sachaufklärung Akten eines anderen Gerichts hinzu, kann die Maßnahme als prozessleitende Verfügung nicht isoliert mit der Beschwerde angefochten werden (§ 128 Abs. 2 FGO)[140].

3. Beweislast (Feststellungslast)

93   Eine gesetzlich festgelegte Regel über die Verteilung der Feststellungslast fehlt für den Steuerprozess. **Nach der Rechtsprechung des BFH gilt jedoch im Regelfall:**

- *Die Finanzbehörde trägt die Feststellungslast* für jene Tatsachen, die vorliegen müssen, um einen Steueranspruch geltend machen zu können, die also steuerbegründend oder -erhöhend wirken.
- *Der Steuerpflichtige (Kläger) trägt die Feststellungslast* für jene Tatsachen, die eine Steuerbefreiung, eine Steuerermäßigung oder den Anspruch auf eine Steuervergütung (z. B. Kindergeld) begründen oder die einen Steueranspruch aufheben oder einschränken sollen.

94   Von diesem Grundsatz gibt es allerdings *Ausnahmen*, die jedoch nicht generell benannt werden können. Sie müssen sich aus den Gesamtumständen des Streitfalls ableiten lassen und unterliegen deswegen der Entscheidung des Gerichts sowie gegebenenfalls der Nachprüfung durch den BFH im Revisionsverfahren. Eine solche Ausnahme kann z. B. darin liegen, dass im Herrschaftsbereich des Klägers unge-

---

137 Das BVerfG (vom 6. 4. 1990 1 BvR 733/89, HFR 1990, 651) hat den Grundsatz aufgestellt, dass eine Verletzung des rechtlichen Gehörs nicht vorliegt, wenn die in einem Strafurteil getroffenen Feststellungen in ein anderes gerichtliches Verfahren eingeführt werden. Dies jedenfalls dann nicht, wenn das Gericht die Strafurteilsfeststellungen zum Anlass für eigene Ermittlungen und Feststellungen nimmt. Unberührt davon bleibt die Mitwirkungspflicht des Beteiligten, geeignete rechtliche wie tatsächliche Gesichtspunkte seinerseits in das finanzgerichtliche Verfahren einzuführen. Aus dem Grundsatz der strafrechtlichen Unschuldsvermutung lassen sich hierbei Anforderungen besonderer Art an die Durchführung der finanzgerichtlichen Beweisaufnahme nicht ableiten.
138 BFH vom 21. 5. 1999 VII B 37/99, BFH/NV 1999, 1496.
139 BFH vom 26. 1. 1989 IV R 71/87, BFH/NV 1990, 296.
140 BFH vom 9. 8. 1999 VII B 282/98, BFH/NV 2000, 74.

ordnete Verhältnisse herrschen, für die er die Verantwortung zu tragen hat. Wenn in einem solchen Fall nur der Kläger selbst eine Beweisführung zur Klärung des Sachverhalts durchführen kann und sie ihm auch zumutbar ist, tritt dessen Pflicht vor die Amts-Ermittlungspflicht des Gerichts, und zwar auch in Fällen, in denen eigentlich die Feststellungslast den Beklagten (Finanzbehörde) treffen müsste.

Auf diese Beweislastverteilung kommt es jedoch nur an, wenn sich das Gericht aufgrund des Gesamtergebnisses des Verfahrens und der dabei gewonnenen Erkenntnisse keine Überzeugung von dem Geschehensablauf bilden kann[141]. 95

Das Finanzgericht kommt seiner Untersuchungspflicht auch dadurch nach, dass es *die Beteiligten zur Mitwirkung in bestimmten Punkten auffordert* (§ 79b Abs. 2 FGO). Verletzen die Beteiligten dann ihre Mitwirkungspflichten, so erwachsen dem Finanzgericht daraus keine weitergehenden Amts-Ermittlungspflichten. Das Finanzgericht kann dann auf die weitere Sachverhaltsaufklärung verzichten, wenn ein Beteiligter keine Auskunft über Tatsachen gibt, die in sein Wissen gestellt sind und deren Mitteilung schon wegen der persönlichen Nähe zu der zu erteilenden Information seine Sache ist, die also in seinem Herrschaftsbereich liegen. Das Finanzgericht darf dann die Besteuerungsgrundlagen schätzen (§ 96 Abs. 1 Satz 1 FGO i. V. m. § 162 AO), weil die Mitwirkungspflichten der Beteiligten verletzt wurden. Jede solche Schätzung ist jedoch gleichzeitig der Verzicht auf die vollständige Sachaufklärung; sie geht immer von einem Sachverhalt aus, der mit einem geringeren Grad an Wahrscheinlichkeit festgestellt wird (Näherungswerte)[142]. 96

Kann in einem finanzgerichtlichen Verfahren der Sachverhalt deshalb nicht vollständig aufgeklärt werden, weil der Kläger seiner Mitwirkungspflicht nicht genügend nachkommt, so führt dies dennoch nicht zu einer Entscheidung nach den Regeln der objektiven Beweislast (Feststellungslast; s. Rz. 93 ff.), sondern nur zu einer Begrenzung der Sachaufklärungspflicht des Gerichts und zu einer Minderung des Beweismaßes. Es handelt sich gewissermaßen um eine „Schaukelbewegung", die durch die Verletzung der Mitwirkungspflicht des Klägers ausgelöst und auf die Begrenzung der Sachaufklärungspflicht des Gerichts hingetrieben wird. Im Rahmen der Beweiswürdigung kann deshalb die Verletzung der Mitwirkungspflichten des Klägers auch zur Folge haben, dass aus seinem Verhalten für ihn nachteilige Schlüsse gezogen werden. Solche nachteiligen Schlüsse müssen sich nicht auf bezifferbare Besteuerungsgrundlagen beschränken, sie können vielmehr auch weiter gehen und nicht bezifferbare Grundlagen umschließen. Das gilt vor allem dann, wenn die Mitwirkungspflicht sich auf Tatsachen und Beweismittel bezieht, die im Wissensbereich und in der Einflusssphäre des Klägers liegen[143]. 97

---

141 BFH vom 10. 9. 1986 II R 94/84, BFH/NV 1987, 722; vom 13. 12. 1985 III R 183/81, BStBl. II 1986, 441; vom 13. 12. 1985 VI R 190/82, BStBl. II 1986, 486; vom 7. 7. 1983 VII R 43/80, BStBl. II 1983, 760; vom 5. 3. 1980 II R 148/76, BStBl. II 1980, 402.
142 BFH vom 10. 10. 1986 VI R 12/83, BFH/NV 1987, 698; vom 13. 3. 1985 I R 7/81, BStBl. II 1986, 318; vom 16. 11. 1982 VII R 108/77, BStBl. II 1983, 226. Dies führt zu der schon erwähnten Begrenzung der gerichtlichen Sachaufklärungspflicht und zu einer Minderung des notwendigen Beweismaßes (BFH vom 15. 2. 1989 X R 16/86, BStBl. II 1989, 462).
143 BFH vom 15. 2. 1989 X R 16/86, BStBl. II 1989, 462.

Verfahrensgrundsätze

98 *Beispiele aus der Rechtsprechung zur Verteilung der Beweislast (Feststellungslast):*
- Für Vorgänge, die sich im *Ausland* abspielen, aber für die inländische Besteuerung von Bedeutung sein können, trägt ausschließlich der Steuerpflichtige die Feststellungslast (§ 90 Abs. 2 AO)[144].
- Für den Nachweis von *Betriebsausgaben* – verschiedenartigste Aufwendungen, insbesondere jedoch Fahrtkosten und Aufwendungen, die den Privatbereich berühren können – trägt der Kläger die Feststellungslast, weil er deren Abzug begehrt[145].
- *Bilanzen und Buchführung* genießen erhöhte Glaubwürdigkeit (§ 158 AO). Der Kläger hat durch Vorlage ordnungsmäßiger Bilanzen und Buchführungsunterlagen demnach seiner Aufklärungspflicht voll genügt. Will das Gericht davon abweichen, muss es eindeutige Beweise zur Entkräftung der Buchführung und Bilanzen führen. Lediglich die Aussage etwa eines Mitgesellschafters, die dem Ergebnis der Buchführung und Bilanzen widerspricht, genügt hierzu nicht[146].
- Beruft sich der Steuerpflichtige auf die Existenz eines *Feststellungsbescheids* und sind die Feststellungsakten wegen Aussonderung nach Ablauf der Aufbewahrungszeit nicht mehr vorhanden, trägt er und insoweit die Feststellungslast, wenn er sich zu Beginn des Rechtsbehelfsverfahrens nicht von der Existenz des Feststellungsbescheids überzeugt und insoweit keine Beweisvorsorge getroffen hat[147].
- Für die *Fristeinhaltung* bei der Einlegung eines Rechtsbehelfs trägt der Rechtsbehelfsführer die Feststellungslast für den rechtzeitigen Eingang. Wird die Einlegung des Rechtsmittels bis zur letzten Stunde aufgeschoben (was möglich und zulässig ist), so besteht hinsichtlich der Fristwahrung eine Verpflichtung zu besonderer Aufmerksamkeit[148].
- Ändert die Finanzbehörde einen bestandskräftigen Steuerbescheid wegen *nachträglich bekannt gewordener Tatsachen* (§ 173 Abs. 1 Nr. 1 AO), trägt sie grundsätzlich die Beweislast dafür, dass die für die Änderung des Bescheids erforderlichen tatsächlichen Voraussetzungen vorliegen, insbesondere dafür, dass diese „neu" sind. Die Beweislast trifft jedoch den Steuerpflichtigen, wenn dieser die Verletzung der Ermittlungspflichten durch die Behörde rügt[149].
- *Sachverständigengutachten* können zur Aufklärung des Sachverhalts vom Gericht auch im Falle von Schätzungen verwertet werden. Bestreitet jedoch der Kläger im Verfahren die Richtigkeit des Sachverständigengutachtens substantiiert, so genügt das Finanzgericht seiner Amts-Ermittlungspflicht nicht, wenn es trotzdem das Gutachten seiner Entscheidung unverändert zugrunde legt[150].

---

144 BFH vom 15. 7. 1986 VII R 145/85, BStBl. II 1986, 857.
145 BFH vom 10. 4. 1986 IV B 81/85, BFH/NV 1986, 538.
146 BFH vom 31. 7. 1985 VIII R 369/83, BFH/NV 1986, 221.
147 BFH vom 25. 7. 2000 IX R 93/97, BFH/NV 2000, 1560.
148 BVerwG vom 24. 6. 1982 3 B 27/79, HFR 1983, 170.
149 BFH vom 19. 5. 1998 I R 140/97, BFH/NV 1999, 96.
150 BVerwG vom 7. 9. 1984 8 C 4/83, HFR 1986, 149; BGH vom 12. 10. 1982 I StR 219/82, HFR 1983, 341.

- Wird ein *steuermindernder Sachverhalt* vom Kläger geltend gemacht, so trägt er hierfür die Feststellungslast, wenn sich nicht einwandfrei klären lässt, ob der steuermindernde Sachverhalt wirklich vorliegt[151].
- Im Steuerprozess liegt die Feststellungslast, dass die besteuerten *Umsätze* von der im Steuerbescheid bezeichneten Person ausgeführt worden sind, bei der Finanzbehörde[152].
- Kann die Herkunft eines bestimmten *Vermögens* – etwa eines Sparguthabens oder eines Kapitalbetrages – nicht eindeutig aufgeklärt werden, so trägt hierfür die Feststellungslast derjenige, der sich auf seine Existenz beruft. Dies ist in der Regel das Finanzamt, wenn der Vermögenswert dem Kläger zugerechnet werden soll. Dies ist aber der Kläger dann, wenn er – etwa bei einem Vermögensvergleich oder bei einer Geldverkehrsrechnung – das Vorhandensein des Vermögens zu Beginn der Vergleichsrechnung zu seinen Gunsten in Anspruch nimmt[153].
- Behauptet der Kläger die rechtzeitige Vorlage einer *Vollmacht*, trifft ihn die Beweislast hierfür[154].

Diese Regeln über die Beweislastverteilung gelten auch im *Verfahren über die Aussetzung der Vollziehung und über die einstweilige Anordnung*, also in Verfahren zur Gewährung vorläufigen Rechtsschutzes (s. Rz. 538 ff.)[155].

99

4. Rechtliches Gehör

Nach § 96 Abs. 2 FGO darf die Entscheidung des Gerichts nur auf Tatsachen und Beweisergebnisse gestützt werden, zu denen die Beteiligten sich äußern konnten. Diese Vorschrift ist Ausdruck des Anspruchs auf rechtliches Gehör. Aus ihr ergibt sich aber auch die besondere Prozessverantwortung der Beteiligten und vor allem des Klägers. Er hat alles in seinen Kräften Stehende und nach Lage der Dinge Erforderliche zu tun, um sein Recht auf Gehör zu verwirklichen[156].

100

Das Recht auf Gehör ist gewissermaßen ein *prozessuales Grundrecht*, das sich aus Art. 103 Abs. 1 GG ergibt. Inhaltlich besteht es im Wesentlichen darin, dass den Beteiligten Gelegenheit gegeben werden muss, sich zu den Tatsachen, die in den Prozess – von wem auch immer – eingeführt worden sind, und auch zu Beweisergebnissen vor Erlass einer Entscheidung zu äußern. Inwieweit diese Gelegenheit wahrgenommen wird, ist Sache der Beteiligten[157]. Jedoch kann dies nur für bereits in das jeweilige Verfahren eingeführte und den Beteiligten bekannte oder bekannt gegebene Tatsachen oder Rechtsfragen gelten[158].

101

---

151 BFH vom 15. 10. 1986 VIII B 30/86, BFH/NV 1987, 44.
152 BFH vom 18. 12. 1997 V R 59/97, BFH/NV 1998, 977.
153 BFH vom 2. 7. 1999 V B 83/99, BFH/NV 1999, 1450; vom 28. 5. 1986 I R 265/83, BStBl. II 1986, 733.
154 BFH vom 29. 9. 1998 VI B 127/97, BFH/NV 1999, 489.
155 BFH vom 15. 10. 1986 VIII B 30/86, BFH/NV 1987, 44.
156 BFH vom 29. 10. 1999 III B 32/99, BFH/NV 2000, 580; vom 31. 7. 1995 V B 1/95, BFH/NV 1996, 216.
157 BFH vom 11. 2. 2000 V B 135/99, BFH/NV 2000, 1107.
158 BFH vom 21. 1. 1998 III R 31/97, BFH/NV 1998, 732.

Verfahrensgrundsätze

102   Es muss den Beteiligten auch ermöglicht werden, zu rechtlichen Zusammenhängen Stellung zu nehmen. Deshalb verstößt es gegen Art. 103 Abs. 1 GG, wenn das Gericht eine **Überraschungsentscheidung** erlässt, weil es ohne vorherigen Hinweis auf einen rechtlichen Gesichtspunkt abstellt, mit dem auch ein gewissenhafter und kundiger Prozessbeteiligter selbst unter Berücksichtigung der Vielzahl vertretbarer Rechtsauffassungen nicht zu rechnen brauchte[159]. Insbesondere veränderte rechtliche Gesichtspunkte, die von einem Beteiligten oder vom Gericht in das Verfahren eingeführt werden, müssen den anderen Beteiligten so rechtzeitig bekannt gegeben werden, dass sie in der Lage sind, vor Erlass eines Urteils (mindestens in der mündlichen Verhandlung) dazu Stellung zu nehmen. Dies bedeutet allerdings nicht, dass der Kläger umfangreiche Rechtsausführungen von sich aus dem Gericht vorlegen müsste oder sollte. Insoweit gilt auch im finanzgerichtlichen Verfahren der Grundsatz: „Iura novit curia", was bedeutet, dass die Rechtsvorschriften und die Rechtsauslegungen dem Gericht von Haus aus bekannt sind. Gleichwohl sollte der Kläger bei rechtlich zweifelhaften Problemen gewisse Hinweise auf die seiner Meinung nach bedeutsamen Vorschriften, Auslegungen und Fundstellen geben. Kurze Hinweise genügen; lange Rechtsausführungen sind überflüssig. Aus diesem Anspruch auf rechtliches Gehör folgt allerdings nicht, dass das Gericht vor seiner Entscheidung den Beteiligten alle maßgeblichen rechtlichen Gesichtspunkte anzudeuten hat[160]. Das Gericht ist grundsätzlich weder zu einem Rechtsgespräch noch zu einem Hinweis auf seine Rechtsauffassung verpflichtet[161]. Auch wenn die Rechtslage umstritten oder problematisch ist, muss daher ein Verfahrensbeteiligter grundsätzlich alle vertretbaren rechtlichen Gesichtspunkte in Betracht ziehen und seinen Vortrag darauf einrichten[162]. In besonders gelagerten Fällen kommt jedoch eine Verletzung des Rechts auf rechtliches Gehör in Betracht, wenn das Gericht die Beteiligten nicht auf eine Rechtsauffassung hinweist, die es seiner Entscheidung zugrunde legen will[163]. Das ist z. B. der Fall, wenn das Gericht einen bis dahin nicht erörterten rechtlichen oder tatsächlichen Gesichtspunkt zur Grundlage seiner Entscheidung machen will und damit dem Rechtsstreit eine Wendung gibt, mit der auch ein kundiger Beteiligter nach dem bisherigen Verlauf des Verfahrens nicht zu rechnen braucht[164]. Auf einen nahe liegenden rechtlichen Gesichtspunkt braucht das Gericht aber nicht ausdrücklich hinweisen[165].

103   Geht das Gericht auf den wesentlichen Kern des Tatsachenvortrags einer Partei zu einer Frage, die für das Verfahren von zentraler Bedeutung ist, in den Ent-

---

159 BVerfG vom 29. 5. 1991 1 BvR 1383/90, NJW 1991, 2823; BFH vom 23. 2. 2000 VIII R 80/98, BFH/NV 2000, 978; vom 17. 2. 1998 VIII R 28/95, BStBl. II 1998, 505.
160 BFH vom 9. 10. 1991 II B 71/90, BHF/NV 1992, 619.
161 BFH vom 26. 4. 2000 III B 47/99, BFH/NV 2000, 1451; vom 9. 12. 1998 IV B 33/98, BFH/NV 1999, 916; vom 3. 3. 1998 VIII R 66/96, BStBl. II 1998, 383.
162 BVerfG vom 13. 10. 1994 2 BvR 126/94, DVBl. 1995, 34; BFH vom 17. 2. 1998 VIII R 28/95, BStBl. II 1998, 505.
163 BVerfG vom 8. 7. 1997 1 BvR 1934/93, NJW 1997, 2305.
164 BFH vom 3. 2. 1999 IV B 43/98, BFH/NV 1999, 959; vom 31. 7. 1997 III B 31/95, BFH/NV 1998, 325; vom 19. 7. 1996 VIII B 37/95, BFH/NV 1997, 124.
165 BFH vom 20. 8. 1998 XI B 110/95, BFH/NV 1999, 329.

scheidungsgründen nicht ein, so lässt dies auf die Nichtberücksichtigung des Vortrags der Partei schließen, sofern dieser Vortrag nach dem Rechtsstandpunkt des Gerichts nicht unerheblich oder aber offensichtlich unsubstantiiert war[166].

Die Pflicht, Anträge und Ausführungen der Prozessbeteiligten zur Kenntnis zu nehmen und in Erwägung zu ziehen, verpflichtet das Gericht nicht, sich in der Begründung seiner Entscheidung mit jedem von einem Beteiligten genannten Argument oder Gerichtsurteil auseinander zu setzen[167]. 104

Unterlässt das Finanzgericht einen Hinweis auf den mangelnden *Beweiswert einer* für den Ausgang des Rechtsstreits wesentlichen *Urkunde*, kann darin eine Verletzung des Anspruchs auf rechtliches Gehör liegen[168]. 105

Befindet sich eine vom Gericht der angefochtenen Entscheidung zugrunde gelegte *Kontrollmitteilung* in den vom Finanzamt vorgelegten, den Kläger betreffenden Akten, muss das Finanzamt damit rechnen, dass das Gericht sie verwerten wird. Dadurch, dass das Gericht das Finanzamt nicht auf die Verwertung hingewiesen hat, wird dessen Anspruch auf rechtliches Gehör nicht verletzt. Es wäre Sache des Finanzamts gewesen, sich rechtliches Gehör zu verschaffen, um seine Einwendungen gegen die Verwertung vorzutragen[169]. 106

Berechtigt, die Verletzung des rechtlichen Gehörs zu rügen, ist zulässigerweise nur derjenige, der zuvor alle ihm zumutbaren Schritte unternommen hat, sich Gehör zu verschaffen[170]. Daran fehlt es z. B., wenn das Finanzgericht eine mit einer Ausschlussfrist versehene Aufklärungsanordnung erlassen hat und der Beteiligte dieser nicht nachkommt, weil er angeblich nicht verstanden hat, unter welchem materiell rechtlichen Aspekt das Aufklärungsbegehren von Bedeutung ist[171]. 107

Geltend gemacht werden kann die Verletzung dieses rechtlichen Gehörs allerdings erst mit dem gegen die abschließende Entscheidung des Gerichts eröffneten Rechtsmittel (Beschwerde, Revision). Nur in Fällen, in denen ein Rechtsmittel oder ein anderer Rechtsbehelf gegen die Entscheidung nicht gegeben ist, kommt eine sog. *Anhörungsrüge* (§ 133a FGO; s. Rz. 872 f.) in Betracht, wenn das Gericht den Anspruch eines durch die gerichtliche Entscheidung beschwerten Beteiligten auf rechtliches Gehör in entscheidungserheblicher Weise verletzt hat. Im Falle ihrer Begründetheit führt die Rüge zu einer Verfahrensfortsetzung, soweit dies geboten ist (§ 133a Abs. 5 Satz 1 FGO). Mit der Anhörungsrüge kann aber nicht erreicht werden, dass das Gericht seine Entscheidung in der Sache in vollem Umfang überprüft[172]. 108

---

166 BVerfG vom 19. 5. 1992 1 BvR 986/91, NJW 1992, 2877; vom 29. 5. 1991 1 BvR 1383/90, NJW 1991, 2823; vom 1. 2. 1978 1 BvR 426/77, NJW 1978, 989.
167 BVerfG vom 2. 12. 1969 2 BvR 320/69, BVerfGE 27, 248; BFH vom 3. 4. 2000 XI B 46/99, BFH/NV 2000, 1191.
168 BFH vom 28. 8. 1997 III R 10/96, BFH/NV 1998, 198.
169 BFH vom 12. 9. 1997 XI B 72/96, BFH/NV 1998, 468.
170 BVerfG vom 19. 12. 1991 2 BvR 433/91, HFR 1992, 561.
171 BFH vom 26. 1. 2000 IV B 151/98, BFH/NV 2000, 871.
172 BFH vom 17. 6. 2005 VI S 3/05, BStBl. II 2005, 614.

Verfahrensgrundsätze

109 Für die *Rüge der Verletzung des rechtlichen Gehörs vor dem BFH* reicht es nicht aus, diese damit zu begründen, das Gericht habe die Ausführungen des Beteiligten nicht zur Kenntnis genommen bzw. ignoriert (s. Rz. 851 f.). Vielmehr muss der Beteiligte darlegen,

- inwiefern ihm das Finanzgericht das rechtliche Gehör versagt hat;
- zu welchen dem angefochtenen Urteil zugrunde gelegten Tatsachen er sich nicht äußern konnte;
- was er bei ausreichender Gewährung rechtlichen Gehörs noch vorgetragen hätte;
- dass er keine Möglichkeit hatte, die Versagung des rechtlichen Gehörs schon beim Finanzgericht zu beanstanden oder den Verfahrensverstoß gegenüber dem Gericht gerügt und die Möglichkeiten, sich Gehör zu verschaffen, ausgeschöpft hat;
- inwiefern die Entscheidung des Finanzgerichts hätte anders ausfallen können[173].

110 Der Verfahrensmangel der Verletzung rechtlichen Gehörs ist in § 119 Nr. 3 FGO als *absoluter Revisionsgrund* aufgeführt, für den das Gesetz die unwiderlegliche Vermutung aufstellt, dass das Urteil auf einem Mangel beruht, der – im Falle der Zulässigkeit der Revision (§ 115 FGO) – zur Aufhebung der Entscheidung führt[174]. Die Versagung rechtlichen Gehörs ist aber dann unschädlich, wenn sie nur einzelne Tatsachenfeststellungen betrifft, auf die es materiell rechtlich bei revisionsrechtlicher Betrachtung unter keinem denkbaren Gesichtspunkt ankommen kann[175].

111 *Beispiele aus der Rechtsprechung zum rechtlichen Gehör:*

- **Akteneinsicht:**

112 Im Finanzprozess haben die Beteiligten das Recht auf Akteneinsicht (§ 78 Abs. 1 FGO; s. Rz. 597 ff.). Dieses Recht bezieht sich auf die dem Gericht in dem konkreten Verfahren vorliegenden Akten. Soweit Akten eingesehen werden sollen, die dem Gericht nicht oder noch nicht vorliegen, besteht das Recht auf Akteneinsicht nicht bzw. noch nicht. Die Verweigerung der Einsichtnahme in Akten und Beweismittel kann das rechtliche Gehör ebenso verletzen[176] wie eine Akteneinsicht unter unzumutbaren Bedingungen[177]. Auf der anderen Seite kann aber mit Rücksicht auf eine begehrte Akteneinsicht auch eine gesetzliche Frist (z. B. die Klagefrist) nicht verlängert werden[178].

---

173 BFH vom 13. 3. 1997 I B 125/96, BFH/NV 1997, 773.
174 Die Versagung des rechtlichen Gehörs zählte gleichwohl nicht zu den besonders schweren Verfahrensverstößen i. S. d. § 116 Abs. 1 FGO a. F., deren Rüge eine zulassungsfreie Revision begründen konnte. Vgl. BFH vom 27. 3. 2000 III R 35/99, BFH/NV 2000, 1128; vom 17. 5. 1995 X R 55/94, BStBl. II 1995, 604.
175 BFH vom 11. 4. 1990 I R 80/89, BFH/NV 1991, 440; vom 5. 12. 1979 II R 56/76, BStBl. II 1980, 208.
176 FG Rheinland-Pfalz vom 16. 9. 1991 5 K 2156/90, EFG 1992, 176.
177 BFH vom 7. 9. 1999 IX B 96/99, BFH/NV 2000, 218.
178 BVerwG vom 10. 10. 1989 9 B 268/89, HFR 1991, 54.

Rechtliches Gehör

Das Recht auf Akteneinsicht ist nicht dadurch verletzt, dass das Finanzgericht einen Beteiligten nicht zur Akteneinsicht aufgefordert hat. Es ist Sache der Beteiligten, ihre entsprechenden Rechte selbst und ohne Aufforderung wahrzunehmen. Eine Rechtsverletzung tritt auch nicht allein deswegen ein, weil das Gericht den Kläger nicht vom Eingang der Steuerakten unterrichtet hat. Diese müssen dem Gericht nämlich kraft Gesetzes „nach Empfang der Klageschrift" (§ 71 Abs. 2 FGO, in der Praxis – mit Rücksicht auf die übliche Verfahrensdauer – allerdings erst auf spätere Anforderung durch das Gericht; s. Rz. 698 ff.), übersandt werden, so dass es einer besonderen Mitteilung hierüber nicht bedarf[179].

113

Es ist möglich, *Akten eines anderen Gerichts zum Verfahren beizuziehen* (s. Rz. 89 ff.). In diesem Fall müssen diese Akten aber auch den Beteiligten zugänglich sein, etwa in Form einer Akteneinsicht. Werden die Beteiligten über die Beiziehung solcher Akten nicht informiert und wird ihnen insoweit keine Akteneinsicht gewährt, so liegt hierin eine Verletzung des Anspruchs auf rechtliches Gehör[180].

114

Der Umstand, dass Akten eines anderen Gerichts (z. B. Strafakten) erstmals in der mündlichen Verhandlung zum Gegenstand des Verfahrens gemacht werden, stellt allein noch keine Verletzung des rechtlichen Gehörs dar. Dem Kläger bleibt es auch in diesen Fällen unbenommen, während der mündlichen Verhandlung die Akten einzusehen und, falls ihm die Zeit nicht ausreichen oder der Aktenumfang eine ordnungsgemäße Einsichtnahme nicht erlauben sollte, eine Vertagung der Streitsache zu beantragen[181].

115

- **Beteiligte – Mitwirkung:**

Einer gerichtlichen Entscheidung dürfen nur solche Tatsachen und Beweismittel zugrunde gelegt werden, zu denen sich die *Beteiligten vorher äußern* konnten. Es muss ihnen grundsätzlich Gelegenheit gegeben werden, auf alle dem Gericht unterbreiteten Stellungnahmen und gerichtlichen Verfügungen zu erwidern[182]. Der Anspruch auf rechtliches Gehör ist deshalb grundsätzlich als verletzt anzusehen, wenn das Gericht sofort entscheidet, ohne die von ihm gesetzte Frist zur Stellungnahme abzuwarten[183].

116

Die Pflicht zur Gewährung rechtlichen Gehörs gilt auch bei Abgabe der Erklärung, der Rechtsstreit sei in der *Hauptsache erledigt*, wenn nur noch ein Kostenbeschluss des Gerichts ergeht (§ 138 FGO). Auch hier muss den Betroffenen Gelegenheit gegeben werden, auf die Ausführungen der Gegenseite, insbesondere zu deren Kostenantrag (z. B. nach § 138 Abs. 2 Satz 2 i. V. m. § 137 FGO), zu erwidern.

117

---

179 BFH vom 24. 3. 1998 I B 106/97, BFH/NV 1998, 1200.
180 BFH vom 6. 11. 1990 VII R 80/88, BFH/NV 1991, 752.
181 BFH vom 20. 8. 1999 VII B 4/99, BFH/NV 2000, 214.
182 BVerfG vom 16. 5. 1984 1 BvR 799, 999/83, DStZ/E 1984, 229; BFH vom 19. 9. 1990 X R 79/88, BStBl. II 1991, 100; vom 30. 9. 1966 III 70/63, BStBl. III 1967, 25.
183 BFH vom 18. 5. 1998 V B 24/98, BFH/NV 1998, 1366.

118 Das Gericht darf *Akten und Urkunden* (z. B. anderer Gerichte oder Behörden) nur dann verwerten und würdigen, wenn die Beteiligten zuvor von deren Beiziehung unterrichtet worden sind und sie Gelegenheit zur Äußerung hatten; dies gilt selbst dann, wenn diese Akten oder Urkunden den Beteiligten vollständig bekannt sind[184].

119 Das Gericht darf seine Entscheidung nicht auf *rechtliche Gesichtspunkte* stützen, die im bisherigen Verfahren *nicht erörtert* worden sind und nach dem bisherigen Verlauf des Verfahrens von den Beteiligten auch nicht zu erörtern waren[185]. Eine solche Überraschungsentscheidung kann z. B. vorliegen, wenn die Beteiligten im Hinblick auf ein Pflegekindschaftsverhältnis über das Merkmal des familienähnlichen Bandes streiten und das Gericht statt dessen auf mangelnde Unterhaltsleistungen abstellt, obwohl diese zwischen den Beteiligten nicht streitig waren[186]. War im Klageverfahren allein die Voraussetzung für die Inanspruchnahme einer Steuervergünstigung streitig, und sind nach dem Akteninhalt Zweifel an der Richtigkeit der Angaben des Steuerpflichtigen zur Höhe der Bemessungsgrundlage ohne weiteres erkennbar, darf das Gericht dessen Angaben nicht seiner Entscheidung zugrunde legen, ohne dem Finanzamt Gelegenheit zur Stellungnahme zu geben[187].

120 Selbst ein nach Schluss der mündlichen Verhandlung, aber vor Verkündung oder Zustellung eines Urteils eingehender Schriftsatz muss daraufhin geprüft werden, ob etwa die mündliche Verhandlung dessentwegen wieder eröffnet werden muss (s. Rz. 138 ff.). Das Gericht kann allerdings auch den Inhalt dieses nachgereichten Schriftsatzes zum Gegenstand der Entscheidung machen. Das rechtliche Gehör ist jedoch verletzt, wenn das Gericht den Inhalt des Schriftsatzes einfach nicht zur Kenntnis nimmt und nicht in seine Erwägungen einbezieht[188].

121 Das rechtliche Gehör ist in der Regel nicht verletzt, wenn eine Entscheidung ohne entsprechende Anhörung eines Beteiligten ergeht, aber auch bei Gewährung rechtlichen Gehörs nicht anders hätte ausfallen können[189].

122 Das Gericht darf von einer Beweiserhebung nur absehen, wenn es entweder die Richtigkeit der Behauptung, die bewiesen werden soll, unterstellt oder wenn es aus anderen Gründen den Beweis der behaupteten Tatsache nicht für erforderlich hält. Das Gericht muss einen vorgebrachten Beweisantrag ausschöpfen, wenn er entscheidungserheblich ist. Er darf aber abgelehnt werden, wenn z. B. das Beweismittel unerreichbar ist[190]. Dabei ist ein Zeuge aber nicht allein deshalb unerreichbar, weil er zur mündlichen Verhandlung ein Attest vorlegt, wonach er „derzeit"

---

184 BFH vom 27. 3. 2000 III B 67/99, BFH/NV 2000, 1091; vom 27. 2. 1992 IV R 129/90, BStBl. II 1992, 841; BVerwG vom 15. 9. 1988 3 C 9/86, HFR 1991, 52.
185 BFH vom 21. 2. 1991 V R 41/86, BFH/NV 1991, 652.
186 BFH vom 23. 9. 1999 VI R 106/98, BFH/NV 2000, 448.
187 BFH vom 25. 8. 1999 X R 74/96, BFH/NV 2000, 416.
188 BFH vom 29. 11. 1990 IV R 30/90, BFH/NV 1991, 531.
189 BFH vom 14. 3. 1989 I R 105/88, BStBl. II 1989, 741.
190 BFH vom 30. 3. 1990 III B 127/89, BFH/NV 1991, 51; vom 29. 5. 1974 I R 167/71, BStBl. II 1974, 612; vom 6. 10. 1971 I R 46/69, BStBl. II 1972, 20.

nicht reise- und aussagefähig ist[191]. Es genügt allerdings, wenn das Gericht das Vorbringen der Prozessparteien zur Kenntnis nimmt und würdigt. Den Parteien obliegt es, selbst die gegebenen Möglichkeiten zur Äußerung zu nutzen[192].

Verletzt allerdings der Kläger seine abgabenrechtlichen *Mitwirkungspflichten*, so kann dies zu einer Begrenzung der Sachaufklärungspflicht und zu einer Minderung des Beweismaßes führen. Dies kann zur Folge haben, dass aus dem Verhalten des Klägers für ihn nachteilige Schlüsse gezogen werden. Dies gilt vor allem dann, wenn die Mitwirkungspflichten solche Tatsachen und Beweismittel betreffen, die im Wissens- und Einflussbereich des Klägers liegen[193]. Kommt ein kraft seines Berufes kundiger Beteiligter der gerichtlichen Aufforderung zur Nachholung tatsächlicher Angaben zur Beschwer innerhalb der gesetzten Ausschlussfrist nicht nach (§ 79b Abs. 1 Satz 1 FGO), stellt die Abweisung seiner Klage als unzulässig ohne weiteren Hinweis des Gerichts keine Überraschungsentscheidung dar, auch wenn dieses vor der mündlichen Verhandlung noch die Vorlage der Verwaltungsakten durch die Finanzbehörde angeordnet hatte[194].   123

Hilfstatsachen darf das Gericht als wahr unterstellen, d. h. es braucht keine Beweiserhebung durchzuführen, wenn die vom Kläger benannten Hilfstatsachen für den Beweis der Haupttatsache untauglich sind[195].   124

Das *Übergehen eines Beweisantrags* kann zur Folge haben, dass das Urteil fehlerhaft ist und in der Revision insoweit wegen mangelnder Sachaufklärung aufgehoben werden muss. Dieser Verfahrensmangel muss aber nachweislich bis zum Ende der mündlichen Verhandlung vor dem Finanzgericht gerügt werden. Ohne eine solche Geltendmachung kann das Übergehen eines Beweisantrags in der Revision nicht mehr mit Erfolg geltend gemacht werden[196].   125

Hat das Gericht den Vortrag eines Beteiligten missverstanden, liegt jedenfalls dann keine Verletzung des rechtlichen Gehörs vor, wenn es trotz des Missverständnisses in einer Hilfsbegründung auf den Einwand des Beteiligten tatsächlich eingegangen ist[197].   126

Auch ein *Beigeladener* (s. Rz. 618 ff.) hat nach dem Grundsatz des rechtlichen Gehörs Anspruch darauf, sich nach erfolgter Beiladung zu dem Verfahren in tatsächlicher und rechtlicher Hinsicht zu äußern. Deshalb darf das Gericht erst entscheiden, wenn allen Beteiligten im vorangegangenen schriftlichen Verfahren rechtliches Gehör gewährt worden ist[198].   127

---

191 BFH vom 19. 5. 1999 V B 57/98, BFH/NV 1999, 1494.
192 BFH vom 24. 2. 1992 V B 159/91, BFH/NV 1992, 537.
193 BFH vom 25. 11. 1999 VII S 19/99, BFH/NV 2000, 551; vom 15. 2. 1989 X R 16/86, BStBl. II 1989, 462.
194 BFH vom 29. 1. 1999 VII B 304/98, BFH/NV 1999, 1105.
195 BFH vom 14. 9. 1988 II R 76/86, BStBl. II 1989, 150.
196 BFH vom 31. 1. 1989 VII B 162/88, BStBl. II 1989, 372.
197 BFH vom 10. 7. 2000 XI B 131/99, BFH/NV 2000, 1206.
198 BFH vom 25. 2. 1999 IV R 48/98, BStBl. 1999, 531.

- **Mündliche Verhandlung:**

128   Der Anspruch auf rechtliches Gehör wird verletzt, wenn bei Gericht *vor Beendigung der mündlichen Verhandlung*, also z. B. noch in deren Verlauf, ein Schriftsatz eines Beteiligten eingeht, der nicht mehr für die Entscheidung ausgewertet wird. Das Gericht muss alles schriftsätzliche Vorbringen bei seiner Entscheidung berücksichtigen, das vor Ende der (letzten) mündlichen Verhandlung und vor Ergehen der Entscheidung bei Gericht eintrifft, selbst wenn es, z. B. wegen eines Versehens der Geschäftsstelle, den erkennenden Senat nicht mehr rechtzeitig erreicht, sondern dort – z. B. als vermeintlicher Neueingang – zunächst liegen bleibt. Entscheidend ist der Zeitpunkt des tatsächlichen Eingangs des Schriftsatzes bei Gericht; auf den Zeitpunkt der Kenntnisnahme durch den erkennenden Senat kommt es nicht an[199].

129   *Nimmt der Beteiligte an der mündlichen Verhandlung nicht teil,* so liegt darin keine Verletzung des rechtlichen Gehörs. Gem. § 91 Abs. 2 FGO ist bei der Ladung zur mündlichen Verhandlung darauf hinzuweisen, dass beim Ausbleiben eines Beteiligten auch ohne ihn verhandelt und entschieden werden kann. Ist allerdings nach den Umständen des Streitfalls, insbesondere nach der Art des Prozessstoffes oder nach den persönlichen Verhältnissen der Beteiligten die Anwesenheit des Klägers oder seines Prozessbevollmächtigten in der mündlichen Verhandlung von Bedeutung, wird das rechtliche Gehör verletzt, wenn auf einen auf „erhebliche Gründe" gestützten Antrag eines Beteiligten der Termin nicht verlegt wird[200].

130   Bei der Prüfung, ob die vorgebrachten Gründe zur Aufhebung oder Verlegung eines Termins erheblich sind, muss zugunsten der Beteiligten berücksichtigt werden, dass das Finanzgericht die einzige Tatsacheninstanz ist und dass die Beteiligten ein Recht darauf haben, ihre Sache in der mündlichen Verhandlung selbst zu vertreten[201]. Die *Erkrankung bzw. Reiseunfähigkeit* eines Prozessbevollmächtigten kann deshalb dazu führen, dass ein Termin zur mündlichen Verhandlung aufgehoben oder verlegt werden muss[202].

131   Eine Terminsverlegung ist allerdings nicht ohne weiteres bereits dann geboten, wenn der Prozessbevollmächtigte vorträgt, zum angesetzten Verhandlungstermin einem *anderen Gerichtstermin* nachkommen zu müssen. Vielmehr ist im Regelfall eine Interessenabwägung vorzunehmen unter Würdigung aller Umstände des Einzelfalles, insbesondere des Prozessstoffs, der persönlichen Verhältnisse der Beteiligten und ihres Bevollmächtigten sowie unter Berücksichtigung der Bedeutung der mündlichen Verhandlung[203]. Wird der Kläger z. B. von einer Steuerberatungs-GmbH mit mehreren Geschäftsführern vertreten, so ist die urlaubsbedingte Ver-

---

199 BFH vom 30. 5. 1984 I R 218/80, BStBl. II 1984, 668; BVerwG vom 29. 11. 1985 9 C 49/85, NJW 1986, 1125.
200 BFH vom 10. 8. 1988 III R 220/84, BStBl. II 1988, 948.
201 BFH vom 26. 4. 1991 III R 87/89, BFH/NV 1991, 830; vom 7. 12. 1990 III B 102/90, BStBl. II 1991, 240; vom 14. 10. 1975 VII R 150/71, BStBl. II 1976, 48.
202 BFH vom 10. 8. 1990 III R 31/86, BFH/NV 1991, 464.
203 BFH vom 2. 7. 1998 III B 12/98, BFH/NV 1999, 317.

hinderung des sachbearbeitenden Geschäftsführers regelmäßig kein ausreichender Grund für die Aufhebung eines anberaumten Verhandlungstermins[204].

Wird ein *Antrag auf Terminsverlegung „in letzter Minute"* gestellt und mit einer plötzlichen Erkrankung des Beteiligten begründet, so reicht die bloße Behauptung einer Erkrankung nicht aus; der Beteiligte ist vielmehr auch ohne besondere Aufforderung verpflichtet, die Gründe für die Verhinderung so anzugeben und zu untermauern, dass das Gericht die Frage, ob der Beteiligte verhandlungsfähig ist oder nicht, selbst beurteilen kann[205]. In einem solchen Fall reicht gewöhnlich die Vorlage eines substantiierten privatärztlichen Attestes aus, aus dem sich die Verhandlungsunfähigkeit eindeutig und nachvollziehbar ergibt. Doch kann die Ablehnung der beantragten Terminsänderung trotz in dieser Form dargelegter Verhinderungsgründe ermessensgerecht sein, wenn ein Beteiligter seine prozessuale Mitwirkungspflicht zuvor in erheblicher Weise verletzt hat[206]. Das ist z.B. bei einer offensichtlichen Prozessverschleppungsabsicht der Fall, aber auch, wenn ein Beteiligter bereits im Veranlagungs- und Rechtsbehelfsverfahren seine Mitwirkungspflichten verletzt hat und trotz einer bereits seit geraumer Zeit bestehenden Erkrankung keine Vorsorge für die Wahrnehmung eines Termins getroffen hat[207]. Das gilt auch, wenn das Gericht zuvor angekündigt hatte, dass eine Verhinderung nur bei Vorlage eines amtsärztlichen Attestes angenommen werden könne[208].

132

Wechselt kurz vor der mündlichen Verhandlung der Prozessbevollmächtigte des Klägers, ohne dass dies vom Kläger verschuldet ist, muss dem Antrag des neuen Prozessvertreters auf Verlegung des Termins zur mündlichen Verhandlung oder auf Vertagung stattgegeben werden, wenn die Streitsache in tatsächlicher oder rechtlicher Hinsicht nicht einfach ist[209].

133

Die mündliche Verhandlung stellt ein Mittel zur Verwirklichung des rechtlichen Gehörs dar. Deswegen ist es in der Regel erforderlich, dass entweder der Kläger selbst oder sein Prozessbevollmächtigter anwesend ist. Ist einer der Beteiligten, der eine mögliche Verspätung nicht vorher angekündigt hat, zum Sitzungstermin nicht pünktlich erschienen, so liegt es grundsätzlich im Ermessen des Vorsitzenden, ob er gleichwohl die mündliche Verhandlung eröffnet oder noch eine gewisse Zeit (etwa 10-15 Minuten)[210] abwartet[211]. Dabei hat er einerseits das voraussichtliche Interesse der Beteiligten an der Teilnahme und andererseits das Interesse des Gerichts an möglichst pünktlicher Einhaltung der Tagesordnung zu

134

---

204 BFH vom 26. 10. 1998 I B 3/98, BFH/NV 1999, 626.
205 BFH vom 14. 5. 1996 VII B 237/95, BFH/NV 1996, 902; vom 31. 8. 1995 VII B 160/94, BFH/NV 1996, 228.
206 BFH vom 26. 11. 1997 IV B 81/97, BFH/NV 1998, 1104.
207 BFH vom 20. 3. 1997 XI B 182/95, BFH/NV 1997, 777; vom 7. 2. 1995 VIII R 48/92, BFH/NV 1996, 43.
208 BFH vom 17. 5. 2000 IV B 86/99, BFH/NV 2000, 1353; vom 17. 7. 1985 I R 142/82, BFH/NV 1986, 412.
209 BFH vom 17. 3. 1992 XI B 38/91, BFH/NV 1992, 679; vom 26. 1. 1977 I R 163/74, BStBl. II 1977, 348.
210 BFH vom 24. 8. 1992 X B 19/92, BFH/NV 1993, 46; vom 30. 1. 1986 IV R 22/84, BFH/NV 1987, 649.
211 BFH vom 29. 7. 1997 VII B 69/97, BFH/NV 1998, 63.

berücksichtigen[212]. Liegen erhebliche Gründe vor, so kann die Aufhebung oder Verlegung eines Termins zur mündlichen Verhandlung notwendig sein; dies richtet sich allerdings nach den Verhältnissen des Einzelfalles.

135 Bei *Verhinderung des* durch einen Prozessbevollmächtigten vertretenen *Klägers* ist allerdings ein Termin zur mündlichen Verhandlung nur dann aufzuheben oder zu verlegen, wenn ein entsprechender Antrag substantiiert gestellt wird (vgl. § 227 ZPO). Dabei ist mitentscheidend, ob die persönliche Anwesenheit des Klägers neben dem Prozessbevollmächtigten in der mündlichen Verhandlung erforderlich ist oder geeignet ist, den Prozess zu fördern. Im Allgemeinen wird man solches nicht annehmen müssen, wenn die mündliche Verhandlung durch einen oder mehrere Erörterungstermine vorbereitet worden ist und der Kläger die Möglichkeit hatte, bereits in den Erörterungsterminen seine Sicht der Dinge vorzutragen[213].

136 Der Mitwirkung eines Dolmetschers in der mündlichen Verhandlung bedarf es nicht, wenn ein Beteiligter zwar die deutsche Sprache nicht beherrscht, sie aber in einer die Verständigung ermöglichenden Form spricht und versteht[214].

137 Bittet ein Kläger nach Ablehnung eines Richters wegen Besorgnis der Befangenheit um kurze Unterbrechung der mündlichen Verhandlung, um die Darlegung des Ablehnungsgrundes vorbereiten zu können, und vertagt daraufhin das Finanzgericht die mündliche Verhandlung, ohne ihm eine Frist zur Begründung des Gesuchs zu setzen, gebietet der Anspruch auf rechtliches Gehör dem Gericht, eine angemessene Zeit abzuwarten, bevor es über das Ablehnungsgesuch entscheidet[215].

- **Nach der mündlichen Verhandlung:**

138 Hat der Vorsitzende die mündliche Verhandlung für geschlossen erklärt (§ 93 Abs. 3 Satz 1 FGO), bewirkt dies, dass ein späteres tatsächliches oder rechtliches Vorbringen, für das vom Gericht eine Frist nicht eingeräumt worden ist (sog. „nachgelassener Schriftsatz"), *im Allgemeinen für die Entscheidungsfindung unbeachtlich* ist[216], insbesondere wenn es sich um neue Angriffs- oder Verteidigungsmittel handelt[217]. Das Gericht ist allerdings verpflichtet, einen Schriftsatz, der zwar nach der Beschlussfassung über das Urteil, aber vor dessen Verkündung oder Zustellung eingeht, zu berücksichtigen, d. h. in seine Erwägungen einzubeziehen[218]. Das bedeutet: Das Gericht verletzt den Anspruch der Beteiligten auf rechtliches Gehör dann nicht, wenn es den Inhalt des nachgereichten Schriftsatzes entweder bei seiner Entscheidungsbegründung verwertet oder ihn als unbeachtlich erkennbar in Erwägung gezogen hat[219].

---

212 BFH vom 25. 9. 1990 IX R 207/87, BFH/NV 1991, 397.
213 BFH vom 7. 12. 1990 III B 102/90, BStBl. II 1991, 240.
214 BFH vom 29. 2. 2000 V B 18/99, BFH/NV 2000, 983.
215 BFH vom 15. 7. 1999 V B 25/99, BFH/NV 2000, 192.
216 BFH vom 2. 3. 2000 IV B 34/99, BFH/NV 2000, 1084.
217 BFH vom 12. 11. 1993 VIII R 17/93, BFH/NV 1994, 492; vom 29. 11. 1973 IV R 221/69, BStBl. II 1974, 115.
218 BFH vom 18. 5. 1998 V B 24/98, BFH/NV 1998, 1366; vom 11. 8. 1987 VII B 165/86, BFH/NV 1988, 310.
219 BFH vom 29. 11. 1990 IV R 30/90, BFH/NV 1991, 531.

Schriftsätze, die nach Schluss der mündlichen Verhandlung, jedoch vor der 139
Verkündung oder Zustellung des Urteils bei Gericht eingehen, führen – allerdings nach dem Ermessen des Gerichts[220] – gegebenenfalls zur *Wiedereröffnung der mündlichen Verhandlung*. Diese erfolgt durch Beschluss[221], der unanfechtbar ergeht (§ 128 Abs. 2 FGO), oder konkludentes Handeln des Senats[222]. Eine Wiedereröffnung kommt vor allem dann in Betracht, wenn bei ihrem Unterlassen das Urteil vom BFH aufgehoben werden müsste. Bei der Beurteilung der Frage, ob das der Fall ist, kommt es jedoch auf die Verhältnisse am Schluss der mündlichen Verhandlung an[223]. So ist das Finanzgericht zu einer Wiedereröffnung der mündlichen Verhandlung z. B. verpflichtet, wenn sich aus dem neuen Vorbringen eines Beteiligten ergibt, dass die bisherige Verhandlung lückenhaft war und in der letzten mündlichen Verhandlung bei sachgemäßem Vorgehen Veranlassung zur Ausübung des Fragerechts bestanden hätte[224]. Eine Pflicht zur Wiedereröffnung besteht ferner, wenn durch Versäumnisse oder Ungeschicklichkeiten des Gerichts oder durch andere Umstände im Verfahren bis zum Schluss der mündlichen Verhandlung eine vollständige und sachgerechte Erklärung der Verfahrensparteien unterblieben ist[225]. Dagegen braucht die mündliche Verhandlung nicht wieder eröffnet zu werden, um einem Beteiligten, der sich trotz ausreichender Möglichkeit nicht genügend auf die mündliche Verhandlung vorbereitet oder Tatsachen bewusst zurückgehalten hat, Gelegenheit zu neuem Vorbringen zu geben[226].

Will das Gericht die mündliche Verhandlung nicht wieder eröffnen, ist ein 140
diesbezüglicher Beschluss zu fassen und zu begründen. Dabei reicht es aus, wenn die entsprechende Entscheidung in das Urteil aufgenommen wird[227]. Darin sind das Für und Wider eines nochmaligen Eintritts in die mündliche Verhandlung gegeneinander abzuwägen. Es muss jedenfalls zum Ausdruck gebracht werden, dass entsprechende Erwägungen angestellt worden sind. Das gilt auch dann, wenn die Wiedereröffnung der mündlichen Verhandlung nicht ausdrücklich beantragt wird, sich entsprechende Überlegungen jedoch aufdrängen[228]. Enthält ein nach Schluss der mündlichen Verhandlung eingegangener Schriftsatz aber weder konkretes Vorbringen zum Streitgegenstand noch die Rüge fehlerhaften Verfahrens, hat das Gericht keine Veranlassung, über eine Wiedereröffnung der mündlichen Verhandlung zu befinden[229].

---

220 BFH vom 17. 4. 1985 I R 67/82, BFH/NV 1986, 409; vom 22. 12. 1981 VII R 104/80, BStBl. II 1982, 356.
221 BFH vom 28. 2. 1996 II R 61/95, BStBl. II 1996, 318.
222 BFH vom 15. 3. 1977 VII R 122/73, BStBl. II 1977, 431.
223 BFH vom 29. 11. 1973 IV R 221/69, BStBl. II 1974, 115.
224 BGH vom 31. 10. 1985 IX ZR 13/85, NJW 1986, 1867; vom 17. 2. 1970 III ZR 139/67, NJW 1970, 946.
225 BGH vom 7. 10. 1992 VIII ZR 199/91, NJW 1993, 134.
226 BFH vom 26. 2. 1975 II R 120/73, BStBl. II 1975, 489.
227 BFH vom 28. 2. 1975 VI B 28/73, BStBl. II 1975, 515.
228 BFH vom 29. 11. 1985 VI R 13/82, BStBl. II 1986, 187.
229 BFH vom 15. 3. 2000 IV B 79/99, BFH/NV 2000, 1212.

- Schätzung:

141 Die Einführung neuer, bisher nicht erörterter *Schätzungsmethoden* ist ebenfalls ein Verstoß gegen die Gewährung rechtlichen Gehörs. Zwar ist eine Schätzungsmethode kein rechtlicher Gesichtspunkt, doch ist eine neue Schätzungsmethode einem solchen neuen rechtlichen Gesichtspunkt vergleichbar. Eine neue Schätzungsmethode muss deswegen den Beteiligten vorweg mitgeteilt werden, wenn sie den bis dahin erörterten Schätzungsmethoden nicht mehr ähnlich ist oder wenn dadurch die Einführung eines neuen Tatsachenstoffs erforderlich wird[230].

5. Richterausschluss und -ablehnung

142 Richter – und zwar alle, gleichgültig ob Berufsrichter oder ehrenamtliche Richter – können in einem bestimmten Streitfall von der Mitwirkung *ausgeschlossen* sein (§ 51 Abs. 1 Satz 1 FGO i. V. mit § 41 ZPO; § 51 Abs. 2 FGO). Außerdem besteht die Möglichkeit, einen Richter *abzulehnen* (§ 51 Abs. 1 Satz 1 FGO i. V. mit § 42 ZPO; § 51 Abs. 3 FGO). Insoweit kann die Initiative von einem Beteiligten (also etwa dem Kläger oder dem Beklagten) ausgehen. Daneben besteht die Möglichkeit der Selbstablehnung durch den betreffenden Richter (§ 51 Abs. 1 Satz 1 FGO i. V. mit §§ 48, 49 ZPO).

a) Richterausschluss

143 Nach § 51 Abs. 1 Satz 1 FGO i. V. mit § 41 ZPO ist ein Richter von der Ausübung seines Richteramtes ausgeschlossen

- in Sachen, in denen er selbst Partei[231] ist oder bei denen er zu einer Partei in dem Verhältnis eines Mitberechtigten, Mitverpflichteten oder Regresspflichtigen steht (Nr. 1);
- in Sachen seines Ehegatten, auch wenn die Ehe nicht mehr besteht (Nr. 2);
- in Sachen einer Person, mit der er in gerader Linie verwandt oder verschwägert, in der Seitenlinie bis zum dritten Grad verwandt oder bis zum zweiten Grad verschwägert ist oder war (Nr. 3);
- in Sachen, in denen er als Prozessbevollmächtigter oder Beistand einer Partei bestellt oder als gesetzlicher Vertreter einer Partei aufzutreten berechtigt ist oder gewesen ist[232] (Nr. 4);
- in Sachen, in denen er als Zeuge oder Sachverständiger vernommen ist (Nr. 5);
- in Sachen, in denen er in einem früheren Rechtszug[233] oder im schiedsrichterlichen Verfahren bei dem Erlass der angefochtenen Entscheidung mitgewirkt hat, sofern es sich nicht um die Tätigkeit eines beauftragten oder ersuchten Richters handelt (Nr. 6).

---

230 BFH vom 2. 2. 1982 VIII R 65/80, BStBl. II 1982, 409.
231 Hierzu rechnet neben der Verfahrensposition des Klägers auch diejenige des Beigeladenen (vgl. § 57 Nr. 3 FGO).
232 Die Regelung betrifft etwa den Vorsteher des beklagten Finanzamts. Vgl. BFH vom 4. 7. 1990 II R 65/89, BStBl. II 1990, 787.
233 Dazu BFH vom 13. 1. 1987 IX B 1 84, BFH/NV 1987, 656.

Neben diesen allgemeinen Ausschlussgründen findet sich in § 51 FGO ein speziell auf das finanzgerichtliche Verfahren ausgerichteter Ausschlussgrund. Danach darf in dem betreffenden Verfahren ein Richter nicht tätig werden, der bei dem vorausgegangenen Verwaltungsverfahren bereits mitgewirkt hat. Diese Regelung kommt häufiger zur Anwendung, stammen doch viele Finanzrichter aus der Finanzverwaltung. Mitwirkung heißt nicht nur, dass die im Streit befindliche Entscheidung (etwa der betreffende Steuerbescheid) von dem Richter getroffen worden sein muss. Es genügt eine „finale Verbindlichkeit"[234], wie etwa die Anordnung der vorangegangenen Außenprüfung[235] oder die Teilnahme an einer entsprechenden Schlussbesprechung. Ein aus der Finanzverwaltung kommender Richter ist jedoch nicht eo ipso befangen oder von der Mitwirkung im finanzgerichtlichen Verfahren ausgeschlossen[236].

144

Der Richterausschluss erfolgt auch ohne einen diesbezüglichen „Antrag" etwa der Prozessbeteiligten. In der Praxis ist es meist so, dass der betreffende Richter den ausschließenden Umstand anzeigt[237] und hierüber einen Aktenvermerk fertigt[238]. Es bedarf keiner Entscheidung über den Ausschluss, soweit der Ausschlussgrund evident ist. Ist jedoch zweifelhaft, ob ein Ausschlussgrund zum Tragen kommt, ergeht ein Beschluss hierüber, an dem der betreffende Richter nicht mitwirkt. In diesem Verfahren sind die Beteiligten zu hören[239].

145

Soweit ein von Gesetz wegen ausgeschlossener Richter gleichwohl an einem Urteil mitgewirkt hat, liegt ein absoluter Revisionsgrund (§ 119 Nr. 2 FGO) vor. Ist bereits Rechtskraft eingetreten, kann Nichtigkeitsklage erhoben werden (§ 134 FGO i. V. mit § 579 Abs. 1 Nr. 2 ZPO).

146

b) Richterablehnung

Die Ablehnung dient ebenso wie die Ausschließung dem Ziel, den betreffenden[240] Richter von der weiteren Mitwirkung an der Entscheidungsfindung zu hindern.

147

Ein Ablehnungsgesuch kann erst einmal jeder Beteiligte anbringen. Grund für die Ablehnung eines Richters kann das Vorliegen eines Ausschlussgrundes bilden. In der Mehrzahl der Fälle gehen Anträge in der Praxis dahin, einen Richter wegen der Besorgnis der Befangenheit abzulehnen (§ 51 Abs. 1 Satz 1 i. V. m. § 42 ZPO). Erforderlich hierfür ist, dass ein Grund vorliegt, der geeignet ist, Misstrauen gegen die Unparteilichkeit eines Richters zu rechtfertigen (§ 42 Abs. 2 ZPO). Dies ist nicht nur eine subjektive „Empfindlichkeit" des Beteiligten; denn Gründe für ein solches Misstrauen gegen die Unparteilichkeit eines Richters sind erst dann gegeben, wenn ein am Verfahren Beteiligter bei vernünftiger Würdigung aller

148

---
234 BFH vom 14. 7. 1988 IV R 74/87, BFH/NV 1989, 441.
235 BFH vom 15. 7. 1987 X R 15/81, BFH/NV 1988, 446.
236 BFH vom 6. 8. 2001 IV B 133/00, BFH/NV 2002, 44.
237 Sofern er nicht aktenkundig ist.
238 Über diesen brauchen die Beteiligten nicht informiert zu werden. Vgl. FG Bremen vom 29. 11. 1991 II 133, 134, 170 und 171/85 K, EFG 1992, 208.
239 FG Bremen vom 6. 9. 1993 II 50/91 K, EFG 1994, 49.
240 Durch Bündelung mehrerer Ablehnungen können natürlich auch mehrere Richter eines Senats oder Gerichts betroffen sein.

Umstände objektiv Anlass hat, an der Unvoreingenommenheit des Richters zu zweifeln[241]. Ob der Grund wirklich vorliegt, ist dabei unerheblich[242]. Es müssen lediglich Anhaltspunkte für eine unsachliche Einstellung oder gar Willkür des Richters vorliegen.

149 Die Besorgnis der Befangenheit kann sich sowohl aus den Äußerungen[243] und dem Verhalten[244] während des laufenden Verfahrens, aber auch – ausnahmsweise – außerhalb des Verfahrens ergeben.

150 Gründe, die die Besorgnis der Befangenheit erwecken, können etwa sein:
- abwertende Äußerungen gegenüber einem Beteiligten[245];
- abwertende Äußerungen zu der Qualifikation des Prozessbevollmächtigten[246];
- einseitige Kontaktaufnahme zu nur einem Beteiligten ohne Information des anderen Beteiligten[247];
- eine ohne Einwilligung der Beteiligten vollzogene Einsichtnahme in Scheidungsakten[248];
- Unbeherrschtheit[249];
- willkürliches Fehlverhalten[250].

Verfahrensverstöße oder sonstige Rechtsfehler eines Richters bilden – selbst wenn sie objektiv vorliegen – grundsätzlich keinen Ablehnungsgrund. Insoweit stehen den Beteiligten die allgemeinen Rechtsbehelfe – auch zur Überprüfung von Verfahrensfehlern – zur Verfügung. Rechtsverstöße können eine Besorgnis der Befangenheit ausnahmsweise dann rechtfertigen, wenn Gründe dargetan sind, die dafür sprechen, dass die Fehlerhaftigkeit auf einer unsachlichen Einstellung des Richters gegenüber dem ihn ablehnenden Beteiligten beruht oder wenn der Grad der Fehlerhaftigkeit so groß ist, dass der Schluss auf Willkür gerechtfertigt erscheint[251]. Dies setzt ohne weiteres erkennbare und gravierende Verfahrensfehler oder eine Häufung von Rechtsverstößen voraus[252]. Unter denselben Voraussetzungen können Rechtsfehler eines Richters in einem früheren Verfahrensabschnitt, in früheren Verfahren oder in Parallelverfahren ausnahmsweise die Besorgnis der Befangenheit begründen[253].

Zureichende Ablehnungsgründe liegen auch nicht bereits darin, dass ein Richter als Berichterstatter sich vor dem Abschluss der mündlichen Verhandlung eine

---

241 BFH vom 6. 4. 2000 II B 106/99, BFH/NV 2001, 164 m. w. N.
242 BFH vom 30. 5. 1997 I B 17/97, BFH/NV 1998, 34.
243 BFH vom 22. 5. 1991 IV B 48/90, BFH/NV 1992, 395.
244 BFH vom 27. 5. 1997 VII B 253/96, BFH/NV 1997, 872.
245 BFH vom 21. 7. 1993 IX B 50/93, BFH/NV 1995, 50.
246 BFH vom 6. 2. 1989 V B 119/88, BFH/NV 1990, 45.
247 BFH vom 14. 8. 1997 XI B 68/96, BFH/NV 1998, 462.
248 BFH vom 11. 1. 1995 IV B 104/93, BFH/NV 1995, 629.
249 BFH vom 24. 3. 1998 I B 104/97, BFH/NV 1998, 1359.
250 BFH vom 21. 11. 1991 V B 157/91, BFH/NV 1992, 479; vom 21. 11. 1991 VII B 5-54/91, BFH/NV 1992, 526.
251 BFH vom 20. 6. 2003 XI R 25/03, BFH/NV 2003, 1342.
252 BFH vom 27. 3. 1997 XI B 190/96, BFH/NV 1997, 780.
253 BFH vom 31. 7. 2002 V B 18/02, BFH/NV 2003, 58.

vorläufige Meinung über den – für den Kläger ungünstigen – Ausgang des Klageverfahrens gebildet hat, sie dem Kläger bzw. dessen Prozessvertreter bekannt gibt und damit die Bitte verbindet, eine Klagerücknahme zu erwägen. Dies entspricht der Pflicht des Gerichts, den Verfahrensfortgang zu fördern. Derartige richterliche Hinweise über den voraussichtlichen Verfahrensausgang liegen im Allgemeinen im wohl verstandenen Interesse der Beteiligten[254]. Regelmäßig ergibt sich eine Besorgnis der Befangenheit auch nicht daraus, dass der Richter den rechtlichen Hinweis mit der Empfehlung verbindet, die Zweckmäßigkeit einer Klagerücknahme zu prüfen. Eine solche Anregung oder Anfrage kann die Annahme von Befangenheit ausnahmsweise nur dann nahe legen, wenn sie erkennen lässt, es sei dem Richter an einer Beendigung des Verfahrens „um jeden Preis" gelegen und wenn Zweifel aufkommen, ob der Richter weiterhin Gründen gegen seine eigene Rechtsauffassung überhaupt noch zugänglich ist[255].

Ebenso wenig rechtfertigt für sich allein eine freimütige Formulierung die Richterablehnung, es sei denn der Sprachgebrauch wäre offensichtlich unsachlich und unangemessen[256]. Erforderlich ist insbesondere eine Gesamtschau des Verhaltens und aller Umstände[257].

Der *Antrag auf Ablehnung eines Richters*[258] wegen Befangenheit muss eine substantiierte Darlegung des Ablehnungsgrundes enthalten und diesen Ablehnungsgrund zumindest glaubhaft machen[259]. Der abgelehnte Richter muss zu dem Ablehnungsgrund eine dienstliche Äußerung abgeben (§ 44 Abs. 3 ZPO). Diese muss grundsätzlich den Beteiligten übermittelt werden, so dass die Möglichkeit zur Stellungnahme besteht. Eine solchen Bekanntgabe der dienstlichen Äußerung bedarf es jedoch dann nicht, wenn sich die Zurückweisung des Befangenheitsgesuches nicht auf diese Äußerung stützt[260].

151

Die Ablehnung des gesamten Spruchkörpers – also des Senats des Finanzgerichts – ist wegen Verstoßes gegen den Grundsatz der Individualablehnung[261] grundsätzlich missbräuchlich[262] und daher unzulässig, wenn nicht gleichzeitig Gründe gegen die Unparteilichkeit jedes einzelnen abgelehnten Richters vorgebracht werden[263]. Ein Befangenheitsantrag ist auch dann rechtsmissbräuchlich, wenn der Antragsteller immer wieder ohne ausreichenden Grund Richter ablehnt, die ihm nachteilige Entscheidungen fällen[264] bzw. nur Gründe vorgetragen wer-

152

---

254 BFH vom 28. 5. 2003 III B 87/02, BFH/NV 2003, 1218.
255 BFH vom 4. 7. 1985 V B 3/85, BStBl. II 1985, 555; vom 20. 10. 1997 V B 80/97, BFH/NV 1998, 592.
256 BFH vom 25. 1. 1996 X B 130/95, BFH/NV 1996, 561.
257 BFH vom 27. 9. 1994 VIII B 64-76/94, BFH/NV 1995, 526; vom 18. 12. 1998 III S 4/98, BFH/NV 1999, 944.
258 Vgl. dazu § 44 ZPO.
259 BFH vom 14. 6. 1991 VI B 6/91, BFH/NV 1991, 761; vom 13. 9. 1991 IV B 147/90, BFH/NV 1992, 320; BVerwG vom 6. 10. 1989 4 CB 23/89, HFR 1991, 113.
260 BFH vom 4. 8. 2004 VII B 240-241/03, BFH/NV 2005, 218.
261 BFH vom 18. 3. 2003 I K 1-3/03, BFH/NV 2003, 1191.
262 BFH vom 13. 6. 1991 VII B 246/90, BFH/NV 1992, 253; vom 13. 12. 1991 V B 181/91, BFH/NV 1992, 674.
263 Vgl. BFH vom 17. 4. 1996 I B 134/95, BFH/NV 1996, 826.
264 BFH vom 1. 4. 2004 X E 2/04, n. v.

den, die eine Richterablehnung unter keinem denkbaren Gesichtspunkt rechtfertigen können[265]. Bei einer unzulässigen Ablehnung kann der Senat in seiner geschäftsplanmäßigen Besetzung einschließlich der abgelehnten Richter über das Ablehnungsgesuch entscheiden[266].

153 Das Ablehnungsgesuch setzt ein selbständiges Zwischenverfahren in Gang, das mit einem entsprechenden Beschluss endet[267]. Dieser ergeht grundsätzlich ohne Beteiligung des abgelehnten Richters. Sofern mehrere Richter abgelehnt werden und das Gericht hierdurch beschlussunfähig wird, muss der BFH entscheiden[268]. Ein das Ablehnungsgesuch zurückweisender Beschluss ist zu begründen. Er ist nicht mehr zuzustellen, nachdem hiergegen keine Beschwerde mehr möglich ist (§ 128 Abs. 2 FGO).

154 Neben den Beteiligten kann auch der Richter selbst geltend machen, es bestehe aufgrund bestimmter Umstände in seiner Person die Besorgnis der Befangenheit (§ 51 Abs. 1 Satz 1 FGO i. V. mit § 48 ZPO). Allerdings genügen bloße Zweifel des Betroffenen nicht[269]. Ansonsten gelten hier keine Besonderheiten.

155 Ein *abgelehnter Richter* ist gehindert, am anhängigen Verfahren weiterhin mitzuwirken. Erst wenn über den Befangenheitsantrag entschieden ist, kann der Richter wieder am Prozess mitarbeiten. Allerdings hat der Gesetzgeber in § 155 FGO i. V. mit § 47 Abs. 2 ZPO diesen Grundsatz wesentlich eingeschränkt: Wird ein Richter während der mündlichen Verhandlung abgelehnt und würde die Entscheidung über die Ablehnung eine Vertagung der Verhandlung erfordern, so kann der Termin unter Mitwirkung des abgelehnten Richters fortgesetzt werden. Wird die Ablehnung für begründet erklärt, so ist der nach Anbringung des Ablehnungsgesuchs liegende Teil der Verhandlung zu wiederholen. Eine Richterablehnung ist nicht mehr möglich, wenn sich ein Beteiligter, ohne den ihr bekannten Ablehnungsgrund geltend zu machen, in eine Verhandlung bei Gericht eingelassen hat oder wenn sie in Kenntnis der Befangenheitsgründe Anträge gestellt hat, ohne die bekannten Ablehnungsgründe geltend zu machen[270].

156 Wie erwähnt ist ein Beschluss, der über die Ablehnung eines Richters entscheidet, seit 1. 1. 2001 nicht mehr gesondert anfechtbar. Insoweit ist ein Beteiligter darauf verwiesen, sein Begehren im Wege der Revision zu verfolgen. Ist einem Ablehnungsersuchen zu Unrecht nicht entsprochen worden, liegt ein Verfahrensfehler vor. Dieser führt nach § 115 Abs. 2 Nr. 3 FGO zur Zulassung der Revision oder gem. § 116 Abs. 6 FGO zur Aufhebung des angefochtenen Urteils sowie zur Zurückweisung des Rechtsstreits zur anderweitigen Verhandlung und Entscheidung an das Finanzgericht.

---

265 BFH vom 8. 10. 1997 I B 103/97, BFH/NV 1998, 475.
266 Vgl. BFH vom 20. 6. 2003 XI R 25/03, BFH/NV 2003, 1342, m. w. N.
267 Zur Zuständigkeit vgl. etwa BFH vom 26. 8. 1997 VII B 80/97, BFH/NV 1998, 463 betr. das Ablehnungsgesuch gegenüber einem Einzelrichter.
268 § 45 Abs. 1 ZPO.
269 BFH vom 27. 1. 1977 IV S 15-20/76, BStBl. II 1977, 350.
270 BFH vom 22. 5. 1991 IV B 104/90, BFH/NV 1992, 476; vom 13. 3. 1992 IV B 172/90, BFH/NV 1992, 679.

C. Klagearten

Die meisten finanzgerichtlichen Streitigkeiten haben Klagen zum Gegenstand[271]. Dabei unterscheidet man verschiedene *Klagearten*[272], und zwar die

- Anfechtungsklage (§ 40 Abs. 1 FGO; s. Rz. 159 ff.);
- Verpflichtungsklage (§ 40 Abs. 1 FGO; s. Rz. 176 ff.);
- (allgemeine) Leistungsklage (s. Rz. 183 ff.);
- Feststellungsklage (§ 41 Abs. 1 FGO; s. Rz. 189 ff.);
- Fortsetzungsfeststellungsklage (§ 100 Abs. 1 Satz 4 FGO; s. Rz. 205 ff.).

157

Hinsichtlich desselben Streitgegenstandes können diese *Klagen grundsätzlich nicht gleichzeitig nebeneinander* erhoben werden. Der Finanzrechtsweg kennt eine gewisse Rangfolge *(Subsidiarität) der Rechtsbehelfe*, wobei ein in der Reihe nachfolgender Rechtsbehelf nur dann zulässig ist, wenn entweder die in der Reihe vorhergehenden Rechtsbehelfe nicht möglich oder bereits angewandt worden sind.

158

1. Anfechtungsklage (§ 40 Abs. 1 FGO)

Zumeist handelt es bei finanzgerichtlichen Klagen um Anfechtungsklagen (§ 40 Abs. 1 FGO). Diese sind *gegen existierende Verwaltungsakte* (etwa einen Steuerbescheid) zu erheben. Demnach ist eine Anfechtungsklage unzulässig, wenn (noch) kein Verwaltungsakt vorliegt.

159

> *Beispiel*: Dem Steuerpflichtigen wird bei einer Vorsprache beim Finanzamt der in den Akten befindliche Entwurf des Steuerbescheides präsentiert. Er legt hiergegen Einspruch ein und erhebt danach Klage.
>
> Da der Verwaltungsakt hier noch nicht existiert, sind sowohl Einspruch wie auch Klage unzulässig.

Gegen Behördenmaßnahmen, die keine Verwaltungsakte sind, ist gleichermaßen die Anfechtungsklage nicht statthaft[273].

160

---

271 Daneben gibt es Antragsverfahren, wie etwa das Verfahren betreffend die Aussetzung der Vollziehung (§ 69 FGO). Vgl. dazu ausführlich Rz. 538 ff.
272 Teilweise wird auch unterschieden zwischen Gestaltungs-, Leistungs- und Feststellungsklagen.
273 So sind etwa Äußerungen der Vertreter des Finanzamts bei Schlussbesprechungen nach Außenprüfungen keine Verwaltungsakte. Auch der Bericht des Außenprüfers ist an sich noch kein Verwaltungsakt; erst wenn sein Ergebnis in einen Steuerbescheid eingemündet ist, ist es mit diesem Steuerbescheid anfechtbar. Hat das Finanzamt in einem Steuerbescheid eine Rechtsauffassung geäußert, die sich nicht auf die Veranlagung des laufenden Jahres auswirkt und auch nicht in sonstiger Weise bindend ist, so kann eine solche Meinungsäußerung nicht angegriffen werden, weil es sich nicht um einen Verwaltungsakt und auch nicht um die Regelung eines Rechtsverhältnisses handelt (vgl.
(Fortsetzung der Fußnote auf Seite 72)

161 Die Anfechtungsklage als solche ist auch unzulässig, wenn der angegriffene *Verwaltungsakt* sich im Zeitpunkt der Klageerhebung bereits *erledigt* hat. Dies kann der Fall sein:

- wenn z. B. eine Prüfungsanordnung bereits vollzogen, d. h. eine Außenprüfung schon durchgeführt ist[274];
- wenn einem Auskunftsverlangen des Finanzamtes gegenüber einem Dritten (etwa einer Bank) bereits nachgekommen wurde;
- wenn aufgrund Zeitablaufs sich eine begehrte Eintragung auf der Lohnsteuerkarte im Lohnsteuerabzugsverfahren des betreffenden Jahres nicht mehr auswirken kann[275].

162 In solchen Fällen ist nicht mehr die Anfechtungsklage, sondern eine *Fortsetzungsfeststellungsklage* (§ 100 Abs. 1 Satz 4 FGO; s. Rz. 205 ff.) zu erheben[276].

163 Verwaltungsakt ist jede Verfügung, Entscheidung oder andere hoheitliche Maßnahme, die eine Verwaltungsbehörde zur *Regelung eines Einzelfalls* auf dem Gebiet des öffentlichen Rechts trifft und die auf unmittelbare Rechtswirkung nach außen gerichtet ist (§ 118 Satz 1 AO). Dies bedeutet, dass die Verwaltungsentscheidung gegenüber einer bestimmten Person (dem Betroffenen) bindende Wirkung auslösen muss. Wegen dieser fehlenden Außenwirkung sind etwa *Weisungen einer vorgesetzten Behörde* an die nachgeordnete Behörde keine Verwaltungsakte, auch wenn die Weisung dahin geht, einen konkreten Einzelfall in einer bestimmten Art und Weise zu regeln[277]. Dies gilt auch dann, wenn die vorgesetzte Behörde über ihre Weisung an die nachgeordnete Behörde dem (mittelbar) Betroffenen Mitteilung macht[278]. Dagegen handelt es sich um einen mit Außenwirkung ausgestatteten Verwaltungsakt, wenn das Finanzamt im *Lohnsteuerermäßigungsverfahren* den vom Steuerpflichtigen begehrten Freibetrag nicht oder nur niedriger einträgt[279].

BFH vom 27. 1. 1972 IV R 157/71, BStBl. II 1972, 465). Ebenso ist die bloße Prüfungshandlung eines Außenprüfers kein Verwaltungsakt; sie ist vielmehr nur Realakt, der nicht selbständig angefochten werden kann. Dagegen ist die Prüfungsanordnung, mit der das Finanzamt die Prüfung einleitet, ein Verwaltungsakt, der gegebenenfalls mit der Anfechtungsklage angegangen werden kann. Vgl. die Übersicht bei Bilsdorfer/Carl/Klos, Handbuch des steuerlichen Einspruchsverfahrens, S. 39 ff.

274 Allgemein zu den Rechtsbehelfsmöglichkeiten im Zuge einer Außenprüfung Bilsdorfer/Weyand, Der Steuerberater in der Betriebsprüfung, S. 30 f. Vgl. auch BFH vom 12. 1. 1995 IV R 83/92, BStBl. II 1995, 488.17. Zum Rechtsschutz im Rahmen einer Außenprüfung umfassend Bilsdorfer, INF 1996, 225, 261.

275 BFH vom 16. 9. 2004 X R 54/99, BFH/NV 2005, 677, m. w. N.

276 BFH vom 7. 8. 1979 VII R 14/77, BStBl. II 1979, 708; vom 5. 4. 1984 IV R 244/83, BStBl. II 1984, 790; vom 16. 4. 1986 I R 32/84, BStBl. II 1986, 736; BVerfG vom 24. 2. 1983 3 C 56/80, HFR 1984, 540.

277 BFH vom 27. 6. 1994 VII R 110/93, BStBl. II 1995, 341.

278 BFH vom 18. 6. 1975 I R 92/73, BStBl. II 1975, 779.

279 BFH vom 10. 7. 1970 VI B 2/69, BStBl. II 1970, 686 und vom 11. 5. 1973 VI B 116/72, BStBl. II 1973, 667.

Anfechtungsklage (§ 40 Abs. 1 FGO)

Für eine Anfechtungsklage ist nicht ausreichend, dass der Kläger lediglich annimmt, die Rechtsverletzung gehe von einem Verwaltungsakt aus[280]. Insoweit muss er von der Möglichkeit der (allgemeinen) Leistungsklage (s. Rz. 183 ff.) oder der Feststellungsklage (s. Rz. 189 ff.) Gebrauch machen. Liegt jedoch ein Verwaltungsakt vor, dann ist insoweit nur die Anfechtungsklage zulässig. Verpflichtungsklage und Feststellungsklage wären dann unzulässig.

164

Eine Feststellungsklage ist im Allgemeinen unzulässig, soweit der Steuerpflichtige seine Rechte durch Anfechtungs- oder Verpflichtungsklage verfolgen kann (§ 41 Abs. 2 FGO). Richtet sich die Klage jedoch gegen einen nichtigen Verwaltungsakt, dann kann der Betroffene wählen: Er kann auf Feststellung der Nichtigkeit klagen. Er kann aber auch die Nichtigkeit des Verwaltungsakts im Wege der Anfechtungsklage geltend machen[281]. Allerdings muss bei Erhebung der Anfechtungsklage beachtet werden, dass die Klagefrist – trotz der (behaupteten) Nichtigkeit – einzuhalten ist[282].

165

Verpflichtungsklage und nicht Anfechtungsklage ist gegeben gegen einen sog. *negativen Verwaltungsakt*. Dies ist ein Verwaltungsakt, in dem der Erlass eines begehrten Verwaltungsakts ausdrücklich abgelehnt wird (Beispiel: Nichtberücksichtigung geltend gemachter Verluste einer GbR wegen fehlender Einkünfteerzielungsabsicht). Die Notwendigkeit, Verpflichtungs- statt Anfechtungsklage zu erheben, ergibt sich daraus, dass mit der Anfechtungsklage lediglich die Beseitigung der Ablehnung erreicht würde. Der Betroffene hätte aber damit das eigentliche Rechtsschutzziel, nämlich den Erlass eines die Verluste berücksichtigenden Verwaltungsaktes, noch nicht erreicht.

166

Bei Vorliegen etwa eines sog. *negativen Feststellungsbescheides* muss der Betroffene sein Klageziel mittels Verpflichtungsklage zu erreichen suchen. Soweit das Finanzamt jedoch eine gesonderte Gewinnfeststellung durchführt, hierbei aber hinsichtlich einiger Steuerpflichtiger die Mitunternehmerschaft verneint (sog. kombinierter positiv-negativer Gewinnfeststellungsbescheid[283]), können sich die nicht berücksichtigten Steuerpflichtigen durch Anfechtungsklage gegen den gesonderten Gewinnfeststellungsbescheid wehren.

167

Grundsätzlich ist die Anfechtungsklage *gegen den ursprünglichen Verwaltungsakt* zu erheben, und zwar in der Gestalt, die er durch die Einspruchsentscheidung gefunden hat (§ 44 Abs. 2 FGO). Ausnahmsweise kann sich die Anfechtungsklage aber auch isoliert *gegen die Einspruchsentscheidung* allein richten. Dies ist dann möglich, wenn in der Einspruchsentscheidung als solcher eine (isolierte) Beschwer liegt[284]. Vgl. dazu auch Rz. 409 f.

168

Stellt der Kläger unzutreffender Weise nur den Antrag, die Einspruchsentscheidung aufzuheben, muss das Gericht im Rahmen seiner Fürsorgepflicht (§ 76

169

---
280 BFH vom 20. 5. 1992 I R 138/90, BFH/NV 1993, 150.
281 BFH vom 5. 10. 1994 I R 31/93, BFH/NV 1995, 576.
282 BFH vom 8. 7. 1998 I R 17/96, BStBl. II 1999, 48.
283 Dazu BFH vom 26. 3. 1991 VIII R 20/91, BFH/NV 1991, 793.
284 BFH vom 19. 12. 1995 III R 100/90. BFH/NV 1996, 730.

Abs. 2 FGO; s. Rz. 67 f.) darauf hinwirken, dass der Antrag erweitert wird. Auch kann in diesem Sinn bereits eine Auslegung des Antrags geboten sein[285].

170 Die Anfechtungsklage kann zwei Ziele verfolgen: Die Aufhebung des angefochtenen Verwaltungsakts oder die Änderung des angefochtenen Verwaltungsakts.

- **Aufhebung des angefochten Verwaltungsaktes**

171 Die Klage auf *Aufhebung eines existierenden Verwaltungsakts* ist in allen Fällen möglich. Sie ist auch möglich gegen einen negativen Verwaltungsakt, d. h. gegen einen Verwaltungsakt, in dem der Erlass eines (anderen, positiven) begehrten Verwaltungsakts abgelehnt worden ist. Allerdings ist damit noch nicht gesagt, dass der Steuerpflichtige sein eigentlich erstrebtes sachliches Ziel erreicht. Wenn er ein positives Handeln der Verwaltungsbehörde erreichen will, d. h. wenn er einen sachentscheidenden Verwaltungsakt bekommen will, muss er statt der Aufhebungsklage Verpflichtungsklage erheben. D. h. er muss beantragen, die Behörde zu verurteilen, einen anderen, positiven (sachentscheidenden) Verwaltungsakt zu erlassen.

172 Mit der Anfechtungsklage kann auch lediglich die *teilweise Aufhebung eines existenten Verwaltungsakts* begehrt werden, wenn der gesamte Verwaltungsakt teilbar ist. Dies ist anzunehmen, wenn die Verwaltungsbehörde den verbleibenden Teil des Verwaltungsakts auch ohne den aufzuhebenden Teil erlassen hätte. Ein solcher Fall ist etwa gegeben, wenn die Behörde einen Bescheid wegen Einkommensteuer und Kirchensteuer erlassen hat, der Kläger aber nur die Höhe der festgesetzten Kirchensteuer angreift, weil er im Laufe des Jahres aus der Kirche ausgetreten ist.

- **Änderung des angefochten Verwaltungsaktes**

173 Die Änderungsklage, d. h. die auf Abänderung des bestehenden Verwaltungsakts gerichtete Anfechtungsklage, ist gem. § 100 Abs. 2 Satz 1 FGO gegen Verwaltungsakte eröffnet, die entweder einen *Geldbetrag* festsetzen oder eine diesbezügliche *Feststellung* treffen. In beiden Fällen kann das Gericht entweder den Betrag in anderer Höhe festsetzen oder die Feststellung durch eine andere ersetzen. Verwaltungsakte, die nicht auf eine Geldleistung oder auf eine Feststellung gerichtet sind, sind in finanzgerichtlichen Verfahren selten anzutreffen. Dies bedeutet, dass die meisten Verwaltungsakte, gegen die eine Anfechtungsklage vor den Finanzgerichten erhoben werden kann, durch das Gericht geändert werden können. Sie müssen nicht aufgehoben oder teilweise aufgehoben werden. Allerdings kann das Gericht die rechnerische Umsetzung der Änderung dann der Finanzbehörde zuweisen, wenn die Ermittlung des festzusetzenden oder festzustellenden Betrags einen nicht unerheblichen Aufwand erforderlich machen würde; es ist gem. § 100 Abs. 2 Satz 2 FGO nicht mehr notwendig, dass auch ein wesentlicher Verfahrensmangel festgestellt wird (s. Rz. 743).

---

285 BFH vom 19. 5. 1992 VIII R 87/90, BFH/NV 1993, 31.

Rein tatsächlich schließen sich die Klage auf Aufhebung eines Verwaltungsaktes und die Klage auf Änderung eines Verwaltungsaktes aus. Denn die Aufhebung eines Verwaltungsaktes kann nur ausgesprochen werden, wenn dieser in vollem Umfang zu Unrecht existiert. Sind dagegen lediglich die Regelungen, die er trifft, unzutreffend – wird z.B. ein Steuerbetrag zu hoch festgesetzt –, dann kann das Begehren, den Verwaltungsakt aufzuheben, keinen Erfolg haben. Rechtlich sind jedoch folgende Zusammenhänge zu beachten: Der Aufhebungsantrag umfasst als weitergehender Antrag auch den Änderungsantrag, der als weniger weitgehendes Klagebegehren im Aufhebungsantrag enthalten ist (unechte Alternativanträge; s. Rz. 373 f.). Wenn ein Kläger also Aufhebung beantragt, obwohl nur Änderung in Betracht kommt, entsteht ihm somit kein endgültiger Rechtsnachteil; dagegen kann das Gericht den Verwaltungsakt in aller Regel[286] wegen der Bindung an den gestellten Antrag (§ 96 Abs. 1 Satz 2 FGO) nicht aufheben, wenn lediglich seine Änderung beantragt worden ist. Voraussichtlich wird das Gericht jedoch in solchen Fällen darauf hinwirken (§ 76 Abs. 2 FGO), dass der richtige Antrag gestellt wird (s. Rz. 67 f.).

174

Wenn dem Kläger die falsche Wahl seines Antrages (Aufhebung oder Änderung) auch keinen endgültigen Schaden im Hinblick auf sein Klagebegehren bringt, so kann das unzutreffende Klagebegehren dennoch zu unnötigen Kosten führen. Dies deshalb, weil der Streitwert des Verfahrens nach dem weitestgehenden Klagebegehren, also der Aufhebung des Bescheides, berechnet wird. Im Hinblick auf dieses mögliche *Kostenrisiko* ist eine rechtzeitige Klärung des Klageziels angebracht.

175

2. Verpflichtungsklage (§ 40 Abs. 1 FGO)

Begrifflich handelt es sich bei der Verpflichtungsklage um eine Leistungsklage. Die Behörde soll nämlich verpflichtet werden, etwas zu tun, also eine bestimmte Leistung zu erbringen. Die Leistung kann in einem positiven oder auch negativen Tun (also einem Unterlassen) bestehen. Das Gesetz unterscheidet jedoch in § 40 Abs. 1 FGO *zwei Arten solcher behördlichen Leistungen:* Erlass eines abgelehnten oder unterlassenen Verwaltungsakts einerseits und Erbringung einer anderen Leistung als der eines Verwaltungsaktes andererseits.

176

Das Unterscheidungskriterium liegt in der Frage, ob die Leistung der Behörde in dem Erlass eines Verwaltungsaktes liegen soll oder eine sonstige Leistung beinhaltet, die kein Verwaltungsakt ist. Im ersteren Fall spricht man von Verpflichtungsklage, im zweiten Fall von Leistungsklage im engeren Sinn (dazu Rz. 183 ff.). Die Unterscheidung ist insbesondere deshalb wichtig, weil bei einer Verpflichtungsklage die Klagefrist (§ 47 Abs. 1 Satz 2 FGO) zu beachten und ein Vorverfahren durchzuführen ist (§ 44 FGO). Bestehen Zweifel, ob die begehrte

177

---

286 Hiervon gilt eine Ausnahme, wenn der Kläger lediglich die Abänderung des Verwaltungsaktes beantragt, das Gericht aber dessen Nichtigkeit feststellt. In diesem Fall tritt das Bindungsgebot gegenüber dem Klägerantrag hinter dem Gesichtspunkt zurück, dass nichtige Verwaltungsakte auch vom Gericht nicht zu befolgen sind. Dazu BFH vom 11. 12. 1985 I R 31/84, BStBl. II 1986, 474, 475.

Leistung einen Verwaltungsakt beinhaltet und lehnt die Behörde diese Leistung ab, sollte auf jeden Fall mittels Einspruch hiergegen vorgegangen werden. Denn nur dann riskiert man keinen Rechtsverlust.

178   Die Verpflichtungsklage enthält *zwei Fallgruppen* von Klagen, nämlich die Verpflichtungsklage auf Erlass eines Verwaltungsaktes[287] und die Verpflichtungsklage bei Untätigkeit der Behörde[288]. Den beiden Unterarten ist gemeinsam, dass der Erlass eines ganz bestimmten Verwaltungsakts begehrt wird.

- **Verpflichtungsklage auf Erlass eines Verwaltungsaktes**

179   Diese Verpflichtungsklage ist gegeben, wenn es die Verwaltungsbehörde abgelehnt hat, einen begehrten Verwaltungsakt zu erlassen. Dies ist der Fall:
- wenn die Verwaltungsbehörde den Erlass des begehrten Verwaltungsakts aus formellen Gründen abgelehnt hat, ohne in der Sache selbst zu entscheiden;
- wenn der aus sachlichen Gründen abgelehnte Verwaltungsakt gem. § 100 Abs. 2 FGO durch das Gericht nicht geändert werden darf, wenn gegen ihn also keine Änderungs-, sondern nur eine Aufhebungsklage möglich wäre;
- wenn die Verwaltungsbehörde aus sachlichen Gründen den begehrten Verwaltungsakt abgelehnt hat und das Gericht aus anderen Gründen gehindert ist, den Verwaltungsakt zu ändern, z. B. weil eine Ermessensentscheidung zu treffen ist (§ 102 FGO).

180   Grundsätzlich kann und soll das Gericht nicht das Verwaltungshandeln der Behörden ersetzen. Dies bedeutet, dass eine Verpflichtungsklage immer dann erhoben werden muss, wenn bei ablehnendem Verwaltungsakt ein *sachliches Verwaltungshandeln erstmals begehrt wird*. Dieses erstmalige sachliche Verwaltungshandeln kann und darf nicht durch das Gericht ersetzt werden.

181   Hat die Verwaltungsbehörde jedoch einen ablehnenden Verwaltungsakt erlassen, dann beinhaltet die Verpflichtungsklage stillschweigend stets auch die Aufhebung des ablehnenden Verwaltungsakts. Voraussetzung dafür, dass die Verwaltungsbehörde zum Handeln verpflichtet werden kann, ist ja in diesem Fall die Beseitigung des ablehnenden Verwaltungsakts.

- **Verpflichtungsklage bei Untätigkeit der Behörde**

182   Hat die Behörde auf einen Antrag hin nicht reagiert, also den begehrten Verwaltungsakt weder erlassen noch den Erlass eines solchen Bescheides abgelehnt, so kann der Betroffene noch keine Klage bei Gericht anbringen. In einem solchen Fall muss der Betroffene erst einmal das Einspruchsverfahren in Gang bringen. Er kann dies mittels eines sog. *Untätigkeitseinspruchs* tun (§ 347 Abs. 1 Satz 2 AO). Entscheidet alsdann die Behörde über diesen Einspruch nicht innerhalb angemessener Frist, ist eine Untätigkeitsklage nach § 46 Abs. 1 FGO statthaft. Bei

---

[287] Vgl. § 47 Abs. 1 Satz 2 FGO.
[288] Nicht zu verwechseln mit der Klage nach § 46 FGO, bei der die Finanzbehörde nicht zeitnah über einen Einspruch entscheidet (s. dazu Rz. 291 ff.).

Ergehen eines erstmaligen Steuerbescheides nach Einlegung des Untätigkeitseinspruchs und einer sich anschließenden Untätigkeitsklage hat der Steuerpflichtige die Wahlmöglichkeit, entweder das Klageverfahren gegen den zwischenzeitlich erlassenen Steuerbescheid fortzusetzen oder gegen den Bescheid Einspruch einzulegen und das Klageverfahren in der Hauptsache für erledigt zu erklären[289].

Eine Ausnahme gilt jedoch in den Fällen des § 348 Nr. 3, 4 AO. Hier ist unmittelbar eine Untätigkeitsklage nach § 46 Abs. 2, Abs. 1 Satz 2, 3 FGO möglich, soweit die Behörde über einen Antrag ohne Mitteilung eines hinreichenden Grundes in angemessener Frist nicht entscheidet (s. Rz. 291 ff.).

3. (Allgemeine) Leistungsklage

Die Leistungsklage im engeren Sinn (allgemeine Leistungsklage) ist eröffnet, wenn der Kläger nicht einen Verwaltungsakt, sondern die *Verurteilung der Behörde zu einer sonstigen Leistung* begehrt. Diese sonstige Leistung muss konkret benannt sein; auf sie muss der Kläger einen Rechtsanspruch haben. Im Rahmen dieser Leistungsklage ist allein entscheidend, dass ein (positives) Tun der Behörde oder ein (negatives) Unterlassen der Behörde begehrt wird.   *183*

Die Leistungsklage ist nur dann gegeben, wenn das *begehrte Tun oder Unterlassen der Verwaltungsbehörde nicht mittels eines Verwaltungsakts vollzogen werden soll*. Immer dann, wenn die vom Kläger erstrebte Leistung ein Verwaltungsakt ist, kann keine allgemeine Leistungsklage erhoben werden. Hier muss der Weg der Verpflichtungsklage beschritten werden.   *184*

Allgemeine Leistungsklagen sind etwa gegeben bei Klage   *185*

- auf Auszahlung eines bereits festgesetzten Erstattungsbetrages[290],
- auf Gewährung von Akteneinsicht in die Steuerakten[291],
- auf Untersagung der Weitergabe von Informationen aus einem Lizenzvertrag[292],
- auf Untersagung der (zentralen) Erkenntnisse seitens der Steuerfahndung an die Wohnsitz-Finanzämter im Zuge von Bankermittlungen[293],
- mit der der nachrangige Leistungsempfänger seinen (vermeintlichen) Erstattungsanspruch gem. § 104 SGB X geltend macht, da zwischen den Leistungsträgern kein Über- und Unterordnungsverhältnis besteht, das zu einer Entscheidung durch Verwaltungsakt berechtigen würde[294].

---

289 Hess. FG vom 2. 3. 2005 4 K 2223/02, n. v.; FG des Saarlandes vom 15. 7. 2003 1 K 8/03, EFG 2003, 1488.
290 BFH vom 21. 2. 1992 V B 75/91, BFH/NV 1992, 678.
291 FG des Saarlandes vom 4. 11. 1994 1 K 151/94, EFG 1995, 156 gegen BFH vom 16. 12. 1987 I R 66/84, BFH/NV 1988, 319.
292 BFH vom 27. 10. 1993 I R 25/92, BStBl. II 1994, 210.
293 BFH vom 4. 9. 2000 I B 17/00, BStBl. II 2000, 648; vgl. auch BFH vom 28. 10. 1997 VII B 40/97, BFH/NV 1998, 424.
294 BFH vom 14. 5. 2002 VIII R 88/01, BFH/NV 2002, 1156.

Klagearten

186 Das Gesetz kennt eine Verbindung von Anfechtungs- und Leistungsklage in zwei Fällen: Wenn ein mit der Klage angefochtener Verwaltungsakt bereits vollzogen ist, kann das Gericht auf Antrag auch aussprechen, dass und wie die Finanzbehörde die Vollziehung rückgängig zu machen hat (§ 100 Abs. 1 Satz 2 FGO; *Folgenbeseitigungsanspruch*). Kann neben der Aufhebung eines Verwaltungsakts eine Leistung verlangt werden, so ist im gleichen Verfahren auch die Verurteilung zur Leistung zulässig (§ 100 Abs. 4 FGO).

187 Die allgemeine Leistungsklage ist auch als vorbeugende Unterlassungsklage denkbar. Als solche richtet sie sich *gegen einen drohenden Verwaltungsakt* der Verwaltungsbehörde. Dies bedeutet, dass sie erhoben werden kann, wenn noch kein Verwaltungsakt erlassen ist, mit seinem Ergehen indessen konkret gerechnet werden muss. Diese notwendige Konkretisierung muss sich darin abzeichnen, dass Anzeichen dafür bestehen, dass der Verwaltungsakt in nächster Zeit ergehen und er den Kläger in seinen Rechten verletzen werde. Dieses *besondere Rechtsschutzbedürfnis* ist der Unterlassungsklage immanent; d. h. es muss vom Kläger vorgetragen werden, dass der Verwaltungsakt unmittelbar „droht" und dass es ihm, dem Kläger, nicht zuzumuten ist, den Erlass des Verwaltungsaktes abzuwarten und erst dann hiergegen vorzugehen.

188 Dieses besondere Rechtsschutzbedürfnis geht über das allgemeine Rechtsschutzbedürfnis hinaus. Die Klage ist nur zulässig, wenn das besondere Rechtsschutzbedürfnis des Klägers dahin geht, den drohenden Verwaltungsakt (schon jetzt) zu verhindern. Im allgemeinen muss der Kläger nämlich eine Verwaltungsentscheidung abwarten und mit Rechtsbehelfen gegen diese vorgehen. Dies ist ihm auch zumutbar, weil er gegen den Verwaltungsakt auch vorläufigen Rechtsschutz – entweder als Antrag auf Aussetzung der Vollziehung oder als einstweilige Anordnung (vgl. Rz. 538 ff.) – begehren und bekommen kann.

4. Feststellungsklage (§ 41 Abs. 1 FGO)

189 Nach § 41 FGO kann die Feststellungsklage im finanzgerichtlichen Verfahren in zwei Fällen erhoben werden, nämlich zum einen zur Feststellung des Bestehens oder Nichtbestehens eines Rechtsverhältnisses und zum andern zur Feststellung der Nichtigkeit eines Verwaltungsakts.

190 Unter Rechtsverhältnis sind die *rechtlichen Beziehungen zwischen mehreren natürlichen und/oder juristischen Personen* und *die rechtlichen Beziehungen zwischen Personen und Gegenständen* zu verstehen.

191 Auch einzelne rechtliche Folgen einer solchen Rechtsbeziehung fallen darunter. Allerdings müssen diese Rechtsbeziehungen konkret sein. Deswegen kann ein Sachverhalt, der erst in Zukunft Rechtsbeziehungen hervorrufen kann, ein feststellungsfähiges Rechtsverhältnis nicht begründen. Das Feststellungsbegehren muss vielmehr ein *gegenwärtiges Rechtsverhältnis* betreffen. Gegenwärtig ist ein Rechtsverhältnis, wenn die aus ihm folgenden rechtlichen Beziehungen im Zeitpunkt der Entscheidung über die Feststellungsklage schon oder noch bestehen.

Nicht mit der Feststellungsklage können festgestellt werden: 192
- Tatsachen oder Sachverhalte,
- Urkunden oder Beweismittel[295],
- Eigenschaften oder Rechtsfragen,
- Rechtsnormen oder Meinungsäußerungen des Finanzamts,
- Tatbestandselemente oder einzelne Besteuerungsgrundlagen, die als *Vorfragen* für die Entscheidung über das Bestehen oder Nichtbestehen eines Rechtsverhältnisses von Bedeutung sind. Vorfragen werden nur inzident im Hauptverfahren miterledigt; gegen sie kann lediglich mit den Rechtsbehelfen gegen die Hauptsacheentscheidung vorgegangen werden.

Die Möglichkeit der Feststellung der *Nichtigkeit eines Verwaltungsakts* weicht hiervon kraft Gesetzes ausdrücklich ab. Die Frage der Nichtigkeit eines Verwaltungsakts ist kein Rechtsverhältnis. Die Feststellungsklage ist also nur deswegen zulässig, weil sie ausdrücklich im Gesetz als zulässige Feststellungsklage aufgeführt ist. Damit ist aber gleichzeitig auch ausgeschlossen, dass eine Feststellungsklage dahin erhoben werden kann, dass ein Verwaltungsakt *nicht* nichtig ist. 193

Der Nichtigkeit ist im wesentlichen die *Unwirksamkeit eines Verwaltungsakts* gleichgestellt (§ 124 Abs. 3 AO). Deswegen kann auch eine Feststellungsklage mit dem Antrag erhoben werden festzustellen, dass ein Steuerbescheid infolge Bekanntgabefehlers nicht wirksam geworden sei[296]. 194

Gegen einen nichtigen oder unwirksamen Verwaltungsakt kann aber neben der Feststellungsklage auch die Anfechtungsklage erhoben werden[297]. Insoweit steht dem Kläger eine Wahlmöglichkeit offen. Die Anfechtungsklage ist aber nur zulässig, wenn vorher erfolglos ein Einspruchsverfahren durchgeführt wurde. Deshalb, und weil zudem nichtige Verwaltungsakte die Ausnahme sind, empfiehlt es sich, in erster Linie Einspruch einzulegen und alsdann Anfechtungsklage zu erheben. Ein Rechtsschutzbedürfnis für eine zusätzliche Klage auf Feststellung der Nichtigkeit eines Steuerbescheids ist dann zu verneinen, wenn über die Rechtmäßigkeit bereits durch eine Anfechtungsklage rechtskräftig und für die Beteiligten bindend entschieden ist[298]. Dies beruht auf der Erwägung, dass die zur Nichtigkeit des Verwaltungsaktes führenden Gründe immer auch die Rechtswidrigkeit zur Folge haben und mithin immer auch im Anfechtungsverfahren zu berücksichtigen sind. Jedenfalls dann, wenn die zur Begründung der Nichtigkeit angeführten Erwägungen den identischen, auch dem Anfechtungsverfahren zugrunde liegen- 195

---

295 Hinsichtlich der Beweismittel gibt es jedoch das sog. selbständige Beweisverfahren (früher: Beweissicherungsverfahren) gem. § 82 FGO i. V. m. §§ 485 – 494 ZPO. Dieses Verfahren ist indessen kein Klageverfahren mit dem Ziel eines Feststellungsurteils im Sinn des § 41 FGO.
296 BVerwG vom 21. 11. 1986 8 C 127/84, BStBl. II 1987, 472; BFH vom 23. 2. 1995 VII R 51/94, BFH/NV 1995, 862.
297 BFH vom 26. 6. 1985 IV R 62/83, BFH/NV 1987, 19.
298 BFH vom 5. 12. 1995 VII S 19/95, BFH/NV 1996, 499; vom 7. 8. 2001 I B 16/01, BStBl. II 2002, 13.

196 Voraussetzung für eine wirksame Feststellungsklage ist – neben dem allgemeinen Rechtsschutzbedürfnis[299] – ein besonderes Feststellungsinteresse (§ 41 Abs. 1 FGO: „ein berechtigtes Interesse an der baldigen Feststellung"). *Dieses besondere Feststellungsinteresse kann rechtlicher, wirtschaftlicher oder ideeller Art sein.* Es muss aber ein Interesse an einer *alsbaldigen Feststellung* gerade gegenüber der verklagten Verwaltungsbehörde sein[300].

den Entscheidungsgegenstand betreffen, besteht kein berechtigtes Interesse an weitergehendem Rechtsschutz.

197 Zwar kann ein Feststellungsbegehren auch gegenüber Dritten, die an dem Rechtsverhältnis nicht beteiligt sind, geltend gemacht werden. Die Feststellungsklage des finanzgerichtlichen Verfahrens ist jedoch in jedem Fall gegen die Behörde zu richten, gegenüber der der Kläger behauptet, ein berechtigtes Interesse an der alsbaldigen Feststellung des Bestehens oder Nichtbestehens des Rechtsverhältnisses zu haben. Die Klage ist im Fall der *positiven Feststellungsklage* gegen die Behörde zu richten, die das behauptete Rechtsverhältnis überhaupt oder dessen Inhalt bestreitet. Im Fall der *negativen Feststellungsklage* ist sie gegen die Behörde zu richten, die ein öffentlich-rechtliches Rechtsverhältnis behauptet[301].

198 *Das Feststellungsinteresse ist bejaht worden:*

- für eine *Steuerberaterkammer* hinsichtlich der Nichtigkeit der Bestellung eines bestimmten Steuerberaters[302];
- für eine *vorbeugende Feststellungsklage* dahin, dass die zukünftige Erhebung der Erbschaftsteuer vom Vermögen einer Familienstiftung rechtswidrig sei[303];
- für die Klage einer *Körperschaft* auf Feststellung der Gemeinnützigkeit, weil ihr andernfalls verwehrt ist, Spendenbescheinigungen auszustellen[304];
- für die Feststellung der *Unwirksamkeit eines Steuerbescheids* bei mangelhafter Bekanntgabe[305];
- wenn der Inhalt des Verwaltungsaktes bei ansonsten inhaltlicher Richtigkeit diskriminierende Wirkung hat. Dies hat die Rechtsprechung z. B. in Fällen angenommen, in denen der Verwaltungsakt den Vorwurf der Steuerhinterziehung enthalten hatte[306].

199 Die Regelung des § 41 Abs. 1 FGO soll es ermöglichen, das Fehlen einer verbindlichen Regelung durch Verwaltungsakt klarzustellen und den entstandenen Rechtsschein ohne Bindung an Anfechtungsfristen zu beseitigen. Dieses Bedürfnis besteht im Übrigen auch bei unwirksamen Steuerbescheiden, wenn sie an

---

299 BFH vom 15. 10. 1997 I R 10/92, BStBl. II 1998, 63.
300 Vgl. hierzu BFH vom 7. 6. 1972 I R 172/70, BFHE 106, 416.
301 Vgl. BFH vom 27. 2. 1973 VII R 100/70, BStBl. II 1973, 536.
302 So BFH vom 27. 10. 1970 VII R 42/68, BStBl. II 1970, 873; vom 10. 5. 1977 VII R 69/76, BStBl. II 1977, 785.
303 BFH vom 8. 4. 1981 II R 47/79, BStBl. II 1981, 581.
304 FG Berlin vom 11. 3. 1985 VIII 548/83, EFG 1985, 628.
305 BFH vom 25. 2. 1999 IV R 36/98, BFH/NV 1999, 1117.
306 BFH vom 15. 12. 2004 X B 56/04, BFH/NV 2005, 714.

mehrere Steuerschuldner gerichtet, aber nur einem der Betroffenen bekannt gegeben worden sind.

Das Feststellungsinteresse ist *verneint* worden: 200

- für die Feststellung der *Nichtigkeit oder Unwirksamkeit einer Prüfungsanordnung* und einzelner Prüfungsmaßnahmen und eines daneben betriebenen steuerstrafrechtlichen Ermittlungsverfahrens, wenn ausschließlich ein Verwertungsverbot im Besteuerungsverfahren erreicht werden soll[307];
- für die Feststellung der Nichtigkeit von bestimmten Anforderungen während einer Außenprüfung, die keine Verwaltungsakt-Qualität besitzen[308];
- für die Feststellung, ein Wettbewerber sei durch eine bestimmte steuerliche Sachbehandlung begünstigt[309];
- für die Feststellung der *Rechtswidrigkeit von behördlichen Verfahrenshandlungen*[310];
- für die *Äußerung einer Rechtsauffassung* durch das Finanzamt, auch wenn diese für spätere Veranlagungen von Bedeutung sein kann, weil der Steuerpflichtige seine Rechte durch Anfechtungsklage gegen den in Zukunft ergehenden Steuerbescheid geltend machen kann[311];
- für die Feststellungsklage nach Erteilung einer *Anrufungsauskunft* gem. § 42e EStG[312];
- für die Rechtswidrigkeit der Feststellung einer den Gewerbebehörden erteilten Auskunft über die Höhe der Steuerrückstände, wenn für die Untersagung der Gewerbeausübung auch andere Gründe eine Rolle gespielt haben[313];
- für die Klärung der Frage, ob eine gegenüber dem Finanzamt bestehende Zahlungsverpflichtung erloschen ist[314]. Hier ist ein Abrechnungsbescheid (§ 218 Abs. 2 Satz 1 AO) erforderlich, der entweder auf Antrag des Steuerpflichtigen oder gegebenenfalls von Amts wegen zu erlassen ist[315]. Gegen den Abrechnungsbescheid stehen dem Steuerpflichtigen Einspruch und Anfechtungsklage und somit vorrangige Rechtsschutzmöglichkeiten zu.

Fällt das Feststellungsinteresse erst während eines Klageverfahrens oder erst während des Revisionsverfahrens weg, so wird dadurch die Klage unzulässig. Das Feststellungsinteresse ist Prozessvoraussetzung; diese muss bis zum Ende des Prozesses durch die Endentscheidung vorhanden sein[316]. 201

Für die Feststellungsklage gilt ein strenges Subsidiaritätsprinzip. Dies bedeutet, dass die Feststellungsklage unzulässig ist, soweit der Kläger seine Rechte durch *Gestaltungs- oder Leistungsklage* (Anfechtungsklage oder Verpflichtungsklage) 202

---

307 BFH vom 11. 4. 1990 I R 45/89, BStBl. II 190, 791.
308 BFH vom 10. 11. 1998 VIII R 3/98, BStBl. II 1999, 199.
309 BFH vom 15. 10. 1997 I R 10/92, BStBl. II 1998, 63.
310 FG Berlin vom 17. 7. 1984 V 234/84, EFG 1985, 131.
311 Niedersächsisches FG vom 9. 9. 1982 IX 489/81, EFG 1983, 296.
312 FG Berlin vom 5. 11. 1982 III 566/82, EFG 1983, 464.
313 BFH vom 23. 11. 1993 VII R 56/93, BStBl. II 1994, 356.
314 BFH vom 25. 10. 2004 VII B 4/04, BFH/NV 1005, 657.
315 BFH vom 8. 1. 1998 VII B 137/97, BFH/NV 1998, 686, m. w. N.
316 BFH vom 14. 1. 1986 VII R 137/82, BFH/NV 1986, 426.

Klagearten

verfolgen kann oder hätte verfolgen können (§ 41 Abs. 2 FGO). Dieses strenge Subsidiaritätsprinzip soll verhindern, dass die für die Anfechtungsklage und für die Verpflichtungsklage erforderlichen Zulässigkeitsvoraussetzungen (Durchlaufen des Vorverfahrens, § 44 FGO; Beachtung der Klagefrist, § 47 FGO) umgangen werden.

203   Das Subsidiaritätsprinzip bedeutet, dass eine Feststellungsklage immer unzulässig ist, wenn das Finanzamt über die begehrte Feststellung in einem Verwaltungsakt entscheiden muss[317]. Unerheblich ist von daher, ob die Verwaltungsbehörde den erforderlichen Verwaltungsakt bereits erlassen hat oder noch nicht erlassen hat. Auch wenn der notwendige Verwaltungsakt noch nicht erlassen ist, ist die Feststellungsklage unzulässig, weil der Kläger in diesem Fall Verpflichtungsklage erheben kann[318].

204   Eine Feststellungsklage ist im Wege der *Klagehäufung* neben einer Anfechtungsklage und/oder neben einer Verpflichtungsklage zulässig, wenn weder mit der Anfechtungsklage noch mit der Verpflichtungsklage das Ziel der Feststellungsklage voll erreicht werden kann. *Wenn also dieses Ziel der Feststellungsklage weiter reicht als das Ergebnis einer Anfechtungsklage oder einer Verpflichtungsklage*, ist zusätzlich noch eine Feststellungsklage möglich. Sie kann mit den anderen Klagen zu einer Klage verbunden werden.

> *Beispiel*: Der Steuerpflichtige A wehrt sich mit einer Anfechtungsklage gegen die Prüfungsanordnung des Finanzamt betreffend die Jahre 2002 bis 2004. A will aber generell festgestellt wissen, dass er kein Adressat einer Prüfungsanordnung ist. Insoweit könnte er die Anfechtungsklage verbinden mit einer Feststellungsklage.

5. Fortsetzungsfeststellungsklage (§ 100 Abs. 1 Satz 4 FGO)

205   Die Regelung der sogenannten Fortsetzungsfeststellungsklage findet sich in § 100 Abs. 1 Satz 4 FGO (s. Rz. 751 ff.). Hat sich danach ein Verwaltungsakt vor der Entscheidung des Gerichts durch Zurücknahme oder anders erledigt, so spricht das Gericht auf Antrag durch Urteil aus, dass der Verwaltungsakt rechtswidrig gewesen ist, wenn der Kläger ein berechtigtes Interesse an dieser Feststellung hat. Dies bedeutet, dass eine solche *Fortsetzungsfeststellungsklage immer dann durchgeführt werden kann, wenn ein Verwaltungsakt vorgelegen hat, der durch Erledigung seine Wirksamkeit verloren hat*. Eine solche Erledigung kann eintreten durch:

---

317 So BFH vom 1. 2. 1973 IV R 1/72, BStBl. II 1973, 533; vom 8. 4. 1981 II R 47/79, BStBl. II 1981, 581.
318 So hat der BFH im Urteil vom 21. 1. 1977 III R 125/73, BStBl. II 1977, 396 auch entschieden, dass über die Frage, ob eine Abgabenforderung durch Aufrechnung erloschen ist, nicht durch Feststellungsklage entschieden werden kann, weil diese Frage in einem Abrechnungsbescheid des Finanzamts geklärt werden muss. Gleichgültig, ob dieser Abrechnungsbescheid schon erlassen oder noch nicht erlassen ist, fehlt es für die Feststellungsklage an einem rechtlichen „Feststellungs"-Interesse.

Fortsetzungsfeststellungsklage (§ 100 Abs. 1 Satz 4 FGO)

- Endgültige Durchführung und Abwicklung des Verwaltungsakts;
- Rücknahme oder entsprechende Änderung seitens der Behörde;
- Verlust der Wirksamkeit des Verwaltungsakts in anderer Weise, z. B. durch Nichtgebrauchmachen bzw. Nichtinvollzugsetzen seitens der Behörde.

Die Erledigung muss eingetreten sein vor Ergehen der Entscheidung des Gerichts. Der Übergang von der Anfechtungsklage zur Fortsetzungsfeststellungsklage kann bei Erledigung des Rechtsstreits in der Hauptsache auch noch im Revisionsverfahren erfolgen. Voraussetzung dafür ist jedoch grundsätzlich, dass die Erledigung des Rechtsstreits nach Ergehen des erstinstanzlichen Urteils eintritt[319]. Es ist nicht erforderlich, dass sich der Verwaltungsakt bereits vor Klageerhebung erledigt hat; es genügt, wenn er im Verlauf des Klageverfahrens vor Ergehen der Endentscheidung des Gerichts seine Erledigung findet.

206

Ein Verwaltungsakt muss seine Erledigung vor der Gerichtsentscheidung gefunden haben. Dies spricht § 100 Abs. 1 Satz 4 FGO aus. Daraus ergibt sich zweierlei:

207

- Die Fortsetzungsfeststellungsklage kann sich vom Wortlaut der Vorschrift her *nicht auf das Unterlassen eines Verwaltungsakts beziehen,* d. h. die Fortsetzungsfeststellungsklage könnte an sich keine Verpflichtungsklage als Grundlage haben. Bei einer Verpflichtungsklage verlangt nämlich der Kläger von der Behörde den Erlass eines Verwaltungsakts. Allerdings wird der Weg der Fortsetzungsfeststellungsklage über den Wortlaut des § 100 Abs. 1 Satz 4 FGO hinaus auch für Fälle der an sich statthaften Verpflichtungsklage eröffnet[320].
- Die Fortsetzungsfeststellungsklage ist ihrem wahren Gehalt nach ein *Unterfall der Anfechtungsklage,* weil die Entscheidung des Gerichts gem. § 100 Abs. 1 FGO grundsätzlich nur eine Entscheidung im Rahmen einer Anfechtungsklage ist. Weil aber die Grundform der Fortsetzungsfeststellungsklage die Anfechtungsklage ist, muss auch der Fortsetzungsfeststellungsklage ein erfolgloser Einspruch vorausgehen, damit sie zulässig ist. Dieser Einspruch muss sich gegen den erledigten Verwaltungsakt richten[321].

Fortsetzungsfeststellungsklagen sind für zulässig erklärt worden:

208

- wenn dem Auskunftsverlangen des Finanzamts nachgekommen worden war und dadurch der Verwaltungsakt seine Erledigung gefunden hatte[322];
- wenn dem Verlangen auf Vorlage von Unterlagen bereits nachgekommen worden war[323];
- wenn ein nichtiger Verwaltungsakt sich vor Klageerhebung erledigt hatte[324];
- wenn die Wirkung von Vorauszahlungsbescheiden dadurch obsolet wird, dass ein Jahressteuerbescheid ergeht[325].

---

319 BFH vom 16. 10. 2002 I R 23/02, BFH/NV 2003, 653.
320 BFH vom 23. 3. 1976 VIII R 106/73, BStBl. II 1976, 459; BFH vom 12. 6. 1996 II R 71/94, BFH/NV 1996, 873.
321 Vgl. dazu BFH vom 7. 8. 1979 VII R 14/77, BStBl. II 1979, 708; vom 24. 6. 1982 IV B 3/82, BStBl. II 1982, 659; vom 5. 4. 1984 IV R 244/83, BStBl. II 1984, 790.
322 BFH vom 5. 4. 1984 IV R 244/83, BStBl. II 1984, 790.
323 BFH vom 16. 4. 1986 I R 32/84, BStBl. II 1986, 736.
324 FG Düsseldorf vom 19. 1. 1984 II 274/83, EFG 1984, 534.
325 Vgl. die Nachweise bei BFH vom 3. 7. 1996 GrS 3/93, BStBl. II 1996, 730, 732.

209 Über eine Fortsetzungsfeststellungsklage kann nur entschieden werden, wenn der Kläger dies ausdrücklich beantragt hat (§ 100 Abs. 1 Satz 4 FGO). Der *Antrag* ist unbedingte Voraussetzung für eine diesbezügliche Entscheidung durch das Finanzgericht. Dieser Antrag kann allerdings auch hilfsweise gestellt werden[326].

210 Für die Fortsetzungsfeststellungsklage ist ein besonderes *Feststellungsinteresse* des Klägers erforderlich. Dieses besondere Feststellungsinteresse geht über das allgemeine Rechtsschutzinteresse hinaus. Als berechtigtes Interesse i. S. des § 100 Abs. 1 Satz 4 FGO genügt jedes konkrete, durch die Sachlage gerechtfertigte Interesse rechtlicher, wirtschaftlicher oder ideeller Art[327]. In der Rechtsprechung ist anerkannt, dass ein solches besonderes Feststellungsinteresse etwa angenommen werden kann, wenn die Feststellungsklage zum Zwecke der Beseitigung von Folgen einer aufgehobenen Pfändungsverfügung erhoben wird[328]. Das muss erst recht auch für den Fall gelten, dass die Vollstreckungsbehörde die Pfändungsverfügung vollzogen, mithin die gepfändete Forderung verwertet hat, und die Folgen der durchgeführten Vollstreckung beseitigt werden sollen. Richtet sich die Folgenbeseitigung indessen allein auf die Rückgängigmachung der durch die Vollstreckungsmaßnahme bewirkten Vermögensverschiebung, ist bei der Beurteilung des Feststellungsinteresses aber zu berücksichtigen, dass aus einer Rechtswidrigkeit der Vollstreckungsmaßnahme nicht zwangsläufig gefolgert werden kann, dass die Vollstreckungsbehörde die erlangten Beträge zu erstatten oder zurückzuzahlen habe[329]. Ein rechtliches Interesse ist auch zu bejahen, wenn die Rechtswirksamkeit einer bereits durchgeführten Prüfungsanordnung festgestellt werden soll, weil nur auf diese Art und Weise der Kläger ein Verwertungsverbot hinsichtlich der Feststellungen der Außenprüfung erlangen kann[330].

---

326 BFH vom 16. 4. 1986 I R 32/84, BStBl. II 1986, 736; BFH vom 15. 5. 1997 IV R 46/96, BFH/NV 1997, 850.
327 BFH vom 23. 7. 1998 V R 40/96, BFH/NV 1998, 1457.
328 BFH vom 6. 5. 1986 VII R 16/85, BFH/NV 1987, 780.
329 BFH vom 11. 4. 2001 VII B 304/00, BStBl. II 2001, 525.
330 Zu Rechtsschutzfragen im Rahmen einer Außenprüfung vgl. Bilsdorfer, INF 1996, 225, 261.

D. Allgemeine Zulässigkeitsvoraussetzungen

1. Prozessfähigkeit

Der Kläger muss prozessfähig sein. Das ist die *Fähigkeit, Verfahrenshandlungen wirksam vorzunehmen und entgegenzunehmen* (§ 58 Abs. 1 FGO). Dies gilt sowohl für den Kläger als auch für seinen Vertreter. Prozesshandlungen müssen von einer dazu berechtigten und befähigten Person vorgenommen werden. Werden sie dagegen von einer prozessunfähigen Person abgegeben, sind sie unwirksam. Die Prozessfähigkeit ist eine Prozess-, Prozesshandlungs- und Sachentscheidungsvoraussetzung, die von Amts wegen durch das Gericht in jeder Verfahrenslage zu prüfen ist.

211

Alle Prozesshandlungen, die ein Beteiligter selbst vornimmt oder die ihm gegenüber vorgenommen werden, sind nur dann wirksam, wenn er prozessfähig ist. Die Prozessfähigkeit muss während des gesamten Verfahrens – bis zum Prozessende – vorhanden sein. Die Klage eines Prozessunfähigen kann vom Gericht durch Prozessurteil abgewiesen werden[331]. Das Gericht ist grundsätzlich nicht gehalten, für einen prozessunfähigen Kläger von Amts wegen einen Vertreter zu bestellen[332]. Es kann anordnen, dass ein Bevollmächtigter nach § 62 Abs. 1 Satz 2 FGO zu bestellen ist (s. Rz. 43 f.); es kann aber die Bestellung nicht selbst vornehmen[333]. Erhebt ein Prozessunfähiger Klage und entfällt später die Prozessunfähigkeit – z. B. durch die Bestellung eines Vertreters –, so kann dann die Klageerhebung noch genehmigt werden[334]. War vor Eintritt der Prozessunfähigkeit des Klägers bereits ein Verfahrensvertreter bestellt, kann von diesem das Verfahren auch danach noch fortgeführt werden[335]. Fehlt die Prozessfähigkeit erst zum Schluss des Verfahrens und ergeht trotzdem ein Urteil, dann ist dieses nicht wirksam. Der Kläger kann diesen Mangel durch Revision (s. Rz. 806 ff.) oder – nach Eintritt der Rechtskraft – durch Nichtigkeitsklage nach § 134 FGO i. V. m. § 579 Abs. 1 Nr. 4 ZPO rügen (s. Rz. 895 ff.). Hierbei muss allerdings eine prozessfähige Person handeln.

212

Prozessfähig sind: alle nach bürgerlichem Recht *unbeschränkt geschäftsfähigen natürlichen Personen* (§ 58 Abs. 1 Nr. 1 FGO). Dies sind alle Volljährigen und für volljährig Erklärten (§ 106 i. V. m. § 2 BGB). Auch *Ausländer* haben volle Prozessfähigkeit, wenn sie nach ihrem Heimatrecht unbeschränkt geschäftsfähig sind oder wenn sie nach dem deutschen bürgerlichen Recht unbeschränkt geschäftsfähig wären. Des weiteren sind alle natürlichen Personen prozessfähig, die nach speziellen Vorschriften des bürgerlichen oder öffentlichen Rechts für den Gegen-

213

---

331 BFH vom 15. 12. 1999 XI R 75/97, BFH/NV 2000, 500.
332 BFH vom 12. 7. 1999 IX S 8/99, BFH/NV 1999, 1631.
333 BFH vom 24. 10. 1995 III B 171/93, BFH/NV 1996, 289.
334 BFH vom 24. 10. 1995 III B 171/93, BFH/NV 1996, 289.
335 BFH vom 27. 4. 2000 I R 65/98, BStBl. II 2000, 500.

stand des Verfahrens als geschäftsfähig anerkannt sind (§ 58 Abs. 1 Nr. 2 FGO). Ist also eine ansonsten beschränkt geschäftsfähige natürliche Person z. B. nach § 112 BGB zum selbständigen Betrieb eines Erwerbsgeschäfts partiell geschäftsfähig, so ist sie auch in Sachen dieses Erwerbsgeschäfts prozessfähig. Für das Steuerrecht kommt hierbei insbesondere die Prozessfähigkeit hinsichtlich der Betriebssteuern in Betracht (z. B. Umsatz-, Gewerbesteuer). Minderjährige sind auch prozessfähig, wenn und soweit sie zum Eintritt in ein Dienst- oder Arbeitsverhältnis ermächtigt sind (§ 113 BGB). Die Prozessfähigkeit umfasst dann solche (aber auch nur solche) Rechtsgeschäfte, die die Eingehung und Aufhebung des Dienst- oder Arbeitsverhältnisses oder die Erfüllung der sich aus ihm ergebenden Verpflichtungen betrifft. Für das Steuerrecht folgt hieraus die Prozessfähigkeit hinsichtlich aller Rechtsstreitigkeiten, die mit der Lohnsteuer zu tun haben.

214 **Einschränkungen der Prozessfähigkeit** sind möglich durch Eröffnung des *Insolvenzverfahrens* und durch Bestellung eines *Nachlasspflegers*. Insolvenzverwalter und Nachlasspfleger sind Parteien kraft Amtes[336]. Dies bedeutet, dass im Falle der Insolvenz der Gemeinschuldner und im Falle der Nachlasspflegschaft die Erben nicht prozessfähig für solche Rechtsstreitigkeiten sind, die die Insolvenzmasse oder den Nachlass betreffen. Für die *Testamentsvollstreckung* gilt dies nicht[337].

215 Durch die *Eröffnung des Insolvenzverfahrens* wird der Prozess zunächst unterbrochen (§ 155 FGO i. V. m. § 240 ZPO). Der Insolvenzverwalter führt ihn dann weiter. Solange das Insolvenzverfahren dauert, ist der Insolvenzverwalter nur hinsichtlich des Vermögens prozessfähig, über das das Insolvenzverfahren eröffnet wurde. Nach Beendigung des Insolvenzverfahrens – gleichgültig ob durch Zwangsvergleich oder in anderer Weise – geht die Prozessführungsbefugnis für ein schwebendes Verfahren wieder auf den früheren Gemeinschuldner über. Mit der Beendigung des Insolvenzverfahrens erlischt also die Prozessfähigkeit des Insolvenzverwalters und die Prozessfähigkeit des Gemeinschuldners lebt wieder auf.

216 **Prozessfähig sind nicht:**
- Personen, die aufgrund einer psychischen Krankheit oder einer körperlichen, geistigen oder seelischen Behinderung ganz oder teilweise unter Betreuung gestellt worden sind (§§ 1896 ff. BGB).
- Alle nicht geschäftsfähigen natürlichen Personen. Dies sind insbesondere Geschäftsunfähige (§ 104 BGB) und beschränkt Geschäftsfähige (§ 106 BGB), also die Minderjährigen zwischen dem 7. und 18. Lebensjahr.

---

336 BFH vom 30. 3. 1982 VIII R 227/80, BStBl. II 1982, 687; vom 5. 6. 1991 XI R 26/89, BStBl. II 1991, 820.
337 Nur der Erbe – nicht der Testamentsvollstrecker – tritt sachlich-rechtlich und verfahrensrechtlich in die Stellung des Erblassers ein. Die öffentlich-rechtlichen Ansprüche aus dem Steuerschuldverhältnis können nur gegenüber dem Erben direkt geltend gemacht werden. Dadurch wird die Verwaltungsbefugnis des Testamentsvollstreckers nicht unzulässig eingeschränkt. Die Verwaltungsbefugnis gibt ihm aber kein eigenes Klagerecht. Er kann gegebenenfalls als Vertreter der Erben auftreten und braucht deren Vollmacht (BFH vom 16. 12. 1977 III R 35/77, BStBl. II 1978, 383; vgl. auch BFH vom 16. 4. 1980 VII R 81/79, BStBl. II 1980, 605; vom 18. 3. 1986 II R 2/84, BStBl. II 1986, 524; vom 14. 11. 1990 II R 58/86, BStBl. II 1991, 52; vom 29. 11. 1995 X B 328/94, BStBl. II 1996, 322).

Prozessfähigkeit

- Alle juristischen Personen, nicht rechtsfähige Personenvereinigungen und Vermögensmassen, also insbesondere die Kapitalgesellschaften (GmbH, AG u. ä.), die zwar rechtsfähig, aber nicht prozessfähig sind.

Alle nicht Prozessfähigen müssen sich durch ihre gesetzlichen Vertreter oder Organe vertreten lassen, die ihrerseits geschäftsfähig sein müssen, um prozessfähig zu sein.

Gesetzliche Vertreter müssen für Personen handeln, denen für den Rechtsstreit die Prozessfähigkeit fehlt. Bei *natürlichen Personen* ergibt sich die Antwort auf die Frage, wer gesetzlicher Vertreter ist und welchen Umfang seine Vertretung hat, aus dem BGB. Bei *juristischen Personen und nicht rechtsfähigen Personenvereinigungen* richtet sich die Antwort auf die Frage nach der Person des Vertreters und dem Umfang der Vertretungsmacht – je nach Personenvereinigung – nach den Bestimmungen des BGB, des HGB, des AktG, des GmbHG und des GenG; für *öffentlich-rechtliche Körperschaften* folgt dies aus den einschlägigen Bestimmungen des öffentlichen Rechts. Als gesetzliche Vertreter kommen insbesondere in Frage: 217

- der *Vorstand* bei der AG (§ 76 AktG), bei der Genossenschaft (§ 24 GenG) und beim Verein (§ 26 BGB);
- die *Geschäftsführer* bei der GmbH (§ 35 GmbHG);
- die *persönlich haftenden Gesellschafter* bei der GbR (§ 709 BGB), bei der OHG (§ 125 Abs. 1 HGB), bei der KG (§ 164 HGB) und bei der stillen Gesellschaft (§ 230 HGB);
- die *Liquidatoren* bei der Auflösung von Gesellschaften (§ 149 Satz 2, § 150 HGB, § 269 Abs. 1 AktG, 70 GmbHG, 88 GenG). Eine GmbH, die sich in Liquidation befindet, ist weiterhin beteiligtenfähig. Das gilt auch dann noch, wenn die GmbH nach Abschluss des Liquidationsverfahrens im Handelsregister gelöscht worden ist. Eine Entscheidung in der Sache ist weiterhin möglich, wenn die GmbH durch einen Prozessbevollmächtigten vertreten wird[338]. Nach Vollbeendigung der Personengesellschaft sind allein die von dem angefochtenen Feststellungsbescheid betroffenen Gesellschafter einspruchs- und klagebefugt. Das gilt sowohl für die Umwandlung der Personengesellschaft auf eine Kapitalgesellschaft als auch für ihre Auflösung wegen Vermögenslosigkeit[339].

Der gesetzliche Vertreter muss prozessfähig sein. Seine Existenz und sein Auftreten für den Prozessunfähigen ist Prozesshandlungs- und Sachentscheidungsvoraussetzung, die während des gesamten Prozesses vorhanden sein muss. Entfällt sie vor Prozessende ist das Urteil unwirksam. Die *Legitimation des gesetzlichen Vertreters* ist deshalb bis zum Ende des Verfahrens von Amts wegen zu beachten. Der gesetzliche Vertreter kann rückwirkend unwirksame Prozesshandlungen des Prozessunfähigen genehmigen, jedoch nur im Verlaufe des Prozesses. 218

---

338 BFH vom 7. 9. 2000 III R 41/97, HFR 2001, 597; vom 27. 4. 2000, I R 65/98, BStBl. II 2000, 500.
339 BFH vom 28. 3. 2000, VIII R 6/99, BFH/NV 2000, 1074.

2. Klagebefugnis

a) Natürliche und juristische Personen

219 Die Klagebefugnis beinhaltet das *Recht, gerichtlichen Rechtsschutz beanspruchen zu können*. Klagebefugt ist, wer geltend machen kann, durch einen Verwaltungsakt, dessen Ablehnung oder Unterlassung, oder durch eine andere Leistung, deren Ablehnung oder Unterlassung, *in seinen eigenen Rechten verletzt zu sein* (§ 40 Abs. 2 FGO).

220 Bei einem Steuerbescheid oder sonstigen Verwaltungsakt einer Finanzbehörde ist dies jeder, gegen den sich der Verwaltungsakt unmittelbar richtet oder gegen den er sonstige Auswirkungen erzeugt. Bei der Beanspruchung einer Leistung oder dem Begehren, einen bestimmten Verwaltungsakt zu erlassen, ist jeder klagebefugt, der behauptet, selbst Anspruchsinhaber zu sein, so dass die Unterlassung oder Ablehnung seine eigenen Interessen berühre. Dabei genügt es, dass die Beeinträchtigung durch eine Nebenbestimmung im Verwaltungsakt ausgelöst wird.

221 Adressiert also das Finanzamt beispielsweise einen Steuerbescheid an den falschen Steuerpflichtigen, dann ist nur der falsche Adressat, nicht aber der Steuerpflichtige, den das Finanzamt in Wirklichkeit gemeint hat, klagebefugt, weil nur der zuerst Genannte von dem Bescheid persönlich betroffen ist. Wer klagebefugt – also von dem Verwaltungsakt persönlich betroffen – ist, ist durch diesen nicht ohne weiteres in seinen Rechten verletzt (zum Rechtsschutzbedürfnis s. Rz. 247 ff.). Das Erfordernis der Klagebefugnis schließt dem Grundsatz nach die sogenannte „Popularklage" – also die Anfechtung eines Bescheides aus Gründen des Allgemeinwohls – oder die eigenständige Wahrnehmung von Rechten Dritter aus. Zu Ausnahmen s. Rz. 231 f.

222 Für die Feststellung, wer Kläger ist, können neben der Auslegung der Klägerbezeichnung in der Klageschrift auch die Klagebefugnis von Bedeutung sein[340]. Wird in der Klageschrift ein falscher – weil nicht klagebefugter – Kläger bezeichnet, so kommt eine Umdeutung auf den richtigen Kläger in Betracht, wenn dem Gericht innerhalb der Klagefrist Anhaltspunkte außerhalb der Klageschrift zur Kenntnis gelangen, die die Bestimmung des richtigen – weil klagebefugten – Klägers ermöglichen (z. B. Klage des Herrn X gegen den eine GbR betreffenden Umsatzsteuerbescheid, deren Geschäftsführer X ist). Zu weiteren Einzelheiten s. Rz. 267 ff.

b) Personenzusammenschlüsse

223 Auch bei nicht rechtsfähigen Personenzusammenschlüssen[341] (z. B. GbR, Rechtsgemeinschaft) richtet sich die Klagebefugnis grundsätzlich danach, wer von dem jeweiligen Bescheid betroffen ist. Für bestimmte Steuerarten (Umsatzsteuer, Gewerbesteuer und -messbescheid, Grunderwerbsteuer) ist die **Gemeinschaft** selbst,

---

340 S. z. B. BFH vom 20. 4. 1999 VIII R 81/94, BFH/NV 1999, 1457.
341 Zur Klagebefugnis von Bruchteilsgemeinschaften: BFH vom 18. 5. 2004 IX R 49/02, BStBl. II 2004, 929.

nicht der einzelne Gemeinschafter, **Steuerschuldner**. Diese Bescheide ergehen deshalb auch gegenüber der Gemeinschaft, nicht gegenüber dem einzelnen Gemeinschafter. Demzufolge ist auch nicht der einzelne oder mehrere Gemeinschafter, sondern nur die Gemeinschaft selbst (vertreten durch einen vertretungsberechtigten Gemeinschafter oder durch alle Gemeinschafter) klagebefugt[342]. Dies gilt gem. § 730 Abs. 2 Satz 2 BGB auch nach einer Kündigung des Gesellschaftsverhältnisses[343]. Nach der Vollbeendigung der Gemeinschaft geht die Klagebefugnis in einem solchen Falle auf die einzelnen Gemeinschafter über[344]. Die Person des Klägers kann bei unübersichtlichen Situationen durch Auslegung ermittelt werden. Im Zweifel ist davon auszugehen, dass der Steuerpflichtige denjenigen Rechtsbehelf hat einlegen wollen, der seinem materiell-rechtlichen Begehren am ehesten zum Erfolg verhilft[345].

Für Klagen gegen die **einheitliche und gesonderte Feststellung von Besteuerungsgrundlagen** (insbesondere nach § 180 Abs. 1 und 2 AO) trifft § 48 FGO eine den § 40 Abs. 2 FGO einschränkende Sonderregelung. Hiernach ist für die Gemeinschaft betreffende Fragen (z. B. Höhe der Abschreibung eines der Gemeinschaft gehörenden Wirtschaftsgutes) ausschließlich der zur Vertretung berufene Geschäftsführer klagebefugt (§ 48 Abs. 1 Nr. 1 FGO), nicht dagegen die einzelnen Gemeinschafter, obwohl auch diese von dem Verfahren betroffen sind. Hat die Gemeinschaft keinen Geschäftsführer, ist der gemeinsame Empfangsbevollmächtigte klagebefugt (§ 48 Abs. 2 FGO). Neben dem Geschäftsführer oder Empfangsbevollmächtigten sind ausgeschiedene Gemeinschafter klagebefugt, gegen die der Feststellungsbescheid ergangen ist oder zu ergehen hätte (§ 48 Abs. 1 Nr. 3). Des weiteren können die einzelnen Gemeinschafter Klage erheben, wenn die Beteiligung (z. B. wer ist Mitunternehmer?) oder der Verteilungsschlüssel (§ 48 Nr. 4 FGO) in Frage steht. Nach § 48 Abs. 1 Nr. 5 FGO sind die einzelnen Gemeinschafter des weiteren stets klagebefugt, wenn es um eine Frage geht, die sie persönlich angeht (z. B. die Höhe seiner Sonderbetriebseinnahmen oder -ausgaben). Fehlt es an einem Geschäftsführer oder Empfangsbevollmächtigten, kann jeder Gemeinschafter Klage erheben, gegen den der Feststellungsbescheid ergangen ist oder zu ergehen hätte (§ 48 Abs. 1 Nr. 2 FGO). Siehe hierzu auch Rz. 231 ff., 627 ff.

224

Ist eine **Mehrheit von Personen** in ihren geschützten Interessen berührt, dann kann diese Personenmehrheit gegebenenfalls gemeinsam oder jedes Mitglied einzeln klagebefugt sein, jedoch nur soweit, als für jeden Mitbetroffenen die Berührung seiner geschützten Interessen reicht. Eine *gemeinsame Klagebefugnis* ergibt sich etwa bei Gemeinschaften, wenn nur mehrere Gemeinschafter gemeinsam für

225

---

342 Ständige Rechtsprechung des BFH: z. B. vom 6. 2. 1997 V B 157/96, BFH/NV 1997, 459; vom 13. 11. 1997 V R 62/96, BFH/NV 1998, 606; vom 28. 5. 1998 II B 3/98, BFH/NV 1998, 1366; vom 26. 1. 2000, IV B 134/98, BFH/NV 2000, 1104; vom 27. 8. 2003 II R 18/02, BFH/NV 2004, 203; vom 7. 11. 2003 V B 49/03, BFH/NV 2004, 360.
343 BFH vom 19. 10. 2001 V B 54/01, BFH/NV 2002, 370 m. w. N.
344 BFH vom 7. 7. 1998 VIII R 17/96, BFH/NV 1999, 473; vom 11. 2. 2002 IX B 146/01, BFH/NV 2002, 796; vom 3. 11. 2003 V B 49/03, BFH/NV 2004, 360.
345 BFH vom 1. 7. 2004 IV R 4/03, BFH/NV 2005, 162.

die Gemeinschaft vertretungsberechtigt sind und die geschützten Interessen der Gemeinschaft berührt werden oder soweit die Gemeinschaft als solche das angesprochene Steuersubjekt ist (z. B. bei Betriebssteuern). Soweit die geschützten Interessen der *Gemeinschafter allein* berührt werden, sind selbstverständlich nur die betroffenen Gemeinschafter allein klagebefugt. Eine gemeinsame Klagebefugnis ergibt sich etwa auch dann, wenn ein Grunderwerbsteuer-Bescheid gegen eine Gemeinschaft ergeht, weil von der Grunderwerbsteuer dann alle Gemeinschafter gleichermaßen betroffen sind und sie nur gemeinsam für die Grundstücksgemeinschaft handeln können.

226 **Gibt es mehrere klagebefugte Personen** (z. B. OHG und die persönlich haftenden Gesellschafter), dann ist bei Klageerhebung zu entscheiden, *wer Kläger sein soll:* Die Gesellschaft als solche, einer der persönlich haftenden Gesellschafter oder beide. Grundsätzlich vertritt der persönlich haftende Gesellschafter die Gesellschaft, so dass eine von ihm erhobene Klage – wenn nichts anderes gesagt wird – als Klage der Gesellschaft anzusehen ist. Nach der Rechtsprechung des BFH kann man in der Regel jedoch davon ausgehen, dass der zur Geschäftsführung berufene oder als Vertreter einer OHG klagende Gesellschafter auch gleichzeitig in eigenem Namen Klage erheben will[346]. Auch wenn alle klagebefugten Gesellschafter einer GbR gegen einen Gewinnfeststellungsbescheid klagen, ist grundsätzlich davon auszugehen, dass die Klage sowohl für die einzelnen Gesellschafter als auch für die Gesellschaft erhoben wird[347]. Dies gilt dagegen nicht ohne weiteres, wenn der die Klage erhebende Gesellschafter nicht persönlich haftet[348]. Der BFH[349] hat bei der zulässigen Klage einer Gesellschaft die Möglichkeit bejaht, dass die Klage auch im Namen des prozessführungsbefugten Gesellschafter-Geschäftsführers erhoben wurde, wenn dieser später eine entsprechende Prozesserklärung abgibt. Entsprechendes gilt für den umgekehrten Fall, dass der persönlich klagebefugte Geschäftsführer nur im eigenen Namen Klage erhebt[350]. Eine unzulässige Klage kann aber nicht in diesem Sinne ausgelegt werden[351]. Ergibt die Auslegung, dass nur einer oder einige der Klagebefugten Klage erhoben haben, so sind die übrigen Klagebefugten zum Verfahren notwendig beizuladen (60 Abs. 3 FGO; s. dazu Rz. 618 ff.). Der nach § 48 FGO klagebefugte Gesellschafter hat ein eigenes Klagerecht, auch wenn er nicht zum Einspruchsverfahren zugezogen worden ist[352]. Schwebt in einem solchen Falle noch das Verfahren vor dem Finanzgericht, so ist das Finanzamt aufzufordern, auch dem nicht zugezogenen Gesellschafter die Einspruchsentscheidung zuzustellen, damit dieser innerhalb der Klagefrist entscheiden kann, ob er als Kläger oder als Beigeladener am Gerichtsverfahren teilnehmen möchte.

---

346 BFH vom 28. 11. 1974 I R 62/74, BStBl. II 1975, 209.
347 BFH vom 19. 8. 1999 IV R 13/99, BStBl. II 2000, 85.
348 BFH vom 2. 5. 1990 VIII R 20/86, BFH/NV 1991, 219.
349 Vgl. dazu Urteile vom 26. 3. 1980 I R 87/79, BStBl. II 1980, 586; vom 29. 6. 1995 VIII R 20/94, BFH/NV 1996, 52.
350 BFH vom 17. 9. 1992 IV R 110/90, BFH/NV 1993, 476; vom 11. 11. 1998 IV B 134/97, BFH/NV 1999, 590.
351 BFH vom 28. 3. 2000 VII R 6/99, BFH/NV 2000, 1074.
352 BFH vom 23. 3. 2000 IV B 91/99, BFH/NV 2000, 1217.

Klagebefugnis

Bei **Personengesellschaften** wird das Klagerecht grundsätzlich von der Personengesellschaft als solcher in Anspruch genommen und zwar insbesondere auch bei Feststellungsbescheiden, die gegen eine Personengesellschaft ergehen. Zur Wahrnehmung aller Rechte im Klageverfahren ist die Personengesellschaft als solche Beteiligte im Prozess (§ 57 Nr. 1 FGO). Dabei kann sie das Klagerecht für die Gesellschaft selbst und auch für die Gesellschafter wahrnehmen. Hierbei handelt die Gesellschaft durch ihre nach Gesellschaftsrecht vertretungsberechtigten Gesellschafter; sie wird dabei in Prozessstandschaft für ihre Gesellschafter tätig[353]. Auch in den Fällen, in denen die Gesellschafter ein selbständiges und eigenes Klagerecht in Anspruch nehmen können, besteht die Klagebefugnis der Gesellschaft (vertreten durch die vertretungsberechtigten Gesellschafter). Das Klagerecht der Personengesellschaft ist also umfassend hinsichtlich aller Personen, die an der Gesellschaft beteiligt sind, und hinsichtlich aller Streitgegenstände, die in einem Klageverfahren vor dem Finanzgericht geltend gemacht werden können.

227

Das Klagerecht der Personengesellschaft bleibt auch dann erhalten, wenn sie in das **Liquidationsverfahren** eintritt, weil die Gesellschaft als solche auch noch während des Liquidationsverfahrens durch ihre selbständige Organisation und ihre selbständige Handlungsfähigkeit mittels der vertretungsberechtigten Organe in Erscheinung tritt. Erst mit Abschluss der Liquidation und nach vollständiger Abwicklung des Gesamthandsvermögens ist eine Personengesellschaft als selbständige Organisation erloschen und im handelsrechtlichen Sinn *voll beendet.* Sie kann dann auch kein Klagerecht nach § 48 Abs. 1 FGO mehr in Anspruch nehmen. Die Klagebefugnis gegenüber Gewinnfeststellungsbescheiden geht dann vielmehr uneingeschränkt auf die betroffenen Gesellschafter über. Desgleichen hat die Gesellschaft auch keine Klagebefugnis mehr für *Gesellschafter, die aus der Gesellschaft ausgeschieden sind,* weil die Gesellschaft die Belange der Ausgeschiedenen nicht mehr beeinflussen kann . Aus diesem Grunde geht auch das Klagerecht nicht auf den Gesamtrechtsnachfolger über, wenn die Personengesellschaft durch das Ausscheiden des vorletzten Gesellschafters oder durch Umwandlung auf eine Kapitalgesellschaft voll beendet worden ist[354].

228

Eine Personengesellschaft findet ihr Ende und erlischt, wenn das Liquidationsverfahren beendet ist. Sie kann aber auch dadurch beendet werden, dass sie ihr *Aktivvermögen verloren* hat und Nachschüsse der Gesellschafter zur Begleichung der Schulden im Rahmen der Abwicklung nicht zu erlangen sind. Dagegen führt die Eröffnung eines *Insolvenzverfahrens* nicht zur Beendigung einer Personengesellschaft oder zu ihrer Auflösung, vielmehr geht die Prozessführungsbefugnis auf den Insolvenzverwalter über. Zur Beendigung der Personengesellschaft bedarf es eines Gesellschafterbeschlusses, der nicht durch die Eröffnung des Insolvenzverfahrens ersetzt wird.

229

---

353 BFH vom 19. 5. 2000 VIII B 98/99, BFH/NV 2000, 1444.
354 BFH vom 26. 10. 1989 IV R 23/89, BStBl. II 1990, 333; vom 23. 2. 2000 VIII R 66/98, BFH/NV 2000, 977. Zur Haftung der ehemaligen Gesellschafter für Steuerschulden der aufgelösten Personengesellschaft s. BFH vom 26. 8. 1997 VII R 63/97, BStBl. II 1997, 745.

230 Für Steuern, deren Schuldnerin die Personengesellschaft selbst ist (Umsatzsteuer, Gewerbesteuer u. ä.), tritt eine Vollbeendigung der Personengesellschaft unabhängig von den Bestimmungen des Gesellschaftsrechts erst dann ein, wenn das Rechtsverhältnis zwischen ihr und dem Finanzamt abgewickelt ist[355].

c) Klagebefugnis Dritter

231 Ein Kläger muss geltend machen können, durch den Bescheid selbst und unmittelbar beschwert zu sein, weil sich der Steuerbescheid an ihn richtet[356]. Eine bloß mittelbare Betroffenheit reicht nicht aus (z. B. der Gesellschafter einer GmbH kann nicht aus eigenem Recht den Körperschaftsteuerbescheid anfechten[357]). Dritte Personen können in Ausnahmefällen klagebefugt sein, auch wenn sie durch den erlassenen oder begehrten Verwaltungsakt oder durch die begehrte Leistung nicht sofort oder nicht unmittelbar berührt sind:

- Im Falle der *Gesamtrechtsnachfolge* tritt der Gesamtrechtsnachfolger vollinhaltlich in die Rechtsstellung des Rechtsvorgängers ein und übernimmt auch dessen prozessuale Position.
- Der *Treuhänder* kann bestimmte Rechte in eigenem Namen ausüben, auch wenn er für fremde Rechnung handelt (s. Rz. 241). So kann z. B. ein für mehrere Kommanditisten bestellter Treuhänder Mitunternehmer sein und kann demzufolge die mitunternehmerischen Rechte der Kommanditisten ausüben. Soweit § 48 Abs. 1 Nr. 1 und 2 FGO den Kommanditisten Klagebefugnis einräumt, ist dann der Treuhänder – und nur dieser – klagebefugt[358]. Der Treuhänder ist auch dann noch klagebefugt, wenn das Treuhandverhältnis zwar beendet ist, aber der Tatbestand in der Zeit der Treuhandschaft verwirklicht wurde[359].
- Im Prozess hat der *Insolvenzverwalter* Kraft gesetzlicher Prozessstandschaft die uneingeschränkte Klagebefugnis unter Ausschluss des Schuldners. Dieser ist nicht klagebefugt[360].
- Hebt die Familienkasse festgesetztes Kindergeld auf, das an einen *Sozialleistungsträger* ausbezahlt wurde, so ist Letzterer klagebefugt[361].
- Ein Verwaltungsakt, der dem Abführungspflichtigen gegenüber ergeht und sich auf die abzuführende Steuer bezieht, kann auch vom *Steuerschuldner* angefochten werden[362].

---

355 Z. B. BFH vom 24. 3. 1987 X R 28/80, BStBl. II 1988, 316; vom 17. 2. 1994 VIII R 13/94, BStBl. II 1994, 809. Für die GmbH s. BFH vom 13. 2. 1996 VII R 43/95, BFH/NV 1996, 530.
356 BFH vom 14. 9. 1994 I R 153/93, BStBl. II 1995, 499.
357 BFH vom 1. 4. 2003 I R 70/01, BFH/NV 2003, 1282.
358 BFH vom 24. 5. 1977 IV R 47/76, BStBl. II 1977, 737. Zum offenen Treuhandverhältnis bei zweistufiger Gewinnfeststellung s. BFH vom 13. 7. 1999 VIII R 76/97, BStBl. II 1999, 747.
359 BFH vom 28. 3. 1979 I B 78/78, BStBl. II 1979, 607; vom 12. 1. 1995 VIII B 43/94, BFH/NV 1995, 759.
360 BFH vom 26. 7. 2004 X R 30/04, BFH/NV 2004, 1547.
361 BFH vom 12. 1. 2001, VI R 181/97, BStBl. II 2001, 443; 20. 6. 2001 VI R 169/97, BFH/NV 2001, 1443.
362 BFH vom 6. 11. 2002 V R 57/01, BFH/NV 2003, 827.

Klagebefugnis

d) Leitlinien für den Praktiker

Eine **GbR** ist gegenüber Bescheiden, in denen die Besteuerungsgrundlagen der Gesellschafter *gesondert festgestellt* werden (z. B. Einkunftsfeststellung gem. § 180 Abs. 1 Nr. 2 AO), nur dann klagebefugt, wenn sie durch ihren Geschäftsführer vertreten wird. Soweit ein Geschäftsführer nicht vorhanden ist, sind jeweils die einzelnen Gesellschafter klagebefugt (s. im einzelnen Rz. 223). Eine GbR ist jedoch dann als Einheit klagebefugt, wenn sie *selbst der Steuerschuldner* ist, gegen den ein Bescheid erlassen worden ist (s. Rz. 223). Fehlt es an einer vertretungsbefugten Person, muss eine solche Klage durch alle Gesellschafter erhoben werden.

232

In Verfahren über **einheitliche Gewinnfeststellungen** ist grundsätzlich die Gesellschaft als solche klagebefugt, und zwar auch hinsichtlich jener Fragen, die die Gewinnverteilung oder die Interessen nur eines einzelnen Gesellschafters betreffen. Die Klagebefugnis folgt aus § 48 Abs. 1 Nr. 1 FGO, wonach zur Vertretung berufene Geschäftsführer gegen einen Bescheid über die einheitliche und gesonderte Feststellung von Besteuerungsgrundlagen Klage erheben können. Die Personengesellschaft erhebt als Prozessstandschafterin für ihre Gesellschafter und ihrerseits vertreten durch ihren Geschäftsführer Klage gegen den Gewinnfeststellungsbescheid, der sich inhaltlich nicht an die Gesellschaft, sondern an die einzelnen Gesellschafter als Subjekte der Einkommensteuer richtet[363]. Den Gesellschaftern steht daneben eine eigene Klagebefugnis nur zu, soweit in ihrer Person die Voraussetzungen des § 48 Abs. 1 Nr. 3 – 5 FGO erfüllt sind. Das gilt auch dann, wenn ein Gesellschafter allein Einspruch eingelegt hatte und die Gesellschaft zum Einspruchsverfahren nicht hinzugezogen war. Die Klagebefugnis der Gesellschaft ist dann nicht wegen fehlenden außergerichtlichen Vorverfahrens unzulässig[364]. Durch die Beiladung im Klageverfahren wird die unterlassene Hinzuziehung im Einspruchsverfahren geheilt[365]. Ein Sachurteil darf aber erst ergehen, wenn die vom Finanzamt erlassene Einspruchsentscheidung auch der Gesellschaft gegenüber wirksam geworden ist, damit diese die Möglichkeit hat, nicht lediglich als Beigeladene, sondern als Klägerin am Verfahren teilzunehmen[366].

233

Die zur **Geschäftsführung berufenen Gesellschafter** der Personengesellschaft sind zur Einlegung von Rechtsbehelfen für die Gesellschaft befugt, wenn sie vertretungsberechtigt sind. Werden in dem Prozess Fragen angeschnitten, von denen auch ein oder mehrere einzelne Gesellschafter berührt werden, dann können auch diese **einzelnen Gesellschafter** gem. § 48 Abs. 1 Nr. 2 bis 5 FGO klagebefugt sein (s. Rz. 224). Erheben auch sie Klage, dann sind sie zusammen mit der Gesellschaft Streitgenossen (s. Rz. 607 ff.). Erheben sie persönlich keine Klage, dann müssen sie gegebenenfalls beigeladen werden (§ 60 Abs. 3 FGO). Erheben nur die Gesell-

234

---

363 BFH vom 30. 12. 2003 IV B 21/01, BStBl. II 2004, 239 m. w. N.
364 BFH vom 27. 5. 2004 IV R 48/02, BStBl. II 2004, 964.
365 BFH vom 19. 7. 1994 VIII 59/93, BFH/NV 1995, 684.
366 BFH vom 3. 12. 1986 II R 59/86, BStBl. II 1987, 302; vom 13. 3. 1991 VIII R 123/85, BFH/NV 1992, 46. Anders dagegen, wenn die übrigen Einspruchs- oder Klageführer ihr Rechtsmittel zurücknehmen: BFH vom 10. 6. 1997 IV B 124/96, BFH/NV 1998, 14.

schafter für ihre Person Klage, dann muss gegebenenfalls die Gesellschaft beigeladen werden, wenn der Gesamtgewinn der Gesellschaft und seine Zusammensetzung Streitgegenstand sind[367].

235   Bei einer **Sozietät von Freiberuflern** gilt grundsätzlich die gleiche Klagebefugnis wie bei der GbR (s. Rz. 232). Die Sozietät als solche ist einkommensteuerlich kein Steuerrechtssubjekt; gegen sie können in der Regel keine Steuerbescheide und sonstige Verwaltungsakte erlassen werden, auch keine Feststellungsbescheide. Solche Bescheide müssen an alle Mitglieder der Sozietät gerichtet werden, und zwar an jeden einzelnen Sozius. Demgemäß ist jedes einzelne Sozietätsmitglied klagebefugt[368]. Die Sozietät aber klagebefugt, wenn gegen sie als solche ein Steuerbescheid (z. B. zur Umsatzsteuer) ergangen ist[369] (s. Rz. 223).

236   Bei der **stillen Gesellschaft** sind zwei Fälle auseinanderzuhalten:

- Die *typische stille Gesellschaft* ist als solche steuerlich kein Rechtssubjekt. Der Geschäftsinhaber ist der alleinige Steuerpflichtige. Steuerbescheide ergehen ausschließlich an ihn allein. Die Klagebefugnis liegt ebenfalls allein beim Inhaber des Unternehmens.
- Die *atypische stille Gesellschaft* ist eine Mitunternehmerschaft. Gegen sie ergehen Feststellungsbescheide (z. B. hinsichtlich des Gewinns). Insoweit wird die atypische stille Gesellschaft der Kommanditgesellschaft gleich behandelt. Ebenfalls gleich ist die Klagebefugnis. Es kommt dabei wiederum § 48 FGO zur Anwendung (s. Rz. 224), wie bei sonstigen Personengesellschaften auch[370]. Hinsichtlich der Betriebssteuern (z. B. Gewerbesteuer, Umsatzsteuer) ist die atypische stille Gesellschaft als solche Steuersubjekt, weil sie auch als solche Unternehmer ist[371]. Vertretungsbefugt ist allerdings der Alleininhaber des Unternehmens.

237   Die **Unterbeteiligung** schafft grundsätzlich keine Klagebefugnis für den Unterbeteiligten. Ähnlich wie der typische stille Gesellschafter ist der Unterbeteiligte in der Regel auch nicht Mitunternehmer; nur der Inhaber des Unternehmens ist das steuerliche Rechtssubjekt. Deswegen ist auch allein der Inhaber des Unternehmens klagebefugt[372]. Werden die Einkünfte des Unterbeteiligten jedoch in einer einheitlichen und gesonderten Gewinnfeststellung festgestellt[373], dann gelten die allgemeinen Grundsätze des § 48 FGO (s. Rz. 224).

---

367 Vgl. hierzu BFH vom 15. 11. 1967 IV R 281/66, BStBl. II 1968, 122; vom 21. 5. 1987 IV R 283/84, BStBl. II 1987, 601; vom 5. 12. 1995 VIII R 67/94, BFH/NV 1996, 485.
368 FG Köln vom 27. 7. 1983 I K 24/83, EFG 1984, 167; s. auch BFH vom 2. 8. 1994 IXR 13/91, BFH/NV 1995, 249. Zur Bauherrengemeinschaft s. BFH vom 18. 5. 1998 V B 91/97, BFH/NV 1999, 48.
369 BFH vom 15. 3. 1993 VR 111/89, BFH/NV 1994, 636.
370 BFH vom 26. 8. 1993 IV R 133/90, BStBl. II 1995, 791; vom 12. 12. 1995 VIII R 59/92, BStBl. II 1996, 219 (221).
371 BFH vom 26. 8. 1993 IV R 133/90, BStBl. II 1995, 791 (796).
372 BFH vom 24. 5. 1977 IV R 47/76, BStBl. II 1977, 737.
373 S. dazu BFH vom 2. 3. 1995 IV R 135/92, BStBl. II 1995, 531.

Klagebefugnis

Gegen einen **negativen Feststellungsbescheid** sind alle betroffenen Personen je selbständig zur Einlegung von Rechtsbehelfen befugt. Durch einen negativen Feststellungsbescheid wird festgestellt, dass bestimmte Personen nicht steuerpflichtig oder an einkommensteuerpflichtigen Einkünften nicht beteiligt sind[374]. Diese Personen sind durch die negative Feststellung beschwert, weil ihre behauptete Rechtsposition mit steuerlich verbindlicher Wirkung geleugnet wird[375]. 238

Bei der **Liquidation einer Personengesellschaft** ist grundsätzlich für diese nur der Liquidator klagebefugt[376]. Der Liquidator vertritt dabei die Gesellschaft i. L., soweit diese nach § 48 Abs. 1 Nr. 1 FGO klagebefugt gewesen wäre (s. Rz. 224). Sind auch die Gewinnanteile der Gesellschafter umstritten, so sind diese selbständig klagebefugt. Soweit der Liquidator zurecht für die Gesellschaft handelt, handelt er auch mit Wirkung für und gegen alle Gesellschafter, wie der gesetzliche Vertreter einer noch bestehenden Gesellschaft. 239

Eine **GmbH** ist zwar eine selbständige juristische Person, die aber prozessrechtlich vom gesetzlichen Vertreter, dem *Geschäftsführer*, vertreten wird (s. Rz. 217). Soweit eine GmbH im Handelsregister bereits gelöscht ist, gilt sie für einen Steuerprozess jedoch noch als existent und mithin als prozessfähig, weil die GmbH insoweit noch nicht abgewickelt ist. Gibt es keinen natürlichen gesetzlichen Vertreter, so muss ein solcher bestellt werden, gegebenenfalls in Form eines *Nachtragsliquidators*. 240

Der **Treuhänder** ist – soweit die Treuhandschaft reicht – klagebefugt, und zwar in eigenem Namen. Er ist, soweit er für Kommanditisten bestellt ist, Mitunternehmer und kann die mitunternehmerischen Rechte der Kommanditisten in eigenem Namen ausüben. Daraus leitet sich auch seine Klagebefugnis gegen die Feststellungsbescheide her[377]. Der Treuhänder ist noch klagebefugt, wenn das Treuhandverhältnis bereits beendet ist, der Tatbestand aber in der Zeit seiner Treuhandschaft verwirklicht wurde[378]. Der Treugeber ist grundsätzlich nicht klagebefugt und wird auch nicht zu dem Verfahren, das der Treuhänder führt, beigeladen[379]. Sind an einer Personengesellschaft mehrere Treugeber über einen Treuhänder beteiligt, so ist die gesonderte und einheitliche Feststellung der Ein- 241

---

374 Der negative Feststellungsbescheid ist zu unterscheiden von einem Feststellungsbescheid, der einen Verlust feststellt. Letzterer ist kein negativer Feststellungsbescheid, sondern ein positiver Feststellungsbescheid, weil er einen Verlust bestimmten Personen zurechnet. Der negative Feststellungsbescheid dagegen spricht aus, dass bestimmte Personen nicht am Gewinn oder Verlust beteiligt sind.
375 BFH vom 26. 3. 1971 VI R 131-135/68, BStBl. II 1971, 478; vom 22. 11. 1994 VIII R 63/93, BStBl. II 1996, 93.
376 Vgl. BFH vom 26. 3. 1980 I R 111/79, BStBl. II 1980, 587; vom 18. 11. 1986 VIII R 75/85, BFH/NV 1987, 785; vom 17. 12. 1998 IV B 55/97, BFH/NV 1999, 809.
377 BFH vom 24. 5. 1977 IV R 47/76, BStBl. II 1977, 737. Zum offenen Treuhandverhältnis bei zweistufiger Gewinnfeststellung s. BFH vom 13. 7. 1999 VIII R 76/97, BStBl. II 1999, 747.
378 BFH vom 28. 3. 1979 I B 78/78, BStBl. II 1979, 607.
379 BFH vom 28. 8. 1990 VIII B 25/90, BStBl. II 1990, 1072. Zur Klagebefugnis von Treuhänder und Treugeber im Falle eines Treuhand-Kommanditisten, der für zahlreiche Treugeber tätig wird: BFH vom 13. 7. 1994 X R 7/91, BFH/NV 1995, 303.

künfte aus der Gesellschaft grundsätzlich in einem zweistufigen Verfahren durchzuführen. In der ersten Stufe ist der Gewinn der Gesellschaft festzustellen und auf die Gesellschafter aufzuteilen. In einem zweiten Feststellungsbescheid muss der Gewinnanteil des Treuhänders auf die Treugeber aufgeteilt werden. Die Klagebefugnis ist danach zu beurteilen ist, auf welcher Stufe der Feststellung der Rechtsstreit ausgetragen wird. Der Treuhänder ist für die erste Stufe, der Treugeber-Gesellschafter für die zweite Stufe klagebefugt. Zum Rechtsstreit des Treugeber-Gesellschafters ist der Treuhänder beizuladen. [380]

242 **Eheleute** sind grundsätzlich je selbständig, nicht in Gemeinschaft klagebefugt, wenn das Gemeinschaftsverhältnis ausschließlich in der Ehe besteht und ein anderes Gesellschaftsverhältnis nicht vorliegt. Die Zusammenveranlagung bei der Einkommensteuer ändert hieran nichts. Bei glaubensverschiedenen Ehen ist hinsichtlich der Kirchensteuer der jeweils andere Ehegatte nicht klagebefugt[381].

243 **Erben** sind Gesamtrechtsnachfolger des Erblassers. Als solche treten sie in seine Rechtsstellung ein und können hinsichtlich der vom Erblasser verwirklichten Steuertatbestände kraft eigenen Rechts selbständig dessen Klage führen oder weiterführen. Einer *Erbengemeinschaft* ist als Einheit klagebefugt. Gem. § 2039 Satz 1 BGB kann aber auch jeder einzelne Miterbe Ansprüche unabhängig von den übrigen Miterben geltend machen und Leistung an alle Miterben verlangen. Dies gilt auch in verfahrensrechtlicher Hinsicht für das Einspruchs- und Klageverfahren. Die Entscheidung über den nur von einem einzelnen Miterben im eigenen Namen geltend gemachten Anspruch wirkt nur gegenüber diesem Miterben; die übrigen Miterben sind deshalb nicht zum Verfahren beizuladen[382]. Soweit die Erbengemeinschaft während ihres Bestehens selbst Steuertatbestände verwirklicht, gelten für die Klage gegen die entsprechenden Steuerbescheide (z. B. Gewinnfeststellungsbescheide, Umsatzsteuerbescheide, Gewerbesteuermessbescheide) die allgemeinen Grundsätze für Gesamthandsgemeinschaften. Nach Auflösung der Erbengemeinschaft ist jeder frühere Miterbe allein klagebefugt, auch hinsichtlich eines Streitgegenstandes, der die frühere Miterbengemeinschaft berührt[383]. Verstirbt ein klagebefugter Gesellschafter, so geht die Klagebefugnis auf seine Erben über[384]. Die Klagebefugnis steht allen Miterben zu. Bei einer Klage nicht aller Miterben sind die übrigen Miterben zu dem Verfahren notwendig beizuladen[385].

244 Eine **Nebenintervention** ist im finanzgerichtlichen Verfahren nicht vorgesehen[386].

---

380 BFH vom 15. 4. 2003 IV B 188/01, BFH/NV 2003, 1283; vom 19. 2. 2004 IX B 3/03, BFH/NV 2004, 918.
381 BVerfG vom 30. 8. 1982 1 BvR 1109/81, HFR 1984, 73; BFH vom 27. 9. 1996 I B 23/96, BFH/NV 1997, 299.
382 BFH vom 19. 1. 1989 V R 98/83, BStBl. II 1990, 360; vom 10. 6. 1997, IV B 124/96, BFH/NV 1998, 14.
383 BFH vom 26. 9. 1991 V R 7/87, BFH/NV 1992, 344.
384 BFH vom 24. 3. 1999 I R 114/97, BStBl. II 2000, 399, m. w. N.
385 BFH vom 30. 1. 2004 IV B 81/02, n. v.
386 BFH vom 7. 3. 1990 XB 87/89, BFH/NV 1990, 787.

Gewillkürte Prozessstandschaft scheidet im Steuerprozess aus. Der Rechtsträger, der etwa einen Treuhänder mit der Wahrnehmung seiner Prozessführung beauftragt, kann nämlich nicht über sein materielles Recht (Steuerrecht, Hoheitsrecht) verfügen. Diese Unübertragbarkeit der höchstpersönlichen Rechtsstellung hat die Unzulässigkeit einer gewillkürten Prozessstandschaft zur Folge[387]. 245

Die **Streitverkündung** ist im finanzgerichtlichen Verfahren ebenfalls nicht vorgesehen (s. auch Rz. 696)[388]. 246

3. Rechtsschutzbedürfnis

Soweit gesetzlich nichts anderes bestimmt ist, ist die Klage zu den Finanzgerichten -gleichgültig, welche Klageart gewählt wird- nur dann zulässig, *wenn der Kläger geltend macht,* durch den Verwaltungsakt oder durch die Ablehnung oder Unterlassung eines solchen oder durch die Ablehnung oder Unterlassung einer anderen Leistung *in seinen Rechten verletzt zu sein* (§ 40 Abs. 2 FGO). Dies ist das (allgemeine) Rechtsschutzbedürfnis, das bei jeder Klage und auch im Rahmen eines Antragsverfahrens[389] vorliegen muss. Die Rechtsschutzgarantie der Verfassung (Art. 19 Abs. 4 Satz 1 GG) eröffnet eben den Weg zu den Gerichten nur in Abhängigkeit von der Rechtsverletzung, und zwar der Rechtsverletzung in der eigenen Person[390]. 247

Beim Rechtsschutzbedürfnis lassen sich drei Aspekte unterscheiden, nämlich 248

- die Geltendmachung (s. Rz. 249 f.)
- einer Rechtsverletzung (s. Rz. 251 ff.)
- in der eigenen Person des Klägers (s. Rz. 267 ff.).

a) Geltendmachung

Der Kläger oder Antragsteller muss geltend machen, dass er in seinen Rechten verletzt sei. Es ist für die Zulässigkeit nicht erforderlich, dass die *Behauptung der Rechtsverletzung* auch tatsächlich zutrifft. Der Vortrag der Behauptung muss allerdings in sich schlüssig sein. Insoweit muss die Rechtsverletzung möglich sein. Die bloße Behauptung einer solchen Rechtsverletzung reicht nicht aus[391]. 249

Es ist nicht erforderlich, dass der Kläger ausdrücklich vorträgt, er sei in seinen Rechten verletzt. Es genügt, wenn sich dies aus dem Klageantrag schlüssig und stillschweigend ergibt[392]. Die Frage dagegen, ob der Kläger tatsächlich in seinen Rechten verletzt ist, ist Gegenstand der Sachentscheidung; wenn die behauptete 250

---

387 BFH vom 31. 3. 1981 VIII B 53/80, BStBl. II 1981, 696; vom 27. 1. 1993 II S 10/92, BFH/NV 1993, 350.
388 BFH vom 2. 8. 1994 IX R 13/91, BFH/NV 1995, 249.
389 Zur Notwendigkeit des Rechtsschutzbedürfnisses im Antragsverfahren s. BFH vom 9. 8. 1991 III R 41/88, BStBl. II 1992, 219.
390 Vgl. BFH vom 12. 7. 1994 VII B 102/94, BFH/NV 1995, 229 u. a. zu der Frage, ob ein wirtschaftliches Interesse zur Klageerhebung berechtigt.
391 BFH vom 15. 12. 2004 I R 42/04, BFH/NV 2005, 1073.
392 Vgl. hierzu BFH vom 24. 9. 1970 II R 37/70, BStBl. II 1971, 112; vom 23. 5. 1973 II R 47/72, BStBl. II 1973, 820.

Allgemeine Zulässigkeitsvoraussetzungen

Rechtsverletzung nicht gegeben ist, muss die Klage als unbegründet abgewiesen werden. Die Klage ist jedoch bereits unzulässig, wenn der Vortrag des Klägers nicht schlüssig erkennen lässt, dass der Kläger in seinen Rechten verletzt sein kann. Dabei sind selbstverständlich nur solche Rechte von Bedeutung, die auch steuerlich relevant sind, also zumindest in irgendeiner Hinsicht für die Steuerfestsetzung Bedeutung haben.

b) Rechtsverletzung

251 Von der Rechtsverletzung muss der Kläger betroffen sein. Diese *Betroffenheit* kann allerdings nur *steuerlicher Art* sein. Wenn die behauptete Betroffenheit außerhalb des Steuer- und Abgabenrechts liegt, dann ist die Klage nicht zulässig, weil in der Regel steuerrechtliche Entscheidungen für außersteuerliche Belange nicht bindend sind und umgekehrt[393].

252 Für die Beurteilung der Rechtsverletzung ist ausschließlich maßgebend die getroffene oder begehrte steuerliche Entscheidung. Die unzutreffende Beantwortung von Vorfragen oder die unrichtige Feststellung von Bemessungsgrundlagen der steuerlichen Entscheidung gehören in der Regel nicht zur Betroffenheit.

> *Beispiel:* Im Einkommensteuerbescheid des A werden die gewerblichen Einkünfte zu hoch, dafür im selben Umfang aber die Einkünfte aus Vermietung und Verpachtung zu niedrig festgesetzt.
>
> Unter dem Strich hat dies keine Konsequenzen, da jedenfalls die Einkommensteuer in zutreffender Höhe festgesetzt ist. Eine Rechtsverletzung liegt nicht vor. Sie lässt sich auch nicht daraus ableiten, dass die überhöhte Einkünfte aus Gewerbebetrieb sonstige Auswirkungen hätten. Denn der diesbezügliche Ansatz im Einkommensteuerbescheid ist für die Gewerbesteuer nicht bindend.

253 Nur in den Fällen der *einheitlichen und gesonderten Feststellung der Bemessungsgrundlagen* (§§ 179, 180, 184 AO) kann in diesen festgestellten Bemessungsgrundlagen (etwa der Festlegung einer abweichenden Einkunftsart) eine Betroffenheit liegen[394]. Der Grund liegt darin, dass in einem solchen Bescheid eine vom Steuerpflichtigen behauptete Rechtsposition mit steuerrechtlich verbindlicher Wirkung festgestellt oder geleugnet wird. Das einzelne Besteuerungsmerkmal ist insoweit verselbständigt[395]. Bei einem Steuerbescheid ist dies anders. Hier stellt die einzelne Besteuerungsgrundlage nur eine Vorfrage bei der Errechnung der Bemessungsgrundlage dar[396].

---

393 Vgl. dazu BFH vom 24. 1. 1975 VI R 148/72, BStBl. II 1975, 382. Zum Verhältnis Steuererbescheid – Bescheid nach dem BAföG s. BFH vom 29. 5. 1996 III R 49/93, BStBl. II 1996, 654.
394 BFH vom 15. 6. 2005 IV B 124/03, n. v.; vom 15. 4. 2004 IV R 54/02, BStBl. II 2004, 868; vom 24. 4. 1991 X R 84/88, BStBl. II 1991, 713.
395 Vgl. dazu BFH vom 14. 6. 1994 VIII R 20/93, BFH/NV 1995, 319.
396 Dazu grundlegend BFH vom 17. 7. 1967 GrS 1/66, BStBl. II 1968, 344.

Es ist also für die Frage der Rechtsverletzung immer von dem tatsächlichen 254
oder begehrten steuerwirksamen Ausspruch (dem „Tenor") im existierenden oder
begehrten Verwaltungsakt auszugehen. Soweit die Betroffenheit lediglich in Vorfragen liegt, ist die Klage unzulässig. Im einzelnen gilt folgendes:

Bei *Anfechtungsklagen* (s. Rz. 159 ff.) muss der Kläger behaupten, er sei durch 255
die Existenz oder den Inhalt des angegriffenen Verwaltungsakts in seinen Rechten
verletzt. So fehlt in der Regel einem Einkommensteuerbescheid die Rechtsverletzung, wenn die Einkommensteuer auf 0 € festgesetzt worden ist. Gleichgültig ist
es dabei, aus welchem Grund die Verwaltungsbehörde zur *Steuerfestsetzung von
0 €* gekommen ist. Diese Gründe sind nicht Inhalt der Entscheidung. Da die Einkommensteuer nicht weniger als 0 € betragen kann, kann der Kläger in der Regel
bei einem solchen Einkommensteuerbescheid nicht in seinen Rechten verletzt
sein[397].

Ist jedoch nicht die Höhe der Steuer, sondern die grundsätzliche Frage, ob der 256
Kläger steuerpflichtig ist oder nicht, streitig, dann kann ausnahmsweise auch in
einem auf 0 € lautenden Steuerbescheid eine Rechtsverletzung liegen, wenn er die
Steuerpflicht des Klägers zu Unrecht bejaht[398]. Hier kann sich überdies eine Verfahrensfalle auftun, wenn – eben wegen der grundsätzlich fehlenden Anfechtbarkeit
von Nullbescheiden – diese bestandskräftig werden, dabei aber vergessen wird, dass
– eben wegen der eingetretenen Bestandskraft – eine (gesonderte) Verlustfeststellung nicht mehr in Betracht kommt[399]. Die Rechtsprechung des BFH geht nämlich
davon aus, dass Anträge auf eine gesonderte Feststellung eines Verlustes nur dann
nicht der Festsetzungsverjährung unterliegen, wenn der festzustellende Verlust eine
mittelbare oder unmittelbare Bedeutung für eine Steuerfestsetzung besitzt, die im
Feststellungszeitpunkt noch nicht verjährt ist[400]. Dieser Zusammenhang begründet
ebenfalls eine entsprechende Beschwer auch bei einem Nullbescheid.

Die Rechtsverletzung muss auch konkret durch den angegriffenen Bescheid 257
verursacht sein (können). Diese Frage erlangt in Fällen Bedeutung, in denen es
um das Verhältnis Grundlagen-/Folgebescheid geht[401].

> *Beispiel:* Steuerpflichtiger A wendet sich mit seiner Klage sowohl gegen die
> Festsetzung der Einkommensteuer wie diejenige der Kirchensteuer.
> Ein solches Vorgehen ist nur dort möglich, wo neben Einwendungen gegen
> die Einkommensteuer auch (spezielle) Einwendungen gegen die Festsetzung
> der Kirchensteuer erhoben werden[402].

---

397 Vgl. BFH vom 20. 12. 1994 IX R 124/92, BStBl. II 1995, 628; BFH vom 17. 2. 1998 VIII R 21/95, BFH/NV 1998, 1356.
398 Vgl. BFH vom 15. 3. 1995 II R 24/91, BStBl. II 1995, 653. Dazu auch von Groll in Gräber, FGO, § 40⁵, Rz. 88.
399 Dazu Carlé, AO-StB 2003, 231.
400 BFH vom 12. 6. 2002 XI R 26/01, BStBl. II 2002, 681.
401 Dazu § 42 FGO i. V. mit § 351 Abs. 2 AO.
402 BFH vom 23. 5. 1990 III R 145/85, BStBl. II 1990, 895 zum Verhältnis Einkommensteuer/Kirchensteuer. Zum Verhältnis Gewerbesteuermessbescheid/Gewerbesteuerbescheid s. BFH vom 25. 8. 1999 VIII R 76/95, BFH/NV 2000, 300.

Allgemeine Zulässigkeitsvoraussetzungen

258 Es gilt also, dass Entscheidungen, die in einem Grundlagenbescheid (§ 171 Abs. 10 AG) zu treffen sind, nur durch Anfechtung dieses Bescheides, nicht hingegen durch Anfechtung des Folgebescheides angegriffen werden können[403].

259 Werden im Übrigen Bemessungsgrundlagen *gesondert festgestellt*, dann ist eine Entscheidung auch im „negativen" Sinne, d. h. durch *Feststellung eines Verlustes*, möglich (vgl. § 10d Abs. 4 EStG). In diesem Fall geht das Rechtsschutzbedürfnis über 0 € hinaus; auch in der Höhe des festgestellten Verlustes kann eine Rechtsverletzung liegen, soweit der Kläger die Feststellung eines noch höheren Verlustes begehrt. Ähnlich ist es bei der Festsetzung der *Umsatzsteuer*, wenn die berücksichtigungsfähige Vorsteuer die Steuerschuld übersteigt, so dass sich hieraus eine *negative Zahllast* derart ergibt, dass die Verwaltungsbehörde zur Rückzahlung von Umsatzsteuer verpflichtet ist[404].

260 Durch eine *zu niedrige Steuerfestsetzung* kann der Kläger in seinen Rechten dann verletzt werden, wenn nach seiner Darlegung mit einer gewissen Wahrscheinlichkeit angenommen werden muss, dass ihm der Vorgang, auf dem die Festsetzung beruht, bei der gleichen Steuer für spätere Steuerabschnitte steuerliche Nachteile verursachen wird, die den durch die angefochtene zu niedrige Steuerfestsetzung bewirkten Vorteil überwiegen[405].

261 Bei der *Verpflichtungsklage* (s. Rz. 176 ff.) muss der Kläger behaupten, dass er nicht nur durch die Unterlassung des begehrten Verwaltungsakts in seinen Rechten verletzt sei, sondern dass er auch einen *Anspruch auf Erlass* des begehrten Verwaltungsakts habe. Dies deshalb, weil er bei der Verpflichtungsklage nicht gegen eine existente Entscheidung der Verwaltungsbehörde vorgeht, sondern diese erst begehrt.

262 Bei der *Untätigkeitsklage* (s. Rz. 291 ff.) muss der Kläger zusätzlich vorbringen, er sei dadurch in seinen Rechten verletzt, dass die Verwaltungsbehörde über seinen Einspruch nicht in angemessener Zeit entschieden hat.

263 Bei der (vorbeugenden) *Unterlassungsklage* (s. Rz. 187 f.) muss der Kläger vorbringen, er werde dann in seinen Rechten verletzt, wenn die Verwaltungsbehörde einen bestimmten Verwaltungsakt erlässt. Zusätzlich muss er behaupten, durch den *Inhalt des befürchteten Verwaltungsakts* werde er in seinen Rechten beeinträchtigt; er habe also einen Rechtsanspruch darauf, dass der konkret benannte Verwaltungsakt nicht erlassen werde.

264 Bei der *Leistungsklage* (s. Rz. 183 ff.) muss der Kläger behaupten, er habe auf die begehrte Leistung einen Rechtsanspruch.

265 Bei der *Feststellungsklage* (s. Rz. 189 ff.) muss der Kläger substantiiert vortragen, die Ungewissheit über das Bestehen oder Nichtbestehen des konkret be-

---

403 So BFH vom 25. 8. 1999 VIII R 76/95, BFH/NV 2000, 300.
404 Zur Situation bei der Körperschaftsteuer s. BFH vom 13. 7. 1994 I R 5/93, BStBl. II 1995, 134.
405 Vgl. hierzu BFH vom 7. 8. 1974 I R 108/73, BStBl. II 1975, 304; vom 29. 8. 1985 IV R 238/83, BFH/NV 1987, 504.

zeichneten Rechtsverhältnisses oder die Ungewissheit über die Nichtigkeit des konkret bezeichneten Verwaltungsakts beeinträchtige seine Rechtsstellung. Zusätzlich ist bei der Feststellungsklage das besondere *Feststellungsinteresse* erforderlich und zu beachten.

Bei der *Fortsetzungsfeststellungsklage* (s. Rz. 205 ff.) muss der Kläger zusätzlich behaupten, die Feststellung der Rechtswidrigkeit des Verwaltungsakts habe für ihn in der Zukunft rechtliche Bedeutung (etwa für die Führung eines Schadensersatzprozesses). 266

c) Rechtsverletzung in der eigenen Person

Zum Rechtsschutzbedürfnis gehört es auch, dass der Kläger vorträgt, die behauptete Rechtsverletzung *treffe* ihn in seiner Person (subjektive Betroffenheit). Dabei ist darauf abzustellen, *ob der angegriffene oder begehrte Verwaltungsakt gerade gegenüber dem Kläger Wirksamkeit entfaltet.* Insoweit bestehen Überschneidungen zur Klagebefugnis (vgl. dazu Rz. 219 ff.). Entfaltet der Verwaltungsakt steuerrechtlich gegenüber dem Kläger keine Wirksamkeit, fehlt dem Kläger das Rechtsschutzbedürfnis und die Klage ist unzulässig. Es ist also in jedem Fall streng zu untersuchen, ob die tatsächlich von der Finanzverwaltungsbehörde getroffene oder begehrte Sachentscheidung steuerliche Rechtswirkungen gegenüber dem Kläger hat. Nur wenn dies der Fall ist, besteht ein Rechtsschutzbedürfnis. So hat ein Arbeitnehmer auch gegenüber dem an den Arbeitgeber gerichteten Lohnsteuerhaftungsbescheid ein Rechtsschutzbedürfnis, soweit er persönlich für die dort nachgeforderte Lohnsteuer in Anspruch genommen werden kann[406]. Nicht dagegen hat etwa ein Lohnsteuerhilfeverein die Befugnis, in eigenem Namen Klage in der Lohnsteuer- oder Einkommensteuersache eines Mitglieds des Vereins zu erheben. Dies gilt selbst dann, wenn das Mitglied seinen angeblichen Erstattungsanspruch auf überzahlte Lohn- oder Einkommensteuer an den Verein abgetreten oder diesen zur Einziehung des Erstattungsbetrags ermächtigt hat. Dies deshalb, weil die Steuer nicht gegenüber dem Verein festgesetzt wurde, sondern ausschließlich das Mitglied des Vereins tangiert. *Forderungsabtretungen oder Einziehungsermächtigungen* haben auf den Steueranspruch selbst keinen Einfluss; der Erstattungsgläubiger und der Einziehungsberechtigte werden demnach nicht in ihren eigenen steuerlichen Rechten beeinträchtigt[407]. 267

Ebenso ist es bei anderen Abzugssteuern. Nicht nur der, der die Steuer einzubehalten und anzumelden hat, hat ein Rechtsschutzinteresse, vielmehr ist auch der Gläubiger der Vergütung (der eigentliche Steuerschuldner) beschwert[408]. 268

Ähnlich ist ein *Dritter,* an den ein behaupteter Steuerüberzahlungs- oder -auszahlungsanspruch abgetreten ist, nicht beschwert[409]. Wegen der öffentlich-rechtlichen Natur des Steuerrechtsverhältnisses geht nur der reine Zahlungsan- 269

---

406 BFH vom 29. 6. 1973 VI R 311/69, BStBl. II 1973, 780.
407 BFH vom 13. 7. 2000 V B 5/00, BFH/NV 2001, 5.
408 BFH vom 24. 3. 1999 I B 113/98, BFH/NV 1999, 1314 betr. die Antragsbefugnis eines Vergütungsgläubigers nach § 50a Abs. 7 EStG.
409 So BFH vom 15. 5. 1975 V R 84/70, BStBl. II 1976, 41.

spruch an den Zessionar über; der Abtretende bleibt (weiter) klagebefugt[410]. Anders verhält es sich, wenn etwa die Kapitalertragsteuer gegenüber dem Schuldner der Kapitalerträge festgesetzt ist und der Gläubiger der Kapitalerträge diesen Festsetzungsbescheid angreifen will. Er ist selbst Steuerschuldner der Kapitalertragsteuer, weswegen die Festsetzung auch gegenüber ihm steuerliche Wirksamkeit entfaltet. Er ist daher beschwert[411]. Was aber, wenn die Behörde es nach der Darstellung des Klägers zu Unrecht unterlässt, einen Steueranspruch gegen einen Dritten geltend zu machen ? In der Regel werden nur die Rechte der Steuergläubiger verletzt, die von den Behörden der Finanzverwaltung im Interesse der Allgemeinheit wahrzunehmen sind, wenn ein Steuerpflichtiger rechtswidrig nicht oder zu niedrig besteuert wird. Eine Verletzung der Rechte eines an dem betreffenden Steuerschuldverhältnis nicht beteiligten Dritten kommt nur in Betracht, wenn die Nichtbesteuerung oder zu niedrige Besteuerung gegen eine Norm verstößt, die nicht ausschließlich im Interesse der Allgemeinheit, insbesondere im öffentlichen Interesse an der gesetzmäßigen Steuererhebung und Sicherung des Steueraufkommens erlassen wurde, sondern – zumindest auch – dem Schutz der Interessen einzelner an dem betreffenden Steuerschuldverhältnis nicht beteiligter Dritter dient[412].

270 Im Falle von zusammen veranlagten Ehegatten hat jeder der beiden Partner das Recht, gegen einen entsprechenden Einkommensteuerbescheid zu klagen; und zwar selbst dann, wenn er die unzutreffende Ermittlung der Einkünfte des anderen Ehegatten rügt[413]. Die eigene Betroffenheit resultiert hier daraus, dass die beiden Partner von dem Steuerbescheid (konkret: von der Steuerfestsetzung) gleichermaßen betroffen sind. Beide schulden als Gesamtschuldner (§ 44 Abs. 1 Satz 1 AO) jeweils die gesamte Leistung (§ 44 Abs. 1 Satz 2 AO)[414].

271 Richtet das Finanzamt einen Steuerbescheid an eine *nicht steuerrechtsfähige Person*, so ist derjenige klagebefugt, dessen Steuerrechtsfähigkeit in dem gegebenenfalls nichtigen Steuerbescheid behauptet wird. Auch dessen Gesamtrechtsnachfolger ist gegebenenfalls klagebefugt[415].

272 Macht das Finanzamt eine nach dem Erbfall entstandene Einkommensteuerschuld des Erben gegenüber ihm als Steuerschuldner geltend, sind durch diesen Steuerbescheid rechtliche Interessen des Testamentsvollstreckers selbst dann nicht berührt, wenn und soweit die Einkommensteuer als Nachlasserbenschuld anzusehen wäre. Der Testamentsvollstrecker ist deshalb nicht klagebefugt[416]. Regelmäßig klagebefugt ist jedoch der Erbe selbst. Bei Miterben kann grundsätzlich jeder gegen einen den Nachlass betreffenden Bescheid vorgehen[417].

---

410 BFH vom 9. 4. 1986 I R 62/81, BStBl. II 1986, 565.
411 So BFH vom 10. 3. 1971 I R 73/67, BStBl. II 1971, 589.
412 BFH vom 8. 7. 2004 VII R 24/03, BStBl. II 2004, 1034.
413 Vgl. BFH vom 19. 12. 1995 III R 100/90, BFH/NV 1996, 1560.
414 Die mögliche Aufteilung der Steuerschuld (§§ 268 ff. AO) bedingt kein anderes Ergebnis.
415 BFH vom 29. 4. 1987 I B 154-155/86, BFH/NV 1987, 794.
416 BFH vom 29. 11. 1995 X B 328/94, BStBl. II 1996, 322.
417 BFH vom 19. 1. 1989 V R 98/83, BStBl. II 1990, 360.

Größere Schwierigkeiten ergeben sich häufig dann, wenn von dem existenten oder begehrten Verwaltungsakt nicht nur eine Person, sondern mehrere Personen und/oder Personengemeinschaften (Gesellschaften des bürgerlichen Rechts, Handelsgesellschaften) betroffen sind. Hier ist zu untersuchen, *ob die Personenvereinigungen als solche und/oder die Mitglieder der Personenvereinigungen in ihren Rechten verletzt sind.* Richten sich die Sachentscheidungen ausschließlich gegen die Vereinigung als solche, nicht aber gegen die einzelnen Mitglieder, dann ist nur die Vereinigung als Einheit klagebefugt[418]. Siehe dazu auch Rz. 222 ff. 273

Wird eine Abgabe durch die Finanzbehörde des Bundes oder des Landes ganz oder teilweise auch für andere Abgabenberechtigte verwaltet, so können diese anderen Abgabenberechtigten nur dann Klage gegen die Finanzbehörden des Bundes oder eines Landes erheben, wenn der Bund oder das Land die Abgabe oder einen Teil derselben unmittelbar oder mittelbar schuldet (§ 40 Abs. 3 FGO). Dies trifft im Wesentlichen auf die *Gemeinden* hinsichtlich der Grundsteuer und der Gewerbesteuer zu. Die Gemeinden sind für diese beiden Steuern Steuergläubiger. Die Messbeträge werden indessen von den Finanzbehörden der Länder festgesetzt. Die Gemeinden haben kein Klagerecht gegen die Messbescheide[419]. Denn die Festsetzung der Messbeträge bedeutet nicht gleichzeitig auch, dass die Finanzbehörden des Landes die Grundsteuer oder die Gewerbesteuer schulden[420]. Die Gemeinden sind dagegen – wie alle anderen öffentlich-rechtlichen Körperschaften – klagebefugt, wenn es sich um Steuerfestsetzungen oder Verwaltungsakte im steuerlichen Bereich handelt, die gegen die Gemeinden als Steuerschuldner erlassen werden (z. B. Körperschaftsteuerfestsetzung gegen eine Gemeinde für deren Eigenbetrieb; Umsatzsteuerfestsetzung für ein gemeindliches Unternehmen; Gewerbesteuer-Zerlegungsbescheide). Gleiches gilt auch für die Kirchen im Zusammenhang mit der Kirchensteuer und den von ihnen erhobenen Steuern. 274

4. Verfahrensrechtliche Klagebegrenzung

Begrenzt ist die Klagemöglichkeit dadurch, dass – wie bereits erwähnt – Verwaltungsakte immer nur soweit angegriffen werden können, als in dem Verwaltungsakt unmittelbar eine unabhängige Entscheidung durch die Finanzbehörde getroffen worden ist. *Änderungsbescheide und Folgebescheide* können deswegen niemals in größerem Umfang angegriffen werden, als sie auch im außergerichtlichen Vorverfahren angefochten werden können (§ 42 FGO). Was in einer Vorstufe oder in einem vorangegangenen Verfahrensabschnitt bindend festgestellt worden ist, soll nicht in einem nachfolgenden Verfahrensabschnitt erneut aufgerollt werden können. Einwendungen müssen deshalb stets gegen jenen Verwaltungsakt erhoben werden, der erstmals in der Sache eigenständig entscheidet. 275

---

418 Vgl. BFH vom 7. 3. 1974 II R 134/71, BStBl. II 1974, 426 für den Fall, dass Grunderwerbsteuer gegenüber einer Gesellschaft des bürgerlichen Rechts als selbständiger Rechtsträgerin festgesetzt war.
419 Vgl. BFH vom 30. 1. 1976 III R 60/74, BStBl. II 1976, 426.
420 Vgl. auch BFH vom 4. 10. 1996 I B 54/96, BStBl. II 1997, 136.

Allgemeine Zulässigkeitsvoraussetzungen

276   Verwaltungsakte, die unanfechtbare andere Verwaltungsakte ändern, können nur insoweit angegriffen werden, als diese Änderung reicht (§ 351 AO). Diese Grundregel wird ausschließlich dadurch eingeschränkt, dass ein weiterer Angriff nur dann möglich ist, wenn die speziellen Vorschriften über die Aufhebung und Änderung von Verwaltungsakten etwas anderes ergeben. Änderungsbescheide können mit Erfolg deswegen nur mit der Begründung angefochten werden, die Änderung selbst sei fehlerhaft.

277   *Grundlagenbescheide* (§ 171 Abs. 10 AO) können nur durch Anfechtung dieser Grundlagenbescheide selbst angegriffen werden. *Folgebescheide* können nicht mit der Begründung angefochten werden, der Inhalt eines Grundlagenbescheides sei fehlerhaft. Gegen den Folgebescheid können deswegen nur solche Einwendungen mit Erfolg vorgebracht werden, die – unabhängig vom Grundlagenbescheid – allein im Folgebescheid selbst erstmals entschieden worden sind. Einwendungen gegen einen Grundlagenbescheid müssen gegen diesen selbst vorgebracht werden.

278   Die Klagebegrenzung des § 42 FGO greift endgültig nur ein, wenn der ursprüngliche Verwaltungsakt, der geändert worden ist, oder der Grundlagenbescheid bereits *bestandskräftig* geworden sind (vgl. § 351 AO). Soweit diese vorgängigen Bescheide noch nicht bestandskräftig sind, kann gegen sie selbst ein Rechtsbehelfs- und Klageverfahren eingeleitet werden.

5. Einspruchsverfahren

279   Eine Klage vor den Finanzgerichten ist grundsätzlich erst dann zulässig, wenn ein zulässiger außergerichtlicher Rechtsbehelf ergriffen und dieses Vorverfahren ganz oder zum Teil erfolglos geblieben ist (§ 44 Abs. 1 FGO). Vor der Klageerhebung muss also das Einspruchsverfahren erfolglos durchgeführt worden sein.

a) Allgemeine Grundlagen

280   Bei der Verpflichtungsklage (s. Rz. 176 ff.) ist ebenfalls das Einspruchsverfahren gem. § 347 AO durchzuführen. Lediglich die *allgemeine Leistungsklage* (s. Rz. 183 ff.) und die *Feststellungsklage* (s. Rz. 189 ff.) sind ohne ein solches außergerichtliches Vorverfahren zulässig, weil in beiden Fällen kein Verwaltungsakt angegriffen oder der Erlass eines solchen begehrt wird.

281   Das *erfolglos gebliebene Vorverfahren ist Sachentscheidungsvoraussetzung.* Dies bedeutet, dass in jeder Lage des Verfahrens geprüft werden muss, ob das Vorverfahren erfolglos durchgeführt wurde. Es genügt nicht, dass sich die Beteiligten darauf einigen, ohne abgeschlossenes Vorverfahren weiter zu prozessieren. Es reicht in diesem Sinne auch nicht aus, dass sich das Finanzamt auf die Klage sachlich einlässt[421].

282   Solange die Gerichtsentscheidung noch nicht ergangen ist, wird teilweise vertreten, der Mangel eines abgeschlossenen Vorverfahrens könne dadurch geheilt

---

[421] BFH vom 16. 11. 1984 VI R 176/82, BStBl. II 1985, 267 unter Aufgabe seiner früheren Rechtsprechung.

Einspruchsverfahren

werden, dass die Verwaltungsbehörde über den Einspruch entscheidet[422]. Die Klage werde hier mit der Entscheidung über den Einspruch zulässig, sie wachse also gleichsam in die Zulässigkeit hinein. Sicher geht jedoch, wer – gerade mit Blick auf anders lautende Entscheidungen[423] – den Ausgang des Einspruchsverfahrens abwartet und alsdann Klage einreicht.

Eine Aussetzung des Klageverfahrens bis zur Entscheidung im außergerichtlichen Rechtsbehelfsverfahren ist zwar möglich, kann jedoch nicht erzwungen werden (§ 46 Abs. 1 Satz 3 FGO), weil das Gericht im Zeitpunkt seiner Entscheidung die Sachentscheidungsvoraussetzung des Vorverfahrens prüfen muss und das Gericht nicht gezwungen werden kann, ein Verfahren solange auszusetzen, bis es zulässig gemacht wird. Hier würde das gerichtliche Verfahren von dem Verhalten der Beteiligten abhängig gemacht, was unzulässig ist. 283

Erfolglos geblieben ist ein außergerichtliches Vorverfahren dann, wenn die zuständige Verwaltungsbehörde eine Rechtsbehelfsentscheidung erlassen hat, die dem (aktuellen) Klageantrag nicht in vollem Umfang entspricht. Erfolglos geblieben ist das Vorverfahren also nicht nur dann, wenn der Einspruch abgewiesen worden ist, sondern auch dann, wenn in der Einspruchsentscheidung dem Begehren des Einspruchsführers nicht in vollem Umfang entsprochen worden ist. Erlässt das Finanzamt eine Einspruchsentscheidung, die dem Einspruchsbegehren voll entspricht, kann gleichwohl hiergegen Klage eingereicht werden, wenn nunmehr der Kläger einen weitergehenden Anspruch geltend macht[424]. 284

> *Beispiel:* Der Steuerpflichtige A begehrt im Wege des Einspruchs gegen den Einkommensteuerbescheid die Anerkennung von Werbungskosten in Höhe von 3.000 € bei den Einkünften aus nichtselbständiger Arbeit. Das Finanzamt erlässt eine Einspruchsentscheidung, die dem Einspruchsbegehren entspricht. Nunmehr erhebt A Klage und macht hiermit einen weitergehenden Werbungskostenabzug geltend.
> Hier ist die Klage zulässig. Allerdings kann die verspätete Geltendmachung im Rahmen der Kostenentscheidung Berücksichtigung finden (§ 138 Abs. 2 Satz 2 FGO i. V.m. § 137 Satz 1 FGO), wenn das Finanzamt einen dem Klagebegehren entsprechenden Änderungsbescheid erlässt und sich der Rechtsstreit in der Hauptsache insoweit erledigt.

Erfolglos geblieben ist das Vorverfahren auch dann, *wenn in der Rechtsbehelfsentscheidung als solcher eine neue Beschwer liegt,* die im ursprünglichen Verwaltungsakt noch nicht enthalten war. In diesem Fall und insoweit richtet sich die Klage (nur) gegen die Einspruchsentscheidung[425]. Siehe dazu Rz. 409 f. 285

Ist ein *unzutreffendes außergerichtliches Vorverfahren* durchgeführt worden, so wird dadurch die Klage nicht unzulässig. Es genügt, dass ein außergerichtliches 286

---

422 BFH vom 17. 5. 1985 III R 213/82, BStBl. II 1985, 521.
423 BFH vom 21. 1. 1985 GrS 1/83, BStBl. II. 1985, 303.
424 So zu Recht von Groll in Gräber, FGO⁵, § 44 Rz. 21.
425 Vgl. dazu BFH vom 19. 12. 1995 III R 64/90, BFH/NV 1996, 729.

Allgemeine Zulässigkeitsvoraussetzungen

Vorverfahren stattgefunden hat, auch wenn es – aus welchen Gründen auch immer – nicht das richtige war. Dies gilt sogar in jenen Fällen, in denen der außergerichtliche Rechtsbehelf gar nicht eingelegt wurde, die Behörde jedoch über einen solchen tatsächlich entschieden hat[426]. Allerdings ist durch die Vereinheitlichung des außergerichtlichen Rechtsbehelfsverfahrens zum 1. 1. 1996 hier eine „Entspannung" dadurch eingetreten, dass es seither nur noch den Einspruch als außergerichtlichen Rechtsbehelf gibt und die Beschwerde insoweit entfallen ist.

287 Wird der angefochtene Verwaltungsakt während des Einspruchsverfahrens geändert oder aufgehoben, dann *wird dieser aufhebende oder ändernde Verwaltungsakt Gegenstand des außergerichtlichen Vorverfahrens* und über ihn wird durch Einspruchsentscheidung entschieden (§ 365 Abs. 3 Satz 1 AO). Entsprechendes gilt bei einer Berichtigung wegen offenbarer Unrichtigkeit nach § 129 AO (§ 365 Abs. 3 Satz 2 AO).

288 Hat die Behörde in der Einspruchsentscheidung dennoch den *geänderten Verwaltungsakt unbeachtet* gelassen, hat eine Klage stets Erfolg, weil die Einspruchsentscheidung fehlerhaft ist; denn sie hätte den geänderten Verwaltungsakt berücksichtigen müssen.

289 Der außergerichtliche Rechtsbehelf ist auch dann erfolglos geblieben, wenn die Rechtsbehelfsentscheidung von einer *unzuständigen Behörde* erlassen wurde[427]. Bedeutungslos ist es, wenn die Entscheidung über den außergerichtlichen Rechtsbehelf *falsch bezeichnet* worden ist[428]. Wichtig ist lediglich, dass außergerichtlich die Verwaltung durch erneute Überprüfung des Bescheides tätig geworden ist und eine erneute Entscheidung erlassen hat.

290 Hat die Behörde den Einspruch (etwa wegen Verfristung) als unzulässig verworfen und klagt hiergegen der Betroffene, so ist seine Klage nach einhelliger Meinung zulässig[429]. Die Frage, ob die Verwerfung zu Recht erfolgt ist, entscheidet sich also nicht bereits bei der Prüfung der Zulässigkeit der Klage, sondern ist Teil der Begründetheitsprüfung.

b) Untätigkeitsklage

291 Ist über einen außergerichtlichen Rechtsbehelf ohne Mitteilung eines zureichenden Grundes in angemessener Frist sachlich nicht entschieden worden, so ist die Klage ohne vorherigen Abschluss des Vorverfahrens zulässig (§ 46 Abs. 1 Satz 1 FGO). Dieses Verfahren wird als Untätigkeitsklage bezeichnet.

292 Die Untätigkeitsklage ist keine eigenständige Klageart. Es handelt sich dabei nicht um eine Verpflichtungsklage (s. Rz. 176 ff.) dahingehend, die Verwaltungsbehörde zu verpflichten, einen Verwaltungsakt (erst) zu erlassen. Die Untätigkeitsklage des § 46 FGO richtet sich vielmehr nicht gegen die ursprüngliche Untätigkeit

---

426 Vgl. hierzu FG Berlin vom 5. 11. 1985 V 33/83, EFG 1986, 412; FG Baden-Württemberg, Außensenate Stuttgart, vom 6. 6. 1986 IX K 50/83, EFG 1986, 509.
427 So BFH vom 18. 3. 1970 I R 176/69, BStBl. II 1970, 556.
428 BFH vom 8. 2. 1974 III R 140/70, BStBl. II1974, 417.
429 BFH vom 20. 9. 1989 X R 8/86, BStBl. II 1990, 177.

der Verwaltungsbehörde, sondern gegen die *Untätigkeit* der Verwaltungsbehörde *speziell im gesetzlich vorgesehenen Einspruchsverfahren.* Die Untätigkeitsklage befreit also lediglich von dem ansonsten nach § 44 Abs. 1 FGO erforderlichen Abschluss des unterbliebenen außergerichtliches Vorverfahrens.

Demzufolge sind die Voraussetzungen ihrer Zulässigkeit ausschließlich aus dem Sinn und Zweck des außergerichtlichen Vorverfahrens zu ersehen. Aus diesem Grunde setzt die Untätigkeitsklage voraus, dass der Kläger eine Entscheidung im außergerichtlichen Rechtsbehelfsverfahren bei der Verwaltungsbehörde bereits beantragt hat, die ihm jedoch bis dahin verweigert wurde. Demzufolge zielt die Untätigkeitsklage auch nicht nur darauf ab, die Verwaltungsbehörde zur Durchführung und Entscheidung des außergerichtlichen Rechtsbehelfs zu verpflichten, sondern sie greift grundsätzlich den tatsächlich erlassenen oder begehrten Verwaltungsakt selbst an[430]. Hat jedoch ein Kläger ausdrücklich erklärt, seine Untätigkeitsklage sei nur auf ein Tätigwerden des Finanzamts gerichtet, und erlässt daraufhin das Finanzamt eine Einspruchsentscheidung, ist eine Klage gegen den angefochtenen Bescheid in Gestalt der Einspruchsentscheidung nicht deshalb unzulässig, weil das ursprüngliche Klageverfahren fortzusetzen wäre[431]. 293

Die Untätigkeitsklage ist somit *Anfechtungsklage* (s. Rz. 159 ff.) in dem Fall, in dem die Verwaltungsbehörde den ursprünglichen Verwaltungsakt erlassen hat. Sie ist *Verpflichtungsklage* (s. Rz. 176 ff.) in dem Fall, in dem die Verwaltungsbehörde einen beantragten Verwaltungsakt nicht erlassen hat und in dem gem. § 347 Abs. 1 Satz 2 AG gegen den Nichterlass des begehrten Verwaltungsakts das Einspruchsverfahren eröffnet ist[432]. 294

Voraussetzungen der Untätigkeitsklage des § 46 FGO sind: 295

- Einlegung eines außergerichtlichen Rechtsbehelfs (s. Rz. 297 f.);
- Ausbleiben der Entscheidung über den außergerichtlichen Rechtsbehelf (s. Rz. 299);
- Ablauf einer angemessenen Frist (s. Rz. 300 ff.);
- Fehlen eines ausreichenden Grundes für die Verzögerung und/oder Mitteilung eines zureichenden Grundes (s. Rz. 304 ff.).

Sämtliche Voraussetzungen müssen *kumulativ*, d. h. gleichzeitig erfüllt sein[433]. Sie müssen im Zeitpunkt der Entscheidung durch das Finanzgericht noch erfüllt sein, denn sie sind Voraussetzung einer Sachentscheidung. 296

- **Einlegung eines außergerichtlichen Rechtsbehelfs**

Die Einleitung eines außergerichtlichen Vorverfahrens, also des Einspruchsverfahrens, ist notwendig dann, wenn gegen den erlassenen Verwaltungsakt oder gegen den Nichterlass eines begehrten Verwaltungsakts ein *außergerichtlicher Rechtsbe-* 297

---

430 Vgl. BFH vom 8. 5. 1992 III B 123/92, BFH/NV 1993, 244.
431 BFH vom 5. 10. 2004 II B 140/03, BFH/NV 2005, 237.
432 So BFH vom 25. 10. 1973 VII R 15/71, BStBl. 11 1974, 116 für das inzwischen abgeschaffte Beschwerdeverfahren.
433 BFH vom 25. 4. 1991 IV R 111/90, BStBl. II 1992, 283.

helf, nämlich der Einspruch, gesetzlich vorgesehen ist. In welchen Fällen der Einspruch zulässig ist und in welchen nicht, ergibt sich für Finanzstreitigkeiten aus den §§ 347, 348 AO. In Frage kommt ausschließlich der Einspruch (§ 347 AO). Die Untätigkeitsklage ist erst zulässig, wenn der Einspruch vom Kläger tatsächlich eingelegt worden ist. Eine „Untätigkeitssprungklage" wird nämlich durch die Sonderregelung in § 46 FGO ausgeschlossen. Eine vor Erlass eines ablehnenden Verwaltungsaktes erhobene Sprungklage in der Form der sog. Vornahmeklage ist nicht zulässig. Auch der nachträgliche Erlass des Verwaltungsaktes oder der Ablehnung des Antrages heilt die Unzulässigkeit der Klage nicht[434]. Nach § 46 Abs. 1 Satz 1 FGO ist eine Verpflichtungsklage abweichend von § 44 FGO ohne vorherigen Abschluss des Vorverfahrens zulässig, wenn über einen außergerichtlichen Rechtsbehelf ohne Mitteilung eines zureichenden Grundes in angemessener Frist sachlich nicht entschieden worden ist. Ist kein Einspruch möglich, weil das Finanzamt über den Antrag auf Erlass eines Verwaltungsakts nicht entscheidet, muss vor Erhebung der Klage ein sog. Untätigkeitseinspruch gem. § 347 Abs. 1 Satz 2 AO eingelegt werden. Ist der Einspruch als Rechtsbehelf nicht nach § 348 AO ausgeschlossen, so ist eine Verpflichtungsklage wegen Unterlassens eines beantragten Verwaltungsaktes grundsätzlich erst nach erfolglosem Untätigkeitseinspruch zulässig[435].

298 Der Einspruch muss dieselben Beteiligten und denselben Verfahrensgegenstand betreffen wie die Untätigkeitsklage[436].

- **Ausbleiben der Entscheidung über den außergerichtlichen Rechtsbehelf**

299 Weitere Voraussetzung ist das Ausbleiben der Entscheidung über den Einspruch. Die Entscheidung über den Einspruch ist solange ausgeblieben, als sie *dem Kläger nicht bekannt gegeben* worden ist[437]. Zwischenbescheide, Entscheidungen über Neben- oder Teilfragen sind keine abschließenden Entscheidungen über den Einspruch. Liegt nur ein Teilabhilfebescheid vor, der dem Antrag des Einspruchsführers nicht in vollem Umfang entspricht, bleibt das Einspruchsverfahren weiter anhängig[438]. Der Teilabhilfebescheid wird nach § 365 Abs. 3 AO automatisch Gegenstand des Einspruchsverfahrens. Hierdurch soll verhindert werden, dass der Einspruchsführer ohne Einlegung eines neuen Rechtsbehelfs aus dem Rechtsbehelfsverfahren gedrängt wird. Eines weiteren Einspruchs gegen den Teilabhilfebescheid bedarf es nicht. Bei einer Teilabhilfe ist über den nicht erledigten Teil des Einspruchs noch durch eine förmliche Einspruchsentscheidung zu entscheiden[439]. Eine abschließende Entscheidung liegt aber vor, wenn der Rechtsbehelf wegen Unzulässigkeit verworfen worden ist.

---

434 BFH vom 19. 5. 2004 III R 18/02, BStBl. II 2004, 980.
435 BFH vom 29. 10. 1981 I R 89/80, BStBl. II 1982, 150.
436 BFH vom 2. 10. 1990 VIII R 118/85, BFH/NV 1991, 429.
437 Vgl. BFH vom 25. 5. 1973 VI B 95/72, BStBl. II 1973, 665. Danach ist über einen außergerichtlichen Rechtsbehelf auch dann noch nicht entschieden, wenn die Entscheidung innerdienstlich bereits abgezeichnet, aber dem Rechtsmittelführer noch nicht bekannt gegeben worden ist.
438 Vgl. auch BFH vom 4. 11. 1981 II R 119/79, BstBl. II 1982, 270.
439 BFH vom 30. 10. 2003 VI B 83/03, BFH/NV 2004, 356.

Einspruchsverfahren

- **Ablauf einer angemessenen Frist**

Erst der Ablauf einer angemessenen Frist berechtigt zur Klageerhebung. Diese *300* angemessene Frist bezieht sich auf den zeitlichen Entscheidungsspielraum, der der Verwaltungsbehörde für das Einspruchsverfahren eingeräumt werden muss. Wie groß dieser Zeitraum sein darf, ist im Gesetz nicht geregelt. Die Angemessenheit der Frist richtet sich daher nach den Umständen jedes einzelnen Falles. Das Gesetz selbst nennt in § 46 Abs. 1 Satz 2 FGO eine *Halbjahresfrist*, vor deren Ablauf seit Einlegung des außergerichtlichen Rechtsbehelfs die Untätigkeitsklage unzulässig ist, wenn nicht besondere Umstände des Einzelfalls eine kürzere Frist gebieten. Diese Halbjahresfrist ist zwar grundsätzlich von der „angemessenen Frist" zu unterscheiden, denn die Halbjahresfrist bezieht sich auf den Wartezeitraum des Klägers, nicht aber auf die Arbeitsfrist der Behörde. Die halbjährige Wartefrist des Klägers kann deshalb nur als Anhaltspunkt dafür genommen werden, ob die angemessene Arbeitsfrist der Behörde überschritten ist. In der Regel wird man davon ausgehen können, dass nach Ablauf eines halben Jahres nach Einlegung des Rechtsbehelfs auch die angemessene Arbeitsfrist der Behörde abgelaufen ist, so dass für einen weiteren Spielraum die Verwaltungsbehörde einen *„zureichenden Grund" für eine weitere Verzögerung dem Einspruchsführer mitteilen* muss. Das Gericht kann das Verfahren nach seinem Ermessen bis zum Ablauf einer von ihm bestimmten Frist aussetzen (§ 46 Abs. 1 Satz 3 FGO). Diese Frist ist verlängerbar. Hiermit soll der Behörde Gelegenheit gegeben werden, das Einspruchsverfahren ordnungsgemäß abzuschließen.

Bedeutsam ist dabei selbstverständlich auch das eigene Verhalten des Rechts- *301* behelfsführers. Soweit er seine eigenen Mitwirkungspflichten nicht voll erfüllt hat, kann wohl auch nicht davon ausgegangen werden, dass die Verwaltungsbehörde die angemessene Frist überschreitet, wenn sie auf die noch ausstehende Mitwirkung des Einspruchsführers wartet.

Die Untätigkeitsklage kann vor Ablauf der Halbjahresfrist erhoben werden, *302* wenn *besondere Umstände* des Falles eine kürzere Klagefrist gebieten. Als besondere Umstände in diesem Sinn kommen nur Sachverhalte in Betracht, die entweder die Person des Klägers selbst betreffen (wie z. B. Auswanderung, Einberufung zum Wehrdienst) oder aber in der Natur der Sache liegen (wie z. B. Vollstreckungsmaßnahmen). Besondere Umstände liegen jedoch nicht schon dann vor, wenn der angefochtene Verwaltungsakt ein Haftungsbescheid ist[440].

Wird die *Untätigkeitsklage vor Ablauf der Halbjahresfrist erhoben*, ohne dass *303* wegen Vorliegens besonderer Umstände des Falles eine kürzere Frist geboten ist, so kann über die Klage vor Ablauf der Halbjahresfrist *sachlich nicht entschieden* werden. Solange muss das Gericht also auf alle Fälle zuwarten, wenn es die Klage nicht als unzulässig verwerfen will[441].

---

440 So BFH vom 6. 12. 1972 I R 177/72, BStBl. II 1973, 228.
441 Vgl. BFH vom 28. 9. 1990 VI R 98/89, 11/89, BStBl. II 1991, 363.

- Fehlen eines ausreichenden Grundes für die Verzögerung und/oder Mitteilung eines zureichenden Grundes.

304 Bei Überschreiten der angemessenen Frist muss dem Einspruchsführer ein zureichender Grund von der Verwaltungsbehörde mitgeteilt werden. Der „zureichende Grund" bezieht sich auf die unumgängliche Verzögerung der Entscheidung über den Rechtsbehelf.

305 Als zureichende *Gründe* sind *anerkannt:*
- Abwarten des Ergebnisses einer zwischenzeitlich vorgenommenen *Außenprüfung*[442];
- Fehlende *Verwaltungsanweisungen* für das Handeln der Verwaltungsbehörde erster Instanz, wenn solche erwartet werden können[443];
- Abwarten einer *Vorentscheidung,* die für das anhängige Rechtsbehelfsverfahren von Bedeutung ist[444];
- *Einverständnis* des Einspruchsführers mit einer Verzögerung.

306 *Arbeitsüberlastung* der Behörde ist demgegenüber nicht generell als zureichender Grund für eine Verzögerung der Einspruchsentscheidung anzusehen. Es wird hier auf die Umstände des Einzelfalles (etwa das Vorliegen spezieller, unvorhergesehener Gründe) ankommen (vgl. Rz. 486).

307 Der zureichende Grund muss dem Einspruchsführer *tatsächlich mitgeteilt* werden. Die Form dieser Mitteilung ist bedeutungslos; sie kann auch anlässlich einer Vorsprache oder etwa fernmündlich erfolgen. Im Allgemeinen reicht es aus, wenn die den ursprünglichen Verwaltungsakt erlassende Stelle oder die Rechtsbehelfsstelle in klarer Weise zum Ausdruck bringt, dass und aus welchem Grund über den Einspruch noch nicht entschieden werden kann[445].

308 Trotz Erhebung der Untätigkeitsklage nach § 46 FGO ist die *Verwaltungsbehörde nicht gehindert, die Einspruchsentscheidung zu erlassen.* Dies kann entweder unabhängig von einem Tätigwerden des Gerichts geschehen oder aber aufgrund einer vom Gericht gesetzten Frist (§ 46 Abs. 1 Satz 3 FGO). Diese Frist kann das Gericht (wiederholt) verlängern.

309 Gegen eine im Lauf des Klageverfahrens ergangene Einspruchsentscheidung kann jedoch nicht mehr erneut ein Klageverfahren in Gang gesetzt werden, weil bereits das Klageverfahren gegen den erlassenen oder begehrten Verwaltungsakt läuft[446]. Die schon erhobene Klage wird einfach fortgesetzt, ohne dass eine erneute Klage erforderlich oder zulässig wäre[447]. Die Entscheidung der Verwaltungs-

---

442 BFH vom 9. 4. 1968 I B 48/67, BStBl. II. II 1968, 471.
443 BFH vom 13. 5. 1971 V B 61/70, BStBl. II 1971, 492.
444 BFH vom 31. 8. 1971 VII R 36/70, BStBl. II 1972, 20; vom 14. 3. 1972 VII R 9/69, BStBl. II 1972, 546.
445 Vgl. BFH vom 9. 4. 1968 I B 48/67, BStBl. II 1968, 471.
446 So BFH vom 30. 1. 1976 III R 61/74, BStBl. II 1976, 428.
447 BFH vom 5. 5. 1970 II B 19/67, BStBl. II 1970, 551; vom 21. 8. 1974 I B 27/74, BStBl. II 1975, 38; vom 28. 10. 1988 III B 184/86, BStBl. II 1989, 107.

behörde über den eingelegten Einspruch während des Klageverfahrens kann *zwei Rechtsfolgen* auslösen:
- Wird dem außergerichtlichen Rechtsbehelf *in vollem Umfang stattgegeben* oder wird der beantragte Verwaltungsakt entsprechend dem Antrag erlassen, dann ist die Untätigkeitsklage in der Hauptsache als erledigt anzusehen; das Gericht entscheidet nur noch über die Kosten (§ 46 Abs. 1 Satz 3 FGO). Dieser Sachverhalt ist aber nur gegeben, wenn dem Einspruch in vollem Umfang stattgegeben wurde. Dem Gericht gegenüber ist aber die Abgabe der Erledigungserklärung notwendig, weil sonst ein die Klage abweisendes Urteil ergehen muss[448].
- Wenn die Verwaltungsbehörde den Einspruch *ganz oder teilweise abgewiesen* hat oder wenn sie dem Rechtsbehelfsantrag des Klägers nicht in vollem Umfang nachgekommen ist, dann wird das Verfahren der Untätigkeitsklage fortgeführt. Das Gericht hat dann in der Sache über den Anspruch des Klägers zu entscheiden.

Nach § 46 Abs. 2 FGO kann in Fällen der Untätigkeit bestimmter Behörden, gegen deren Unterlassen kein Untätigkeitseinspruch gegeben ist, unmittelbar unter den Voraussetzungen des § 46 Abs. 1 Satz 2, 3 FGO Klage erhoben werden. Hierbei wird die Sechs-Monats-Frist nicht durch die Einlegung des Einspruchs – ein solcher ist ja nicht gegeben –, sondern durch eine entsprechende Antragstellung ausgelöst. *310*

c) Sprungklage

Die Sprungklage ist auch eine Form der zulässigen Klage ohne Vorverfahren. Ohne Vorverfahren ist hier eine Klage zulässig, *311*
- wenn die *Behörde*, die über den außergerichtlichen Rechtsbehelf zu entscheiden hat, innerhalb eines Monats nach Zustellung der Klageschrift dem Gericht gegenüber *zustimmt* (§ 45 Abs. 1 Satz 1 FGO),
- wenn die Rechtswidrigkeit der Anordnung eines *dinglichen Arrests* geltend gemacht wird (§ 45 Abs. 4 FGO).

Die Sprungklage ist eine *Anfechtungs- oder Verpflichtungsklage*[449], begründet also keine eigene Klageart. *312*

Die Anfechtungsklage (s. Rz. 159 ff.) richtet sich auf Aufhebung oder Änderung eines ergangenen Verwaltungsakts. Mit der Verpflichtungsklage (s. Rz. 176 ff.) wird die Verurteilung der Behörde zum Erlass eines abgelehnten oder unterlassenen Verwaltungsakts erstrebt. Beiden Fällen ist im Normalfall ein *außergerichtliches Rechtsbehelfsverfahren* vorgeschaltet, das dem Steuerpflichtigen einen zusätzlichen Rechtsschutz gewähren, der Finanzbehörde die Möglichkeit der Selbstkontrolle einräumen und für die Steuergerichte eine Entlastung von ver- *313*

---
448 Vgl. BFH vom 27. 4. 1982 VIII R 36/70, BStBl. II 1982, 107; vom 7. 7. 1987 VII R 167/84, BFH/NV 1987, 702.
449 Dies gilt seit der gesetzlichen Neufassung des § 45 FGO durch das (1.) FGOÄndG. Zur früheren Rechtslage vgl. BFH vom 21. 1. 1985 GrS 1/83, BStBl. II 1985, 303.

meidbaren Klagen bringen soll. Diese Zwecke lassen sich nicht erreichen, wenn die den Verwaltungsakt erlassende Behörde selbst bei der Ermittlung und bei der Beurteilung des Sachverhalts so sorgfältig verfahren ist, dass sich nach dem übereinstimmenden Urteil der Beteiligten an diesem Ergebnis in einem Vorverfahren nichts ändern würde. Verzichten deshalb die Beteiligten übereinstimmend auf die Einhaltung des Vorverfahrens, so soll im Interesse einer *Verfahrensbeschleunigung* die unmittelbare Klageerhebung möglich sein.

314   Die Behörde, die über den außergerichtlichen Rechtsbehelf zu entscheiden hat, muss der Sprungklage *innerhalb eines Monats* nach Zustellung der Klageschrift dem Gericht gegenüber zustimmen. Dies ist eine „Endfrist". Das bedeutet, dass die Zustimmung zur Sprungklage wohl vor Zustellung der Klageschrift bereits erklärt werden kann, nicht mehr jedoch nach Ablauf der Monatsfrist[450].

315   Die Zustimmungserklärung muss auch *gegenüber dem Finanzgericht* abgegeben werden. Es genügt nicht, wenn die Finanzbehörde ihre Zustimmung nur gegenüber dem Kläger erklärt. Auch die Weiterübermittlung dieser Zustimmung durch den Kläger an das Gericht ist nicht ausreichend. Es handelt sich vielmehr um eine Prozesserklärung, die eindeutig nur die Finanzbehörde gegenüber dem Gericht abgeben kann (§ 45 Abs. 1 Satz 1 FGO).

316   Hat von *mehreren Berechtigten* einer einen außergerichtlichen Rechtsbehelf eingelegt, ein anderer Sprungklage erhoben, so ist zunächst über den Einspruch zu entscheiden (§ 45 Abs. 1 Satz 2 FGO).

317   Wird eine Sprungklage erhoben, kann das angerufene Gericht diese innerhalb von drei Monaten nach Eingang der Akten der Behörde bei Gericht, spätestens jedoch innerhalb von sechs Monaten nach Klagezustellung *durch Beschluss an die zuständige Behörde zur Durchführung des außergerichtlichen Vorverfahrens abgeben* (§ 45 Abs. 2 FGO). Voraussetzung ist allerdings, dass eine weitere Sachaufklärung notwendig ist, die nach Art oder Umfang erhebliche Ermittlungen erfordert. Des weiteren muss die Abgabe des Verfahrens an die Finanzbehörde auch unter Berücksichtigung der Belange der Beteiligten sachdienlich sein. Das Gericht kann allerdings nach seiner eigenen Beurteilung der Prozesslage entscheiden. Es muss nur beachten, dass die *Dreimonatsfrist* nach Eingang der behördlichen Akten und die *Höchstfrist von sechs Monaten* nach Klagezustellung eingehalten wird.

318   Stimmt die Behörde einer erhobenen Sprungklage nicht innerhalb eines Monats zu oder gibt das Gericht die Klage zur Durchführung des Vorverfahrens ab, so ist die Klage als *Einspruch* zu behandeln (§ 45 Abs. 3 FGO).

319   Eine unzulässige Sprungklage kann auch – wie sonst – *zurückgenommen* werden (§ 72 Abs. 1 FGO). Die Kosten eines solchen Verfahrens bestimmen sich nach den üblichen Grundsätzen (vgl. Rz. 782).

---

450 Vgl. BFH vom 28. 8. 1968 IV B 20/68, BStBl. II 1968, 661; vom 19. 8. 1969 VI R 261/67, BStBl. II 1970, 11.

E. Klageerhebung

Die Klage wird durch die *Klageschrift* erhoben. Dazu gehören folgende wesent- 320
liche Bestandteile:
- Eine Klage muss als solche gewollt sein (s. Rz. 321 ff.).
- Die Klage muss schriftlich erhoben werden (s. Rz. 324 ff.).
- Die Klage muss bei Gericht erhoben (s. Rz. 330 ff.) oder
- bei der Finanzbehörde angebracht werden (s. Rz. 333 ff.).
- Die Klageschrift muss einen bestimmten Inhalt haben (s. Rz. 336 ff.).

1. Wille zur Klageerhebung

Die Klage ist ein formalisiertes *Verlangen nach gerichtlichem Rechtsschutz*. Sie 321
muss klar erkennen lassen, dass gerichtlicher Rechtsschutz begehrt wird. Reicht
beispielsweise ein Steuerpflichtiger, dem gegenüber das Finanzamt wegen Nichtabgabe der Steuererklärung Schätzungsbescheide und sodann eine abschlägige
Einspruchsentscheidung erlassen hat, innerhalb der Klagefrist die Steuererklärungen beim Finanzamt ein, so kann nicht allein hierin eine Klageerhebung durch
Anbringung beim Finanzamt (§ 47 Abs. 2 FGO) gesehen werden[451]. Nicht jedes
Schriftstück, das bei Gericht eingeht, kann als Klageerhebung gewertet werden.

Ein bei Gericht eingehendes Schreiben ist auszulegen und sein wirklicher Sinn- 322
gehalt zu erfassen. Nur solche Schriftstücke sind Klagen, die die Überprüfung des
Verwaltungshandelns verlangen. Verschiedentlich gehen bei Gericht auch Schreiben ein, die sich mit dem persönlichen Verhalten von Bediensteten der Finanzbehörden befassen und darüber Beschwerde führen; auch rein querulatorische
Schriftstücke treffen ein. Diese und ähnliche Schreiben sind keine Klagen, wenn
in ihnen nicht zum Ausdruck kommt, dass eine *formelle oder sachliche Überprüfung des Verwaltungshandelns begehrt* wird[452].

Ansonsten sind bei Gericht eingehende Schriftstücke im Sinne einer *umfassen-* 323
den Rechtsschutzgewährung im Zweifel als Klagen (Klageerhebung) anzusehen.
Nicht die Wortwahl ist entscheidend, sondern der gesamte, aus der Klageschrift
erkennbare Inhalt der Willenserklärung[453]. Wenn die Klageschrift die Einspruchsentscheidung und einzelne Steuerbescheide, zu denen die Einspruchsentscheidung
ergangen ist, bezeichnet, dann ist hieraus erkenntlich, dass sich die Klage nur gegen die ausdrücklich benannten Bescheide, nicht aber gegen die übrigen Steuerbescheide richten soll[454]. Insbesondere bei den Angehörigen der steuer-, rechts-
und wirtschaftsberatenden Berufe wird erwartet, dass sie ihren Willen zur Inanspruchnahme gerichtlichen Rechtsschutzes klar zum Ausdruck bringen.

---

451 BFH vom 28. 6. 1989 I R 67/85, BStBl. II 1989, 848. U. E. dagegen zweifelhaft, wenn der
Steuerpflichtige nicht durch einen berufsangehörigen Bevollmächtigten vertreten ist.
452 BFH vom 4. 6. 1992 IV R 139-140/91, BStBl. II 1993, 199.
453 BFH vom 18. 3. 1998 II R 41/97, BFH/NV 1998, 1235.
454 FG des Saarlandes vom 14. 6. 2000 1 K 287/99, EFG 2000, 1042.

2. Schriftlichkeit der Klageerhebung

324 Nach § 64 Abs. 1 FGO ist die Klage schriftlich zu erheben. Schriftliche Klageerhebung setzt voraus, dass ein *Schriftstück* mit einer authentischen *Unterschrift* des Klägers oder seines Prozessbevollmächtigten vorliegt.

a) Schriftstück

325 Ein Schriftstück ist eine *auf Papier niedergelegte Willensäußerung*. Dabei ist es gleichgültig, wer diese Willensäußerung niedergeschrieben hat. Nach § 64 Abs. 1 FGO genügt auch eine *Niederschrift des Urkundsbeamten* der Geschäftsstelle des Finanzgerichts. Der Schriftform entspricht auch die Niederschrift bei einem Finanzamt oder die dortige Aufnahme, wenn diese Niederschrift – versehen mit der Unterschrift des Antragstellers – dem Gericht als Klageschrift zugeht.

326 Als Schriftstück in diesem Sinn wird auch ein *Telegramm oder ein Telefax* gewertet, selbst wenn es telefonisch bei der Postanstalt aufgegeben und/oder telefonisch von der Postanstalt dem Gericht durchgegeben wird. Bei der Übersendung einer wie auch immer gearteten Kopie muss es sich bei der Kopiervorlage um einen eigenhändig unterschriebenen Originalschriftsatz handeln[455]. Auch ein *Telebrief* genügt der Schriftform[456]. Ein „Schriftstück" ist auch das elektronische Dokument im Sinne des § 52a FGO (s. Rz. 802 ff.). *Dagegen* kann eine Klage *nicht telefonisch* erhoben werden, weil dem Gericht dann kein Schriftstück vorliegt; ebenso wenig genügt eine Telekopie über Btx-Anschluss[457].

b) Unterschrift

327 Die Klageschrift muss eine *eigenhändige Unterschrift* des Klägers selbst oder seines Prozessbevollmächtigten tragen. Dieses Erfordernis ist in aller Regel unabdingbar. Auf die eigenhändige Unterschrift kann ausnahmsweise verzichtet werden, wenn aus dem Klageschriftsatz und gegebenenfalls weiteren beigefügten Unterlagen hinreichend sicher auf die Urheberschaft und den Urheber geschlossen werden kann und zusätzlich der Briefumschlag, der diese maßgebenden Schriftstücke enthält, vom Verfasser handschriftlich mit seiner Absenderangabe versehen ist[458]. Bei elektronischen Dokumenten tritt nach § 52a FGO an die Stelle der Unterschrift die elektronische Signatur (s. Rz. 802 ff.).

328 Die Unterschrift muss zwar nicht lesbar sein; sie muss aber die *Identität des Unterschreibenden* ausreichend kennzeichnen und dessen individuellen Schriftzug wiedergeben, der charakteristische Merkmale aufweist und sich als volles

---

455 BFH vom 10. 7. 2002 VII B 6/02, BFH/NV 2002, 1597 m. w. N.; s. auch BFH vom 29. 11. 1995 X B 56/95, BStBl. II 1996, 140, wonach „der Zweck des Erfordernisses der Schriftlichkeit von Grund auf überdacht werden" sollte.
456 BFH vom 12. 4. 1996 VS 6/96, BFH/NV 1996, 824.
457 FG Berlin vom 4. 11. 1991 V 79/91, EFG 1992, 150, s. auch BFH vom 29. 11. 1995 X B 56/95, BStBl. II 1996, 140; vom 10. 7. 2002 VII B 6/02, BFH/NV 2002, 1597.
458 BFH vom 3. 10. 1986 III R 207/81, BStBl. II 1987, 131; vom 1. 12. 1989 VI R 57/86, BFH/NV 1990, 586, wobei besonderer Wert auf die handschriftliche Absenderangabe auf der Briefhülle gelegt wurde; vom 20. 9. 1991 III R 36/90, BStBl. II 1992, vom 19. 4. 1994 VIII R 22/93, BFH/NV 1995, 222.

Schriftbild seines Namens darstellt. Willkürliche Linien, ein Haken oder ein Namenszeichen (sog. Paraphe) gelten nicht als Unterschrift, weil sie nicht das gesamte Schriftbild eines Namens darstellen[459]. Es müssen deshalb zumindest einzelne Buchstaben als solche erkennbar sein. Trotz fehlender eigenhändiger Unterzeichnung gilt die Schriftform als gewahrt, wenn aus anderen Umständen hinreichend sicher auf den *Urheber der Klageschrift* und seinen Rechtsverkehrswillen geschlossen werden kann[460]. Ist die Klageschrift nicht vom Kläger selbst oder einem Bevollmächtigten unterzeichnet, so ist die Klage unzulässig[461]. Auch die *Fotokopie* einer Unterschrift ist nicht ausreichend. Es muss sich um die Originalunterschrift handeln.

Bei der Klageerhebung kann sich der Kläger vertreten lassen. Das *Vertretungsverhältnis* muss deutlich zum Ausdruck gebracht werden. Die Schriftform für die Klageerhebung und die Unterschriftsleistung gelten dann für den Vertreter. Der Vertreter muss zur Klageerhebung eine schriftliche Vollmacht haben. Kann er sie nicht beibringen, so ist er ein vollmachtloser Vertreter. Die Klage ist dann unzulässig, weil sie nicht formgerecht erhoben worden ist. Zur Vertretung s. Rz. 42 ff. 329

3. Klageerhebung bei Gericht

Erhoben ist eine Klage, wenn sie derart in den *Verfügungsbereich des Gerichts* gelangt ist, dass dieses davon Kenntnis nehmen kann. Das ist nicht der Fall, wenn die Klageschrift in den räumlichen Machtbereich des Gerichts gelangt, ohne dass das Gericht mittelbar oder unmittelbar als Empfänger angesprochen ist. Im Zweifel fehlt es in solchen Fällen auch an einer Dokumentation des Eingangsdatums. Gleichgültig ist, auf welchem Wege die Klageschrift das Gericht erreicht („normaler" Briefkasten, Nachtbriefkasten, Postfach, Faxgerät, Übergabe durch Boten auf der Geschäftsstelle oder einer sonstigen Posteingangsstelle des Gerichts). 330

Beim Einwurf der Klageschrift in den Hausbriefkasten des Gerichts ist folgender Unterschied gegenüber dem Einwurf beim Finanzamt unbedingt zu beachten: Die Post, die sich bei Dienstbeginn im Briefkasten eines *Finanzamts* findet, erhält – unabhängig davon, wann sie eingeworfen worden ist – den Eingangsstempel des Vortages. 331

> *Beispiel:* Ein Brief, der beim Finanzamt am 10.2. um 2.00 Uhr morgens eingeht, erhält bei Dienstbeginn als Eingangsdatum den 9.2. Die Finanzbehörde kann nämlich mangels entsprechender technischer Einrichtungen nicht feststellen, wann genau (am 9.2. zwischen Dienstschluss und 24.00 Uhr oder erst am 10.2.) das Schriftstück in ihren Briefkasten eingeworfen worden ist.

---

[459] BFH 20. 9. 1991 III R 36/90, BStBl. II 1992, 300.
[460] FG Hamburg vom 28. 2. 1990 VI 298/87, EFG 1990, 434; s. auch BFH vom 29. 11. 1995 X B 56/95, BStBl. II 1996, 140.
[461] FG Köln vom 7. 2. 1990 13 K 1841/89, EFG 1990, 434.

> Dagegen sind die Hausbriefkästen der *Finanzgerichte* in aller Regel sogenannte *Nachtbriefkästen*. Das bedeutet, dass sie eine zeituhrgesteuerte, mechanische Vorrichtung enthalten, die die Post, die vor 24.00 Uhr eingeht, von derjenigen trennt, die nach 0.00 Uhr eingeworfen wird. Die Post erhält bei Gericht deshalb exakt das Datum, zu dem sie dort eingeht, im vorgenannten Beispiel also den 10.2.

332 Normalerweise muss die Klage beim örtlich und sachlich *zuständigen Finanzgericht* erhoben werden. Gem. § 70 FGO gelten die §§ 17 – 17b GVG entsprechend. Hiernach ist ein unzuständiges Gericht gehalten, die Sache an das zuständige Gericht zu verweisen (§ 17a Abs. 2 GVG). Die Wirkungen der Rechtshängigkeit bleiben bestehen (§ 17b Abs. 1 Satz 2 GVG). Dies bedeutet, dass durch die Klageerhebung beim unzuständigen Finanzgericht oder einem sonstigen Gericht (z. B. dem Amtsgericht) die Sache rechtshängig und die Klagefrist gewahrt wird, wenn die Klage dort rechtzeitig eingeht.

4. Klageeinreichung bei der Finanzbehörde

333 Die Frist zur Klageerhebung gilt gem. § 47 Abs. 2 FGO als gewahrt, wenn die Klage bei der *Behörde, die die Einspruchsentscheidung erlassen hat*, innerhalb der Frist „angebracht" wird. Der Steuerpflichtige hat durch „Anbringung" bei der Finanzbehörde die Möglichkeit, auf diese Weise die Klagefrist zu wahren. „Erhoben" ist die Klage in einem solchen Falle aber erst dann, wenn die Klageschrift beim Finanzgericht tatsächlich eintrifft.

334 Die Vorschriften der §§ 17 ff. GVG gelten nicht für die „Anbringung" nach § 47 Abs. 2 FGO. Bringt der Steuerpflichtige seine Klage also bei einer anderen als der Finanzbehörde an, die die Einspruchsentscheidung erlassen hat, so wird auch diese die Klage an das Gericht weiterleiten. Die Klagefrist wird dadurch aber nicht gewahrt. Der Steuerpflichtige trägt dann das Risiko, ob seine Klageschrift noch innerhalb der Klagefrist beim Finanzgericht eingeht.

335 Die Steuerpflichtigen machen von der *„Anbringung"* bei der Finanzbehörde häufig in der Weise Gebrauch, dass sie die Klageschrift in einem Umschlag eigenhändig in den Hausbriefkasten der Behörde einwerfen. Nach der früheren Rechtsprechung des BFH setzte ein solches „Anbringen" voraus, dass die Klageschrift derart in den Machtbereich der Finanzbehörde gelangte, dass sie ohne Bruch des Briefgeheimnisses die Möglichkeit hatte, vom Inhalt der Klageschrift Kenntnis zu nehmen. Der Umschlag, der die Klageschrift enthielt, musste also an die Finanzbehörde, nicht an das Finanzgericht, adressiert sein. Der BFH[462] hat diese Rechtsprechung aufgegeben, die sich in der Praxis zunehmend als „Zulässigkeitsfalle" entpuppt hat. Nach heutiger Rechtsprechung genügt es für das „Anbringen" im Sinne des § 47 Abs. 2 FGO, wenn die Klageschrift in einem verschlossenen und an das Finanzgericht adressierten Schreiben in den Briefkasten der zuständigen Finanzbehörde eingeworfen oder dort bei der Posteingangsstelle abgegeben wird.

---

462 Urteil v. 26. 4. 1995 I R 22/94, BStBl. II 1995, 601.

Die Finanzbehörde ist verpflichtet, dieses verschlossene Schreiben an das Finanzgericht weiterzuleiten und den Eingangstag dadurch zu dokumentieren, dass sie auf dem Briefumschlag ihren Eingangsstempel anbringt. Die Klageschrift kann auch zusammen mit anderen Schriftstücken in einem an die Finanzbehörde adressierten Sammelumschlag „angebracht" werden[463].

5. „Muss-Inhalt" der Klageschrift
a) Überblick

§ 65 Abs. 1 FGO bestimmt die Anforderungen, die an den Inhalt einer Klageschrift zu stellen sind. Die Vorschrift unterscheidet hierbei zwischen den Angaben, die eine Klageschrift zwingend enthalten muss („Muss-Inhalt") und denen, die sie enthalten sollte („Soll-Inhalt"). 336

Zum Muss-Inhalt gehören (§ 65 Abs. 1 Satz 1 FGO): 337
- Bezeichnung des Klägers (s. Rz. 343 f.);
- Bezeichnung des Beklagten (s. Rz. 345 f.);
- Bezeichnung des Klagebegehrens (s. Rz. 349 ff.);
- Bezeichnung des angefochtenen Verwaltungsakts (bei Anfechtungsklagen). S. dazu Rz. 361 ff.;
- Bezeichnung der Entscheidung über den außergerichtlichen Rechtsbehelf (s. Rz. 361 ff.).

Zum Soll-Inhalt gehören (§ 65 Abs. 1 Satz 2 FGO): 338
- Ein bestimmter Antrag (s. Rz. 370 ff.);
- Angabe der zur Begründung der Klage dienenden Tatsachen (s. Rz. 391 ff.);
- Angabe der Beweismittel (s. Rz. 391 ff.).

Entspricht die Klage diesen (Muss- und/oder Soll-)Anforderungen nicht, so hat der Vorsitzende oder der Berichterstatter den Kläger zur Ergänzung innerhalb einer bestimmten Frist aufzufordern (§ 65 Abs. 2 Satz 1 FGO, s. dazu auch Rz. 493 ff.). Das Fehlen der vorgenannten „Muss- oder Sollangaben" führt also nicht ohne weiteres zur Unzulässigkeit der Klage; es löst zunächst lediglich die Rechtsfolge des § 65 Abs. 2 Satz 1 FGO aus, wonach das Gericht den Kläger unter einfacher Fristsetzung zur Vornahme der erforderlichen Ergänzungen anzuhalten hat. Der Kläger kann damit grundsätzlich alle fehlenden Angaben nach § 65 Abs. 1 FGO noch nach Ablauf der Klagefrist nachholen. 339

Soweit jedoch eines der „Muss-Erfordernisse" fehlt – und hierin besteht der rechtliche Unterschied zu den „Soll-Erfordernissen" –, kann eine Ausschlussfrist gesetzt werden (§ 65 Abs. 2 Satz 2 FGO). Wird diese Frist versäumt, dann ist die Klage unzulässig, soweit nicht eine Wiedereinsetzung in den vorigen Stand (§ 65 Abs. 2 Satz 3, § 56 FGO) in Betracht kommt. 340

Für die Beibringung der „Soll-Erfordernisse" kann – gegebenenfalls gleichzeitig mit der Ausschlussfrist nach § 65 Abs. 2 Satz 2 FGO – eine Frist nach § 79b 341

---
463 BFH vom 5. 2. 1992 I R 67/91, BStBl. II 1992, 561.

FGO gesetzt werden. Die Versäumung der Frist nach § 79b FGO hat zwar auch Ausschlusswirkung; sie führt jedoch nicht zur Unzulässigkeit der Klage, sondern lediglich dazu, dass das Gericht künftigen Sachvortrag zurückweisen und ohne weitere Ermittlungen entscheiden kann (siehe dazu Rz. 706 f.).

342 Bis zum Ablauf der Klagefrist müssen – soll die Klage dann nicht unzulässig sein – folglich nicht die in § 65 Abs. 1 FGO genannten Merkmale, sondern lediglich die Erfordernisse erfüllt sein, von denen es abhängt, ob ein Schriftsatz überhaupt als Klageschrift zu qualifizieren ist[464] (s. Rz. 320).

b) Bezeichnung des Klägers

343 Der Kläger ist unter Angabe seiner ladungsfähigen Anschrift zu bezeichnen[465]. Es ist aber nicht nur wichtig, irgendeinen Kläger zu benennen, entscheidend ist, dass der *„richtige Kläger"* die Klage erhebt. Denn in der Person des Klägers müssen die allgemeinen Zulässigkeitsvoraussetzungen (Prozessfähigkeit, Klagebefugnis, Rechtsschutzbedürfnis, Einspruchsverfahren; s. Rz. 211 ff.) erfüllt sein. Die Klageerhebung – wie auch alle späteren Prozesshandlungen – kann der Kläger selbst vornehmen oder durch einen Prozessbevollmächtigten vornehmen lassen. Es können auch mehrere Kläger vorhanden sein und mehrere Personen, die zwar nicht Kläger sind, die aber von der Entscheidung betroffen werden. Letztere können bzw. müssen zum Verfahren beigeladen werden (§ 60 FGO; s. Rz. 618 ff.).

344 Der *„richtige Kläger"* ist in aller Regel derjenige, der in der Einspruchsentscheidung als Adressat des Bescheides benannt wird. Bei einer irrtümlich falschen Klägerbezeichnung kann der richtige Kläger innerhalb der Klagefrist noch ohne weiteres „nachgeschoben" werden. Nach Ablauf der Klagefrist ist die vom falschen Kläger erhobene Klage unzulässig, es sei denn, es lässt sich im Wege der Auslegung ermitteln, dass die Klage in Wirklichkeit für den richtigen Kläger erhoben werden sollte[466]. Solche Unklarheiten können beispielsweise eintreten, wenn Vertretungsverhältnisse nicht eindeutig gekennzeichnet werden[467], wenn nach Ergehen der Einspruchsentscheidung sich die Prozessfähigkeit oder Klagebefugnis ändert[468], wenn eine Rechtsnachfolge durch Tod bzw. sonstigen Wegfall des ursprünglichen Steuerpflichtigen eintritt oder wenn Klage im Zusammenhang mit Bescheiden, die gegenüber einer Personengemeinschaft ergangen sind, erhoben wird[469]. Es ist der wirkliche Wille zu erforschen und nicht an dem buchstäblichen Sinne des Ausdrucks zu haften[470]. Generell gilt auch für die Klägerbezeichnung, dass an die Auslegung der Erklärungen von Angehörigen der beratenden

---

464 BFH vom 18. 3. 1998 II R 41/97, BFH/NV 1998, 1235.
465 BFH vom 6. 3. 2001 IX R 98/97, BFH/NV 2001, 1273.
466 Bei einer unrichtigen Klägerbezeichnung kann der Steuerpflichtige also u. U. schlechter stehen, als wenn er überhaupt keinen Kläger benennt.
467 Z. B. unter Ehegatten oder zwischen einem in eigener Person klagenden Berater, dessen Sozietät ihn im Gerichtsverfahren vertritt.
468 Z. B. durch Insolvenz/Konkurs oder Geschäftsunfähigkeit des Steuerpflichtigen.
469 S. hierzu im Einzelnen Rz. 221 ff.
470 Zur Klage von Ehegatten: BFH vom 16. 8. 2001 V B 51/01, BStBl. II 2001, 767.

"Muss-Inhalt" der Klageschrift

Berufe strengere Anforderungen gestellt werden als an die von sonstigen Klägern (s. Rz. 67 am Ende).

c) Bezeichnung des Beklagten

Eine Klage, die den falschen Beklagten bezeichnet, ist unzulässig, es sei denn, die unrichtige Beklagtenbezeichnung wird noch bis zum Ablauf der Klagefrist berichtigt[471]. Es ist deshalb darauf zu achten, dass der *richtige Beklagte* in der Klageschrift benannt wird. 345

Beklagter ist in jedem Fall eine Behörde, weil gegen einen Hoheitsakt oder das Unterlassen eines solchen vorgegangen werden soll. *Beklagter ist*: 346

- Bei einer *Anfechtungsklage* die Behörde, die den ursprünglichen Verwaltungsakt erlassen hat (§ 63 Abs. 1 Nr. 1 FGO).
- Bei einer *Fortsetzungsfeststellungsklage* gilt dasselbe.
- Im Falle einer Verpflichtungs- und sonstigen Leistungs*klage* die Behörde, die den beantragten Verwaltungsakt oder die andere Leistung unterlassen oder abgelehnt hat (§ 63 Abs. 1 Nr. 2 FGO).
- Bei einer *Feststellungsklage* die Behörde, der gegenüber die Feststellung des Bestehens oder Nichtbestehens eines Rechtsverhältnisses oder der Nichtigkeit eines Verwaltungsakts begehrt wird (§ 63 Abs. 1 Nr. 3 FGO).
- Bei *Zuständigkeitswechsel* vor Klageerhebung die Behörde, die die Einspruchsentscheidung erlassen hat, oder im Falle der Untätigkeitsklage nach § 46 FGO die Behörde, die zum Zeitpunkt der Klageerhebung örtlich zuständig ist (§ 63 Abs. 2 FGO)[472].

Für die in der Praxis häufigsten Klagen sind die *"richtigen"* Beklagten: 347

- In Steuerangelegenheiten das zuständige *Finanzamt*.
- Bei Zollsachen das zuständige *Hauptzollamt*.
- Bei berufsrechtlichen Streitigkeiten die zuständige oberste Landesbehörde der Finanzverwaltung (*Oberfinanzdirektion* oder *Finanzministerium*, § 40 StBerG) soweit es um die Berufszulassung geht; für die Untersagung der Hilfeleistung in Steuersachen: das *Finanzamt* (§ 7 StBerG) und für Fragen der Berufsausübung: die *Steuerberaterkammer* (§ 73 StBerG). In Verfahren über den Widerruf der Bestellung als Steuerberater ist die Steuerberaterkammer notwendig beizuladen[473].

---

471 BFH vom 15. 3. 1993 V R 111/89, BFH/NV 1994, 636. Der Kläger steht sich bei einer unrichtigen Beklagtenbezeichnung also u. U. schlechter, als wenn er keinen Beklagten benannt hätte.
472 Davon zu unterscheiden sind die Fälle des gesetzlichen Beteiligtenwechsels während des Klageverfahrens (Änderungsbescheid durch das nach Klageerhebung zuständig gewordene Finanzamt, Zusammenlegung von Finanzamtsbezirken u. ä., s. dazu BFH vom 16. 10. 2002 I R 17/01, BStBl. II 2003, 631).
473 BFH vom 14. 8. 1997 VII B 66/97, BFH/NV 1998, 68.

- Bei Klagen wegen Kindergeld die *Agentur für Arbeit*[474] (Familienkasse; § 70 EStG) bzw. bei Angehörigen des öffentlichen Dienstes die jeweilige *Körperschaft des öffentlichen Rechts* (§ 72 Abs. 1 EStG).

348 Nach Ablauf der Klagefrist kann der falsche Beklagte allenfalls noch durch den richtigen ersetzt werden, wenn sich dieser durch Auslegung der innerhalb der Klagefrist eingereichten Schriftsätze ermitteln lässt. Hierbei sind alle bis zum Fristablauf bekannten Umstände heranzuziehen, die Rückschlüsse darauf zulassen, welche Behörde vernünftigerweise tatsächlich verklagt werden sollte[475]. So kann sich bei einer irrtümlich falschen Bezeichnung des beklagten Finanzamts das richtige Finanzamt aus der vor Fristablauf erfolgten (richtigen) Bezeichnung der Einspruchsentscheidung oder der Steuernummer erkennen lassen.

d) Bezeichnung des Gegenstands des Klagebegehrens

349 Bei der Neufassung des § 65 Abs. 1 Satz 1 FGO zum 1. 1. 1993 hat der Gesetzgeber bei den „Muss-Bestandteilen" einer Klage die Bezeichnung des „Streitgegenstandes" gegen die Bezeichnung des „Gegenstands des Klagebegehrens" ausgetauscht. Er wollte durch die Umformulierung, mit der keine sachliche Änderung beabsichtigt war, die Vorschrift aus dem Meinungsstreit über den Streitgegenstandsbegriff heraus halten[476].

350 Nach der Rechtsprechung des BFH stimmt der *„Gegenstand des Klagebegehrens"* inhaltlich mit dem bisher verwendeten Begriff *„Streitgegenstand"* überein, so dass auch die Mindestanforderungen, die an dessen Bezeichnung zu stellen sind, unverändert bleiben[477]. Hiernach muss das Klageziel so hinreichend erkennbar sein, dass das Gericht die Grenzen seiner Entscheidungsbefugnis erkennen kann[478], ohne dass jedoch eine vollständige Klagebegründung erfolgen muss. Wie weitgehend der Gegenstand des Klagebegehrens zu beschreiben ist, hängt nach der Rechtsprechung des BFH von den *„Umständen des Einzelfalls"* ab. Entscheidend ist, ob das Gericht durch die Angaben in die Lage versetzt wird zu erkennen, worin die Rechtsverletzung nach Ansicht des Klägers liegt[479].

351 Der **„Gegenstand des Klagebegehrens"** ist unseres Erachtens zum einen vom Klageantrag (§ 65 Abs. 1 Satz 2 FGO) und zum anderen von der Klagebegründung (§ 65 Abs. 1 Satz 3 FGO) zu unterscheiden. Die Bezeichnung des Klagebegehrens muss nicht so ausführlich wie die Klagebegründung sein; sie muss allerdings mehr als den bloßen bezifferten Klageantrag enthalten. Wesentlich ist, dass

---

474 Im finanzgerichtlichen Verfahren werden die Agenturen für Arbeit in aller Regel von den zuständigen Regionaldirektionen der Bundesanstalt für Arbeit vertreten; zur Zulässigkeit dieser Vertretung: BFH vom 25. 8. 1997 VI B 94/97, BStBl. II 1998, 118.
475 BFH vom 11. 12. 1992 VI R 162/88, BStBl. II 1993, 306; vom 16. 6. 1994 IV R 97/93, BFH/NV 1995, 279; vom 10. 7. 2002 VII B 6/02, BFH/NV 2002, 1597.
476 BT-Drucks. 12/1061, S. 14. S. auch 11/2386, S. 14 und 11/7030, S. 25.
477 BFH vom 12. 9. 1995 IX R 78/94, BStBl. II 1996, 16, 18.
478 BFH vom 26. 11. 1979 GrS 1/78, BStBl. II 1980, 99; vom 15. 11. 1994, BFH/NV 1995, 886.
479 BFH vom 30. 12. 2003 IV B 21/01, BStBl. II 2004, 239; vom 30. 6. 2004, VI B 89/02, BFH/NV 2004, 1541.

das Gericht aufgrund der Angaben des Klägers die Grenzen seiner Entscheidungsbefugnis (§ 96 Abs. 1 Satz 2 FGO) und die Streitzonen erkennen kann.

Es reicht deshalb eine *schlagwortartige Grobbegründung*, eine pauschale Benennung der Streitkomplexe aus, die das Klageziel ziffernmäßig bestimmt oder bestimmbar macht (z. B. Anerkennung von Werbungskosten aus nichtselbständiger Arbeit für Arbeitsmittel in Höhe von 3.000 €; Berücksichtigung von Betriebsausgaben in Höhe von 10.000 € wegen Teilwertabschreibung; Ansatz weiterer Vorsteuerbeträge in Höhe von 8.000 € aufgrund der Rechnung vom 15. 3. 2005; um 100.000 € überhöhte Schätzung des Gewinns aus Gewerbebetrieb)[480]. Auf die Muster zur Klageschrift in Rz. 405 ff. wird hingewiesen. Den Anforderungen genügt auch die Bezugnahme auf die Einspruchsentscheidung, die der Klage seit dem 1. 1. 2001 nach § 65 Abs. 1 Satz 4 FGO beigefügt sein soll, wenn sich hieraus – gegebenenfalls in Verbindung mit dem Klageantrag – ergibt, worum gestritten wird[481] oder der Hinweis auf eine beim Finanzamt eingereichte Steuererklärung[482]. 352

Dagegen reichen nicht allein die Bezeichnung des Steuerbescheides und der Hinweis aus, dieser werde angefochten[483], ebenso wenig die Ankündigung eines bestimmten Klageantrages (z. B. eines Aufhebungsantrages) oder – in Schätzungsfällen – die bloße Ankündigung einer noch einzureichenden Steuererklärung oder die allgemein gehaltene Behauptung, die Besteuerungsgrundlagen seien zu hoch geschätzt[484]. Unzureichend ist auch der Hinweis auf eine dem Gericht nicht vorliegende Einspruchsbegründung[485] oder auf die Einspruchsentscheidung und die angefochtenen Steuerbescheide, wenn diese auf einer Vielzahl möglicher Streitpunkte beruhen[486]. 353

In der *Rechtsprechung des BFH* ist vor allem unklar, ob die bloße Antragstellung bereits zur Benennung des Klagebegehrens ausreicht[487]. Unseres Erachtens kann dem nur zugestimmt werden, wenn es sich um einen „ausformulierten" Antrag handelt, dem nicht nur die Höhe der festzusetzenden Steuer, sondern zugleich auch die Streitzonen zu entnehmen sind (z. B. „..., die Einkommensteuer 1999 unter Berücksichtigung der für das Arbeitszimmer geltend gemachten Werbungskosten festzusetzen", nicht dagegen: „..., die Einkommensteuer 1999 unter Berücksichtigung weiterer Werbungskosten in Höhe von 3.000 € festzusetzen", s. dazu Rz. 371) oder ansonsten die streitigen Sachverhalte erkennbar sind (z. B. 354

---

480 S. dazu BFH vom 8. 3. 1995 X B 243, 244/94, BStBl. II 1995, 417.
481 BFH vom 14. 6. 2000 X R 18/99, HFR 2000, 883; vom 30. 6. 2004, VI B 89/02, BFH/NV 2004, 1541.
482 BFH vom 24. 10. 2001 X R 39/99, BFH/NV 2002, 498.
483 BFH vom 26. 11. 1979 GrS 1/78, BStBl. II 1980, 99, 102; vom 17. 1. 2002 XI B 127/02, BFH/NV 2003, 788.
484 BFH vom 15. 11. 1994 VIII B 29/94, BFH/NV 1995, 886; vom 12. 9. 1995 IX R 78/94, BStBl. II 1996, 16, 18; vom 6. 9. 2001 VIII B 26/01, BFH/NV 2002, 68.
485 FG Baden-Württemberg vom 13. 5. 1993, EFG 1993, 806.
486 Für Bescheide nach einer Fahndungsprüfung: BFH vom 18. 2. 2003 VIII B 218/02, BFH/NV 2003, 1186.
487 Dies bejahend BFH vom 24. 5. 2000 VI R 183/98, BFH/NV 2000, 1480 unter Aufhebung von FG des Saarlandes vom 10. 9. 1998 1 K 105/98, EFG 1998, 1690.

aus der beigefügten Einspruchsentscheidung oder Einspruchsbegründung[488]). Der Antrag auf Aufhebung eines Steuerbescheides reicht deshalb aus, sofern keine Zweifel bestehen, dass dieser Bescheid dem Grunde nach angefochten werden soll[489]. So lange diese Unklarheiten bestehen, sollten die Frist setzenden Gerichte erläutern, welche Erklärung sie von einem Kläger erwarten, wenn sie ihn zur Bezeichnung des Klagebegehrens auffordern.

355 Trotz aller Kritik, die der Gesetzgeber für die Umformulierung erfahren hat[490], ist unseres Erachtens festzustellen, dass keine Deckungsgleichheit zwischen dem prozessrechtlichen Streitgegenstandsbegriff, wie er für Fragen der Klagerücknahme, der Klageänderung, der Erledigung der Hauptsache oder der Rechtskraft zugrunde gelegt wird, und dem „Gegenstand des Klagebegehrens" besteht. Denn nach der sog. *Saldierungstheorie*, die der BFH in ständiger Rechtsprechung vertritt[491], wird der **Streitgegenstand** nicht durch die einzelnen Besteuerungsmerkmale, sondern durch die Rechtmäßigkeit der festgesetzten Steuer bestimmt (einzelne Besteuerungsmerkmale können somit bei der Prüfung der Rechtmäßigkeit der Steuerfestsetzung saldiert werden). Demzufolge hat ein Kläger, der beispielsweise die Festsetzung der Einkommensteuer 1996 auf 10.000 € begehrt, zwar den Streitgegenstand bestimmt; er hat aber hierdurch nicht hinreichend den Gegenstand seines Klagebegehrens bezeichnet, weil er nicht die Besteuerungsgrundlagen angegeben hat, auf die er sein Begehren stützt. Das Klagebegehren kann mehrere Streitgegenstände umfassen (z. B. das Gericht möge die Einkommensteuerbescheide 2000 bis 2003 aufheben) und umgekehrt ein Streitgegenstand mehrere Klagebegehren (z. B. das Gericht möge die Einkommensteuer 2004 unter Berücksichtigung weiterer Werbungskosten bei den Einkünften des Klägers aus nichtselbständiger Arbeit sowie weiterer Sonderausgaben festsetzen[492]).

356 Der Kläger kann **mehrere Klagebegehren und Streitgegenstände** in einer Klage zusammenfassen. Sein Begehren kann sich also gegen mehrere Verwaltungsakte oder deren Unterlassung durch die Finanzbehörden richten. Diese *sachliche (oder auch: objektive) Klagehäufung* ist indessen nur zulässig, wenn die üblichen Sachurteilsvoraussetzungen für jeden einzelnen Streitgegenstand vorliegen. Liegen die Sachurteilsvoraussetzungen nur für einen von mehreren Streitgegenständen vor, so müssen die anderen Klagebegehren als unzulässig abgewiesen werden[493]. Sind in einem solchen Fall der Verbindung mehrerer Klagebegehren eines oder mehrere derselben unzulässig, so wird das Gericht in der Regel die Verbindung durch einen Trennungsbeschluss aufheben und über die unzulässigen Klagebegehren und Streitgegenstände gesondert und vorab entscheiden.

---

488 BFH vom 11. 2. 2003 VII R 18/02, BStBl. II 2003, 606.
489 BFH vom 6. 12. 2002 VIII B 219/02, BFH/NV 2003, 782.
490 S. insbesondere Tipke/Kruse, AO/FGO, § 65 FGO, Tz. 4; von Groll in Gräber, FGO[5], § 65, Rz. 32.
491 S. z. B. BFH vom 12. 5. 1989 III R 132/85, BStBl. II 1989, 846, 847 m. w. N.
492 S. z. B. auch BFH vom 30. 1. 2004 XI S 21/03, BFH/NV 2004, 802.
493 BFH vom 29. 10. 1981 I R 89/80, BStBl. II 1982, 150.

Eine **Erweiterung des Klagebegehrens**[494] um einen weiteren Streitgegenstand 357
ist nicht zulässig, wenn die *Klagefrist abgelaufen* ist. Dies gilt z. B. hinsichtlich
der Bezeichnung des angegriffenen Verwaltungsakts oder hinsichtlich des Begehrens, einen bestimmten Verwaltungsakt zu erlassen bzw. eine bestimmte Leistung
zu erbringen[495]. Ist nämlich die Klagefrist abgelaufen, dann ist nur der Verwaltungsakt angefochten, der aufgrund des klägerischen Vorbringens bis zum Ende
der Klagefrist gerichtlich überprüft werden sollte. Das Klagebegehren umschreibt
also auch das beanstandete oder begehrte Verwaltungshandeln. Es muss bis zum
Ende der Klagefrist konkretisiert sein. Zulässig ist es dagegen, eine Anfechtungsklage innerhalb desselben Streitgegenstandes nach Ablauf der Klagefrist *betragsmäßig zu erweitern*. Dies jedoch nur so lange, wie der Kläger nicht zu erkennen
gegeben hat, dass er von einem weitergehenden Klagebegehren absehen wolle[496].

Nachgeschobene Begründungen für das bereits vor Ablauf der Klagefrist be- 358
zeichnete Klagebegehren sind zulässig. Grundsätzlich können von jedem Beteiligten bis zum Schluss der letzten mündlichen Verhandlung alle Aspekte, die für
oder gegen die Rechtmäßigkeit der angegriffenen Bescheide sprechen, in das Verfahren eingebracht werden. Eine falsch begründete Einspruchsentscheidung
macht diese also nicht ohne weiteres rechtswidrig. Umgekehrt kann ein Kläger im
Klageverfahren auch Aspekte vorbringen, mit denen er das Finanzamt bisher
noch nicht konfrontiert hat[497]. Begründungen umschreiben das bereits kenntlich
gemachte Klagebegehren nur näher, sie beziffern dieses möglicherweise auch erst
genauer. Dies ist keine Erweiterung des ursprünglichen Klagebegehrens, sondern
lediglich eine exaktere Abgrenzung, die jederzeit zulässig ist.

Beschränkungen des Klagebegehrens sind jederzeit möglich. Allerdings wir- 359
ken sie sich bei Verfahren, die nach dem 1. 7. 2004 anhängig geworden sind auf
die Berechnung des Streitwerts zu Zwecken der Berechnung der Gerichtsgebühren nicht mehr aus. Für die Streitwertberechnung ist die Antragstellung zum der
Zeitpunkt der Klageerhebung maßgebend (§ 40 GKG). Dies bedeutet, dass sich
die Streitwertermittlung an der sich aus der Klageschrift ergebenden Antragstellung (ggf. erläutert durch nachfolgende Schriftsätze) ausrichtet (s. Rz. 387 ff.).

Die **Klageänderung** (s. Rz. 654 ff.) ist zulässig, wenn die übrigen Beteiligten 360
einwilligen oder das Gericht die Änderung für sachdienlich hält (§ 67 Abs. 1
FGO). Dabei ist die Einwilligung der beklagten Behörde anzunehmen, wenn sie
sich – ohne ihr zu widersprechen – in einem Schriftsatz oder in einer mündlichen
Verhandlung auf die geänderte Klage eingelassen hat (§ 67 Abs. 2 FGO). Die Kla-

---

494 Vom 26. 1. 1982 VII R 85/77, BStBl. II 1982, 358.
495 BFH vom 1. 4. 1981 II R 38/79, BStBl. II 1981, 532.
496 BFH vom 23. 10. 1989 GrS 2/87, BStBl. II 1990, 327; vom 14. 3. 1990 X R 68/82, BFH/
NV 1991, 162; vom 21. 9. 1990 VI R 116/86, BFH/NV 1991, 315. Zur Frage, ob ein Gewinnfeststellungsbescheid mehrere selbständige Streitgegenstände enthält s. BFH vom
21. 1. 1999 IV R 40/98, BStBl. II 1999, 563, und vom 19. 5. 1999 IV B 71/98, BFH/NV
1999, 1449.
497 Das Finanzamt kann hierauf allerdings mit dem Erlass eines stattgebenden Änderungsbescheides reagieren und unter Erklärung der Erledigung der Hauptsache beantragen,
dem Kläger die Kosten nach § 138 Abs. 2 Satz 2 i. V. m. § 137 Satz 1 FGO aufzuerlegen.

geänderung nach § 67 FGO beinhaltet eine Änderung des Streitgegenstandes. Der Anwendungsbereich des § 67 FGO ist dadurch stark eingeschränkt, dass er die Frage der Zulässigkeit der Klage unberührt lässt. Für den geänderten Streitgegenstand müssen also die allgemeinen Zulässigkeitsvoraussetzungen gegeben sein. Zudem ist nach § 123 FGO eine Klageänderung im Revisionsverfahren generell ausgeschlossen. Die praktische Bedeutung des § 67 FGO ist dementsprechend gering.

e) Bezeichnung des Verwaltungsakts und der Einspruchsentscheidung

361 Zum Muss-Inhalt der Klage gehört die Bezeichnung des angegriffenen Verwaltungsakts und der Entscheidung über den außergerichtlichen Rechtsbehelf. Beides gehört zur notwendigen *Konkretisierung der Klage*. Ohne diese Bezeichnungen ist es dem Gericht nicht möglich, das exakte Klagebegehren zu erkennen. Wenn der Kläger dieser Pflicht zur Bezeichnung des Verwaltungsakts und der Entscheidung über den außergerichtlichen Rechtsbehelf nicht nachkommt, ist seine Klage unvollständig; das Gericht hat ihn unter Fristsetzung zu einer entsprechenden Ergänzung aufzufordern (§ 65 Abs. 2 FGO).

362 Wenn auch die *Bezeichnung des angefochtenen Verwaltungsakts* noch nach Ablauf der Klagefrist *nachgeholt* werden kann, so ist doch nach Ablauf der Klagefrist die Bezeichnung eines anderen Verwaltungsakts oder die Einbeziehung eines weiteren Verwaltungsakts in das Klageverfahren nicht zulässig. Wenn der Kläger den bereits angefochtenen Verwaltungsakt eindeutig bezeichnet hat und das bisherige Klagevorbringen nicht erkennen lässt, dass die Klage weitere Streitgegenstände haben könnte, so kann nach Ablauf der Klagefrist nicht an die Stelle des bisher bezeichneten Verwaltungsakts oder neben diesen ein anderer Verwaltungsakt als Gegenstand der Anfechtungsklage gesetzt werden. Dies würde eine unzulässige Ausweitung der einmal konkret erhobenen Klage bedeuten. Will ein Kläger also mehrere Verwaltungsakte anfechten oder will er statt des ursprünglich angefochtenen Verwaltungsakts einen anderen Verwaltungsakt benennen, so muss er dies vor Ablauf der Klagefrist tun. Danach ist eine Umbenennung nur noch unter den engen Voraussetzungen einer Klageänderung möglich (S. Rz. 360, 654 ff.). Allenfalls kann er wegen der anderen Verwaltungsakte eine weitere Klage erheben. Für diese sind aber wiederum selbständig die Klagevoraussetzungen zu prüfen.

363 Mit der *Bezeichnung der angefochtenen Einspruchsentscheidung* in der Klageschrift wird zugleich der ihr zugrundeliegende ursprüngliche Verwaltungsakt als Gegenstand der Anfechtungsklage benannt[498]. Dies gilt auch, wenn die Einspruchsentscheidung zu mehreren Steuerbescheiden ergangen ist. Durch die Bezeichnung der Einspruchsentscheidung macht ein Kläger folglich zunächst einmal alle Bescheide, zu denen die Einspruchsentscheidung ergangen ist, zum Gegenstand des Klageverfahrens. Der Kläger kann dann noch nach Ablauf der Klagefrist klarstellen, dass er sich mit seiner Klage nur gegen einzelne dieser Bescheide wenden wollte. Wenn er in der Klageschrift dagegen die Einspruchsentscheidung

---

498 BFH vom 19. 5. 1993 VIII R 87/90, BFH/NV 1993, 31.

und ausdrücklich einzelne von mehreren Steuerbescheiden bezeichnet, dann richtet sich die Klage von vornherein lediglich gegen diese ausdrücklich bezeichneten Bescheide, nicht jedoch gegen die nicht ausdrücklich erwähnten Bescheide. Nach Ablauf der Klagefrist kann in solchen Fällen die Klage nicht mehr über die konkret bezeichneten Steuerbescheide hinaus auf die in der Klageschrift nicht benannten Bescheide ausgedehnt werden[499].

Jeder Kläger sollte demnach erhöhte Sorgfalt auf diese Bezeichnung legen. Geringe Fehler in der Bezeichnung schaden nicht. Die Bezeichnung muss aber so gestaltet sein, dass das Gericht aus ihr im Zusammenhang mit den vorliegenden Akten den Verwaltungsakt und die Entscheidung über den außergerichtlichen Rechtsbehelf zweifelsfrei erkennen kann. *364*

Die *nachträgliche Einführung eines Steuerbescheids* in den Prozess nach isolierter Anfechtung der Einspruchsentscheidung ist jedoch keine solche zulässige Ergänzung, sondern eine Klageänderung, die nur unter den schon genannten Voraussetzungen zulässig ist[500]. Es muss dann allerdings zweifelsfrei erkennbar sein, dass der Kläger die Einspruchsentscheidung – und nur diese – anfechten wollte. *365*

Fehlt die genaue Bezeichnung des angefochtenen Verwaltungsakts, so ist die Klage als unzulässig abzuweisen, wenn sich auch im Wege der Auslegung der Klageschrift eine entsprechende Angabe nicht ermitteln lässt[501]. *366*

6. „Soll-Inhalt" der Klageschrift
a) Überblick

Der „Soll-Inhalt" der Klageschrift dient dazu, das Klagebegehren so genau zu bezeichnen, dass das Gericht einwandfrei erkennen kann, worüber es entscheiden soll. Dabei ist der *Vortrag des Klägers* nach den üblichen Regeln auszulegen. Der Kläger muss daher das Ziel seiner Klage, sein Klagebegehren, deutlich erkennbar zum Ausdruck bringen. Dazu ist es erforderlich, dass er substantiiert darlegt, inwiefern der angefochtene Verwaltungsakt rechtswidrig ist und ihn in seinen Rechten verletzt. *Der Kläger muss substantiiert den konkreten Sachverhalt unterbreiten,* in dessen steuerrechtlicher Würdigung durch den Beklagten er eine Rechtsverletzung erblickt[502]. *367*

Im Gegensatz zum „Muss-Inhalt" kann der Vortrag des „Soll-Inhaltes" einer Klage nicht mit der Wirkung angefordert werden, dass die Klage unzulässig wird, wenn ein entsprechender Vortrag unterbleibt. Das Gericht kann zur Beibringung des „Soll-Inhaltes" lediglich eine Frist nach § 79b FGO setzen, wonach es berechtigt ist, unter Zurückweisung weiteren Sachvortrages zur Sache zu entscheiden (s. Rz. 706 f.). Die Klage ist bei fruchtlosem Ablauf der Frist zur Benennung des „Soll-Inhaltes" also nicht unzulässig, sondern lediglich früher entscheidungsreif. *368*

---

499 FG des Saarlandes vom 14. 6. 2000 1 K 287/99, EFG 2000, 1042.
500 FG Rheinland-Pfalz vom 19. 11. 1990 5 K 2895/89, EFG 1991, 269.
501 Niedersächsisches FG vom 8. 2. 1991 VI 525/87, EFG 1992, 21.
502 BFH vom 26. 11. 1979, GrS 1/78, BStBl. II 1980, 99.

369 Zum Soll-Inhalt der Klage gehören (§ 65 FGO):
- ein bestimmter Antrag (s. Rz. 370 ff.);
- die Angabe der zur Begründung dienenden Tatsachen und Beweismittel (s. Rz. 391 ff.).

b) Bestimmter Antrag

370 Der „bestimmte Klageantrag" ist Teil der Bezeichnung des Klagebegehrens. Hierauf bezieht sich im wesentlichen die Pflicht des Klägers, substantiiert sein *Klageziel* und die *Verletzung seiner Rechte* darzulegen. Der Kläger muss hierzu den konkreten Sachverhalt unterbreiten. Dies muss in einer Weise geschehen, die dem Gericht einwandfrei das Klagebegehren erkennbar macht.

371 Bei strenger Betrachtung bedeutet ein „bestimmter Antrag", dass der Kläger – wenn er sich gegen eine Steuerfestsetzung wendet – die Höhe der festzusetzenden Steuer beziffert und beispielsweise beantragt, „die Einkommensteuer 2004 auf 10.000 € festzusetzen". In der Praxis wird jedoch in aller Regel ein *„ausformulierter"* Antrag akzeptiert, der nicht die festzusetzende Steuer beziffert, sondern der den Vorgang bezeichnet, der bei der Änderung des Steuerbescheides berücksichtigt werden soll (z. B.: „…, die Einkommensteuer 2004 unter Berücksichtigung weiterer Werbungskosten aus Vermietung und Verpachtung in Höhe von 8.000 € festzusetzen"). Ein solcher Antrag verdeutlicht besser den Streitbereich und erspart dem Gericht die Prüfung, ob dem Kläger möglicherweise bei der – nicht immer ganz einfachen – Steuerberechnung Fehler unterlaufen sind. Es ist deshalb weniger erforderlich, den streitigen Steuerbetrag zu beziffern, als vielmehr, den streitigen Sachverhalt möglichst genau zu beschreiben. Die steuerlichen Rechtsfolgen hieraus kann das Gericht selbst ziehen und die Berechnung des Steuerbetrags entweder selbst durchführen oder durch das Finanzamt durchführen lassen (§ 100 Abs. 2 Satz 2 FGO).

372 Zulässig ist es, dass der Kläger *mehrere Klageanträge* stellt, die in gewisser Weise *konkurrieren*. Dabei muss er jedoch darauf achten, dass er keinen Klageantrag von einer *Bedingung* abhängig macht. Der Klageantrag ist eine Prozesshandlung; Prozesshandlungen dürfen nur unbedingt vorgenommen werden.

- **Alternativ-Anträge**

373 Weil Klageanträge als Prozesshandlungen nicht von einer Bedingung abhängig gemacht werden dürfen, sind *echte Alternativ-Anträge*, von denen nur dem einen oder dem anderen stattgegeben werden kann, wegen Unbestimmtheit insgesamt *unzulässig*. So z. B.: das Gericht möge den Einkommensteuerbescheid 2003 oder den Einkommensteuerbescheid 2004 aufheben. Der Kläger muss einen bestimmten Antrag stellen. Gegebenenfalls hat das Gericht auf eine Klärung hin zu wirken. Möglich erscheint allerdings auch eine *Umdeutung der Alternativ-Anträge in eine kumulative Klagehäufung*. So im vorgenannten Beispiel: das Gericht möge die Einkommensteuerbescheide 2003 und 2004 aufheben. Für diesen Fall sind beide Anträge als gleichberechtigte Hauptanträge zu werten mit der Folge, dass das

Klagebegehren beide Anträge umfasst. Der Streitgegenstand und damit auch der Streitwert ergeben sich dann aus beiden Anträgen zusammen.

Zulässig sind indessen *unechte Alternativanträge*, die verdeutlichen, wie das Gericht entscheiden soll, wenn es dem weitergehenden Klagebegehren nicht nachkommt. Denn das Gericht hat ohnehin von Amts wegen zu prüfen, inwieweit es einem Antrag stattgibt, wenn es den Maximalforderungen des Klägers nicht entsprechen kann („*soweit* ein angefochtener Verwaltungsakt rechtswidrig ist", § 100 Abs. 1 Satz 1 FGO). Ebenso ist es zulässig, die Höhe bestimmter Berechnungsmodalitäten (z. B. die Angemessenheit von Geschäftsführergehältern oder die Üblichkeit von Mietwerten) in das Ermessen des Gerichts zu stellen. 374

So ist beispielsweise der Antrag zulässig, den angegriffenen *Bescheid aufzuheben oder ihn dahingehend zu ändern*, dass die Steuer auf einen bestimmten Betrag herabgesetzt wird. In einem solchen Falle ist der Aufhebungsantrag der weitergehende Antrag gegenüber dem Antrag auf geänderte Festsetzung. Der geänderte Festsetzungsantrag ist als „Minus" im Aufhebungsantrag enthalten, so dass im Grunde nur ein Antrag – nämlich der weitergehende – vorliegt und der Alternativantrag auf verminderte Steuerfestsetzung lediglich der Klarstellung dient. Das Gericht hat im Falle des Aufhebungsantrages von Amts wegen alle geringeren Fehler des Bescheides richtig zu stellen, wenn eine Aufhebung nicht in Betracht kommt und es diese anderen Fehler erkennt. 375

- **Eventual-Anträge**

Zulässig sind des weiteren *Eventual-Anträge*, auch *Hilfsanträge* genannt (z. B.: „die Einkommensteuer 2004 auf 15.500 € festzusetzen, hilfsweise die Nichtigkeit des angefochtenen Bescheides festzustellen"). Solche Hilfsanträge setzen voraus, dass das Gericht zunächst über den Hauptantrag entscheidet. Nur für den Fall des Misserfolgs eines Hauptantrags soll der Hilfsantrag gelten. *Dabei schließt der Hauptantrag den Hilfsantrag* in der Weise *aus*, dass über den Hilfsantrag nur entschieden werden kann, wenn der Hauptantrag in vollem Umfang scheitert. Wird dem Hauptantrag auch nur teilweise stattgegeben, entfällt der Hilfsantrag völlig. So ist es auch zulässig, dass seitens des Beklagten Klageabweisung begehrt und daneben hilfsweise die Hauptsache für erledigt erklärt wird[503]. 376

- **Nebenanträge**

In der Praxis des finanzgerichtlichen Verfahrens werden neben dem Hauptantrag häufig folgende Nebenanträge gestellt: 377
- Antrag, die Zuziehung eines Bevollmächtigten im Vorverfahren für notwendig zu erklären (s. Rz. 379 ff.);
- Antrag zur Kostenauferlegung (s. Rz. 382);
- Antrag zur Vollstreckung (s. Rz. 383 f.);
- Antrag zur Zulassung der Revision (s. Rz. 386);
- Antrag auf Streitwertfestsetzung (s. Rz. 387 ff.).

---

503 BFH vom 26. 8. 1980 VII S 15/80, BStBl. II 1981, 37; vom 29. 1. 1986 II R 250/85, BFH/NV 1987, 318.

Klageerhebung

378 Diese Anträge sind zwar nicht unzulässig; sie sind jedoch allesamt überflüssig oder in dem Stadium des schwebenden Klageverfahrens deplaziert. Ein berufsangehöriger Prozessvertreter mag dadurch seinen Mandanten beeindrucken; sie zeugen jedoch nicht unbedingt von einer souveränen Beherrschung des Verfahrensrechts.

379 Die **Zuziehung eines Bevollmächtigten im Vorverfahren** wird vom Gericht auf Antrag gem. § 139 Abs. 3 Satz 3 FGO – also erst nach Abschluss des streitigen Verfahrens im Rahmen der Kostenerstattung – für notwendig erklärt. Dieser Antrag geht dahin, „die Zuziehung eines Bevollmächtigten im Vorverfahren für notwendig zu erklären". Für die Kostenerstattung ist der Antrag notwendig, weil – trotz der regelmäßigen Kostenfreiheit des außergerichtlichen Vorverfahrens – Gebühren und Auslagen des Bevollmächtigten erstattungsfähig sind, wenn das Gericht die Zuziehung des Bevollmächtigten für das Vorverfahren für notwendig erklärt. Das Einspruchsverfahren ist nur hinsichtlich der Kosten des Finanzamts kostenfrei. Der Bevollmächtigte kann davon unabhängig ein Honorar für seine Leistungen in Rechnung stellen.

380 Hat die Klage (ganz oder zum Teil) Erfolg, dann ist die unterlegene Finanzbehörde auch zur (anteiligen) Erstattung der Gebühren und Auslagen verpflichtet, die der Bevollmächtigte deswegen seinem Mandanten in Rechnung gestellt hat. Allerdings ist erforderlich, dass das Gericht die Notwendigkeit der Zuziehung für das Vorverfahren ausdrücklich ausgesprochen hat. Dieser Ausspruch erfolgt nur auf Antrag, nicht von Amts wegen.

381 Hierfür bedarf es eines Antrags des Klägers oder seines Bevollmächtigten. Dieser Antrag sollte nicht bereits in der Klageschrift, sondern erst nach erfolgreichem Abschluss des Klageverfahrens im Zuge der Kostenerstattung gestellt werden. Diesem Antrag wird wegen der Undurchschaubarkeit des Steuerrechts in der Praxis normalerweise stattgegeben. Bisweilen sehen die Gerichte in einem entsprechenden Kostenerstattungsantrag den konkludent gestellten Zuziehungsantrag nach § 139 Abs. 3 Satz 3 FGO und geben diesem dann ohne weitere ausdrückliche Antragstellung statt. Hierauf sollte sich ein Klägervertreter aber nicht verlassen.

382 Die **Kostenfolge** ergibt sich bei einem Finanzgerichtsprozess aus dem Gesetz (§§ 135 ff. FGO). *Die Entscheidung über die Kostentragungspflicht trifft das Finanzgericht von Amts wegen (§ 143 Abs. 1 FGO).* Eines Antrags hierzu bedarf es nicht. Allerdings ist der Kläger oder sein Bevollmächtigter nicht gehindert, einen Antrag zur Kostentragung zu stellen. In Fällen, in denen die Kostentragungspflicht – aus welchen Gründen auch immer – nicht exakt dem Anteil des Obsiegens oder Unterliegens entspricht, kann es ratsam sein, einen mit entsprechenden Gründen versehenen Antrag zur Kostentragung zu stellen. Dadurch kann dem Gericht gegenüber begründet werden, weshalb eine vom Normalfall abweichende Kostentragung erfolgen soll. Das Gericht wird dadurch auf die Sondersituation aufmerksam und gewährt allen Beteiligten hierzu rechtliches Gehör. Dies gilt insbesondere, wenn der Rechtsstreit in der Hauptsache für erledigt worden ist. Der Kostenantrag geht – je nach Situation – dahin, dem Klagegegner die Verfahrenskosten in vollem Umfang oder zu einem bestimmten Bruchteil aufzuerlegen.

Vollstreckung findet nur statt (§ 151 FGO) aus: 383
- rechtskräftigen und für vorläufig vollstreckbar erklärten gerichtlichen Entscheidungen;
- einstweiligen Anordnungen;
- Kostenfestsetzungsbeschlüssen.

Es kann auch gegen die Steuergläubiger (Bund, Land oder Gemeinden) vollstreckt werden. Urteile in Anfechtungs- und Verpflichtungsklagen können *nur wegen der Kosten* für vorläufig vollstreckbar erklärt werden (§ 151 Abs. 3 FGO). Bei Leistungsurteilen, die Bund, Land oder Gemeinden zu einer Geldzahlung verpflichten, verfügt das Finanzgericht als Vollstreckungsgericht auf Antrag des Gläubigers die Vollstreckung (§ 152 FGO). 384

Der Antrag zur Vollstreckbarkeit der Entscheidung lautet bei Anfechtungsklagen: *Das Urteil wegen der Kosten für vorläufig vollstreckbar zu erklären.* 385

Zulassung der Revision: Die Revision gegen ein Urteil des Finanzgerichts findet nur statt, wenn diese zugelassen wurde (§ 115 Abs. 1 FGO). Der Antrag auf Zulassung der Revision ist ein Eventualantrag und lautet: *„im Unterliegensfalle die Revision zuzulassen"*. Wird die Revision nicht vom Finanzgericht zugelassen, so kann die Nichtzulassung selbständig durch Beschwerde beim BFH angefochten werden (§ 116 FGO, s. Rz. 832 ff.). Das Finanzgericht entscheidet über die Zulassung der Revision von Amts wegen, so dass es insoweit keines Antrages bedarf. Gleichwohl kann es zweckmäßig sein, auf eventuelle Zulassungsgründe für den Fall einer abweisenden Entscheidung hinzuweisen. Bringt das Finanzgericht weder im Tenor des Urteils noch in den Urteilsgründen zum Ausdruck, dass die Revision zugelassen wird, so fehlt es an dem Erfordernis, dass „das Finanzgericht die Revision zugelassen hat" im Sinne des § 115 Abs. 1 FGO[504]. 386

Streitwertfestsetzung: Der Klageantrag ist bestimmend dafür, wie hoch der Streitwert des Verfahrens anzusetzen ist und wie hoch demzufolge die (gerichtlichen und außergerichtlichen) Kosten sind. Nach § 52 Abs. 1 GKG n. F. ist in Verfahren der Finanzgerichtsbarkeit *der Streitwert nach der sich aus dem Antrag des Klägers für ihn ergebenden Bedeutung der Sache* nach Ermessen zu bestimmen. Im finanzgerichtlichen Verfahren geht es in aller Regel um die Rechtmäßigkeit von Steuerbescheiden. Diese sind auf Geldleistung gerichtete Verwaltungsakte. Für sie ist zur Streitwertbemessung die Höhe des streitigen Steuerbetrages (nicht z. B. die Höhe der streitigen Werbungskosten oder Betriebsausgaben) maßgeblich (§ 52 Abs. 3 GKG n. F.). 387

Liegt kein Antrag vor oder lassen sich dem Antrag des Klägers und dem sonstigen Sach- und Streitstand keine Anhaltspunkte für die Streitwertermittlung entnehmen, so ist der Sache der Regelstreitwert des § 52 Abs. 2 GKG n. F. in Höhe von 5.000 € zugrunde zu legen. 388

Werden im Lauf des Verfahrens Teile des Klageantrags unstreitig, dann empfiehlt es sich, den Klageantrag zahlenmäßig insoweit einzuschränken. Durch die 389

---

504 BFH vom 4. 8. 1999 II R 56/98, BFH/NV 2000, 70.

Einschränkung des Klageantrags werden alle danach folgenden Prozessabschnitte, die mit Gebühren belegt sind, nach diesem eingeschränkten Klageantrag und damit nach dem eingeschränkten Streitwert berechnet (z. B. die Urteilsgebühr). Im Hinblick auf die Verminderung des Prozesskostenrisikos ist eine möglichst frühe Beschränkung des Klageantrags zu empfehlen. Nach dem in der ab 1. 7. 2004 geltenden Fassung des GKG wird für das gesamte Verfahren lediglich noch eine Verfahrensgebühr in Höhe von vier Gebühren erhoben (Nr. 6110 des Kostenverzeichnisses in Anlage 1 zum GKG), so dass sich hiernach die Einschränkung des Klageantrages nicht mehr auf die Höhe der Gerichtsgebühren auswirkt. Auswirkungen können sich aber nach wie vor auf die Gebühren des Prozessvertreters ergeben.

390 Gem. § 63 Abs. 2 Satz 2 GKG n. F. setzt das Gericht den Streitwert durch Beschluss fest, wenn ein Beteiligter dies beantragt oder das Gericht dies für angemessen erachtet. Wie alle Verfahrensanträge setzt auch der Antrag auf Streitwertfestsetzung ein Rechtsschutzbedürfnis voraus. Das Rechtsschutzbedürfnis ist zu verneinen, wenn sich die Höhe des Streitwerts aus den Anträgen an Hand der bisherigen Rechtsprechung des BFH ohne weiteres ermitteln lässt[505].

c) Tatsachen und Beweismittel

391 Aus dem Fehlen einer Klagebegründung dürfen *zunächst keine prozessentscheidenden Folgerungen* gezogen werden. § 65 Abs. 2 Satz 1 FGO sieht vor, dass der Vorsitzende dann, wenn die Klage den Anforderungen des § 65 Abs. 1 FGO nicht entspricht – wenn sie also z. B. ohne Begründung erhoben wurde –, zu den erforderlichen Ergänzungen innerhalb einer „bestimmten Frist" aufzufordern hat. Die Vorschrift konkretisiert die richterliche Pflicht zur Prozessförderung nach § 76 Abs. 2 FGO (s. dazu Rz. 63 ff.). Hiernach hat der Vorsitzende des Gerichts unter anderem darauf hinzuwirken, dass unklare Anträge erläutert, ungenügende tatsächliche Angaben ergänzt und alle für die Feststellung und Beurteilung des Sachverhalts wesentlichen Erklärungen abgegeben werden. Der Ablauf der Frist nach § 65 Abs. 2 Satz 1 FGO hat keine unmittelbaren verfahrensrechtlichen Sanktionen zur Folge.

392 Solche treten ein, wenn zur Bezeichnung der entscheidungserheblichen Tatsachen eine *Frist nach § 79b FGO* gesetzt wird (s. hierzu im Einzelnen Rz. 497 ff.). Ansonsten wirkt sich das Fehlen der „Soll-Angaben" des § 65 Abs. 1 FGO erst aus, wenn die Angaben nicht bis zum Termin der mündlichen Verhandlung oder bis zu einem sonstigen Entscheidungszeitpunkt nachgeholt worden sind. Das Finanzgericht hat trotz fehlender „Soll-Angaben" eine Sachentscheidung zu treffen. Dabei wird die Amts-Ermittlungspflicht des Gerichts (s. Rz. 59 ff.) mit Rücksicht auf das Verhalten des Klägers zwar stark reduziert; es hat aber die Steuerakten beizuziehen und die Besteuerungsgrundlagen innerhalb des Klageantrages zumindest auf offensichtliche Fehler zu untersuchen[506]. Weitere Angaben zum Sachverhalt sind jedenfalls dann nicht erforderlich, wenn die Streitpunkte in groben Zü-

---

505 Z. B. BFH vom 27. 1. 1994 VII S 36/93, BFH/NV 1994, 818.
506 BFH vom 17. 10. 1990 I R 118/88, BStBl. II 1990, 242.

gen aus der Einspruchsentscheidung erkennbar sind[507]. Das Finanzgericht wird in solchen Fällen aber die Sache eher summarisch prüfen. Für einen Kläger, der mit seiner Klage Erfolg haben will, besteht deshalb zwar kein rechtlicher, wohl aber ein faktischer Zwang zur Klagebegründung.

Daraus ergibt sich für den Kläger die Frage, wie und in welchem *Umfang* er seinen Klageantrag begründen und welche Beweismittel er dem Gericht vorlegen soll. Grundsätzlich muss die Klage sowohl hinsichtlich der formellen Voraussetzungen als auch hinsichtlich des sachlichen Anspruchs begründet werden. 393

Die *formellen Voraussetzungen* der Klage – Zulässigkeit, Zuständigkeit, richtiger und vollständiger Inhalt der Klageschrift – sind gesetzlich normiert. Ein Kläger hat darauf zu achten, dass diese Punkte erfüllt sind; im Normalfall braucht er deswegen keine gesonderte Begründung abzugeben. Nur wenn in diesem Bereich Zweifel bestehen, ist der Kläger gehalten, Erklärungen zu den formellen Aspekten des Verfahrens abzugeben. 394

Anders verhält es sich mit der *Begründung des Klage-Sachantrags*. Hier wird der Prozessrahmen vom Kläger durch seine Antragsformulierung abgesteckt. Aus diesem Grund ist er auch verpflichtet, den von ihm abgesteckten Rahmen mit seiner Begründung auszufüllen. Der Umfang des Vortrags hängt von der konkreten und jedem Prozess eigenen Besonderheit ab. Als Richtschnur kann dienen, dass das Gericht über das Begehren des Klägers und die Gründe seiner Klageerhebung möglichst umfassend unterrichtet werden soll. Die Verfahrensbeteiligten haben ihre Erklärungen über die tatsächlichen Umstände vollständig und der Wahrheit gemäß abzugeben und sich auf Anforderung des Gerichts zu den von den anderen Beteiligten vorgebrachten Tatsachen zu erklären (§ 76 Abs. 1 Satz 3 FGO; s. im übrigen Rz. 83 ff.). 395

Der Kläger muss insbesondere die *Tatsachen und Beweismittel* angeben, die geeignet sind, seinen Sachantrag zu rechtfertigen (Schlüssigkeit des Klägervortrages). Hierbei sollte sich ein Kläger mit der letzten Verwaltungsentscheidung vor dem Klageverfahren – der Einspruchsentscheidung – eingehend auseinandersetzen. Er sollte nachvollziehbar darlegen, weshalb das Ergebnis, zu dem die Einspruchsentscheidung gekommen ist, unzutreffend und stattdessen sein eigenes Klagebegehren berechtigt ist. 396

Dabei ist zunächst die Frage zu klären, ob der bisher vom Finanzamt zugrunde gelegte *Sachverhalt* als richtig anerkannt wird oder ob dieser – weil unvollständig oder unrichtig – einer Ergänzung oder einer Richtigstellung bedarf. Wird die Sachverhaltsdarstellung des Finanzamts im ursprünglichen Verwaltungsakt oder in der Einspruchsentscheidung nicht widerlegt oder wird ihr nicht widersprochen, dann wird im Allgemeinen davon auszugehen sein, dass dieser Sachverhalt unstreitig ist. Dies bedeutet zwar nicht, dass auch das Gericht an diese Unstreitigkeit gebunden wäre; es kann vielmehr seinerseits Zweifel am Sachverhalt haben und diese ausräumen. Wenn sich solche *Sachverhaltszweifel* aber nicht aufdrängen, dann wird das Gericht hierzu auch keine Beweise erheben. Es ist deshalb 397

---

507 BFH vom 24. 5. 2000 VI R 183/98, BFH/NV 2000, 1480.

Klageerhebung

entscheidend, den Sachverhalt, der dem Klageanspruch zugrunde liegt, eindeutig und unzweifelhaft darzustellen. Es ist auch zu empfehlen, zum Nachweis des eindeutig geschilderten Sachverhalts die einschlägigen *Beweismittel zu benennen und anzubieten*. Soweit der Sachverhalt zwischen den Beteiligten unstreitig ist, erübrigt sich dies. Übernimmt das Gericht einen unstreitigen Sachverhalt wegen eigener Zweifel an dessen Richtigkeit nicht, dann ist es seinerseits gehalten, zur Angabe von Beweismitteln aufzufordern und Beweis zu erheben (s. Rz. 59 ff.). Der Kläger muss also bei der Begründung seiner Klage darauf achten, dass der *Sachverhalt vollständig vorgetragen* und dass für streitige Sachverhaltsteile *entsprechende Beweismittel* – bei der Lebenserfahrung entsprechenden Vorgängen genügt auch eine Glaubhaftmachung – *angeboten* werden.

398   Der Kläger ist grundsätzlich nicht verpflichtet, *Rechtsausführungen* zu machen oder seinen Klageantrag mit Rechtsausführungen zu begründen. Es gilt der Grundsatz „Iura novit curia", was bedeutet, dass das Gericht die Gesetze kennt und hierzu die erforderlichen rechtlichen Überlegungen umfassend anstellt. Dennoch ist mehr als ratsam, in rechtlich zweifelhaften Fällen auch auf Auslegungsfragen einzugehen, insbesondere, wenn man sich gegen die Rechtsprechung der Finanzgerichte oder des BFH wendet. Der Kläger braucht nicht die Gründe verschiedener Urteile – auch oberster Gerichte – im einzelnen darzulegen; der Hinweis auf die Existenz und die Richtung bestimmter Entscheidungen genügt. Der Sachvortrag orientiert sich an den streitigen Rechtsfragen und der Auffassung, die der Kläger hierzu vertritt.

399   Der Kläger sollte seine *Beweismittel* so benennen, dass das Gericht sie auch nutzen kann. Dies bedeutet, dass Urkunden exakt benannt und ihre Fundstellen angegeben oder Fotokopien derselben vorgelegt werden. Bei der Benennung von *Zeugen oder Sachverständigen* ist es wichtig, deren ladungsfähige Anschrift anzugeben und den *Beweisgegenstand*, zu dem sie gehört werden sollen, zu bezeichnen. Alles weitere obliegt dem Gericht im Rahmen seiner Amts-Ermittlungspflicht (s. Rz. 59 ff.). Sollte das Gericht vom Kläger angebotene Beweise bis zur mündlichen Verhandlung nicht erhoben haben, obwohl es nach Auffassung des Klägers hierauf entscheidungserheblich ankommt, so sollte er – um später einen Verfahrensfehler rügen zu können – den Beweisantrag zum Protokoll der mündlichen Verhandlung stellen. S. Rz. 853.

400   Die „Muss-Inhalte" der Klage kann das Gericht vom Kläger durch eine Ausschlussfrist einfordern, bei deren erfolglosem Ablauf die Klage unzulässig wird (§ 65 Abs. 2 Satz 2 FGO). Bei fehlendem oder mangelhaftem Tatsachen- oder Beweismittelvortrag kann eine Frist nach § 79b FGO gesetzt werden. Beide Fristsetzungen (nach § 65 Abs. 2 Satz 2 und nach § 79b FGO) können gleichzeitig erfolgen (§ 79b Abs. 1 Satz 2 FGO). Ein Vorbringen, das erst nach Ablauf einer Frist gem. § 79b FGO erfolgt, kann als unbeachtlich zurückgewiesen werden (§ 79b Abs. 3 FGO).

401   Dies bedeutet: Die *Klagebegründung* muss nicht unbedingt bereits mit der Erhebung der Klage verbunden werden. Auch die notwendigen Konkretisierungen müssen nicht in der Klageschrift enthalten sein. Sie müssen allerdings bis spätes-

tens zum Ende der mündlichen Verhandlung beim Gericht eingegangen sein. Was nach der mündlichen Verhandlung beim Gericht eingeht, braucht für die Entscheidung nicht mehr berücksichtigt zu werden. Für die *Nachreichung und Ergänzung der Klagebegründung* kann vom Berichterstatter oder vom Vorsitzenden eine Frist gesetzt werden. Wird die Frist schuldhaft nicht eingehalten, dann kann das Gericht das verspätete Vorbringen als unbeachtlich zurückweisen.

Die *Klagebegründung soll* – wie alle übrigen Schriftsätze im Lauf des Prozesses – *in zweifacher Ausfertigung* eingereicht werden, damit ein Exemplar dem beklagten Finanzamt übersandt werden kann. Mehr Exemplare sind nur erforderlich, wenn weitere Beteiligte, z. B. Beigeladene oder mehrere andere Kläger vorhanden sind. In diesem Fall sind so viele Exemplare einzureichen, dass jeder der Beteiligten und jeder seiner Prozessvertreter ein Exemplar erhalten kann. Auf die notwendige Zahl von Ausfertigungen macht das Gericht in der Regel aufmerksam (§ 64 Abs. 2, § 77 Abs. 2 FGO). 402

d) Vorlage des Verwaltungsaktes und der Einspruchsentscheidung

Seit dem 1. 1. 2001 hat ein Kläger nicht nur den angefochtenen Verwaltungsakt und die Einspruchsentscheidung zu bezeichnen (§ 65 Abs. 1 Satz 1 FGO; s. Rz. 361 ff.), sondern er soll nach Satz 4 der Vorschrift seiner Klage auch die Urschrift oder eine Abschrift des angefochtenen Verwaltungsaktes und der Einspruchsentscheidung beifügen. Bisher wurde das Finanzamt vom Gericht nach Klageeingang zur Vorlage der Einspruchsentscheidung aufgefordert, wenn eine solche der Klageschrift nicht beigefügt war. Dadurch, dass der Kläger dies nun selbst bei Klageerhebung erledigen soll, soll das Gerichtsverfahren vereinfacht und beschleunigt werden. Ob dies dadurch in spürbarer Weise gelingt, darf bezweifelt werden. 403

Die Vorschrift könnte aber auch den erfreulichen Effekt haben, dass ein Kläger nicht „blind" gegen alle von der Einspruchsentscheidung betroffenen Bescheide klagt, sondern vor der Klageerhebung eine sorgfältigere Auswahl trifft. So werden beispielsweise häufig *überflüssige Klagen gegen Gewerbesteuermessbescheide* erhoben – wenn nämlich gleichzeitig und aus gleichen Gründen gegen den Einkommensteuer-, Körperschaftsteuer- oder Feststellungsbescheid geklagt wird (§ 35b GewStG). Solche Klagen führen zu einer unnötigen Vermehrung des Prozesskostenrisikos. Häufig werden auch Klagen gegen *Folgebescheide* ausschließlich mit Einwendungen gegen den ebenfalls angegriffenen Grundlagenbescheid erhoben (z. B. Klage gegen die Kirchensteuerbescheide oder die Arbeitnehmersparzulage bei gleichzeitiger Anfechtung der Einkommensteuer oder: Klage gegen den Einkommensteuerbescheid ausschließlich mit Gründen, die eine einheitliche und gesonderte Einkunftsfeststellung betreffen). Wegen der Pflicht zur Anpassung des Folgebescheides (§ 175 Abs. 1 Nr. 1 AO) sind derartige Klagen unzweckmäßig oder – dies ist streitig – unzulässig[508]. 404

---

508 S. dazu BFH vom 25. 8. 1999 VIII R 76/95, BFH/NV 2000, 300; vom 23. 5. 1990 III R 145/85, BStBl. II 1990, 895, 898; FG des Saarlandes vom 7. 2. 1991 1 K 44/91, EFG 1991, 492.

7. Muster zur Klageschrift

405 Das finanzgerichtliche Verfahren wird durch die Klageschrift eingeleitet. Für sie gilt der allgemeine **Verfahrensgrundsatz:** *Prozesshandlungen müssen eindeutig sein und ohne Bedingung vorgenommen werden.* Die Klageschrift muss demzufolge in der Form klar sein und eindeutig erkennen lassen, dass Klage erhoben werden soll. Unklarheiten werden zwar in der Regel durch Rückfragen des Gerichts beseitigt (§ 65 Abs. 2, § 76 Abs. 2 FGO). Danach verbleibende Unklarheiten gehen indessen zu Lasten des Klägers. Insbesondere können bei Unvollständigkeit der Klageschrift Fristen gesetzt werden, deren Versäumung zum Klageverlust führt. Dies sollte vermieden werden, denn nur Fristen, die gar nicht erst gesetzt werden, können nicht versäumt werden.

406 Aus dem Klageschriftsatz muss – soll er den Anforderungen des § 65 Abs. 1 FGO entsprechen – neben der Tatsache, dass Klage erhoben wird, das Klagebegehren eindeutig erkennbar sein. Hierzu muss nicht unbedingt der exakte Steuerbetrag berechnet werden. Es muss aber das Klageziel erkennbar sein. Die Klageschrift muss also – zumindest in Kurzform – eine Umschreibung des Sachverhalts bzw. des Rechtsproblems enthalten, um das gestritten wird. *Eine Klageschrift,* die die Voraussetzungen des § 65 Abs. 1 FGO eindeutig erkennen lässt, könnte folgende sein:

Roland Schmitz   Ort, Straße, Datum
Steuerberater

Finanzgericht des Saarlandes
Hardenbergstraße 3
66119 Saarbrücken

Namens und im Auftrag der Eheleute Erich und Brunhilde Maier, Brunnenstraße 4, 66111 Saarbrücken, erhebe ich

K l a g e

gegen das Finanzamt Saarbrücken – Am Stadtgraben –

wegen Einkommensteuer 2004.

Die Klage richtet sich gegen den Einkommensteuer-Bescheid 2004 vom 22. 11. 2005 in der Fassung der Einspruchsentscheidung vom 30. 1. 2006. Begehrt wird der Ansatz einer Rückstellung für Rekultivierungsverpflichtungen in der Steuerbilanz des Gewerbebetriebs des Klägers zum 31. 12. 2004 in Höhe von 250.000 €. Das Finanzamt hat eine solche Rückstellung bisher nur in Höhe von 50.000 € anerkannt.

Es wird **beantragt,**

die Einkommensteuer 2004 unter Berücksichtigung weiterer Betriebsausgaben in Höhe von 200.000 € festzusetzen.

> Eine Kopie des Steuerbescheides und der Einspruchsentscheidung füge ich der Klageschrift bei.
> Zur Klagebegründung im Einzelnen bitte ich um eine Frist von 4 Wochen.
>
> Unterschrift
> Roland Schmitz
>
> Anlage: Kopie des Steuerbescheides und der Einspruchsentscheidung

Dieser Klageschriftsatz lässt eindeutig erkennen, dass der Steuerpflichtige das Rechtsmittel der Klage zum Finanzgericht gewählt hat. Er lässt auch eindeutig erkennen, dass er sich gegen einen Steuerbescheid richtet, und das Klagebegehren, nämlich die Höhe der Rückstellung für Rekultivierungsverpflichtungen, ist ausreichend gekennzeichnet. 407

In der Klageschrift ist der Hinweis auf den angefochtenen Einkommensteuerbescheid und die dazu ergangene Einspruchsentscheidung enthalten, die in Kopie auch beigefügt sind. Der Hinweis auf die Einspruchsentscheidung entfällt, wenn ein außergerichtliches Vorverfahren entweder nicht notwendig ist, weil das Gesetz einen außergerichtlichen Rechtsbehelf nicht vorschreibt (§ 44 Abs. 1, § 45 Abs. 4 FGO), oder wenn es sich um eine Sprungklage (§ 45 Abs. 1 FGO; s. Rz. 311 ff.) oder eine „Untätigkeitsklage" im Sinne des § 46 FGO (Untätigkeit der Behörde im Rechtsbehelfsverfahren) handelt (s. Rz. 291 ff.). 408

Es kann auch vorkommen, dass die *Beschwer erstmals in der Einspruchsentscheidung* liegt (s. auch Rz. 168). So z. B., wenn die Einspruchsentscheidung zwar den Einwendungen des Steuerpflichtigen Rechnung trägt, jedoch den Bescheid aufgrund anderer Aspekte – nach entsprechendem Hinweis durch die Verwaltungsbehörde – zum Nachteil des Klägers ändert *("Verböserung")*. Dies ist auch dann der Fall, wenn die Einspruchsentscheidung einen *neuen, selbständigen Streitpunkt* enthält, wie etwa die Festsetzung von Verspätungszuschlägen, die Aufhebung der Vorläufigkeit des Bescheides oder andere Auflagen und Verpflichtungen[509]. In diesen Fällen kann geklagt werden, ohne dass wegen dieser erstmaligen Beschwer ein neuerliches Einspruchsverfahren durchgeführt werden müsste. Auch dann richtet sich die Klage gegen den ursprünglichen Steuerbescheid in der Gestalt, die er durch die Einspruchsentscheidung gefunden hat (§ 44 Abs. 2 FGO), soweit nicht im Rahmen der Einspruchsentscheidung ein neuer Bescheid erlassen wird. In solchen Fällen erscheint der Hinweis zweckmäßig, dass der Kläger erstmals durch die Einspruchsentscheidung beschwert worden ist. Die Klageschrift kann dann wie folgt aussehen: 409

---

509 Dies ganz unabhängig von der Frage, ob das Finanzamt hierzu im Zuge des Einspruchsverfahrens überhaupt berechtigt ist. Im Einspruchsverfahren ist das Finanzamt lediglich zur Überprüfung des angefochtenen Verwaltungsaktes, nicht aber zum Erlass erstmaliger anderer Verwaltungsakte berechtigt (s. dazu BFH vom 28. 11. 1989 VIII R 40/84, BStBl. II 1990, 561, 563).

Dr. Paul Wirthmann											Ort, Straße, Datum
Steuerberater

Finanzgericht des Saarlandes
Hardenbergstraße 3
66119 Saarbrücken

Namens und im Auftrag der Eheleute Ernst und Mathilde Müller, Akazienweg 8, 66539 Neunkirchen, erhebe ich

Klage

gegen das Finanzamt Neunkirchen
wegen Einkommensteuer 2003.

Die Klage richtet sich gegen die zum Einkommensteuer-Bescheid 2003 ergangene Einspruchsentscheidung vom 30. 1. 2005.

Begehrt wird:

1. Die Festsetzung der Einkommensteuer 2003 ohne die in der Einspruchsentscheidung ausgesprochene Verböserung, die darin liegt, dass die Rekultivierungsrückstellung lediglich mit 50.000 € anstatt bisher mit 250.000 € anerkannt wurde.

2. Aufhebung des in der Einspruchsentscheidung festgesetzten Verspätungszuschlags von 100 €.

Es wird **beantragt,**

die Einkommensteuer 2003 unter Berücksichtigung weiterer Betriebsausgaben i. H. v. 200.000 € festzusetzen und den Verspätungszuschlag ersatzlos aufzuheben.

Eine Kopie des Steuerbescheides und der Einspruchsentscheidung füge ich der Klageschrift bei.

Zur Klagebegründung bitte ich um eine Frist von 4 Wochen.

Unterschrift
Dr. Wirthmann

Anlage: Kopie des Steuerbescheides und der Einspruchsentscheidung

Muster zur Klageschrift

Eine *isolierte Anfechtung der Einspruchsentscheidung* kommt auch in Betracht, wenn diese keine Sachentscheidung enthält, sondern den Einspruch – z. B. wegen Verfristung – als unzulässig verwirft[510]. In einem solchen Falle hebt das Finanzgericht – wenn keine Verfristung vorliegt – allein die Einspruchsentscheidung auf und verweist den Streit zur Sachentscheidung an das Finanzamt zurück[511]. Die Klageschrift könnte in einem solchen Falle folgendes Aussehen haben:

410

Pirmin Rittersbusch   Ort, Straße, Datum
Steuerberater

Finanzgericht des Saarlandes
Hardenbergstraße 3
66119 Saarbrücken

Namens und im Auftrag der Eheleute Egon und Barbara Ziegler, Großherzog-Friedrich-Straße 112, 66121 Saarbrücken, erhebe ich

Klage

gegen das Finanzamt Saarbrücken, Am Stadtgraben
wegen der Einspruchsentscheidung vom 30. 1. 2004.
Es wird **beantragt**,
die Einspruchsentscheidung vom 30. 1. 2004 aufzuheben und den Beklagten zu verpflichten, über den Einspruch sachlich zu entscheiden.
Eine Kopie der Einspruchsentscheidung füge ich der Klageschrift bei.
Zur Klagebegründung bitte ich um eine Frist von 4 Wochen.

Unterschrift
Rittersbusch

Anlage: Kopie der Einspruchsentscheidung

---

510 BFH vom 7. 7. 1976 I R 66/75, BStBl. II 1976, 680; vom 22. 6. 1988 X R 59/82, BFH/NV 1989, 184.
511 BFH vom 26. 10. 1989 IV R 82/88, BStBl. II 1990, 277.

Klageerhebung

411 Ähnlich könnte *die Klageschrift einer Verpflichtungsklage* aussehen:

> Dr. Roland Backes   Ort, Straße, Datum
> Steuerberater
>
> Finanzgericht des Saarlandes
> Hardenbergstraße 3
> 66119 Saarbrücken
>
> Namens und im Auftrag der Eheleute Fritz und Maria Bachmann, Burgplatz 3, 66802 Überherrn, erhebe ich
>
> **K l a g e**
>
> gegen das Finanzamt Saarlouis
>
> wegen Einheitswert für das Grundstück Kölner Straße 377 in Saarlouis auf den 1. 1. 2003.
>
> Die Klage richtet sich gegen den ablehnenden Bescheid des Finanzamts vom 20. 11. 2003 in der Fassung der Einspruchsentscheidung vom 30. 1. 2005.
>
> Begehrt wird die Zurechnung (je zur Hälfte) des genannten Grundstücks an die Kläger bereits zum 1. 1. 2002, nicht erst – wie es das Finanzamt getan hat – zum 1. 1. 2003.
>
> Es wird **beantragt**,
>
> unter Aufhebung des ablehnenden Bescheides des Finanzamts vom 20. 11. 2003 in der Fassung der Einspruchsentscheidung vom 30. 1. 2005 das Finanzamt zu verpflichten, einen Einheitswert-Fortschreibungsbescheid dahin zu erlassen, dass das Grundstück Kölner Straße 377 in Saarlouis den Klägern je zur Hälfte zum 1. 1. 2002 zugerechnet wird.
>
> Eine Kopie des Ablehnungsbescheides und der Einspruchsentscheidung füge ich der Klageschrift bei.
>
> Zur Nachreichung der Klagebegründung im Einzelnen erbitte ich eine Frist von 4 Wochen.
>
> Unterschrift
> Dr. Backes
>
> Anlage: Kopie des Ablehnungsbescheides vom 20. 11. 2003 und der Einspruchsentscheidung vom 30. 1. 2005

8. Klageanträge bei Anfechtungsklagen gegen einen Steuer-, Leistungs- oder Duldungsbescheid

Die Klageschrift soll einen bestimmten Antrag enthalten (§ 65 Abs. 1 FGO). Diese Grundvorschrift wird ergänzt durch § 65 Abs. 2 und § 76 Abs. 2 FGO. In beiden Vorschriften ist klargestellt, dass der Vorsitzende oder ein von ihm beauftragter Richter (der Berichterstatter) darauf hinzuwirken hat, dass eine den Formerfordernissen entsprechende Klage – also mit einem bestimmten Antrag – erhoben wird, dass Formfehler beseitigt, sachdienliche Anträge gestellt und unklare Anträge erläutert werden (s. Rz. 66 ff.). Spätestens in der mündlichen Verhandlung (§ 92 Abs. 3 FGO) muss der Kläger diesen „bestimmten Antrag" – gegebenenfalls mit Hilfestellung des Gerichts – formulieren. Für die Formulierung der Sachanträge gibt es kein bestimmtes Schema. Sie hängt von der jeweiligen Prozesssituation ab. Der Sachantrag *muss ausdrücken, was später* – im Falle der Klagestattgabe – im Urteilstenor enthalten sein soll. Dies führt zu verschiedenen Antragsvarianten je nach Klageart und Klageziel.

412

Gegen einen Verwaltungsakt, der eine Steuer oder sonstige Leistung festsetzt oder eine Duldung anordnet, hat der Bürger grundsätzlich zwei Möglichkeiten, sich zur Wehr zu setzen:

413

- Antrag auf *Aufhebung* des Bescheides (s. Rz. 171 ff., 414 ff.) und
- Antrag auf *Änderung* des Bescheides (s. Rz. 173 ff., 419 ff.).

a) Aufhebung

Der Antrag auf Aufhebung des Bescheides ist ausschließlich in jenen Fällen angebracht, in denen der Kläger dessen *endgültige und vorbehaltlose Beseitigung* wünscht. Will er lediglich einen anderen Steuerbetrag (auch 0 €) oder eine ansonsten geänderte Regelung, dann sollte er nicht die Aufhebung des Bescheids beantragen. Denn eine geänderte Regelung setzt immer die Existenz eines Bescheids – auch nach der Änderung – voraus.

414

Wird ein *Änderungsbescheid* oder ein *Berichtigungsbescheid* angefochten, muss bedacht werden, dass durch seine Aufhebung der ursprüngliche (Erst-) Bescheid wieder in Kraft tritt. Das ist aber häufig nicht gewollt. Es darf dann nicht etwa die Aufhebung des Änderungs- oder Berichtigungsbescheids beantragt werden, sondern die Herabsetzung des festgesetzten Betrags, selbst wenn dieser dann auf 0 € lauten soll[512].

415

Die Aufhebung eines Steuerbescheides durch das Gericht kommt auch ohne entsprechenden Antrag des Klägers in Betracht. Hält nämlich das Gericht eine weitere Sachaufklärung für erforderlich, dann kann es, ohne in der Sache selbst zu entscheiden, den Verwaltungsakt und die Entscheidung über den außergerichtlichen Rechtsbehelf aufheben, soweit dies wegen der Art und des Umfangs der erforderlichen Ermittlungen auch unter Berücksichtigung der Belange der Betei-

416

---

512 Bei Aufhebung des Änderungs- oder Berichtigungsbescheids könnte der Erstbescheid selbständig nicht mehr angegriffen werden, weil die Rechtsbehelfsfristen abgelaufen sind; der Erstbescheid wäre dann bestandskräftig!

ligten sachdienlich ist (§ 100 Abs. 3 Satz 1 FGO; s. Rz. 743 ff.). Die Entscheidung darüber, ob eine weitere Sachaufklärung erforderlich ist, ob Art und Umfang der erforderlichen Ermittlungen gegebenenfalls das Gericht überfordern oder zu stark belasten könnten und ob die Belange der Beteiligten ausreichend berücksichtigt sind, obliegt dem Gericht. Es ist nicht erforderlich, dass dem Finanzamt ein Verfahrensfehler unterlaufen ist[513].

417 Der Kläger kann die Anwendung des § 100 Abs. 3 Satz 1 FGO anregen. An die Anregung ist das Gericht nicht gebunden; es entscheidet nach seinem pflichtgemäß ausgeübten Ermessen. Eine Aufhebung des angefochtenen Bescheids unter Rückgabe der Sache an das Finanzamt scheidet jedoch aus, wenn

- die Besteuerungsgrundlagen des angefochtenen Bescheides mangels Erklärungsabgabe geschätzt worden sind (§ 100 Abs. 3 Satz 2 FGO) oder
- seit Eingang der Akten bei Gericht mehr als sechs Monate verstrichen sind (§ 100 Abs. 3 Satz 5 FGO).

418 Bei der **Anfechtungsklage** sollte sich ein Kläger überlegen, ob er eine endgültige und ersatzlose Aufhebung des Bescheids, gegebenenfalls mit Zurückverweisung an das Finanzamt, oder aber lediglich eine Änderung des im Bescheid enthaltenen Steuerbetrags oder sonstige Änderungen wünscht. Mögliche *Antragsformulierungen* sind:

Steuerbescheide
Es wird beantragt,
den Einkommensteuerbescheid (Körperschaftsteuerbescheid, Umsatzsteuerbescheid, Gewerbesteuermessbescheid etc.) vom 20. 11. 2004 in der Fassung der dazu ergangenen Einspruchsentscheidung vom 10. 2. 2006 aufzuheben.

Festsetzung von Nebenansprüchen
Es wird beantragt,
die in der Einspruchsentscheidung vom 21. 8. 2004 enthaltene Festsetzung von Zinsen aufzuheben.

oder

Es wird beantragt,
die Festsetzung eines Verspätungszuschlags in Höhe von 700 € im Einkommensteuerbescheid vom 22. 9. 2004 in der Fassung der Einspruchsentscheidung vom 1. 5. 2005 aufzuheben.

Leistungs-Bescheide
Es wird beantragt,
die Verfügung des Finanzamtes vom 2. 8. 2004 über die Anforderung der Abschlussunterlagen 2002 in der Fassung der Einspruchsentscheidung vom 1. 2. 2006 aufzuheben.

---

513 S. dazu BFH vom 14. 3. 1996 IV R 9/95, BStBl. II 1996, 310.

oder

Es wird beantragt,
den Zinsbescheid des Finanzamtes vom 21.7.2004 in der Fassung der Einspruchsentscheidung vom 30.9.2005 aufzuheben.

Negative Leistungsbescheide
Es wird beantragt,
die Verfügung des Finanzamtes zur Unterlassung der Hilfeleistung in Steuersachen vom 29.7.2004 in der Fassung der Einspruchsentscheidung vom 27.10.2005 ersatzlos aufzuheben.

Rückforderungs-Bescheide
Es wird beantragt,
den Bescheid des Finanzamtes auf Rückforderung der Investitionszulage in Höhe von 10.000 € vom 21.4.2004 in der Fassung der Einspruchsentscheidung vom 6.10.2005 aufzuheben.

oder

Es wird beantragt,
den Bescheid des Arbeitsamtes auf Rückforderung des Kindergeldes in Höhe von 3.000 € vom 21.4.2004 in der Fassung der Einspruchsentscheidung vom 6.10.2005 aufzuheben.

Prüfungsanordnungen
Es wird beantragt,
die Prüfungsanordnung vom 20.1.2005 in Form der Einspruchsentscheidung vom 16.11.2005 ersatzlos aufzuheben.

b) Änderung

Wird die Änderung eines Steuerbescheids begehrt, d.h. wird grundsätzlich die Steuerfestsetzung bejaht, aber ein anderer Betrag für richtig gehalten, dann sind folgende Anträge möglich: 419

- Antrag auf Festsetzung eines bestimmten Steuerbetrags (s. Rz. 420 ff.);
- Änderungsantrag durch die Bezeichnung einzelner Beträge der Bemessungsgrundlage (s. Rz. 423);
- Änderungsantrag durch Änderung des Tarifs (s. Rz. 424).

Antrag auf Festsetzung eines bestimmten Steuerbetrags
Ein „bestimmter Antrag" im Sinne des § 65 Abs. 1 Satz 2 FGO kann dadurch gestellt werden, dass die *Änderung des im Bescheid festgesetzten Betrags* auf einen anderen Betrag – in € ausgedrückt – begehrt wird. Der Kläger muss dann aber den seiner Meinung nach zutreffenden Betrag exakt berechnen. Dies macht erhebliche Schwierigkeiten, wenn – was nicht selten der Fall ist – verschiedene Bemessungsgrundlagen ineinander greifen. Oft müssen auch verschiedene Bemessungsgrundlagen oder innerhalb einer Bemessungsgrundlage verschiedene Bestandteile geän- 420

dert werden, um den festzusetzenden Betrag zu berechnen. Grundsätzlich hat das Gericht im Falle der Klagestattgabe den geänderten Steuerbetrag selbst zu errechnen; soweit dies jedoch mit einem nicht unerheblichen Aufwand verbunden ist (und dies ist der Regelfall), kann es sich hierzu des Finanzamts bedienen (§ 100 Abs. 2 Satz 2 FGO).

421   Deshalb ist es ausreichend, wenn der Kläger nicht etwa den geänderten Betrag, sondern *die zu ändernden Bemessungsgrundlagen oder die zu ändernden Bestandteile der Bemessungsgrundlagen beziffert* („ausformulierter" Antrag, s. Rz. 371). Dadurch meidet man die Gefahr eines Berechnungsfehlers. Das Gericht ist an den Antrag gebunden, d. h. es kann nicht darüber hinausgehen. Wird also ein Antrag gestellt, der einen bestimmten Steuerbetrag beinhaltet, dann kann das Gericht dem Kläger nicht mehr bewilligen, selbst wenn es der Überzeugung sein sollte, die Entscheidung könne zugunsten des Klägers noch weiter gehen (es könne etwa eine noch niedrigere Steuer oder ein höherer Verlust festgesetzt werden). Das Gericht wird in einem solchen Falle aber – wenn es den Rechenfehler des Klägers rechtzeitig erkennt – eine entsprechende Antragstellung anregen. Es ist ebenfalls ausreichend, wenn lediglich die Verwendung eines anderen Steuertarifs oder der Ansatz eines anderen Steuersatzes begehrt wird. In beiden Fällen führen die Anträge zu einer Änderung des im Steuerbescheid ausgewiesenen Steuerbetrages. Auch wenn nur der begehrte andere Tarif oder Steuersatz in den Antrag aufgenommen wird, handelt es sich um einen „bestimmten Antrag" i. S. d. § 65 Abs. 1 FGO.

422   Im Klageantrag sollte der zu ändernde Steuerbescheid angesprochen werden, obwohl die Benennung des angefochtenen Bescheids bereits in der in der Klageschrift erfolgt ist. Im Klageantrag ist dies zwar nicht vorgeschrieben, aber aus Gründen der Klarheit anzuraten.

- **Beispiele für Anträge auf Festsetzung eines bestimmten Steuerbetrages:**

Einkommensteuer

Es wird beantragt,
den Einkommensteuerbescheid 2003 vom 31. 10. 2004 in der Fassung der Einspruchsentscheidung vom 4. 5. 2005 dahin zu ändern, dass die Einkommensteuer auf 27.300 € herabgesetzt wird.

Körperschaftsteuer

Es wird beantragt,
unter Änderung des Bescheides vom 12. 1. 2004 in der Fassung der Einspruchsentscheidung vom 18. 10. 2005 die Körperschaftsteuer 2002 auf 20.000 € festzusetzen.

Gewerbesteuer

Es wird beantragt,
den Gewerbesteuer-Messbescheid für 2005 in der Fassung der Einspruchsentscheidung vom 10. 11. 2005 dahin zu ändern, dass der einheitliche Gewerbesteuer-Messbetrag auf 2.200 € herabgesetzt wird.

Klageanträge bei Anfechtungsklagen gegen einen Steuer-, Leistungs- oder Duldungsbescheid

Umsatzsteuer
Es wird beantragt,
den Umsatzsteuer-Bescheid 2003 vom 15. 12. 2004 in der Fassung der Einspruchsentscheidung vom 10. 11. 2005 dahin zu ändern, dass die Umsatzsteuer auf 32.840,35 € herabgesetzt wird[514].

oder

Es wird beantragt,
den Umsatzsteuer-Bescheid vom 2. 2. 2004 in der Fassung der Einspruchsentscheidung vom 10. 10. 2005 dahin zu ändern, dass die negative Umsatzsteuer-Schuld 2003 um 4.500 € auf 10.000 € erhöht wird.

Investitionszulage
Es wird beantragt,
den Bescheid über die Investitionszulage 2003 vom 30. 11. 2004 in der Fassung der Einspruchsentscheidung vom 10. 8. 2005 dahin zu ändern, dass die Investitionszulage auf 73.000 € festgesetzt wird.

Lohnsteuer-Haftung
Es wird beantragt,
den Lohnsteuer-Haftungsbescheid vom 19. 4. 2004 in der Fassung der Einspruchsentscheidung vom 8. 11. 2005 dahin zu ändern, dass die nach zu entrichtende Lohnsteuer auf 750 € und die nach zu entrichtende Kirchensteuer auf 45 € herabgesetzt werden.

oder

Es wird beantragt,
die Haftsumme im Haftungsbescheid vom 8. 11. 2004 in der Fassung der Einspruchsentscheidung vom 8. 7. 2005 um die vom Finanzamt für „Zinsen" berechneten Abzugssteuern von 11.000 € zu mindern und die Haftsumme auf insgesamt 4.500 € herabzusetzen.

Antrag auf Änderung einzelner Beträge der Bemessungsgrundlagen
Neben den sonstigen Problemen einer Selbstberechnung des Steuerbetrags (Schwierigkeit des Rechenweges, Fehlergefahr u. ä.) kommt es häufig vor, dass sich verschiedene Streitpunkte gegenseitig in ihrer steuerlichen Auswirkung beeinflussen oder zum Teil sogar aufheben, z. B. wenn die Erhöhung einer Wertberichtigung in der Steuerbilanz beantragt wird. Einerseits hat dieser Antrag eine Gewinnminderung zur Folge; andererseits aber auch eine Gewinnerhöhung wegen der dadurch veranlassten Minderung der Gewerbesteuer-Rückstellung. Ähnlich hat die Behandlung bestimmter Aufwendungen als Herstellungsaufwand die

423

---
514 Bei der Berechnung und Festsetzung der USt bilden die aus der Summe der Umsätze errechnete *Steuer* (§ 16 Abs. 1 UStG) und die Summe der *Vorsteuer*-Abzugsbeträge (§ 16 Abs. 2 UStG) unselbständige Besteuerungsgrundlagen. Ihr *Saldo* stellt die für den Besteuerungszeitraum zu berechnende Steuerschuld (§ 18 Abs. 1 UStG) dar (BFH vom 30. 9. 1976 V R 109/73, BStBl. II 1977, 227).

entsprechende Kürzung der dementsprechenden sofort abzugsfähigen Betriebsausgaben oder Werbungskosten zur Folge; andererseits erhöhen sich aber durch die Erhöhung der AfA-Basis die Abschreibungsbeträge. Unseres Erachtens sind solche „gegenläufigen" Folgen des Klägerbegehrens bei der Steuerfestsetzung von Amts wegen zu beachten und müssen deshalb nicht eigens in den Antrag aufgenommen werden. Erweist sich beispielsweise die von dem Kläger beantragte Teilwertabschreibung als zutreffend, so ist die Klage nicht deshalb teilweise abzuweisen, weil er nicht gleichzeitig beantragt hat, die Gewerbesteuer-Rückstellung anzupassen („Iura novit curia"). Auch bei der Streitwertermittlung sind die Folgeänderungen des Antrages auf Änderung einzelner Bemessungsgrundlagen von Amts wegen zu berücksichtigen. Anders ist es dagegen, wenn die Festsetzung der Steuer in einer bestimmten Höhe begehrt wird und bei deren Berechnung die „gegenläufigen" Folgen der gewünschten Änderungen übersehen oder falsch berechnet werden. Auch dies spricht dafür, Anträge zu stellen, die nur die Höhe der streitigen Bemessungsgrundlage, nicht aber die Höhe der Steuer beziffern.

- **Beispiele für Anträge auf Änderung einzelner Beträge der Bemessungsgrundlagen:**

Einkommensteuer

Es wird beantragt,
den Einkommensteuerbescheid 2003 vom 25. 7. 2004 in der Fassung der Einspruchsentscheidung vom 21. 8. 2005 dahin zu ändern, dass

a) in der Steuerbilanz für 2003 eine zusätzliche Wertberichtigung auf Forderungen in Höhe von 32.000 € gewinnmindernd berücksichtigt wird;
b) weitere Reisekosten in Höhe von 7.450 € als Betriebsausgaben anerkannt werden;
c) bei den Einkünften aus Vermietung und Verpachtung Fahrtauslagen in Höhe von 298 € als Werbungskosten berücksichtigt werden.

oder

Es wird beantragt,
den Einkommensteuerbescheid 2003 vom 25. 7. 2004 in der Fassung der Einspruchsentscheidung vom 21. 8. 2005 dahin zu ändern, dass

a) bei den Einkünften aus nichtselbständiger Arbeit Umzugskosten in Höhe von 7.500 € als Werbungskosten berücksichtigt werden;
b) weitere Sonderausgaben in Höhe von 3.000 € im Rahmen der Höchstbeträge zum Abzug zugelassen werden,

oder

Es wird beantragt,
den Einkommensteuerbescheid 2003 vom 25. 7. 2004 in der Fassung der Einspruchsentscheidung vom 21. 8. 2005 dahin zu ändern, dass als außergewöhnliche Belastungen anerkannt werden:

a) die laufenden Betriebskosten des Schwimmbads in Höhe von 500 €;
b) die AfA für das Schwimmbad und das Schwimmbecken in Höhe von 1.500 €;
c) Zinsen für die Herstellungskosten der Schwimmhalle und des Schwimmbads in Höhe von 1.700 €.

oder

Es wird beantragt,
den Einkommensteuerbescheid 2003 vom 25. 7. 2004 in der Fassung der Einspruchsentscheidung vom 21. 8. 2005 dahin zu ändern, dass

a) bei den Einkünften aus selbständiger Arbeit Reisekosten von 5.000 € und Lohnzahlungen an die Ehefrau von 2.600 € als Betriebsausgaben anerkannt werden;
b) bei den Einkünften aus nichtselbständiger Arbeit Aufwendungen für das häusliche Arbeitszimmer in Höhe von 800 € als Werbungskosten berücksichtigt werden.

oder

Es wird beantragt,
unter Änderung des Einkommensteuerbescheids 2003 vom 31. 10. 2004 in der Fassung der Einspruchsentscheidung vom 4. 5. 2005 die Einkommensteuer nach der Steuererklärung festzusetzen.

Schätzungsbescheid

Es wird beantragt,
unter Änderung des Bescheides vom 31. 10. 2004 in der Fassung der Einspruchsentscheidung vom 4. 5. 2005 die Einkommensteuer 2003 unter Ansatz eines Rohgewinnaufschlages von 60 % bei den geschätzten Einkünften aus Gewerbebetrieb festzusetzen.

Einkommensteuer und Umsatzsteuer

Es wird beantragt,
unter Änderung der Einkommen- und Umsatzsteuerbescheide 2003, beide vom 18. 11. 2004 und in der Fassung der Einspruchsentscheidung vom 17. 4. 2005 den Gewinn aus Gewerbebetrieb und den Umsatz 2003 jeweils um 30.000 € zu vermindern und die Einkommensteuer und die Umsatzsteuer entsprechend festzusetzen.

Grunderwerbsteuer

Es wird beantragt,
den Grunderwerbsteuerbescheid vom 23. 6. 2004 in der Fassung der Einspruchsentscheidung vom 21. 9. 2005 dahin zu ändern, dass der Nutzungswert für die Wohnung in Y als Gegenleistung außer Ansatz bleibt.

Investitionszulage

Es wird beantragt,
den Bescheid über die Investitionszulage 2004 vom 3. 4. 2005 in der Fassung der

Klageerhebung

Einspruchsentscheidung vom 8. 7. 2005 dahin zu ändern, dass auf Anschaffungskosten in Höhe von 25.000 € Investitionszulage gewährt wird.

Körperschaftsteuer

Es wird beantragt,
den Körperschaftsteuerbescheid 2003 vom 10. 8. 2004 in der Fassung der Einspruchsentscheidung vom 1. 2. 2005 dahin zu ändern, dass

a) Rückstellungen für Rekultivierungsmaßnahmen in Höhe von 250.000 € berücksichtigt werden;
b) Bewirtungskosten in Höhe von 2.500 € als Betriebsausgaben anerkannt werden;
c) vom Ansatz einer verdeckten Gewinnausschüttung in Höhe von 15.000 € abgesehen wird.

Lohnsteuer-Haftung

Es wird beantragt,
den Lohnsteuer-Haftungsbescheid vom 8. 11. 2004 in der Fassung der Einspruchsentscheidung vom 19. 4. 2005 dahin zu ändern, dass die Zuwendungen an den Arbeitnehmer A anlässlich seines Ausscheidens aus dem Betrieb steuerfrei belassen werden, und dass die auf die Vergütungen an den Arbeitnehmer B entfallende Lohnsteuer und Kirchenlohnsteuer in Wegfall kommt.

Prämien-Rückforderung

Es wird beantragt,
den Rückforderungsbescheid vom 2. 2. 2003 in der Fassung der Einspruchsentscheidung vom 2. 12. 2005 dahin zu ändern, dass lediglich die gewährte Sparprämie von 220 € zurückzuzahlen ist.

Schenkungsteuer

Es wird beantragt,
den Schenkungsteuerbescheid vom 15. 9. 2004 in der Fassung der Einspruchsentscheidung vom 17. 10. 2005 dahin zu ändern, dass

a) die Vermögenszuwendungen nach der tatsächlichen Dauer der unentgeltlichen Kapitalnutzung bewertet werden;
b) der Steuerfestsetzung der Einheitswert der Eigentumswohnung in Höhe von 5.600 € zugrunde gelegt wird.

Umsatzsteuer

Es wird beantragt,
den Umsatzsteuerbescheid 2003 vom 2. 8. 2004 in der Fassung der Einspruchsentscheidung vom 1. 2. 2005 dahin zu ändern, dass Umsätze in Höhe von 200.000 € aus Lieferungen an die Firma X in Italien steuerfrei belassen und weitere Vorsteuerbeträge in Höhe von 33.400 € berücksichtigt werden.

oder

Es wird beantragt,
unter Änderung des Umsatzsteuerbescheides vom 18. 10. 2004 in Fassung der Einspruchsentscheidung vom 15. 5. 2005 die steuerpflichtigen Umsätze um Leistungen an Arbeitnehmer für

a) Urlaubsaufenthalte in Höhe von 80.000 €,
b) Theaterzuschüsse in Höhe von 3.000 €,

insgesamt 83.000 €, zu mindern und die Umsatzsteuer dementsprechend herabzusetzen.

Kindergeld
Es wird beantragt,
unter Änderung des Bescheides vom 2. 8. 2004 in der Fassung der Einspruchsentscheidung vom 1. 2. 2005 das Kindergeld ab dem 1. 7. 2004 unter Berücksichtigung des weiteren Kindes Anja festzusetzen.

Antrag auf Änderung des Tarifs oder des Steuersatzes
Selbst wenn Steuerbemessungsgrundlagen in ihrer Höhe unbestritten sind, können Zweifel über den Steuertarif oder den Steuersatz bestehen. Je nach der Entscheidung kann daraus im Einzelfall eine ganz unterschiedliche Steuerbelastung folgen. So bewirkt beispielsweise die Zurechnung bestimmter Zuflüsse zu Entschädigungen für entgangene Einnahmen (§ 24 Nr. 1 a EStG), dass ein anderer Steuersatz anzusetzen ist (§ 34 EStG) oder die Annahme von Einkünften aus Gewerbebetrieb, dass die Gewerbesteuerentlastung des § 35 EStG eingreift.

424

Beispiele:
Einkommensteuer
Es wird beantragt,
den Einkommensteuerbescheid 2003 vom 25. 7. 2004 in der Fassung der Einspruchsentscheidung vom 21. 8. 2005 dahin zu ändern, dass für die Entschädigung der Firma Müller 10.000 € für in früheren Jahren entgangene Einnahmen die Tarifbegünstigung des § 34 EStG zur Anwendung kommt.

Umsatzsteuer
Es wird beantragt,
unter Änderung des Umsatzsteuerbescheides 2003 vom 18. 9. 2004 i. F. d. Einspruchsentscheidung vom 7. 6. 2005 Umsätze in Höhe von 145.000 € mit dem ermäßigten Steuersatz nach § 12 Abs. 2 Nr. 7a UStG zu versteuern.

9. Klageanträge bei Anfechtungsklagen gegen Feststellungsbescheide
In einem Feststellungsbescheid (z. B. Gewinnfeststellung, Gewerbesteuermessbescheid) werden keine Steuerbeträge, sondern *Steuerbemessungsgrundlagen*[515] festgesetzt. Mit der Anfechtungsklage gegen einen Feststellungsbescheid wird

425

---

515 Andere Feststellungsbescheide spielen für die Besteuerungspraxis keine nennenswerte Rolle und können deshalb vernachlässigt werden.

Klageerhebung

demzufolge keine Korrektur des Steuerbetrags, sondern eine Korrektur der festgestellten Bemessungsgrundlage angestrebt. Entsprechend dem Entscheidungssatz eines Feststellungsbescheids ist auch der Klageantrag gegen diesen Feststellungsbescheid zu stellen.

426 Feststellungsbescheide enthalten *Aussagen über die Art, über den Wert und über die Zurechnung* der festzustellenden Bemessungsgrundlagen. Daraus folgt, dass sich der Klageantrag gegen den Feststellungsbescheid ebenfalls gegen die Art, gegen den Wert und gegen die Zurechnung der festgestellten Bemessungsgrundlagen richten kann. Im Einzelnen gibt die angegriffene Feststellung das Angriffsziel der Anfechtungsklage wieder; der Antrag muss die Änderung dieser Feststellung zum Ausdruck bringen. Aber ebenso wie beim Angriff gegen einen Steuerbescheid können sich auch bei einer Anfechtungsklage gegen einen Feststellungsbescheid Schwierigkeiten dahin ergeben, dass der Entscheidungssatz unter Umständen arbeitsintensiv berechnet werden muss. In solchen Fällen ist es dann in ähnlicher Weise möglich, lediglich die Berechnungsgrundlagen für den Entscheidungssatz des Feststellungsbescheids in den Änderungsantrag aufzunehmen (s. Rz. 371).

427 **Besteuerungsgrundlagen werden durch Feststellungsbescheid gesondert festgestellt,** soweit dies in der AO oder in anderen Steuergesetzen bestimmt ist (§ 179 Abs. 1 AO). Derartige Bestimmungen bestehen vor allem für

- die Feststellung der Einheitswerte für inländischen *Grundbesitz* (§ 180 Abs. 1 Nr. 1 AO, § 19 Abs. 1 BewG);
- die Feststellung der einkommensteuerpflichtigen und körperschaftsteuerpflichtigen Einkünfte und mit ihnen in Zusammenhang stehende andere Besteuerungsgrundlagen, wenn an den Einkünften *mehrere Personen* beteiligt sind und die Einkünfte diesen Personen steuerlich zuzurechnen sind (§ 180 Abs. 1 Nr. 2a AO);
- die Feststellung der Einkünfte aus Land- und Forstwirtschaft, Gewerbebetrieb oder einer freiberuflichen Tätigkeit in anderen Fällen, wenn das für die gesonderte Feststellung *zuständige Finanzamt* nicht auch für die Steuern vom Einkommen zuständig ist (§ 180 Abs. 1 Nr. 2b AO);
- gesonderte Feststellung (ganz oder teilweise) der einkommensteuerpflichtigen und körperschaftsteuerpflichtigen Einkünfte, wenn an dem *Gegenstand der Einkunftserzielung mehrere Personen* beteiligt sind und die Einkünfte diesen Personen steuerlich zuzurechnen sind (§ 180 Abs. 2 AO i. V. m. VO zu § 180 Abs. 2 AO[516]);
- gesonderte Feststellung des nichtausgleichs- und nichtabzugsfähigen *Verlusts* eines Kommanditisten (§ 15a Abs. 4 Satz 1 EStG);
- gesonderte Feststellung des verbleibenden *Verlustabzugs* (§ 10d Abs. 4 EStG);
- gesonderte Feststellung der Teilbeträge des *verwendbaren Eigenkapitals* (§ 47 Abs. 1 KStG).

---

516 Vom 19. 12. 1986, BGBl. I 1986, 2663; BStBl. I 1987, 2.

Klageanträge bei Anfechtungsklagen gegen Feststellungsbescheide

In allen diesen Fällen enthält ein Feststellungsbescheid die Feststellung über die Art, die Feststellung über den Wert und die Feststellung über die Zurechnung der betreffenden Bemessungsgrundlage, auch wenn dies nicht ausdrücklich hervorgehoben ist. 428

Auch in Fällen der Anfechtungsklagen gegen Feststellungsbescheide kann die endgültige und vorbehaltlose Beseitigung eines Feststellungsbescheids begehrt werden oder lediglich die Änderung des im Feststellungsbescheid ausgesprochenen Entscheidungssatzes. 429

a) Aufhebung

Die Aufhebung eines Feststellungsbescheides kann nur dann mit Aussicht auf Erfolg beantragt werden, *wenn die im Feststellungsbescheid enthaltene Feststellung überhaupt nicht hätte getroffen werden dürfen.* Mit der Aufhebung verschwindet der Feststellungsbescheid vollkommen und hinterlässt keine steuerlichen Wirkungen. Wird demzufolge die Aufhebung eines Feststellungsbescheids beantragt, dann muss man sich darüber im Klaren sein, dass entweder überhaupt keine Besteuerungsgrundlagen festgestellt werden sollen oder aber, dass ein früherer Feststellungsbescheid, der durch den angegriffenen Feststellungsbescheid aufgehoben oder geändert worden ist, wieder in seiner früheren Gestalt in Kraft tritt. Ein Antrag auf Aufhebung eines Feststellungsbescheids hat also nur dann Sinn, wenn die oben aufgeführten Bemessungsgrundlagen überhaupt nicht einzeln und gesondert festgestellt werden dürfen oder wenn ein früherer Feststellungsbescheid, der durch den angegriffenen Feststellungsbescheid ersetzt worden ist, wieder in Kraft gesetzt werden soll. Die *Formulierung des Antrags auf Aufhebung* eines Feststellungsbescheids entspricht der Formulierung eines Antrags auf Aufhebung eines Steuerbescheids. 430

- **Beispiele für Anträge auf Aufhebung eines Feststellungsbescheids:**

Feststellungsbescheide

Es wird beantragt,
den Bescheid über die gesonderte und einheitliche Gewinnfeststellung 2002 der (angeblichen) GbR Artur sen. + Artur jun. vom 25. 11. 2004 in der Fassung der Einspruchsentscheidung vom 31. 5. 2005 aufzuheben.

oder

Es wird beantragt,
den EW-Fortschreibungsbescheid zum 1. 1. 2004 für das Grundstück Flur Nr. 350 vom 25. 10. 2004 in der Fassung der Einspruchsentscheidung vom 10. 4. 2005 aufzuheben.

oder

Es wird beantragt,
den Bescheid des Finanzamtes über die Feststellung einer Insolvenzforderung

vom 20. 6. 2004 in der Fassung der Einspruchsentscheidung vom 31. 10. 2005 aufzuheben.

Negative Feststellungsbescheide
Es wird beantragt,
den negativen Feststellungsbescheid vom 28. 6. 2004 in Fassung der Einspruchsentscheidung vom 20. 11. 2005, wonach Franz Maier nicht Mitunternehmer der Maier KG ist, aufzuheben.

b) Änderung

431 Soll der Feststellungsbescheid geändert werden, dann wird entweder eine Änderung der Art oder des Wertes oder der Zurechnung begehrt.

- **Beispiele für Anträge auf Änderung von Feststellungen eines Feststellungsbescheids:**

Gesonderte und einheitliche Gewinnfeststellung
Es wird beantragt,
den gesonderten und einheitlichen Gewinnfeststellungsbescheid 2003 der Meier OHG vom 25. 11. 2004 in der Fassung der Einspruchsentscheidung vom 31. 5. 2005 dahin zu ändern, dass der einheitliche Gewinn auf 250.000 € herabgesetzt und zu je ½ auf Artur und Bertram Meier aufgeteilt wird.

oder

Es wird beantragt,
den im gesonderten und einheitlichen Gewinnfeststellungsbescheid 2002 der Meier OHG vom 25. 11. 2004 in der Fassung der Einspruchsentscheidung vom 31. 5. 2005 festgestellten Verlust von 50.000 € um 200.000 € zu erhöhen und mit 225.000 € auf Artur und mit 25.000 € auf Bertram Meier aufzuteilen.

oder

Es wird beantragt,
den gesonderten und einheitlichen Gewinnfeststellungsbescheid 2003 der Meier OHG vom 25. 11. 2004 in der Fassung der Einspruchsentscheidung vom 5. 4. 2005 dahin zu ändern, dass aus dem Gesamtgewinn ein Teilbetrag von 200.000 € als Veräußerungsgewinn festgestellt und allein dem Bertram Meier zugerechnet wird.

Einheitswertfeststellung
Es wird beantragt,
den EW-Bescheid für das Grundstück Flur Nr. 350 zum 1. 1. 2003 vom 15. 8. 2004 in der Fassung der Einspruchsentscheidung vom 16. 3. 2005 dahin zu ändern, dass bei der Wertermittlung das Ertragswertverfahren zugrunde gelegt und der Einheitswert dementsprechend auf 150.000 € herabgesetzt wird.

oder

Es wird beantragt,
den EW-Fortschreibungsbescheid zum 1. 1. 2003 für das Grundstück FlurNr. 350 vom 25. 10. 2004 in der Fassung der Einspruchsentscheidung vom 10. 4. 2005 dahin zu ändern, dass der Einheitswert auf 450.000 € herabgesetzt und die Grundstücksart „Zweifamilienhaus" festgestellt wird.

Einheitswert Betriebsvermögen
Es wird beantragt,
den Bescheid über die Fortschreibung des Einheitswerts des Betriebsvermögens zum 1. 1. 2002 vom 22. 1. 2003 in der Fassung der Einspruchsentscheidung vom 27. 7. 2004 dahin zu ändern, dass der Einheitswert des Betriebsvermögens auf 500.000 € herabgesetzt wird.

- **Beispiele für Anträge auf Änderung der Berechnungsgrundlagen eines Feststellungsbescheids:**

Einheitswert Betriebsvermögen
Es wird beantragt,
dass unter Änderung des Bescheides vom 5. 3. 2004 in der Fassung der Einspruchsentscheidung vom 12. 9. 2005 bei der Feststellung des Einheitswerts des Betriebsvermögens auf den 1. 1. 2003 ein anteiliger Firmenwert für die X-Firma außer Ansatz bleibt und die vom Finanzamt dafür angesetzten Beträge als Anschaffungskosten für abnutzbare Wirtschaftsgüter des Anlagevermögens behandelt sowie auf der Grundlage eines Abschreibungssatzes von 20 v. H. bei den abnutzbaren Wirtschaftsgütern des Anlagevermögens mit erfasst werden.

oder

Es wird beantragt,
den Einheitswertbescheid für das Betriebsvermögen auf den 1. 1. 2003 vom 2. 2. 2004 in der Fassung der Einspruchsentscheidung vom 25. 9. 2004 in der Weise zu ändern, dass für die langfristigen und unverzinslichen oder niedrigverzinslichen Darlehensverbindlichkeiten der Nennbetrag in Höhe von 2.500.000 € als Schuldposten angesetzt wird und darüber hinaus für eine Pensionsverpflichtung an den Gesellschafter-Geschäftsführer ein Betrag von 130.000 € in Abzug gebracht wird.

Einheitswert Grundstück
Es wird beantragt,
unter Änderung des Bescheides vom 15. 6. 2004 in der Fassung der Einspruchsentscheidung vom 14. 1. 2000 den Einheitswert für das Grundstück in Bübingen, Talstraße 4 auf den 1. 1. 2003 vom Gebäudewert wegen der wertmindernden Umstände einen Abschlag von 30 v. H. zu gewähren und die anteilige übliche Miete mit monatlich 5,50 €/qm anzusetzen.

oder

Klageerhebung

Es wird beantragt,
den Einheitswert für das Grundstück in Saarbrücken, Am Gottwill 14 zum 1. 1. 2003 unter Änderung des Feststellungsbescheids vom 2. 2. 2004 in der Fassung der Einspruchsentscheidung vom 10. 9. 2005 nach den Grundsätzen für die Bewertung landwirtschaftlichen Vermögens zu ermäßigen.

Wertfeststellung und Artfeststellung

Es wird beantragt,
den Einheitswertbescheid für das Grundstück in Illingen, Bergweg 4 auf den 1. 1. 2003 vom 2. 10. 2004 in der Fassung der Einspruchsentscheidung vom 3. 4. 2005 dahin zu ändern, dass das Grundstück als gemischtgenutztes Grundstück bewertet wird und dass der Einheitswert auf einer ermäßigten Jahresrohmiete für die Wohnräume von 4 €/qm einschließlich eines Zuschlags für Schönheitsreparaturen herabgesetzt wird.

Gewinnfeststellung

Es wird beantragt,
unter Änderung des Bescheids vom 6. 2. 2003 in der Fassung der Einspruchsentscheidung vom 27. 11. 2004 die geltend gemachten Reisekosten und Kundengeschenke als Betriebsausgaben anzuerkennen und die einheitliche und gesonderte Gewinnfeststellung 2002 entsprechend zu korrigieren.

oder

Es wird beantragt,
unter Änderung des Bescheids vom 10. 1. 2004 in der Fassung der Einspruchsentscheidung vom 11. 7. 2005 weitere Rückstellungen in Höhe von 35.000 € in der Steuerbilanz anzuerkennen und den einheitlichen Gewinn 2002 entsprechend herabzusetzen.

- **Beispiele für Anträge auf Änderung der Zurechnung in einem Feststellungsbescheid:**

Gewinnfeststellung und Gewinnzurechnung

Es wird beantragt,
den Bescheid über die einheitliche und gesonderte Gewinnfeststellung 2003 vom 11. 9. 2004 in der Fassung der Einspruchsentscheidung vom 17. 12. 2005 dahin zu ändern, dass der Gesamtgewinn auf 196.000 € herabgesetzt und der Gewinn zu 1/2 auf den Gesellschafter Müller und zu je 1/4 auf die Gesellschafter Meier und Schulze verteilt wird.

oder

Es wird beantragt,
den Bescheid über die einheitliche und gesonderte Feststellung der Einkünfte für 2003 vom 10. 8. 2004 in der Fassung der Einspruchsentscheidung vom 1. 2. 2005 dahin zu ändern, dass die gesamten Einkünfte von 90.000 € mit 25.000 € dem Teilhaber Schmidt und mit 65.000 € dem Teilhaber Berndt zugerechnet werden.

oder

Es wird beantragt,
den Bescheid über die einheitliche und gesonderte Gewinnfeststellung 2003 vom 11. 9. 2004 in der Fassung der Einspruchsentscheidung vom 17. 12. 2005 dahin zu ändern, dass der Gesamtgewinn und der Gewinnanteil des Gesellschafters Haury um 34.000 € herabgesetzt werden.

oder

Es wird beantragt,
den Bescheid über die einheitliche und gesonderte Gewinnfeststellung 2003 vom 11. 9. 2004 in der Fassung der Einspruchsentscheidung vom 17. 12. 2005 dahin zu ändern, dass ein Betrag von 110.000 € nicht als laufender Gewinn, sondern als Veräußerungsgewinn festgestellt und nach dem sonst geltenden Gewinnverteilungsschlüssel den Gesellschaftern Jost, Bittenbinder und Rollinger anteilig zugerechnet wird.

10. Klageanträge bei isolierter Anfechtung der Einspruchsentscheidung

Wird ein Einspruch zu Unrecht als unzulässig zurückgewiesen, dann ist der Steuerpflichtige in erster Linie dadurch beschwert, dass das Finanzamt den Einspruch aus verfahrensrechtlichen Gründen abgewiesen hat, ohne sich mit den Sachfragen zu befassen (z. B. der Prüfung der Steuererklärung, die nach Erlass eines Schätzungsbescheides im Einspruchsverfahren vorgelegt wird, s. Rz. 410). Diese Beschwer kann durch Aufhebung der Einspruchsentscheidung beseitigt werden, ohne dass es einer Änderung des angefochtenen Bescheides bedarf; denn das Finanzamt hat – bei Erfolg der Klage – im Einspruchsverfahren die Sachfragen zu prüfen. Deshalb entspricht in einem solchen Falle die isolierte Aufhebung der Einspruchsentscheidung dem wahren Rechtsschutzbegehren des Klägers, auch wenn er einen anderen Klageantrag stellt (z. B. den Bescheid entsprechend der Steuererklärung zu ändern). Das Rechtsschutzbegehren ist nicht nach dem Wortlaut des Antrags, sondern nach dem wirklichen Willen der Kläger zu bestimmen[517]. Der Antrag lautet: ... „die Einspruchsentscheidung vom 21. Januar 2005 aufzuheben und den Beklagten zu verpflichten, über den Einspruch sachlich zu entscheiden.

432

11. Klageanträge bei Verpflichtungsklagen

Durch eine Verpflichtungsklage wird *der Erlass eines vom Finanzamt abgelehnten oder unterlassenen Verwaltungsaktes* begehrt (§ 40 Abs. 1 FGO). Daraus folgt, dass der Klageantrag ein entsprechendes Begehren enthalten muss. Der Kläger muss das Gericht auffordern, das Finanzamt zu verpflichten, den begehrten Verwaltungsakt zu erlassen. Das Gericht spricht – soweit die Ablehnung oder Unterlassung rechtswidrig war – die Verpflichtung des Finanzamts aus, den Verwaltungsakt zu erlassen, wenn die Sache spruchreif ist (§ 101 Satz 1 FGO). Kann die

433

---

517 Grundlegend: BFH vom 14. Juli 1976 I R 138/74, BStBl. II 1976, 682.

Spruchreife, d. h. die Aufklärung aller Voraussetzungen zum Erlass des Verwaltungsaktes, nicht im Gerichtsverfahren hergestellt werden (z. B. weil eine Ermessensausübung des Finanzamts erforderlich ist), so spricht das Gericht die Verpflichtung des Finanzamtes aus, den Kläger unter Beachtung der Rechtsauffassung des Gerichts zu bescheiden (§ 101 Satz 2 FGO). Ist von vornherein absehbar, dass die Entscheidungsreife im Gerichtsverfahren nicht hergestellt werden kann, kann der Kläger seinen Antrag auch auf eine entsprechende Bescheidung begrenzen. [518]

- **Beispiele für Klageanträge, wenn das Finanzamt die Vornahme des Verwaltungsaktes abgelehnt hat:**

Einheitswert – Artfeststellung

Es wird beantragt,
den Ablehnungsbescheid vom 21. 11. 2004 in der Fassung der Einspruchsentscheidung vom 23. 4. 2005 aufzuheben und das Finanzamt zu verpflichten, für das Grundstück in Fechingen, Ringstraße 19 auf den 1. 1. 2002 die Artfeststellung als Betrieb der Land- und Forstwirtschaft zu treffen sowie den Einheitswert nach den Grundsätzen für die Bewertung landwirtschaftlichen Vermögens festzusetzen.

Einkommensteuer

Es wird beantragt,
die Verfügung über die Nichtveranlagung zur Einkommensteuer 2003 vom 29. 7. 2004 in der Fassung der Einspruchsentscheidung vom 3. 2. 2005 aufzuheben und das Finanzamt zu verpflichten, unter Anerkennung der unbeschränkten Steuerpflicht des Klägers für das Streitjahr eine entsprechende Einkommensteuer-Veranlagung durchzuführen.

Kindergeld

Es wird beantragt,
das Arbeitsamt zu verpflichten, an den Kläger ab dem 1. 8. 2005 Kindergeld für das Kind Franz zu zahlen.

Erlass

Es wird beantragt,
den Ablehnungsbescheid des Finanzamtes vom 24. 7. 2004 in der Fassung der Einspruchsentscheidung vom 3. 2. 2004 aufzuheben und das Finanzamt zu verpflichten, die Steuerschulden in Höhe von 60.000 € zu erlassen.

Investitionszulage

Es wird beantragt,
den Ablehnungsbescheid des Finanzamtes vom 27. 5. 2004 in der Fassung der Einspruchsentscheidung vom 22. 11. 2005 aufzuheben und das Finanzamt zu verpflichten, eine Investitionszulage für 2002 in Höhe von 12.500 € zu gewähren.

---

[518] BFH vom 12. 4. 1994 VII R 67/93, BFH/NV 1995, 77; vom 13. 1. 2000 VII R 91/98, BStBl. II 2000, 246.

oder

Es wird beantragt,
den Ablehnungsbescheid des Finanzamtes hinsichtlich der begehrten Investitionszulage 2003 vom 27. 5. 2004 in der Fassung der Einspruchsentscheidung vom 22. 11. 2005 aufzuheben und das Finanzamt zu verpflichten, unter Beachtung der Rechtsauffassung des Gerichts den Antrag auf Gewährung der Investitionszulage erneut zu bescheiden[519].

Steuerabrechnung
Es wird beantragt,
die Ablehnungsverfügung des Finanzamtes vom 10. 1. 2004 in der Fassung der Einspruchsentscheidung vom 22. 4. 2005 aufzuheben, und das Finanzamt zu verpflichten, über die vom Kläger zu zahlenden Steuerbeträge eine Abrechnung zu erteilen.

- **Beispiele für Klageanträge bei einer „reinen" Untätigkeit des Finanzamts:**

Bei der „reinen" Untätigkeit des Finanzamts ist die *Verwaltungsbehörde überhaupt nicht tätig geworden,* obwohl sie durch einen Antrag des Klägers dazu hätte veranlasst werden sollen. Es sind dies jene verhältnismäßig seltenen Fälle, in denen die Finanzbehörde einfach schweigt, ohne in irgendeiner Weise hoheitlich tätig zu werden, und in denen sie dem Kläger gegenüber auch nicht zu erkennen gibt, dass sie sein Begehren ablehnt. Gegen diese *schlichte Untätigkeit* des Finanzamtes steht dem Steuerpflichtigen der Untätigkeitseinspruch gem. § 347 Abs. 1 Satz 2 AO zur Verfügung (s. Rz. 182). Mit diesem Rechtsbehelf kann er geltend machen, dass über seinen Antrag auf Erlass eines Verwaltungsakts ohne Mitteilung eines zureichenden Grundes binnen angemessener Frist sachlich nicht entschieden worden ist. Welche Frist angemessen ist, hängt im allgemeinen von den Umständen des Einzelfalles ab. Die Sechsmonatsfrist des § 46 Abs. 1 Satz 2 FGO kann jedoch nicht ohne weiteres hierher übertragen werden, wenngleich sie einen gewissen Anhalt bietet. Diese Sechsmonatsfrist gilt dann jedoch für den Zeitraum der Entscheidung im Verfahren über den Untätigkeitseinspruch.

434

Ergeht eine Einspruchsentscheidung wegen der Untätigkeit des Finanzamtes, dann muss im Klageverfahren beantragt werden, diese Entscheidung aufzuheben und zugleich, das Finanzamt zu verpflichten, in einem bestimmten Sinne tätig zu

435

---

519 Grundsätzlich entscheidet bei einer Klage wegen Investitionszulage das Finanzgericht sachlich und setzt die Höhe der zu gewährenden Investitionszulagen fest. Dies jedoch nur dann, wenn das Finanzamt bei seiner Ablehnung der Investitionszulagen sich ebenfalls bereits sachlich mit der Gewährung der Investitionszulage und deren Höhe auseinandergesetzt hat. Hat das Finanzamt die Sache selbst jedoch noch nicht geprüft und auch sachlich über den Antrag auf Gewährung der Investitionszulage noch nicht entschieden, sondern lediglich aus formellen Gründen den Antrag als unzulässig (z. B. weil verspätet) abgewiesen, dann entscheidet das Gericht in der Sache nicht, weil eine Sachentscheidung der Verwaltungsbehörde noch nicht vorausgegangen war. Das Gericht hebt dann lediglich den Ablehnungsbescheid auf und weist das Finanzamt an, nunmehr die Sache selbst aufzuklären, zu prüfen und sachlich über den Anspruch zu entscheiden.

werden. Auch wenn noch *keine Einspruchsentscheidung* ergangen ist, *kann der Kläger – wenn er Wert auf eine alsbaldige Entscheidung legt* – denselben Klageantrag stellen. Er kann sich aber – wenn er das Einspruchsverfahren nicht verlieren will – seine Klage darauf zu richten, die Verpflichtung des Finanzamtes zum Tätigwerden auszusprechen. Ergeht im Zuge einer zulässigen Untätigkeitsklage ein ablehnender Verwaltungsakt zur Sache, so wird dadurch die Klage nicht unzulässig. Der Kläger hat ein Wahlrecht, ob er das Klageverfahren fortsetzt oder ob er Einspruch einlegt[520].

436 **Mögliche Antragsformen sind:**

Verpflichtung zum Erlass

Es wird beantragt,
unter Aufhebung der Einspruchsentscheidung vom 10. 8. 2003 das Finanzamt zu verpflichten, die Kraftfahrzeugsteuer 2002 in Höhe von 1.500 € zu erlassen.

Durchführung einer einheitlichen Gewinnfeststellung

Es wird beantragt,
unter Aufhebung der Einspruchsentscheidung vom 10. 10. 2004 das Finanzamt zu verpflichten, die atypische stille Beteiligung der Luise Schreiner am Gewerbebetrieb ihres Vaters anzuerkennen und wegen des Gewinns aus Gewerbebetrieb der atypischen stillen Gesellschaft eine gesonderte und einheitliche Gewinnfeststellung durchzuführen.

Feststellung der Nichtigkeit eines VA und Verpflichtung des Finanzamtes, einen gültigen VA zu erlassen

Es wird beantragt,
1. festzustellen, dass der Körperschaftsteuerbescheid 2003 vom 10. 10. 2004 nichtig ist;
2. das Finanzamt zu verpflichten, den Körperschaftsteuerbescheid 2003 der Klägerin ordnungsgemäß bekannt zu geben[521].

Steuerberatungsgesetz

Es wird beantragt,
den Finanzminister des Saarlandes zu verpflichten, den Kläger zur mündlichen Steuerberaterprüfung 2006 zuzulassen.

---

520 FG Saarland vom 15. 7. 2003 1 K 8/03, EFG 2003, 1488.
521 Hier liegt die Verbindung einer negativen Feststellungsklage mit einer Verpflichtungsklage vor: Nach Auffassung der Klägerin war der ursprüngliche Körperschaftsteuer-Bescheid 1998 wegen Zustellungsmängeln nichtig. Die Klägerin begehrte deshalb Feststellung dieser Nichtigkeit. Gleichzeitig jedoch lag der Klägerin daran, einen ordnungsgemäßen Körperschaftsteuer-Bescheid zu erhalten, weswegen sie – nachdem das Finanzamt untätig geblieben war und auch keine Einspruchsentscheidung erlassen hatte – Untätigkeitsklage erhob mit dem Antrag, einen ordnungsgemäßen Körperschaftsteuer-Bescheid ihr ordnungsgemäß bekannt zu geben.

Durchführung einer Veranlagung

Es wird beantragt,
das Finanzamt zu verpflichten, für das Kalenderjahr 2004 eine Einkommensteuer-Veranlagung durchzuführen.

12. Klageanträge bei (allgemeinen) Leistungsklagen

Mit der allgemeinen Leistungsklage wird vom Finanzamt ein Verhalten begehrt, das sich nicht durch einen Verwaltungsakt manifestiert (s. Rz. 179 ff.). Kann das Finanzamt die begehrte Leistung nur durch den Erlass eines Verwaltungsakts vollziehen, dann ist die Leistungsklage unangebracht, dann muss eine Verpflichtungsklage erhoben werden. Für die allgemeinen Leistungsklage ist demzufolge kein außergerichtliches Vorverfahren erforderlich und es muss gegen die Untätigkeit des Finanzamtes nicht erst Einspruch erhoben werden (s. Rz. 433). Der Kläger kann sich unmittelbar an das Gericht wenden.

437

- Mögliche Antragsformulierungen sind:

Außenprüfung – Bericht

Es wird beantragt,
das Finanzamt zur Erteilung eines Betriebsprüfungsberichts über die im Frühjahr 2004 durchgeführte Betriebsprüfung zu verpflichten.

Außenprüfung – Schlussbesprechung

Es wird beantragt,
das Finanzamt zu verpflichten, mit dem Kläger und seinem Steuerberater nach Abschluss der laufenden Außenprüfung eine Schlussbesprechung durchzuführen.

Zinsen

Es wird beantragt,
das Finanzamt zur Zahlung bereits festgesetzter Prozesszinsen in Höhe von 10.000 € zu verurteilen.

oder

Es wird beantragt,
das Finanzamt zu verpflichten, das sich aufgrund des Urteils des Finanzgerichts vom 12. 3. 2004 ergebende Steuerguthaben zu verzinsen.

Androhung einer Sicherheitsleistung

Es wird beantragt,
das Finanzamt zu verpflichten, die Androhung oder Erzwingung einer Sicherheitsleistung nach § 336 Abs. 2 AO zu unterlassen[522].

---

[522] Die Androhung einer solchen Erzwingung ist kein Verwaltungsakt, der angefochten werden könnte (BFH vom 3. 4. 1979 VII B 104/78, BStBl. II 1979, 381). Als vorläufiger Rechtsschutz kommt daher nicht die Aussetzung der Vollziehung (§ 69 FGO; s. Rz. 558 ff.), sondern die einstweilige Anordnung (§ 114 FGO; s. Rz. 581 ff.) in Betracht.

13. Klageanträge bei Feststellungsklagen

438 Die Feststellungsklage kann zum Ziel haben: die Feststellung des Bestehens oder Nichtbestehens eines *Rechtsverhältnisses* oder die Feststellung der *Nichtigkeit* eines Verwaltungsakts.

- Mögliche Antragsformulierungen sind:

Insolvenz/Konkurs

Es wird beantragt,
die Umsatzsteuerschuld 2004 und die Prozesszinsen in der angemeldeten Höhe von 1.400 € als Insolvenzforderungen festzustellen.

Nichtigkeit

Es wird beantragt,
festzustellen, dass der Einkommensteuerbescheid 2003 vom 3. 3. 2005 nichtig ist.

Zwangsvollstreckung

Es wird beantragt,
festzustellen, dass die Zwangsvollstreckungsmaßnahmen des Finanzamtes vom 16. 10. 2003 (Sachpfändung) nichtig sind;
hilfsweise wird beantragt,
festzustellen, dass die Verkaufserlöse der gepfändeten Gegenstände der Konkursmasse zustehen.

14. Klageanträge bei Fortsetzungsfeststellungsklagen

439 Die Fortsetzungsfeststellungsklage ist eine Feststellungsklage, die sich normalerweise an eine *Anfechtungsklage* anschließt (s. Rz. 205 ff.). Auch wenn im Laufe des Klageverfahrens für das Anfechtungsbegehren das Rechtsschutzinteresse entfällt (z. B durch Aufhebung, Änderung oder sonstige Erledigung), kann ein berechtigtes Interesse an der Feststellung bestehen, dass der Verwaltungsakt rechtswidrig war. Diese Feststellung trifft das Gericht auf Antrag eines Beteiligten (§ 100 Abs. 1 Satz 4 FGO).

440 Eine Fortsetzungsfeststellungsklage kann auch erhoben werden, wenn sich der streitige Verwaltungsakt bereits vor Klageerhebung erledigt. Wird eine Prüfungsanordnung beispielsweise erst angefochten, wenn die Außenprüfung bereits durchgeführt worden ist, dann kann beantragt werden, dass die Rechtswidrigkeit der Prüfungsanordnung festgestellt wird[523].

- Beispiele für Klageanträge bei Fortsetzungsfeststellungsklagen:

Prüfungsanordnung

Es wird beantragt,
festzustellen, dass die Prüfungsanordnung vom 20. 10. 2004 in der Fassung der Einspruchsentscheidung vom 10. 1. 2005 rechtswidrig war.

---

523 BFH vom 21. 6. 1990 V R 97/84, BStBl. II 1990, 804.

Steuerbescheid
Es wird beantragt,
festzustellen, dass der Steuerbescheid vom 20. 11. 2004 in der Fassung der Einspruchsentscheidung vom 4. 3. 2005, den das Finanzamt mit Bescheid vom 10. 3. 2005 aufgehoben hat, rechtswidrig war.

15. Klageantrag bei zweifelhafter Zulässigkeit

Nicht selten stellt sich nach Erhebung einer Klage die Frage, ob diese unzulässig ist (z. B. wegen Verfristung). In einem solchen Falle ist es zweckmäßig, zunächst eine Entscheidung des Gerichts über die Zulässigkeit herbeizuführen und den Sachvortrag bezüglich des Klagebegehrens vorerst zurückzustellen, bis eine solche ergangen ist. Nach § 97 FGO kann das Gericht durch Zwischenurteil über die Zulässigkeit der Klage entscheiden (s. Rz. 760), bevor es sich mit dem Klägerbegehren in der Sache selbst auseinandersetzt.   *441*

Der Antrag lautet:
Das Gericht möge die Klage durch Zwischenurteil für zulässig erklären.

16. Antrag auf Gewährung von Prozesskostenhilfe (PKH)

Die Klageschrift enthält – in entsprechenden Fällen – auch den Antrag auf Gewährung von PKH und Beiordnung eines Prozessvertreters. Im Steuerstreitverfahren gelten die Vorschriften der ZPO (§§ 114 bis 127a) über die PKH sinngemäß (§ 142 Abs. 1 FGO). Im Steuerprozess sind jedoch einige Besonderheiten zu beachten; so kann beispielsweise als Prozessvertreter nicht nur ein Rechtsanwalt (§ 121 ZPO), sondern auch ein Steuerberater beigeordnet werden (§ 142 Abs. 2 FGO).   *442*

Der Antrag auf Bewilligung von PKH kann entweder bereits bei Klageerhebung oder erst im Verlaufe des Verfahrens, er kann durch den Kläger selbst bzw. durch den bereits Bevollmächtigten oder den nach Gewährung der PKH beizuordnenden Prozessvertreter gestellt werden. Zur Antragstellung vor Klageerhebung s. Rz. 462. Ist ein Antrag auf Gewährung von PKH gestellt, so wird bei den meisten Finanzgerichten mit der Vollstreckung wegen der bei Klageerhebung fälligen Verfahrensgebühr (s. dazu Rz. 933 f.) bis zur Entscheidung über den PKH-Antrag abgewartet. U. E. verletzt eine vorherige Vollstreckung das Recht eines Klägers auf ungestörte Rechtsausübung[524].   *443*

---

524 S. dazu für das ADV-Verfahren: FG des Saarlandes vom 7. 1. 2000 1 V 389/99, EFG 2000, 449.

Klageerhebung

444   Die Anträge können wie folgt aussehen:

> Dr. Paul Richter   Ort, Straße, Datum
> Steuerberater
>
> Finanzgericht des Saarlandes
> Hardenbergstraße 3
> 66119 Saarbrücken
>
> Namens und im Auftrag der Eheleute Horst und Melanie Schuster, ..., erhebe ich
>
> **K l a g e**
>
> gegen das Finanzamt St. Wendel
> wegen Einkommensteuer 2003.
> Die Klage richtet sich gegen die den Einkommensteuer-Bescheid 2003 vom 25. 3. 2005 in Fassung der Einspruchsentscheidung vom 30. 1. 2006.
> Begehrt wird die Anerkennung von Lohnzahlungen in Höhe von 20.000 € als Betriebsausgaben im Gewerbebetrieb des Klägers.
> Es wird **beantragt**,
> unter Änderung des Bescheides vom 25. 3. 2005 in Fassung der Einspruchsentscheidung vom 30. 1. 2006 die Einkommensteuer 2003 unter Berücksichtigung weiterer Betriebsausgaben in Höhe von 20.000 € festzusetzen.
> Eine Kopie des Steuerbescheides und der Einspruchsentscheidung füge ich der Klageschrift bei.
> Des Weiteren **beantrage** ich,
> den Klägern Prozesskostenhilfe zu bewilligen und ihnen den Steuerberater Dr. Richter beizuordnen.
> Ich füge ein Formular über die persönlichen und wirtschaftlichen Verhältnisse der Kläger bei, aus dem deren Bedürftigkeit hervorgeht. Wegen der Erfolgsaussichten der Klage nehme ich auf die Einspruchsbegründung vom 25. 10. 2005 Bezug.
>
> Unterschrift
> Dr. Richter
>
> Anlage: Kopie des Steuerbescheides und der Einspruchsentscheidung

oder

Antrag auf Gewährung von Prozesskostenhilfe (PKH)

> Eheleute Fritz und Helene Maier   Ort, Straße, Datum
>
> Finanzgericht des Saarlandes
> Hardenbergstraße 3
> 66119 Saarbrücken
>
> Hiermit erheben wir
>
> K l a g e
>
> gegen das Finanzamt Homburg
> wegen Einkommensteuer 2003.
> Die Klage richtet sich gegen den Einkommensteuer-Bescheid 2003 und die Einspruchsentscheidung vom 30. 1. 2006.
> Begehrt wird die Anerkennung von Lohnzahlungen in Höhe von 30.000 € als Betriebsausgaben im Gewerbebetrieb des Klägers.
> Es wird **beantragt,**
> die Einkommensteuer 2003 unter Berücksichtigung weiterer Betriebsausgaben in Höhe von 30.000 € festzusetzen.
> Des weiteren **beantragen** wir,
> den Klägern Prozesskostenhilfe zu bewilligen und ihnen den Steuerberater Dr. Horstmann beizuordnen.
> Da wir nicht rechtskundig sind und uns seit dem wirtschaftlichen Zusammenbruch des Unternehmens keinen Vertreter leisten können, beantragen wir des weiteren, uns Prozesskostenhilfe zu gewähren und uns Herrn Dr. Horstmann als Vertreter beizuordnen.
>
> Unterschrift
> Fritz Maier
> Helene Maier
>
> Anlage: Kopie des Steuerbescheides und der Einspruchsentscheidung

a) Voraussetzungen

Eine Partei, die nach ihren persönlichen und wirtschaftlichen Verhältnissen die Kosten der Prozessführung nicht, nur zum Teil oder nur in Raten aufbringen kann, erhält auf *Antrag PKH, wenn die beabsichtigte Rechtsverfolgung oder Rechtsverteidigung hinreichend Aussicht auf Erfolg bietet und nicht mutwillig erscheint* (§ 114 ZPO). Danach müssen für die Gewährung der PKH folgende Voraussetzungen erfüllt sein:

Klageerhebung

446 Ein **Antrag auf PKH** muss von dem Rechtsuchenden – im Steuerprozess: Kläger, Beigeladener – gestellt werden. Dieser Antrag muss bestimmt sein, d. h. er muss das Streitverhältnis unter Angabe entsprechender Beweismittel darstellen. Das Finanzgericht muss an Hand der im Antrag enthaltenen Angaben erkennen können, ob und in welchem Umfang die Voraussetzungen für die Gewährung der PKH vorliegen. Der Kläger darf – trotz des ansonsten geltenden Amts-Ermittlungsgrundsatzes (s. Rz. 59 ff.) – nicht ohne weiteres auf eine entsprechende Eigentätigkeit durch das Gericht vertrauen[525]. In der *Revisionsinstanz* muss der Antragsteller zusätzlich vortragen, wie er mit erfolgversprechenden Rügen gegen das angefochtene Finanzgerichtsurteil vorgehen will; dies insbesondere dann, wenn das angefochtene Urteil für sich genommen keine Anhaltspunkte für einen Erfolg der Revision erkennen lässt[526]. Ist der Steuerpflichtige Revisionsbeklagter, bedarf es keiner Darlegung der Erfolgsaussichten und fehlender Mutwilligkeit, sondern nur der wirtschaftlichen Verhältnisse[527].

447 Die **persönlichen Verhältnisse** müssen so sein, dass der Betroffene die Kosten der Prozessführung entweder gar nicht, nur zu einem bestimmten Teil oder nur in Raten aufbringen kann. Diese persönlichen Verhältnisse sind darzulegen und glaubhaft zu machen. Hierzu dient vor allem der „Vordruck über die Prozesskostenhilfe"[528], der dem Kläger nach Antragstellung vom Gericht übersandt wird. Ausgehend von den dort gemachten Angaben prüft das Gericht, ob und inwieweit Bedürftigkeit im Sinne des § 115 ZPO vorliegt. Bei der Bedürftigkeitsprüfung ist sowohl das Einkommen des Klägers (§ 115 Abs. 1 ZPO) als auch sein Vermögen (§ 115 Abs. 2 ZPO) zu berücksichtigen.

448 Sein *Einkommen*, das nach Maßgabe des § 115 Abs. 1 Satz 2, 3 ZPO zu berechnen ist[529], hat der Kläger in dem Umfang für die Prozessführung einzusetzen, den § 115 Abs. 1 S. 4 ZPO vorsieht. Gegebenenfalls setzt das Gericht entsprechende Ratenzahlungen (höchstens 48 Monatsraten) fest. Ist der Antragsteller verheiratet, so ist bei der Prüfung der Einkommensverhältnisse auch der Anspruch gegen seinen Ehegatten nach § 1360a Abs. 4 BGB auf Zahlung eines Prozesskostenvorschusses zu berücksichtigen[530].

---

525 BFH vom 31. 7. 1992 VI B 266/89, BFH/NV 1993, 264; vom 9. 3. 1994 VIII S 9/93, BFH/NV 1994, 657; vom 12. 2. 1997 X S 23/96, BFH/NV 1997, 435; s. aber auch BFH vom 31. 5. 2000 V B 36/00, BFH/NV 2000, 1484.
526 BFH vom 31. 1. 1985 V S 16/83, BFH/NV 1985, 98.
527 BFH vom 19. 3. 1996 VIII S 1/96, BFH/NV 1996, 781.
528 S. hierzu das Muster in Anhang 3.
529 Zu Einzelfragen s. z. B. BFH vom 31. 8. 1995 VII S 3/95, BFH/NV 1996, 251; vom 4. 6. 1998 VII B 31/98, BFH/NV 1999, 183.
530 BFH vom 18. 5. 2000 VIII B 3/00, BFH/NV 2000, 1357.

Antrag auf Gewährung von Prozesskostenhilfe (PKH)

Sein *Vermögen* hat der Kläger einzusetzen, soweit ihm das zumutbar ist. Die
Zumutbarkeit ist unter Beachtung des § 88 BSHG[531] zu beurteilen. Kein einzusetzendes Vermögen sind ein angemessenes Hausgrundstück und ein geringfügiges Bankkonto[532]; anders dagegen ein größeres Sparguthaben[533]. Der Antragsteller ist auch gehalten, im Rahmen des ihm Möglichen einen Realkredit

449

---

[531] § 88 BSHG in der ab 1. Juli 1999 gültigen Fassung lautet:
(1) Zum Vermögen im Sinne dieses Gesetzes gehört das gesamte verwertbare Vermögen.
(2) Die Sozialhilfe darf nicht abhängig gemacht werden vom Einsatz oder von der Verwertung
1. eines Vermögens, das aus öffentlichen Mitteln zum Aufbau oder zur Sicherung einer Lebensgrundlage oder zur Gründung eines Hausstandes gewährt wird,
2. eines sonstigen Vermögens, solange es nachweislich zur baldigen Beschaffung oder Erhaltung eines Hausgrundstücks im Sinne der Nummer 7 bestimmt ist, soweit dieses Wohnzwecken Behinderter (§ 39 Abs. 1 Satz 1 und Abs. 2), Blinder (§ 67) oder Pflegebedürftiger (§ 69) dient oder dienen soll und dieser Zweck durch den Einsatz oder die Verwertung des Vermögens gefährdet würde,
3. eines angemessenen Hausrats; dabei sind die bisherigen Lebensverhältnisse des Hilfesuchenden zu berücksichtigen,
4. von Gegenständen, die zur Aufnahme oder Fortsetzung der Berufsausbildung oder der Erwerbstätigkeit unentbehrlich sind,
5. von Familien- und Erbstücken, deren Veräußerung für den Hilfesuchenden oder seine Familie eine besondere Härte bedeuten würde,
6. von Gegenständen, die zur Befriedigung geistiger, besonders wissenschaftlicher oder künstlerischer Bedürfnisse dienen und deren Besitz nicht Luxus ist,
7. eines angemessenen Hausgrundstücks, das vom Hilfesuchenden oder einer anderen in den §§ 11, 28 genannten Person allein oder zusammen mit Angehörigen ganz oder teilweise bewohnt wird und nach seinem Tod bewohnt werden soll. Die Angemessenheit bestimmt sich nach der Zahl der Bewohner, dem Wohnbedarf (zum Beispiel Behinderter, Blinder oder Pflegebedürftiger), der Grundstücksgröße, der Hausgröße, dem Zuschnitt und der Ausstattung des Wohngebäudes sowie dem Wert des Grundstücks einschließlich des Wohngebäudes. Familienheime und Eigentumswohnungen im Sinne der §§ 7 und 12 des Zweiten Wohnungsbaugesetzes sind in der Regel nicht unangemessen groß, wenn ihre Wohnfläche die Grenzen des § 39 Abs. 1 Nr. 1 und 3 in Verbindung mit Absatz 2 des Zweiten Wohnungsbaugesetzes, bei der häuslichen Pflege (§ 69) die Grenzen des § 39 Abs. 1 Satz 1 Nr. 1 und 3 in Verbindung mit § 82 des Zweiten Wohnungsbaugesetzes nicht übersteigt,
8. kleinerer Barbeträge oder sonstiger Geldwerte; dabei ist eine besondere Notlage des Hilfesuchenden zu berücksichtigen.
(3) Die Sozialhilfe darf ferner nicht vom Einsatz oder von der Verwertung eines Vermögens abhängig gemacht werden, soweit dies für den, der das Vermögen einzusetzen hat, und für seine unterhaltsberechtigten Angehörigen eine Härte bedeuten würde. Dies ist bei der Hilfe in besonderen Lebenslagen vor allem der Fall, soweit eine angemessene Lebensführung oder die Aufrechterhaltung einer angemessenen Alterssicherung wesentlich erschwert würde. Bei der Eingliederungshilfe zur Beschäftigung in einer Werkstatt für Behinderte liegt im Regelfall auch dann eine Härte vor, wenn das einzusetzende Vermögen den zehnfachen Betrag des Geldwertes nicht übersteigt, der sich bei der Hilfe in besonderen Lebenslagen aus § 1 Abs. 1 Satz 1 Nr. 1 Buchstabe b der Verordnung zur Durchführung des § 88 Abs. 2 Nr. 8 des Bundessozialhilfegesetzes ergibt.
(4) Das Bundesministerium für Arbeit und Sozialordnung kann durch Rechtsverordnung mit Zustimmung des Bundesrates die Höhe der Barbeträge oder sonstigen Geldwerte im Sinne des Absatzes 2 Nr. 8 bestimmen.
[532] BFH vom 4. 6. 1998 VII B 31/98, BFH/NV 1999, 183.
[533] BFH vom 2. 4. 1996 III B 170/95, BFH/NV 1996, 785 für ein Sparguthaben i. H. v. 43.000 €.

aufzunehmen[534]. Ansprüche gegen Dritte sind nur zu berücksichtigen, wenn deren Verwertung zumutbar und in angemessener Zeit möglich ist[535].

450 PKH wird nicht bewilligt, wenn der Kläger die Kosten der Prozessführung in bis zu 4 Monatsraten erbringen könnte (§ 155 Abs. 3 ZPO). Bei einer Verschlechterung der Einkommens- und Vermögensverhältnisse nach Bewilligung der PKH hat der Antragsteller grundsätzlich einen Anspruch auf Anpassung der Ratenzahlung[536]. Die Gewährung der PKH kann auch wieder geändert werden, wenn nachträglich eine Verbesserung der persönlichen oder wirtschaftlichen Verhältnisse des Antragstellers in der Weise eintritt, dass er nunmehr zur Kostentragung oder zur Ratenzahlung in der Lage ist (§ 120 Abs. 4 ZPO).

451 Die Rechtsverfolgung muss hinreichend **Aussicht auf Erfolg** bieten. Dies ist der Fall, wenn das Gericht den Rechtsstandpunkt des Antragstellers nach dessen Sachdarstellung und den vorhandenen Unterlagen für zutreffend oder zumindest für vertretbar hält, in tatsächlicher Hinsicht von der Möglichkeit der Beweisführung überzeugt ist und eine gewisse Wahrscheinlichkeit dafür besteht, dass das angestrebte Verfahren erfolgreich sein wird. Bei summarischer Prüfung der Sach- und Rechtslage muss eine gewisse Wahrscheinlichkeit für den Eintritt des Erfolges in der Hauptsache sprechen. Dies ist nach Aktenlage grundsätzlich nicht mit Hilfe von Beweiserhebungen, sondern anhand präsenter Beweismittel zu beurteilen[537]. Lediglich ein „Hauch von Erfolgsaussicht" genügt dagegen nicht[538]. Bei der Prüfung der Erfolgsaussichten darf keine abschließende, endgültige Prüfung der Streitsache vorgenommen werden. In Schätzungsfällen muss der Antragsteller Tatsachen oder Erfahrungssätze vortragen, die geeignet sind, einen anderen als den geschätzten Betrag wahrscheinlich erscheinen zu lassen[539]. Ohne Detailprüfung wird PKH bei schwierigen, höchstrichterlich nicht entschiedenen Rechtsfragen gewährt[540] oder überhaupt bei schwierigen Fragen, die im PKH-Verfahren nicht abschließend geklärt werden können[541]. Auch wenn der Klageerfolg vom noch offenen Ausgang einer Beweisaufnahme abhängt, wird PKH gewährt[542].

452 Besteht die *Erfolgsaussicht nur teilweise*, dann kann auch anteilig PKH gewährt werden[543]. Wenn die *Hauptsache bereits erledigt* ist, kann PKH nicht mehr gewährt werden[544].

---

534 BFH vom 27. 6. 1988 X S 10/87, BFH/NV 1989, 124; vom 20. 1. 2000 III B 68/99, BFH/NV 2000, 862, jeweils m. w. N.
535 BFH vom 13. 1. 1997 X B 87/95, BFH/NV 1997, 433.
536 BFH vom 28. 9. 1999 VII B 107/99, BFH/NV 2000, 339.
537 BFH vom 4. 11. 1999 X B 81/99, BFH/NV 2000, 546.
538 BFH vom 27. 5. 1987 II B 21/87, BFH/NV 1987, 205.
539 BFH vom 13. 3. 2000 III B 62/99, BFH/NV 2000, 1119.
540 BFH vom 24. 5. 2000 VI B 251/99, BFH/NV 2000, 1204; vom 12. 4. 2000 VI B 182/99, BFH/NV 2000, 1325.
541 BFH vom 15. 3. 2000 VI B 31/99, BFH/NV 2000, 1185.
542 BFH vom 16. 7. 1998 VI B 270/97, BFH/NV 1999, 196.
543 BFH vom 16. 5. 1985 VIII S 18/84, BFH/NV 1987, 186; vom 8. 2. 2000 VII B 195/99, BFH/NV 2000, 1106.
544 BFH vom 11. 11. 1985 IV B 77/85, BStBl. II 1986, 67.

Antrag auf Gewährung von Prozesskostenhilfe (PKH)

Auch wenn eine gewisse Erfolgsaussicht besteht, wird keine PKH gewährt, wenn die Rechtsverfolgung **mutwillig** erscheint. „*Mutwillig*" handelt ein Antragsteller, wenn ein verständiger Beteiligter seine Rechte nicht in gleicher Weise verfolgen würde oder er den verfolgten Zweck auf billigere Weise erreichen könnte[545]. *453*

b) Anspruchsberechtigte

Im Finanzprozess kommen hierfür nur **Kläger** oder Beigeladene in Betracht. Dies sind natürliche Personen, Personenzusammenschlüsse und Körperschaften, alle jene Steuerpflichtigen also, die in einem Steuerprozess klagen oder beigeladen werden können. Die weiteren Beteiligten des finanzgerichtlichen Verfahrens sind die beklagte oder beigetretene Behörde (§ 57 FGO). Behörden erhalten keine PKH. *454*

Bei inländischen juristischen Personen oder sonstigen parteifähigen **Vereinigungen** kann die PKH nur gewährt werden, wenn die Unterlassung der Rechtsverfolgung oder Rechtsverteidigung allgemeinen Interessen zuwiderlaufen würde (§ 116 Satz 1 Nr. 2 ZPO). Die Personenvereinigung muss also als zusätzliche Voraussetzung vortragen und glaubhaft machen, dass außer den an der Führung des Prozesses unmittelbar Beteiligten ein erheblicher Kreis von Personen durch die Unterlassung der Rechtsverfolgung in Mitleidenschaft gezogen werden kann[546]. Es genügt nicht, wenn nur Rechtsfragen von allgemeinem Interesse zu beantworten sind[547]. *455*

Zudem kann eine *Körperschaft* oder parteifähige Vereinigung nur dann PKH erlangen, wenn die Prozesskosten nicht von den am Gegenstand des Rechtsstreits wirtschaftlich Beteiligten – z.B. Gesellschafter oder sonstigen Beteiligten der Körperschaft oder Vereinigung[548] – aufgebracht werden können (§ 116 Abs. 1 Nr. 2 ZPO). Dies gilt auch für gemeinnützige Körperschaften[549]. *456*

Eine **Partei kraft Amtes** (Insolvenzverwalter, Nachlaßverwalter) kann ebenfalls PKH verlangen, wenn die Kosten nicht aus dem vertretenen Vermögen erbracht werden können (§ 116 Abs. 1 Nr. 1 ZPO). *457*

c) Folgen der Bewilligung

Wird die PKH vom Gericht bewilligt, so ergeben sich folgende Möglichkeiten: *458*

- Der Antragsteller braucht keine *Gerichtskosten* und Gebühren seines *Prozessbevollmächtigten* zu entrichten. Setzt das Gericht jedoch *Ratenzahlungen* fest, dann sind diese an die Staatskasse zu zahlen. Die Höhe der Raten ergibt sich aus der Tabelle des § 115 Abs. 1 Satz 4 ZPO[550].

---

545 BFH vom 11. 11. 1999 III B 40/99, BFH/NV 2000, 722.
546 BFH vom 26. 5. 1982 I B 98-99/81, BStBl. II 1982, 600; vom 3. 4. 2000, BFH/NV 2000, 1227.
547 BFH vom 23. 10. 1985 I B 33/85, BFH/NV 1986, 485; vom 24. 11. 1998 V B 89/98, BFH/NV 1999, 653.
548 BFH vom 17. 1. 1985 VII S 24/84, BFH/NV 1986, 425.
549 Für einen Feuerwehrverein: BFH vom 21. 7. 1999 I S 6/98, BFH/NV 2000, 65.
550 S. Anhang 4.

- Für den Antragsteller kann ein *Prozessbevollmächtigter* seiner Wahl bestimmt werden. Dieser kann auch für den Antragsteller bereits den Antrag auf PKH stellen und sich als Prozessbevollmächtigter benennen. Der Prozessbevollmächtigte erhält seine Gebühren von der Staatskasse (§§ 121 ff. BRAGO).
- Gebühren und sonstige Kosten können *gegen den Kläger nur entsprechend einer gerichtlichen Entscheidung* festgesetzt und von ihm eingezogen werden. Er ist nicht zur Sicherheitsleistung für Prozesskosten verpflichtet, und Ansprüche des Prozessbevollmächtigten gegen den Kläger bestehen nicht (§ 122 Abs. 1 ZPO).
- Normalerweise hat die Bewilligung der PKH auf die Verpflichtung, die dem Gegner entstandenen Kosten zu erstatten, keinen Einfluss (§ 123 ZPO). Im finanzgerichtlichen Verfahren werden jedoch die Aufwendungen der Finanzbehörden generell nicht erstattet (§ 139 Abs. 2 FGO).
- Vom *Gegner* können Kosten erst nach seiner Verpflichtung zur Kostentragung durch das Gericht eingezogen werden[551].

459 Daraus ergeben sich **Besonderheiten** gegenüber dem Verfahren vor den ordentlichen Gerichten, weil im finanzgerichtlichen Verfahren *vor Beendigung des Prozesses nur Gebühren und Auslagen des Prozessbevollmächtigten des Klägers* entstehen können. Mit der Beendigung des Prozesses können die Gerichtskosten und die eigenen außergerichtlichen Kosten hinzutreten. Bei der Bewilligung der PKH ist jedoch über die gesamten Kosten des Verfahrens zu befinden. Das Verfahren bei den Finanzgerichten kann bei der jetzigen Geschäftslage etwa zwei bis vier Jahre dauern, so dass die endgültige Kostenhöhe zum Zeitpunkt der Entscheidung über den PKH-Antrag noch nicht exakt feststeht.

460 Würde bei der Entscheidung über die PKH zu Beginn eines Prozesses schon über die gesamten Kosten entschieden, so müsste ein bedürftiger Kläger oder Beigeladener über die **Ratenzahlungen** die erst in mehreren Jahren entstehenden und feststellbaren Kosten vorzufinanzieren. Dies entspricht weder dem Interesse der Beteiligten noch der Zielsetzung der PKH. Das Gericht wird deshalb zu Beginn eines Prozesses Ratenzahlungen festsetzen, die zwar auf der Gesamtsumme der zu erwartenden Kosten basieren; diese *Ratenzahlungen werden aber so bemessen sein, dass die Gebühren des Prozessbevollmächtigten damit gedeckt sind.* Die Ratenzahlungen werden dann bis zum Ende des Verfahrens unterbrochen. Wird kein Prozessbevollmächtigter beigeordnet, dann wird der *Beginn der Ratenzahlungen erst an das Ende des Prozesses gesetzt.* Dort ist er jedoch u. U. nicht mehr erforderlich.

461 Gewinnt der Antragsteller den Prozess, so ist ein potenter Kostenschuldner vorhanden, nämlich die Finanzbehörde. In diesem Fall bedarf es keiner Anordnung der PKH. Verliert der Kläger dagegen den Prozess, dann muss ihm – bei Vorliegen der sonstigen Voraussetzungen – PKH gewährt werden, wenn über seinen Antrag auf Gewährung von PKH bereits entschieden ist. Steht dagegen die Entscheidung über den PKH-Antrag noch aus, dann ist der **Verfahrensausgang**

---

551 Zur vorläufigen Vollstreckbarkeit s. Rz. 384 f.

Antrag auf Gewährung von Prozesskostenhilfe (PKH)

hierbei zugrunde zu legen. Für die Beurteilung der Erfolgsaussichten (s. Rz. 451) ist nämlich vom Sach- und Streitstand zum Zeitpunkt der gerichtlichen Entscheidung – nicht vom Zeitpunkt der Antragstellung – auszugehen[552]. Dies gilt auch für die übrigen Voraussetzungen der PKH.

d) Verfahren

Die PKH ist beim jeweiligen Prozessgericht für jede **Instanz** – und zwar gesondert für diese – zu beantragen. Der Antrag kann bis zur rechtskräftigen Beendigung des Verfahrens in der betreffenden Instanz gestellt werden. Der Antrag kann auch schon vor der Klageerhebung gestellt werden. Die Einreichung des Antrages auf PKH ist aber nicht ohne weiteres mit der Klageerhebung gleichzusetzen und wahrt nicht die Klagefrist[553]. Der bloße PKH-Antrag lässt offen, ob der Antragsteller eventuell nur bei positivem Ausgang des Antragsverfahrens auch Klage erheben will. Der Kläger muss somit innerhalb der Klagefrist eindeutig Klage erheben. Ansonsten besteht die Gefahr, dass der PKH-Antrag schon deshalb abgewiesen wird, weil in der Sache wegen der Verfristung der Klage keine Aussicht auf Erfolg besteht. Auch eine Klageerhebung unter der Bedingung, dass PKH gewährt wird, ist nicht empfehlenswert, da eine bedingte Klageerhebung beim Finanzgericht – anders als bei den Zivilgerichten – unwirksam ist und deshalb auch in diesem Falle die Verfristung droht.[554] Ebenso muss ein bedürftiger Kläger fristgerecht *Revision* einlegen. Wegen des Vertretungsmangels kann nach Abschluss des Verfahrens über den PKH-Antrag noch Wiedereinsetzung in den vorigen Stand gewährt werden[555].

462

Beim **BFH** besteht Vertretungszwang und zwar auch für den PKH-Antrag[556]. Ein Beteiligter, der nicht über ausreichende Mittel zur Prozessführung verfügt, hat grundsätzlich Anspruch auf Wiedereinsetzung in den vorigen Stand wegen Versäumung der Rechtsmittelfrist, wenn er seinen PKH-Antrag bis zum Ablauf der Rechtsmittelfrist eingereicht hat und über diesen Antrag erst nach Ablauf der Frist entschieden wird. Ist dem PKH-Antrag stattgegeben und Wiedereinsetzung gewährt worden, so ist die Einlegung des Rechtsmittels binnen 2 Wochen nachzuholen (§ 56 Abs. 2 FGO), sofern dies noch nicht geschehen ist. Auch bezüglich der versäumten Revisionsbegründungsfrist (§ 120 Abs. 2 FGO) kann nach der Gewährung von PKH Wiedereinsetzung zu gewähren sein.[557]

Der Beteiligte muss alles in seinen Kräften Stehende tun, um das der rechtzeitigen Einlegung des Rechtsmittels entgegenstehende Hindernis zu beheben. Dazu

463

---

552 BFH vom 8. 8. 1995 VII B 42/95, BFH/NV 1996, 66; vom 5. 3. 1998 VII B 36/97, BFH/NV 1998, 1325.
553 BFH vom 3. 4. 1987 VI B 150/85, BStBl. II 1987, 573.
554 S. FG München vom 9. 4. 1998 1 K 400/97, EFG 1998, 1421; FG Sachsen Anhalt vom 16. 6. 1998 I 695/97, EFG 1998, 1421 sowie die Anm. in der EFG 1998 Beilage 19, 74 f.
555 BFH vom 17. 5. 1993 XI S 4/93, BFH/NV 1994, 120; vom 2. 10. 2002 XI S 4/02 (PKH), BFH/NV 2003, 194.
556 BFH vom 1. 9. 1982 I S 4/82, BStBl. II 1982, 737; vom 5. 11. 1986 IV S 7/86, IV B 49/86, BStBl. II 1987, 62; vom 18. 11. 1986 VIII B 153/86, BFH/NV 1987, 463. Vgl. auch BGH vom 19. 6. 1985 IVa ZA 16/84, HFR 1986, 480.
557 BFH vom 4. 9. 2002 XI R 67/00, BStBl. II 2003, 142.

gehört, dass er den PKH-Antrag innerhalb der Rechtsmittelfrist stellt, und dass er – von seinem Standpunkt aus gesehen – damit rechnen kann, ihm werde PKH bewilligt. Dies erfordert grundsätzlich, dass er seinem Antrag die nach § 117 Abs. 2 und 4 ZPO erforderlichen Erklärungen über seine persönlichen und wirtschaftlichen Verhältnisse sowie entsprechende Belege beifügt[558]. Denn jedem Antrag auf PKH muss eine *Erklärung über die persönlichen Verhältnisse*[559] nach dem aktuellen Stand beigegeben werden[560]. Der *Vordruck* zu den persönlichen und wirtschaftlichen Verhältnissen sollte vollständig ausgefüllt sein; einzelne Lücken sind unschädlich, wenn sie sich aus den Schriftsätzen oder sonstigen Unterlagen des Gerichts ohne weiteres schließen lassen[561]. Der Antrag muss zudem eine laienhafte Darlegung der Revisions(zulassungs-)gründe enthalten.

464 Wurde ein Antrag auf PKH vom Gericht abgelehnt, so fehlt es für einen *erneuten Antrag* am Rechtsschutzbedürfnis, solange sich die Verhältnisse nicht verändert haben. Bei geänderten Verhältnissen ist ein erneuter, wiederholter Antrag auf PKH zulässig und möglicherweise auch begründet[562]. Die Zulässigkeitsgrenze für **Antragswiederholungen** ist der Rechtsmissbrauch[563]. Für den erstmaligen PKH-Antrag kann keine PKH gewährt werden, weil dieses Verfahren kosten- und erstattungsfrei ist (§ 118 Abs. 1 Satz 4 ZPO).

465 Zu dem Antrag auf PKH muss eine **Stellungnahme** des Gegners, der Finanzbehörde, eingeholt werden. Ob diese positiv oder negativ ausfällt, beeinflusst die Entscheidung des Gerichts nicht unmittelbar; sie dient jedoch als Aufklärungshilfe im Rahmen der vom Antragsteller glaubhaft zu machenden Tatsachen.

466 Die *Entscheidung des Gerichts* über den PKH-Antrag – wozu auch die Beiordnung eines Prozessbevollmächtigten gehört – ergeht durch **Beschluss** (§ 127 ZPO i. V. m. § 142 FGO). Der Beschluss muss mit Gründen versehen sein, aus denen zu erkennen ist, dass die Voraussetzungen für die Bewilligung der PKH (§ 114 ZPO) erfüllt oder nicht erfüllt sind. Bei Abweisung der PKH genügt es nicht, dass das Gericht lediglich u. U. auf die abweisende Entscheidung in der Hauptsache verweist. Vielmehr müssen die Gründe eigenständig in dem Beschluss über die PKH dargelegt werden (§ 113 Abs. 2 Satz 2 FGO). Im Gegensatz zum zivilgerichtlichen Verfahren (§ 127 Abs. 2 ZPO) sind die Beschlüsse der Finanzgerichte im Verfahren der PKH unanfechtbar (§ 128 Abs. 2 FGO).

---

558 BFH vom 21. 1. 2000 VIII S 7/99, BFH/NV 2000, 866; 27. 10. 2004 VII S 11/04 (PKH), BStBl. II 2005, 139.
559 S. Anhang 3.
560 Vgl. BFH vom 1. 9. 1982 I S 4/82, BStBl. II 1982, 737 und vom 27. 6. 1983 II S 2/83, BStBl. II 1983, 644.
561 BFH vom 17. 3. 1987 VII B 152/86, BFH/NV 1987, 733; vom 2. 7. 1998 IX B 37/98, BFH/NV 1999, 190.
562 BFH vom 22. 7. 1999 VIIS 14/98, BFH/NV 1999, 1637.
563 BFH vom 16. 1. 1997 VII S 8/96, BFH/NV 1997, 434.

F. Fristen und Fristüberschreitung

Das finanzgerichtliche Verfahren dauert zwar in der Regel recht lange. Das bedeutet aber nicht im Umkehrschluss, dass keine Fristen zu wahren wären. Genau das Gegenteil ist der Fall. Die einzelnen Verfahren sind nämlich gekennzeichnet durch eine Vielfalt von Fristen unterschiedlicher „Art und Güte". 467

So kann man unterscheiden zwischen *gesetzlichen* und *richterlichen* Fristen. Gesetzliche Fristen ergeben sich jeweils aus dem Gesetz selbst[564]. Richterliche Fristen setzt das Gericht, und zwar als Senat in entsprechender Besetzung[565] oder durch den Vorsitzenden bzw. den Berichterstatter. 468

Daneben kann man unterscheiden zwischen *verlängerungsfähigen Fristen* und *Ausschlussfristen*. Richterliche Fristen sind verlängerungsfähig (§ 155 FGO i. V. m. § 224 Abs. 2 ZPO). Hingegen sind gesetzliche Fristen Ausschlussfristen. Eine Verlängerung kommt nur dort in Betracht, wo das Gesetz selbst[566] die Verlängerung zulässt. 469

Ausschlussfrist bedeutet im Übrigen, dass nach Ablauf der Frist die betreffende Prozesshandlung nicht mehr mit Erfolg vorgenommen werden kann. So ist etwa die Klage grundsätzlich unzulässig, wenn die (gesetzliche) Ausschlussfrist zur Klageerhebung von einem Monat verstrichen ist. Bei sonstigen Fristen ist die Versäumung nicht so schwerwiegend. Die Fristversäumnis kann unter bestimmten Voraussetzungen „repariert" werden. Wegen der gegebenen Unterschiede sind Ausschlussfristen besonders genau zu beachten und gewissenhaft einzuhalten. Bei unverschuldetem Versäumen der Ausschlussfrist kann gegebenenfalls Wiedereinsetzung in den vorigen Stand gewährt werden (§ 56 FGO). Im Einzelnen s. Rz. 526 ff. 470

Ausschlussfristen sind alle gesetzlichen Fristen und solche richterlichen Fristen, die ausdrücklich als Fristen mit ausschließender Wirkung bezeichnet sind. 471

Ausschließende Wirkung haben im Steuerprozess etwa die Fristen 472

- zur *Erhebung der Anfechtungsklage* (§ 47 Abs. 1 Satz 1 FGO; s. Rz. 474 ff.);
- zur *Erhebung einer Verpflichtungsklage* (§ 47 Abs. 1 Satz 2 FGO; s. Rz. 480 ff.);
- zur Vorlage einer *schriftlichen Vollmacht* (§ 62 Abs. 3 Satz 2 FGO; s. Rz. 487 ff.);
- zur *Ergänzung der Klage* hinsichtlich ihrer Muss-Inhalte (§ 65 Abs. 2 Satz 2 FGO; s. Rz. 493 ff.);

---

564 Wie etwa die Klagefrist (§ 47 FGO) oder die Beschwerdefrist (§ 116 Abs. 2 FGO).
565 Vgl. § 5 Abs. 3 FGO.
566 Siehe etwa § 120 Abs. 2 Satz 3 FGO betr. die Verlängerung der (gesetzlichen) Revisionsbegründungsfrist.

- für den *Antrag auf mündliche Verhandlung* gegen einen *Gerichtsbescheid* (§ 90a Abs. 2 FGO; s. Rz. 507 ff.);
- zur *Einlegung der Revision* (§ 120 Abs. 1 Satz 1 und § 90a Abs. 2 Satz 1 FGO; s. Rz. 514);
- zur *Begründung der Revision* (§ 120 Abs. 1 FGO; s. Rz. 515);
- zur *Einlegung der Nichtzulassungsbeschwerde* (§ 116 Abs. 3 FGO; s. Rz. 516);
- zur *Einlegung der Beschwerde* an den BFH gegen Entscheidungen des Finanzgerichts, die nicht Urteile oder Gerichtsbescheide sind (§ 128 Abs. 1 FGO; s. Rz. 517 f.);
- für den *Antrag auf Wiedereinsetzung* in den vorigen Stand (§ 56 Abs. 2 FGO; s. Rz. 526 ff.);
- für den *Antrag auf Berichtigung des Tatbestands* eines Urteils (§ 108 Abs. 1 FGO; s. Rz. 511);
- für den *Antrag auf Ergänzung* eines Urteils (§ 109 Abs. 2 FGO; s. Rz. 512);
- zur *Erhebung der Nichtigkeitsklage* und/oder der *Restitutionsklage* (§ 134 FGO i. V. m. § 586 ZPO; s. Rz. 518 f.).

473 Im Folgenden soll auf die wichtigsten Fristen im finanzgerichtlichen Verfahren eingegangen werden. In diesem Zusammenhang wird auch aufgezeigt, wie man es erreicht, dass im Einzelfall eine Fristverlängerung gewährt wird (s. Rz. 520 f.). Abschließend wird beschrieben, wie man im Falle der unverschuldeten Fristversäumnis eine Wiedereinsetzung in den vorigen Stand erlangen kann (s. Rz. 526 ff.).

1. Ausschlussfrist bei Anfechtungsklage

474 Für die Erhebung der Anfechtungsklage besteht eine (gesetzliche) Ausschlussfrist *von einem Monat*. Die Frist *beginnt* in der Regel mit der *Bekanntgabe der Entscheidung über den außergerichtlichen Rechtsbehelf* (§ 47 Abs. 1 Satz 1 FGO). Ausnahmsweise beginnt sie bereits mit der Bekanntgabe des Verwaltungsakts, wenn kein außergerichtlicher Rechtsbehelf eröffnet ist oder wenn die Behörde einer Sprungklage zustimmt (s. Rz. 311 ff.).

475 Die Frist *beginnt* allerdings nicht zu laufen, wenn der Verwaltungsakt oder die Entscheidung über den Einspruch *nicht wirksam bekannt gegeben* worden ist oder wenn die Rechtsbehelfsbelehrung nicht oder nicht vollständig oder zuungunsten des Steuerpflichtigen falsch erteilt worden ist (§ 55 Abs. 1 FGO). Ist die *Rechtsbehelfsbelehrung* unterblieben oder unrichtig erteilt worden, so kann die Klage innerhalb *eines Jahres* seit der Bekanntgabe der Entscheidung über den außergerichtlichen Rechtsbehelf (oder des Verwaltungsakts) erhoben werden (§ 55 Abs. 2 Satz 1 FGO). War die Erhebung der Klage vor Ablauf dieser Jahresfrist infolge höherer Gewalt unmöglich, dann braucht diese Jahresfrist nicht eingehalten zu werden; die Klage ist allerdings innerhalb von zwei Wochen nach Wegfall des Hindernisses, also der höheren Gewalt, zu erheben. Die Jahresfrist gilt überdies dann nicht, wenn eine schriftliche Belehrung dahin erfolgt ist, dass ein Rechtsbehelf nicht gegeben sei (§ 55 Abs. 2 Satz 1 FGO). Dadurch soll ausgeschlossen werden, dass ein Steuerpflichtiger ohne sein Verschulden und seine Ver-

anlassung infolge eines Umstands die Klagefrist versäumt, den nicht er zu vertreten hat, der vielmehr in den Machtbereich der Behörde fällt.

Die Frist *endet* mit *Ablauf eines Monats seit Fristbeginn*. Die Frist endet demnach mit Ablauf des Tages des darauffolgenden Monats, der durch seine Benennung oder Zahl (Datum!) dem Tag entspricht, an dem einen Monat vorher die Frist zu laufen begonnen hat. Dies ist das Datum der Bekanntgabe oder Datum, an dem die Bekanntgabe als ausgeführt gilt (§ 188 Abs. 2 i. V. m. § 187 Abs. 1 BGB; § 122 Abs. 2 AO). 476

> *Beispiel:* Das Finanzamt in S übersendet dem Steuerpflichtigen am Montag, dem 12. 2. 2005 (Tag der Aufgabe zur Post) eine Einspruchsentscheidung. Nach § 122 Abs. 2 AO gilt die Einspruchsentscheidung als am 15. 2. 2005 bekannt gegeben. Da nach § 54 Abs. 2 FGO i. V. m. § 222 Abs. 1 ZPO, § 187 Abs. 1 BGB bei der Berechnung der gesetzlichen Klagefrist der Anfangstag nicht mitgerechnet wird, beginnt die Klagefrist am 16. 2. 2005 und endet am 15. 3. 2005 um 24.00 Uhr.

Wenn der *letzte Tag der Frist auf einen Sonntag*, einen am Erklärungsort staatlich anerkannten allgemeinen *Feiertag* oder einen *Samstag* fällt, so tritt an die Stelle eines solchen Tages der nächste Werktag (§ 54 Abs. 2 FGO LV. mit § 222 Abs. 2 ZPO). Was aber, wenn das Ende der Dreitagesfrist in § 122 Abs. 2 Nr. 1 AO auf einen solchen Tag fällt? Die bisherige Rechtsprechung des BFH hatte die Vorschrift des § 108 Abs. 3 AO auf die Dreitagesfrist des § 122 Abs. 2 Nr. 1 AO nicht angewendet. Zur Begründung war angeführt worden, § 108 Abs. 3 AO gelte zwar für alle Fristen, aber nicht für Zeiträume, innerhalb derer wie bei § 122 Abs. 2 AO das Gesetz aus Praktikabilitätsgründen für einen Vorgang eine pauschalierte Zeitdauer vermutet. Denn dabei handele es sich um keine Frist, sondern um eine widerlegbare Vermutung im Sinne eines Anscheinsbeweises, die durch schlüssig begründetes Vorbringen entkräftet werden könne[567]. Diese Rechtsprechung ist zwischenzeitlich überholt. Der BFH ist nunmehr der Auffassung, dass sich die Dreitagesfrist zwischen der Aufgabe eines Verwaltungsakts zur Post und seiner vermuteten Bekanntgabe bis zum nächstfolgenden Werktag verlängert, wenn das Fristende auf einen Sonntag, gesetzlichen Feiertag oder Sonnabend fällt[568]. 477

> *Beispiel:* Das Finanzamt gibt einen Steuerbescheid am Mittwoch zur Post. Folge: Der Bescheid gilt nicht mehr als am dritten Tag nach Aufgabe zur Post als bekannt gegeben, da dieser dritte Tag ein Samstag ist. Demnach gilt der Bescheid als am Montag danach als bekannt gegeben.

Die Einhaltung der Klagefrist ist stets *Sachurteilsvoraussetzung*. Diese wird auch ohne entsprechende Verfahrensrüge noch vom BFH im Revisionsverfahren[569] 478

---

567 BFH vom 5. 3. 1986 II R 5/84, BStBl. II 1986, 462.
568 BFH vom 14. 10. 2003 IX R 68/98, BStBl. II 2003, 898; vom 6. 10. 2004 IX R 60/03, BFH/NV 2005, 327.
569 BFH vom 30. 8. 1994 IX R 23/92, BStBl. II 1995, 306.

überprüft. Das bedeutet: Verkennt das Finanzgericht, dass die Klage tatsächlich unzulässig war, und gibt es der Klage statt, so wird der BFH auf Revision des Finanzamts die Sachentscheidung des Finanzgerichts aufheben und die Klage abweisen.

479　Die Frist für die Erhebung der Klage gilt im Übrigen als gewahrt, wenn die Klage bei der Behörde, die den angefochtenen Verwaltungsakt oder die angefochtene Entscheidung erlassen oder den Beteiligten bekannt gegeben hat oder die nachträglich für den Steuerfall zuständig geworden ist, innerhalb der Klagefrist angebracht oder zur Niederschrift gegeben worden ist (§ 47 Abs. 2 Satz 1 FGO; s. Rz. 332 ff.). In diesem Fall hat die Behörde die Klageschrift unverzüglich dem Finanzgericht zu übermitteln (§ 47 Abs. 2 Satz 2 FGO). Diese Regelung gilt nach § 47 Abs. 3 FGO sinngemäß für eine Klage, die sich gegen die Feststellung von Besteuerungsgrundlagen oder gegen die Festsetzung eines Steuermessbetrages richtet. Hier kann die Klage auch bei der Stelle angebracht werden, die zur Erteilung des Steuerbescheides zuständig ist[570].

2. Ausschlussfrist bei Verpflichtungsklage

480　Die Verpflichtungsklage ist ebenfalls innerhalb *eines Monats* zu erheben. Die Frist beginnt mit der *Bekanntgabe der* die Vornahme ablehnenden *Rechtsbehelfsentscheidung;* sie beginnt ausnahmsweise mit der Bekanntgabe des die Vornahme ablehnenden Verwaltungsakts, wenn kein Einspruch gegeben ist oder wenn die Behörde einer Sprungklage zustimmt (s. Rz. 311 ff.).

481　Die Frist beginnt auch hier dann nicht zu laufen, wenn der Verwaltungsakt oder die Rechtsbehelfsentscheidung *nicht wirksam bekannt gegeben* worden ist oder wenn die *Rechtsbehelfsbelehrung* nicht oder nicht vollständig oder zuungunsten des Klägers falsch erteilt worden ist. Es gelten insoweit die gleichen Bestimmungen wie bei der Frist für die Anfechtungsklage (s. Rz. 476).

482　Auch hier tritt das *Ende* der Frist mit *Ablauf eines Monats nach Fristbeginn* ein. Insoweit gelten die gleichen Grundsätze wie beim Ende der Frist zur Erhebung der Anfechtungsklage (s. Rz. 477 f.).

3. Fristen bei der Sprungklage

483　Eine Anfechtungsklage oder eine Verpflichtungsklage ist auch ohne Vorverfahren zulässig, wenn die Behörde, die über den außergerichtlichen Rechtsbehelf zu entscheiden hätte, zustimmt (§ 45 Abs. 1 Satz 1 FGO; s. Rz. 311 ff.). Diese *Zustimmung* muss innerhalb eines Monats nach Zustellung der Klageschrift dem Gericht gegenüber erklärt werden. Wird die Erklärung nicht innerhalb dieser Frist abgegeben, dann ist die Klage als außergerichtlicher Rechtsbehelf zu behandeln (§ 45 Abs. 3 FGO). Hierüber entscheidet das Gericht durch Beschluss (§ 45 Abs. 2 FGO).

570　So könnte eine Klage gegen den Gewerbesteuermessbescheid auch bei der Gemeinde angebracht werden.

Das Gericht kann eine Sprungklage jedoch auch an die zuständige Verwaltungsbehörde zurückgeben; folgende Voraussetzungen sind hierfür erforderlich (§ 45 Abs. 2 FGO):   *484*

- Die Rückgabe kann nur *innerhalb von drei Monaten nach* Eingang der Akten der Behörde, spätestens innerhalb von sechs Monaten nach Klagezustellung vorgenommen werden.
- *Weitere Sachaufklärung*, die nach Art oder Umfang erhebliche Ermittlungen erfordert, muss notwendig sein. Zusätzlich muss die Rückgabe an die Finanzbehörde auch unter Berücksichtigung der Belange der Beteiligten *sachdienlich* erscheinen.
- Die Rückgabe muss durch *Beschluss* an die zuständige Behörde zur Durchführung des bislang unterbliebenen Vorverfahrens erfolgen. Dieser Beschluss wiederum kann nicht angefochten werden (§ 45 Abs. 2 Satz 2 FGO). Ergeht ein solcher Beschluss, braucht der Betroffene erst einmal nichts weiter zu tun.

4. Fristen bei der Untätigkeitsklage

Eine Klage ist ohne vorherigen Abschluss des außergerichtlichen Vorverfahrens dann zulässig, wenn über einen außergerichtlichen Rechtsbehelf ohne Mitteilung eines zureichenden Grundes in angemessener Frist sachlich nicht entschieden worden ist (§ 46 Abs. 1 FGO; s. Rz. 291 ff.). Die Untätigkeitsklage kann *nicht vor Ablauf von sechs Monaten* nach Einlegung des außergerichtlichen Rechtsbehelfs erhoben werden. Anderseits *kann das Gericht jedoch das Verfahren bis zum Ablauf einer von ihm selbst bestimmten (längeren) Frist aussetzen;* diese Frist kann auch noch verlängert werden.   *485*

Die Fristen der Untätigkeitsklage betreffen also einerseits den Kläger, der ohne abgeschlossenes außergerichtliches Vorverfahren eine Klage frühestens nach sechs Monaten nach Einlegung seines Einspruchs zulässigerweise erheben kann. Andererseits ist das Gericht gefragt, wenn es die angemessene Frist zur Entscheidung über den außergerichtlichen Rechtsbehelf über das halbe Jahr hinaus verlängern will. Letzteres wird relativ häufig vorkommen, weil bei der derzeitigen Arbeitsbelastung ein Halbjahr als regelmäßig zu geringe Frist für die Entscheidung des außergerichtlichen Rechtsbehelfs gewertet werden muss.   *486*

5. Richterliche Frist zur Vollmachtsvorlage

Vor dem Finanzgericht können sich die Beteiligten durch Bevollmächtigte vertreten lassen (s. Rz. 42 ff.). Grundsätzlich muss jeder Prozessbevollmächtigte seine Vollmacht durch eine schriftliche Urkunde nachweisen (§ 62 Abs. 3 Satz 1 FGO). Fehlt diese schriftliche Vollmacht, so hat dies das Gericht in der Weise zu beachten, dass die Klage unzulässig, weil nicht wirksam erhoben ist. Die Vollmacht kann indessen nachgereicht werden. *Für diese Nachreichung kann der Vorsitzende oder der Berichterstatter des Gerichts eine Frist mit ausschließender Wirkung set-*   *487*

Fristen und Fristüberschreitung

zen (§ 62 Abs. 3 Satz 3 FGO). Diese Frist ist verlängerbar. Hierbei sind die Gründe für die beantragte Fristverlängerung vorzutragen[571].

488 Wird die Vollmacht erst nach Ablauf dieser Frist dem Gericht schriftlich vorgelegt, dann hat sie keine heilende Wirkung mehr; die Klage ist unzulässig. Es kann allenfalls – bei Nichtverschulden – Wiedereinsetzung in den vorigen Stand wegen der Versäumung dieser Ausschlussfrist beantragt werden (s. Rz. 526 ff.).

489 Seit 1. 1. 2001 ist die Regelung des § 62 FGO wesentlich „entschärft" worden. Denn das Gericht braucht nunmehr, soweit als Bevollmächtigter ein Vertreter der rechts- und steuerberatenden Berufe[572] auftritt, den Mangel der Vollmacht nicht von Amts wegen zu berücksichtigen (§ 62 Abs. 3 Satz 6 FGO). Das Gericht muss in Fällen dieser Vertretung der Frage der Bevollmächtigung nicht mehr generell nachgehen. Nach den Grundsätzen des BFH-Urteils vom 11. 2. 2003[573] kann das Finanzgericht aber auch in diesem Fall eine schriftliche Vollmacht verlangen, wenn begründete Zweifel an der Bevollmächtigung bestehen. Die angefochtene Entscheidung leidet demnach nicht deshalb unter einer greifbaren Gesetzwidrigkeit, weil das Finanzgericht derartige Zweifel angenommen und deshalb die Vollmacht gefordert hat. In der Regel wird das Gericht dann, wenn ein Bevollmächtigter etwa aus dem Kreis der Steuerberater oder Rechtsanwälte auftritt, von der Vorlage der Vollmacht absehen. Allerdings wird ein Verzicht dort nicht möglich sein, wo etwa eine Vollmacht nicht den Eindruck der Echtheit erweckt oder Zweifel am Vorliegen der Vollmacht bestehen. Wo solche Zweifel bestehen, wird das Finanzgericht auch künftig, ohne dass dies auf Bedenken stoßen würde, zu einer entsprechenden Fristsetzung greifen. Zu Einzelheiten vgl. Rz. 42 ff.

490 Die Vorlage der schriftlichen Vollmacht *nach* Ablauf der Ausschlussfrist hat nur noch Auswirkungen auf die *Kostentragungspflicht*[574]. Dadurch, dass der Bevollmächtigte überhaupt eine Vollmacht vorgelegt hat, hat er dargetan, dass er zur Klageerhebung durch seinen Mandanten ermächtigt oder beauftragt war. Die Kosten der unzulässigen Klageerhebung hat demnach der Auftraggeber, der Kläger, zu tragen[575]. Wird eine schriftliche Prozessvollmacht indessen überhaupt nicht mehr vorgelegt, hat der angebliche Prozessbevollmächtigte nicht einmal dargetan, dass er zur Prozessführung beauftragt war. In diesem Fall sind dem angeblichen Prozessbevollmächtigten die Kosten des Verfahrens aufzuerlegen[576].

491 Die *Länge der Frist* wird vom Gericht eigenständig festgesetzt. Sie muss jedoch den Umständen des Einzelfalls entsprechend angemessen sein. Dem Betroffenen muss mindestens so viel Zeit eingeräumt werden, dass er die geforderte Vollmacht

---

571 BFH vom 5. 2. 1997 V B 109/96, BFH/NV 1997, 589.
572 Vgl. § 3 Nr. 1 – 3 StBerG. Es muss also die Befugnis zur *unbeschränkten* Hilfeleistung in Steuersachen bestehen.
573 BFH vom 11. 2. 2003 VII R 18/02, BStBl. II 2003, 606; s. a. BFH vom 29. 12. 2004 V S 23/04, BFH/NV 2005, 1104.
574 Dazu BFH vom 13. 8. 1996 II B 73/96, BFH/NV 1997, 57.
575 BFH vom 21. 10. 1994 III R 239/94, BFH/NV 1995, 1086.
576 BFH vom 11. 1. 1980 VI R 11/79, BStBl. II 1980, 229; vom 4. 7. 1984 II R 188/82, BStBl. II 1984, 831. Die Beschwerde gegen eine solche Kostenentscheidung ist ausgeschlossen. Vgl. BFH vom 12. 2. 1999 III B 29/98, BFH/NV 1999, 1109.

beschaffen und an das Gericht übersenden kann. In der Regel setzen die Gerichte keine Frist unter zwei Wochen, meist in Länge von drei oder vier Wochen fest[577].

Die Anordnung nach § 62 Abs. 3 Satz 3 FGO muss vom zuständigen Richter unterschrieben werden. Sie muss den Text der Fristsetzung enthalten; wird der Partei eine Ausfertigung oder beglaubigte Abschrift der Anordnung übersandt, müssen Ur- und Abschrift der Anordnung übereinstimmen[578]. 492

6. Richterliche Frist zur Klageergänzung

Wenn die erhobene Klage nicht den Anforderungen des § 65 Abs. 1 FGO entspricht, d. h. wenn die Muss-Inhalte und Soll-Inhalte (insgesamt oder einzeln) nicht vorgetragen sind, dann *hat der Vorsitzende oder ein von ihm bestimmter Richter, der sog. Berichterstatter, unter Fristsetzung zur erforderlichen Klageergänzung aufzufordern* (§ 65 Abs. 2 Satz 1 FGO). Insoweit bestehen zwei Möglichkeiten: Zum einen kann der Vorsitzende oder der Berichterstatter mittels einer „einfachen" Fristsetzung zur Klageergänzung auffordern. Er kann aber auch den Weg beschreiten, den ihm die Regelung des § 65 Abs. 2 Satz 2 FGO eröffnet. Danach nämlich kann er dem Kläger für die Ergänzung der Klage eine Frist mit ausschließender Wirkung – als sog. „qualifizierte" Fristsetzung – setzen, soweit ein sog. Muss-Erfordernis der Klage (wie etwa die Bezeichnung des Gegenstandes des Klagebegehrens) fehlt. 493

Greift der zuständige Richter – wie meist – zum Mittel der Ausschlussfrist nach § 65 Abs. 2 Satz 2 FGO, so hat deren fruchtloses Verstreichen die Unzulässigkeit der Klage zur Folge. Wegen dieser Fristversäumung kann allenfalls Wiedereinsetzung in den vorigen Stand beantragt werden (§ 65 Abs. 2 FGO). Hierbei müssen innerhalb der in § 56 Abs. 2 Satz 1 FGO geregelten Frist von zwei Wochen neben der Nachholung der versäumten Rechtshandlung (also der Bezeichnung des Klagebegehrens) zumindest die Tatsachen angegeben werden, aus denen sich die Wiedereinsetzungsgründe ergeben[579]. Die Frist nach § 65 Abs. 2 Satz 2 FGO kann – auf Antrag hin – verlängert werden[580]. Dies setzt aber jedenfalls die Glaubhaftmachung erheblicher Gründe für die Fristverlängerung voraus (§ 54 Abs. 2 FGO i. V. m. § 224 Abs. 2 ZPO). 494

Auch nachdem der Kläger innerhalb der Frist nach § 65 Abs. 2 Satz 2 FGO den Gegenstand des Klagebegehrens bezeichnet hat, kann er sein Klagebegehren noch erweitern[581]. Wichtig ist also: Wer eine Fristsetzung nach § 65 Abs. 2 Satz 2 FGO erhält, sollte zumindest grob, d. h. stichwortartig erläutern, was er vom Gericht will (s. Rz. 349 ff.). Er kann danach in einem späteren Verfahrensstadium ohne Weiteres sein Klageziel erweitern. Dies allerdings nur dann, wenn er zuvor der qualifizierten Fristsetzung Folge geleistet hat. 495

---
577 Vgl. BFH vom 19. 5. 1994 V R 126/93, BFH/NV 1995, 328: Eine Frist von 13 Tagen ist zu kurz.
578 BFH vom 14. 7. 1997 V B 19/97, BFH/NV 1998, 48.
579 BFH vom 8. 3. 2005 IX B 177/03, BFH/NV 2005, 1132.
580 BFH vom 1. 8. 1996 XI B 149-150/95, BFH/NV 1997, 131.
581 BFH vom 12. 9. 1995 IX R 78/94, BStBl. II 1996, 16.

496 Die Versäumung der „einfachen" Fristsetzung zieht ohnehin keine prozessualen Folgen nach sich.

7. Richterliche Frist zur Angabe der Tatsachen

497 Hat der Kläger den Mindesterfordernissen einer ordnungsgemäßen Klageerhebung Genüge getan und den Beklagten sowie den Gegenstand des Klagebegehrens (s. Rz. 349 ff.) bezeichnet, so weiß das Gericht zwar „im Groben", um was es geht. Doch ist damit der Rechtsstreit meist noch nicht entscheidungsreif. Oftmals benötigt das Gericht vom Kläger weitere Angaben.

498 Der Vorsitzende oder der Berichterstatter kann deshalb auf einer zweiten Stufe[582] dem Kläger eine Frist setzen zur Angabe der Tatsachen, durch deren Berücksichtigung oder Nichtberücksichtigung im Verwaltungsverfahren er sich beschwert fühlt (§ 79b Abs. 1 FGO). Diese Frist zur Angabe der Tatsachen der Beschwer kann mit einer (Ausschluss-)Fristsetzung zur Ergänzung der Klage gem. § 65 Abs. 2 Satz 2 FGO verbunden werden.

499 Zweck des § 79b FGO ist es, den rechtzeitigen Eingang einer minimalen Klagebegründung zu gewährleisten[583]. Der Aufforderung nach § 79b Abs. 1 FGO wird dabei nicht schon durch eine pauschale Benennung von Streitkomplexen entsprochen; vielmehr sind Tatsachen zur Beschwer erst angegeben, wenn sachverhaltsmäßig abgegrenzte Streitkomplexe („bestimmte Vorgänge") erläutert werden[584].

500 In einem dritten Schritt schließlich kann der Vorsitzende oder der Berichterstatter einem Beteiligten[585] sodann unter Fristsetzung aufgeben, zu bestimmten Vorgängen, die für das Gericht aus den gem. § 79b Abs. 1 FGO geforderten Angaben erkennbar geworden sind, Tatsachen anzugeben oder Beweismittel zu bezeichnen (Nr. 1) sowie Urkunden oder andere bewegliche Sachen vorzulegen (Nr. 2).

501 Fristsetzungen sowohl nach § 79b Abs. 1 FGO wie auch nach § 79b Abs. 2 FGO können im Falle einer Versäumung die Rechtsfolgen des Abs. 3 herbeiführen. Danach können verspätete Erklärungen und Beweismittel zurückgewiesen werden, wenn

- ihre Zulassung nach der Überzeugung des Gerichts die Erledigung des Rechtsstreits verzögern würde und
- der Beteiligte die Verspätung nicht genügend entschuldigt und
- der Beteiligte über die Folgen einer Fristversäumnis belehrt worden ist.

502 Eine Fristversäumnis führt also nicht zur Unzulässigkeit der Klage. Vielmehr reduziert sich möglicherweise das Prüfprogramm des Gerichts. Bei der Frage, ob außerhalb der Frist vorgetragene Tatsachen Berücksichtigung finden, gelten nicht

---

582 Vgl. BFH vom 12. 9. 1995 IX R 78/94, BStBl. II 1996, 16.
583 BFH vom 8. 6. 2004 XI B 46j02, BFH/NV 2004, 1417.
584 BFH vom 8. 3. 1995 X B 243, 244/94, BStBl. II 1995, 417.
585 Anders als im Rahmen des § 79b Abs. 1 FGO ist hiervon nicht nur der Kläger betroffen.

die strengeren Vorgaben, wie sie bei der Wiedereinsetzung in den vorigen Stand (§ 56 FGO) zur Anwendung kommen.

8. Fristen im vorbereitenden Verfahren

Der Vorsitzende oder der Berichterstatter des Finanzgerichts hat schon vor der mündlichen Verhandlung alle Anordnungen zu treffen, die notwendig sind, um den Rechtsstreit möglichst in einer mündlichen Verhandlung zu erledigen (s. Rz. 701). Hierzu kann er u. a. eine *Frist zur Erklärung über bestimmte klärungsbedürftige Punkte* setzen (§ 79 Abs. 1 Satz 2 Nr. 2 FGO). Diese Frist ist keine Ausschlussfrist; ihre Versäumung hat keine verfahrensrechtlichen Folgen, wenn inhaltlich der gerichtlichen Aufforderung erst nach Ablauf der Frist nachgekommen wird.

503

9. Fristen bei Wiedereinsetzung in den vorigen Stand

Fristversäumnis bedeutet nicht generell den Ausschluss vom Verfahren. Vielmehr besteht im Falle unverschuldeter Fristversäumnis unter bestimmten Umständen die Möglichkeit, Wiedereinsetzung in den vorigen Stand zu bekommen (s. Rz. 526 ff.). In diesem Fall gilt eine zunächst versäumte Handlung aufgrund der späteren Nachholung als rechtzeitig vorgenommen.

504

Wenn jemand Wiedereinsetzung in den vorigen Stand begehrt, so muss er grundsätzlich hierzu einen Antrag stellen (§ 56 Abs. 1 FGO). Diesen *Antrag* muss er *binnen zwei Wochen* nach Wegfall des Hindernisses stellen, das ihn am Einhalten einer Ausschlussfrist gehindert hat (§ 56 Abs. 2 Satz 1 FGO). Bei Versäumung der Frist zur Begründung der Revision (§ 120 Abs. 2 Satz 1 FGO) oder der Nichtzulassungsbeschwerde (§ 116 Abs. 3 Satz 1 FGO) beträgt die Frist in Abweichung hiervon einen Monat (§ 56 Abs. 2 Satz 1, 2. Hs. FGO). *Binnen zwei Wochen* nach Wegfall des Hindernisses sind auch die Tatsachen zur Begründung des Wiedereinsetzungsantrags zu benennen und glaubhaft zu machen. *Binnen dieser zwei Wochen* nach Wegfall des Hindernisses ist auch die versäumte Rechtshandlung nachzuholen (§ 56 Abs. 2 FGO). Wiedereinsetzung in den vorigen Stand wegen der Versäumung einer Ausschlussfrist verlangt also, dass der Betroffene innerhalb von zwei Wochen nach Wegfall des Hinderungsgrunds den Antrag stellt, die Tatsachen der Begründung glaubhaft macht und die versäumte Rechtshandlung nachholt. Der Antrag kann allerdings dann als entbehrlich wegfallen, wenn innerhalb dieser Frist die Tatsachen zur Begründung glaubhaft gemacht und die versäumte Rechtshandlung nachgeholt worden sind (§ 56 Abs. 2 Satz 4 FGO). In diesem Fall kann das Gericht auch ohne Antrag die Wiedereinsetzung gewähren. Die Tatsachen zur Begründung müssen indessen stets innerhalb der Frist glaubhaft gemacht werden, und die versäumte Rechtshandlung muss innerhalb der Frist nachgeholt werden. Zu weiteren Einzelheiten s. Rz. 526 ff.

505

10. Ladungsfrist zur mündlichen Verhandlung

506 Sobald das Gericht einen Termin zur mündlichen Verhandlung in der Streitsache bestimmt hat, sind die Beteiligten mit einer *Ladungsfrist von mindestens* zwei Wochen (beim BFH von mindestens vier Wochen) zu laden (§ 91 Abs. 1 FGO). Diese Frist beginnt mit der Bekanntgabe (= Zustellung) an jeden Beteiligten. In dringenden Fällen kann der Vorsitzende des Gerichts diese Ladungsfrist abkürzen. Eine Verlegung des Termins zur mündlichen Verhandlung kann auf Antrag eines der Beteiligten vorgenommen werden, aber nur, wenn zwingende wichtige Gründe vorgebracht und nachgewiesen werden (§ 227 Abs. 1 ZPO). Eine Wiedereinsetzung in den vorigen Stand wegen unverschuldeter Versäumung des Termins zur mündlichen Verhandlung kommt im finanzgerichtlichen Verfahren nicht in Betracht[586].

11. Frist für den Antrag auf mündliche Verhandlung nach Gerichtsbescheid

507 In geeigneten Fällen kann das Gericht ohne mündliche Verhandlung durch Gerichtsbescheid entscheiden (§ 90a FGO; s. Rz. 762 ff.). Gegen diesen Gerichtsbescheid sind folgende Rechtsbehelfe innerhalb eines Monats nach Zustellung des Gerichtsbescheids möglich:

- Revision (s. Rz. 806 ff.), wenn sie zugelassen worden ist[587];
- Antrag auf mündliche Verhandlung, und zwar auch dann, wenn die Revision zugelassen worden ist[588].

508 Wurde die Revision im Gerichtsbescheid nicht zugelassen, kann hiergegen nicht im Wege einer Nichtzulassungsbeschwerde (§ 116 FGO; s. Rz. 832 ff.) vorgegangen werden[589].

509 Wird bei Zulassung der Revision im Gerichtsbescheid gleichzeitig Nichtzulassungsbeschwerde eingelegt und von einem anderen Beteiligten mündliche Verhandlung gegen den Gerichtsbescheid beantragt, so findet mündliche Verhandlung statt; die eingelegte Nichtzulassungsbeschwerde ist insoweit ohne Wirkung;

510 Der Gerichtsbescheid wirkt grundsätzlich als Urteil. Er gilt jedoch als nicht ergangen, wenn rechtzeitig mündliche Verhandlung beantragt wird. Wichtig ist für diese beiden Rechtsbehelfsmöglichkeiten, dass sie *innerhalb eines Monats* nach Zustellung des Gerichtsbescheids eingelegt oder beantragt werden müssen (§ 90a Abs. 2 und 3 FGO).

---

586 BFH vom 10. 8. 1988 III R 220/84, BStBl. II 1988, 948.
587 BFH vom 8. 3. 1994 IX R 58/93, BStBl. II 1994, 571.
588 Vgl. § 90a Abs. 2 Satz 1 FGO. Die frühere Beschränkung im Falle der Revisionszulassung ist seit dem 1. 1. 2001 entfallen.
589 So zutreffend Spindler, DB 2001, 61, 65; a. A. Beermann, DStZ 2000, 773, 777.

12. Frist bei Antrag auf Tatbestandsberichtigung

Enthält der Tatbestand eines Urteils Unrichtigkeiten oder Unklarheiten, so kann eine Berichtigung des Urteils beantragt werden (s. Rz. 889 f.). Der Antrag kann jedoch nur binnen *zwei Wochen* nach Zustellung des Urteils gestellt werden (§ 108 Abs. 1 FGO)[590].

511

13. Frist bei Antrag auf Urteilsergänzung

Wenn ein nach dem Tatbestand des Urteils von einem Beteiligten gestellter Antrag oder die Kostenfolge bei der Entscheidung ganz oder zum Teil übergangen worden ist, so kann beantragt werden, das Urteil durch nachträgliche Entscheidung zu ergänzen (§ 109 FGO; s. Rz. 893 f.). Dieser Antrag muss binnen *zwei Wochen* nach Zustellung des Urteils gestellt werden (§ 109 Abs. 2 FGO)[591].

512

14. Frist für die Einlegung der Revision

Die Revision (s. Rz. 806 ff.) ist innerhalb *eines Monats nach Zustellung des vollständigen Urteils* des Finanzgerichts einzulegen (§ 120 Abs. 1 FGO). Die Revisionsfrist beginnt also mit der Zustellung des vollständigen Urteils (§ 105 FGO).

513

15. Frist für die Begründung der Revision

Die Revision ist innerhalb von zwei Monaten nach Zustellung des vollständigen Urteils zu begründen (§ 120 Abs. 2 Satz 1 FGO). Diese Frist kann vom Vorsitzenden des zuständigen Senats des BFH verlängert werden. Dies kann aber nur geschehen, wenn ein entsprechender Antrag rechtzeitig vor Ablauf der Begründungsfrist von zwei Monaten gestellt wird (§ 120 Abs. 2 Satz 3 FGO).

514

16. Frist für die Einlegung der Nichtzulassungsbeschwerde

Die Nichtzulassung der Revision kann durch Beschwerde angefochten werden (= Nichtzulassungsbeschwerde; s. Rz. 834 ff.). Die Nichtzulassungsbeschwerde ist innerhalb *eines Monats nach Zustellung des vollständigen Urteils* des Finanzgerichts einzulegen (§ 116 Abs. 2 FGO). Sie ist innerhalb von zwei Monaten nach der Zustellung des vollständigen Urteils zu begründen (§ 116 Abs. 3 Satz 1 FGO). Diese Frist kann von dem Vorsitzenden des zuständigen BFH-Senats auf einen vor ihrem Ablauf gestellten Antrag um einen weiteren Monat verlängert werden (§ 116 Abs. 3 Satz 4 FGO).

515

17. Frist für die Einlegung der Beschwerde

Beschwerde steht den Betroffenen gegen die Entscheidungen des Finanzgerichts, des Vorsitzenden oder des Berichterstatters, die nicht Urteile oder Gerichtsbescheide sind, zu (§ 128 Abs. 1 FGO).

516

Wenn die Beschwerde an den BFH statthaft ist, muss sie innerhalb von *zwei Wochen nach Bekanntgabe der angefochtenen Entscheidung* eingelegt werden

517

---

590 Die Regelung gilt entsprechend bei Beschlüssen; vgl. § 113 Abs. 1 FGO.
591 Auch diese Regelung gilt entsprechend bei Beschlüssen; vgl. § 113 Abs. 1 FGO.

(§ 129 Abs. 1 FGO). Hierbei kommt es auf die Bekanntgabe der Entscheidung an; die Vollständigkeit wird nicht gefordert.

18. Frist für die Wiederaufnahme des Verfahrens (Erhebung der Nichtigkeitsklage und der Restitutionsklage)

518 Auch im finanzgerichtlichen Verfahren kann die Wiederaufnahme des Verfahrens betrieben werden (§ 134 FGO; s. Rz. 895 ff.). Dies geschieht durch Nichtigkeitsklage und/oder durch Restitutionsklage. Beide Klagen sind innerhalb *eines Monats* zu erheben (§ 586 ZPO).

519 *Die Frist beginnt mit dem Tag, an dem der Beteiligte von dem Anfechtungsgrund Kenntnis erhalten hat.* Sein Kenntnisstand hinsichtlich des Anfechtungsgrundes ist (ähnlich wie bei der Wiedereinsetzung) entscheidend für den Beginn der Frist. Das Ende steht mit einem Monat fest; die Frist kann nicht verlängert werden.

19. Verlängerung von Fristen

520 Nicht selten führen (gesetzliche wie richterliche) Fristen zu einer gewissen Bedrängnis. Dies wirft die Frage auf, ob und unter welchen Voraussetzungen Fristen verlängert werden können.

a) Gesetzliche Fristen

521 Gesetzliche Fristen sind grundsätzlich nicht verlängerbar. Eine Verlängerung kommt nur dort in Betracht, wo das Gesetz selbst ihre Verlängerung zulässt.

522 Solches ist für das finanzgerichtliche Verfahren in § 116 Abs. 3 Satz 4 FGO für das Verfahren der Nichtzulassungsbeschwerde und in § 120 Abs. 2 Satz 3 FGO für das Revisionsverfahren geschehen. Danach kann auf entsprechenden Antrag hin die Frist zur Begründung der Nichtzulassungsbeschwerde wie auch der Revision verlängert werden. Dabei sieht § 116 Abs. 3 Satz 4 FGO für die Begründung der Nichtzulassungsbeschwerde eine zeitliche Grenze von einem weiteren Monat vor. Derartiges ist bei der Revisionsbegründung nicht der Fall. Dementsprechend kann letzterwähnte Frist mehrfach verlängert werden. Allerdings bedarf es der Anhörung der Gegenseite (§ 225 Abs. 2 ZPO).

523 Der BFH hatte es bislang für die Revisionsbegründung als ausreichend angesehen, wenn der Antrag auf Verlängerung rechtzeitig beim Finanzgericht eingeht[592]. Diese Rechtsprechung dürfte jedoch überholt sein, nachdem seit dem 1. 1. 2001 sowohl die Nichtzulassungsbeschwerde wie auch die Revision beim BFH selbst einzulegen sind (§ 116 Abs. 2 Satz 1; § 120 Abs. 2 Satz 2 FGO).

b) Richterliche Fristen

524 Richterliche Fristen sind generell verlängerungsfähig. Allerdings ist die Verlängerung daran geknüpft, dass ein entsprechender Antrag *vor* Ablauf der Frist gestellt

---

[592] BFH vom 7. 4. 1987 IX R 140/84, BStBl. II 1987, 567.

wird. Die Gründe für die Fristverlängerung müssen „erheblich" sein (§ 54 Abs. 2 FGO i. V. m. § 224 Abs. 2 ZPO) und glaubhaft gemacht werden. Die Entscheidung über die Fristverlängerung trifft der zuständige Richter oder auch das Gericht, wobei die wiederholte Verlängerung an sich nur nach Anhörung des Prozessgegners bewilligt werden darf (§ 54 Abs. 2 FGO i. V. m. § 225 Abs. 2 ZPO). Ein Verstoß gegen diese Anhörungsverpflichtung macht die Entscheidung an sich unwirksam. In der Praxis wird gleichwohl recht oft gerade gegen diese Bestimmung verstoßen.

Der Beschluss, der über die Verlängerung (positiv oder negativ) entscheidet, ist nicht anfechtbar (§ 54 Abs. 2 FGO i. V. m. § 225 Abs. 3 ZPO bzw. § 128 Abs. 2 FGO). 525

20. Wiedereinsetzung in den vorigen Stand

War jemand ohne Verschulden verhindert, eine gesetzliche Frist einzuhalten, so ist ihm auf Antrag Wiedereinsetzung in den vorigen Stand zu gewähren (§ 56 Abs. 1 FGO). Die Regelung findet bei der Versäumung richterlicher Fristen sinngemäß Anwendung, soweit dies gesetzlich bestimmt ist[593]. 526

a) Unverschuldete Versäumung

Schuldhaft ist die Versäumung einer Frist, wenn der Betroffene die nach den Umständen des Einzelfalles und den persönlichen Verhältnissen erforderliche und ihm zumutbare Sorgfalt außer acht gelassen hat. Leichte Fahrlässigkeit und mitwirkendes Verschulden genügen bereits[594]. 527

Das schuldhafte Verhalten muss sich jedoch stets unmittelbar auf den Fristablauf beziehen und nicht etwa auf den Fristbeginn oder den Fristlauf. So ist eine Fristwahrung noch möglich, wenn die Verhinderung innerhalb der Frist ihr Ende findet und die Zeit bis zum Fristablauf ausreicht, die entsprechende Prozesshandlung bei der zuständigen Dienststelle anzubringen[595]. 528

Beispiel: Der Steuerpflichtige X findet bei Rückkehr aus seinem Urlaub am 20. Januar 2005 den Steuerbescheid des Finanzamts vom 5. Januar 2004 vor. Er legt erst am 10. Februar 2005 Einspruch ein, wobei er die Fristversäumnis mit seinem Urlaub entschuldigt.

X hatte in der Zeit nach seinem Urlaub noch hinreichend Zeit, rechtzeitig Einspruch einzulegen. Demnach kommt eine Wiedereinsetzung in den vorigen Stand nicht in Betracht.

---

593 Vgl. etwa § 62 Abs. 3 Satz 4 FGO. Zur Nichtanwendung bei der Versäumung einer Frist nach § 79b FGO vgl. BFH vom 8. 3. 1995 X B 243/94, X B 244/94, BStBl. II 1995, 417.
594 BFH vom 11. 10. 1991 VII R 32/90, BFH/NV 1994, 553.
595 BFH vom 11. 12. 1986 IV R 184/84, BStBl. II 1987, 303.

529 Aus der Rechtsprechung zum Verschulden:

- *Fehlende Anhörung oder fehlende Begründung* der Entscheidung der Behörde genügt grundsätzlich nicht, eine unverschuldete Fristversäumung zu begründen. Es müssen vielmehr – wenn auch der Kausalzusammenhang zwischen fehlender Anhörung/Begründung und der Fristwahrung besteht – weitere Umstände dargetan werden, die die Fristversäumung als unverschuldet erscheinen lassen[596].

- Die *Beschlagnahme von Geschäftsunterlagen* macht eine Fristversäumung nicht unverschuldet[597].

- *Geschäftsunfähigkeit* zur Zeit des Fristablaufs führt zu unverschuldeter Fristversäumung[598]. Desgleichen ist bei *krankhafter Störung der Geistestätigkeit* unverschuldete Fristversäumung anzunehmen; allerdings sind die hierfür maßgebenden Umstände glaubhaft zu machen[599].

- *Krankheit* kann zu unverschuldeter Fristversäumung führen, aber nur, wenn sie plötzlich und mit einer Schwere auftritt, die es dem Betroffenen unmöglich macht, einen Dritten mit der Wahrnehmung seiner Angelegenheiten zu beauftragen, insbesondere die Frist einzuhalten[600]. Die Frist soll jedoch schuldhaft versäumt sein, wenn der Prozessbevollmächtigte bei seiner Erkrankung einen (angestellten) Steuerberater eine fristwahrende Prozesshandlung unterschreiben lässt und nicht selbst unterzeichnet[601]. Bei dem Vortrag, eine Krankheit habe die Einhaltung einer Frist verhindert, kommt es bisweilen auf einen präzisen Vortrag an. So reicht es nicht aus, dass ein Steuerpflichtiger geltend macht, er sei „bettlägerig erkrankt" gewesen und habe deshalb seinem Steuerberater keine Informationen geben können[602]. Auch eine schwere seelische Belastung infolge des Todes oder einer schweren Erkrankung eines nahen Angehörigen kann dazu führen, dass ein Prozessbevollmächtigter seinen beruflichen Pflichten kurzfristig nicht mehr nachkommen kann[603].

- Der *Postlauf* ist für die Fristeinhaltung zu berücksichtigen. Dies bedeutet, dass damit gerechnet werden muss, aber auch darf, dass die regelmäßig übliche Postlaufzeit nicht überschritten wird. Nach der ständigen Rechtsprechung des BVerfG dürfen Verzögerungen bei der Briefbeförderung oder -zustellung, die der Rechtsmittelführer nicht zu vertreten hat und auf die er auch keinen Ein-

---

596 BFH vom 10. 9. 1986 II R 175/84, BStBl. II 1986, 808; FG Baden-Württemberg vom 13. 11. 1986 VI K 457/83, EFG 1987, 155; Niedersächsisches FG vom 4. 2. 1987 IX 718/85, EFG 1987, 334.
597 BFH vom 29. 11. 1985 IV R 109-110/85, BFH/NV 1987, 516.
598 BGH vom 22. 10. 1986 VII ZB 40/86, HFR 1987, 584.
599 BFH vom 23. 1. 1986 IV R 16/84, BFH/NV 1987, 451.
600 BFH vom 23. 2. 1983 I R 128/82, BFH/NV 1987, 246; vom 29. 3. 1985 IX R 117/84, BFH/NV 1985, 42; vom 8. 10. 1985 IX R 111/85, BFH/NV 1986, 172; vom 1. 12. 19851 R 380/83, BFH/NV 1986, 742.
601 BFH vom 24. 2. 1987 V B 83/86, BFH/NV 1987, 527.
602 BFH vom 28. 3. 1990 V B 25/90, BFH/NV 1991, 247.
603 BFH vom 2. 5. 2001 VIII R 3/00, BFH/NV 2001, 1418.

fluss besitzt, nicht als dessen Verschulden gewertet werden. In Fällen der Postlaufzeiten bei Inlandsbeförderung kann der Bürger darauf vertrauen, dass die von der Deutschen Post AG oder einem anderen Zusteller nach seinen organisatorischen und betrieblichen Vorkehrungen für den Normalfall festgelegten Postlaufzeiten auch eingehalten werden[604]. Differenzierungen danach, ob die Verzögerung auf einer zeitweise besonders starken Beanspruchung der Leistungsfähigkeit der Post, etwa vor Feiertagen, oder auf einer verminderten Dienstleistung der Post, etwa an Wochenenden, beruht, sind unzulässig. Von Verfassung wegen hält es die Rechtsprechung vielmehr für erforderlich, alle Fälle, in denen sich der Bürger zur Durchsetzung seines Rechtes den Diensten der Deutschen Post AG anvertraut, gleich zu behandeln[605]. In der Verantwortung des Beteiligten liegt es nur, das zu befördernde Schriftstück den postalischen Bestimmungen entsprechend und so rechtzeitig zur Post zu geben, dass es nach diesen organisatorischen und betrieblichen Vorkehrungen der Post bei regelmäßigem Dienstablauf den Empfänger fristgerecht erreicht[606]. Die Dauer einer Inlandsbeförderung ist nach den amtlichen Verlautbarungen der Post und dem Erfahrungswissen der Gerichte grundsätzlich gerichtsbekannt[607].

Entsprechendes – wie für die Briefbeförderung – gilt, wenn der Prozessbeteiligte die Beförderung mit der Paketpost wählt, auch wenn er die Briefpost benutzen könnte. In diesem Fall muss er die gegenüber der Briefpost abweichenden längeren Paketlaufzeiten in Rechnung stellen und das Paket so rechtzeitig aufgeben, dass es bei störungsfreiem Lauf innerhalb der zu wahrenden Frist eingeht[608]. Der Bürger kann grundsätzlich Rechtsmittelfristen bis zum letzten Tag ausschöpfen, ohne sich insoweit rechtfertigen zu müssen. Er ist im Rahmen der von der Deutschen Post AG verlautbarten Regellaufzeiten auch nicht gehalten, zusätzliche Vorkehrungen zur Fristwahrung zu treffen[609]. Gegen Ende der Rechtsmittelfrist obliegt es ihm lediglich, bei Inanspruchnahme der Post eine Beförderungsart zu wählen, die – unter Berücksichtigung der normalen Postlaufzeiten – die Einhaltung der Frist gewährleistet[610]. Ist diese übliche Postlaufzeit überschritten, so kommt es nicht mehr darauf an, auf welchen Gründen die Verzögerung beruht[611]. Insbesondere trifft den Prozessbeteiligten in diesem Rahmen weder eine zusätzliche Erkundigungspflicht bei der Empfangsbehörde noch ist er verpflichtet, alternative Beförderungsmittel (etwa ein Telefax-Gerät) zu nutzen[612]. Schließlich sind nach der ständigen Rechtspre-

---

604 BFH vom 6. 4. 1995 VIII B 61/94, BFH/NV 1996, 137, 138 mit umfangreichen Nachweisen.
605 BVerfG vom 27. 2. 1992 1 BvR 1294/91, StRK FGO § 56, R. 394, m. w. N.; BFH vom 9. 1. 1990 VII B 127/89, BFH/NV 1990, 473, 474.
606 BFH vom 11. 1. 1994 IX R 90/92, BFH/NV 1994, 633, 634; BFH vom 15. 7. 1992 X B 13/92, BFH/NV 1992, 763, m. w. N.
607 BFH vom 6. 4. 1995 VIII B 61/94, BFH/NV 1996, 137 (138).
608 BFH vom 29. 4. 1981 IV R 128-129/76, BStBl. II 1982, 17, insoweit n. v.
609 BFH vom 21. 12. 1990 VI R 10/86, BStBl. II 1991, 437 (438).
610 BFH vom 21. 12. 1990 VI R 10/86, BStBl. II 1991, 437 (438).
611 BFH vom 9. 1. 1990 VII B 127/89, BFH/NV 1990, 473 (474).
612 BVerfG vom 28. 3. 1994 2 BvR 814/93, NJW 1994, 1854; vom 11. 1. 1991 1 BvR 1435/89, HFR 1991, 672.

chung des BFH bei der Überschreitung von Postlaufzeiten an die Sorgfaltspflichten bei einer Behörde dieselben Anforderungen zu stellen, wie bei einem Prozessbevollmächtigten[613].

Mit regelmäßigem Postlauf kann indessen nur gerechnet werden, wenn die Sendung eine vollständige und in allen Punkten richtige Anschrift des Empfängers trägt. Dies ist z. B. dann nicht der Fall, wenn die Angabe des Zustellpostamts und die Angabe des Postfachs fehlen, so dass der Postermittlungsdienst die Anschrift des Empfängers erst ermitteln muss[614].

- Die *Rechtslage* und mögliche Unklarheiten über sie sind kein Entschuldigungsgrund. Irrt sich deshalb der Steuerpflichtige über die materielle steuerliche Rechtslage, dann ist die Fristversäumung verschuldet. Bei Irrtümern über Verfahrensfragen verfährt die Rechtsprechung großzügiger[615].

- *Urlaub,* während dessen Dauer eine Frist abläuft, kann zu unverschuldeter Fristversäumung führen; er kann aber auch -bei längerer Abwesenheit- zu verschuldeter Fristversäumung führen. So soll eine unverschuldete Fristversäumung vorliegen, wenn ein ausländischer Gastarbeiter in seinem Heimatland acht Wochen auf Urlaub ist und in dieser Zeit im Inland eine Frist abläuft[616]. Verschuldete Fristversäumung dagegen wird angenommen bei einem Urlaub von längerer Dauer als sechs Wochen, wenn keine Vorkehrungen für die Erledigung fristgebundener Angelegenheiten getroffen waren[617]. Verschuldete Fristversäumung wurde auch bejaht, wenn der Prozessbevollmächtigte wegen des Urlaubs eines Mandanten eine Prozesshandlung nicht rechtzeitig vornehmen konnte[618].

- *Verschulden des Prozessbevollmächtigten* ist dem vertretenen Steuerpflichtigen selbst zuzurechnen. Das schreibt § 110 Abs. 1 Satz 2 AG für das Verwaltungsverfahren ausdrücklich vor. Gleiches gilt jedoch auch im Finanzgerichtsprozess. Der Prozessbevollmächtigte hat die erforderliche Sorgfalt zur Wahrung aller Rechte seines Mandanten einzuhalten. Er hat nicht nur die einschlägigen materiellen Vorschriften, sondern auch insbesondere die Verfahrensvorschriften zu kennen. Verletzt der Bevollmächtigte diese, so liegt verschuldete Fristversäumung vor[619]. Es gehört zur Sorgfaltspflicht des Bevollmächtigten, dass er fristgerecht Rechtsmittel einlegt, auch wenn er dies nur anhand der bis dahin ihm bekannten Angaben tun kann, wenn sein Mandant vor Fristablauf etwa nicht erreichbar ist[620]. Der Bevollmächtigte muss alle Maßnahmen treffen, um Fristversäumnisse nach menschlichem Ermessen auszuschließen[621]. Ist ein Ver-

---

613 BFH vom 19. 7. 1994 II R 74/90, BStBl. II 1994, 946 (947).
614 BFH vom 19. 12. 1985 VIII R 3/85, BFH/NV 1987, 648.
615 BFH vom 23. 2. 1983 I R 128/82, BFH/NV 1987, 246; s. a. Koch in Gräber, FGO[5], § 56 Rz. 20.
616 FG Baden-Württemberg vom 3. 6. 1987 VII K 97, 395/84, 393/85, EFG 1987, 486.
617 Hessisches FG vom 28. 1. 1987 7 K 304/85, EFG 1987, 276.
618 BFH vom 13. 3. 1985 11 R 119/84, BFH/NV 1985, 90.
619 BFH vom 11. 3. 1986 IX R 5/81, BFH/NV 1986, 544.
620 BFH vom 14. 8. 1986 VIII R 241/84, BFH/NV 1987, 170.
621 BFH vom 27. 2. 1985 I R 187/81, BFH/NV 1986, 430.

schulden des Bevollmächtigten nicht auszuschließen, so ist Wiedereinsetzung in den vorigen Stand in der Regel nicht zu gewähren, wenn nicht ein schuldloses Verhalten des Bevollmächtigten glaubhaft gemacht wird[622]. Schickt der Bevollmächtigte etwa eine Erklärung oder einen fristwahrenden Schriftsatz (Prozesshandlung) zu seinem Mandanten, um dessen Unterschrift einzuholen, und geht daraufhin dieses Schriftstück verloren, so liegt ein eigenes Verschulden des Mandanten, des Steuerpflichtigen, vor, wenn dieser nicht glaubhaft machen kann, dass er das Schriftstück unterschrieben und rechtzeitig zur Post gegeben hat[623]. Es ist ein Verschulden des Prozessbevollmächtigten, wenn dieser ein Empfangsbekenntnis unterschreibt, aber nicht unmittelbar anschließend die volle Erfassung der von ihm selbst errechneten Frist anordnet[624]. Diese und ähnliche Verletzungen der Sorgfaltspflicht des Prozessbevollmächtigten sind seinem Mandanten zuzurechnen, was zur Folge hat, dass Wiedereinsetzung in den vorigen Stand nicht gewährt werden kann.

- *Büroorganisation des Prozessbevollmächtigten:* Unverschuldete Fehler, die durch das Büro des Prozessbevollmächtigten verursacht werden und die zu Fristversäumnissen führen, können unter bestimmten Voraussetzungen als unverschuldet gewertet werden. Dafür ist aber erforderlich, dass die Büroorganisation des Prozessbevollmächtigten so beschaffen ist, dass sie in allen – auch den außergewöhnlichen, tatsächlich aber vorkommenden und voraussehbaren – Fällen eine Fristwahrung sicherstellt. Nach ständiger Rechtsprechung des BFH darf ein Prozessvertreter gewisse minder bedeutsame Routineaufgaben einer als zuverlässig erprobten und sorgfältig überwachten Bürokraft überlassen, wie z. B. die Berechnung einfacher und in dem jeweiligen Büro geläufiger Fristen, die Eintragung in das Fristenkontrollbuch und die weitere Kontrolle der Fristen[625]. Unterläuft der Bürokraft hierbei ein Versehen, braucht der Prozessvertreter dieses nicht als eigenes Verschulden zu vertreten, wenn er alle Vorkehrungen dafür getroffen hat, die nach vernünftigem Ermessen geeignet sind, eine Fristversäumnis auszuschließen, und wenn er durch regelmäßige Belehrung und Überwachung seiner Bürokräfte für die Befolgung seiner Anordnungen sorgt[626]. Von der Fristenberechnung und Fristenkontrolle ist jedoch die Prüfung des Fristablaufs im Zusammenhang mit der Bearbeitung der Sache zu unterscheiden. Denn nur von der routinemäßigen Fristenüberwachung kann sich der Prozessvertreter entlasten. Er bleibt dagegen verpflichtet, den Fristablauf eigenverantwortlich nachzuprüfen, wenn ihm die Sache zur Vorbereitung der fristgebundenen Prozesshandlung vorgelegt wird[627]. Der Prozessvertreter muss anlässlich dieser Bearbeitung eine (erneute) Fristenprüfung vornehmen.

---

622 BFH vom 6. 8. 1986 I R 111/83, BFH/NV 1987, 77.
623 BFH vom 10. 4. 1987 III R 107/82, BFH/NV 1987, 554.
624 BFH vom 4. 1. 1985 II R 127/85, BFH/NV 1986, 614.
625 BFH vom 9. 7. 1992 V R 62/91, BFH/NV 1993, 251 m. w. N.
626 BFH vom 11. 1. 1983 VII R 92/80, BStBl. II 1983, 334.
627 BFH vom 8. 4. 1992 II R 73/91, BFH/NV 1992, 829 m. w. N.

Ein Prozessbevollmächtigter muss grundsätzlich einen *Vertreter bereitstellen* für den Fall, dass er selbst unvorhergesehener Weise an Fristwahrungen verhindert ist[628]. In der Kanzlei muss eine *Ausgangskontrolle* vorhanden sein. Dazu genügt nicht, dass durch Eintragung im Fristenkalender die fristgerechte Abfassung eines Schriftsatzes sichergestellt ist; vielmehr muss der Abgang an den Adressaten sichergestellt sein[629]. Die ordnungsmäßige Ausgangskontrolle erfordert, dass Fristen im Fristenkontrollbuch erst aufgrund der Eintragung im Postausgangsbuch gelöscht werden. Es genügt auch nicht, wenn der Fristablauf auf einem mit Büroklammern an die Akte gehefteten Zettel vermerkt ist. Dies entspricht nicht den Grundsätzen ordnungsmäßiger Fristenkontrolle[630]. Das Fehlen einer ordnungsmäßigen Ausgangskontrolle ist nur dann nicht ursächlich für eine Fristversäumnis, wenn die mit der Versendung beauftragte Hilfsperson ausdrücklich auf die Bedeutung und Eilbedürftigkeit des Schriftstücks hingewiesen wurde[631].

Die Absendung darf durch *Boten* erfolgen. Dies jedoch nur dann, wenn er zuverlässig ist, wenn er über den Fristablauf unterrichtet ist und wenn die Beförderung überwacht wird[632]. Ist diese Unterrichtung und Überwachung nicht strikt ausgeübt worden, dann ist ein Verschulden des Boten zunächst dem Prozessbevollmächtigten und über ihn auch seinem Mandanten zuzurechnen; die Fristversäumung ist dann verschuldet[633].

Es muss ein *Fristenkontrollbuch* geführt werden[634]. In diesem Fristenkontrollbuch müssen die Eintragungen täglich gemacht werden, und der Fristablauf muss täglich überwacht werden[635]. Im Fristenkontrollbuch muss der Fristablauf gesondert und hervorgehoben für jede einzelne Sache vermerkt sein. Die Anforderung etwa der Akten an den Prozessbevollmächtigten oder die Anforderung einer Prozessvollmacht ersetzen nicht den Vermerk des Fristablaufs. Es muss ferner nach Einhaltung aller Maßnahmen für die Fristwahrung ein Erledigungsvermerk mit Datumsangabe angebracht werden, und dieses muss einen Abgleich mit dem korrekt geführten Postausgangsbuch ermöglichen[636].

Tritt ein *entschuldbarer Fehler* ein und bemerkt dies der Prozessbevollmächtigte noch so rechtzeitig, dass er innerhalb der Frist noch ein *Telegramm oder Telefax* bei der zuständigen Behörde oder dem Gericht anbringen kann, dann

---

628 BGH vom 24. 10. 1985 VII ZB 16/85, HFR 1987, 316.
629 BGH vom 6. 3. 1985 VIII ZB 27/84, HFR 1986, 208.
630 BFH vom 16. 1. 1992 XI R 28/91, BFH/NV 1992, 533.
631 BFH vom 7. 12. 1988 X R 80/87, BStBl. II 1989, 266.
632 BGH vom 28. 11. 1984 VIII ZB 13/84, HFR 1986, 32; vom 29. 11. 1984 X ZB 33/84, HFR 1986, 33; vom 13. 2. 1985 IVa ZB 15/84, HFR 1986, 206.
633 BFH vom 1. 10. 1981 IV R 100/80, BStBl. II 1982, 131; vom 16. 4. 1986 IX R 62/82, BFH/NV 1986, 618.
634 BFH vom 27. 2. 1985 II R 218/83, BFH/NV 1985, 90; vom 13. 5. 1992 III R 74/91, BFH/NV 1992, 831.
635 BFH vom 27. 2. 1985 I R 187/81, BFH/NV 1986, 430.
636 BFH vom 9. 4. 1987 III R 132/84, BFH/NV 1987, 792.

muss er dies unverzüglich tun; die entsprechende Unterlassung führt sonst zu verschuldeter Fristversäumung[637].

- Ein *Organisationsmangel des Finanzamts* kann in keinem Fall zu unverschuldeter Fristversäumung führen; Organisationsmängel von Behörden beinhalten stets ein Verschulden der Behörde[638].

- Umgekehrt führt ein *Fehler des Gerichts* meist dazu, dass bei einer darauf beruhenden Fristversäumnis eines Prozess beteiligten Wiedereinsetzung in den vorigen Stand zu gewähren ist. Beispielhaft sei die nicht seltene Fallgestaltung erwähnt, dass das Faxgerät des Gerichts nicht empfangsbereit ist[639].

b) Verfahren zur Wiedereinsetzung in den vorigen Stand

Das Vorliegen eines Wiedereinsetzungsgrundes ist im Falle der Fristversäumnis 530 das Eine. In der Praxis werden aber auch bei Vorliegen eines solchen Grundes oftmals Verfahrensfehler begangen, wenn es darum geht, diesen Grund im Sinne der Wiedereinsetzung geltend zu machen. Erforderlich sind:

- *Antrag* binnen zwei Wochen nach Wegfall des Hindernisses. Der Antrag ist entbehrlich, wenn innerhalb dieser zwei Wochen die versäumte Rechtshandlung nachgeholt wird. In diesem Fall kann die Wiedereinsetzung auch ohne Antrag gewährt werden (§ 56 Abs. 2 Satz 4 FGO).
- Die *Tatsachen* zur Begründung des Antrags sind bei der Antragstellung oder im Verfahren über den Antrag vorzutragen und glaubhaft zu machen (§ 56 Abs. 2 Satz 2 FGO).
- *Ergänzung und Nachschieben* von Tatsachen nach Fristablauf (zwei Wochen) sind möglich. Ausgeschlossen ist aber der Vortrag eines ganz anderen Sachverhalts nach Ablauf der Zwei-Wochen-Frist.
- *Nach Ablauf eines Jahres* seit dem Ende der versäumten Frist kann die Wiedereinsetzung nicht mehr beantragt oder ohne Antrag bewilligt werden. Ausnahme von dieser Einjahresfrist ist nur dann möglich, wenn der Antrag vor Ablauf der Jahresfrist infolge höherer Gewalt unmöglich war (§ 56 Abs. 3 FGO).
- Über den Antrag auf Wiedereinsetzung in den vorigen Stand entscheidet das *Gericht,* das über die versäumte Rechtshandlung zu befinden hat. Wird die Wiedereinsetzung vom Gericht gewährt, so ist diese Entscheidung unanfechtbar (§ 56 Abs. 4 und 5 FGO).

Der Antrag auf Wiedereinsetzung ist eine Prozesshandlung. Deshalb muss die 531 auch sonst bei Prozesshandlungen erforderliche *Form* erfüllt sein. Für den Wiedereinsetzungsantrag beim BFH bedeutet dies, dass er von einer postulationsfähigen Person (z. B. Rechtsanwalt, Steuerberater, Wirtschaftsprüfer; s. Rz. 55 ff.)

---

637 BFH vom 12. 12. 1986 VI R 143/85, BFH/NV 1987, 310.
638 BFH vom 25. 6. 1986 II R 144/85, BFH/NV 1987, 588; vom 16. 7. 1986 II R 24/86, BFH/NV 1987, 518; vom 13. 11. 1986 IX R 84/86, BFH/NV 1987, 108; vom 9. 4. 1987 V B 111/86, BStBl. II 1987, 441.
639 BFH vom 15. 10. 1996 IX R 81-82/94, BStBl. II 1997, 496.

angebracht wird. Ist dies nicht innerhalb der Frist der Fall, kann Wiedereinsetzung nicht gewährt werden[640].

532   Die *Wiedereinsetzungsfrist von zwei Wochen beginnt* zu laufen mit Wegfall des Hindernisses für die Vornahme der Prozesshandlung. Unter Wegfall des Hindernisses ist der Zeitpunkt zu verstehen, zu dem der Beteiligte Kenntnis von der Fristversäumung erhalten hat oder bei ordnungsgemäßer Verfolgung der Rechtssache hätte haben können[641]. Liegen Umstände vor, die ihn zweifeln lassen, ob die Rechtsmittelfrist eingehalten worden ist, oder hätten ihm aufgrund solcher Umstände Zweifel kommen müssen, so beginnt die Wiedereinsetzungsfrist des § 56 Abs. 2 Satz 1 FGO spätestens in dem Zeitpunkt, in dem er durch Nachfrage Gewissheit über die Rechtzeitigkeit des Rechtsmittels hätte erlangen können[642]. Da der Beginn der Antragsfrist also keine positive Kenntnis der Fristversäumnis voraussetzt, bedarf es auch grundsätzlich keines ausdrücklichen Hinweises von Seiten des Gerichts, dass die Rechtsmittelfrist versäumt worden ist. Hat der Beteiligte einen Prozessbevollmächtigten bestellt, kommt es für die Einhaltung der Wiedereinsetzungsfrist auf dessen Kenntnis bzw. Kennenmüssen an[643].

533   Für den Prozessbevollmächtigten, der die Klage erhoben hat, beginnt die Wiedereinsetzungsfrist spätestens mit der Bekanntgabe der gerichtlichen Mitteilung über den Zeitpunkt des Klageeingangs. Diese Mitteilung des Gerichts muss auf notwendige Fristeinhaltung überprüft werden[644].

534   Es müssen dann alle Tatsachen vorgetragen werden, aus denen sich ergibt, dass die Fristversäumung unverschuldet war[645].

535   *Der Antrag muss begründet werden.* Die Gründe müssen innerhalb der Antragsfrist von *zwei Wochen* glaubhaft gemacht werden. Dabei dürfen nach Ablauf dieser Zwei-Wochen-Frist andere und weitere Gründe nicht nachgeschoben werden. Es dürfen nur unvollständige Angaben erläutert und ergänzt werden, wenn sie bereits rechtzeitig vorgebracht waren[646].

536   Wiedereinsetzung kann deshalb nur gewährt werden, wenn der Antrag innerhalb der Zwei-Wochen-Frist gestellt, die Gründe glaubhaft gemacht und die versäumte Prozesshandlung nachgeholt werden[647]. Die Glaubhaftmachung (vgl. § 294 ZPO) erfordert also keinen vollen Beweis, wohl aber mittels präsenter Be-

---

640 BFH vom 6. 11. 1985 I R 150/85, BFH/NV 1986, 553; vom 22. 1. 1986 II R 157/83, BFH/NV 1987, 448.
641 BFH vom 22. 7. 1997 III R 9/97, BFH/NV 1998, 56.
642 BVerfG vom 11. 1. 1991 1 BvR 1435/89, NJW 1992, 38; BFH vom 16. 12. 1988 III R 13/85, BStBl. II 1989, 328.
643 BFH vom 20. 10. 1988 IX R 244/84, BFH/NV 1989, 512.
644 BFH vom 16. 12. 1988 III R 13/85, BStBl. II 1989, 328.
645 BFH vom 26. 9. 1985 IX B 11/83, BFH/NV 1986, 224; vom 28. 1. 1986 VIII R 9/84, BFH/NV 1986, 417.
646 BFH vom 27. 3. 1985 II R 118/83, BStBl. II 1985, 586.
647 BFH vom 25. 3. 1986 III R 134/80, BFH/NV 1986, 632; vom 27. 5. 1986 VII R 83/85, BFH/NV 1987, 113.

weismittel[648] (wie etwa einer eidesstattlichen Versicherung) die Vermittlung einer überwiegenden Wahrscheinlichkeit[649]. Dazu reichen die Fotokopien von Seiten des Portobuches, in dem lediglich die Namen der Adressaten und die entsprechende Postgebühr vermerkt sind, nicht aus[650]. Für die rechtzeitige Vornahme der versäumten Prozesshandlung innerhalb der Zwei-Wochen-Frist genügt es auch nicht, wenn ein Antrag auf Fristverlängerung gestellt wird. Die Prozesshandlung selbst muss nachgeholt werden.

Gewährt das Finanzgericht Wiedereinsetzung, so ergeht hierüber nicht immer eine gesonderte Entscheidung. Meist sogar wird über die Wiedereinsetzung im Endurteil entschieden. Allerdings ist es auch möglich, dass das Finanzgericht über diese Frage im Wege eines Zwischenurteils nach § 155 FGO i. V. m. § 303 ZPO entscheidet (s. Rz. 760 f.). Dieses Urteil ist dann nicht selbständig anfechtbar (§ 56 Abs. 5 FGO). Das wiederum bedeutet, dass der BFH die Gewährung einer Wiedereinsetzung in den vorigen Stand durch das Finanzgericht nicht weiter überprüfen darf[651].

537

---

648 Dazu § 294 Abs. 2 ZPO. Vgl. auch BFH vom 12. 8. 1996 VIII R 66/95, BFH/NV 1997, 137.
649 BFH vom 13. 7. 1989 VI-II R 64/88, BFH/NV 1990, 577; vom 9. 3. 1993 VI R 60/90, BFH/NV 1993, 616.
650 BFH vom 27. 3. 1986 I R 189/85, BFH/NV 1987, 720.
651 BFH vom 23. 2. 1994 IV B 124/93, BFH/NV 1994, 729.

G. Vorläufiger Rechtsschutz

Der Staat ist zur Erfüllung seiner vielfältigen Aufgaben darauf angewiesen, dass ihm die erforderlichen Mittel, insbesondere das Steueraufkommen, laufend zufließen. Dies wäre nicht sichergestellt, wenn bereits die Einlegung eines Rechtsbehelfs oder Rechtsmittels die Vollziehung des angefochtenen Verwaltungsakts hemmen würde. Deshalb bestimmt das Abgabenrecht – abweichend von anderen Verfahrensordnungen (z. B. § 80 Abs. 1 VwGO) –, dass das Einlegen eines Einspruchs oder einer Klage die Erhebung der Abgabe grundsätzlich nicht hindert (§ 361 Abs. 1 AO, § 69 Abs. 1 FGO), sofern im Übrigen die Voraussetzungen des § 254 AO für die Vollziehung eines auf eine Geldleistung gerichteten Verwaltungsakts (Fälligkeit, Leistungsgebot, Verstreichen einer Ein-Wochen-Frist) erfüllt sind. Eine Ausnahme gilt nur für Verwaltungsakte, die die Untersagung eines Gewerbebetriebs oder der Berufsausübung zum Gegenstand haben (§ 361 Abs. 4 Satz 1 AO; § 69 Abs. 5 Satz 1 FGO).

538

Häufig besteht aber das Bedürfnis, sehr bald eine zumindest vorläufige gerichtliche Aussage zur streitigen Rechtslage zu erhalten. Dies kann seine Ursache im Bereich des Klägers haben, wenn dieser sein wirtschaftliches Handeln auf die steuerlichen Anforderungen, Erlaubnisse oder Zugeständnisse einstellen muss. Dies kann seine Ursache aber auch darin haben, dass die Überlastung der Finanzgerichte eine frühzeitige endgültige Entscheidung nicht erwarten lässt. Diesem **Bedürfnis nach vorläufigem Rechtsschutz und vorläufiger Rechtssicherheit** wird im finanzgerichtlichen Verfahren durch die Institute der *Aussetzung bzw. Aufhebung der Vollziehung* (s. Rz. 558 ff.) und der *einstweiligen Anordnung* (s. Rz. 581 ff.) Rechnung getragen. Beide Möglichkeiten haben ihren Sinn nur in dieser Vorläufigkeit des Rechtsschutzes (s. Rz. 541 f.). Dies bedeutet, dass sie das Hauptsacheverfahren nicht ersetzen können und auch nicht ersetzen sollen. Der vorläufige Rechtsschutz kann deshalb auch nicht weiter reichen als der im Hauptsacheverfahren erstrebte Rechtsschutz[652].

539

Gleichwohl kann es zweckmäßig sein, mit einer Klage gleichzeitig auch die Aussetzung der Vollziehung oder eine einstweilige Anordnung zu beantragen, um frühzeitig die Meinung des Gerichts kennenzulernen und danach sein prozessuales Verhalten einzurichten, etwa die Klage zurückzunehmen oder weiter zu verfolgen. Wenn auch im Aussetzungs- oder Anordnungsverfahren aufgrund summarischer Prüfung nur eine vorläufige Beurteilung der Sach- und Rechtslage durch das Gericht erfolgt, die sich im Laufe des Hauptsacheverfahrens zweifellos ändern kann, erhält der Antragsteller doch verhältnismäßig rasch eine erste Einschätzung seiner Erfolgsaussichten im Hauptsacheverfahren durch das Gericht. Diese Entscheidung ist für ihn zudem kostengünstig, da im Falle des Misserfolgs für die Berechnung der Gerichtskosten grundsätzlich nur 10 v. H. des Streitwertes

540

---

652 BFH vom 17. 1. 2000 II S 6/99, BFH/NV 2000, 1100.

(s. Rz. 932 ff.) der Hauptsache angesetzt werden[653]. Außerdem fallen beim Finanzgericht nur 2,0 Gerichtsgebühren an (Nr. 6210 KV-GKG), wogegen beim Klageverfahren vor dem Finanzgericht 4,0 Gebühren fällig werden (Nr. 6110 KV-GKG; siehe Anhang 2). Hat der Antrag vor Gericht Erfolg, besteht zudem die Chance, dass sich die Finanzbehörde von der gerichtlichen Entscheidung überzeugen lässt und auch in der Hauptsache vorab ihre Rechtsauffassung zugunsten des Klägers ändert. Sind die Erfolgsaussichten der Klage in der Hauptsache eher zweifelhaft, kann es sich für einen liquiden Steuerpflichtigen aber empfehlen, die festgesetzte Steuer zunächst zu zahlen; eine Anerkennung des streitigen Anspruchs kann hierin nicht gesehen werden. Auf diese Weise wird vermieden, dass Aussetzungszinsen anfallen (§ 237 AO), die erst am Ende eines unter Umständen langjährigen Prozesses festgesetzt werden. Obsiegt der Steuerpflichtige hingegen, kann er unter bestimmten Voraussetzungen Prozesszinsen auf die Erstattungsbeträge erhalten (§ 236 AO). In beiden Fällen beträgt der Zinssatz für jeden Monat 0,5 v. H. des auf volle hundert DM abgerundeten Steuerbetrags (§ 238 AO).

541   **Vorläufig ist der Rechtsschutz** durch Aussetzung der Vollziehung und einstweilige Anordnung deshalb, weil in beiden Verfahren die endgültige Entscheidung des Gerichts im Hauptsacheverfahren nicht vorweggenommen werden darf. Dies bedeutet, dass im Verfahren der Aussetzung der Vollziehung und im Verfahren der einstweiligen Anordnung *keine Entscheidung ergehen darf, die etwa für die Hauptsache endgültige Bindung erlangen könnte*, z. B. dadurch, dass ein Sachverhalt geregelt wird und diese einmalige Regelung auf Dauer fortwirkt. Würde durch einen Aussetzungs- oder Anordnungsbeschluss eine solche endgültige Regelung automatisch herbeigeführt, weil sie z. B. durch Zeitablauf oder andere Umstände nicht mehr änderbar wäre, darf ein solcher Beschluss überhaupt nicht ergehen. Ein Beschluss im Aussetzungs- oder Anordnungsverfahren darf auch *zeitlich* nicht weiter reichen als bis zu dem Zeitpunkt, in dem die endgültige Entscheidung im Hauptsacheverfahren Rechtswirkung erzeugt. Dies ist in der Regel der Zeitpunkt, in dem die Rechtsmittelfrist gegen die Entscheidung in der Hauptsache abläuft[654]. Wird einem Antrag auf Aussetzung der Vollziehung vom Finanzgericht entsprochen, ergeht der Beschluss deshalb mit Wirkung „ ... bis einen Monat nach Ergehen der Entscheidung im Verfahren der Hauptsache."

542   Allenfalls „bei besonderer Intensität zumindest des Anordnungsgrundes" darf einer endgültigen Entscheidung im Hauptsacheverfahren durch eine einstweilige Regelung vorgegriffen werden[655]. Dabei sind strenge Maßstäbe daran anzulegen, ob eine erhebliche Wahrscheinlichkeit für einen Erfolg des Antragstellers in der Hauptsache besteht und ob darüber hinaus eine Entscheidung in der Hauptsache aus Gründen zu spät kommen würde, die der Antragsteller nicht zu vertreten hat. Jedoch darf damit nicht einem Begehren stattgegeben werden, dem selbst in dem Hauptprozess nicht entsprochen werden könnte.

---

653 Vgl. z. B. BFH vom 22. 11. 1995 II S 10/95, BFH/NV 1996, 432; Niedersächsisches FG vom 10. 7. 2000 5 Ko 23/99, EFG 2000, 1202. A. A. FG Berlin vom 10. 12. 1998 2 B 2507/98, EFG 1999, 312: 25 v. H. des Streitwertes der Hauptsache.
654 BFH vom 22. 7. 1980 VII B 3/80, BStBl. II 1980, 592.
655 BFH vom 22. 8. 1995 VII B 153, 154, 167, 172/95, BStBl. II 1995, 645.

Die *Vorläufigkeit* einer Entscheidung im Aussetzungs- oder Anordnungsverfahren kommt also sowohl sachlich als auch zeitlich klar zum Ausdruck und bestimmt die Frage der Zulässigkeit eines entsprechenden Antrags. Der Antrag im Aussetzungs- oder Anordnungsverfahren muss deshalb auf diese Vorläufigkeit Rücksicht nehmen. Andernfalls ist er (teilweise) unzulässig und wird entsprechend zurückgewiesen.   *543*

Ein **Rechtsbehelfsverfahren muss anhängig sein,** damit überhaupt vorläufiger Rechtsschutz gewährt werden kann. Es ist dabei gleichgültig, welcher Art dieses Rechtsbehelfsverfahren ist, ein außergerichtliches oder ein gerichtliches. Nur anhängig muss es sein. Ist der angefochtene Verwaltungsakt bestands- oder rechtskräftig, kommt vorläufiger Rechtsschutz nicht mehr in Betracht[656]. Wenn ein Einspruchsverfahren anhängig ist, kann das Gericht vorläufigen Rechtsschutz auch schon vor Klageerhebung gewähren (§ 69 Abs. 3 Satz 2 FGO). Als Rechtsbehelf gilt in diesem Zusammenhang jedoch nicht das Verfahren einer Verfassungsbeschwerde[657].   *544*

Die Aussetzung der Vollziehung setzt einen im Hauptsacheverfahren „angefochtenen"[658], zudem vollziehbaren Verwaltungsakt sowie *Identität* zwischen dieser und derjenigen Hoheitsmaßnahme voraus, der gegenüber vorläufiger Rechtsschutz begehrt wird[659]. Ist z. B. der Einkommensteuerbescheid 2003 unanfechtbar und schwebt nur noch ein Verfahren wegen Ablehnung der Änderung dieses bestandskräftigen Bescheids, kommt Aussetzung der Vollziehung nicht in Betracht, weil dieses Begehren mittels Verpflichtungsklage zu verfolgen ist, für die vorläufiger Rechtsschutz allenfalls im Wege der einstweiligen Anordnung (§ 114 FGO) gewährt werden kann[660].   *545*

Im Verfahren zur Gewährung vorläufigen Rechtsschutzes können zur Glaubhaftmachung von Tatsachen nur sogenannte **präsente Beweismittel** verwertet werden, die dem Gericht unmittelbar zugänglich sind (z. B. Urkunden, eidesstattliche Versicherung). Dies gilt deshalb, weil das Verfahren stets ein *summarisches Verfahren* ist, das den Streitfall nicht eingehend in die Tiefe auslotet, sondern eine Entscheidung ad hoc nach dem gegebenen Stand im Zeitpunkt der Entscheidung fällt[661]. Deshalb verbietet sich z. B. auch eine Vorlage an den EuGH[662].   *546*

Allerdings muss der Antrag auf vorläufigen Rechtsschutz den *Gegenstand des Rechtsschutzbegehrens genau bezeichnen*. Dies bedeutet, dass die Bezeichnung so sein muss, dass das Gericht erkennen kann, gegen welchen Verwaltungsakt der Antragsteller sich wendet oder welches behördliche Handeln (Verwaltungsakt) er   *547*

---

656 BFH vom 16. 12. 1986 VIII S 3/85, BFH/NV 1987, 711; vom 30. 1. 1973 VII B 128/71, BStBl. II 1973, 499.
657 BFH vom 24. 4. 1985 II B 53/84, BFH/NV 1986, 11.
658 BFH vom 9. 8. 1994 IV S 8/94, BFH/NV 1995, 409.
659 BFH vom 1. 4. 1997 X S 3/96, BFH/NV 1997, 601.
660 BFH vom 27. 3. 1991 I B 187/90, BStBl. II 1991, 643.
661 BFH vom 14. 2. 1989 IV B 33/88, BStBl. II 1989, 517; vom 23. 7. 1985 VIII R 210/84, BFH/NV 1986, 167.
662 BFH vom 17. 12. 1997 I B 108/97, BStBl. II 1998, 558; vom 30. 12. 1996 I B 61/69, BStBl. II 1997, 466.

mit seinem Antrag erreichen will[663]. Dies entspricht der Konkretisierung des Klagebegehrens im Hauptsacheverfahren (s. Rz. 349 ff.). Die Aussetzung der Vollziehung wirkt wie ein rechtsgestaltender Verwaltungsakt. Als solcher entfaltet sie Wirkungen nur für die Zukunft. Soweit der angefochtene Verwaltungsakt bereits Rechtswirkungen gezeigt hat, z. B. Säumnisfolgen eingetreten sind, bleiben diese deshalb grundsätzlich bestehen[664]. Ihre Beseitigung kann aber im Wege der Aufhebung der Vollziehung erreicht werden[665]. Es ist nicht möglich, im Verfahren über den vorläufigen Rechtsschutz bei einem Verwaltungsakt, der bereits seine Erledigung gefunden hat, zu entscheiden, dass er rechtswidrig gewesen sei (§ 100 Abs. 1 Satz 4 FGO; s. dazu Rz. 205 ff.)[666]. Dies würde bereits eine endgültige Regelung, d. h. einen endgültigen Ausspruch vorwegnehmen.

548   Wird der *angefochtene Verwaltungsakt* nach Bekanntgabe der Einspruchsentscheidung *geändert*, wird der neue Verwaltungsakt automatisch zum Gegenstand des Verfahrens; ein Einspruch ist insoweit gesetzlich ausgeschlossen (§ 68 Satz 1 und 2 FGO).

1. Aussetzung (Aufhebung) der Vollziehung oder einstweilige Anordnung

549   Obwohl die beiden Rechtsinstitute das gleiche Ziel des vorläufigen Rechtsschutzes verfolgen, *schließen sie einander doch gegenseitig aus* (§ 114 Abs. 5 FGO). Das bedeutet: Wenn Aussetzung der Vollziehung angeordnet werden kann, darf eine einstweilige Anordnung nicht getroffen werden und umgekehrt. Es ist deshalb vor der Antragstellung zu klären, welches der beiden Rechtsinstitute gewählt werden muss[667].

- **Aussetzung der Vollziehung**

550   Die Aussetzung der Vollziehung *setzt einen vollziehbaren Verwaltungsakt voraus*. Soweit von einer Maßnahme der Finanzbehörde keine unmittelbare rechtliche Wirkung ausgeht (vgl. § 118 AO), fehlt es an einem Verwaltungsakt (wie z. B. bei einer Mahnung oder Rückstandsanzeige). Vollziehbar sind sämtliche Verwaltungsakte, die eine Pflicht zur Vornahme einer Handlung, Duldung oder Unterlassung auferlegen (wie z. B. Steuerbescheide oder Rückforderungsbescheide bezüglich Kindergeld) oder Grundlage für eine solche Pflicht sind (wie z. B. Feststellungsbescheide). Ihr Wesensmerkmal ist, dass vom Steuerpflichtigen etwas gefordert wird, was die Finanzbehörde mit hoheitlicher Gewalt zwangsweise durchsetzen kann (§§ 249 ff. AO), wenn er nicht von sich aus der Verpflichtung nachkommt.

---

663 BFH vom 29. 8. 1985 V B 28/85, BFH/NV 1986, 447.
664 BFH vom 30. 3. 1993 VII R 37/92, BFH/NV 1994, 4.
665 BFH vom 6. 9. 1989 II B 33/89, BFH/NV 1990, 670.
666 BFH vom 17. 1. 1985 VII B 46/84, BStBl. II 1985, 302.
667 BFH vom 12. 6. 1986 VII B 12/86, BFH/NV 1987, 180.

Aussetzung (Aufhebung) der Vollziehung oder einstweilige Anordnung

Entscheidend ist, dass der Verwaltungsakt noch vollzogen werden kann. Daran fehlt es z. B. bei einem Vorauszahlungsbescheid, nachdem der Jahressteuerbescheid ergangen ist[668]. 551

Weitere Beispiele für vollziehbare Verwaltungsakte: 552
- Anordnung einer Betriebsprüfung[669];
- Antrag auf Zwangsversteigerung[670] oder Eintragung einer Sicherungshypothek[671];
- Arrestanordnung[672];
- Aufforderung zur Einrichtung einer Buchführung[673];
- Pfändungs- und Einziehungsverfügung[674].

Verwaltungsakte, deren Inhalt sich auf die Ablehnung einer Regelung beschränkt, sind hingegen grundsätzlich nicht vollziehbar (z. B. Ablehnung einer Billigkeitsmaßnahme oder Fristverlängerung). 553

- **Einstweilige Anordnung**

Die einstweilige Anordnung ist nur zulässig, d. h. für sie besteht nur dann ein Rechtsschutzbedürfnis, *wenn das Begehren nicht durch Aussetzung der Vollziehung erfüllt werden kann.* Grundsätzlich ist eine einstweilige Anordnung dann zu fordern, wenn kein Verwaltungsakt angegriffen wird. Dies ist der Fall bei Verpflichtungsklagen (s. Rz. 176 ff.), Klagen auf sonstige Leistung (s. Rz. 183 ff.) und bei Feststellungsklagen (s. Rz. 189 ff.). In diesen Fällen wird gegebenenfalls der Erlass eines Verwaltungsaktes begehrt; bis zur gerichtlichen Entscheidung ist also ein Verwaltungsakt noch nicht existent. Deswegen kann einstweiliger Rechtsschutz nur durch einstweilige Anordnung erlangt werden[675]. Die einstweilige Anordnung ist also gegenüber der Aussetzung der Vollziehung subsidiär. Ein Antrag auf einstweilige Anordnung ist nicht statthaft, wenn eine Aussetzung der Vollziehung in Betracht kommt[676]. Daneben und unabhängig davon gibt es jedoch ein weiteres „Recht" im Sinne des § 114 Abs. 1 FGO, dessen Vereitelung oder wesentliche Erschwerung der Steuerschuldner im Wege der einstweiligen Anordnung rügen kann: die ungestörte Durchführung des Verfahrens auf Aussetzung der Vollziehung nach § 69 FGO. Hiernach darf die Finanzverwaltung in der Regel während eines solchen Verfahrens nur vollstrecken, wenn ansonsten die Vollstreckung vereitelt würde[677]. 554

---

668 Vgl. BFH vom 4. 6. 1981 VIII B 31/80, BStBl. II 1981, 767.
669 BFH vom 25. 9. 1987 IV B 60/87, BFH/NV 1989, 133.
670 BFH vom 25. 1. 1988 VII B 85/87, BStBl. II 1988, 566.
671 BFH vom 6. 11. 1990 VII B 79/90, BFH/NV 1991, 608; vom 29. 10. 1985 VII B 69/85, BStBl. II 1986, 236.
672 BFH vom 20. 3. 1969 V B 5/69, BStBl. II 1969, 399.
673 BFH vom 6. 11. 1979 IV B 32/79, BStBl. II 1980, 427.
674 BFH vom 10. 8. 1993 VII B 262/92, BFH/NV 1994, 719; vom 30. 1. 1990 VII B 99/89, BFH/NV 1990, 718.
675 Vgl. BFH vom 12. 6. 1991 VII B 66/91, BFH/NV 1992, 156.
676 BFH vom 26. 2. 1992 I B 113/91, BFH/NV 1993, 349.
677 FG des Saarlandes vom 7. 1. 2000 1 V 489/99, EFG 2000, 449.

Vorläufiger Rechtsschutz

555 In bestimmten Fällen kann eine einstweilige Anordnung aber auch ergehen, wenn ein Verwaltungsakt vorliegt. Dies kommt z. B. in Betracht, wenn die Aussetzung der Vollziehung des Verwaltungsakts nicht zu dem erstrebten Ziel der einstweiligen Regelung führen kann. Solches ist der Fall, wenn ein *negativer Verwaltungsakt* vorliegt, d. h. ein Verwaltungsakt, der ein begehrtes Handeln verweigert. Eine einstweilige Anordnung kann dagegen nicht ergehen, wenn ein positiver Verwaltungsakt vorliegt, der einen *Verlust* ausweist. Begehrt der Kläger die Feststellung eines Verlustes statt eines (festgestellten) Gewinns oder die Feststellung eines höheren als des festgestellten Verlustes, dann ist Anfechtungsklage (und nicht Verpflichtungsklage) zu erheben. Entsprechend ist vorläufiger Rechtsschutz auch durch Aussetzung der Vollziehung (§ 69 FGO) und nicht durch einstweilige Anordnung (§ 114 FGO) zu gewähren. Dies hat seinen Grund darin, dass in solchen Fällen immer ein Bescheid der Finanzbehörde angefochten wird mit dem Ziel, ihn betraglich zu ändern. In der durch das Finanzgericht zu erlassenden Beschlussformel ist in einem solchen Fall auszusprechen, dass die Vollziehung des angefochtenen Bescheids mit der Maßgabe ausgesetzt wird, dass vorläufig bis zur rechtskräftigen Entscheidung im Hauptverfahren statt von einem Verlust (Gewinn) von X € von einem Verlust von Y € auszugehen ist, der sich auf die Beteiligten nach einem vom Gericht darzustellenden Maßstab verteilt[678].

556 Bei der Frage nach der **richtigen Wahl des vorläufigen Rechtsschutzverfahrens** ist also vorweg zu klären, ob der vorläufige Rechtsschutz durch schlichte Aussetzung der Vollziehung eines bestehenden Verwaltungsakts auch tatsächlich erreicht werden kann oder ob ein zusätzliches Handeln, eine zusätzliche Entscheidung (des Gerichts) hinzukommen muss, um das erstrebte Ziel zu erreichen. Bringt bereits die Aussetzung der Vollziehung eines bestehenden Verwaltungsakts den erstrebten Erfolg, ist ein Antrag auf Erlass einer einstweiligen Anordnung unzulässig. Kann dagegen die Aussetzung der Vollziehung eines Verwaltungsakts den erstrebten Erfolg nicht herbeiführen, muss eine einstweilige Anordnung beantragt werden.

557 Ein auf einstweiligen Rechtsschutz gerichteter Antrag ist grundsätzlich in der Weise auszulegen, dass wirksamer Rechtsschutz erreicht wird. Führt eine Auslegung nicht weiter, kommt eine Umdeutung in Betracht[679]. Ist der Antragsteller jedoch durch einen sachkundigen Bevollmächtigten vertreten, der einen eindeutigen Antrag gestellt hat, ist die **Umdeutung des Antrages** auf einstweilige Anordnung in einen Antrag auf Aussetzung der Vollziehung oder umgekehrt grundsätzlich nicht möglich[680]. Ist der zunächst gestellte Antrag aber erst durch eine Änderung der Rechtsprechung unzulässig geworden, wird eine Umdeutung ausnahmsweise für zulässig erachtet[681]. Eine Umdeutung ist auch dann möglich, wenn die Aussetzung der Vollziehung eines Einkommensteuerbescheides beantragt ist, die Einwendungen sich aber gegen einen Grundlagenbescheid, z. B. einen

---

678 BFH vom 18. 8. 1993 II S 7/93, BFH/NV 1994, 151; vom 14. 4. 1987 GrS 2/85, BStBl. II 1987, 637.
679 BFH vom 1. 10. 1981 IV B 13/81, BStBl. II 1982, 133.
680 BFH vom 16. 4. 1993 I B 156/92, BFH/NV 1994, 180.
681 BFH vom 28. 1. 1988 VIII B 207/86, BFH/NV 1990, 435.

Feststellungsbescheid, richten und über diesen Grundlagenbescheid noch nicht bestandskräftig entschieden ist. In diesem Fall kann der Antrag auf Aussetzung der Vollziehung gegen den Einkommensteuerbescheid in einen solchen Antrag gegen den Grundlagenbescheid umgedeutet werden[682].

2. Aussetzung der Vollziehung

Durch die Erhebung einer Klage wird die Vollziehung des angefochtenen Verwaltungsakts grundsätzlich nicht gehemmt; insbesondere wird die Erhebung der Abgabe nicht aufgehalten. Bei der Anfechtung von Grundlagenbescheiden wird der Erlass und der Vollzug der darauf beruhenden Folgebescheide in keiner Weise gehindert (§ 69 Abs. 1 FGO).

558

Die *Vollziehung* kann jedoch durch die zuständige Finanzbehörde *ganz oder teilweise ausgesetzt* werden (§ 69 Abs. 2 Satz 1 FGO). Auf *Antrag* kann auch das Gericht der Hauptsache die Vollziehung ganz oder teilweise aussetzen (§ 69 Abs. 3 Satz 1 FGO). Durch diese Aussetzung der Vollziehung wird *vorläufiger Rechtsschutz* gewährt. Das kann auch schon vor Erhebung der Klage geschehen (§ 69 Abs. 3 Satz 2 FGO); auch in diesem Fall ist das Finanzgericht das Gericht der Hauptsache[683]. Erforderlich ist jedoch, dass überhaupt ein Rechtsbehelf fristgerecht eingelegt worden ist und dass die wirksame Erhebung der Klage (noch) möglich ist.

559

a) Voraussetzungen

Folgende **Voraussetzungen** müssen erfüllt sein, damit die Aussetzung der Vollziehung angeordnet werden kann:

560

- *Antragsbefugt* ist nur der Steuerpflichtige, dem gegenüber die Vollziehung des *angefochtenen* Verwaltungsakts möglich ist. Einem Feststellungsbeteiligten, der weder selbst gegen den Feststellungsbescheid geklagt hat noch zu dem Klageverfahren eines anderen Beteiligten beigeladen worden ist, fehlt deshalb die Antragsbefugnis[684].
- Der *Antrag auf Aussetzung der Vollziehung an das Gericht* der Hauptsache ist nur zulässig, wenn die zuständige Finanzbehörde einen (vorher) bei ihr gestellten Antrag auf Aussetzung der Vollziehung ganz oder teilweise abgelehnt hat (§ 69 Abs. 4 FGO). Ausnahmen von dieser Voraussetzung der *vorherigen Entscheidung der Verwaltungsbehörde* sind nur eröffnet, wenn
  – die Finanzbehörde über den Antrag ohne Mitteilung eines zureichenden Grundes in angemessener Frist sachlich nicht entschieden hat, oder
  – eine Vollstreckung droht.

Die Ablehnung der Aussetzung der Vollziehung durch die Finanzbehörde ist Zugangsvoraussetzung zur Antragstellung bei Gericht. Ein Antrag auf Aussetzung der Vollziehung an das Finanzgericht ist deshalb nur zulässig, wenn die Finanz-

561

---

682 BFH vom 30. 4. 1987 VIII S 2/87, BFH/NV 1987, 796.
683 BFH vom 5. 2. 1985 VIII S 11/84, BFH/NV 1986, 108.
684 BFH vom 15. 3. 1994 IX B 151/93, BStBl. II 1994, 519.

behörde einen solchen Antrag zuvor ganz oder teilweise abgelehnt hat[685]. Dies bedeutet, dass sich der Kläger mit dem Antrag auf Aussetzung der Vollziehung grundsätzlich stets zuerst an die Finanzbehörde wenden muss, bevor er das Gericht anrufen kann. Bei seinem Antrag an das Gericht muss er deshalb auch Tatsachen darlegen, aus denen sich ergibt, dass die Finanzbehörde vorher die Aussetzung der Vollziehung abgelehnt hat. Darin, dass die Finanzbehörde die Aussetzung der Vollziehung nur unter dem Vorbehalt des Widerrufs gewährt hat, liegt keine teilweise Ablehnung des Antrags auf Aussetzung der Vollziehung, die den Zugang zum Finanzgericht eröffnet[686].

562 Die Ablehnung kann *formlos* geschehen. So etwa bei einer mündlichen Erörterung gegenüber dem Antragsteller[687] oder fernmündlich, wenn sie durch einen handlungs- und erklärungsbefugten Amtsträger (z. B. den Vorsteher oder den zuständigen Sachgebietsleiter) erfolgt[688].

563 Da über die Aussetzung der Vollziehung in jedem Rechtszug erneut und nur für die betreffende Instanz entschieden wird, wurde teilweise die Auffassung vertreten, die behördliche Ablehnung müsse innerhalb des Verfahrensabschnitts erfolgt sein, für dessen Dauer das Gericht um Aussetzung der Vollziehung ersucht werde (Einspruchsverfahren, Klageverfahren, Revisionsverfahren)[689]. Demgegenüber hat der BFH entschieden, ein Antrag an das Finanzgericht sei auch dann zulässig, wenn die Behörde für einen vorangegangenen Verfahrensabschnitt einen Antrag auf Aussetzung der Vollziehung abgelehnt habe[690]. Hat die Finanzbehörde aber nach Erlass eines Änderungsbescheids dem Steuerpflichtigen auf dessen (weiteren) Aussetzungsantrag hin zugesichert, bis zur Entscheidung in der Hauptsache den Bescheid nicht zu vollziehen, fehlt es an einem von der Finanzbehörde abgelehnten Antrag auf Aussetzung der Vollziehung bezüglich dieses Bescheides[691]. Hat die Finanzbehörde jedoch nur für die Dauer des Einspruchsver-

---

685 BFH vom 26. 8. 1991 IV B 152/90, BFH/NV 1992, 540.
686 BFH vom 12. 5. 2000 VI B 266/98, BStBl. II 2000, 536.
687 BFH vom 19. 11. 1990 III S 6/90, BFH/NV 1991, 459; vom 21. 12. 1982 VII S 25/82, BStBl. II 1983, 180.
688 BFH vom 19. 11. 1990 III S 6/90, BFH/NV 1991, 459; vom 21. 12. 1982 VII S 25/82, BStBl. II 1983, 180. Nach FG Berlin vom 11. 2. 1980 I 437/79, EFG 1980, 244 soll dies sogar dann gelten, wenn die Finanzbehörde einen bei ihr eingereichten Antrag auf Aussetzung der Vollziehung kommentarlos an das Finanzgericht weiterleitet; damit habe es zu erkennen gegeben, dass es einem bei ihm gestellten Aussetzungsantrag nicht entsprochen hätte. Dies erscheint aber sehr zweifelhaft im Hinblick auf die Entscheidung des BFH vom 23. 1. 1985 I B 38/83, BFH/NV 1987, 314, in der der im Zustimmung zur Sprungklage nicht zu erkennen gegeben wird, dass die Finanzbehörde einem gleichzeitig mit der Sprungklage gestellten Antrag auf Aussetzung der Vollziehung nicht stattgeben werde. Aus bloßen Weiterleitungshandlungen oder aus Zustimmungen zu einer Sprungklage oder ähnlichen Übermittlungen von Schriftsätzen und dergleichen kann also nicht entnommen werden, dass die Finanzbehörde eine Aussetzung ablehnen werde. Die Ablehnung muss irgendwie durch einen dazu berechtigten Beamten der Behörde klar zum Ausdruck gebracht worden sein.
689 Vgl. Koch in Gräber, FGO⁵, § 69 Rz. 72.
690 BFH vom 4. 10. 1995 VII B 136/95, BFH/NV 1996, 236; vom 25. 10. 1994 VII B 155/94, BStBl. II 1995, 131.
691 BFH vom 6. 4. 1995 VIII S 2/94, BFH/NV 1995, 917.

fahrens Aussetzung der Vollziehung gewährt, kann daraus noch nicht geschlossen werden, eine Aussetzung der Vollziehung während des Klageverfahrens komme nicht in Betracht. In einem solchen Fall muss für die Dauer des Klageverfahrens zunächst noch einmal ein Aussetzungsantrag bei der Finanzbehörde gestellt werden.

Die Antragstellung ist *bei Gericht auch sofort möglich, wenn Vollstreckung droht*. Dies ist jedoch erst der Fall, wenn die Finanzbehörde konkrete Vorbereitungshandlungen für die Durchführung der Vollstreckung getroffen hat und aus der Sicht eines objektiven Betrachters die Vollstreckung zeitlich so unmittelbar bevorsteht, dass es dem Antragsteller nicht zuzumuten ist, zunächst bei der Finanzbehörde (statt unmittelbar bei Gericht) Aussetzung der Vollziehung zu beantragen[692]. 564

Die Zugangsvoraussetzung der vorherigen Anrufung der Finanzbehörde gilt auch, wenn nicht Aussetzung der Vollziehung, sondern *Aufhebung der Vollziehung* begehrt wird (§ 69 Abs. 3 Satz 3 FGO)[693]. 565

Lehnt die Finanzbehörde die Aussetzung der Vollziehung ab, kann gegen diese Entscheidung Einspruch (§ 347 AO) eingelegt werden[694]. Der Antrag auf Aussetzung der Vollziehung bei Gericht ist aber unabhängig von der Durchführung eines solchen außergerichtlichen Rechtsbehelfsverfahrens möglich (§ 361 Abs. 5 AO i. V. m. § 69 Abs. 3, 5 Satz 3, 7 FGO). 566

Es muss seitens des Antragstellers ein *Bedürfnis nach vorläufigem Rechtsschutz* bestehen. Die Betonung liegt auf „vorläufig". Dabei spielt das schon erwähnte Schnelligkeitsprinzip eine Rolle, weil der Antragsteller seine wirtschaftlichen und finanziellen Dispositionen kurzfristig auf die Steueranforderungen einstellen muss oder weil kurzfristig eine Vollziehung durch die Finanzbehörde zu erwarten ist. So ist gem. § 69 Abs. 2 Satz 4 FGO zusätzlich die Vollziehung eines Folgebescheids auszusetzen, wenn die Vollziehung eines *Grundlagenbescheids* ausgesetzt wird. Deswegen besteht ein Bedürfnis für vorläufigen Rechtsschutz gegen den Folgebescheid nicht, wenn hinsichtlich des Grundlagenbescheids Aussetzung der Vollziehung beantragt werden kann. Kann gegen den Grundlagenbescheid Aussetzung der Vollziehung nicht beantragt werden, dann besteht grundsätzlich auch kein Bedürfnis nach vorläufiger Regelung hinsichtlich des Folgebescheids, wenn die materiellen Gründe für die Anfechtung des Bescheids im Grundlagenbescheid ruhen[695]. Lediglich über eine Sicherheitsleistung ist bei der Aussetzung des Folgebescheids zu entscheiden, es sei denn, dass bei der Aussetzung der Vollziehung 567

---

692 BFH vom 26. 4. 1994 VII S 37/92, BFH/NV 1994, 893; vom 5. 6. 1985 II S 3/85, BStBl. II 1985, 469.
693 FG Rheinland-Pfalz vom 30. 4. 1985 6 V 8/85, EFG 1985, 403.
694 Seit dem 1. 1. 1996 ist die Beschwerde (§ 349 AO a. F.) als außergerichtlicher Rechtsbehelf abgeschafft.
695 Der Grundlagenbescheid ist, wenn er nicht angefochten wird, stets für den Folgebescheid bindend. Es muss also immer dann, wenn Einwendungen gegen den Grundlagenbescheid erhoben werden, Aussetzung der Vollziehung des Grundlagenbescheids beantragt werden. Der Antrag auf Aussetzung der Vollziehung gegen den Folgebescheid ist grundsätzlich unzulässig.

des Grundlagenbescheids die Sicherheitsleistung ausdrücklich ausgeschlossen worden ist (§ 69 Abs. 2 Satz 6 FGO).

568 Die *Aussetzung der Vollziehung* soll erfolgen, wenn *ernstliche Zweifel an der Rechtmäßigkeit des angefochtenen Verwaltungsakts* bestehen. Ernstliche Zweifel sind anzunehmen, wenn bei der summarischen Prüfung des angefochtenen Verwaltungsakts im Aussetzungsverfahren aufgrund präsenter Beweismittel, gerichtsbekannter Tatsachen und des unstreitigen Sachverhalts erkennbar wird, dass neben den für die Rechtmäßigkeit sprechenden Umständen gewichtige gegen die Rechtmäßigkeit sprechende Gründe gegeben sind, die eine Unentschiedenheit oder Unsicherheit in der Beurteilung der Rechtsfragen oder eine Unklarheit in der Beurteilung der Tatfragen bewirken (§ 69 Abs. 2 Satz 2 FGO)[696]. Soweit sich der Antragsteller auf Umstände beruft, die den Steueranspruch aufheben oder einschränken, ist er nach den Grundsätzen über die objektive Beweislast (Feststellungslast; s. Rz. 93 ff.) gehalten, diese auch im Verfahren der Aussetzung der Vollziehung glaubhaft zu machen[697].

569 Ernstliche Zweifel an der Rechtmäßigkeit eines Steuerbescheids sind gerechtfertigt, wenn die Finanzbehörde den Besteuerungssachverhalt zwar geschlossen und vollständig darstellt, den *Steueranspruch* jedoch in rechtlich schwierig liegenden Fällen nicht schlüssig begründet[698]. Für die Annahme eines ernstlichen Zweifels genügt es jedoch nicht, dass der Antragsteller weiteren Tatsachenvortrag *nur in Aussicht stellt,* wohingegen die Finanzbehörde ihrerseits den Sachverhalt bis zur Grenze des Zumutbaren aufgeklärt hat[699]. Für einen Antrag auf Aussetzung der Vollziehung fehlt nämlich das Rechtsschutzbedürfnis, wenn der Antrag nach sechs Monaten noch nicht begründet worden ist[700]. Für das *Revisionsverfahren* können ernstliche Zweifel an der Rechtmäßigkeit des angefochtenen Verwaltungsakts nur anerkannt werden, wenn unter Berücksichtigung der besonderen Voraussetzungen des revisionsgerichtlichen Verfahrens ernstlich mit der Aufhebung oder Änderung des angefochtenen Verwaltungsakts gerechnet werden kann[701].

570 Die *Aussetzung oder Aufhebung der Vollziehung* wegen ernstlicher Zweifel an der Rechtmäßigkeit eines angefochtenen Steuerbescheids führt nur dann zu einer – vorläufigen – Erstattung (z. B. einbehaltener und abgeführter Lohnsteuer), wenn die Aussetzung oder Aufhebung der Vollziehung zur Abwendung wesentlicher Nachteile „nötig" erscheint. Ansonsten beschränkt sie sich wegen § 69 Abs. 2 Satz 8 FGO bei Steuerbescheiden auf die festgesetzte Steuer, vermindert um die anzurechnenden Steuerabzugsbeträge, um die anzurechnende Körperschaftsteuer und die festgesetzten Vorauszahlungen. Diese Beschränkung ist ver-

---

696 Vgl. BFH vom 17. 5. 1995 I S 3/95, BFH/NV 1995, 1106; vom 17. 5. 1978 I R 50/77, BStBl. II 1978, 579.
697 Vgl. BFH vom 17. 3. 1994 XI B 81/93, BFH/NV 1995, 171.
698 BFH vom 14. 2. 1984 VIII B 112/83, BStBl. II 1984, 443.
699 BFH vom 13. 11. 1985 I R 7/85, BFH/NV 1986, 638; vgl. auch BFH vom 5. 2. 1986 I B 39/85, BStBl. II 1986, 490.
700 FG Düsseldorf vom 12. 2. 1990 16 V 204/89 A, EFG 1990, 482; vom 9. 12. 1983 XI 63/82 A, EFG 1984, 299.
701 BFH vom 27. 2. 1986 IV S 18/85, BFH/NV 1987, 779.

fassungsgemäß⁷⁰² und gilt auch, wenn Vorauszahlungen von der Vollziehung ausgesetzt waren⁷⁰³. Wird die Vollziehung einer Steueranmeldung ausgesetzt, ist die bereits abgeführte Steuer an den Vergütungsschuldner zu erstatten. Läuft die Aussetzung der Vollziehung aus, kann die Anmeldung (erneut) nur gegenüber dem Vergütungsschuldner vollzogen werden. Eine Aussetzung der Vollziehung mit der Maßgabe, dass die ausgesetzten Steuerbeträge an den Vergütungsgläubiger zu erstatten sind, kommt nicht in Betracht⁷⁰⁴.

Aussetzung der Vollziehung soll auch erfolgen, wenn die Vollziehung für den Betroffenen eine unbillige, nicht durch überwiegend öffentliche Interessen gebotene Härte zur Folge hätte (§ 69 Abs. 2 Satz 2 FGO). Dieser Grund tritt neben die ernstlichen Zweifel an der Rechtmäßigkeit des Verwaltungsakts (s. Rz. 569 f.), d. h. er kann diese ersetzen. In diesem Fall wird eine Brücke zum Rechtsinstitut der Stundung (§ 222 AO) geschlagen, die eigentlich ausschließlich durch die Finanzbehörde verfügt werden kann. Wenn jedoch der Steuerbetrag bis zum Ende des Finanzrechtsstreits gestundet ist, fehlt es für einen Antrag auf Aussetzung der Vollziehung am Rechtsschutzbedürfnis⁷⁰⁵.

571

Der sofortige Vollzug der Anordnung einer Betriebsprüfung führt grundsätzlich zu keiner unbilligen Härte, weil im Falle des Erfolgs im Verfahren der Hauptsache ein Verwertungsverbot eingreifen würde⁷⁰⁶. Die mit der sofortigen Vollziehung verbundenen sonstigen Belastungen sind dem Antragsteller zuzumuten⁷⁰⁷. Sind Zweifel an der Rechtmäßigkeit des angefochtenen Verwaltungsakts fast ausgeschlossen oder ist er bestandskräftig, kommt eine Aussetzung der Vollziehung selbst bei Vorliegen einer unbilligen Härte im Allgemeinen nicht in Betracht⁷⁰⁸.

572

Die Aussetzung der Vollziehung kann auch (nur) *gegen Sicherheitsleistung* ausgesprochen werden. Diese Entscheidung steht im Ermessen des Gerichts⁷⁰⁹. Durch die Verknüpfung mit einer Sicherheitsleistung sollen Steuerausfälle bei einem für den Steuerpflichtigen ungünstigen Verfahrensausgang vermieden werden (z. B. wegen seiner wirtschaftlichen Verhältnisse). Die Aussetzung der Vollziehung gegen Sicherheitsleistung kann aber unangemessen sein, wenn der Steuerpflichtige im Rahmen zumutbarer Anstrengungen nicht in der Lage ist, Sicherheit zu leisten⁷¹⁰. Es ist Sache des Steuerpflichtigen, die Umstände glaubhaft zu ma-

573

---

702 BFH vom 2. 11. 1999 I B 49/99, BStBl. II 2000, 57.
703 BFH vom 24. 1. 2000 X B 99/99, BStBl. II 2000, 559.
704 BFH vom 13. 8. 1997 I B 30/97, BStBl. II 1997, 700.
705 FG Rheinland-Pfalz vom 19. 2. 1990 5 V 2184/89, EFG 1990, 483.
706 BFH vom 4. 10. 1991 VIII B 93/90, BStBl. II 1992, 59.
707 BFH vom 17. 9. 1974 VII B 122/73, BStBl. II 1975, 197.
708 Koch in Gräber, FGO⁵, § 69 Rz. 107; BFH vom 17. 1. 1995 V S 6/94, BFH/NV 1995, 805.
709 Hierzu sei angemerkt, dass die Aussetzung der Vollziehung bei Gericht auch dann beantragt werden kann, wenn die Finanzbehörde zuvor für die gleiche Instanz Aussetzung der Vollziehung zwar gewährt hat, aber nur gegen Sicherheitsleistung. Der Antrag bei Gericht ist dann darauf zu richten, dass Aussetzung der Vollziehung ohne Sicherheitsleistung gewährt werden soll.
710 BFH vom 13. 8. 1991 VIII B 14/87, BFH/NV 1992, 688; vom 28. 8. 1989 X S 13/88, BFH/NV 1990, 310.

chen, die dem Sicherungsbedürfnis der Finanzbehörde genügen oder das Verlangen nach Sicherheitsleistung als unangemessen erscheinen lassen[711].

574 b) *Mögliche Anträge im Aussetzungsverfahren*
Bemessungsgrundlage
Es wird beantragt,
die Vollziehung des Einkommensteuerbescheids 2003 vom 28. 10. 2004 in der Fassung der Einspruchsentscheidung vom 4. 2. 2005 in Höhe des Differenzbetrags auszusetzen, der sich bei voller Berücksichtigung der Altenteilslasten in Höhe von 5.000 € als Sonderausgaben (dauernde Last) gegenüber der festgesetzten Einkommensteuer ergibt.

Bestimmter Feststellungsbetrag
Es wird beantragt,
die Vollziehung des gesonderten und einheitlichen Gewinnfeststellungsbescheids 2003 vom 28. 10. 2004 in der Fassung der Einspruchsentscheidung vom 4. 2. 2005 in Höhe eines Gewinnanteils von 10.000 € für den Gesellschafter A auszusetzen.

Bestimmter Steuerbetrag
Es wird beantragt,
die Vollziehung des Einkommensteuerbescheids 2003 vom 28. 10. 2004 in der Fassung der Einspruchsentscheidung vom 4. 2. 2005 in Höhe eines Betrags von 10.500 € auszusetzen.

575 Im Verfahren selbst sind **nur präsente Beweismittel** zu berücksichtigen; nicht präsente Beweismittel sind ausgeschlossen[712]. Wenn Tatsachenbehauptungen jedoch mit präsenten Beweismitteln nicht aufgeklärt werden können, muss es zur Begründung ernsthafter Zweifel genügen, wenn die bisher getroffenen tatsächlichen Feststellungen die vom Antragsteller behauptete Rechtsfolge als möglich erscheinen lassen[713].

c) *Muster eines Antrags auf Aussetzung der Vollziehung*
576 Um das Gericht in die Lage zu versetzen, alsbald über den Antrag auf Aussetzung der Vollziehung zu entscheiden, ist es wichtig,

- anzugeben, dass die Zugangsvoraussetzungen zum Gericht gegeben sind, weil die Behörde einen entsprechenden Antrag abgelehnt oder nicht in angemessener Zeit beschieden hat bzw. eine Vollstreckung droht,
- den zur Entscheidung stehenden Sachverhalt umfassend darzustellen,
- dem Gericht Beweismittel vorzulegen (nicht nur zu benennen).

---

711 BFH vom 17. 1. 1996 V B 100/95, BFH/NV 1996, 491.
712 BFH vom 23. 7. 1968 II B 17/68, BStBl. II 1968, 589.
713 BFH vom 19. 6. 1968 I S 4/68, BStBl. II 1968, 540.

Josef Müller Ort, Straße, Datum
Steuerberater

Finanzgericht des Saarlandes
Hardenbergstraße 3
66119 Saarbrücken

In dem Verfahren
Erich Maier, ..., (Antragsteller)
gegen
Agentur für Arbeit Saarlouis – Familienkasse – (Antragsgegnerin)
beantrage ich unter gleichzeitiger Vorlage einer Prozessvollmacht

Aussetzung der Vollziehung

des Aufhebungs- und Rückforderungsbescheids vom 6. 5. 2004 in der Fassung der dazu ergangenen Einspruchsentscheidung vom 2. 1. 2005.

Der Antragsteller ist Vater des am 2. 8. 1983 geborenen Sohnes Ralf, der seit September 2003 in Saarbrücken eine Ausbildung zum Bankkaufmann absolviert. Mit Bescheid vom 6. 5. 2004 hat die Antragsgegnerin die Kindergeldfestsetzung für Ralf ab Januar 2004 mit der Begründung aufgehoben, die Einkünfte des Kindes würden den maßgeblichen Grenzbetrag von 7.680 € voraussichtlich überschreiten. Gleichzeitig hat die Antragsgegnerin das Kindergeld für Januar bis Mai 2004 in Höhe von (5 x 154 € =) 770 € vom Antragsteller zurückgefordert. Im Einspruchsverfahren war zuletzt nur noch streitig, ob der Grenzbetrag wegen zu berücksichtigender Anschaffungskosten für einen PC mit Zubehör (zeitanteilige AfA: 500 €) unterschritten wird. Die Antragsgegnerin hat diesen Aufwendungen die Anerkennung in vollem Umfang versagt, weil Ralf angegeben hatte, er nutze den PC zu rund 20 v. H. auch privat.

Ralf hatte am 4. 12. 2004 auf der Fahrt zur Ausbildungsstätte mit seinem PKW einen witterungsbedingten Unfall (Beweis: anliegendes Protokoll der zuständigen Polizeiinspektion; beigefügte Auskunft der Wetterstation Ensheim). Die Reparaturkosten, für die keine Versicherung aufkommt und die am 29. 12. 2004 beglichen wurden, betrugen 2.000 € (Beweis: anliegende Rechnung mit Quittung). Dieser Umstand war der Antragsgegnerin im Zeitpunkt des Ergehens der Einspruchsentscheidung noch nicht bekannt. Da es sich bei den Unfallkosten um Werbungskosten handelt, ist der Grenzbetrag nunmehr eindeutig unterschritten, so dass dem Antrag auf Aussetzung der Vollziehung zu entsprechen ist, zumal die Antragsgegnerin den bei ihr gestellten Antrag mit Bescheid vom 2. 1. 2005 abgelehnt hat.

Unterschrift
Josef Müller

d) Entscheidung über den Antrag auf Aussetzung der Vollziehung

577 Grundsätzlich entscheidet das Gericht ohne mündliche Verhandlung (§ 90 Abs. 1 Satz 2 FGO) durch *Beschluss.* In dringenden Fällen kann auch der Vorsitzende allein entscheiden (§ 69 Abs. 3 Satz 5 FGO). Dies etwa dann, wenn dem Antragsteller eine Vollstreckung droht[714]. In der Entscheidung berechnet grundsätzlich das Gericht eigenständig den Betrag, hinsichtlich dessen die Aussetzung verfügt wird. Erfordert die Ermittlung des auszusetzenden Betrags einen nicht unerheblichen Aufwand, kann dessen Berechnung aber auch entsprechend § 100 Abs. 2 Satz 2 FGO der Finanzbehörde übertragen werden (s. Rz. 743)[715].

578 Hat das Gericht dem Antrag entsprochen und Aussetzung der Vollziehung gewährt, so ist es der Finanzbehörde während der Aussetzung der Vollziehung auch verwehrt, mit dem im angefochtenen Steuerbescheid festgesetzten Steueranspruch *aufzurechnen*[716].

579 Das Gericht der Hauptsache kann Beschlüsse über Aussetzung der Vollziehung *jederzeit ändern oder aufheben.* Auch jeder der Beteiligten kann die Änderung oder Aufhebung beantragen, aber nur, wenn veränderte Umstände eingetreten sind oder bestimmte Umstände im ursprünglichen Verfahren ohne Verschulden des betreffenden Beteiligten nicht geltend gemacht wurden (§ 69 Abs. 6 FGO). Das gilt auch dann, wenn in der Hauptsache inzwischen ein Verfahren beim BFH anhängig und der erneute Antrag deshalb beim BFH zu stellen ist[717].

580 Als *Rechtsmittel* gegen die Entscheidung über die Aussetzung der Vollziehung ist grundsätzlich die Beschwerde an den BFH gegeben. Sie ist jedoch nur dann zulässig, wenn sie vom Finanzgericht in der Entscheidung über die Aussetzung der Vollziehung ausdrücklich zugelassen worden ist. Über die *Zulassung der Beschwerde* entscheidet also das Finanzgericht allein[718]. Eine Nichtzulassungsbeschwerde gegen die Nichtzulassung gibt es nicht (§ 128 Abs. 3 FGO)[719]. Diese Regelung gilt gleichermaßen, wenn das Gericht in der Besetzung von drei Richtern oder nur der Vorsitzende allein über die Aussetzung der Vollziehung entscheidet.

3. Einstweilige Anordnung

581 Auf Antrag kann das Gericht der Hauptsache eine einstweilige Anordnung in Bezug auf den Streitgegenstand treffen, wenn die Gefahr besteht, dass durch eine Veränderung des bestehenden Zustands die Verwirklichung eines Rechts des An-

---

714 BFH vom 22. 11. 1994 VII S 28/94, BFH/NV 1995, 532.
715 BFH vom 17. 11. 1989 I S 4/89, BFH/NV 1990, 545; vom 12. 10. 1983 I S 2/81, BStBl. II 1984, 212.
716 BFH vom 31. 8. 1995 VII R 58/94, BStBl. II 1996, 55 unter Aufgabe von BFH vom 17. 9. 1987 VII R 50-51/86, BStBl. II 1988, 366.
717 BFH vom 13. 10. 1999 I S 4/99, BStBl. II 2000, 86.
718 BFH vom 17. 8. 1995 II B 6/95, BFH/NV 1996, 218.
719 BFH vom 9. 11. 1995 XI B 43/95, BFH/NV 1996, 415; vom 8. 6. 1995 V B 53/95, BFH/NV 1995, 1081; vom 8. 5. 1995 V B 24/95, BFH/NV 1995, 816.

Einstweilige Anordnung

tragstellers vereitelt oder wesentlich erschwert werden könnte. Eine einstweilige Anordnung ist auch zulässig zur Regelung eines vorläufigen Zustands in Bezug auf ein streitiges Rechtsverhältnis, wenn diese Regelung (vor allem bei dauernden Rechtsverhältnissen) nötig erscheint, um wesentliche Nachteile abzuwenden oder drohende Gewalt zu verhindern oder andere Gründe dies notwendig machen (§ 114 Abs. 1 FGO).

Die einstweilige Anordnung erfordert einen *Anordnungsanspruch*, einen *Anordnungsgrund und die Glaubhaftmachung* beider durch den Antragsteller. 582

Der **Anordnungsanspruch** ist das Recht oder das Rechtsverhältnis, um das der Rechtsstreit in der Hauptsache geführt wird. Es ist also der *Regelungsanspruch, der auch im Hauptsacheverfahren* endgültig durchgesetzt werden soll. 583

Anordnungsgründe sind: 584

- Die *Gefahr, dass durch eine Veränderung* des bestehenden Zustands die Verwirklichung eines Rechts des Antragstellers vereitelt oder wesentlich erschwert werden könnte (Sicherungsanordnung; § 114 Abs. 1 Satz 1 FGO);
- *Notwendigkeit der Regelung* eines vorläufigen Zustands in Bezug auf ein streitiges Rechtsverhältnis, wenn diese Regelung zur Verhinderung drohender Gewalt, zur Abwendung wesentlicher Nachteile oder aus anderen Gründen zwingend erscheint (Regelungsanordnung; § 114 Abs. 1 Satz 2 FGO).

Diese Gründe müssen so schwerwiegend sein, dass sie eine einstweilige Anordnung unabweisbar machen[720]. *Bloße Rechtsbenachteiligungen,* wie sie etwa von der Ablehnung einer einstweiligen Anordnung in Bezug auf einen Erlassantrag ausgehen, genügen diesen Anforderungen nur, wenn die wirtschaftliche oder persönliche Existenz des Betroffenen durch die Ablehnung unmittelbar und ausschließlich bedroht ist[721]. Deswegen sind **keine Anordnungsgründe**: *Bezahlung von Steuern,* auch wenn sie im Falle des Obsiegens im Hauptverfahren wieder zu erstatten wären[722]; *Kreditaufnahme* zur Bezahlung der Steuern; *Veräußerung von Vermögenswerten* zur Bezahlung von Steuern; nicht näher begründete *Bedrohung der wirtschaftlichen oder persönlichen Existenz*[723]; *Einschränkung des gewohnten Lebensstandards* wegen der Steuerzahlung[724]. Zur Darlegung des Anordnungsgrundes genügt nicht die Darlegung von Vollstreckungsnachteilen, mit denen jemand rechnen muss, der seine Steuern nicht rechtzeitig zahlt. Auch die darauf folgende Vollstreckung ist kein Anordnungsgrund[725]. Allerdings hat der Steuerpflichtige unter Umständen ein mittels einstweiliger Anordnung durchsetz- 585

---

720 BFH vom 12. 5. 1993 I B 15/93, BFH/NV 1994, 182; vom 4. 7. 1986 VII B 56/86, BFH/NV 1987, 20.
721 BFH vom 22. 4. 1991 III B 537/90, BFH/NV 1992, 118.
722 BFH vom 7. 8. 1990 VII B 70/90, BFH/NV 1991, 255.
723 BFH vom 21. 7. 1992 VII B 78/92, BFH/NV 1994, 104; vom 12. 5. 1992 VII B 173/91, BFH/NV 1994, 103.
724 BFH vom 30. 3. 1989 VII B 221/88, BFH/NV 1989, 794; vom 12. 4. 1984 VIII B 115/82, BStBl. II 1984, 492.
725 BFH vom 30. 3. 1989 VII B 221/88, BFH/NV 1989, 794; vom 25. 6. 1985 VII B 54, 62/84, BFH/NV 1986, 138.

Vorläufiger Rechtsschutz

bares Recht auf ungestörte Durchführung des gerichtlichen Aussetzungsverfahrens[726].

586 **Glaubhaftmachung** bedeutet, das Gericht muss davon überzeugt werden, dass ein nicht nur geringes Maß an Wahrscheinlichkeit für die Existenz des Anordnungsanspruchs und des Anordnungsgrundes besteht[727]. Dies erfordert zunächst eine *schlüssige Darlegung des Anordnungsanspruchs und des Anordnungsgrundes* in einer Weise, die eine überwiegende Wahrscheinlichkeit für die Richtigkeit der Behauptung beinhaltet. Sodann müssen *präsente Beweismittel* beigebracht werden[728]. Der bloße Verweis auf Schriftwechsel und Akten reicht nicht aus[729].

587 *„Andere Gründe"* rechtfertigen eine einstweilige Anordnung nur dann, wenn sie für die begehrte Regelungsanordnung ähnlich gewichtig und bedeutsam sind, wie „wesentliche Nachteile" oder „drohende Gewalt"[730].

a) Mögliche Anträge

588 In Betracht kommen z. B. Anträge der folgenden Art:

Unterlassung einer Auskunftseinholung

Es wird beantragt,
anzuordnen, dass das Finanzamt Z die Auskunftseinholung bei der X-Bank vorläufig, d. h. bis einen Monat nach Ergehen der Entscheidung in der Streitsache der Antragstellerin gegen das Finanzamt Z – Aktenzeichen ... –, zu unterlassen hat.

Aufschub einer Außenprüfung

Es wird beantragt,
anzuordnen, dass die Durchführung der Betriebsprüfung bei der Firma X bis einen Monat nach Ergehen der Entscheidung in der Klagesache der Firma X gegen das Finanzamt Z – Aktenzeichen ... – aufgeschoben wird.

Unterlassung von Vollstreckungsmaßnahmen

Es wird beantragt,
anzuordnen, dass das Finanzamt Z für die Dauer des gerichtlichen Verfahrens auf Aussetzung der Vollziehung des Bescheids über Einkommensteuer für 2003 – Aktenzeichen ... – weitere Vollstreckungsmaßnahmen zu unterlassen hat.

b) Verfahren der einstweiligen Anordnung

589 Für den Erlass einstweiliger Anordnungen ist stets und ausschließlich nur das *Gericht der Hauptsache* zuständig. Dies ist das Gericht des ersten Rechtszuges[731]. Das Gericht entscheidet durch *Beschluss*. In dringenden Fällen kann auch der Vorsitzende allein durch Beschluss entscheiden (§ 114 Abs. 2 und 4 FGO).

---

726 FG des Saarlandes vom 7. 1. 2000 1 V 389/99, EFG 2000, 449.
727 BFH vom 28. 1. 1986 VII S 11/85, BFH/NV 1986, 626.
728 So st. Rspr. des BFH, z. B. Beschluss vom 21. 7. 1992 VII B 78/92, BFH/NV 1994, 104.
729 BFH vom 12. 1. 1993 VII B 169/92, BFH/NV 1994, 554.
730 BFH vom 25. 9. 1985 VII B 36/84, BFH/NV 1986, 342.
731 BFH vom 24. 7. 2000 II S 10/00, BFH/NV 2000, 1495.

Gegen den Beschluss des Gerichts oder des Vorsitzenden ist das *Rechtsmittel der Beschwerde* an den BFH nur gegeben, wenn sie in der Entscheidung des Gerichts ausdrücklich zugelassen worden ist (§ 128 Abs. 3 FGO).

c) Muster eines Antrags auf einstweilige Anordnung[732]

Dr. Carla Schmidt Ort, Straße, Datum
Rechtsanwältin

Finanzgericht des Saarlandes
Hardenbergstraße 3
66119 Saarbrücken

In dem Verfahren Dr. Carla Schmidt, ..., (Antragstellerin)
gegen
Finanzamt Merzig (Antragsgegner) auf

Erlass einer einstweiligen Anordnung

beantrage ich,

dem Antragsgegner bis zum Abschluss des Verfahrens in der Hauptsache (Aktenzeichen: ... . .) zu untersagen, die von der Steuerfahndung aus den bei der Sparkasse Y gesichteten Unterlagen zum Wertpapiergeschäft gewonnenen Erkenntnisse bezüglich meiner Person zu verwerten.

Die Antragstellerin ist Kundin der Sparkasse Y. Im Rahmen eines Ermittlungsverfahrens gegen namentlich noch unbekannte Mitarbeiter der Sparkasse wegen des Verdachts der Beihilfe zur Steuerhinterziehung zugunsten von namentlich noch nicht bekannten Anlegern hat das Amtsgericht X die Durchsuchung der Sparkasse und die Beschlagnahme von Unterlagen angeordnet, welche seit 1998 im Zusammenhang mit einem nicht ordnungsgemäß bekundeten Geld- und/oder Wertpapiertransfer zu und von einer bestimmten Bank in Luxemburg entstanden sind. Im Zuge der Durchsuchung ließen sich die Steuerfahnder auch Unterlagen über sämtliche Tafelgeschäfte der Jahre 1996 und 1997 vorlegen. Im Anschluss daran schrieb der Antragsgegner die Antragstellerin an und bat um Aufklärung. Hiergegen wendet sich die Antragstellerin.

Das Vorgehen des Antragsgegners ist rechtswidrig, weil es gegen § 30a Abs. 1 und 3 AO verstößt. Diese Vorschrift verpflichtet die Finanzbehörden, auf das Vertrauensverhältnis zwischen den Kreditinstituten und deren Kunden besonders Rücksicht zu nehmen und unterwirft die Ausschreibung von Kontrollmitteilungen bestimmten Bedingungen. Hieraus ergeben sich für die Antragstellerin subjektive Abwehrrechte, deren Verletzung hiermit geltend gemacht wird.

---

[732] Vgl. BFH vom 25. 7. 2000 VII B 28/99, BStBl. II 2000, 643; Niedersächsisches FG vom 4. 12. 1998 X 524/98 V, EFG 1999, 149.

Zum Anordnungsanspruch: Das Depotkonto der Antragstellerin ist nach § 154 AO legitimationsgeprüft und untersteht deshalb einschließlich der dazugehörigen Unterlagen dem Schutzbereich des § 30a Abs. 3 AO. Allein die Inhaberschaft von Tafelpapieren verbunden mit der Einlieferung in die Sammeldepotverwahrung begründet noch keinen steuerstrafrechtlichen Anfangsverdacht. Mithin hätte der Antragsgegner auf die Anfertigung von Aufzeichnungen verzichten müssen.

Der Anordnungsgrund ist darin zu sehen, dass die Auswertung der unzulässigerweise gefertigten Aufzeichnungen die Rechtsposition der Antragstellerin als Kundin unheilbar verletzen würde. Denn was einmal offenbart ist, bleibt immer offenbar (BFH vom 28. 10. 1997 VII B 40/97, BFH/NV 1998, 424).

Unterschrift
Dr. Carla Schmidt

H. Ablauf des Verfahrens

Das Verfahren vor den Finanzgerichten besteht aus 592
- einem *Vorbereitungsstadium*, das dadurch gekennzeichnet ist, dass die Verfahrensbeteiligten die aus ihrer Sicht maßgeblichen Tatsachen und ihre gegensätzlichen Rechtsansichten in Schriftsätzen darlegen (s. Rz. 596 ff.);
- der *Entscheidungsphase*, in der die Streitsache vom Vorsitzenden bzw. Berichterstatter unter Mitwirkung der Beteiligten im sog. „vorbereitenden Verfahren" zur Entscheidungsreife gebracht und anschließend gegebenenfalls mit den Beteiligten in der mündlichen Verhandlung tatsächlich und rechtlich erörtert wird (s. Rz. 697 ff.);
- der *Entscheidung* (s. Rz. 739 ff.).

Die Dauer eines Verfahrens bis zu seinem Abschluss hängt in erster Linie von 593
der Belastung des Gerichts mit älteren Verfahren, vom Umfang des Prozessstoffes, der Schwierigkeit des Falles, der Notwendigkeit von Beweiserhebungen und der Intensität der Mitwirkung der Beteiligten ab. Im Durchschnitt muss man beim Finanzgericht bei einem Klageverfahren mit etwa 3 Jahren, bei Verfahren zur Gewährung vorläufigen Rechtsschutzes mit etwa 6 Monaten rechnen, bis eine Sachentscheidung ergeht. Deutliche Über- oder Unterschreitungen dieser Durchschnittswerte sind im Einzelfall jedoch nicht ausgeschlossen, letzteres insbesondere in Fällen der Unzulässigkeit des Rechtsbehelfs.

Die Mitwirkung der Beteiligten erfolgt in erster Linie durch schriftsätzliche 594
Darlegungen zum Sachverhalt mit Beweisanträgen oder Beweisangeboten sowie durch Rechtsausführungen. Nach Abwicklung des Vorbereitungsstadiums kommt es dann zur *Entscheidung durch das Gericht*. Auch hierbei ist ein Mitwirken der Beteiligten erforderlich, zumindest in Form der Teilnahme an der *mündlichen Verhandlung*, sofern sie auf deren Durchführung nicht verzichten. Aber auch *Veränderungen bei den Beteiligten und am Verfahrensstand* selbst treten häufig auf (z. B. Beiladung, Klageänderung) und können auch schon während der Vorbereitungsphase zum vorzeitigen Abschluss des Verfahrens führen (z. B. durch Klagerücknahme nach Hinweisen des Gerichts zur fehlenden Erfolgsaussicht der Klage; Erledigung der Hauptsache, weil die Finanzbehörde den Kläger durch Erlass eines Änderungsbescheids klaglos gestellt hat).

Die Vorbereitung des Verfahrens obliegt weitgehend dem Vorsitzenden des zur 595
Entscheidung des Streitfalles berufenen Senats oder dem „*Berichterstatter*". Dies ist der vom Senatsvorsitzenden nach Maßgabe des Geschäftsverteilungsplans bestimmte Richter (§ 65 Abs. 2 Satz 1 FGO). Er kann im Einzelfall eine Vielzahl von Anordnungen treffen, um die Streitsache zu fördern. Alle diese Maßnahmen dienen der gründlichen Vorbereitung des Prozesses, damit dieser möglichst in einer abschließenden mündlichen Verhandlung erledigt werden kann. Die Vorbereitung des Prozesses ist dadurch im Wesentlichen auf den Vorsitzenden bzw. Be-

Ablauf des Verfahrens

richterstatter übertragen. Danach entscheiden er allein oder der gesamte Senat aufgrund dieser Vorbereitung (vgl. §§ 79 – 79b FGO). Siehe dazu Rz. 697 ff.

1. Vorbereitungsstadium

596 Das Vorbereitungsstadium ist die Spanne zwischen der Klageerhebung und dem Zeitpunkt, in dem der Vorsitzende bzw. Berichterstatter ernsthaft mit der Vorbereitung der mündlichen Verhandlung beginnt. Die wesentlichen Vorgänge in dieser Zeitspanne, bei denen die Beteiligten in recht erheblichem Umfang aktiv mitwirken können oder müssen, wenn sie keine prozessualen Nachteile erleiden wollen, sind:

- Akteneinsicht (s. Rz. 597 ff.);
- Streitgenossenschaft und Beiladung (s. Rz. 607 ff.);
- Klageänderung (s. Rz. 654 ff.);
- Aussetzung und Ruhen des Verfahrens (s. Rz. 665 ff.);
- Änderung des angefochtenen Verwaltungsakts (s. Rz. 670 ff.);
- Klagerücknahme (s. Rz. 680 ff.);
- Erledigung der Hauptsache (s. Rz. 686 ff.);
- Keine Streitverkündung (s. Rz. 696).

a) Akteneinsicht

597 Nach § 78 Abs. 1 Satz 1 FGO können die Beteiligten die *Gerichtsakten* und die *dem Gericht vorgelegten Akten* einsehen und sich durch die Geschäftsstelle auf ihre Kosten Ausfertigungen, Auszüge und Abschriften erteilen lassen. Diese Regelung ist Ausfluss des Anspruchs auf rechtliches Gehör (Art 103 Abs. 1 GG) und soll gewährleisten, dass die Beteiligten zu den in den Akten dokumentierten Tatsachen Stellung nehmen können (§ 96 Abs. 2 FGO), bevor das Gericht sie zur Grundlage seiner Entscheidung macht[733]. Nimmt ein Beteiligter dieses Recht nicht wahr, kann er sich später im Revisionsverfahren grundsätzlich nicht mit Erfolg darauf berufen, das Gericht habe in seinem Urteil entscheidungserhebliche Tatsachen herangezogen (z. B. einen Betriebsprüfungsbericht, Vertragsdokumente), zu denen er sich nicht habe äußern können[734]. Die Kläger und ihre Prozessvertreter sind deshalb gut beraten, von diesem Anspruch auf Einsichtnahme Gebrauch zu machen, zumal sie regelmäßig im Finanzgerichtsprozess erstmals Gelegenheit erhalten, die Akten der Finanzbehörde einzusehen und von Vorgängen Kenntnis zu nehmen, von denen sie bislang keine Ahnung hatten (z. B. Kontrollmitteilungen, Auskünfte anderer Behörden, anonyme Anzeigen). Im Verwaltungs(vor)verfahren steht die Gewährung von Akteneinsicht demgegenüber im Ermessen der Finanzbehörde[735].

598 „Gerichtsakten" im obigen Sinne sind Akten, die alle das konkrete gerichtliche Verfahren betreffenden Schriftstücke enthalten; dazu gehören auch Beiakten, z. B.

---

733 Koch in Gräber, FGO⁵, § 78 Rz. 1.
734 BFH vom 6. 2. 1991 V B 44/89, BFH/NV 1992, 111.
735 BFH vom 7. 5. 1985 VII R 25/82, BStBl. II 1985, 571; FG Köln vom 3. 5. 2000 11 K 6922/98, EFG 2000, 903.

Akten betreffend die Aussetzung der Vollziehung. Zu den „dem Gericht vorgelegten Akten" gehören insbesondere die den Streitfall betreffenden Akten der Finanzbehörde (z. B. Steuer- und Prüfungsakten, Akten der Steuerberaterprüfung oder Kindergeldakte). Werden Akten eines anderen Gerichts (z. B. Strafakten) oder einer anderen Behörde (z. B. Bauakten) zum Verfahren hinzugezogen, gehören sie ebenfalls zu den dem Gericht vorgelegten Akten[736].

Sind die Gerichtsakten zur Ersetzung der Urschrift auf einen Bild- oder anderen Datenträger übertragen worden, gilt § 299a ZPO sinngemäß (§ 78 Abs. 1 Satz 2 FGO). Dort ist bestimmt, dass – bei Vorliegen des schriftlichen Nachweises der Übereinstimmung der Wiedergabe mit der Urschrift – Ausfertigungen, Auszüge und Abschriften von dem Bild- oder Datenträger erteilt werden können.

599

Der *Anspruch* auf Einsichtnahme steht den Verfahrensbeteiligten und ihren Prozessbevollmächtigten, nicht aber dem vollmachtlosen Vertreter[737] bis zum rechtskräftigen Abschluss des Verfahrens zu[738]. Er bezieht sich aber nur auf die Akten in der Geschäftsstelle des mit der Streitsache befassten Senats. § 78 FGO begründet kein Recht auf Akteneinsicht auf die dem Gericht von der Finanzbehörde (noch) nicht vorgelegten Akten[739].

600

Sind dem Gericht Steuerakten Dritter (z. B. eines Vergleichsbetriebs) vorgelegt oder enthalten die Steuerakten eines Beteiligten Angaben über Dritte (z. B. eines Informanten), hat das Gericht das Steuergeheimnis (§ 30 AO) zu beachten. Es wird dann gegebenenfalls Akten(teile) zurückhalten oder nur – teilweise anonymisierte (z. B. durch Abdecken von Textpassagen, Schwärzen von Namen) – Kopien zur Einsicht freigeben, um nicht gegen die Pflicht zur Wahrung des Steuergeheimnisses zu verstoßen. Haben zur Einkommensteuer zusammen veranlagte Eheleute Klage erhoben und ist das einen Ehegatten betreffende Verfahren wegen Eröffnung des Insolvenzverfahrens unterbrochen, ist der Insolvenzverwalter schon vor Aufnahme des unterbrochenen Verfahrens berechtigt, Akteneinsicht in den gesamten Prozessstoff zu nehmen, der die Grundlage für die Entscheidung des Gerichts bildet; die Verpflichtung zur Wahrung des Steuergeheimnisses steht dem nicht entgegen[740].

601

§ 78 Abs. 2 FGO verbietet es, insbesondere die Entwürfe zu Urteilen, Beschlüssen und Verfügungen, die Arbeiten zu ihrer Vorbereitung (sogenannte Voten), ferner die Schriftstücke, die Abstimmungen oder Ordnungsstrafen des Gerichts betreffen, einem Prozessbeteiligten vorzulegen oder abschriftlich mitzuteilen, und dient somit der Wahrung der Unabhängigkeit der Mitglieder des Gerichts bei der Urteilsfindung[741].

602

---

736 BFH vom 30. 6. 1998 IX B 142/97, BFH/NV 1999, 61.
737 BFH vom 28. 9. 1994 VIII B 31/94, BFH/NV 1995, 608.
738 BFH vom 27. 7. 1999 VII B 300/98, BFH/NV 2000, 67.
739 BFH vom 30. 1. 1997 I B 79/96, BFH/NV 1997, 671.
740 BFH vom 15. 6. 2000 IX B 13/00, BStBl. II 2000, 431.
741 BFH vom 13. 12. 1972 VII B 71/72, BStBl. II 1973, 253.

603 Die Entscheidung über den *Ort der Akteneinsicht* außerhalb des Gerichts (z. B. Aushändigung oder Versendung der Akten zum Zwecke der Einsichtnahme im Büro des Prozessbevollmächtigten) ist eine Ermessensentscheidung[742]. Bei der Ausübung dieses Ermessens hat das Gericht sowohl den in § 78 Abs. 1 Satz 1 FGO gesteckten Ermessensrahmen zu beachten als auch die für und gegen die Akteneinsicht außerhalb des Gerichts sprechenden Interessen gegeneinander abzuwägen[743]. Nach der st. Rechtsprechung des BFH ist die Einsicht in die Prozessakten – vor allem wegen der Gefahr des Verlustes der Akten und im Interesse ihrer ständigen Verfügbarkeit – trotz der möglicherweise bei Gericht anfallenden Kopierkosten[744] im Regelfall bei Gericht zu gewähren. Die dadurch bedingten „normalen" Unbequemlichkeiten und der Zeitverlust müssen grundsätzlich hingenommen werden[745]. Dieser Grundsatz schließt zwar Ausnahmen nicht aus, beschränkt sie aber nach vom BVerfG gebilligter Rechtsprechung[746] auf eng begrenzte Sonderfälle (z. B. bei Gehbehinderung des Beteiligten oder Prozessbevollmächtigten[747]). Arbeitsüberlastung des zuständigen Bearbeiters, der Umfang der Akten oder die große räumliche Entfernung zum Finanzgericht begründen im Allgemeinen keinen solchen Sonderfall[748]. Bei großer Entfernung kann allerdings eine Akteneinsicht bei einem Amtsgericht oder einer Behörde (z. B. Finanzamt, Familienkasse) in der Nähe des Büros oder der Wohnung des Prozessbevollmächtigten in Betracht kommen[749]. Die teilweise abweichende rechtliche Regelung und Verfahrenspraxis in anderen Gerichtszweigen – insbesondere gem. § 147 Abs. 4 StPO und § 100 Abs. 2 Satz 3 VwGO – ist für die Ermessensausübung auf der Rechtsgrundlage des § 78 Abs. 1 Satz 1 FGO ohne rechtliche Bedeutung[750]. Diese Grundsätze sind auch in Kindergeldsachen anzuwenden[751].

604 Das Recht auf Akteneinsicht besteht aber nicht um seiner selbst willen, sondern um dem Rechtsschutz in einem *anhängigen Gerichtsverfahren* zu dienen[752]. Ein Antrag auf Akteneinsicht ist deshalb unzulässig, wenn keine Sachentscheidung mehr zu treffen ist oder die Akte unter keinem Gesichtspunkt geeignet sein kann, dem Rechtsschutzbegehren des Antragstellers zu dienen[753]. Deshalb kann das Gericht die begehrte Einsichtnahme auch bei einem rechtsmissbräuchlichen Antrag verweigern. Davon ist z. B. auszugehen, wenn der Antragsteller (z. B. ein Insolvenzverwalter) selbst einräumt, die Akteneinsicht solle nur der Erlangung von Informationen für die Durchführung eines zivilgerichtlichen Verfahrens gegen vormalige Geschäftsführer einer GmbH (Insolvenzschuldnerin) dienen[754].

---

742 BFH vom 24. 3. 1981 VII B 64/80, BStBl. II 1981, 475.
743 BFH vom 16. 11. 1998 VI B 162/98, BFH/NV 1999, 649.
744 BFH vom 23. 7. 1990 IV B 87/90, BFH/NV 1991, 325.
745 BFH vom 20. 5. 1996 X B 139/94, BFH/NV 1996, 834.
746 BVerfG vom 26. 8. 1981 2 BvR 637/81, HFR 1982, 77.
747 BFH vom 29. 4. 1987 VIII B 4/87, BFH/NV 1987, 796.
748 BFH vom 2. 6. 1999 VII R 2/99, BFH/NV 1999, 1375.
749 BFH vom 11. 6. 1997 XI B 109/95, BFH/NV 1997, 879.
750 BFH vom 22. 4. 1997 X B 62/97, BFH/NV 1997, 787.
751 BFH vom 12. 1. 2000 VI B 418/98, BFH/NV 2000, 855.
752 BFH vom 16. 7. 1991 III S 2, 3/91, BFH/NV 1992, 191.
753 BFH vom 27. 7. 1999 VII B 300/98, BFH/NV 2000, 67.
754 BFH vom 13. 1. 2005 VII R 63/03, n. v.

Vorbereitungsstadium

Über die Gewährung von Akteneinsicht auf der Geschäftsstelle und über die Erteilung von Ausfertigungen, Auszüge und Abschriften entscheidet der *Urkundsbeamte* der Geschäftsstelle oder an seiner Stelle das Gericht durch den Vorsitzenden oder den Senat. Gegen die Verweigerung durch den Urkundsbeamten ist die *Erinnerung* (§ 133 FGO) gegeben. Die anschließende Entscheidung des Gerichts kann mit der Beschwerde (§ 128 Abs. 1 FGO) angefochten werden, der aber das Rechtsschutzinteresse fehlt, wenn das Verfahren durch Urteil des Finanzgerichts rechtskräftig abgeschlossen ist (s. auch Rz. 112 ff.)[755]. 605

Lehnt das Finanzgericht die beantragte Aktenversendung (z. B. in das Büro des Prozessbevollmächtigten) ab, kann die Entscheidung mit der *Beschwerde* angefochten werden[756], und zwar auch vom Prozessbevollmächtigten im eigenen Namen[757]. Entscheidungen über die Art und Weise der Gewährung von Akteneinsicht sind nämlich keine prozessleitenden Verfügungen im Sinne des § 128 Abs. 2 FGO, gegen die eine Beschwerde nicht statthaft wäre[758]. 606

b) Streitgenossenschaft und Beiladung

In einem Rechtsstreit vor dem Finanzgericht können mehrere Personen betroffen und damit Beteiligte sein (z. B. Ehegatten, die gemeinsam zur Einkommensteuer veranlagt wurden). Bei *Streitgenossenschaft* haben mehrere Beteiligte die aktive unumschränkte Klägerposition. Bei der *Beiladung* haben die Beigeladenen die mehr oder weniger passive Position der vom Ausgang des Prozesses Betroffenen. 607

Bildung einer Streitgenossenschaft

Streitgenossenschaft tritt ein, wenn auf einer Verfahrensseite – meist auf der Klägerseite – *mehrere rechtlich selbständige Personen* unmittelbar am Verfahren beteiligt sind. Insoweit gelten die §§ 59 – 63 ZPO im finanzgerichtlichen Verfahren sinngemäß (§ 59 FGO). 608

Eine Streitgenossenschaft liegt vor, wenn mehrere Personen 609

- hinsichtlich des Streitgegenstands in Rechtsgemeinschaft stehen (§ 59 ZPO);
- aus demselben tatsächlichen oder rechtlichen Grund berechtigt oder verpflichtet sind (§ 59 ZPO);
- gleichartige und auf einem im Wesentlichen gleichartigen tatsächlichen und rechtlichen Grund beruhende Ansprüche oder Verpflichtungen im Rechtsstreit geltend machen (§ 60 ZPO).

Einfache und notwendige Streitgenossenschaft

Bei der *einfachen Streitgenossenschaft* kann jeder Streitgenosse selbständig und für sich allein klagen und Prozesshandlungen vornehmen. Die Handlungen eines Streitgenossen gereichen dem anderen weder zum Vorteil noch zum Nachteil (§ 61 ZPO). Auch kann jeder Streitgenosse den Prozess unabhängig vom anderen 610

---

[755] BFH vom 9. 11. 1995 XI B 174-175/95, BFH/NV 1996, 415.
[756] BFH vom 25. 3. 1997 VII B 31/97, BFH/NV 1997, 599.
[757] BFH vom 20. 2. 1991 II B 182/90, BFH/NV 1991, 696.
[758] BFH vom 22. 4. 1997 X B 62/97, BFH/NV 1997, 787.

vorantreiben. Zu allen Terminen sind allerdings sämtliche Streitgenossen zu laden (§ 63 ZPO).

611 Hierunter fallen z. B. *Ehegatten,* wenn sie gemeinsam Klage gegen einen Einkommensteuerbescheid erheben. Das Schicksal jeder der beiden Klagen kann eine andere Gestalt annehmen. So kann etwa die Klage des Ehemannes unbegründet oder auch begründet sein, während die Klage der Ehefrau aus einem in ihrer Person liegenden Grund unzulässig ist (z. B. weil sie gegen den Bescheid keinen Einspruch eingelegt hatte, so dass das nach § 44 Abs. 1 FGO erforderliche Vorverfahren fehlt)[759].

612 Eine *notwendige Streitgenossenschaft* ist dann gegeben, wenn das streitige Rechtsverhältnis allen Streitgenossen gegenüber nur *einheitlich festgestellt* werden kann, wenn also gegenüber den verschiedenen Streitgenossen nicht auch verschiedene Prozessergebnisse möglich sind. Bei dieser notwendigen Streitgenossenschaft werden – wenn ein Termin oder eine Frist nur von einzelnen Streitgenossen versäumt wird – die säumigen Streitgenossen durch die nicht säumigen als vertreten angesehen. Insoweit wirken also die Prozesshandlungen eines Streitgenossen auch für oder gegen die anderen Streitgenossen (§ 62 ZPO). Diese Regelung der ZPO wird für den Finanzprozess allerdings verdrängt durch die Regelung über die Beiladung gem. § 60 FGO (s. Rz. 618 ff.).

613 Eine notwendige Streitgenossenschaft ist auch gegeben, wenn zwei *Gesellschafter einer GbR,* die einen Gewerbebetrieb unterhält, gegen die gesonderte und einheitliche Gewinnfeststellung klagen. Wird über das Vermögen eines Gesellschafters ein vorläufiges Insolvenzverfahren eröffnet, das auch die Verhängung eines allgemeinen Verfügungsverbots nach § 21 Abs. 2 Nr. 2 Alternative 1 InsO einschließt, bewirkt dies eine Verfahrensunterbrechung im Ganzen (§ 155 FGO i. V. m. § 240 ZPO)[760].

614 Eine notwendige Streitgenossenschaft liegt auch dann vor, wenn mehrere Beteiligte an einer Gemeinschaft, die Einkünfte aus Vermietung und Verpachtung erzielt, gegen die gesonderte und einheitliche Feststellung dieser Einkünfte klagen.

615 *Die Streitgenossenschaft entsteht* durch

- gemeinsame Klageerhebung;
- durch Rechtsnachfolge mehrerer Personen in die Rechtsstellung eines Beteiligten (Gesamtrechtsnachfolge);
- durch Verbindung von Klagen, die das Gericht vornimmt;
- durch Klageänderungen, wenn eine Klage auf weitere Beteiligte ausgedehnt wird;
- durch den Beitritt weiterer Beteiligter als Kläger oder Beklagte.

---

759 Zur ausnahmsweise notwendigen Beiladung von Ehegatten vgl. BFH vom 7. 2. 2005 III B 101/04, BFH/NV 2005, 1083.
760 BFH vom 30. 9. 2004 IV B 42/03, BFH/NV 2005, 365.

Die Streitgenossenschaft endet durch 616
- Wegfall eines oder mehrerer Beteiligter;
- Klagerücknahme eines Beteiligten;
- Trennung der Verfahren, die das Gericht ausspricht;
- Erlass eines Teilurteils gegen einen Streitgenossen.

Bei der einfachen Streitgenossenschaft kann, muss aber nicht, ein **einheitliches** 617
Urteil oder eine einheitliche andere Entscheidung des Gerichtes ergehen. Die Streitgenossen haben dann dagegen jeweils gesonderte und selbständige Rechtsbehelfsmöglichkeiten. Bei der notwendigen Streitgenossenschaft kann nur ein einheitliches Urteil oder eine einheitliche andere Entscheidung ergehen, die gegenüber allen Streitgenossen in gleicher Weise wirksam ist. Die notwendigen Streitgenossen haben dann auch nur eine einheitliche Rechtsbehelfsbefugnis, wobei allerdings zu sagen ist, dass die Ausübung dieser Rechtsbehelfsbefugnis durch einen Streitgenossen auch für und gegen die anderen wirkt.

Beiladung
Die Beiladung ist die *Hinzuziehung eines oder mehrerer Dritter als Beteiligte* 618
zum Verfahren. Sie erfolgt durch das Gericht von Amts wegen oder auf Antrag eines Beteiligten. Dies ist Ausdruck dafür, dass die übrigen Beteiligten und auch der, der beigeladen werden will, kein einklagbares Recht auf Beiladung haben. Sie können nur Anträge dahin stellen, dass und wer beigeladen werden soll.

Die Beiladung ist möglich während des ganzen Laufs des Klageverfahrens. 619
Dies bedeutet, dass die Klage zwar anhängig sein muss, aber noch nicht durch Urteil oder Einstellungsbeschluss erledigt sein darf. Die Entscheidung über die Beiladung trifft das Gericht der Hauptsache durch Beschluss. Dieser Beschluss muss begründet werden, insbesondere muss aus ihm ersichtlich sein, ob es sich um eine einfache oder notwendige Beiladung handelt.

Nach § 60 Abs. 1 Satz 1 FGO kann das Finanzgericht zu einem Rechtsstreit 620
andere beiladen, deren rechtliche Interessen nach den Steuergesetzen durch die Entscheidung berührt werden, insbesondere solche, die nach den Steuergesetzen neben dem Steuerpflichtigen haften (**einfache Beiladung**). Diese Art der Beiladung ist eine *Ermessensentscheidung* des Gerichts, bei der Gesichtspunkte der Prozessökonomie und der Rechtssicherheit zu berücksichtigen sind; die Beiladung soll dazu dienen, widersprechende Entscheidungen über denselben Gegenstand zu vermeiden. Dabei ist es nicht ermessenswidrig, wenn das Gericht die einfache Beiladung einer Person ablehnt, die ein den Belangen des Klägers entgegenstehendes Interesse am Ausgang des Rechtsstreits hat, sofern der Kläger dieser Beiladung widerspricht[761]. Die Beiladung soll auch nicht dazu missbraucht werden können, das Steuergeheimnis (§ 30 AO) zu umgehen[762]. Der Beigeladene ist nämlich berechtigt, in jedem Stand des Verfahrens Akteneinsicht zu nehmen (§ 78 FGO; s. Rz. 597 ff.) und Angriffs- und Verteidigungsmittel vorzubringen.

---

761 BFH vom 17. 8. 1978 VII B 30/78, BStBl. II 1979, 25.
762 BFH vom 28. 12. 1998 VII B 280/98, BFH/NV 1999, 815.

621 Dem einfach Beigeladenen steht *keine direkte Einflussnahme auf die Prozessführung* zu. Diese ist allein Sache des Klägers. Der einfach Beigeladene kann auch vom Sachantrag des Klägers nicht abweichen oder diesen ergänzen. Er kann nur innerhalb der Anträge des Klägers selbständig Angriffs- und Verteidigungsmittel geltend machen und nur innerhalb dieser Anträge des Klägers alle Verfahrenshandlungen wirksam vornehmen (§ 60 Abs. 6 Satz 1 FGO). Ein im Verfahren ergehendes *Urteil* wird formell und sachlich auch gegenüber dem Beigeladenen wirksam und rechtskräftig. Ein solches Urteil hat dem einfach Beigeladenen gegenüber jedoch keine Vollstreckungswirkung.

622 Bei der **notwendigen Beiladung** wird der Beigeladene ebenfalls Beteiligter. Ein Fall der notwendigen Beiladung ist gegeben, wenn Dritte an dem streitigen Rechtsverhältnis derart beteiligt sind, dass die Entscheidung auch ihnen gegenüber nur einheitlich ergehen kann (§ 60 Abs. 3 Satz 1 FGO). Das ist der Fall, wenn die Entscheidung nach Maßgabe des materiellen Steuerrechts notwendigerweise und unmittelbar Rechte oder Rechtsbeziehungen des Dritten gestaltet, bestätigt, verändert oder zum Erlöschen bringt[763]. Im Gegensatz zum einfach Beigeladenen hat der notwendig Beigeladene das zusätzliche Recht, *abweichende Sachanträge* zu stellen (§ 60 Abs. 6 Satz 2 FGO). Auch dem notwendig Beigeladenen gegenüber wird ein *Urteil* formell und materiell wirksam und rechtskräftig. Wiederum im Gegensatz zum einfach Beigeladenen kann gegen den notwendig Beigeladenen aus diesem Urteil vollstreckt werden.

623 Sind die Voraussetzungen für eine **notwendige Beiladung** gegeben, dann **muss** diese Beiladung **durch das Gericht ausgesprochen werden.** Unterbleibt sie beim Finanzgericht, ist dies ein *Verfahrensmangel*, der allerdings nicht zur Aufhebung der Entscheidung des Finanzgerichts führen muss, weil der BFH befugt ist, die Beiladung nachzuholen (§ 123 Abs. 1 Satz 2 FGO)[764]. Der vom BFH notwendig Beigeladene kann Verfahrensmängel innerhalb von zwei Monaten nach Zustellung des Beiladungsbeschlusses rügen; auf einen rechtzeitig vor Ablauf der Frist gestellten Antrag kann die Frist von dem Vorsitzenden verlängert werden (§ 123 Abs. 2 FGO). Sind keine weiteren Tatsachenfeststellungen erforderlich, kann der BFH dann in der Sache entscheiden. Der BFH verweist den Rechtsstreit allerdings von Amts wegen zurück, wenn der in dem Revisionsverfahren nach § 123 Abs. 1 Satz 2 FGO Beigeladene daran ein berechtigtes Interesse hat (§ 126 Abs. 3 Satz 2 FGO), weil er sich z. B. noch zu dem festgestellten Sachverhalt äußern möchte. Der Rückverweisung bedarf es in diesen Fällen deshalb, weil der BFH als Rechtsinstanz an die Tatsachenfeststellungen des Finanzgerichts gebunden ist (§ 128 Abs. 2 FGO), so dass insoweit die für eine eventuelle Korrektur des festgestellten Sachverhalts zuständige Instanz (Finanzgericht) wieder eröffnet werden muss.

624 Ein Beigeladener hat nach dem Grundsatz des rechtlichen Gehörs (Art. 103 Abs. 1 GG i. V. m. § 96 Abs. 2 FGO) Anspruch darauf, sich nach erfolgter Beiladung zu dem Verfahren in rechtlicher und tatsächlicher Hinsicht zu äußern. Das

---

763 BFH vom 19. 4. 1988 VII R 56/87, BStBl. II 1988, 789.
764 BFH vom 12. 1. 2001 VI R 49/98, BStBl. II 2001, 246.

Gericht darf deshalb erst entscheiden, wenn allen Beteiligten hierzu Gelegenheit gegeben worden ist[765]. Werden Beteiligte erst nach der mündlichen Verhandlung beigeladen, muss diese von Amts wegen wieder eröffnet werden[766]. Eine notwendige Beiladung darf auch dann nicht unterbleiben, wenn das Finanzgericht nach § 94a FGO sein Verfahren nach billigem Ermessen bestimmt (s. dazu Rz. 736 ff.)[767].

Hat das Finanzgericht die Beiladung ausgesprochen oder eine solche abgelehnt, kann grundsätzlich *Beschwerde* eingelegt werden[768]. Die Beschwerde ist jedoch mangels Rechtsschutzinteresses unzulässig, wenn sie nach Rechtskraft des Urteils des Finanzgerichts[769], nach Erledigung des Rechtsstreits in der Hauptsache[770] oder nach rechtskräftiger Einstellung des Verfahrens (nach Klagerücknahme; § 72 Abs. 2 Satz 2 FGO) eingelegt wird. Sie kann von allen Beteiligten erhoben werden, die ein Rechtsschutzbedürfnis haben[771]: vom Kläger, vom Beklagten und von dem (oder den) Beigeladenen. Hat das Finanzgericht eine Beiladung im Endurteil abgelehnt, fehlt einem Verfahrensbeteiligten, der im Rahmen einer Nichtzulassungsbeschwerde (§ 116 FGO) oder Revision (§ 115 FGO) die Ablehnung der Beiladung als Verfahrensmangel rügen kann (§ 115 Abs. 2 Nr. 3 FGO), für eine gesonderte Beschwerde gegen die Ablehnung der Beiladung das Rechtsschutzbedürfnis[772]. Unberührt davon bleibt die Zulässigkeit der Beschwerde eines Dritten, der als am finanzgerichtlichen Verfahren (noch) nicht Beteiligter zur Einlegung der Nichtzulassungsbeschwerde oder Revision nicht berechtigt ist, gegen die Ablehnung seiner Beiladung[773]. *625*

Jeder Beigeladene kann selbständig Rechtsmittel gegen die Entscheidung des Gerichts einlegen. Einlegung der Revision ist auch dem einfach Beigeladenen möglich[774]. Dies gilt sogar dann, wenn keiner der Hauptbeteiligten Revision eingelegt hat. Dabei muss der einfach Beigeladene aber notwendigerweise innerhalb der Anträge des Klägers oder des Beklagten bleiben (§ 60 Abs. 6 Satz 1 FGO). *626*

Die Frage, **wer notwendig beigeladen werden muss**, ist von erheblicher Bedeutung: *627*

Klagebefugte

Dies sind zunächst *die nach § 48 FGO Klagebefugten*[775]. Es geht dabei um Bescheide über die einheitliche und gesonderte *Feststellung von Besteuerungsgrundlagen* (s. dazu Rz. 223; z. B. von Personengesellschaften, Erben- oder Grund-

---

765 BFH vom 25. 2. 1999 IV R 48/98, BFH/NV 1999, 1282.
766 BFH vom 8. 10. 1998 VIII R 67/96, BFH/NV 1999, 497.
767 BFH vom 20. 2. 1998 VI R 107/94, BFH/NV 1998, 1486.
768 BFH vom 14. 1. 1987 II B 108/86, BStBl. II 1987, 267.
769 BFH vom 17. 6. 1993 VIII B 111/92, BFH/NV 1994, 380.
770 BFH vom 26. 1. 1993 VI B 112/92, BFH/NV 1993, 672.
771 BFH vom 28. 6. 1990 X B 163/68, BFH/NV 1991, 325.
772 BFH vom 21. 6. 1994 VIII B 5/93, BStBl. II 1994, 681.
773 BFH vom 28. 8. 1990 VIII B 25/90, BStBl. II 1990, 1072.
774 BFH vom 9. 11. 1983 I R 216/82, BStBl. II 1984, 329.
775 BFH vom 23. 7. 1999 IX B 71/99, BFH/NV 1999, 1638.

stücksgemeinschaften), ohne dass es auf die Einkunfts- oder Vermögensart ankommt. Dabei sind stets und immer die zur Vertretung berufenen Geschäftsführer klagebefugt (§ 48 Abs. 1 Nr. 1 FGO). Sind vertretungsbefugte Geschäftsführer nicht vorhanden, tritt an ihre Stelle der Klagebevollmächtigte (§ 48 Abs. 2 FGO).

- Das ist zunächst der *gemeinsame Empfangsbevollmächtigte* (§ 183 Abs. 1 Satz 1 AO, § 6 Abs. 1 Satz 1 VO nach § 180 Abs. 2 AO).
- Haben die Feststellungsbeteiligten keinen gemeinsamen Empfangsbevollmächtigten bestellt, ist der *fingierte* (irgendein zur Vertretung der Gesellschaft oder Gemeinschaft Berechtigter; § 183 Abs. 1 Satz 2 AO) oder der *von der Finanzbehörde bestimmte Empfangsbevollmächtigte* (§ 183 Abs. 1 Satz 3 bis 5 AO, § 6 Abs. 1 Satz 3 bis 5 VO nach § 180 Abs. 2 AO) klagebefugt; dies gilt nicht für Feststellungsbeteiligte, die der Finanzbehörde gegenüber der Klagebefugnis des Empfangsbevollmächtigten widersprochen haben.

628   Diese Regelung über den Klagebevollmächtigten kommt nach § 48 Abs. 2 Satz 3 FGO aber nur zum Zuge, wenn die Beteiligten spätestens bei Erlass der Einspruchsentscheidung über die Klagebefugnis des Empfangsbevollmächtigten belehrt worden sind.

629   Sind Personen im vorgenannten Sinne nicht vorhanden, ist *jeder Gesellschafter, Gemeinschafter oder Mitberechtigte* klagebefugt, gegen den der Feststellungsbescheid ergangen ist oder zu ergehen hätte (§ 48 Abs. 1 Nr. 2 FGO).

630   Auch wenn vertretungsberechtigte Geschäftsführer oder ein Klagebevollmächtigter vorhanden sind, können *ausgeschiedene* Gesellschafter, Gemeinschafter oder Mitberechtigte gegen den Feststellungsbescheid Klage erheben, wenn er gegen sie ergangen ist oder zu ergehen hätte (§ 48 Abs. 1 Nr. 3 FGO).

631   Die vorgenannten Personen sind also stets notwendig beizuladen, soweit sie nicht selbst Klage erhoben haben[776]. Etwas anderes gilt nur, wenn sie unter keinem rechtlichen Gesichtspunkt vom Ausgang des Verfahrens betroffen sind[777], z.B. bei einer Komplementär-GmbH, die nicht an Gewinn und Verlust beteiligt ist.

632   Soweit es sich darum handelt, wer an dem festgestellten Betrag beteiligt ist und wie dieser sich auf die einzelnen Beteiligten verteilt, ist *jeder* klagebefugt, der *durch die entsprechenden Feststellungen berührt* wird (§ 48 Abs. 1 Nr. 4 FGO). Erhebt ein einzelner Gesellschafter Klage mit dem Ziel, den Gesamtgewinn anders als vom Finanzamt festgestellt auf die Gesellschafter zu verteilen, so müssen auch die übrigen Gesellschafter, die keine Klage erhoben haben, zum Verfahren beigeladen werden, weil die Entscheidung auch ihnen gegenüber nur einheitlich ergehen kann; sie sind von der Entscheidung in gleicher Weise betroffen[778].

---

776   BFH vom 12.11.1985 III R 91/84, BStBl. II 1986, 525.
777   BFH vom 10.2.1988 VIII R 352/82, BStBl. II 1988, 544.
778   BFH vom 16.12.1981 I R 93/77, BStBl. II 1982, 474.

Soweit es sich um eine Frage handelt, die einen Beteiligten persönlich angeht, **633** so kann *jeder* Klage erheben, der *durch die Feststellungen über die Frage berührt wird* (§ 48 Abs. 1 Nr. 5 FGO). In diesem Fall sind die anderen Mitbetroffenen beizuladen. Die Frage, ob der Gesellschafter einer KG (z. B. die Komplementär-GmbH) in seinem Sonderbetriebsvermögen einen Gewinn oder Verlust erlitten hat, geht ihn persönlich an, so dass er bei Klageerhebung durch die KG notwendig zum Verfahren beizuladen ist[779]. Ebenso sind im Klageverfahren einer KG gegen den Feststellungsbescheid über die verrechenbaren Verluste (§ 15a EStG) die Gesellschafter notwendig beizuladen, um deren Verluste es geht[780]. Bei nichtklagebefugten Personen entfällt die notwendige Beiladung (§ 60 Abs. 3 Satz 2 FGO).

Dabei setzt die Klagebefugnis nach § 48 Abs. 1 Nr. 3 bis 5 FGO (s. Rz. 630 – **634** 633) ein *Rechtsschutzbedürfnis* voraus[781].

Erheben nur einzelne Gesellschafter Klage, etwa gegen einen einheitlichen **635** Feststellungsbescheid, so ist die Personengesellschaft als solche stets gem. § 60 FGO notwendig beizuladen, auch wenn sie vom Ausgang des Verfahrens unter keinem denkbaren Gesichtspunkt betroffen sein kann[782].

Die *Beiladung aller Gesellschafter* ist nur dann nicht notwendig, wenn die Ge- **636** sellschaft, vertreten durch die vertretungsbefugten Gesellschafter, wegen der Höhe oder Verteilung des Gesamtgewinns klagt[783].

Erhebt für die Gesellschaft (Mitunternehmerschaft) ein geschäftsführungsbe- **637** fugter und vertretungsberechtigter Gesellschafter Klage, so gilt diese *Klage als von der Gesellschaft,* nicht vom Gesellschafter erhoben[784].

Die nicht zur Geschäftsführung berufenen und nicht vertretungsberechtigten **638** *Teilhaber* sind nicht klagebefugt und müssen deshalb auch nicht beigeladen werden, wenn es um den Gesamtgewinn und seine Verteilung geht. Sie sind jedoch klagebefugt, wenn sie im Zeitpunkt des Prozesses aus der Gesellschaft ausgeschieden sind oder wenn im Zeitpunkt des Prozesses die Gesellschaft aufgelöst ist, denn nur bei bestehender Mitunternehmerschaft ist das Vertretungsrecht für die Klageführung entscheidend[785]. Dabei gilt allerdings eine Vermutung, dass der zur Geschäftsführung Berufene und als Vertreter der klagenden Mitunternehmerschaft auftretende Gesellschafter die Klage gleichzeitig auch im eigenen Namen erheben will[786]. Bei einheitlicher und gesonderter Gewinnfeststellung sind die Erben eines verstorbenen Mitunternehmers notwendig beizuladen; sind diese unbekannt, ist für den Prozess ein Pfleger zu bestellen[787]. Nach der Vollbeendigung einer Personengesellschaft kommt eine Beiladung der ehemaligen Gesellschafter

---

779 BFH vom 15. 3. 2000 VIII R 8/99, BFH/NV 2000, 1214.
780 BFH vom 8. 4. 1998 VIII R 40/95, BFH/NV 1998, 1363.
781 BFH vom 23. 7. 1999 IX B 71/99, BFH/NV 1999, 1638.
782 BFH vom 31. 1. 1992 VIII B 33/90, BStBl. II 1992, 559.
783 BFH vom 21. 1. 1982 IV R 146/78, BStBl. II 1982, 506.
784 BFH vom 18. 5. 1973 III R 73-75/72, BStBl. II 1973, 676.
785 BFH vom 18. 12. 1990 VIII R 134/86, BStBl. II 1991, 882.
786 BFH vom 24. 9. 1976 I R 149/74, BStBl. II 1977, 69.
787 BFH vom 24. 3. 1999 I R 114/97, BStBl. II 2000, 399.

aber nicht in Betracht, wenn der nicht klagende Gesellschafter unter keinem denkbaren Gesichtspunkt steuerrechtlich betroffen ist; dies ist der Fall, wenn ausschließlich umstritten ist, ob dem klagenden Gesellschafter eine Sondervergütung gewinnerhöhend zuzurechnen ist[788].

639 Liegt eine *Treuhandschaft* vor, so ist der Treuhänder als Mitunternehmer anzusehen und damit gegebenenfalls beizuladen, die Treugeber dagegen nicht[789].

640 Bei der *GbR* sind sämtliche Gesellschafter vertretungsbefugt, damit klagebefugt. Wenn nicht alle Klage erheben, sind die anderen Gesellschafter notwendig beizuladen. Dies gilt auf alle Fälle stets, wenn für die Gemeinschaft nicht einzelne Gemeinschafter als vertretungsberechtigt bestellt sind.

641 Im Klageverfahren über die Rechtmäßigkeit eines Gewerbesteuermessbescheids, der sich auf den Gewerbebetrieb einer *atypisch stillen Gesellschaft* (GmbH & Still) bezieht, sind die GmbH bzw. die stillen Gesellschafter nicht notwendig beizuladen, da sie nicht Steuerrechtssubjekt der Gewerbesteuer sind[790]. Der atypisch stille Gesellschafter haftet nicht für die Umsatzsteuerschulden des Unternehmens, an dem er beteiligt ist[791]. Soweit das Klageverfahren wegen Umsatzsteuer Einfluss auf den Gewinn des klagenden Unternehmers und damit auch auf die Gewinnbeteiligung des stillen Gesellschafters hat, werden nur die wirtschaftlichen Interessen des stillen Gesellschafters, nicht aber seine rechtlichen Interessen nach den Steuergesetzen berührt, so dass seine Beiladung nicht in Betracht kommt[792].

642 Erhebt eine *GmbH wegen der Anteilsbewertung* Klage, so sind alle klagebefugten Gesellschafter (Anteilseigner) notwendig beizuladen, soweit das Klagebegehren den Wert der Gesellschaftsanteile in gleicher Weise berührt[793].

Beteiligte von Massen-Personengesellschaften

643 Bei *Massen-Personengesellschaften (Publikumsgesellschaften)* ist es sehr schwierig, die große Zahl aller Gesellschafter zu erfassen und – falls dies notwendig ist – beizuladen. Es kann vorkommen, dass verschiedene Gesellschafter bereits verstorben, andere in das Ausland verzogen oder wiederum andere unbekannten Aufenthalts sind. Die Durchführung einer Beiladung in solchen Fällen ist nicht nur arbeitsaufwändig, sondern auch sehr zeitraubend und verlängert die Prozessdauer ungebührlich. Deshalb erleichtert § 60a FGO die Beiladung in diesen Fällen, auch um die Prozessdauer wesentlich zu straffen. Danach kann das Gericht, wenn die Beiladung von mehr als 50 Personen in Betracht kommt, anordnen, dass nur solche Personen beigeladen werden, die dies innerhalb einer bestimmten Frist beantragen. Dieser Beschluss, der unanfechtbar ist, muss im Bundesanzeiger bekannt gemacht werden und darüber hinaus in jenen Tageszeitungen veröffentlicht wer-

---

788 BFH vom 4. 5. 1999 VIII B 94/98, BFH/NV 1999, 1483.
789 BFH vom 10. 11. 1977 IV B 33-34/76, BStBl. II 1978, 15.
790 BFH vom 31. 8. 1999 VIII R 22/98, BFH/NV 2000, 420.
791 BFH vom 22. 5. 1969 V R 28/66, BStBl. II 1969, 603.
792 BFH vom 28. 4. 1999 V B 4/99, BFH/NV 1999, 1363.
793 BFH vom 16. 4. 1984 III R 96/82, BStBl. II 1984, 670.

Vorbereitungsstadium

den, die in dem Bereich verbreitet sind, in dem sich die Entscheidung voraussichtlich auswirken wird. Dieser Beschluss und seine Veröffentlichung müssen enthalten:

- die Frist, innerhalb der der Beiladungsantrag gestellt werden muss; diese Frist muss mindestens drei Monate seit Veröffentlichung im Bundesanzeiger betragen;
- den Tag, an welchem die Frist abläuft.

Personen, die von der Entscheidung erkennbar in besonderem Maße betroffen werden, sollen vom Gericht auch ohne Antrag beigeladen werden (§ 60a Satz 8 FGO).

Bei Versäumung der veröffentlichten Antragsfrist kann Wiedereinsetzung in den vorigen Stand nach den allgemeinen Regeln des § 56 FGO gewährt werden (s. Rz. 526 ff.).

Gem. § 174 Abs. 5 Satz 2 AO Beteiligte

Ein gem. *§ 174 Abs. 5 Satz 2 AO am Verfahren Beteiligter* hat die Rechtsstellung eines notwendig Beigeladenen[794]. Eine Beiladung nach dieser Vorschrift setzt voraus, dass

- ein Steuerbescheid möglicherweise wegen irriger Beurteilung eines Sachverhalts aufzuheben oder zu ändern ist,
- sich hieraus steuerliche Folgerungen für einen Dritten durch Erlass oder Änderung eines Steuerbescheids ziehen lassen und
- das Finanzamt die Beiladung veranlasst und beantragt hat.[795]

644

Ist z. B. streitig, ob ein Personenzusammenschluss zu Recht als Organträger veranlagt worden ist, kann die angebliche Organgesellschaft auf Antrag des Finanzamts zum Verfahren beigeladen werden[796]. Eine gleichartige Konstellation ist in einem Rechtsstreit gegeben, in dem sich ein Ehemann gegen die Zurechnung von Umsätzen wendet, die möglicherweise seine Ehefrau getätigt hat.

645

Die Beiladung des Dritten ist nur entbehrlich, wenn feststeht, dass es zu einer Heranziehung – z. B. wegen Verjährung – nicht mehr kommen kann[797]. Sie setzt nicht voraus, dass die zu Lasten des Dritten zu ziehenden Folgerungen dieselbe Steuerart betreffen wie der angefochtene Steuerbescheid; es reicht aus, dass möglicherweise aus einem einheitlichen Lebensvorgang steuerliche Folgen für irgendeine Steuer sowohl beim Kläger als auch beim Dritten zu ziehen sind[798]. Dies ist z. B. beim Erwerb einer Eigentumswohnung durch den Dritten der Fall, der gegebenenfalls sowohl in der Schenkungsteuersache des Klägers als auch bei der Einkommensteuerveranlagung des Dritten – z. B. i. V. m. § 10e EStG – daraufhin zu überprüfen ist, ob es sich um einen unentgeltlichen Vorgang gehandelt hat

646

---

794 BFH vom 27. 8. 1998 III B 41/98, BFH/NV 1999, 156.
795 BFH vom 2. 10. 1998 V B 79/98, BFH/NV 1999, 442.
796 BFH vom 4. 3. 1998 V B 3/98, BFH/NV 1998, 1056.
797 BFH vom 29. 4. 1999 V R 101/98, BFH/NV 1999, 1443.
798 BFH vom 2. 12. 1999 II B 17/99, BFH/NV 2000, 679.

oder nicht[799]. § 174 Abs. 5 AO spricht eine Bindungswirkung eines finanzgerichtlichen Urteils gegenüber Dritten dann aus, wenn sie an dem Verfahren beteiligt waren. Um diese Beteiligtenstellung zu erreichen, ist Beiladung notwendig. Hierzu bedarf es aber eines *Antrags der Finanzbehörde*. Das Gericht ist in diesem Fall nicht von sich aus verpflichtet, die Beiladung auszusprechen[800].

Übertragung des Kinderfreibetrags

647 Bei Streit um die Übertragung des *Kinderfreibetrags* (§ 32 Abs. 6 Satz 7 EStG) ist der andere Elternteil notwendig beizuladen[801].

Kindergeld

648 Erhebt ein Elternteil Klage mit dem Ziel, ihm Kindergeld zu gewähren, ist der andere Elternteil selbst dann nicht notwendig zum Verfahren beizuladen, wenn er bei Stattgabe der Klage das bisher zu seinen Gunsten festgesetzte Kindergeld verliert, weil diese Rechtsfolge nicht unmittelbar eintritt, sondern erst durch Erlass eines Aufhebungs- und Rückforderungsbescheides herbeigeführt werden muss[802]. Zu dem Verfahren über ein Abzweigungsbegehren des Sozialleistungsträgers (§ 74 Abs. 1 EStG) ist jedoch der Elternteil, zu dessen Gunsten das Kindergeld festgesetzt ist, notwendig beizuladen[803].

Widerruf der Bestellung als Steuerberater

649 Im finanzgerichtlichen Verfahren wegen des *Widerrufs der Bestellung als Steuerberater* ist die Steuerberaterkammer notwendig beizuladen[804]. Dies gilt auch dann, wenn die Gefahr besteht, dass der Steuerberaterkammer in diesem Verfahren Tatsachen bekannt werden, hinsichtlich derer sich der Kläger in berufsgerichtlichen Verfahren auf ein Auskunftsverweigerungsrecht beruft[805].

Weitere Einzelfragen

650 Von einer notwendigen Beiladung kann ausnahmsweise dann abgesehen werden, wenn die *Klage offensichtlich unzulässig ist*[806].

651 Wird *vorläufiger Rechtsschutz* nicht von einer Gesellschaft selbst, sondern nur von einzelnen Teilhabern an ihr begehrt, so darf nur diesen Teilhabern gegenüber eine vorläufige Regelung ausgesprochen werden (z. B. Ansatz eines vorläufigen Verlustanteils). Der den übrigen Gesellschaftern zuzurechnende Anteil am Verlust oder Gewinn darf dagegen durch den vorläufigen Rechtsschutz nicht verän-

---

799 BFH vom 8. 6. 1994 X R 51/91, BStBl. II 1994, 779.
800 BFH vom 27. 1. 1982 VII B 141/81, BStBl. II 1982, 239.
801 BFH vom 11. 5. 2005 VI R 38/02, BStBl. II 2005, 776; vom 4. 7. 2001 VI B 301/98, BStBl. II 2001, 729; vom 20. 2. 1998 VI R 107/94, BFH/NV 1998, 1486.
802 BFH vom 16. 12. 2003 VIII R 67/00, BFH/NV 2004, 934; vom 16. 4. 2002 VIII B 171/01, BStBl. II 2002, 578.
803 BFH vom 17. 11. 2004 VIII R 30/04, BFH/NV 2005, 692; vom 9. 2. 2004 VIII R 21/03, BFH/NV 2004, 662.
804 BFH vom 14. 8. 1997 VII B 66/97, BFH/NV 1998, 68.
805 BFH vom 21. 8. 2000 VII B 164/00, BFH/NV 2000, 1496.
806 BFH vom 27. 6. 1995 IX B 38/94, BFH/NV 1995, 1084.

dert werden. Auch ist ihre Beiladung zum Verfahren des vorläufigen Rechtsschutzes nicht notwendig[807].

Die *Anwendung des § 62 ZPO*, wonach bei notwendiger Streitgenossenschaft die *„säumigen Streitgenossen als durch die nicht säumigen vertreten* angesehen" werden, „wenn ein Termin oder eine Frist nur von einzelnen Streitgenossen versäumt wird", kann im Bereich des finanzgerichtlichen Verfahrens nur in den Fällen in Betracht kommen, in denen eine gemeinsame Klageerhebung erforderlich ist. In Fällen dagegen, in denen mehrere Personen einzeln klagen können, das streitige Rechtsverhältnis aber gegenüber allen hieran beteiligten Personen nur einheitlich festgestellt werden kann, wird die gebotene Einheitlichkeit der Entscheidung nicht durch die Vertretungsfiktion des § 62 ZPO, sondern ausschließlich durch Anwendung der Vorschrift über die notwendige Beiladung (§ 60 Abs. 3 FGO) gesichert[808]. 652

Im Falle einer Beiladung hat das Gericht in der *Kostenentscheidung* stets auch über die Erstattungsfähigkeit der außergerichtlichen Kosten des Beigeladenen zu befinden (§ 139 Abs. 4 FGO)[809]. 653

c) Klageänderung

Eine Klageänderung liegt vor, wenn während der Rechtshängigkeit (§ 66 FGO) der Streitgegenstand geändert, d.h. anstelle des ursprünglichen Begehrens oder neben ihm ein anderer Klageantrag gestellt wird[810]. Sie ist im finanzgerichtlichen Verfahren *grundsätzlich zulässig*, wenn die übrigen Beteiligten einwilligen oder das Gericht die Änderung für sachdienlich hält; § 68 FGO (s. Rz. 670 ff.) bleibt unberührt (§ 67 Abs. 1 FGO). Zusätzlich ist aber – wie für jeden Klageantrag – erforderlich, dass die einschlägigen Sachentscheidungsvoraussetzungen vorliegen[811]. Dies gilt bei Anfechtungs- und Verpflichtungsklagen insbesondere für die Klagefrist. Eine Klageänderung ist insoweit nur innerhalb der Klagefrist zulässig[812]. Wird eine Klage auf Anfechtung eines Zusammenveranlagungsbescheids in eine Klage auf Verpflichtung des Finanzamts zur Durchführung einer getrennten Veranlagung geändert, ist die Klageänderung nur zulässig, wenn neben den Voraussetzungen des § 67 FGO die Sachentscheidungsvoraussetzungen für das Verpflichtungsbegehren erfüllt sind. Dazu gehört vor allem, dass die Finanzbehörde zuvor die beantragte Veranlagung durch Bescheid abgelehnt hat oder der Kläger bei Untätigkeit der Behörde einen Untätigkeitseinspruch eingelegt hat[813]. 654

Die Einwilligung der beklagten Finanzbehörde in die Änderung der Klage ist anzunehmen, wenn sie sich, ohne ihr zu widersprechen, in einem Schriftsatz oder 655

---

807 BFH vom 22. 10. 1980 I S 1/80, BStBl. II 1981, 99.
808 BFH vom 7. 8. 1986 IV R 137/83, BStBl. II 1986, 910.
809 BFH vom 23. 2. 1968 III B 2/67, BStBl. II 1968, 441.
810 BFH vom 10. 9. 1997 VIII B 55/96, BFH/NV 1998, 282.
811 BFH vom 9. 8. 1989 II R 145/86, BStBl. II 1989, 981.
812 BFH vom 19. 5. 1999 IV B 71/98, BFH/NV 1999, 1449.
813 BFH vom 19. 5. 2004 III R 18/02, BStBl. II 2004, 980.

in einer mündlichen Verhandlung auf die geänderte Klage eingelassen hat (§ 67 Abs. 2 FGO).

656 Die Klageänderung kann bestehen:
- in einer Änderung des Streitgegenstandes (s. Rz. 657 f.);
- in einem Wechsel der Beteiligten (s. Rz. 659 f.).

Änderung des Streitgegenstandes

657 Der Streitgegenstand wird durch den Klageantrag im Zusammenhang mit seiner Rechtsbehauptung bestimmt. Eine Änderung des Streitgegenstandes tritt demnach dann ein, *wenn der Kläger von einer Rechtsfolgebehauptung zu einer anderen übergeht*, insbesondere, wenn er etwa *die Klageart wechselt* (z. B. Übergang von der Anfechtungsklage zur Verpflichtungsklage oder zur Feststellungsklage). Dies trifft auch zu, wenn der Kläger etwa innerhalb der gleichen Klageart ein anderes Verhalten (Tun oder Unterlassen) der Verwaltungsbehörde angreift oder begehrt (z. B. Anfechtungsklage gegen einen anderen Verwaltungsakt als den bisher angegriffenen oder Verlangen einer anderen Leistung als der bisherigen bei einer Leistungsklage).

658 Eine Klageänderung liegt indessen nicht vor, wenn der Kläger lediglich seinen *Sachvortrag* und seine *Rechtsausführungen* ändert, ohne den Streitgegenstand selbst zu ändern. Hier handelt es sich lediglich um ergänzende oder veränderte Gesichtspunkte innerhalb der gleichen Klage. Auch die Erweiterung oder Einschränkung des Klageantrags in seiner Höhe ist keine Klageänderung[814].

Wechsel eines Beteiligten

659 Eine Klageänderung liegt auch dann vor, wenn einer der Beteiligten wechselt. Es ist gleichgültig, ob dies auf der Kläger- oder auf der Beklagtenseite geschieht. Wird ein Änderungsbescheid von einem anderen Finanzamt erlassen als der ursprüngliche Bescheid und wird der Änderungsbescheid zum Gegenstand des Klageverfahrens (§ 68 FGO), richtet sich die Klage nunmehr gegen das Finanzamt, das den Änderungsbescheid erlassen hat. Es tritt ein Beteiligtenwechsel ein. Haben das Finanzamt, gegen das sich die Klage ursprünglich richtete, und das Finanzamt, gegen das sich die Klage nach Änderung des angefochtenen Bescheids richtet, ihren Sitz in verschiedenen Finanzgerichtsbezirken, hat der Wechsel des beklagten Finanzamts gleichzeitig den Wechsel des zuständigen Finanzgerichts zur Folge[815]. Ein Wechsel des Beklagten lässt die örtliche Zuständigkeit des Fi-

---

814 Hier mag § 264 ZPO, der allerdings nicht unmittelbar angewendet werden kann, klärend wirken. Er bestimmt:
Als eine Änderung der Klage ist es nicht anzusehen, wenn ohne Änderung des Klagegrundes
1. die tatsächlichen oder rechtlichen Anführungen ergänzt oder berichtigt werden;
2. der Klageantrag in der Hauptsache oder in Bezug auf Nebenforderungen erweitert oder beschränkt wird;
3. statt des ursprünglich geforderten Gegenstandes wegen einer später eingetretenen Veränderung ein anderer Gegenstand oder das Interesse gefordert wird.
815 BFH vom 9. 11. 2004 V S 21/04, BStBl. II 2005, 101.

Vorbereitungsstadium

nanzgerichts hingegen unberührt, wenn der neue Beklagte zwar nicht seinen Sitz im Bezirk des Finanzgerichts hat, Streitgegenstand jedoch weiterhin die Rechtmäßigkeit des ursprünglich klagebefangenen Verwaltungsakts ist[816].

Keine Klageänderung ist es, wenn *andere Personen beigeladen* werden und dadurch die Stellung von Beteiligten erlangen. Eine Klageänderung liegt ferner dann nicht vor, wenn ein *Gesamtrechtsnachfolger* oder eine *Partei kraft Amtes* an die Stelle eines bisherigen Beteiligten tritt. Desgleichen kann ein während des Prozesses *volljährig Gewordener* anstelle seines gesetzlichen Vertreters den begonnenen Prozess fortführen, ohne dass eine Klageänderung vorliegt. Eine Klageänderung liegt auch dann nicht vor, wenn z. B. an die Stelle des beklagten Finanzamts kraft Gesetzes oder gültiger Rechtsverordnung *der Aufgabenbereich auf ein anderes Finanzamt übergeht;* dieses neue Finanzamt tritt automatisch an die Stelle des ursprünglichen Finanzamts als Beklagter[817]. 660

Voraussetzungen für eine Klageänderung
Eine Klageänderung ist nur zulässig, wenn 661

- die übrigen Beteiligten einwilligen;
- der Beklagte sich, ohne zu widersprechen, in einem Schriftsatz oder in einer mündlichen Verhandlung auf die geänderte Klage eingelassen hat;
- das Gericht die Änderung der Klage für sachdienlich hält.

Diese drei Voraussetzungen der Klageänderung sind *alternativ* einander gegenübergestellt. Dies bedeutet, dass nur eine erfüllt sein muss, um die Klageänderung zulässig zu machen.

Die **Entscheidung des Gerichts,** dass eine *Klageänderung nicht vorliegt* oder eine *Klageänderung zuzulassen* ist, ist nicht selbständig anfechtbar (§ 67 Abs. 3 FGO). Diese Entscheidung kann also erst mit der Revision gegen das Urteil angegriffen werden. Hat das Finanzgericht in einem Zwischenurteil entschieden, dass sich die erhobene Klage gegen ein bestimmtes Finanzamt richte und bringt es damit zum Ausdruck, dass in der Berichtigung der Bezeichnung des Finanzamts als Beklagtem eine Klageänderung nicht vorliege, ist die Revision unzulässig[818]. Hält das Gericht dagegen die *Klageänderung für unzulässig,* so weist es die Klage durch Prozessurteil (insoweit) als unzulässig ab. Hiergegen kann Revision eingelegt werden, wenn das Finanzgericht sie zugelassen hat; ansonsten kommt nur eine Nichtzulassungsbeschwerde in Betracht. 662

Bei der Klageänderung ist ein aktives **Handeln des Klägers** insofern erforderlich, als er die Klageänderung dem Gericht *schriftlich* oder *in der mündlichen Verhandlung zu Protokoll vortragen* muss. Allerdings ist damit zu rechnen, dass das Gericht spätestens in der mündlichen Verhandlung einen entsprechenden Hinweis auf eine notwendige Klageänderung gibt (§ 76 Abs. 2 FGO). Denn das Gericht darf keine Überraschungsentscheidung erlassen (s. Rz. 102). Eine Überra- 663

---

816 BFH vom 25. 1. 2005 I R 87/04, BFH/NV 2005, 1198.
817 BFH vom 1. 8. 1979 VII R 115/76, BStBl. II 1979, 714.
818 BFH vom 14. 12. 1988 I R 24/85, BStBl. II 1989, 369.

schungsentscheidung würde aber dann vorliegen, wenn die Klage ohne Hinweis auf die mögliche oder notwendige Klageänderung als unzulässig abgewiesen würde, ohne dass die Beteiligten vorher Gelegenheit gehabt hätten, hierzu Stellung zu nehmen. Bei einem solchen Verfahren würde das rechtliche Gehör (Art. 103 Abs. 1 GG i. V. m. § 96 Abs. 2 FGO) verletzt; dies allein wäre ein Revisionsgrund. Es braucht daher nicht in den verschiedenen Verfahrensabschnitten ängstlich überlegt zu werden, ob etwa eine notwendige oder mögliche Klageänderung versäumt werden könnte.

664   Eine *Klageänderung* in der Weise, dass der Klageantrag über das bisher vorgebrachte Klageziel hinaus erweitert wird oder dass einer der Beteiligten wechselt, ist *nur innerhalb der Klagefrist* zulässig. Jede diesbezügliche Klageänderung nach Ablauf der Klagefrist ist unzulässig[819]. Wird also eine derartige Klageänderung angestrebt, so ist darauf zu achten, dass sie noch innerhalb des Laufs der Klagefrist erfolgt (s. Rz. 654). In einem späteren Verfahrensstadium kann nicht mehr damit gerechnet werden, dass das Gericht eine Klageänderung für sachdienlich erklärt. Zulässig – auch nach Ablauf der Klagefrist – ist die *betragsmäßige Erweiterung* der Klage, selbst wenn die betragsmäßige Erweiterung auf einem anderen (als dem bisher vorgetragenen) Lebenssachverhalt beruht[820].

d) Aussetzung und Ruhen des Verfahrens

665   Das Gericht kann, wenn die Entscheidung des Rechtsstreits ganz oder zum Teil von dem Bestehen oder Nichtbestehen eines Rechtsverhältnisses abhängt, das den Gegenstand eines anderen anhängigen Rechtsstreits bildet oder von einer Verwaltungsbehörde festzustellen ist, anordnen, dass die Verhandlung bis zur Erledigung des anderen Rechtsstreits oder bis zur Entscheidung der Verwaltungsbehörde auszusetzen sei (§ 74 FGO). Die Aussetzung des Verfahrens ist demnach davon abhängig, dass das Bestehen oder Nichtbestehen eines *Rechtsverhältnisses* fraglich ist. Zweifel bei Tatsachen können nicht zur Aussetzung des Verfahrens führen, auch nicht gewisse Schwierigkeiten im Verwaltungsverfahren oder im gerichtlichen Verfahren. Darüber hinaus muss das fragliche Rechtsverhältnis Gegenstand eines anderen anhängigen Rechtsstreits bilden oder von der Verwaltungsbehörde festzustellen sein. Beide Verfahren, das andere anhängige gerichtliche Verfahren und/oder das Verwaltungsverfahren der Behörde, können bis zu ihrem Ende abgewartet werden. Dabei muss aber immer streng darauf geachtet werden, dass dieses andere gerichtliche Verfahren oder dieses Verwaltungsverfahren den gerade anhängigen Rechtsstreit ganz oder zum Teil beeinflusst. Das Finanzgericht darf z. B. im Klageverfahren gegen den Einkommensteuerbescheid eines Jahres einen verbleibenden Verlustabzug aus früheren Jahren, der vom Finanzamt nicht gesondert festgestellt wurde, nicht berücksichtigen; vielmehr muss es das Verfahren bis zum rechtskräftigen Abschluss des Feststellungsverfahrens aussetzen[821].

---

819   BFH vom 26. 2. 1980 VII R 60/78, BStBl. II 1980, 331.
820   Dies gilt nur dann nicht, wenn und soweit der Kläger vorher eindeutig zu erkennen gegeben hatte, dass er von einem weitergehenden Klagebegehren absehen wolle. Vgl. BFH vom 23. 10. 1989 GrS 2/87, BStBl. II 1990, 327.
821   BFH vom 6. 7. 1999 VIII R 12/98, BStBl. II 1999, 731.

Aktuell ist dieses Problem in letzter Zeit durch die beim *BVerfG* anhängigen 666
Steuerstreitverfahren geworden. Es ist dabei die Frage aufgetaucht, ob ein Verfahren vor dem BVerfG ein solches anderes gerichtliches Verfahren ist, das über ein streitiges Rechtsverhältnis vorab zu entscheiden hat. Dies ist vom BFH bejaht worden[822]. Danach ist die Aussetzung eines Klageverfahrens wegen vor dem BVerfG anhängiger Musterverfahren aber nur dann gerechtfertigt, wenn die Musterverfahren und das Klageverfahren hinsichtlich der verfassungsrechtlichen Streitfrage im Wesentlichen gleich gelagert sind. Dieses ist anzunehmen, wenn vor dem BVerfG bereits ein nicht als aussichtslos erscheinendes Musterverfahren gegen eine im Streitfall anzuwendende Norm anhängig ist, darüber hinaus bei Finanzgerichten zahlreiche Parallelverfahren (Massenverfahren) vorliegen und keiner der Beteiligten des Klageverfahrens ein besonderes berechtigtes Interesse an einer sofortigen Entscheidung des Finanzgerichts über die Verfassungsmäßigkeit der umstrittenen gesetzlichen Regelung trotz des beim BVerfG anhängigen Verfahrens hat[823].

Wenn nach diesen Grundregeln ein Verfahren hätte ausgesetzt werden müssen, 667
vom Finanzgericht aber nicht ausgesetzt worden ist, so handelt es sich um einen Verstoß gegen die Grundordnung des finanzgerichtlichen Verfahrens[824]. Ist ein Verfahren vor dem BVerfG für ein anhängiges Klageverfahren vorgreiflich, hat der Kläger im finanzgerichtlichen Verfahren auch einen Rechtsanspruch auf *Vorläufigkeitserklärung* des angegriffenen Steuerbescheids hinsichtlich der vor dem BVerfG umstrittenen gesetzlichen Regelung, wenn in dem Klageverfahren noch andere Fragen streitig sind[825].

Ein *Ruhen des Verfahrens* (§ 155 FGO i. V. m. § 251 Abs. 1 Satz 1 ZPO) ist 668
vom Gericht anzuordnen, wenn beide Parteien dies beantragen und anzunehmen ist, dass wegen des Schwebens von Vergleichsverhandlungen oder aus sonst wichtigen Gründen diese Anordnung zweckmäßig ist. Da Ansprüche aus dem Steuerschuldverhältnis (§ 37 Abs. 1 AO) kraft Gesetzes entstehen, sobald der Tatbestand verwirklicht ist, an den das Gesetz die Leistungspflicht knüpft (§ 38 AO), kommen „Vergleichsverhandlungen", die ein Ruhen des Verfahrens rechtfertigen könnten, nicht in Betracht, allenfalls eine im Raum stehende „tatsächliche Verständigung" über schwer zu ermittelnde Sachverhalte[826]. Praktische Bedeutung erlangt das Ruhen des Verfahrens deshalb vor allem bei solchen Fallgestaltungen, derentwegen beim BFH vergleichbare Verfahren – vielfach als „Musterverfahren" bezeichnet, die in der sog. „Anhängigkeitsdatei"[827] veröffentlicht sind[828] – schweben. Würde das Finanzgericht in einem solchen Fall rasch entscheiden, sähe sich

---

822 Vgl. z. B. BFH vom 20. 1. 1995 III R 14/94, BStBl. II 1995, 582.
823 BFH vom 25. 8. 1993 X B 32/93, BStBl. II 1993, 797.
824 BFH vom 26. 2. 1992 I R 67/90, BFH/NV 1992, 755.
825 BFH vom 7. 2. 1992 III R 61/91, BStBl. II 1992, 592.
826 Vgl. z. B. BFH vom 11. 12. 1984 VIII R 131/76, BStBl. II 1985, 354; vom 5. 10. 1990 III R 19/88, BStBl. II 1991, 45; vom 6. 2. 1991 I R 13/86, BStBl. II 1991, 673; vom 28. 7. 1993 XI R 68/92, BFH/NV 1994, 290.
827 „Liste der beim BFH, BVerfG und EuGH anhängigen Verfahren in Steuersachen", die Grundlage für das Ruhen von Einspruchsverfahren gem. § 363 Abs. 2 Satz 2 AO ist.
828 Vgl. z. B. Beilage Nr. 3/2005 zum BStBl. II Nr. 16 vom 19. 10. 2005.

– gleichgültig, wie das Verfahren ausginge – stets eine Partei veranlasst, ebenfalls den BFH anzurufen, allein um ihre Rechtsposition für den Fall zu wahren, dass der BFH in ihrem Sinn entscheidet. Insoweit ist in derartigen Fällen ein Ruhen des Verfahrens aus Gründen der Prozessökonomie und wegen der Kostenersparnis für die Beteiligten zweckmäßig.

669 **Muster** für einen Antrag auf Ruhen des Verfahrens:

> TWV   Ort, Straße, Datum
> Finanzgericht des Saarlandes
> Hardenbergstraße 3
> 66119 Saarbrücken
>
> **1 K 359/04 TWV ./. Finanzamt Neunkirchen**
>
> Der o. a. Rechtsstreit wird wegen der Frage geführt, ob die Klägerin, ein von mehreren Städten und Gemeinden gebildeter Zweckverband zur Trinkwasserversorgung, mit dem Legen von Hausanschlussleitungen (Lieferleitungen) einschließlich der Hauswasseranschlüsse eine unselbständige Nebenleistung zur Lieferung des Wassers erbringt, die nur mit dem ermäßigten Steuersatz von 7 v. H. zu besteuern ist. Dies wird vom beklagten Finanzamt neuerdings in Zweifel gezogen. Wegen dieser Problematik schwebt u. a. das Revisionsverfahren V R 61/03, in dem der BFH das Bundesministerium der Finanzen zum Beitritt aufgefordert hat (Beschluss vom 18. 1. 2005, BFH/NV 2005, 812). Da der BFH es in diesem Beschluss als fraglich bezeichnet hat, ob die seit dem 4. Juli 2000 geänderte Verwaltungsauffassung mit der Rechtsprechung des EuGH und des BFH zur Annahme einer Nebenleistung übereinstimmt, wird ein Ruhen des Verfahrens beantragt, bis der BFH entschieden hat.
>
> *Unterschrift*
> Klaus Wolf

e) Änderung des angefochtenen Verwaltungsakts

670 Von der Klageänderung (s. Rz. 654 ff.) zu unterscheiden ist der Umstand, dass der angefochtene Verwaltungsakt nach Bekanntgabe der Einspruchsentscheidung durch die Finanzbehörde geändert, ersetzt oder berichtigt wird (§ 68 FGO).

671 Wird der angefochtene Verwaltungsakt nach Bekanntgabe der Einspruchsentscheidung geändert oder ersetzt, so wird der neue Verwaltungsakt *automatisch Gegenstand des Verfahrens*, ohne dass es eines Antrags des Klägers bedarf. Ein Einspruch gegen den neuen Verwaltungsakt ist insoweit ausdrücklich ausgeschlossen (§ 68 Satz 1 und 2 FGO).

672 Das Finanzgericht muss sich also von Amts wegen mit dem neuen Bescheid befassen. Damit es von dessen Ergehen Kenntnis erhält, hat die Finanzbehörde

Vorbereitungsstadium

dem Gericht, bei dem das Verfahren anhängig ist, eine Abschrift des neuen Verwaltungsakts zu übersenden (§ 68 Satz 3 FGO).

Voraussetzungen
Ausgangspunkt des Verfahrens muss ein *angefochtener Verwaltungsakt* sein. Das bedeutet, dass das Problem grundsätzlich nur bei einer *Anfechtungsklage* akut werden kann, weil nur bei ihr ein Verwaltungsakt vorhanden ist, der geändert oder ersetzt werden kann. Im Rahmen einer *Verpflichtungsklage* ist ein derartiger Vorgang ausnahmsweise dann möglich, wenn der Verpflichtungsklage gleichzeitig auch ein ablehnender Verwaltungsakt zugrunde liegt, dessen Beseitigung erstrebt wird und nach dessen Beseitigung die Verwaltungsbehörde zu einem Tun oder Unterlassen verpflichtet werden soll. Die Finanzbehörde kann auch insoweit einen ablehnenden Verwaltungsakt durch einen positiven Verwaltungsakt ersetzen oder den ablehnenden Verwaltungsakt modifizieren. 673

Dabei wird ein angefochtener Bescheid auch dann „geändert oder ersetzt" im Sinne des § 68 FGO, wenn er im neuen Bescheid lediglich inhaltlich wiederholt und mit einem weiteren Bescheid äußerlich verbunden wird[829]. Dies betrifft vor allem jene Fälle, in denen durch einen gesonderten Bescheid der Vorbehalt der Nachprüfung (§ 164 AO) in einem Steuerbescheid aufgehoben wird, weil dieser Aufhebungsbescheid als ein neuer Steuerbescheid gleichen Inhalts gilt. 674

Die Regelung des § 68 Satz 1 FGO, wonach der neue Verwaltungsakt automatisch Gegenstand des weiteren Verfahrens wird, gilt nach Satz 4 der Vorschrift entsprechend, wenn 675

1. ein Verwaltungsakt nach § 129 AO berichtigt wird oder
2. ein Verwaltungsakt an die Stelle eines angefochtenen unwirksamen Verwaltungsakts tritt.

Der angefochtene Verwaltungsakt muss *nach Bekanntgabe der Einspruchsentscheidung geändert* oder ersetzt werden. Wird der angegriffene Verwaltungsakt *noch während des Verwaltungsverfahrens*, d. h. im Laufe des Einspruchsverfahrens geändert, ist der geänderte Bescheid automatisch in diesem außergerichtlichen Verfahren als angefochten zu betrachten, selbst wenn dies nicht ausdrücklich gesagt wird, ja selbst dann, wenn die Finanzbehörde nur über den ersten, ursprünglichen Bescheid entscheidet, ohne den geänderten Bescheid ausdrücklich in ihre Einspruchsentscheidung einzubeziehen[830]. 676

Ergeht der neue Bescheid bevor das Klageverfahren in Gang gesetzt ist, liegt trotz des missverständlichen Wortlauts der Vorschrift, der nur auf die Änderung oder Ersetzung des ursprünglichen Verwaltungsakts „nach Bekanntgabe der Einspruchsentscheidung" abstellt, kein Fall des § 68 FGO vor. Vielmehr greift die Regelung erst dann ein, wenn der ursprünglich angefochtene Verwaltungsakt nach Klageerhebung, also während des Klageverfahrens, geändert oder ersetzt wird. Der neue Verwaltungsakt kann nämlich nur „Gegenstand des Verfahrens" 677

---
829 BFH vom 29. 5. 1974 II 53/64, BStBl. II 1974, 697.
830 So BFH vom 19. 1. 1977 I R 203/73, BStBl. II 1977, 517.

werden, wenn ein solches bereits anhängig ist. Berichtigt die Finanzbehörde den ursprünglich angefochtenen Verwaltungsakt in Gestalt der Einspruchsentscheidung, weil sie nach deren Bekanntgabe, aber noch während des Laufs der Klagefrist festgestellt hat, dass darin z. B. ein Rechenfehler enthalten ist, so wird der neue Verwaltungsakt nur dann Gegenstand des Verfahrens, wenn der Kläger gegen den neuen Bescheid Klage erhebt. Ist er mit dessen Inhalt einverstanden, erübrigt sich eine Klageerhebung.

678 Trägt der neue Verwaltungsakt dem sachlichen Anliegen des Klägers in vollem Umfang Rechnung, kann er den Rechtsstreit in der Hauptsache für erledigt erklären (s. Rz. 686 ff.). Gibt die Finanzbehörde ebenfalls eine Erledigungserklärung ab, braucht das Gericht nur noch über die Kosten des Verfahrens zu entscheiden (§ 138 Abs. 1 FGO). Die Kostenentscheidung ergeht dann nach Maßgabe des § 138 Abs. 2 Satz 1 FGO zu Lasten der Finanzbehörde oder, soweit der neue Verwaltungsakt auf einem verspäteten Vorbringen des Klägers beruht, nach § 138 Abs. 2 Satz 2 i. V. m. § 137 FGO zu seinen Lasten.

679 Ergibt sich im Verlauf des Verfahrens, dass ein gem. § 68 FGO zum Gegenstand des Verfahrens gewordener *Änderungsbescheid aufgehoben* werden muss, so ist das Gericht nicht gehindert, in demselben Urteil dann auch eine Änderung oder Aufhebung des ursprünglich mit der Klage angefochtenen Bescheids auszusprechen. Dies gilt auf alle Fälle insoweit, als dem Klagebegehren mit der Aufhebung des Änderungsbescheids noch nicht in vollem Umfang Rechnung getragen worden ist[831].

f) Klagerücknahme

680 Der Kläger kann seine Klage bis zur Rechtskraft des Urteils, also auch noch im Revisionsverfahren, ja selbst wenn die Revision unzulässig war[832], zurücknehmen (§ 72 Abs. 1 Satz 1 FGO). Für die Zulässigkeit der Rücknahme eines Rechtsmittels ist allein entscheidend, ob dem Rechtsmittelführer die Entscheidung über das Rechtsmittel bereits bekannt gegeben war[833]. Die Klagerücknahme hat dann allerdings zur Folge, dass das Klagerecht hinsichtlich des Streitgegenstands verloren ist. Hinsichtlich des gleichen Streitgegenstandes kann nicht erneut Klage erhoben werden. Sofern der Gegenstand des Klagebegehrens teilbar ist, kann eine Klage auch teilweise zurückgenommen werden[834].

681 In der Entscheidung, ob er seine Klage zurücknehmen will oder nicht, ist der Kläger grundsätzlich frei. Sein Wille zur Klagerücknahme kann auch durch Auslegung von Schriftsätzen ermittelt werden[835]. Die *Einwilligung des Beklagten (Finanzbehörde)* ist allerdings in drei Fällen erforderlich (§ 72 Abs. 1 Satz 2 FGO):

---

831 BFH vom 8. 10. 1975 II R 129/70, BStBl. II 1976, 195.
832 BFH vom 26. 11. 1986 VIII R 295/81, BFH/NV 1987, 108.
833 BFH vom 14. 1. 1999 IX B 115/98, BFH/NV 1999, 820.
834 BFH vom 1. 10. 1999 VII R 32/98, BStBl. II 2000, 33.
835 BFH vom 23. 10. 1989 GrS 2/87, BStBl. II 1990, 327.

- wenn die Klage nach Schluss der mündlichen Verhandlung zurückgenommen wird;
- bei Verzicht auf die mündliche Verhandlung;
- nach Ergehen eines Gerichtsbescheids.

Wird die Klage zurückgenommen, stellt das Gericht das Verfahren durch **Beschluss** ein (§ 72 Abs. 2 Satz 2 FGO). Da die Erklärung der Klagerücknahme eine *Prozesshandlung* ist, muss sie grundsätzlich *ohne Bedingung* abgegeben werden. Sie ist *unwiderruflich*[836] und kann auch nicht nach den zivilrechtlichen Vorschriften über die Anfechtung von Willenserklärungen (§§ 116 ff. BGB) in Zweifel gezogen werden[837]. Es kann lediglich nachträglich die *Unwirksamkeit* der Klagerücknahme geltend gemacht werden. Unwirksam ist eine Klagerücknahme dann, wenn der Steuerpflichtige bei Abgabe der betreffenden Erklärung prozessunfähig war oder die Erklärung z. B. durch eine unzulässige Beeinflussung seitens der Behörde oder des Gerichts zustande gekommen ist. Nach Ablauf eines Jahres seit Abgabe der Erklärung zur Klagerücknahme kann die Unwirksamkeit nicht mehr geltend gemacht werden (§ 72 Abs. 2 Satz 3 i. V. m. § 56 Abs. 3 FGO). 682

Wendet sich der Kläger gegen einen Einstellungsbeschluss mit dem **Einwand, die Klagerücknahme sei unwirksam,** so muss das Finanzgericht das aufgrund der Klagerücknahme eingestellte *Verfahren fortsetzen*[838], um entweder in der Sache zu entscheiden oder auszusprechen, dass die Klage zurückgenommen ist[839]. Dies geschieht durch Urteil oder Gerichtsbescheid[840]. 683

Ein Einstellungsbeschluss nach erklärter Klagerücknahme ergeht endgültig, weil die *Beschwerde* an den BFH *nicht gegeben* ist (§ 128 Abs. 2 FGO). 684

Wer eine Klage, ein Rechtsmittel oder einen anderen Rechtsbehelf zurücknimmt, hat die **Kosten** zu tragen (§ 136 Abs. 2 FGO). Dabei kommt es nicht darauf an, wie der Streitstand im Zeitpunkt der Klagerücknahme war, ob der Kläger also (teilweise) Aussicht auf Erfolg gehabt hätte. Entscheidend ist allein die Tatsache, dass er die Klage zurückgenommen hat. Endet das gesamte Verfahren durch Klagerücknahme vor dem Schluss der mündlichen Verhandlung oder, wenn eine solche nicht stattfindet, vor Ablauf des Tages, an dem das Urteil oder der Gerichtsbescheid der Geschäftsstelle übermittelt wird, ermäßigt sich die Verfahrensgebühr von 4,0 Gebühren (Nr. 6110 KV-GKG) auf 2,0 Gebühren (Nr. 6111 KV-GKG). Durch eine rechtzeitige Rücknahme seiner Klage kann der Kläger also Gerichtskosten sparen. 685

g) *Erledigung der Hauptsache*

Erlässt die Finanzbehörde im Laufe des Klageverfahrens einen Änderungsbescheid oder Aufhebungsbescheid, d. h. wird der ursprünglich angegriffene Verwaltungsakt aufgehoben oder so geändert, dass er dem Klagebegehren Rechnung 686

---

836 BFH vom 7. 11. 1990 III S 7/90, BFH/NV 1991, 337.
837 Vgl. BVerwG vom 26. 1. 1981 VI C 70/80, HFR 1983, 77.
838 BFH vom 6. 7. 2005 XI R 15/04, BFH/NV 2005, 1943; vom 21. 2. 1990 II B 153/89, BFH/NV 1991, 169.
839 BFH vom 7. 1. 2000 VII B 291/99, BFH/NV 2000, 743.
840 BFH vom 17. 8. 1989 III B 119/88, BFH/NV 1990, 579.

trägt, ist der Kläger sachlich insoweit klaglos gestellt, als seinem Begehren durch die Finanzbehörde nachgekommen worden ist. *Damit verliert er auch gleichzeitig insoweit das Rechtsschutzbedürfnis* für seine Klage gegen den angefochtenen Verwaltungsakt. Es ergeben sich dann folgende **Möglichkeiten:**

- Der Kläger kann seine *Klage zurücknehmen* mit den oben geschilderten Folgen (s. Rz. 680 ff.).
- Der *Änderungsbescheid* wird zum *Gegenstand des Verfahrens* (§ 68 FGO; s. Rz. 670 ff.). Dies gilt aber nur, wenn der neue Verwaltungsakt dem Klageantrag nicht in vollem Umfang entsprochen hat. Hat der Änderungsbescheid dem Klageantrag in vollem Umfang entsprochen, ist die Hauptsache tatsächlich erledigt und eine Sachentscheidung kann nicht mehr gefällt werden.

Der Kläger kann die *Hauptsache für erledigt erklären*. In diesem Fall ergeht ein Kostenbeschluss, wenn beide Beteiligten – Kläger und Finanzbehörde – die Hauptsache auch formell durch Prozesshandlung für erledigt erklärt haben.

687 Hält der **Kläger seinen Sachantrag aufrecht,** obwohl die Hauptsache durch den geänderten Verwaltungsakt tatsächlich erledigt ist, muss das Finanzgericht die *Klage mangels Rechtsschutzinteresses als unzulässig abweisen* und die Kosten allein dem Kläger gem. § 135 Abs. 1 FGO auferlegen[841]. Es empfiehlt sich daher grundsätzlich, die Hauptsache für erledigt zu erklären, wenn der geänderte Verwaltungsakt dem Klagebegehren Rechnung trägt (s. aber Rz. 678).

688 Wird die Hauptsache für erledigt erklärt, kann durch das Gericht und gegebenenfalls in der Revisionsinstanz durch den BFH nicht mehr nachgeprüft werden, ob die Hauptsache tatsächlich erledigt ist; die abgegebenen *Erledigungserklärungen sind Prozesshandlungen* und als solche unbedingt und unanfechtbar. Die übereinstimmenden Erledigungserklärungen beenden den Prozess und lösen die Kostenfolge aus[842]. Selbst bei einer von Anfang an unzulässigen Klage wird der Rechtsstreit durch übereinstimmende Erledigungserklärungen der Beteiligten beendet[843].

689 **Beantragt der Kläger gegen den Willen des Beklagten,** den Rechtsstreit in der Hauptsache für erledigt zu erklären, so beschränkt sich der Rechtsstreit auf die Erledigungsfrage selbst und nur auf diese. Liegt ein die Hauptsache tatsächlich erledigendes Ereignis nicht vor, so unterliegt der Kläger[844].

690 Die **Erklärung des Klägers,** der Rechtsstreit sei in der Hauptsache erledigt, kann auch durch **schlüssiges Verhalten** abgegeben werden, z. B. durch den Antrag, die Verfahrenskosten der Finanzbehörde aufzuerlegen[845]. Gibt der Kläger keine Erklärung ab, kann sein Schweigen dahin zu deuten sein, dass er die Hauptsache tatsächlich für erledigt hält, weil er sein Klageziel erreicht hat[846]. Sein

---

841 BFH vom 5. 3. 1979 GrS 4/78, BStBl. II 1979, 375.
842 BFH vom 25. 11. 1986 V S 10/85, BFH/NV 1987, 174.
843 BFH vom 8. 8. 1974 IV R 131/73, BStBl. II 1974, 749.
844 BFH vom 27. 9. 1979 IV R 70/72, BStBl. II 1979, 779.
845 BFH vom 17. 12. 1973 III B 68/72, BStBl. II 1974, 246.
846 BFH vom 12. 7. 1979 IV R 13/79, BStBl. II 1979, 705.

Entscheidungsphase

Schweigen ist ausnahmsweise aber nicht als Erledigungserklärung zu werten, wenn sich hieraus ungünstigere Folgen als im Falle der Klagerücknahme ergeben (s. Rz. 680 ff.)[847].

Entsteht nach Ergehen einer isolierten Kostenentscheidung des Finanzgerichts *Streit darüber, ob übereinstimmende Erledigungserklärungen vorgelegen* haben, muss das Verfahren – ähnlich wie bei der Klagerücknahme (s. Rz. 683) – fortgesetzt werden. *691*

Die Erledigungserklärungen können auch *noch in der Revisionsinstanz* wirksam abgegeben werden. Hierfür gilt der Vertretungszwang nicht; der Kläger kann auch ohne Mitwirkung einer vor dem BFH postulationsfähigen Person die Erledigungserklärung abgeben[848]. *692*

Auch eine *Fortsetzungsfeststellungklage* (s. Rz. 205 ff.) wird unzulässig, sobald die Beteiligten den bisherigen Rechtsstreit übereinstimmend für erledigt erklärt haben[849]. *693*

Wird das Verfahren deshalb eingestellt, weil die Beteiligten die Hauptsache übereinstimmend für erledigt erklärt haben, ergibt sich die **Kostenfolge** aus § 138 FGO (s. Rz. 784 f.). Das Gericht hat dann eine Kostenentscheidung zu treffen. *694*

Erklärt der Kläger die Hauptsache für erledigt und beantragt er, die Kosten der Finanzbehörde aufzuerlegen, kann er auch beantragen, die *Notwendigkeit der Zuziehung eines Bevollmächtigten für das Vorverfahren* auszusprechen (s. Rz. 379 ff.). Dann können ihm auch diese Kosten ersetzt werden (§ 139 Abs. 3 Satz 3 FGO). *695*

h) Keine Streitverkündung

Für eine entsprechende Anwendung der Vorschriften der ZPO über die Streitverkündung (§ 155 FGO i. V. m. §§ 72 – 74 ZPO) ist angesichts der besonderen Regelung der Beiladung in § 174 Abs. 5 AO (s. Rz. 644) und § 60 FGO (s. Rz. 618 ff.) im finanzgerichtlichen Verfahren kein Raum[850]. *696*

2. Entscheidungsphase

Hat sich der Rechtsstreit in der Vorbereitungsphase (s. Rz. 596 ff.) noch nicht (z. B. wegen Klagerücknahme) erledigt, gelangt das Verfahren in die Entscheidungsphase, die sich in folgenden Schritten vollzieht: *697*

- „Vorbereitendes Verfahren" (§§ 79 – 79b FGO; s. Rz. 698 ff.);
- Entscheidung durch den Vorsitzenden bzw. Berichterstatter (s. Rz. 708 ff.);
- Entscheidung des Senats aufgrund mündlicher Verhandlung (s. Rz. 711 ff.);
- Entscheidung des Senats ohne mündliche Verhandlung (s. Rz. 727 ff.).

---

847 BFH vom 21. 5. 1987 IV R 101/86, BFH/NV 1988, 258.
848 BFH vom 12. 12. 1984 I R 78/83, BStBl. II 1985, 258.
849 BVerwG vom 27. 4. 1982 VIII B 223/81, HFR 1984, 181.
850 BFH vom 6. 2. 1986 VII R 61-62/85, BFH/NV 1986, 476.

Ablauf des Verfahrens

a) Vorbereitendes Verfahren

698 Der Beginn dieses Verfahrensabschnitts wird den Beteiligten dadurch bekannt, dass der Vorsitzende bzw. der Berichterstatter die Verwaltungsakten der Finanzbehörde anfordert. Zwar schreibt § 71 Abs. 2 FGO vor, dass die beteiligte Finanzbehörde dem Gericht die den Streitfall betreffenden Akten nach Empfang der Klageschrift zu übersenden hat, doch läuft diese Regelung in der Praxis leer. Dies hängt zum einen damit zusammen, dass die Finanzgerichte sonst in einer Flut von Akten untergehen würden, die sie wegen der Priorität älterer Verfahren ohnehin nicht zeitnah bearbeiten können. Andererseits würden die Akten der Finanzverwaltung fehlen, um z. B. die Folgejahre steuerlich auszuwerten, Betriebsprüfungen durchzuführen oder – etwa in Kindergeldsachen – laufende Anträge zu bearbeiten. Außerdem knüpft die FGO an die Aktenübersendung bestimmte rechtliche Konsequenzen[851], die es ratsam erscheinen lassen, die Verwaltungsakten nicht in einem frühen Verfahrensstadium anzufordern.

699 Nach dem Akteneingang beginnt der *Vorsitzende* bzw. der *Berichterstatter* mit dem Aktenstudium. Ergibt dieses, dass der Sachverhalt feststeht und nur noch dessen rechtliche Würdigung zu erfolgen hat, steht der Richter vor der Wahl, selbst einen Gerichtsbescheid (s. Rz. 762 ff.) zu erlassen (§ 79a Abs. 2 Satz 1 und Abs. 4 FGO) oder den Fall zur mündlichen Verhandlung vorzusehen. Dies und die nachfolgenden Schritte gelten gleichermaßen für den *Einzelrichter*, dem das Verfahren gem. § 6 FGO übertragen worden ist (s. Rz. 20 f.).

700 Ist der Streitfall noch nicht entscheidungsreif, hat der Vorsitzende bzw. der Berichterstatter die Aufgabe, die Entscheidungsreife herbeizuführen, d. h. alle diejenigen Anordnungen zu treffen, die notwendig sind, um den Rechtsstreit möglichst in einer mündlichen Verhandlung zu erledigen (§ 79 Abs. 1 FGO). So kann er „insbesondere":

- *Die Beteiligten zur Erörterung des Sach- und Streitstandes und zur gütlichen Beilegung des Rechtsstreits laden.* Dabei ist die Mitwirkung des Klägers und des Beklagten erforderlich, wenn eine gütliche Beilegung des Rechtsstreits angestrebt wird. Hier kommt kein Vergleich im Sinne der ZPO über den Streitgegenstand (Steueranspruch) zustande, sondern das Verfahren wird als solches gütlich beigelegt, wobei jeder der Beteiligten irgendwo ein Entgegenkommen zeigen muss und wo beide Beteiligte den Rechtsstreit in der Hauptsache für erledigt erklären können.
- *Den Beteiligten die Ergänzung oder Erläuterung* ihrer vorbereitenden Schriftsätze sowie die Vorlegung von Urkunden und von anderen zur Niederlegung bei Gericht geeigneten Gegenständen aufgeben; er kann insbesondere eine *Frist zur Erklärung* über bestimmte klärungsbedürftige Punkte setzen. Diese Frist ist keine Ausschlussfrist. Ausschlussfristen können jedoch gesetzt werden, wenn die Voraussetzungen der Vollmachtsvorlage (§ 62 Abs. 3 FGO) oder der Klageergänzung (§ 65 Abs. 2 FGO) gegeben sind.
- *Auskünfte* einholen.

---

851 Vgl. § 45 Abs. 2 Satz 1 und § 100 Abs. 3 Satz 5 FGO.

Entscheidungsphase

- Die *Vorlage von Urkunden* anordnen.
- Das *persönliche Erscheinen* der Beteiligten zum Erörterungstermin anordnen.
- *Zeugen und Sachverständige* zur mündlichen Verhandlung laden.
- *Einzelne Beweise* erheben (§ 79 Abs. 3 FGO). Dies darf jedoch nur insoweit geschehen, als es zur Vereinfachung der Verhandlung vor dem Gericht sachdienlich und von vornherein anzunehmen ist, dass das Gericht das Beweisergebnis auch ohne unmittelbaren Eindruck von dem Verlauf der Beweisaufnahme sachgemäß zu würdigen vermag. In diesem Rahmen ist also die Beweiserhebung vor dem Gesamtsenat nicht mehr erforderlich (§ 81 Abs. 2 FGO).

Die Beteiligten müssen zur Wahrung des rechtlichen Gehörs (s. Rz. 100 ff.) und zum Schutz vor einer Überraschungsentscheidung von jeder dieser Anordnungen benachrichtigt werden (§ 79 Abs. 2 FGO). *701*

Diese Vorbereitungshandlungen kann der Vorsitzende bzw. der Berichterstatter allein durchführen. Das Schwergewicht wird in der Praxis auf der Vorbereitung durch den Berichterstatter liegen, weil dies sowohl die Arbeit des Gerichts erleichtert als auch eine erhebliche Zeitersparnis für den Prozessablauf bewirkt. *702*

Der Vorsitzende entscheidet anstelle des Senats, wenn die Entscheidung im vorbereitenden Verfahren, d. h. vor dem Termin zur mündlichen Verhandlung ergeht, in den nachfolgend aufgeführten Angelegenheiten; ist ein Berichterstatter bestellt, so entscheidet er anstelle des Vorsitzenden (§ 79a Abs. 1 und 4 FGO): *703*

- Er kann über die *Aussetzung* (s. Rz. 665 f.) *und das Ruhen des Verfahrens* (s. Rz. 668) entscheiden (§§ 74, 155 FGO i. V. m. § 251 ZPO).
- Er kann bei *Zurücknahme der Klage* (s. Rz. 680 ff.) entscheiden (§ 72 FGO), auch über einen Antrag auf Prozesskostenhilfe (§ 142 FGO; s. Rz. 442 ff.).
- Er kann bei *Erledigung des Rechtsstreits in der Hauptsache* (s. Rz. 686 ff.) entscheiden. Dann ist nur noch eine Entscheidung über die Kosten erforderlich, die der Vorsitzende bzw. der Berichterstatter allein trifft. Auch in diesen Fällen kann der Vorsitzende bzw. der Berichterstatter über einen Antrag auf Prozesskostenhilfe entscheiden.
- Er kann über den *Streitwert* (s. Rz. 928 ff.) entscheiden.
- Er kann über die *Kosten* (s. Rz. 777 ff.) entscheiden. Die Kostenentscheidung ist grundsätzlich ein unselbständiger Teil der Endentscheidung. In bestimmten Fällen jedoch ist allein über die Kosten und nicht mehr in der Sache zu entscheiden, z. B. bei Klagerücknahme oder bei Erledigung des Rechtsstreits in der Hauptsache. Diese Entscheidung trifft der Berichterstatter oder der Vorsitzende alleine.
- Er kann über die Beiladung (s. Rz. 618 ff.) entscheiden.

Diese *Entscheidungsbefugnis bezieht sich aber ausschließlich auf das sogenannte vorbereitende Verfahren*. Die Befugnisse dienen demnach der Straffung und möglichen Verkürzung des Verfahrens. Soweit sie sich auf das vorbereitende Verfahren beschränken, bestehen dagegen auch keine grundsätzlichen verfassungsrechtlichen Einwendungen. *704*

235

Ablauf des Verfahrens

705 Dem Berichterstatter bzw. Vorsitzenden obliegt es auch allein, den *Kläger zur Angabe von Tatsachen*, durch deren Berücksichtigung oder Nichtberücksichtigung im Verwaltungsverfahren er sich beschwert fühlt, aufzufordern. Hierfür kann eine Ausschlussfrist gesetzt werden (§ 79b Abs. 1 FGO). Dabei kann der Kläger aufgefordert werden, zu bestimmten Vorgängen Tatsachen anzugeben oder Beweismittel zu benennen, Urkunden oder andere bewegliche Sachen vorzulegen, soweit der Kläger hierzu verpflichtet ist. Die gleiche Aufforderung kann der Vorsitzende oder Berichterstatter auch an einen anderen Beteiligten, selbst die Finanzbehörde, richten (§ 79b Abs. 2 FGO).

706 Das Gericht kann Erklärungen und Beweismittel, die erst nach Ablauf einer nach § 79b Abs. 1 oder 2 FGO gesetzten Frist vorgebracht werden, zurückweisen und ohne weitere Ermittlungen entscheiden, wenn

1. ihre Zulassung nach der freien Überzeugung des Gerichts die Erledigung des Rechtsstreits verzögern würde und
2. der Beteiligte die Verspätung nicht genügend entschuldigt, wobei der Entschuldigungsgrund ist auf Verlangen des Gerichts glaubhaft zu machen ist, und
3. der Beteiligte über die Folgen einer Fristversäumung belehrt worden ist.

Dies gilt jedoch nicht, wenn es dem Gericht mit geringem Aufwand möglich ist, den Sachverhalt auch ohne Mitwirkung des Beteiligten zu ermitteln (§ 79b Abs. 3 FGO). Erklärungen und Beweismittel, die das Finanzgericht nach § 79b FGO zu Recht zurückgewiesen hat, bleiben auch im Revisionsverfahren ausgeschlossen (§ 121 Satz 3 FGO).

707 Prozessleitende Verfügungen gem. §§ 79, 79b FGO können nicht isoliert mit der Beschwerde angefochten werden (§ 128 Abs. 2 FGO)[852].

b) Entscheidung durch den Vorsitzenden bzw. Berichterstatter

708 Der Vorsitzende oder der Berichterstatter können *ohne mündliche Verhandlung* entscheiden. Es ergeht dann möglicherweise ein Gerichtsbescheid (§ 79a Abs. 2 Satz 1 i. V. m. Abs. 4 FGO). Gegen diesen Gerichtsbescheid des Vorsitzenden oder Berichterstatters ist als Rechtsmittel ausschließlich der Antrag auf mündliche Verhandlung innerhalb eines Monats nach Zustellung des Gerichtsbescheids gegeben (§ 79a Abs. 2 Satz 2 FGO). Wird rechtzeitig mündliche Verhandlung beantragt, gilt der Gerichtsbescheid als nicht ergangen (§ 90a Abs. 3 FGO). Es entscheidet sodann der Senat des Finanzgerichts in der Besetzung mit den drei Berufsrichtern und zwei ehrenamtlichen Richtern (§ 90 Abs. 1 i. V. m. § 5 Abs. 3 Satz 1 FGO).

709 *Im Einverständnis der Beteiligten* kann der Vorsitzende oder der Berichterstatter aber auch sonst anstelle des Senats entscheiden (§ 79a Abs. 3 und 4 FGO). Diese Vorschriften erlauben, dass die Beteiligten die Entscheidungsbefugnis einvernehmlich vom Senat auf den Vorsitzenden oder Berichterstatter als sogenannten „konsentierten Einzelrichter" verlagern. Allerdings ist dem Senat insoweit ein

---

852 BFH vom 30. 5. 2000 V B 65/00, BFH/NV 2000, 1236.

Entscheidungsphase

Ermessen eingeräumt („kann"), ob er diesem übereinstimmenden Wunsch der Beteiligten nachkommen will. Das Einvernehmen der Beteiligten in diesem Punkt ist für den Senat also nicht bindend. Sodann kann der Vorsitzende oder der Berichterstatter aufgrund mündlicher Verhandlung (s. Rz. 711 ff.) oder – bei Verzicht der Beteiligten darauf – ohne eine solche (s. Rz. 727 ff.) durch Urteil entscheiden.

Das für die Entscheidung durch den konsentierten Einzelrichter erforderliche Einverständnis der Beteiligten kann nicht konkludent, sondern muss unmissverständlich erklärt werden. Hieran fehlt es jedenfalls dann, wenn der Richter die verfahrensrechtlichen Grundlagen seiner Stellung mit den Beteiligten nicht erörtert und die Kläger in der mündlichen Verhandlung nicht durch einen Angehörigen der rechts- und steuerberatenden Berufe vertreten sind[853]. Wird nach Erklärung des Einverständnisses nach dem Mitwirkungsplan des Betreffenden Senats ein neuer Berichterstatter für den Streitfall zuständig, bezieht sich das Einverständnis ohne weiteres auch auf eine Entscheidung durch diesen[854]. 710

c) Entscheidung des Senats aufgrund mündlicher Verhandlung

Grundsätzlich entscheidet das Finanzgericht aufgrund mündlicher Verhandlung (§ 90 Abs. 1 Satz 1 FGO). Dies bedeutet, dass den Richtern der persönliche Eindruck der Beteiligten und/oder ihrer Prozessvertreter vermittelt werden kann und dass das Gericht gerade aufgrund der in der mündlichen Verhandlung gewonnenen Überzeugung entscheiden soll. Durch die mündliche Verhandlung wird auch jenen Beteiligten, die nicht die Gewandtheit besitzen, sich schriftlich ausreichend zu artikulieren, Gelegenheit gegeben, ihren Standpunkt mit genügender Deutlichkeit und Ausführlichkeit darzulegen. 711

Für die mündliche Verhandlung gelten verschiedene *Verfahrensgrundsätze*, nämlich: 712

- Grundsatz der *Mündlichkeit*;
- Grundsatz der *Öffentlichkeit* (§ 52 FGO i. V. m. §§ 169, 172 ff. GVG) und Beteiligtenöffentlichkeit;
- Grundsatz der *Unmittelbarkeit der Beweisaufnahme*;
- *Untersuchungsgrundsatz* (§ 76 Abs. 1 FGO; s. Rz. 59 ff.);
- Grundsatz der *Gewährung rechtlichen Gehörs* (Art. 103 Abs. 1 GG i. V. m. § 96 Abs. 2 FGO; s. Rz. 100 ff.);
- Grundsatz der *Einheitlichkeit der mündlichen Verhandlung* (§ 155 FGO i. V. m. § 279 ZPO).

Maßgebliche Verfahrensgrundsätze

Das Wesen der mündlichen Verhandlung besteht darin, dass sich das Gericht mit den Verfahrensbeteiligten *an Gerichtsstelle* trifft, um den Streitfall in tatsächlicher und rechtlicher Hinsicht zu erörtern und dadurch die Entscheidung vorzubereiten. Den am Verfahren Beteiligten sowie ihren Bevollmächtigten kann aber, so- 713

---

853 BFH vom 15. 12. 1998 VIII R 74/97, BStBl. II 1999, 300.
854 BFH vom 8. 4. 2004 VII B 282/03, n. v.

fern die technischen Gegebenheiten dies zulassen, auf Antrag gestattet werden, sich während der mündlichen Verhandlung an einem anderen Ort aufzuhalten und dort rechtswirksam Verfahrenshandlungen vorzunehmen, z. B. Anträge zu stellen (s. Rz. 66 ff.). Die mündliche Verhandlung erfolgt dann in Form einer *Videokonferenz*, die zeitgleich in Bild und Ton an den Ort, an dem sich die Beteiligten und Bevollmächtigten aufhalten, und in das Sitzungszimmer übertragen wird (§ 91a Abs. 1 Satz 1 und 2 FGO). Zu denken ist etwa an den Fall, dass sich der Prozessbevollmächtigte des Klägers in seiner Kanzlei in A, der Vertreter der beklagten Finanzbehörde an deren Sitz in B und die Richter des mit der Sache befassten Senats am Sitz des Gerichts in C aufhalten. An allen drei Stellen sind Videoanlagen installiert, die jeweils aus Mikrofon, Kamera, Dokumentenkamera und Monitor mit Lautsprecher bestehen. Mittels dieser Technik können „virtuelle Gerichtsverhandlungen" durchgeführt werden, die sich vor allem für Verfahren anbieten, in denen nur Anträge gestellt und Rechtsansichten ausgetauscht werden sollen. Auf diese Weise können mehreren Beteiligten zeit- und kostenaufwändige Reisen zum unter Umständen weit entfernten Gericht erspart werden. Eine Aufzeichnung dieser Art der mündlichen Verhandlung findet allerdings nicht statt (§ 91a Abs. 1 Satz 3 FGO). Derartige Beschlüsse können als prozessleitende Verfügungen nicht isoliert mit der Beschwerde angefochten werden (§ 128 Abs. 2 FGO).

714 Die mündliche Verhandlung wird *vom Vorsitzenden eröffnet und geleitet* (§ 92 Abs. 1 FGO). Das bedeutet:

- Dem Vorsitzenden obliegt die *sachliche Leitung* der Sitzung. Er hat auch noch in der mündlichen Verhandlung darauf hinzuwirken, dass Formfehler beseitigt, sachdienliche Anträge gestellt, unklare Anträge erläutert, ungenügende tatsächliche Angaben ergänzt und alle für die Feststellung des Sachverhalts wesentlichen Erklärungen abgegeben werden (§ 76 Abs. 2 FGO).
- Dem Vorsitzenden obliegt die *formelle Leitung* der Sitzung. So hat er z. B. den Sitzungsablauf zu gestalten und die Anträge der Beteiligten zu protokollieren. Er erteilt das Wort und kann es demjenigen, der seinen Anordnungen nicht folgt, entziehen (§ 155 FGO i. V. m. § 136 Abs. 2 ZPO). Auf Verlangen hat er jedem Mitglied des Gerichts zu gestatten, Fragen zu stellen (§ 93 Abs. 2 Satz 1 FGO). Erfolgt in der mündlichen Verhandlung eine Beweisaufnahme, vernimmt der Vorsitzende Zeugen und Sachverständige, es sei denn, er überlässt dies dem Berichterstatter. Er vereidigt sie gegebenenfalls und nimmt ihre Aussagen zu Protokoll. Die Maßnahmen, die der Vorsitzende im Rahmen der formellen Sitzungsleitung anordnet, sind als prozessleitende Verfügungen nicht isoliert mit der Beschwerde anfechtbar (§ 128 Abs. 2 FGO).
- Dem Vorsitzenden obliegt die Wahrnehmung der *sitzungspolizeilichen Aufgaben* (§ 52 Abs. 1 FGO i. V. m. § 176 GVG), d. h. er ist für die Wahrung der äußeren Ordnung im Sitzungssaal verantwortlich. So kann er z. B. das Filmen und Fotografieren im Sitzungssaal verbieten, die Zuhörer zur Ruhe ermahnen und an der Verhandlung nicht beteiligte Störer gegebenenfalls des Saales verweisen oder zur Ordnungshaft abführen lassen (§ 52 Abs. 1 FGO i. V. m. § 177 ff. GVG).

In der mündlichen Verhandlung vor dem Finanzgericht gilt grundsätzlich das Öffentlichkeitsprinzip. Zu beachten ist dabei, dass die mündliche Verhandlung grundsätzlich öffentlich ist, *dass aber die Öffentlichkeit ausgeschlossen werden muss, wenn der Kläger oder einer der Beigeladenen dies beantragt* (§ 52 Abs. 2 FGO). Dieser Antrag braucht nicht begründet zu werden; das Finanzgericht ist, wenn der Antrag gestellt wird, gezwungen, die Öffentlichkeit auszuschließen, ohne dies auch seinerseits begründen zu müssen. Im Übrigen kann die Öffentlichkeit ausgeschlossen werden, soweit Umstände aus dem persönlichen Lebensbereich (z. B. eines Zeugen) zur Sprache kommen, deren öffentliche Erörterung schutzwürdige Interessen verletzen würde, soweit nicht das Interesse an der öffentlichen Erörterung dieser Umstände überwiegt (§ 52 Abs. 1 i.V.m. § 171b Abs. 1 Satz 1 GVG).

715

Ablauf der mündlichen Verhandlung im Einzelnen[855]
Es erfolgt zunächst der „Aufruf der Sache" (§ 92 Abs. 2 FGO), d. h. die Angabe des konkreten Streitfalles, der nun zur mündlichen Verhandlung ansteht. Damit soll den geladenen und erschienenen Verfahrensbeteiligten kundgetan werden, dass „jetzt" in die mündliche Verhandlung ihrer Streitsache eingetreten werden soll[856]. Dem Betroffenen wird gleichsam das „Startzeichen" zur Wahrnehmung seines Anspruchs auf rechtliches Gehör gegeben[857]. Wie dieser Aufruf erfolgt, ob z. B. eine Lautsprecherdurchsage auf dem Flur vor dem Sitzungssaal erforderlich ist, hängt von den Umständen des Falles ab. Sind die Beteiligten bereits im Sitzungssaal anwesend, genügt es, wenn die Sache nur dort aufgerufen wird[858].

716

Anschließend nimmt der Vorsitzende zu Protokoll, ob die Verfahrensbeteiligten sämtlich erschienen sind bzw. wer sie vertritt. Ist z. B. für die Klägerseite niemand erschienen, prüft er anhand der Akten, ob – was eher die Ausnahme ist – das persönliche Erscheinen des Klägers angeordnet war, ob und wann der Kläger bzw. sein Prozessbevollmächtigter zum Termin geladen und ob die entsprechenden Formalitäten eingehalten worden sind (z. B. Ersatzzustellung an eine empfangsberechtigte Person). Besteht die Möglichkeit, dass sich ein Beteiligter etwa wegen ungünstiger Verkehrs- oder Wetterbedingungen verspätet haben könnte, wird er einige Zeit (z. B. 10 bis 15 Minuten)[859] zuwarten, um sein eventuelles Eintreffen abzuwarten.

717

In der mündlichen Verhandlung wird dann der *Sachverhalt*, der sogenannte „wesentliche Inhalt der Akten", also der gegenwärtige Streitstand, in der Regel *vom Berichterstatter vorgetragen* (§ 92 Abs. 2 FGO). Wird durch diesen Vortrag deutlich, dass das Gericht von einem unvollständigen Sachverhalt ausgeht, weil es z. B. aktenkundige Schriftstücke außer Betracht lässt, muss dies sogleich gerügt werden, weil ein derartiger Mangel mit einer Nichtzulassungsbeschwerde nicht

718

---
855 Zu Einzelheiten vgl. Bilsdorfer, StB 2001, 4; ders., NJW 2001, 331.
856 BFH vom 25. 7. 1994 X R 52/93, BFH/NV 1995, 233.
857 BVerfG vom 5. 10. 1976 2 BvR 558/75, BVerfGE 42, 364.
858 BFH vom 25. 7. 1994 X R 51/93, BFH/NV 1995, 233.
859 BFH vom 24. 8. 1992 X B 19/92, BFH/NV 1993, 46.

mehr mit Erfolg geltend gemacht werden kann[860]. Die Beteiligten können auf diesen Vortrag verzichten. Dies birgt jedoch die Gefahr in sich, dass den Beteiligten dann entgeht, dass die Darstellung des Sachverhalts – bewusst oder unbewusst – lückenhaft oder bereits auf das Ergebnis abgestimmt ist, mit dem das Verfahren zumindest nach Meinung des Berichterstatters enden soll[861].

719 Manche Gerichte versenden statt dessen einige Tage vor der mündlichen Verhandlung den späteren Tatbestand des Urteils an die Verfahrensbeteiligten, damit diese in Ruhe anhand ihrer Unterlagen prüfen können, ob das Gericht den Sachverhalt vollständig und zutreffend erfasst hat, Daten und Betragsangaben stimmen und die Anträge richtig wiedergegeben sind. Der Tatbestand wird in diesen Fällen auch den ehrenamtlichen Richtern vorab übermittelt, damit sie sich auf den Streitfall in ausreichendem Maße vorbereiten können. In der mündlichen Verhandlung wird den Beteiligten sodann Gelegenheit gegeben, Korrektur- und Verbesserungswünsche vorzutragen und zu begründen. Im Übrigen wird zu Protokoll genommen, dass die Beteiligten auf den mündlichen Vortrag des wesentlichen Inhalts der Akten verzichtet haben, nachdem dieser ihnen und den ehrenamtlichen Richtern im Vorhinein schriftlich zur Kenntnis gebracht worden ist.

720 Daraufhin werden die notwendigen *Beweise erhoben,* soweit dies nicht – wie allgemein üblich – bereits im vorbereitenden Verfahren geschehen ist (§§ 79, 81 Abs. 2 FGO). Dazu kann das Gericht im Einverständnis aller am Verfahren Beteiligten, sofern die entsprechende technische Ausstattung vorhanden ist, anordnen, dass sich ein Zeuge oder Sachverständiger während der Vernehmung an einem anderen Ort aufhält. Die Aussage wird dann als Videokonferenz zeitgleich in Bild und Ton in das Sitzungszimmer übertragen. Ist Beteiligten, Bevollmächtigten und Beiständen gestattet worden, sich ebenfalls an einem anderen Ort aufzuhalten, so wird die Aussage zeitgleich auch an diesen Ort übertragen. Die Aussage soll aufgezeichnet werden, wenn zu besorgen ist, dass der Zeuge oder Sachverständige in einer weiteren mündlichen Verhandlung nicht vernommen werden kann (z. B. wegen eines längeren Auslandsaufenthalts) und die Aufzeichnung zur Erforschung des Sachverhalts erforderlich ist (§ 93a Abs. 1 FGO). Aus Gründen des Steuergeheimnisses, des Datenschutzes und des Persönlichkeitsrechts unterliegen derartige Aufzeichnungen bestimmten Sicherheitsmaßnahmen (§ 93a Abs. 2 FGO):

- Sie dürfen nur innerhalb des Verfahrens verwendet werden, für das sie gefertigt worden sind. Das Recht zur Verweigerung des Zeugnisses (§ 84 FGO) ist hierbei zu wahren;
- „Akteneinsicht" (§ 78 Abs. 1 FGO; s. Rz. 597 ff.) kann ausschließlich bei der Geschäftsstelle des Gerichts genommen werden, ohne dass Kopien gefertigt werden dürfen;
- Sobald die Aufzeichnung nicht mehr benötigt wird, spätestens nach rechtskräftigem Abschluss des Verfahrens, ist sie zu löschen.

---

860 BFH v. 31. 10. 2003 IX B 97/03, BFH/NV 2004, 196.
861 Bilsdorfer, StB 2001, 4, 13 m. w. N.

Entscheidungsphase

Hinweis: Auch diese Beschlüsse über Videokonferenzen (§ 93 a FGO) sind prozessleitende Verfügungen, die nicht mittels Beschwerde isoliert angefochten werden können (§ 128 Abs. 2 FGO).

Sodann erhalten die *Beteiligten das Wort*, um ihren Standpunkt darzulegen und gegebenenfalls unter Anleitung des Vorsitzenden (§ 76 Abs. 2 FGO) ihre *Anträge zu stellen* und kurz zu begründen (§ 92 Abs. 3 FGO). Hier eröffnet sich den Beteiligten die Möglichkeit, die ihrer Meinung nach für die Entscheidung des Streitfalles wesentlichen Gesichtspunkte dem Gericht nochmals zusammenfassend darzustellen. Der endgültige Sachantrag wird protokolliert, auf Wunsch der Beteiligten nochmals wiedergegeben und genehmigt (§ 94 FGO i. V. m. § 160 Abs. 3 Nr. 2, § 162 ZPO). Ist abzusehen, dass das Gericht Beweisanträge nicht aufgreifen wird, weil z. B. die benannten Zeugen nicht geladen wurden, oder wurden erst kurz vor der mündlichen Verhandlung neue Beweismittel aufgefunden, müssen entsprechende Beweisanträge zu Protokoll erklärt werden. Bestimmte Verfahrensfehler können nämlich sonst als geheilt angesehen werden, sofern der Mangel nicht rechtzeitig gerügt wurde (§ 155 FGO i. V. m. § 295 ZPO)[862]. Hatte der Vorsitzende oder der Berichterstatter zuvor jedoch unter Belehrung über die Folgen einer Fristversäumung vergeblich eine Ausschlussfrist gesetzt, *zu bestimmten Vorgängen* Beweismittel zu bezeichnen oder z. B. Urkunden vorzulegen, kann das Gericht die verspätetet angebotenen Beweise zurückweisen und ohne weitere Ermittlungen entscheiden, wenn ihre Zulassung nach seiner freien Überzeugung die Erledigung des Rechtsstreits verzögern würde und der Beteiligte die Verspätung nicht genügend entschuldigt (§ 79b Abs. 2 i. V. m. Abs. 3 Satz 1 FGO)[863].

721

Daran schließt sich eine *Erörterung der Streitsache in tatsächlicher und rechtlicher Hinsicht* zwischen dem Vorsitzenden bzw. dem Berichterstatter und den Beteiligten an (§ 93 Abs. 1 FGO). Da das Urteil nur auf Tatsachen und Beweisergebnisse gestützt werden darf, zu denen sich die Beteiligten äußern konnten (Art. 103 Abs. 1 GG i. V. m. § 96 Abs. 2 FGO), kommt dieser Erörterung erhebliche Bedeutung zu, soll die Regelung doch vor dem Ergehen einer Überraschungsentscheidung schützen (s. Rz. 100). Allerdings besteht weder eine umfassende Aufklärungs- oder Hinweispflicht des Gerichts noch eine Pflicht zum allgemeinen Rechtsgespräch mit den Parteien. Es genügt, dass diese die Möglichkeit zur Stellungnahme erhalten[864].

722

Jedes Mitglied des Gerichts, also auch der ehrenamtliche Richter, kann Fragen stellen. Wird eine Frage beanstandet, so entscheidet das Gericht (und nicht der Vorsitzende allein), ob sie zuzulassen ist oder nicht (§ 93 Abs. 2 FGO).

723

Nach der allseitigen Erörterung der Streitsache wird die *mündliche Verhandlung für geschlossen erklärt*. Sie kann indessen durch das Gericht jederzeit wieder eröffnet werden (§ 93 Abs. 3 FGO). Nach Schluss der mündlichen Verhandlung

724

---

862 BFH vom 15. 5. 1996 X R 252-253/93, BFH/NV 1996, 906.
863 BFH vom 14. 1. 1981 I R 133/79, BStBl. II 1981, 443.
864 BFH vom 15. 6. 2000 IV B 6/99, BFH/NV 2000, 1446.

Ablauf des Verfahrens

zieht sich das Gericht zur Beratung und Entscheidung zurück. In der Regel wird das Urteil aber – entgegen § 104 Abs. 1 FGO – noch nicht sogleich verkündet. Dies hat seinen Grund darin, dass oft erhebliche Rechenarbeit zur Ermittlung der neu festzusetzenden Steuerbeträge erforderlich ist, die nicht innerhalb kurzer Frist erledigt werden kann. *Die Entscheidung des Gerichts wird daher den Beteiligten in der Regel auf postalischem Weg schriftlich zugestellt (§ 104 Abs. 3 FGO).*

725   Über die mündliche Verhandlung wird eine *Niederschrift* gefertigt (§ 94 FGO). Jeder Beteiligte hat das Recht, eine Abschrift dieser Niederschrift zu verlangen. Dabei ist bedeutsam, dass das Protokoll über die mündliche Verhandlung eine öffentliche Urkunde ist, der eine erhöhte Beweiskraft zukommt (§§ 165, 415, 418 ZPO). So kann die Einhaltung der für die mündliche Verhandlung geltenden Förmlichkeiten nur durch das Protokoll selbst bewiesen werden (§ 165 Satz 1 ZPO). Werden in der mündlichen Verhandlung Angaben des Klägers als Tatsachenvortrag zu Protokoll genommen, sind sie als Beweismittel im Rahmen der Beweiswürdigung zu beachten[865].

726   Entscheidet das Finanzgericht aufgrund mündlicher Verhandlung, geschieht dies in der **Besetzung** mit drei Berufsrichtern und zwei ehrenamtlichen Richtern (§ 5 Abs. 3 Satz 1 FGO).

d) Entscheidung des Senats ohne mündliche Verhandlung

727   Mit *Einverständnis der Beteiligten* kann das Finanzgericht ohne mündliche Verhandlung entscheiden (§ 90 Abs. 2 FGO). Dies erfordert, dass sämtliche Beteiligten ihr Einverständnis zur Entscheidung ohne mündliche Verhandlung geben. Dies gilt auch für Beigeladene und Streitgenossen. Die Einverständniserklärung ist eine Prozesshandlung; sie muss deshalb klar, eindeutig und vorbehaltlos erklärt werden, was entweder schriftlich oder zur Niederschrift des Urkundsbeamten oder in einem Verhandlungs- oder Erörterungstermin zur Niederschrift des Protokollführers geschehen kann. Eine fernmündliche Erklärung allein reicht nicht aus; sie muss schriftlich bestätigt werden. Ein wirksamer Verzicht liegt aber nicht vor, wenn Beteiligte erklären, „nach derzeitigem Verfahrensstand" mit einer Entscheidung ohne mündliche Verhandlung einverstanden zu sein[866]. Verzichtet der Kläger auf mündliche Verhandlung unter der Voraussetzung, dass das Gericht eine Beweiserhebung nicht für erforderlich hält, bietet er für seine Behauptungen aber gleichzeitig Beweise an, so ist sein Verzicht jedenfalls nicht eindeutig und damit unwirksam[867]. Ein Wechsel in der Besetzung des Gerichts lässt die Wirksamkeit einer zuvor abgegebenen Verzichtserklärung grundsätzlich unberührt[868].

728   Der Beteiligte kann allerdings eine modifizierte Erklärung abgeben, z. B. er verzichte nur für den Fall einer Senatsentscheidung auf mündliche Verhandlung[869] oder für den Fall, dass auch das Gericht der Ansicht ist, weitere Ermitt-

---

865 Hessisches Finanzgericht vom 22. 2. 1990 1 K 760/89, EFG 1990, 483.
866 BFH vom 8. 10. 1998 VIII R 67/96, BFH/NV 1999, 497.
867 BFH vom 25. 7. 1997 VI R 109/96, BFH/NV 1998, 183.
868 BFH v. 22. 10. 2003 I B 39/03, BFH/NV 2004, 350.
869 BFH vom 9. 1. 1997 VII R 17/96, BFH/NV 1997, 507.

lungen seien nicht erforderlich⁸⁷⁰. Die Erklärung eines Beteiligten, er sei mit einer Entscheidung des Berichterstatters anstelle des Senats gem. § 79a Abs. 2 bis 4 FGO einverstanden und verzichte insoweit auf mündliche Verhandlung, enthält deshalb kein uneingeschränktes Einverständnis mit einer Entscheidung ohne mündliche Verhandlung durch Urteil⁸⁷¹.

Die Wirkungen eines Verzichts auf mündliche Verhandlung können durch Handlungen des Gerichts (z. B. nachfolgende Übertragung des Rechtsstreits auf den Einzelrichter gem. § 6 FGO)⁸⁷² oder – ausnahmsweise – durch Erklärungen der Beteiligten (z. B. Widerruf) entfallen, wenn sich die Prozesslage nach Abgabe der Einverständniserklärung wesentlich geändert hat⁸⁷³. So verliert die frühere Verzichtserklärung ihre Wirkung, wenn der Kläger nach einem Wechsel des Prozessbevollmächtigten auf erneute Anfrage des Gerichts, ob auf mündliche Verhandlung verzichtet werde, dies verneint⁸⁷⁴. Eine im ersten Rechtsgang abgegebene Verzichtserklärung gilt für das Verfahren vor dem Finanzgericht nach einer Zurückverweisung durch den BFH im zweiten Rechtsgang nicht fort; vielmehr bedarf es insoweit erneut eines ausdrücklichen Verzichts⁸⁷⁵.

729

Selbst wenn das Einverständnis aller Beteiligten zur Entscheidung ohne mündliche Verhandlung vorliegt, ist das *Gericht nicht gezwungen*, tatsächlich ohne mündliche Verhandlung zu entscheiden. Vielmehr kann es gleichwohl eine mündliche Verhandlung anordnen und durchführen. Das Gericht wird dies meist dann tun, wenn es sich von dem persönlichen Eindruck der Beteiligten eine Entscheidungshilfe verspricht (z. B. hinsichtlich der Glaubwürdigkeit), oder die unmittelbaren Darlegungen der Beteiligten notwendig sind, um die wirklichen Motive und Hintergründe bestimmter Steuergestaltungen kennen zu lernen. Hat das Finanzgericht trotz Verzichts auf mündliche Verhandlung eine solche durchgeführt und ihre Vertagung beschlossen, wird der Anspruch auf rechtliches Gehör verletzt, wenn das Gericht anschließend ohne mündliche Verhandlung entscheidet und neuerliche Verzichtserklärungen der Beteiligten nicht vorliegen⁸⁷⁶.

730

Auf die mündliche Verhandlung sollte nur verzichtet werden, wenn der objektive Sachverhalt klar und unstreitig ist und ferner angenommen werden kann, dass auch das Gericht hinsichtlich des Sachverhalts keine Zweifel hat. Das bedeutet mit anderen Worten, dass auf die mündliche Verhandlung nur verzichtet werden sollte, wenn ausschließlich Rechtsfragen (noch) zur Entscheidung anstehen. Für deren Entscheidung kommt es nicht darauf an, welchen persönlichen Eindruck die Beteiligten auf das Gericht gemacht haben.

731

Man wird sich im Allgemeinen auf die Einstellung des Gerichts zu dieser Frage verlassen können, wenn angefragt wird – gegebenenfalls auch formularmäßig –,

732

---

870 BFH vom 21. 8. 1974 I B 23/74, n. v.
871 BFH vom 18. 2. 1999 I R 127-129/97, BFH/NV 1999, 1464.
872 BFH vom 9. 1. 1997 VII R 17/96, BFH/NV 1997, 507.
873 BFH vom 22. 10. 2003 I B 39/03, BFH/NV 2004, 350.
874 BFH vom 29. 4. 1999 V R 102/98, BFH/NV 1999, 1480.
875 BFH vom 27. 10. 2003 III B 19/03, BFH/NV 2004, 504.
876 BFH vom 10. 3. 2005 X B 182/03, BFH/NV 2005, 1068.

ob die Beteiligten mit einer Entscheidung ohne mündliche Verhandlung einverstanden sind. Allerdings sollte eine solche Erklärung erst abgegeben werden, wenn das Verfahren fortgeschritten ist und sich Sach- und Streitstand hinreichend konkretisiert haben. Wird auf eine solche Anfrage das Einverständnis erklärt, obliegt es dem Gericht, zu entscheiden, ob für die Entscheidung auch der persönliche Eindruck und das Kennenlernen der Beweggründe der Beteiligten von ausschlaggebender Bedeutung sein kann oder nicht. Je nach Beantwortung dieser Frage wird das Gericht eine mündliche Verhandlung anberaumen oder ohne mündliche Verhandlung entscheiden.

733   Bei der Entscheidung über den Verzicht auf mündliche Verhandlung sollte auch berücksichtigt werden, dass der Verzicht das *Verfahren* möglicherweise zeitlich verkürzen und *beschleunigen* kann, weil wegen des regelmäßig unstreitigen Sachverhalts zeitraubende Ermittlungen nicht mehr erforderlich sind und das Gericht z. B. nicht gehalten ist, Ladungsfristen (§ 91 Abs. 1 FGO) zu wahren.

734   Die Entscheidung ohne mündliche Verhandlung wird in der Regel anlässlich einer Sitzung des zuständigen Senats gefällt, in der auch mündliche Verhandlungen durchgeführt werden. Die Beteiligten erhalten hiervon allerdings keine Mitteilung, weil es auch keiner Ladung zum Termin bedarf. Das bedeutet, dass die Beteiligten von der eigenen Verzichtserklärung an grundsätzlich, unabhängig von irgendwelchen Mitteilungen seitens des Gerichts und ohne Gelegenheit zu einer weiteren Äußerung, mit einer Entscheidung im schriftlichen Verfahren rechnen müssen[877]. Die Beteiligten erfahren die Tatsache, dass eine Entscheidung gefällt wurde, erst mit Zustellung dieser Entscheidung. Insofern besteht möglicherweise eine gewisse Unsicherheit über den jeweiligen Stand des Prozesses. Es braucht dabei aber nicht befürchtet zu werden, dass dem Grundsatz des rechtlichen Gehörs nicht ausreichend Rechnung getragen wird. Auch bei einer Entscheidung ohne mündliche Verhandlung darf das Gericht keine Überraschungsentscheidung (s. Rz. 100) fällen. Es kann nur entscheiden, wenn den Beteiligten im schriftlichen Verfahren oder z. B. in einem Erörterungstermin ausreichend Zeit und Gelegenheit gegeben war, ihren Standpunkt vorzutragen, ihre Anträge zu stellen und zu begründen.

735   Die Entscheidung ohne mündliche Verhandlung ist kein Gerichtsbescheid; sie ist in allen Fällen ein **Urteil**, das der Gesamtsenat fällt. Auch bei einem Urteil, das ohne mündliche Verhandlung ergeht, wirken die ehrenamtlichen Richter mit (§ 5 Abs. 3 Satz 1 FGO). Das Gericht entscheidet also in der Besetzung von fünf Richtern. Beim Gerichtsbescheid nach § 90a FGO wirken dagegen die ehrenamtlichen Richter nicht mit (§ 5 Abs. 3 Satz 2 FGO); der Gerichtsbescheid des Senats wird in der Besetzung mit drei Berufsrichtern erlassen.

---

877 BFH vom 2. 4. 1997 X R 21/94, BFH/NV 1997, 547.

Entscheidungsphase

e) Verfahren bei Streitwert unter 500 Euro

Das Gericht kann sein Verfahren *nach billigem Ermessen* bestimmen, wenn der Streitwert bei einer Klage, die eine Geldleistung oder einen hierauf gerichteten Verwaltungsakt betrifft, 500 € nicht übersteigt (§ 94a FGO). **Voraussetzungen hierfür sind folgende:** 736

- Die Klage muss auf eine *Geldleistung* gerichtet sein.
- Der *Streitwert* (nicht unbedingt identisch mit der Geldleistung, auf die die Klage gerichtet ist) darf den Betrag von *500 €* nicht übersteigen. Kann der Wert des Streitgegenstandes nicht zuverlässig nach einer konkreten Geldleistung bestimmt werden, sondern ist er zu schätzen, kommt eine Bestimmung des Verfahrens nach billigem Ermessen nicht in Betracht[878].
- Kein Beteiligter hat eine mündliche Verhandlung beantragt.
- Das Gericht entscheidet durch *Urteil*.

Der Schwerpunkt liegt auf der Gestaltung des Prozesses. Hierin ist das Gericht völlig frei; die sonst üblichen Regeln der FGO gelten mit Ausnahme des Untersuchungsgrundsatzes (§ 76 FGO; s. Rz. 59 ff.) und der Vorschriften über den Gerichtsbescheid des Vorsitzenden (§ 79a Abs. 2, § 90a FGO; s. Rz. 762 f.) nicht (§ 94a Satz 3 FGO). Das Gericht ist nicht verpflichtet, von sich aus anzuzeigen, dass es gem. § 94a FGO beabsichtigt, ohne mündliche Verhandlung zu entscheiden[879]. 737

Auf *Antrag* eines Beteiligten muss aber mündlich verhandelt werden (§ 94a Satz 2 FGO). Ein solcher Antrag kann sich auch konkludent aus schriftlichen Äußerungen der Beteiligten ergeben. Sowohl in der Absichtserklärung eines Klägers, den Steuerbetrag noch in einer mündlichen Verhandlung bestimmen zu wollen, liegt ein Antrag auf mündliche Verhandlung, als auch in der Äußerung, es sei beabsichtigt, in der mündlichen Verhandlung näher bezeichnete Anträge zu stellen, oder in der Erklärung, zunächst auf die Durchführung einer mündlichen Verhandlung nicht zu verzichten[880]. Der Antrag auf Erhebung eines nicht erheblichen Zeugenbeweises enthält den Antrag auf Durchführung einer mündlichen Verhandlung[881]. Er soll aber nicht in einem unsubstantiierten Beweisantrag zu einem Beweisthema gesehen werden können, das für die vom Finanzgericht zu treffende Entscheidung unter keinem rechtlichen Gesichtspunkt von Bedeutung sein kann[882]. Mündliche Verhandlung ist hingegen nicht beantragt, wenn sich der Kläger auf die Frage, ob auf mündliche Verhandlung verzichtet werde, überhaupt nicht äußert[883]. 738

---

878 BFH vom 21. 1. 2000 II B 15/99, BFH/NV 2000, 864.
879 BFH vom 27. 5. 2002 VII B 187/01, BFH/NV 2002, 1356.
880 BFH vom 26. 3. 1996 XI B 132/95, BFH/NV 1996, 696.
881 BFH vom 22. 9. 1999 XI R 24/99, BStBl. II 2000, 32.
882 BFH vom 19. 10. 1999 V R 32/99, BFH/NV 2000, 465.
883 BFH vom 11. 1. 1995 II B 64/94, BFH/NV 1995, 705.

3. Art der Entscheidung

739 Entscheidungen des Finanzgerichts ergehen als:

- Urteil (s. Rz. 740 ff.);
- Zwischenurteil – Teilurteil – Vorabentscheidung (s. Rz. 760 f.);
- Gerichtsbescheid (s. Rz. 762 ff.);
- Beschluss (s. Rz. 770 f.);
- Andere Verfügungen des Gerichts (s. Rz. 774 f.).

a) Urteil

740 Über eine Klage wird grundsätzlich durch Urteil entschieden (§ 95 FGO). **Urteile enthalten im Wesentlichen** (§ 105 Abs. 2 FGO):

- Den *Entscheidungstenor*, in dem der Streitgegenstand materiell, sachlich entschieden wird.
- Einen Ausspruch über die *Kostentragungspflicht*, in dem die Kosten ganz oder teilweise einem der Beteiligten auferlegt werden.
- Im Fall der (teilweisen) Stattgabe einen Ausspruch über die *Vollstreckbarkeit des Urteils*.
- Einen Ausspruch über die *Zulassung der Revision*. Schweigen hinsichtlich der Zulassung der Revision bedeutet Nichtzulassung.

741 Der **materielle Inhalt** einer Entscheidung des Gerichts (Urteil oder Gerichtsbescheid) kann **im Falle der Stattgabe** sein:

- *Aufhebung eines angefochtenen Verwaltungsakts* (s. Rz. 742);
- *Änderung eines Verwaltungsakts* (s. Rz. 743 ff.);
- *Ausspruch der Verpflichtung, dass die Finanzbehörde eine bestimmte Regelung treffen muss* (s. Rz. 748 f.);
- *Ausspruch der Änderung eines Geldbetrags und gleichzeitig Beauftragung der Behörde*, diesen Betrag aufgrund der Entscheidung des Gerichts neu zu errechnen (s. Rz. 750);
- *Ausspruch der Verpflichtung, dass die Finanzbehörde erneut ermitteln und entscheiden muss, und zwar nach den Richtlinien, die durch das Gericht im Urteil vorgegeben werden* (s. Rz. 750);
- *Ausspruch, dass ein (erledigter) Verwaltungsakt rechtswidrig gewesen ist* (s. Rz. 751 f.).
- *Verpflichtung* der Finanzbehörde zu einem *Verhalten, das nicht in dem Erlass eines Verwaltungsakts* besteht (z. B. Unterlassung von Vollstreckungsmaßnahmen während der Dauer eines gerichtlichen Verfahrens auf Aussetzung der Vollziehung)[884].

Aufhebung eines angefochtenen Verwaltungsakts

742 Ist der angefochtene Verwaltungsakt schon vollzogen, so kann das Gericht auf Antrag auch aussprechen, dass und wie die Finanzbehörde die *Vollziehung rückgängig zu machen* hat. Hat sich der Verwaltungsakt vor Ergehen des Urteils des

---

884 Vgl. FG des Saarlandes vom 7. 1. 2000 1 V 389/99, EFG 2000, 449.

Finanzgerichts, durch Zurücknahme oder in anderer Weise erledigt, so spricht das Gericht auf Antrag aus, dass der *Verwaltungsakt rechtswidrig gewesen ist* (§ 100 Abs. 1 FGO).

Änderung eines Verwaltungsakts

Bei *Geldleistungen*, die in einem angefochtenen Verwaltungsakt festgesetzt sind, kann das Gericht auch durch Urteil den Geldbetrag anderweitig festsetzen. Gleichermaßen können auf einen Geldbetrag bezogene Feststellungen durch eine andere Feststellung ersetzt werden (§ 100 Abs. 2 Satz 1 FGO). Ist die *Berechnung eines Geldbetrags* schwierig, kann das Gericht die Änderung des Verwaltungsakts durch Angabe der zu Unrecht berücksichtigten oder nicht berücksichtigten tatsächlichen oder rechtlichen Verhältnisse so bestimmen, dass die *beklagte Behörde* den Betrag aufgrund der Entscheidung ermitteln kann (§ 100 Abs. 2 Satz 2 FGO). Dabei darf für die Behörde keine Entscheidung über Rechtsfragen offen bleiben[885]. Beurteilt das Finanzgericht abweichend von der Finanzbehörde Umsätze als steuerfrei und ergeben die Feststellungen des Gerichts im Urteil, dass der Kläger im Hinblick auf diese Umsätze mit Vorsteuer belastete Investitionen getätigt hatte, muss das Finanzamt bei der Berechnung der festzusetzenden Steuerbeträge auch die Auswirkungen der vom Gericht angenommenen Steuerfreiheit der Umsätze auf den Vorsteuerabzug berücksichtigen; unter diesen Umständen setzt eine Entscheidung des Finanzgerichts nach § 100 Abs. 2 Satz 2 FGO voraus, dass es auch die rechtlichen Verhältnisse des Vorsteuerabzugs bestimmt hat[886].

743

Der Tenor einer solchen Entscheidung kann im Fall einer Stattgabe in vollem Umfang z. B. lauten[887]:

> „Der Einkommensteuerbescheid für 2002 vom ... in der Fassung der hierzu ergangenen Einspruchsentscheidung wird abgeändert. Dem Beklagten wird aufgegeben, die geänderte Steuerfestsetzung nach Maßgabe der Urteilsgründe zu errechnen, ferner dem Kläger das Ergebnis dieser Berechnung unverzüglich mitzuteilen und den Bescheid mit dem geänderten Inhalt nach Rechtskraft dieses Urteils neu bekannt zu geben. ...".

Wird der Klage nur teilweise entsprochen, ist der Tenor um den Zusatz zu ergänzen: „Im Übrigen wird die Klage abgewiesen."

Die Behörde errechnet nach den Vorgaben des Gerichts daraufhin den Geldbetrag neu und teilt das Ergebnis der Neuberechnung unverzüglich und formlos den Beteiligten mit. Hierbei handelt es sich nicht um einen Verwaltungsakt oder Steuerbescheid, weil der Berechnung der Charakter einer selbständigen Regelung im Sinne der §§ 118, 155 ff. AO fehlt[888]. Dadurch wird die Berechnung Inhalt des Urteils des Finanzgerichts. Ist die unterlegene Finanzbehörde mit der Entschei-

---

885 BFH vom 27. 6. 1995 IX R 11-12/93, BFH/NV 1996, 319 zum ähnlichen Art. 3 § 4 VGFGEntlG.
886 BFH vom 23. 4. 1998 V R 71/96, BFH/NV 1999, 179.
887 Von Groll in Gräber, FGO⁵, § 100 Rz. 42.
888 Von Groll in Gräber, FGO⁵, § 100 Rz. 38.

dung nicht einverstanden, kann sie gegen diese Revision (s. Rz. 806 ff.) einlegen, wenn das Finanzgericht sie zugelassen hat, oder Nichtzulassungsbeschwerde erheben (s. Rz. 832 ff.).

Nach Rechtskraft der Entscheidung des Finanzgerichts ist der Verwaltungsakt mit dem geänderten Inhalt neu bekannt zu geben (§ 100 Abs. 2 Satz 3 Halbs. 2 FGO). Dieser kann (erneut) mit Einspruch und Klage angefochten werden, soweit nicht die Rechtskraft des Urteils (§ 100 FGO) entgegensteht. Dies kommt etwa in Betracht, wenn die Neuberechnung fehlerhaft ist, weil die Finanzbehörde nicht die zutreffenden Folgerungen aus der Entscheidung des Gerichts gezogen hat[889].

744   *Hält das Gericht eine weitere Sachaufklärung für erforderlich,* so kann es sich – ohne in der Sache selbst zu entscheiden – darauf beschränken, den Verwaltungsakt und die Einspruchsentscheidung aufzuheben, soweit nach Art und Umfang noch erhebliche Ermittlungen erforderlich sind und die Aufhebung auch unter Berücksichtigung der Belange der Beteiligten sachdienlich ist (§ 100 Abs. 3 Satz 1 FGO). Nach dieser Vorschrift kann insbesondere dann verfahren werden, wenn die Finanzbehörde unter Verletzung der behördlichen Amts-Ermittlungspflicht (§ 88 AO) den Sachverhalt nicht oder nur unzureichend aufgeklärt hat oder wenn bei einer erheblichen Veränderung der Sachlage oder bei einer anderen Beurteilung der Rechtslage und einer damit verbundenen Erweiterung des streitigen Tatsachenstoffs eine nochmalige Ermittlung des Sachverhalts durch die Finanzbehörde geboten erscheint[890]. Die Streitsache wird dann wieder bei der Finanzbehörde anhängig und muss im Einspruchsverfahren neu ermittelt werden. Um „erhebliche" Ermittlungen in diesem Sinne handelt es sich im Regelfall jedoch nicht, wenn bloß ein Sachverständigengutachten zur Aufteilung des Kaufpreises einer Eigentumswohnung in Grund und Boden sowie Gebäude eingeholt werden soll[891]. Diese Verfahrensweise setzt grundsätzlich einen entsprechenden Hinweis des Gerichts voraus, es sei denn, einer der Beteiligten hat eine derartige Entscheidung beantragt[892].

745   Das Gericht kann auf Antrag bis zum Erlass des neuen Verwaltungsaktes auch eine *einstweilige Regelung* treffen. Es kann insbesondere bestimmen, dass Sicherheiten geleistet werden müssen oder ganz bzw. teilweise bestehen bleiben und dass Leistungen zunächst nicht zurück gewährt werden müssen. Ein solcher Beschluss kann jederzeit geändert oder aufgehoben werden (§ 100 Abs. 3 Satz 3 und 4 FGO).

746   Die Möglichkeit der Zurückverweisung der Streitsache zu weiteren Ermittlungen an die Finanzbehörde (§ 100 Abs. 3 Satz 1 FGO) besteht aber nicht, soweit der *Kläger seiner Erklärungspflicht nicht ausreichend nachgekommen* ist und deshalb die Besteuerungsgrundlagen geschätzt worden sind (§ 100 Abs. 3 Satz 2

---

889 Lange in Hübschmann/Hepp/Spitaler, AO/FGO, § 100 FGO Rz. 97.
890 BFH vom 17. 1. 1996 XI R 62/95, BFH/NV 1996, 527.
891 BFH vom 22. 4. 1997 IX R 76/95, BFH/NV 1997, 695.
892 BFH vom 30. 7. 2004 IV B 143-144/02, BFH/NV 2005, 359.

FGO). Für *Schätzungsfälle* ist somit eine Ermittlung und weitere Sachaufklärung nicht erforderlich, weil davon ausgegangen werden kann, dass die Finanzbehörde wegen der nicht ausreichenden Mitwirkung des Steuerpflichtigen zur Schätzung grundsätzlich berechtigt war. Eine Entscheidung ergeht dann nach § 100 Abs. 1 Satz 1 oder § 100 Abs. 2 FGO (s. Rz. 743). In diesen Fällen scheidet eine Zurückverweisung an die Finanzbehörde auch dann aus, wenn die Steuererklärung zusammen mit der Klageschrift eingereicht wird[893].

Die *Zurückverweisung* der Streitsache an die Finanzbehörde ist jedoch nur zulässig *binnen sechs Monaten nach Eingang der Akten der Behörde bei Gericht* (§ 100 Abs. 3 Satz 5 FGO). Dies ist deshalb gerechtfertigt, weil angenommen werden kann, dass das Gericht die Steuerakten innerhalb dieser Frist einsieht und dann beurteilen kann, ob weitere Sachaufklärung erforderlich ist. Wird diese Zurückverweisung der Streitsache nach Ablauf von sechs Monaten seit Eingang der Akten der Behörde bei Gericht ausgesprochen, ist sie fehlerhaft und kann vor dem BFH angefochten werden. Hat der BFH die Entscheidung des Finanzgerichts aufgehoben und die Sache zur anderweitigen Verhandlung und Entscheidung zurückverwiesen, ist die Regelung im zweiten Rechtsgang vor dem Finanzgericht nicht anwendbar[894]. 747

Verpflichtung der Finanzbehörde
Soweit die *Ablehnung oder Unterlassung eines Verwaltungsakts rechtswidrig und der Kläger dadurch in seinen Rechten verletzt* ist, spricht das Gericht die Verpflichtung der Finanzbehörde aus, den begehrten Verwaltungsakt zu erlassen, wenn die Sache spruchreif ist (§ 101 Satz 1 FGO). 748

Die gleiche Verpflichtung wird ausgesprochen, wenn die *Finanzbehörde zu einer Leistung verpflichtet* wird (§ 100 Abs. 4 FGO). 749

Verpflichtung zum Erlass einer Entscheidung durch die Finanzbehörde nach den Vorgaben des Gerichts
Kann die *Entscheidung, zu der die Finanzbehörde verpflichtet wird, nicht exakt bestimmt* werden, so spricht das Gericht die Verpflichtung aus, dass die Finanzbehörde den Kläger zu bescheiden hat, und zwar unter Beachtung der Rechtsauffassung, die das Gericht in den Gründen des Urteils im Einzelnen dargelegt hat. Hierbei ist die exakte Verpflichtung nicht bereits im Tenor des Urteils ausgesprochen, sondern wird in den Gründen näher umschrieben (§ 101 Satz 2 FGO). 750

Rechtswidrigkeit eines erledigten Verwaltungsakts (Fortsetzungsfeststellungsklage)
Der Ausspruch, dass ein Verwaltungsakt rechtswidrig gewesen ist, kann nur *auf Antrag* getroffen werden, wenn der Verwaltungsakt vorher durch Zurücknahme oder in anderer Weise seine Erledigung gefunden und der Kläger ein substantiiert dargelegtes berechtigtes Interesse rechtlicher, wirtschaftlicher oder ideeller Art 751

---

[893] Von Groll in Gräber, FGO[5], § 100 Rz. 45.
[894] BFH vom 18. 2. 1997 IX R 63/95, BStBl. II 1997, 409.

Ablauf des Verfahrens

(z. B. Rehabilitierung nach Vorwurf der Steuerhinterziehung[895]) an dieser Feststellung hat (§ 100 Abs. 1 Satz 4 FGO; s. Rz. 205 ff.). Bei einer zunächst auf die Eintragung eines Freibetrags in die Lohnsteuerkarte gerichteten Klage hat der Kläger nach Ablauf des Monats März des Folgejahres (vgl. § 42b Abs. 3 Satz 1 EStG) ein berechtigtes Interesse an der Feststellung der Rechtswidrigkeit, wenn die zugrunde liegende Streitfrage auch für die Einkommensteuer-Veranlagung des Streitjahres von Bedeutung ist und diese Festsetzung einerseits noch nicht bestandskräftig, andererseits aber nicht selbst mit der Klage angefochten ist[896]. Häufig stellt sich die Frage z. B. auch, wenn eine Prüfungsanordnung (Außenprüfung) angefochten wird und die Außenprüfung entweder tatsächlich schon durchgeführt worden ist oder die Prüfungsanordnung aus einem anderen Grund nicht ausgeführt wird.

752 Wird ein Ausspruch über die Rechtswidrigkeit eines erlassenen Verwaltungsakts zur Verfolgung von *Schadensersatzansprüchen* begehrt, verlangt die Rechtsprechung, dass

- ein Schadensersatzprozess, wenn nicht schon anhängig, so doch mit hinreichender Sicherheit zu erwarten ist,
- die Entscheidung nach § 100 Abs. 1 Satz 4 FGO für den Schadensersatzprozess nicht unerheblich ist und
- der Schadensersatzprozess nicht offensichtlich aussichtslos ist[897].

Form des Urteils

753 Die *Form des Urteils* ergibt sich im wesentlichen aus § 105 FGO. Danach ergeht das Urteil im Namen des Volkes. Es ist *schriftlich* abzufassen und von den Richtern, die bei der Entscheidung mitgewirkt haben, zu unterzeichnen. Das Urteil enthält im *Rubrum* (siehe Muster in Rz. 754) die Bezeichnung der Beteiligten und ihrer Bevollmächtigten, die Bezeichnung des Gerichts und der Mitglieder des Gerichts, es enthält sodann die *Urteilsformel (Entscheidungstenor).* Im Anschluss an das Rubrum enthält das Urteil eine *Rechtsmittelbelehrung,* die Darstellung des *Tatbestands* und der *Entscheidungsgründe.*

754 **Muster** eines Rubrums und Tenors:

---

895 BFH vom 15. 12. 2004 X B 56/04, BFH/NV 2005, 714.
896 BFH vom 16. 9. 2004 X R 54/99, BFH/NV 2005, 677.
897 BFH vom 22. 12. 2003 VII B 35/03, BFH/NV 2004, 652.

2K 666/03

FINANZGERICHT DES SAARLANDES
URTEIL
IM NAMEN DES VOLKES

In dem Rechtsstreit
Maier Grundstücksverwaltungs-Gesellschaft bürgerlichen Rechts (GbR), bestehend aus den Gesellschaftern Albert und Josef Maier,

Klägerin,

Bevollmächtigte: Müller Wirtschaftsprüfungsgesellschaft AG, Berliner Platz 3, 66111 Saarbrücken,

gegen

Finanzamt Saarbrücken – Mainzer Straße –,

Beklagten,

vertreten durch den Vorsteher,
wegen Grunderwerbsteuer
hat der 2. Senat des Finanzgerichts des Saarlandes in Saarbrücken
unter Mitwirkung des Präsidenten des Finanzgerichts Hansjürgen Schwarz als Vorsitzender,
der Richter am Finanzgericht Günter Berwanger und Dr. Roberto Bartone sowie der ehrenamtlichen Richter Ernst Düpré (Diplom-Betriebswirt) und Markus Strehl (Architekt)
aufgrund der mündlichen Verhandlung am 6. Dezember 2004
für Recht erkannt:

1. Unter Abänderung des Grunderwerbsteuerbescheids vom 17. Mai 1999 in Form der Einspruchsentscheidung vom 3. April 2000 wird die Grunderwerbsteuer auf 3.333 € festgesetzt.
2. Die Kosten des Rechtsstreits werden dem Beklagten auferlegt.
3. Die Entscheidung ist hinsichtlich der Kosten vorläufig vollstreckbar. Der Beklagte kann die Vollstreckung durch Sicherheitsleistung oder Hinterlegung abwenden, sofern nicht die Klägerin zuvor Sicherheit leistet.
4. Die Revision wird zugelassen.

Ablauf des Verfahrens

755   Nach Ergehen des Urteils können *Schreibfehler, Rechenfehler u. ä. offenbare Unrichtigkeiten* im Urteil jederzeit durch das Gericht berichtigt werden (§ 107 FGO; s. Rz. 887 f.). Ein Antrag oder eine Anregung an das Gericht ist nicht erforderlich; sie kann indessen nützlich sein.

756   Nach Erlass des Urteils kann auch der *Tatbestand des Urteils berichtigt* werden, wenn er „andere Unrichtigkeiten oder Unklarheiten" (als offenbare Unrichtigkeiten) enthält. Hierzu ist allerdings ein Antrag erforderlich, der innerhalb von zwei Wochen nach Zustellung des Urteils gestellt werden muss (§ 108 FGO; s. Rz. 889 ff.).

757   Ist im Urteil ein Antrag übergangen worden, der von einem Beteiligten gestellt worden ist, so muss das *Urteil auf Antrag durch eine nachträgliche Entscheidung ergänzt* werden. Das gleiche gilt, wenn die Kostenfolge im Urteil nicht ausgesprochen wurde. Für diese Urteilsergänzung ist ebenfalls ein Antrag erforderlich, der binnen zwei Wochen nach Zustellung des Urteils gestellt werden muss (§ 109 FGO; s. Rz. 893 f.). Gegebenenfalls findet hinsichtlich des noch nicht erledigten Teils – des unberücksichtigt gebliebenen Antrags oder der unberücksichtigt gebliebenen Kostenfolge also – eine weitere mündliche Verhandlung statt.

758   Wenn sich das Gericht der Begründung des angefochtenen Verwaltungsakts anschließt oder auch der Einspruchsentscheidung folgt, kann es *von einer weiteren Darstellung der Entscheidungsgründe absehen.* Allerdings muss das Gericht in seiner Entscheidung ausdrücklich feststellen, dass es der Begründung des Verwaltungsakts oder der Einspruchsentscheidung folgt (§ 105 Abs. 5 FGO). Für diese Art der Urteilsfassung ist nicht erforderlich, dass es sich um einen geringfügigen Streitgegenstand handelt; es ist auch nicht erforderlich, dass ein außergerichtliches Vorverfahren tatsächlich stattgefunden hat, was etwa bei einer Sprungklage (s. Rz. 311 ff.) nicht der Fall ist, weil sich das Gericht auch an die Begründung des Verwaltungsakts und nicht nur der Einspruchsentscheidung halten kann. Das gilt nicht nur für eine Anfechtungsklage, sondern gegebenenfalls auch für eine Verpflichtungsklage. Hierin liegt in einfacher gelagerten Streitfällen eine gewisse Arbeitsersparnis für das Gericht. Hat das Finanzamt z. B. in der Einspruchsentscheidung bereits zu allen vom Kläger im Klageverfahren vorgebrachten entscheidungserheblichen Einwendungen Stellung genommen, kann das Finanzgericht die eigene Begründung vollständig durch eine Bezugnahme auf die Gründe der Einspruchsentscheidung ersetzen. Eine über die Feststellung, dass das Gericht der Verwaltungsentscheidung folgt, hinausgehende Urteilsbegründung ist dann nicht erforderlich[898]. Gleichwohl hat das Gericht, wie in anderen Fällen auch, den Tatbestand darzustellen.

759   **Werden Urteile rechtskräftig,** so sind die Beteiligten und deren Rechtsnachfolger insoweit an die Entscheidung gebunden, als über den Streitgegenstand entschieden worden ist. Diese Bindungswirkung gilt, wenn Personengesellschaften

---

[898] BFH vom 20. 11. 2003 III B 88/02, BFH/NV 2004, 517. Weniger weitgehend: BFH vom 7. 11. 2000 VII R 24/00, BFH/NV 2001, 909.

Art der Entscheidung

Beteiligte sind, auch für die nicht klageberechtigten Gesellschafter oder Gemeinschafter sowie für alle Beigeladenen (§ 110 Abs. 1 Satz 1 FGO).

b) Teilurteil – Zwischenurteil – Vorabentscheidung

Das Gericht kann vor Erlass eines Endurteils **Zwischenentscheidungen** fällen, und zwar: 760

- *Zwischenurteil über die Zulässigkeit der Klage*. In diesem Fall wird vorab lediglich die Zulässigkeitsfrage entschieden; die Streitsache selbst wird erst durch Endurteil geklärt (§ 97 FGO).
- Ist nur ein *Teil des Streitgegenstandes* entscheidungsreif, so kann insoweit ein Teilurteil erlassen werden (§ 98 FGO).
- Ist bei einer Leistungsklage oder einer Anfechtungsklage gegen einen Verwaltungsakt ein Anspruch nach Grund und Betrag streitig, kann das Gericht durch *Zwischenurteil über den Grund* vorab entscheiden (§ 99 Abs. 1 FGO).
- Eine *Vorabentscheidung* kann durch Zwischenurteil über eine entscheidungserhebliche Sach- oder Rechtsfrage gefällt werden, wenn dies sachdienlich ist und nicht der Kläger oder der Beklagte widerspricht (§ 99 Abs. 2 FGO).

Diese Vorabentscheidungen sind **Urteile** des Finanzgerichts. Sie werden also unter Einbeziehung von zwei ehrenamtlichen Richtern in der Besetzung von fünf Richtern gefällt. Rechtsbehelfe dagegen gibt es nur wie gegen ein anderes Endurteil des Gerichts (Revision, Nichtzulassungsbeschwerde). Entscheidet das Gericht jedoch im Zwischenurteil, dass eine verspätet erhobene Klage wegen zu gewährender Wiedereinsetzung in den vorigen Stand zulässig ist, ergeht diese Entscheidung auch dann unanfechtbar, wenn das Finanzgericht eine unzutreffende Rechtsmittelbelehrung beigefügt und die Revision entgegen § 56 Abs. 5 FGO zugelassen hat[899]. 761

c) Gerichtsbescheid (§ 90a FGO)

In geeigneten Fällen kann das Gericht ohne mündliche Verhandlung durch Gerichtsbescheid entscheiden. Dieser Gerichtsbescheid tritt neben die Möglichkeit, gem. § 90 Abs. 2 FGO eine Entscheidung ohne mündliche Verhandlung zu treffen. Die Entscheidung ohne mündliche Verhandlung ist grundsätzlich ein Urteil und folgt dessen Regeln. Der Gerichtsbescheid nach § 90a FGO ist auch zu unterscheiden von dem Gerichtsbescheid, den der Vorsitzende oder Berichterstatter im vorbereitenden Verfahren gem. § 79a FGO erlassen kann. Deswegen sind auch die Rechtsbehelfe in beiden Fällen strikt auseinanderzuhalten; sie sind nicht deckungsgleich. 762

Bedeutung des Gerichtsbescheids

Der Gerichtsbescheid gem. § 90a Abs. 1 FGO wird vom Gesamtsenat gefällt. Es steht im freien Ermessen des Gerichts, ob es einen solchen Gerichtsbescheid erlassen will oder nicht. Einer Mitwirkung der Beteiligten bei dieser Entscheidung 763

---

899 BFH vom 14. 11. 1995 IX R 36/94, BFH/NV 1996, 347.

Ablauf des Verfahrens

bedarf es nicht; Anträge oder Anregungen sind deswegen grundsätzlich unbeachtlich, wenngleich sie vom Gericht durchaus aufgegriffen werden können.

764   Beim Erlass eines solchen Gerichtsbescheids nach § 90a Abs. 1 FGO wirken die ehrenamtlichen Richter nicht mit. Die Entscheidung wird in der Besetzung von drei Berufsrichtern des Senats gefällt.

765   Gegen den Gerichtsbescheid nach § 90a Abs. 1 FGO sind den Beteiligten folgende *Rechtsmittel* eröffnet:

- Sie können *mündliche Verhandlung* beantragen.
- Sie können *Revision* einlegen, wenn diese vom Finanzgericht im Gerichtsbescheid zugelassen worden ist.
- Wird von beiden Rechtsbehelfen Gebrauch gemacht (z. B. der nur zum Teil obsiegende Kläger legt die vom Finanzgericht zugelassene Revision ein, die teilweise unterlegene Finanzbehörde beantragt die Durchführung einer mündlichen Verhandlung), findet mündliche Verhandlung vor dem Finanzgericht statt.

766   Für die Einlegung dieser Rechtsmittel besteht eine *Ausschlussfrist von einem Monat* nach Zustellung des Gerichtsbescheids (§ 90a Abs. 2 FGO).

767   Der ergangene *Gerichtsbescheid* wirkt grundsätzlich als *Urteil*. Wird jedoch rechtzeitig mündliche Verhandlung beantragt, so gilt er als nicht ergangen. In diesem Fall kann das Gericht in einem nachfolgenden Urteil von einer weiteren Darstellung des Tatbestands und der Entscheidungsgründe absehen, soweit es der Begründung des Gerichtsbescheids folgt und dies in seiner nachfolgenden Endentscheidung feststellt (§ 90a Abs. 3 und 4 FGO).

768   Zwischen einem Gerichtsbescheid und einer *Entscheidung ohne mündliche Verhandlung* bestehen *Unterschiede* in zwei wesentlichen Punkten:

- Zum einen entscheidet das Gericht beim Gerichtsbescheid in der *Besetzung von nur drei Berufsrichtern;* die ehrenamtlichen Richter wirken nicht mit (§ 5 Abs. 3 Satz 2 FGO).
- Zum anderen ist der Gerichtsbescheid *einen Monat lang (Frist zur Einlegung eines der zulässigen Rechtsmittel)* lediglich die Darlegung der Meinung des Gerichts. Dies bedeutet, dass die Beteiligten innerhalb dieser Monatsfrist sämtliche prozessualen Rechte und Möglichkeiten noch wahrnehmen können.

769   Da man durch den Gerichtsbescheid die Ansicht des Gerichts über die Streitpunkte kennt, ist ein Antrag auf mündliche Verhandlung nur dann sinnvoll, wenn durch den persönlichen Eindruck und durch die Darlegung der Beweggründe und Hintergründe die Möglichkeit besteht, das Gericht hinsichtlich der Beurteilung des Streitfalls noch zu beeinflussen. Insbesondere Tatfragen und die Umstände des Streitfalls können geeignet sein, eine andere Meinung des Gerichts im Urteil nach einer mündlichen Verhandlung herbeizuführen.

Art der Entscheidung

d) Beschluss

Beschlüsse des Gerichts sind „andere Entscheidungen", die nicht Urteile sind und die ohne mündliche Verhandlung ergehen (§ 90 Abs. 1 Satz 2 FGO). 770

Für Beschlüsse gelten grundsätzlich die gleichen Vorschriften wie für den Erlass und die Ausfertigung von Urteilen (§ 113 FGO). Auch sie müssen grundsätzlich in Schriftform ergehen, von den entscheidenden Richtern (drei Berufsrichter, ohne Mitwirkung der ehrenamtlichen Richter) unterschrieben sein. Sie müssen ferner ein Rubrum und den Entscheidungssatz (Tenor) enthalten und grundsätzlich mit einer Rechtsmittelbelehrung versehen sein. 771

Beschlüsse sind zu begründen, wenn sie durch Rechtsmittel (Beschwerde) angefochten werden können oder über einen Rechtsbehelf entscheiden (§ 113 Abs. 2 Satz 1 FGO). Da es für einen Antragsteller jedoch in der Regel unbefriedigend ist, wenn sein Antrag ohne Begründung abgelehnt wird, schreibt § 113 Abs. 2 Satz 2 FGO vor, dass Beschlüsse über Aussetzung der Vollziehung (§ 69 Abs. 3 und 5 FGO) und einstweilige Anordnungen (§ 114 Abs. 1 FGO), nach Erledigung des Rechtsstreits in der Hauptsache (§ 138 FGO) sowie Beschlüsse, in denen ein Antrag auf Prozesskostenhilfe zurückgewiesen wird (§ 142 FGO), stets zu begründen sind. Beschlüsse, die über ein Rechtsmittel entscheiden, bedürfen jedoch keiner weiteren Begründung, soweit das Gericht das Rechtsmittel aus den Gründen der angefochtenen Entscheidung als unbegründet zurückweist (§ 113 Abs. 2 Satz 3 FGO). 772

Bei *Beschlüssen über Aussetzung der Vollziehung* (s. Rz. 550 ff.) und einstweilige Anordnungen (s. Rz. 581 ff.) ist die Begründungspflicht ausdrücklich vorgeschrieben, weil gegen sie in der Regel kein Rechtsmittel mehr gegeben ist, es sei denn, die Beschwerde ist durch das Finanzgericht ausdrücklich zugelassen worden (§ 128 Abs. 3 FGO). Bei den Beschlüssen nach Erledigung der Hauptsache (s. Rz. 686 ff.) handelt es sich um Kostenentscheidungen, die unanfechtbar ergehen (§ 128 Abs. 4 Satz 1 FGO). Beschlüsse im Prozesskostenhilfe-Verfahren (s. Rz. 441 ff.) können seit dem 1. 1. 2001 nicht mehr angefochten werden, weil der Gesetzgeber für Beschwerdeentscheidungen durch den BFH als oberstes Bundesgericht insoweit keinen weiteren Bedarf gesehen hat (§ 128 Abs. 2 FGO). 773

e) Andere Verfügungen des Gerichts

Andere Verfügungen des Gerichts, die nicht Urteile oder formelle Beschlüsse sind, können *formlos,* meist mündlich oder durch Schriftsatz, ergehen. Es ist auch nicht die Mitwirkung aller Richter des zuständigen Senats erforderlich; der Vorsitzende oder ein von ihm beauftragter Richter (Berichterstatter) können allein entscheiden. Ebensowenig wie es Formvorschriften für das Zustandekommen dieser anderen Verfügungen gibt, gibt es Vorschriften über Form und Ausgestaltung ihrer Verkündung oder Zustellung. 774

Solche anderen Verfügungen des Gerichts können auch *nicht selbständig durch Rechtsmittel angefochten* werden. Sie können nur im Zuge eines Rechtsmittels gegen das Endurteil oder gegen einen sachentscheidenden förmlichen Beschluss mit angegriffen werden. 775

776 Die Nichtbefolgung solcher anderer Verfügungen des Gerichts hat in der Regel *prozessuale Nachteile* zur Folge. Der wichtigste dieser Nachteile ist die Versäumung von Ausschlussfristen, denn diese hat zur Folge, dass das Vorbringen des betroffenen Beteiligten nicht mehr berücksichtigt werden muss oder die Klage unzulässig wird. Es empfiehlt sich daher, solchen anderen Verfügungen des Gerichts gewissenhaft nachzukommen, auch wenn mit ihrem Erlass oder ihrem Inhalt kein Einverständnis besteht. Einwendungen gegen solche andere Verfügungen können erst in einem Rechtsmittelverfahren gegen die Endentscheidung des Gerichts vorgebracht werden; erst dort erlangen sie Bedeutung.

4. Kostenentscheidung und andere Nebenentscheidungen

a) Kostenentscheidung

777 Jede formelle Entscheidung des Gerichts – sei sie nun Urteil oder Beschluss – enthält im Allgemeinen auch eine *Entscheidung über die Kosten*. Ergeht keine Sachentscheidung, weil das Verfahren in anderer Weise als durch Urteil endet, wird lediglich durch Beschluss über die Verfahrenskosten entschieden (§ 143 Abs. 1 FGO). Die Kostenentscheidung ist Grundlage der Kostentragungspflicht.

778 Grundsätzlich hat ein **unterliegender Beteiligter** die Kosten des Verfahrens zu tragen. Dies ist eindeutig, wenn er in vollem Umfang unterliegt. *Unterliegt er nur teilweise* und obsiegt er auch teilweise, sind die Kosten entweder gegeneinander aufzuheben oder – und das ist meistens der Fall – verhältnismäßig zu teilen (§§ 135, 136 FGO). Die Aufteilung entspricht dem Maß des Obsiegens und/oder Unterliegens. Einem Beteiligten können jedoch die Kosten ganz auferlegt werden, wenn der andere nur zu einem geringen Teil unterlegen ist.

779 Prinzipiell hat jeder unterlegene oder teilweise unterlegene Beteiligte seinen Kostenanteil selbst zu tragen. Einem **Beigeladenen** (s. Rz. 618 ff.) können jedoch Kosten nur dann auferlegt werden, wenn er Anträge gestellt oder Rechtsmittel eingelegt hat (§ 135 Abs. 3 FGO). Hat er dagegen keinen Antrag gestellt und auch kein Rechtsmittel selbständig eingelegt, hat er keinen Kostenanteil zu tragen. Im Fall einer Beiladung hat das Gericht in der Kostenentscheidung stets auch über die Erstattungsfähigkeit der *außergerichtlichen Kosten des Beigeladenen* zu befinden[900]. Die außergerichtlichen Kosten eines Beigeladenen sind jedoch nur dann erstattungsfähig, wenn er sich selbst auch im Einspruchsverfahren einem Kostenrisiko ausgesetzt hat[901].

780 Im *Revisionsverfahren* können dem Beigeladenen bei Erfolg der Revision auch dann keine Kosten auferlegt werden, wenn er sich nicht auf Rechtsausführungen beschränkt hat, sondern darüber hinaus beantragt hat, die Revision als unbegründet zurückzuweisen, wenn er also in Gegnerschaft zum Revisionskläger stand[902].

---

900 BFH vom 23. 2. 1968 III B 2/67, BStBl. II 1968, 441.
901 FG Köln vom 7. 9. 1982 V (VIII) 609/76 F, EFG 1983, 300.
902 BFH vom 23. 1. 1985 II R 2/83, BStBl. II 1985, 368.

Hat ein **Beteiligter zwar obsiegt,** beruht dieses Obsiegen jedoch auf **Tatsachen, die er früher hätte geltend machen können** oder die er früher hätte beweisen können und sollen, können ihm die Kosten ganz oder teilweise auferlegt werden. Desgleichen können jedem Beteiligten solche Kosten auferlegt werden, die durch sein *Verschulden* (zusätzlich) entstanden sind. Berücksichtigt das Gericht nach § 76 Abs. 3 FGO Erklärungen und Beweismittel, die im Einspruchsverfahren nach § 364b AO rechtmäßig zurückgewiesen wurden, sind dem Kläger insoweit die Kosten aufzuerlegen (§ 137 FGO). 781

Bei **Klagerücknahme** oder bei Rücknahme eines anderen Rechtsmittels sind demjenigen die Kosten aufzuerlegen, der die Klage oder das andere Rechtsmittel zurücknimmt (§ 136 Abs. 2 FGO). 782

Allerdings wird bei Klagerücknahme und bei Rücknahme eines sonstigen Rechtsbehelfs nur dann über die Kosten des Verfahrens gesondert entschieden, wenn einer der Beteiligten *Kostenerstattung beantragt* (§ 144 FGO). 783

Bei **Erledigung der Hauptsache** entscheidet das Gericht nach billigem Ermessen über die Kosten des Verfahrens durch Beschluss. Dabei ist der *Sach- und Streitstand im Zeitpunkt der Erledigung* zu berücksichtigen (§ 138 Abs. 1 FGO). Nach Erledigung des Rechtsstreits in der Hauptsache sind die Kosten grundsätzlich dem Beteiligten aufzuerlegen, der unter Berücksichtigung des bisherigen Sach- und Streitstandes voraussichtlich unterlegen wäre, wenn das erledigende Ereignis nicht eingetreten wäre[903]. Soweit sich der Rechtsstreit dadurch erledigt, dass die *Finanzbehörde dem Klageantrag stattgegeben* oder einen beantragten Verwaltungsakt erlassen hat, sind die Kosten der Behörde aufzuerlegen (§ 138 Abs. 2 Satz 1 FGO). Bei einer Erledigung im Revisionsverfahren sind nicht die Erfolgsaussichten des Rechtsmittels, sondern der mutmaßliche Prozessausgang für die Kostenentscheidung maßgebend[904]. 784

Auch bei Erledigung der Hauptsache ist die *Vorschrift des § 137 FGO* zu beachten: Obsiegt ein Beteiligter durch die Erledigung ganz oder teilweise, weil für die Erledigung Tatsachen oder Beweismittel maßgebend waren, die bereits früher hätten geltend gemacht oder bewiesen werden können und sollen, dann können diesem Beteiligten die Kosten ganz oder teilweise auferlegt werden (§ 138 Abs. 2 Satz 2 i. V. m. § 137 FGO). 785

Die *Kostentragungspflicht* umfasst: 786

- Gerichtskosten (Gebühren und Auslagen);
- Aufwendungen der Beteiligten, die zur zweckentsprechenden Rechtsverfolgung oder Rechtsverteidigung notwendig waren (Ausnahme: Aufwendungen der Finanzbehörde; § 139 Abs. 2 FGO);
- Kosten des Vorverfahrens;

---

903 BFH vom 5. 8. 1986 VII B 7/86, BFH/NV 1987, 184.
904 BVerfG vom 15. 3. 1982 6 C 56/81, HFR 1984, 75.

Ablauf des Verfahrens

- gesetzlich vorgesehene Gebühren und Auslagen eines Bevollmächtigten und Beistandes[905];
- Gebühren und Auslagen des Vorverfahrens, wenn das Gericht die Zuziehung eines Bevollmächtigten oder Beistands für das Vorverfahren für notwendig erklärt (§ 139 Abs. 3 Satz 3 FGO);
- außergerichtliche Kosten des Beigeladenen, jedoch nur dann, wenn das Gericht diese aus Billigkeit der unterliegenden Partei oder der Staatskasse auferlegt (§ 139 Abs. 4 FGO)[906].

787 Grundsätzlich kann die **Kostenentscheidung nur zusammen mit einem Rechtsmittel gegen die Hauptsacheentscheidung angegriffen** werden (§ 145 Abs. 1 FGO). Gegen eine Kostenentscheidung gibt es keinen gesonderten Rechtsbehelf; insbesondere ist die Beschwerde nicht zulässig (§ 128 Abs. 4 FGO). Üblicherweise werden die dem Beteiligten *zu erstattenden Aufwendungen auf Antrag* unmittelbar nach Bestandskraft des Urteils oder der Kostenentscheidung *vom Urkundsbeamten des Gerichts des ersten Rechtszugs festgesetzt* (§ 149 Abs. 1 FGO). Die Höhe richtet sich dabei nach dem **Streitwert**. Dieser Streitwert wird durch den Klageantrag bestimmt. Dabei ist jeweils der weitestgehende Antrag für den Streitwert maßgebend.

788 Die Höhe des Streitwerts richtet sich grundsätzlich nach dem *Wert des Streitgegenstands*. Dieser ist, soweit nichts anderes bestimmt ist, nach der sich aus dem Antrag des Klägers für ihn ergebenden *Bedeutung der Sache nach Ermessen* zu bestimmen (§ 52 Abs. 1 GKG). Bietet der Sach- und Streitstand für die Bestimmung des Streitwerts keine genügenden Anhaltspunkte, ist ein „Auffangwert" von *5.000 €* anzunehmen (§ 52 Abs. 2 GKG). Betrifft der Antrag des Klägers eine *bezifferte Geldleistung* oder einen hierauf gerichteten Verwaltungsakt, ist *deren Höhe* maßgebend (§ 52 Abs. 3 GKG). In Verfahren vor den Gerichten der Finanzgerichtsbarkeit darf der Streitwert nicht unter 1.000 € angenommen werden (§ 52 Abs. 4 GKG).

789 Zu *Beispielen* aus der Rechtsprechung zur Höhe des Streitwerts s. Rz. 926.

790 Der Streitwert selbst wird nur ausnahmsweise durch das Finanzgericht festgesetzt, nämlich dann, wenn einer der Beteiligten oder die Staatskasse dies beantragt oder das Gericht eine Streitwertfestsetzung für angemessen erachtet (§ 63 Abs. 2 Satz 2 GKG).

Kostenansatz

791 Gegen den **Kostenansatz** durch den Urkundsbeamten der Geschäftsstelle kann durch den Kostenschuldner oder die Staatskasse *Erinnerung* eingelegt werden.

---

905 Dabei sind Gebühren und Auslagen stets erstattungsfähig, wenn der Bevollmächtigte oder Beistand nach den Vorschriften des StBerG zur geschäftsmäßigen Hilfeleistung in Steuersachen befugt ist. Sind für einen Bevollmächtigten oder Beistand Gebühren und Auslagen nicht gesetzlich vorgesehen (z. B. für Wirtschaftsprüfer), können sie bis zur Höhe der gesetzlichen Gebühren und Auslagen der Rechtsanwälte erstattet werden.

906 Gebühren und Auslagen eines Bevollmächtigten oder Beistands, der zu einem der Beteiligten in einem Angestelltenverhältnis steht, werden nicht erstattet.

Über sie entscheidet das Gericht, bei dem die Kosten angesetzt worden sind (§ 66 Abs. 1 Satz 1 GKG). Gegen die Entscheidung über die Erinnerung ist kein weiteres Rechtsmittel gegeben (§ 66 Abs. 3 Satz 3 GKG).

Kosten, die wegen unrichtiger Sachbehandlung entstanden sind (z. B. aufgrund der unzutreffenden Rechtsmittelbelehrung des Finanzgerichts, dass gegen einen Beweisbeschluss die Beschwerde statthaft ist)[907] und die bei richtiger Behandlung der Sache nicht entstanden wären, werden nicht erhoben (§ 21 Abs. 1 Satz 1 GKG). Das gleiche gilt für Auslagen, die durch eine von Amts wegen veranlasste Verlegung eines Termins oder durch die Vertagung einer Verhandlung entstanden sind (§ 21 Abs. 1 Satz 2 GKG). Für abweisende Entscheidungen sowie bei Zurücknahme eines Antrags kann von der Erhebung von Kosten abgesehen werden, wenn der Antrag auf unverschuldeter Unkenntnis der tatsächlichen oder rechtlichen Verhältnisse beruht (§ 21 Abs. 1 Satz 3 GKG). Über diesbezügliche Anträge, die nicht fristgebunden sind, entscheidet das Gericht, bei dem die Kosten anzusetzen sind oder angesetzt wurden (§ 21 Abs. 2 Satz 1 i. V. m. § 19 Abs. 1 Satz 1 Nr. 1 GKG). Ein beim BFH gestellter Antrag unterliegt nicht dem Vertretungszwang nach § 62a FGO[908]. 792

Der *Erlass* von Gerichtskosten ist nur zulässig, wenn die Einziehung für den Schuldner eine besondere Härte bedeuten würde. Eine solche liegt nur vor, wenn der Schuldner durch die Einziehung oder Sicherstellung der Schuld in eine wirtschaftliche Lage geraten würde, die ihm nicht zugemutet werden kann. Die Bearbeitung von Gesuchen um Erlass obliegt dem Präsidenten des Finanzgerichts. 793

Die **Höhe der Kosten** ergibt sich aus dem *Kostenverzeichnis*, das als Anlage 1 zu § 3 GKG erlassen worden ist. 794

b) Vollstreckbarkeit

Grundsätzlich richtet sich die Vollstreckung bestandskräftiger Urteile oder sonstiger Entscheidungen des Gerichts nach den *Vorschriften der AO* (§ 150 ff. FGO). Vollstreckt werden kann aus: 795

- rechtskräftigen und für vorläufig vollstreckbaren gerichtlichen Entscheidungen;
- einstweiligen Anordnungen;
- Kostenfestsetzungsbeschlüssen.

Urteile auf Anfechtungs- und Verpflichtungsklagen können *nur wegen der Kosten* für vorläufig vollstreckbar erklärt werden (§ 151 Abs. 3 FGO). 796

c) Verzinsung

Wird durch eine rechtskräftige gerichtliche Entscheidung oder aufgrund einer solchen Entscheidung eine festgesetzte Steuer herabgesetzt oder eine Steuervergütung gewährt, so ist *der zu erstattende oder zu vergütende Betrag von der Rechts- 797

---

907 BFH vom 18. 11. 1997 I B 93/97, BFH/NV 1998, 737.
908 Vgl. BFH vom 27. 6. 1996 IX S 3/96, BFH/NV 1996, 926 zu Art. 1 Nr. 1 BFHEntlG.

Ablauf des Verfahrens

hängigkeit an bis zum Auszahlungstag zu verzinsen (§ 236 Abs. 1 AO). Dies gilt selbstverständlich nur dann, wenn der ursprünglich festgesetzte Steuerbetrag vom Kläger bereits bezahlt war. Nur von seinem Zahlungstag an kann die Verzinsung verlangt werden, wenn die Höhe dieser Steuer nachträglich herabgesetzt wird oder wenn nachträglich durch eine Gerichtsentscheidung eine Erstattung ausgesprochen wird.

798   Dies gilt auch dann, wenn nicht eine rechtskräftige Gerichtsentscheidung, also ein Urteil, vorliegt, sondern wenn der **Rechtsstreit** durch Aufhebung oder Änderung des angefochtenen Verwaltungsakts oder durch Erlass eines beantragten Verwaltungsakts **seine Erledigung gefunden hat.** Diese von beiden Beteiligten ausgesprochene Erledigung des Prozesses wird hinsichtlich der Verzinsung einem Urteil gleichgestellt, das den gleichen Sachausspruch getan hätte, wie er durch die Erledigung (Aufhebung oder Änderung des angefochtenen Verwaltungsakts) verfügt wird.

799   Dies gilt auch dann, wenn die gerichtliche Entscheidung oder die Erledigung einen Rechtsstreit über einen **Grundlagenbescheid** betrifft und der *Folgebescheid zu einer Herabsetzung der Steuerbeträge führt.* Die Steuerermäßigungsbeträge sind in gleicher Weise zu verzinsen (§ 236 Abs. 2 AO).

800   Der Kläger hat keinen Anspruch auf derartige Prozesszinsen für Erstattungsbeträge, wenn ihm im Verfahren die **Kosten gem. § 137 Satz 1 FGO auferlegt** worden sind (§ 236 Abs. 3 AO). Dies deshalb, weil dann davon auszugehen ist, dass er den Prozess dadurch selbst verschuldet hat, dass er Tatsachen verspätet dargetan hat, die er früher hätte geltend machen oder beweisen können und sollen; hat er den Prozess verschuldet, soll er nicht auch noch Zinsen verlangen können.

801   Auch bei *Aussetzung der Vollziehung* entsteht ein Zinsanspruch (§ 237 Abs. 1 AO). Er knüpft an die endgültige Erfolglosigkeit des abgabenrechtlichen bzw. finanzgerichtlichen Rechtsbehelfs an. Eine anschließend erhobene Verfassungsbeschwerde wird nicht berücksichtigt[909].

5. Elektronische Kommunikation

802   Das am 1. 4. 2005 in Kraft getretene JKomG[910] bietet die gesetzliche Grundlage für eine vollständige elektronische Prozessführung. Es ändert vor allem die ZPO, auf die die speziellen Verfahrensordnungen der anderen Fachgerichtsbarkeiten verweisen und – soweit erforderlich – die speziellen Verfahrensordnungen selbst. Auch in die FGO werden eine Reihe von Neuregelungen und Änderungen eingefügt (insbesondere § 52 a, § 52 b, § 78 Abs. 2, § 86 Abs. 3, § 105 Abs. 6, § 107 Abs. 2 FGO). Durch *Rechtsverordnung* bestimmen – je nach Zuständigkeit – die Bundesregierung oder die Landesregierungen

---

909 BFH vom 11. 2. 1987 II R 176/84, BStBl. II 1987, 320.
910 Justizkommunikationsgesetz v. 22. 3. 2005, BGBl. I 2005, 837; dazu Viefhues, NWB 2005, F 19, 3315.

- den Zeitpunkt, von dem an Dokumente an ein Finanzgericht elektronisch übermittelt werden können (§ 52 a Abs. 1 FGO),
- die Art und Weise, in der die elektronischen Dokumente einzureichen sind (§ 52 a Abs. 1 FGO),
- den Zeitpunkt, von dem an die Prozessakten elektronisch geführt werden (§ 52 b Abs. 1 FGO) sowie
- die Modalitäten der elektronischen Aktenführung (§ 52 b Abs. 1 FGO)

Solche Rechtsverordnungen sind – soweit wir sehen – bisher für den BFH und die Finanzgerichte Hamburg, Brandenburg und die des Landes Nordrhein-Westfalen (Münster, Köln, Düsseldorf) ergangen. Die Justizverwaltungen arbeiten derzeit an einem gemeinsamen bundesweiten Justizportal, das den Zugang zu allen elektronisch arbeitenden Gerichten ermöglicht. *803*

Bei Schriftsätzen der Beteiligten, an die besondere Formerfordernisse zu stellen sind („schriftlich", z. B. Klageerhebung, Klagerücknahme, Erledigungserklärung), wird die Unterschrift durch eine qualifizierte *elektronische Signatur* ersetzt, die die Integrität, die Authentizität und die Vertraulichkeit des Textes gewährleisten soll. Die Signaturkarte wird von zertifizierten Anbietern (DATEV, Anwaltskammern u. ä.) ausgegeben. Für alle anderen Schriftsätze reicht eine einfache Signatur, d. h. der bloße Namenszusatz aus (§ 52 a Abs. 1 Satz 3 FGO). Entsprechendes gilt für Schriftsätze, Urteile und Beschlüsse des Gerichts (§ 52 a Abs. 3 FGO). *804*

Ein elektronisches Dokument geht dem Gericht zu, wenn die für den Empfang bestimmte Einrichtung es aufgezeichnet hat. Der Absender trägt also – wie beim normalen Schriftverkehr auch – grundsätzlich das Risiko einer fehlgeschlagenen Übermittlung. Genügt das Dokument nicht den Anforderungen (z. B. keine korrekte elektronische Signatur), so ist dies dem Absender unter Angabe der für das Gericht geltenden technischen Rahmenbedingungen unverzüglich mitzuteilen (§ 52 a Abs. 2 FGO). Wiedereinsetzung in den vorigen Stand kann ggf. gewährt werden (s. Rz. 526 ff.). Die Beweiskraft elektronischer Dokumente und Ausdrucke wird durch §§ 371a, 416a ZPO geregelt. Die Akteneinsicht in eine elektronisch geführte Akte ist mit weniger Aufwand als bei den herkömmlich geführten Akten möglich (§ 78 Abs. 2 FGO). Verzögerungen, die bei herkömmlicher Aktenführung dadurch entstehen, dass die Akte von mehreren Behörden benötigt wird (z. B. Finanzgericht, BFH und Staatsanwaltschaft), sind bei elektronischer Aktenführung vermeidbar. *805*

I. Rechtsmittel und Rechtsbehelfe

Vorab zur Klarstellung Folgendes: Rechtsmittel sind Rechtsbehelfe, mittels derer ein Verfahrensbeteiligter die Aufhebung (*Kassation*) oder Änderung (*Reformation*) einer gerichtlichen Entscheidung durch das Rechtsmittelgericht begehrt. Einem Rechtsmittel in diesem Sinne sind zwei Wirkungen immanent, nämlich 806

- der sogenannte *Suspensiveffekt*, d. h. die Entscheidung wird nicht formell rechtskräftig; vielmehr wird der Zeitpunkt der Rechtskraft hinausgeschoben.
- der sogenannte *Devolutiveffekt*, d. h. das Verfahren wird bei der nächsthöheren Instanz anhängig, die über die Sache entscheidet.

In diesem Sinne sind Rechtsmittel gegen die Entscheidungen des Finanzgerichts lediglich 807

- die Revision (s. Rz. 810 ff.) und
- die Beschwerde (s. Rz. 865 ff.).

Daneben gibt es noch eine Reihe von anderen Rechtsbehelfen, die ein Beteiligter ergreifen kann, die aber keine Rechtsmittel sind, wenn sie auch den im Grundgesetz garantierten Rechtsschutz (Art. 19 Abs. 4 GG) sichern. Hier wären zu nennen 808

- der *Antrag auf mündliche Verhandlung* (s. Rz. 765);
- der Antrag auf *Berichtigung des Urteils* wegen *offenbarer Unrichtigkeiten* (s. Rz. 887 f.);
- der Antrag auf *Berichtigung des Tatbestands* eines Urteils (s. Rz. 889 ff.);
- der Antrag auf *Urteilsergänzung* (s. Rz. 893 f.);
- die Anhörungsrüge (s. Rz. 872);
- die *Wiederaufnahme des Verfahrens* (s. Rz. 895 ff.);
- die *Anrufung des BVerfG* (s. Rz. 879 ff.);
- die *Vorlage an den Europäischen Gerichtshof* (s. Rz. 884 ff).

Im Folgenden wird sowohl auf die Rechtsmittel im eigentlichen Sinn (also die Revision und die Beschwerde) wie auch die wichtigsten weiteren Rechtsschutzmöglichkeiten eingegangen. Insoweit sei vorab bereits erwähnt, dass das 2. FGO-ÄndG zum 1. 1. 2001 wesentliche Änderungen des Revisions- und Beschwerdeverfahrens gebracht hat[911]. Insbesondere wurde der Zugang zum BFH neu geregelt. Die folgende Darstellung befasst sich mit dieser Rechtslage und geht auf die frühere Regelung nur noch dort ein, wo es zum weiteren Verständnis erforderlich ist. Besondere Erwähnung verdient auch, dass der Gesetzgeber im sog. Anhörungsrügengesetz[912] einen speziellen Rechtsbehelf, nämlich 809

---

911 Dazu speziell Beermann, DStZ 2000, 773; Bilsdorfer, BB 2001, 753; Dürr, INF 2001, 65; List, DStR 2000, 1499; Seer, BB 2000, 2387; ders., StuW 2001, 3; Spindler, DB 2001, 61.
912 BGBl. I 2004, 3220, 3225.

die Anhörungsrüge (§ 133a FGO), normiert hat, mit dem in Anlehnung an § 321a ZPO die Verletzung des Anspruchs auf rechtliches Gehör gerügt werden kann (dazu Rz. 872 f.).

1. Revision

810 Gegen ein Urteil des Finanzgerichts steht den Beteiligten (und zwar allen Beteiligten) die *Revision an den BFH* zu, wenn das Finanzgericht – oder auf Beschwerde gegen die Nichtzulassung – der BFH sie zugelassen hat (§ 115 Abs. 1 FGO).

811 Die Revision bedarf also generell der *Zulassung.* Eine Streitwertrevision gibt es nicht mehr[913]. Gegen das Urteil des Finanzgerichts ist die Revision an den BFH nur zulässig, wenn das Finanzgericht oder auf Beschwerde gegen die Nichtzulassung der Revision der BFH sie zugelassen hat (§ 115 Abs. 1 FGO). Hat das Finanzgericht die Revision zugelassen, ist der BFH an diese Entscheidung gebunden[914] (§ 115 Abs. 3 FGO). Hat das Finanzgericht die Revision jedoch nicht zugelassen, muss der Betroffene, will er diese Entscheidung nicht gelten lassen, Nichtzulassungsbeschwerde nach § 116 Abs. 1 FGO einlegen.

812 Die *Revisionsgründe* im Einzelnen benennt § 115 Abs. 2 FGO an. Danach ist die Revision nur zuzulassen, wenn

- die Rechtssache *grundsätzliche Bedeutung* hat (§ 115 Abs. 2 Nr. 1 FGO; s. Rz. 820 ff.),
- die *Fortbildung des Rechts* oder die *Sicherung einer einheitlichen Rechtsprechung* eine Entscheidung des BFH erfordert (§ 115 Abs. 2 Nr. 2 FGO; s. Rz. 825 f.), oder
- ein *Verfahrensmangel* geltend gemacht wird und vorliegt, auf dem die Entscheidung beruhen kann (§ 115 Abs. 2 Nr. 3 FGO; s. Rz. 827 ff.).

813 Die Regelung zur Grundsatzrevision (§ 115 Abs. 2 Nr. 1 FGO) wurde also unverändert übernommen. § 115 Abs. 2 Nr. 2 FGO lehnt sich an die Regelung in § 74 Abs. 2 GWB an. Im Grunde genommen wird hier die Grundsatzrevision auf Fälle erweitert, die der Rechtsfortbildung und -vereinheitlichung[915] zugänglich sind. Darüber hinaus bezieht die Regelung auch alle Tatbestände mit ein, in denen – über den Einzelfall hinaus – ein allgemeines Interesse an einer korrigierenden Entscheidung des Revisionsgerichts besteht. Die Verfahrensrevision (§ 115 Abs. 2 Nr. 3 FGO) findet sich mit kleineren sprachlichen Abweichungen bereits in der früheren Version der Vorschrift.

814 Revisionsgerichte haben in erster Linie die Aufgabe, im Interesse der Allgemeinheit das Recht fortzubilden und die Rechtseinheit zu wahren. An diesen

---

913 Dazu List, DStR 1499, 1503.
914 Damit ist die frühere Diskussion, ob der BFH an die Revisionszulassung gebunden ist, gegenstandslos; vgl. zu dieser Frage etwa BFH vom 22. 6. 1979, VI R 85/76, BStBl. II 1979, 660. Vgl. aber Dürr, INF 2001, 65 (68), der trotz des klaren Wortlauts in Fällen einer offensichtlich gesetzwidrigen Revisionszulassung eine Bindung verneint.
915 Diese Variante betrifft u. a. den Fall, dass ein Gericht mit seiner Entscheidung von derjenigen eines anderen Finanzgerichts in einer nämlichen Rechtsfrage abweicht.

Aufgaben sind auch die möglichen Zulassungskriterien orientiert. Dies beeinträchtigt auch nach Meinung der Bundesregierung[916] nicht unzumutbar den Rechtsschutz in Finanz- und Steuersachen, wenn nach einer *einzigen Tatsacheninstanz* nur noch der BFH als Revisionsinstanz vorgesehen ist.

Hierüber lässt sich sicherlich streiten. Die Einrichtung einer zweiten Tatsacheninstanz, die immer wieder einmal angedacht worden ist, kostet allerdings Geld. Und ob sie letztlich zu einer Verbesserung des Rechtsschutzes führen würde, lässt sich im Ergebnis kaum klären. Pragmatisch gedacht wird man sich vor diesen Gegebenheiten schon damit zufrieden geben, dass die Reform des Revisionsrechts, wie sie zum 1. 1. 2001 stattgefunden hat, gerade über die Erweiterung auch der Zulassungsgründe für eine Revision zur erwünschten Rechtsschutzverbesserung beigetragen hat[917]. 815

So ist nämlich auch nach Beseitigung der Streitwertrevision sichergestellt, dass finanzgerichtliche Entscheidungen in allen Rechtsstreitigkeiten grundsätzlicher Art durch eine weitere Instanz überprüft werden können. Die Kontrolle auf Verfahrensfehler blieb ebenfalls erhalten. Daneben wurde mit Hilfe von § 115 Abs. 2 Nr. 2 FGO eine Regelung geschaffen, die zwar vom Wortlaut her klare Konturen vermissen lässt[918], die aber die Hoffnung aufkommen ließ, dass sich der BFH zu einer großzügigeren Zulassungspraxis wird durchringen können. Eine abschließende, generelle Aussage dazu, ob der BFH und auch die Finanzgerichte insgesamt diese Möglichkeit nutzen, kann an dieser Stelle nicht getroffen werden. 816

Im Übrigen kann jeder Beteiligte mit der Nichtzulassungsbeschwerde erreichen, dass die Entscheidung des Finanzgerichts über eine Nichtzulassung überprüft wird. Selbst wenn der BFH die Nichtzulassungsbeschwerde zurückweisen sollte, kommt in seiner Entscheidung in vielen Fällen zum Ausdruck, dass und ob die Rechtsfrage keine grundsätzliche Bedeutung hat, weil das Finanzgericht sie ebenso beantwortet hat wie die bisherige höchstrichterliche Rechtsprechung. Darüber hinaus sollte auch die europarechtliche Ausrichtung des Steuerrechts nicht vergessen werden. Denn jedes Finanzgericht kann die Möglichkeit einer Vorlage an den EuGH nach Art. 177 Abs. 2 und 3 des EWG-Vertrages überprüfen und entsprechend handeln. 817

Die Revision ist statthaft gegen fast alle Arten von Urteilen, wie Endurteile (§ 95 FGO), Teilurteile (§ 98 FGO)[919], Ergänzungsurteile nach § 109 FGO[920] und selbständige Zwischenurteile, wie etwa betreffend die Zulässigkeit der Klage nach § 97 FGO[921] oder nach § 99 Abs. 1 FGO[922] bzw. § 99 Abs. 2 FGO[923]. Nicht revisibel sind jedoch unselbständige Zwischenurteile wie etwa die Entscheidung 818

---
916 Bundesratsdrucksache 102/88 vom 18. 3. 1988, Seite 55.
917 Vgl. in diesem Sinne Dürr, INF 2001, 65; Spindler, DB 2001, 61.
918 Vgl. Rüsken, DStZ 2000, 815 (819); Seer, BB 2000, 2389.
919 BFH vom 17. 3. 1992 IV R 51/91, BFH/NV 1992, 617.
920 BFH vom 18. 4. 1991 VIII R 82-83/89, BFH/NV 1992, 670.
921 BFH vom 14. 12. 1988 I R 24/85, BStBl. II 1989, 369.
922 BFH vom 17. 11. 1992 VIII R 35/91, BFH/NV 1993, 316.
923 BFH vom 26. 1. 1995 IV R 23/93, BStBl. II 1995, 467.

über die Gewährung der Wiedereinsetzung in den vorigen Stand nach § 56 Abs. 5 FGO.

819 Immer gilt dabei der Grundsatz: Soll eine Revision zulässig sein, so muss in jedem Fall die Zulassung ausdrücklich ausgesprochen werden, entweder vom Finanzgericht oder vom BFH selbst. Die Gründe hierfür sind (§ 115 Abs. 2 FGO):

- Die Rechtssache hat *grundsätzliche Bedeutung (Grundsatzrevision;* s. Rz. 820 ff.)[924].
- Die Fortbildung des Rechts oder die Sicherung einer einheitlichen Rechtsprechung erfordert eine Entscheidung des BFH (*Rechtssicherungsrevision;* s. Rz. 825 f.).
- Ein *Verfahrensmangel* wird geltend gemacht und liegt vor, auf dem die Entscheidung beruhen kann (*Verfahrensrevision;* s. Rz. 827 ff.).

a) Grundsatzrevision

820 Nach § 115 Abs. 2 Nr. 1 FGO ist die Revision zuzulassen, wenn die Rechtssache grundsätzliche Bedeutung hat. Dabei ist „Rechtssache" gleichbedeutend mit der oder den Rechtsfragen, die in dem vorangegangenen Rechtsstreit aufgeworfen worden sind[925].

821 „Grundsätzliche Bedeutung" ist ein unbestimmter Rechtsbegriff. Hier kommt die Aufgabe des BFH zum Ausdruck, zur Fortbildung des Steuerrechts und der einheitlichen Rechtsanwendung beizutragen[926]. Daraus wird gefolgert, dass Rechtsfragen grundsätzliche Bedeutung nur dann haben können, wenn ihre Klärung für die einheitliche Auslegung und Anwendung sowie für die Fortbildung des Rechts wesentlich ist. Diese Voraussetzung ist z. B. erfüllt, wenn eine Rechtsfrage die *Interessen der Allgemeinheit* an der einheitlichen Entwicklung und Anwendung des Steuerrechts berührt und sich *nicht in der Entscheidung über einen konkreten Steuerfall* erschöpft. Die Voraussetzung ist nicht erfüllt, wenn nur die Würdigung der tatsächlichen Umstände des vorangegangenen Streitfalls zur Entscheidung ansteht, weil deren Klärung nicht für eine Vielzahl von Steuerpflichtigen, sondern nur für die am vorangegangenen Prozess Beteiligten von entscheidender Bedeutung ist[927].

822 Wegen grundsätzlicher Bedeutung der Rechtssache kommt die Zulassung der Revision darüber hinaus nur in Betracht, wenn die *Rechtsfrage klärungsbedürf-*

---

[924] Die bisherige Divergenzrevision in § 115 Abs. 2 Nr. 2 FGO a. F. (Abweichung von einer Entscheidung des BFH oder des Bundesverfassungsgerichts) wurde ohnehin als ein besonders geregelter Fall der Grundsatzrevision verstanden (vgl. etwa BFH vom 28. 4. 1988 V B 11/88, BStBl. II 1988, 734). Von daher führt die Neuregelung insoweit jedenfalls nicht zu einer Verschlechterung des Rechtsschutzes.
[925] BFH vom 2. 3. 1982 VII B 148/81, BStBl. II 1982, 327.
[926] Diese Ausrichtung kommt jetzt auch zusätzlich noch in § 115 Abs. 2 Nr. 2 FGO zum Ausdruck.
[927] BFH vom 14. 4. 1986 V B 73/85, BFH/NV 1987, 654; vom 29. 7. 1986 VII B 50/86, BFH/NV 1987, 168; BFH vom 27. 2. 1996 II B 126/95, BFH/NV 1996, 632.

tig[928] *und klärungsfähig*[929] ist. Eine schlüssige Darlegung der grundsätzlichen Bedeutung erfordert auf jeden Fall – abgesehen von dem Fall ihrer Offenkundigkeit –, dass der Beschwerdeführer eine bestimmte, für die Entscheidung des Streitfalles erhebliche abstrakte Rechtsfrage herausstellt und substantiiert darauf eingeht, inwieweit diese Rechtsfrage klärungsbedürftig ist, d. h. in welchem Umfang, von welcher Seite und aus welchen Gründen sie umstritten ist[930].

Die *Klärungsbedürftigkeit* ist nach folgenden Maßstäben zu beantworten: 823

- *Weicht ein Urteil des Finanzgerichts* in einer Rechtsfrage von der Entscheidung des BVerfG[931], des EuGH, des BFH oder eines anderen *Obersten Bundesgerichts* oder des Gemeinsamen Senats der Obersten Bundesgerichte ab, so kann regelmäßig davon ausgegangen werden, dass die Rechtsfrage klärungsbedürftig ist[932]. Hier wird die Rechtseinheit berührt; ein allgemeines Interesse ist anzunehmen.
- Wird die grundsätzliche Bedeutung mit einer Abweichung von einer Entscheidung eines anderen obersten Bundesgerichts begründet, so erfordert die Darlegung der grundsätzlichen Bedeutung (§ 120 Abs. 3 Nr. 2b FGO), dass zunächst die behauptete Abweichung schlüssig dargestellt wird. An diese schlüssige Darstellung der Abweichung von einer Entscheidung eines anderen obersten Bundesgerichts sind sinngemäß dieselben Anforderungen zu stellen wie an die schlüssige Darstellung einer Abweichung von einer Entscheidung des BFH im Sinne § 115 Abs. 2 Nr. 2 FGO. Außerdem muss dargetan werden, dass durch die Abweichung von der Entscheidung des anderen obersten Bundesgerichts eine im Interesse der Allgemeinheit klärungsbedürftige und klärungsfähige Rechtsfrage aufgeworfen wird[933].
- *Halten sich Finanzgericht und/oder Finanzverwaltung nicht an die vom BFH ausgesprochenen Grundsätze* (Rechtsprechung zu anderen Streitfällen), so ist ebenfalls Klärungsbedürftigkeit und grundsätzliche Bedeutung der Rechtsfrage anzunehmen[934].
- Ist eine *Rechtsfrage durch Entscheidungen des BFH geklärt* und sind keine neuen Gesichtspunkte erkennbar, dann liegt im Allgemeinen keine Klärungsbedürftigkeit vor. Sind aber einzelne *Finanzgerichte der Rechtsprechung des BFH nicht gefolgt* oder ist auch die Finanzverwaltung der Rechtsprechung des BFH nicht gefolgt, sind weiterhin in der *Literatur* beachtliche Argumente gegen die höchstrichterliche Rechtsprechung vorgetragen worden, so ist trotzdem Klärungsbedürftigkeit bei grundsätzlicher Bedeutung der Rechtsfrage anzunehmen[935].

---

928 BFH vom 7. 3. 1994 V B 95/93, BFH/NV 1995, 651.
929 BFH vom 1. 2. 1994 VII B 127/93, BFH/NV 1994, 873.
930 BFH vom 18. 5. 2005 X B 107/04, BFH/NV 2005, 1617.
931 § 115 Abs. 2 Nr. 2 FGO a. F. enthielt insoweit einen eigenständigen Revisionsgrund.
932 BFH vom 1. 8. 1990 II B 36/90, HFR 1991, 36.
933 BFH vom 1. 8. 1990 II B 36/90, HFR 1991, 36.
934 BFH vom 10. 3. 1995 VIII B 98/94, BFH/NV 1995, 992.
935 BFH vom 21. 7. 1977 IV B 16-17/77, BStBl. II 1977, 760.

- *Nicht jede* durch Finanzgerichte oder in der Literatur vertretene *abweichende Meinung* führt zu Klärungsbedürftigkeit bei grundsätzlicher Bedeutung der Rechtsfrage. Erscheinen die Argumente gegen die Rechtsprechung der Obersten Bundesgerichte als abwegig oder hat sich ein Oberstes Bundesgericht mit vergleichbaren Einwendungen bereits eingehend auseinandergesetzt und besteht auch in der Literatur eine einheitliche Auffassung[936], so kann Klärungsbedürftigkeit und damit grundsätzliche Bedeutung der Rechtssache nicht mehr angenommen werden[937].

824 An der Klärungsfähigkeit der Rechtsfrage fehlt es – auch wenn sie sonst von grundsätzlicher Bedeutung wäre –:

- wenn der BFH nicht über sie entscheiden kann, weil entweder die *Revision* gegen die Entscheidung des Finanzgerichts *unstatthaft ist oder weil irrevisibles Recht* (z. B. Landesrecht oder ausländisches Recht) in Frage steht[938].
- wenn geltend gemacht wird, das Finanzgericht habe bei der Anwendung *irrevisiblen Rechts allgemeine Auslegungsgrundsätze* verletzt[939].
- wenn *tatsächliche Feststellungen* des Finanzgerichts angegriffen werden[940] oder wenn der BFH im zweiten Rechtsgang gem. § 126 Abs. 5 FGO *an seine eigene frühere Entscheidung gebunden* ist[941].

b) Rechtssicherungsrevision

825 Nach § 115 Abs. 2 Nr. 2 FGO ist die Revision zuzulassen, wenn die Fortbildung des Rechts oder die Sicherung einer einheitlichen Rechtsprechung eine Entscheidung des BFH erfordert. Wie bereits erwähnt: Gegen die Vorschrift werden – nicht zuletzt aufgrund ihrer Unbestimmtheit – Bedenken geäußert. Diese jedoch werden den Praktiker, der sich mit der Frage befasst, ob über diese Regelung eine Revisionszulassung möglich ist, nur am Rande interessieren.

826 Der Sinn der Neuregelung erschließt sich noch am einfachsten, wenn man die Begründung der Gesetzesnovellierung zu Rate zieht. Dort nämlich heißt es, dieser Zulassungsgrund beziehe über die Divergenzfälle und die Fälle der Rechtsfortbildung und -vereinheitlichung hinaus alle Tatbestände ein, in denen über den Einzelfall hinaus ein allgemeines Interesse an einer korrigierenden Entscheidung des Revisionsgericht besteht. Fehler bei der Auslegung revisiblen Rechts könnten über den Einzelfall hinaus auch dann allgemeine Interessen nachhaltig berühren, wenn sie z. B. von erheblichem Gewicht und geeignet sind, das Vertrauen in die Rechtsprechung zu beschädigen.

Der Zulassungsgrund des Erfordernisses der Fortbildung des Rechts i. S. des § 115 Abs. 2 Nr. 2 Alternative 1 FGO stellt nach Auffassung des BFH einen Un-

---

936 BFH vom 26. 4. 1995 I B 166/94, BStBl. II 1995, 532.
937 BFH vom 17. 5. 1991 V B 69/89, BFH/NV 1992, 823.
938 BFH vom 2. 3. 1982 VII B 148/81, BStBl. II 1982, 327.
939 BFH vom 27. 6. 1984 II B 9/84, BStBl. II 1984, 271.
940 BFH vom 28. 4. 1972 III B 40/71, BStBl. II 1972, 575.
941 BFH vom 18. 1. 1968 V B 4/66, BStBl. II 1968, 382; vom 8. 11. 1983 VII R 141/82, BStBl. II 1984, 317.

terfall des Zulassungsgrundes der grundsätzlichen Bedeutung (§ 115 Abs. 2 Nr. 1 FGO) dar, für dessen Darlegung somit zumindest dieselben Anforderungen gelten. Infolgedessen muss auch zur Begründung einer auf § 115 Abs. 2 Nr. 2 Alternative 1 FGO gestützten Nichtzulassungsbeschwerde eine bestimmte Rechtsfrage herausgestellt werden, die für den Rechtsstreit erheblich sein kann, zudem muss begründet werden, warum diese Rechtsfrage im allgemeinen Interesse klärungsbedürftig ist[942]. Macht ein Beschwerdeführer geltend, dass eine Entscheidung des BFH zur Sicherung einer einheitlichen Rechtsprechung erforderlich sei (§ 115 Abs. 2 Nr. 2 Alternative 2 FGO), so muss er in der Beschwerdebegründung darlegen, inwiefern über eine entscheidungserhebliche Rechtsfrage unterschiedliche Auffassungen bei den Gerichten bestehen oder welche sonstigen Gründe eine höchstrichterliche Entscheidung gebieten. Rügt er eine Abweichung von Entscheidungen des BFH, so muss er nach inzwischen ständiger Rechtsprechung des BFH tragende und abstrakte Rechtssätze aus dem angefochtenen Urteil einerseits und aus den behaupteten Divergenzentscheidungen andererseits herausarbeiten und einander gegenüberstellen, um so eine Abweichung zu verdeutlichen[943]. Sofern ein Kläger mit seiner auf § 115 Abs. 2 Nr. 2 Alternative 2 FGO gestützten Rüge der Sache nach geltend machen will, die angefochtene Vorentscheidung sei (objektiv) willkürlich und deshalb geeignet, das Vertrauen in die Rechtsprechung zu beschädigen, muss er substantiiert darlegen, weshalb die Vorentscheidung unter keinem denkbaren Aspekt rechtlich vertretbar sein soll[944].

c) *Verfahrensrevision*

Nach § 115 Abs. 2 Nr. 3 FGO ist die Revision zuzulassen, wenn ein Verfahrensmangel geltend gemacht wird und vorliegt, auf dem die Entscheidung beruhen kann. Trotz des veränderten Wortlauts kann auf die zur bisherigen Regelung vorliegende Rechtsprechung zurückgegriffen werden, da sich die Neufassung an eben diese Regelung anlehnt[945]. 827

Es muss hier *zum einen ein Verfahrensmangel* geltend gemacht werden. Dieser Mangel muss zudem auch *tatsächlich vorliegen und die Entscheidung muss auf eben diesem Mangel beruhen können.* 828

Ein Verfahrensmangel ist ein Verstoß gegen geltendes *Prozessrecht*[946]. Der Verstoß muss durch das Finanzgericht vollzogen worden sein. Der Verfahrensmangel kann eingetreten sein auf dem Weg, den das Gericht bis zu seiner Entscheidung genommen hat, oder aber auch in der Entscheidung des Finanzgerichts selbst lie- 829

---

942 BFH vom 27. 1. 2003 II B 194/01, BFH/NV 2003, 792.
943 Vgl. z. B. BFH vom 8. 3. 2004 VII B 334/03, BFH/NV 2004, 974; vom 5. 7. 2002 XI B 67/00, BFH/NV 2002, 1479; vom 12. 7. 2002 II B 33/01, BFH/NV 2002, 1482; vom 12. 7. 2002 XI B 152/01, BFH/NV 2002, 1484.
944 BFH vom 12. 12. 2002 X B 99/02, BFH/NV 2003, 496.
945 So zu Recht Spindler, DB 2001, 61, 62.
946 BFH vom 22. 1. 1991 V B 119/89, BFH/NV 1992, 667; BVerwG vom 29. 3. 1968 IV C 27/67, NJW 1968, 1842; vom 30. 4. 1991 V B 62/89, BFH/NV 1992, 746; zur Nichtberücksichtigung des Akteninhalts als Verfahrensmangel BFH vom 25. 1. 1996 III B 182/94, BFH/NV 1996, 560.

gen. Materiell-rechtliche Entscheidungsfehler, die auch einen inhaltlichen Mangel des Urteils betreffen können, gehören indessen nicht hierher; sie gehören in den Bereich des materiellen Rechts. Verstöße gegen materielles Recht können keinen Verfahrensmangel begründen.

830 Der *Verfahrensmangel muss geltend gemacht werden und muss tatsächlich vorliegen.* Die Geltendmachung allein genügt nicht. Ob es sich allerdings wirklich und tatsächlich um einen Verfahrensmangel handelt, obliegt der Entscheidung des Gerichts, letztlich des BFH.

831 *Die Entscheidung des Finanzgerichts muss auf dem Verfahrensmangel beruhen können.* Die Möglichkeit genügt hier wieder. Dies bedeutet, dass die Kausalität zwischen dem Ergebnis der Entscheidung des Finanzgerichts und dem Verfahrensmangel nicht ausgeschlossen werden kann[947].

d) Zulassung der Revision

832 *Die Revision muss generell*[948] *zugelassen werden,* wenn sie statthaft sein soll. Zugelassen kann die Revision werden vom Finanzgericht, das die erstinstanzliche Entscheidung gefällt hat, oder vom BFH auf Nichtzulassungsbeschwerde hin.

833 Grundsätzlich trifft das Finanzgericht bei jeder seiner Entscheidungen, die in Form eines Urteils oder eines Gerichtsbescheides ergehen, eine Entscheidung dahin, ob die Revision zugelassen wird oder ob sie nicht zugelassen wird. Ist im Entscheidungssatz (Tenor) nichts über die Zulassung der Revision enthalten, dann hat das Finanzgericht die Revision nicht zugelassen. Es bedarf keines ausdrücklichen Ablehnungssatzes durch das Finanzgericht. Die Nichtaufnahme der Zulassung in das Urteil oder den Gerichtsbescheid beinhaltet eine Nichtzulassung der Revision.

834 Hat das Finanzgericht über die Zulassung der Revision nicht entschieden, diese also abgelehnt, dann kann jeder der Beteiligten diese Nichtzulassung der Revision durch Beschwerde anfechten – *Nichtzulassungsbeschwerde* – (§ 116 Abs. 1 FGO).

835 Diese Nichtzulassungsbeschwerde ist *stets beim BFH* einzulegen, und zwar innerhalb einer *Ausschlussfrist von einem Monat* nach Zustellung des vollständigen Urteils (§ 116 Abs. 2 Satz 1 FGO).

- *Die Frist von einem Monat beginnt nach Zustellung des vollständigen Urteils.* Dies bedeutet, dass neben dem Rubrum mit dem Entscheidungssatz auch Tatbestand und Entscheidungsgründe zugestellt sein müssen, damit die Frist in Gang kommen kann.
- In der Nichtzulassungsbeschwerde *muss das angefochtene Urteil bezeichnet werden.* Der Beschwerdeschrift *soll* eine *Ausfertigung oder Abschrift des Urteils,* gegen das Revision eingelegt werden soll, beigefügt werden (§ 116 Abs. 2 Satz 3 FGO). Desgleichen *muss der Zulassungsgrund* (§ 115 Abs. 2 FGO) schlüssig dargetan werden (§ 115 Abs. 3 FGO).

---

947 BFH vom 7. 2. 1995 V B 62/94, BFH/NV 1995, 861.
948 Die Ausnahmeregelung des § 116 FGO a. F. betreffend die zulassungsfreie Revision ist entfallen.

Wichtig ist dabei folgendes: 836

- *Die Nichtzulassungsbeschwerde muss beim BFH eingelegt werden.* Die frühere Regelung, wonach die Nichtzulassungsbeschwerde beim Finanzgericht einzureichen war, gilt nicht mehr. Das Finanzgericht wird zwar eine bei ihm eingereichte Nichtzulassungsbeschwerde an den BFH weiter leiten. Dabei ist jedoch zu beachten, dass erst mit Eingang der Beschwerde beim BFH die Frage der Fristwahrung entschieden wird. Ein früherer Zugang beim Finanzgericht wahrt die Frist also nicht.
- In der Beschwerde-Schrift muss *dargelegt* werden, dass die *Voraussetzungen für eine Revisionszulassung* gegeben sind (§ 116 Abs. 3 Satz 3 FGO).
- Die *Darlegung der grundsätzlichen Bedeutung* (§ 115 Abs. 2 Nr. 1 FGO) erfordert, dass der Beschwerdeführer konkret darauf eingehen muss, inwieweit die Rechtsfrage im allgemeinen Interesse klärungsbedürftig (s. Rz. 820 f.) ist und gegebenenfalls in welchem Umfang, von welcher Seite und aus welchen Gründen die Rechtsfrage umstritten ist[949].
- Bei der *Verfahrensrevision* (§ 115 Abs. 1 Nr. 3 FGO) ist nicht nur der Verfahrensmangel selbst zu bezeichnen, sondern *sein tatsächliches Vorliegen muss gleichermaßen dargetan werden*. Es muss des weiteren schlüssig erläutert werden, dass die Entscheidung des Finanzgerichts auf diesem existenten Verfahrensmangel beruhen kann. Diese Kausalität ist schlüssig darzustellen und gegebenenfalls auch glaubhaft zu machen, denn nur wenn sich der Revisionskläger oder der Beschwerdeführer auf den existierenden Verfahrensmangel schlüssig berufen kann, kann eine Zulassung ausgesprochen werden.
- Die Einlegung der *Nichtzulassungsbeschwerde hemmt die Rechtskraft* des Urteils des Finanzgerichts (§ 116 Abs. 4 FGO).
- Das *Finanzgericht* kann der Nichtzulassungsbeschwerde nach der Neufassung des Gesetzes *nicht mehr abhelfen.*
- Der BFH entscheidet über die Nichtzulassungsbeschwerde durch *Beschluss*. Dieser Beschluss soll kurz begründet werden. Von einer Begründung kann jedoch abgesehen werden, wenn sie nicht geeignet ist, zur Klärung der Revisionszulassungsvoraussetzungen beizutragen, oder wenn der Beschwerde stattgegeben, die Revision also zugelassen wird (§ 116 Abs. 5 FGO).
- Im Fall der Beschwerdestattgabe muss nicht noch einmal Revision eingelegt werden. Vielmehr wird das Beschwerdeverfahren *als Revisionsverfahren fortgeführt*, sofern nicht der BFH das angefochtene Urteil wegen Verfahrensfehlern aufhebt und den Rechtsstreit zur anderweitigen Verhandlung und Entscheidung an das Finanzgericht zurückverweist (§ 116 Abs. 6 i. V. m. Abs. 7 FGO).
- Mit der Zustellung der (positiven) Entscheidung über die Revisionszulassung beginnt für den Beschwerdeführer die Revisionsbegründungsfrist von einem Monat (§ 116 Abs. 7 Satz 2; § 120 Abs. 2 Satz 1 FGO). Für die übrigen Beteiligten beginnt damit die Revisions- und die Revisionsbegründungspflicht (§ 116 Abs. 7 Satz 2 FGO).

---

949 BFH vom 21. 8. 1986 V B 46/86, BFH/NV 1987, 171; vom 27. 2. 1987 III B 176/86, BFH/NV 1987, 724.

837 **Muster** einer Nichtzulassungsbeschwerde:

> Toni Tommes   Ort, Straße, Datum
> Steuerberater
>
> Bundesfinanzhof
> Postfach 86 02 40
> 81629 München
>
> In dem Rechtsstreit
> des Kaufmanns Bernd Baus, ...,
>
>   Kläger und Beschwerdeführer,
>
> Bevollmächtigter: Steuerberater Toni Tommes, ...,
>
>   gegen
>
> Finanzamt Saarbrücken – Am Stadtgraben –,
>
>   Beklagten und Beschwerdegegner,
>
> vertreten durch seinen Vorsteher,
> lege ich gegen das Urteil des Finanzgerichts des Saarlandes vom 30. März 2005, Gz. 1 K 3021/03,
>
>   N i c h t z u l a s s u n g s b e s c h w e r d e
>
> ein.
>
> Zur *Begründung* wird geltend gemacht:
>
> Die Revision ist nach § 115 Abs. 2 Nr. 2 FGO zuzulassen. Das Finanzgericht hat in seinem Urteil eine Entscheidung zu der Frage getroffen, ob und inwieweit Unfallkosten auf dem Weg zwischen Wohnung und Arbeitsstätte zum Werbungskostenabzug führen. Insoweit hat es sich an der gefestigten Rechtsprechung des BFH orientiert, dabei aber übersehen, dass ein spezieller Aspekt des vorliegenden Falles (wäre auszuführen) bislang noch nicht entschieden worden ist.
>
> Dieser spezielle Aspekt berührt nachhaltig allgemeine Interessen, weil hiervon eine Vielzahl von Arbeitnehmern betroffen sein dürfte.
>
> Insoweit wird **beantragt**, die Revision zuzulassen.
>
> Unterschrift
> Toni Tommes

e) Besonderheiten des Revisionsverfahrens

Für das Revisionsverfahren gelten grundsätzlich die Vorschriften über das Verfahren im ersten Rechtszug und die Vorschriften über Urteile und andere Entscheidungen entsprechend. Dies allerdings nur insoweit, als sich aus den Vorschriften über die Revision nichts anderes ergibt. Die Bestimmungen der §§ 79a FGO (Entscheidung im vorbereitenden Verfahren; s. Rz. 703), 79b FGO (Zurückweisung von Erklärungen und Beweismitteln; s. Rz. 706) und 94a FGO (Verfahren nach billigem Ermessen; s. Rz. 736 ff.) sind allerdings nicht anzuwenden (§ 121 FGO). 838

Klageänderungen (s. Rz. 654 ff.) und Beiladungen (s. Rz. 618 ff.) sind im Revisionsverfahren unzulässig (§ 123 Abs. 1 Satz 1 FGO). Die seit dem 1. 1. 2001 geltende Neufassung des § 123 FGO hat diesen Grundsatz beibehalten. Allerdings gibt es hierzu aus verfahrensökonomischen Gründen eine Ausnahme: Ist eine nach § 60 Abs. 3 Satz 1 FGO *notwendige Beiladung* beim Finanzgericht unterblieben, so kann diese künftig auch noch im Revisionsverfahren erfolgen (§ 123 Abs. 1 Satz 2 FGO)[950]. Auf diese Weise wird eine Art verfahrensrechtliches „Ping-Pong-Spiel" verhindert[951]. Die vom Finanzgericht unterlassene notwendige Beiladung stellt dabei zwar einen Verstoß gegen die Grundordnung des Verfahrens dar, der jedoch durch die in das Ermessen des BFH gestellte Beiladung im Revisionsverfahren nachgeholt und damit geheilt werden kann[952]. Eine solche Nachholung kann etwa aus Gründen der Verfahrensbeschleunigung und auch deswegen interessengerecht sein, weil nach dem Sachstand nicht ohne weiteres damit zu rechnen ist, dass aufgrund der Beiladung weitere tatsächliche Feststellungen durch das Finanzgericht getroffen werden müssen. Immer dann, wenn es weiterer Tatsachenfeststellungen also nicht mehr bedarf, kann in der Sache entschieden werden. Allein dann, wenn der beim BFH Beigeladene berechtigter Weise geltend macht, er wolle sich noch zu dem festgestellten Sachverhalt äußern, oder wenn er neue Tatsachen und Beweismittel in das Verfahren einführen will, kann (und muss) der BFH die Sache an das Finanzgericht zurückverweisen (§ 126 Abs. 3 Satz 2 FGO). Will der im Revisionsverfahren Beigeladene Verfahrensmängel rügen, so muss er dies binnen einer Frist von zwei Monaten nach Zustellung des Beiladungsbeschlusses tun (§ 123 Abs. 2 Satz 1 FGO). Die Frist kann jedoch auf rechtzeitigen Antrag hin verlängert werden (§ 123 Abs. 2 Satz 3 FGO). 839

Vertretungszwang

Vor dem BFH besteht Vertretungszwang (§ 62a FGO; s. Rz. 55 ff.). Dies bedeutet, dass sich jeder Beteiligte, also etwa auch ein Beigeladener, durch einen *Rechtsanwalt, Steuerberater, Steuerbevollmächtigten, vereidigten Buchprüfer oder Wirtschaftsprüfer* als Bevollmächtigten vertreten lassen muss. Der Vertretungszwang 840

---

950 BFH vom 12. 1. 2001 VI R 49/98, BFH/NV 2001, 864.
951 In der Praxis gibt es Fälle, in denen es über Jahre hinweg aufgrund entsprechender Verfahrensfehler (= unterbliebener bzw. unzureichender Beiladung) nicht zu einer Sachentscheidung kam.
952 BFH vom 7. 4. 2003 VIII R 38/02, BFH/NV 2003, 916; vom 11. 5. 2005 VI R 38/02, BFH/NV 2005, 1456.

gilt auch bereits bei der Einlegung der Revision oder der Nichtzulassungsbeschwerde (§ 62a Abs. 1 Satz 2 FGO). Juristische Personen des öffentlichen Rechts und Behörden können sich auch durch *Beamte oder Angestellte mit Befähigung zum Richteramt sowie durch Diplomjuristen im höheren Dienst* vertreten lassen (§ 62a Abs. 1 Satz 3 FGFO).

841   Durch die seit 1. 1. 2001 geltende Neufassung der Regelung[953] ist auch eine *Steuerberatungs- oder Wirtschaftsprüfungsgesellschaft*[954] befugt, vor dem BFH als Prozessbevollmächtigte aufzutreten (§ 62a Abs. 2 FGO)[955]. Eine von einer solchen Gesellschaft eingelegte Revision oder Nichtzulassungsbeschwerde ist nicht mehr unzulässig, soweit für die Gesellschaft etwa ein Rechtsanwalt oder Steuerberater tätig wird. Letzterwähnte Person muss ihre Legitimation durch eine auf sie lautende Untervollmacht der Gesellschaft dokumentieren[956]; diese ist entbehrlich, wenn der Handelnde Organ der Gesellschaft ist[957].

Diese Vertretung ist zwingend. Verstöße hiergegen führen zur Unzulässigkeit der Revision oder Nichtzulassungsbeschwerde.

Einlegung der Revision

842   Die Revision ist unmittelbar beim BFH einzulegen (§ 120 Abs. 1 Satz 1 FGO). Die Revision muss das angefochtene Urteil bezeichnen. Ihr soll eine Ausfertigung oder Abschrift des angefochtenen Urteils beigefügt werden, sofern dies nicht bereits bei Einlegung einer zuvor eingelegten Nichtzulassungsbeschwerde geschehen ist (§ 120 Abs. 1 Satz 3 FGO).

843   Wird die Revisionsschrift unmittelbar beim Finanzgericht angebracht, so wahrt dies die Revisionsfrist nicht. Erst wenn die Revisionsschrift vom Finanzgericht innerhalb der Revisionsfrist an den BFH gelangt ist, ist die Frist gewahrt!

844   Die Revision muss innerhalb von zwei Monaten nach Zustellung des vollständigen Urteils begründet werden, wobei auch die Begründung beim BFH einzureichen ist (§ 120 Abs. 2 Satz 1 FGO). Diese Revisionsbegründungsfrist kann durch den Vorsitzenden des zuständigen BFH-Senats auf einen rechtzeitig vor Fristablauf gestellten Antrag hin verlängert werden (§ 120 Abs. 2 Satz 3 FGO). Eine ursprünglich einmal beabsichtigte Regelung betreffend die Unterbrechung der Revisions- und Revisionsbegründungsfrist bei Beantragung von PKH ist nicht Gesetz geworden. Offenkundig wollte man es bei dem bisherigen Verfahren im Falle der Fristversäumnis bewenden lassen[958].

845   Spätestens die Revisionsbegründung muss auch den bestimmten Revisionsantrag enthalten (§ 120 Abs. 3 FGO). Es muss ebenfalls spätestens in ihr die verletzte Rechtsnorm benannt werden, und es müssen – wenn Verfahrensmängel gerügt

---

953 Früher Art. 1 Nr. 1 BFHEntlG.
954 Auch eine solche in Form einer Partnerschaftsgesellschaft.
955 Dasselbe gilt für Rechtsanwaltsgesellschaften und Buchprüfungsgesellschaften.
956 BFH vom 22. 10. 1998 X R 77/95, BFH/NV 1999, 625.
957 BFH vom 22. 1. 1991 X R 107/90, BStBl. II 1991, 524.
958 Danach greift hier u. U. eine Wiedereinsetzung in den vorigen Stand. Dazu Ruban in Gräber, FGO⁵, § 120, Rz. 30.

werden – die Tatsachen bezeichnet werden, die den Mangel ergeben. Ohne diese exakten Angaben ist die Revision unzulässig! Die Frage der Begründetheit wird erst danach durch den BFH entschieden (§ 120 Abs. 2 FGO).

Begründung der Revision
Die Begründung der Revision muss enthalten: 846
- einen bestimmten *Antrag* (s. Rz. 848 f.);
- die verletzte *Rechtsnorm* (s. Rz. 850 ff.);
- die *Tatsachen,* die einen gerügten Verfahrensmangel ergeben (s. Rz. 852 f.).

Die Revisionsbegründung muss sich *mit den Gründen des angefochtenen Urteils*   847
eingehend auseinandersetzen und zu erkennen geben, mit welchen Erwägungen die Vorentscheidung angegriffen wird[959]. *Dazu genügt nicht die Bezugnahme* auf andere Schriftstücke, auch nicht die Bezugnahme auf eine andere Revisionsbegründungsschrift. Selbst die Bezugnahme auf beigefügte gutachtliche Ausarbeitungen reicht nicht[960]. Es müssen also immer eigenständige Ausführungen gemacht werden, die sich eingehend mit dem angefochtenen Urteil sachlich auseinandersetzen.

Ein bestimmter Antrag muss gestellt werden. Dabei gilt das Gleiche, was im   848
Hinblick auf die Konkretisierung des Klageantrags gesagt wurde (s. Rz. 370 ff.). Der Revisionsantrag muss also ebenfalls nicht exakt beziffert werden; er muss nur erkennen lassen, was der Revisionskläger konkret begehrt[961]. Dazu ist mindestens erforderlich, dass die Revisionsbegründung eindeutig ergibt, inwiefern und inwieweit sich der Revisionskläger durch das angefochtene Urteil des Finanzgerichts beschwert fühlt und inwiefern und inwieweit er eine Änderung anstrebt[962].

Auch im Revisionsverfahren ist eine *Erweiterung des Revisionsantrags* nur in-   849
nerhalb der Revisionsfrist möglich. Die Revisionsbegründung kann indessen auch nach Ablauf der Revisionsbegründungsfrist ergänzt werden. Klageänderungen sind im Revisionsverfahren unzulässig (§ 123 Abs. 1 Satz 1 FGO).

Die *verletzte Rechtsnorm muss bezeichnet werden.* Dies bezieht sich auf die   850
subjektive Sicht des Revisionsklägers; er muss jene Rechtsnorm benennen, von der er glaubt, dass sie verletzt worden sei. Dabei ist es dann gleichgültig, ob es sich um eine prozessuale oder eine materiell-rechtliche Norm handelt. Zur Konkretisierung des Revisionsantrags ist auch hier wiederum nicht die exakte Angabe einer bestimmten Vorschrift, eines bestimmten Absatzes oder einer bestimmten Ziffer einer Regelung erforderlich, es muss aber eindeutig erkennbar sein, dass und welche Rechtsvorschrift der Revisionskläger für verletzt hält[963]. Wird etwa als Verfahrensfehler die Verletzung der dem Finanzgericht von Amts wegen ob-

---
959 BFH vom 17. 7. 1985 II R 122/83, BFH/NV 1986, 164; vom 22. 1. 1986 II R 106/83, BFH/NV 1987, 305.
960 BFH vom 26. 11. 1985 IX R 80/84, BFH/NV 1987, 305.
961 BFH vom 4. 8. 2004 II R 33/03, BFH/NV 2005, 241.
962 BFH vom 11. 11. 1983 III R 25/77, BStBl. II 1984, 187.
963 BFH vom 18. 12. 1970 III R 32/70, BStBl. II 1971, 329; vom 23. 4. 1986 I R 282/82, BFH/NV 1987, 654.

liegenden Sachaufklärungspflicht gerügt, so ist unter anderem aufzuzeigen, aus welchen Gründen sich dem Finanzgericht die Notwendigkeit einer weiteren Sachaufklärung oder Beweiserhebung auch ohne einen entsprechenden Antrag des anwaltlich vertretenen Beteiligten hätte aufdrängen müssen[964]. Dabei muss auch erkennbar sein, in welcher Weise das Finanzgericht eine bestimmte Rechtsnorm durch seine Entscheidung verletzt hat. Hierbei muss sich der Revisionskläger ausreichend mit den Rechtsgründen der Vorentscheidung auseinandersetzen[965]. Dabei gelten die bisherigen Rechtsprechungsgrundsätze fort[966] mit der Folge, dass es zwar keiner eingehenden und umfassenden Erörterung der streitigen Rechtsfrage bedarf, jedoch muss die Begründungsschrift – entsprechend ihrem Zweck, das Revisionsgericht zu entlasten und den Revisionskläger dazu zu zwingen, Inhalt, Umfang und Zweck seines Revisionsangriffs klarzustellen – eindeutig erkennen lassen, dass der Kläger sein bisheriges Vorbringen anhand der Gründe des Urteils des Finanzgerichts überprüft hat. Dies wiederum erfordert, dass er sich mit den tragenden Gründen des erstinstanzlichen Urteils auseinander setzt und darlegt, weshalb er diese für unrichtig hält[967].

851 Die Revision kann nur auf die Verletzung von *Bundesrecht* gestützt werden. Die Verletzung von *Landesrecht* reicht aus, wenn die Vorschriften der FGO ergeben, dass diese auch auf das Landesrecht anwendbar sind[968]. Verletzung von Bundesrecht liegt vor (§ 119 FGO), wenn

- das erkennende Gericht *nicht vorschriftsmäßig besetzt* war (Nr. 1);
- bei der Entscheidung ein Richter mitgewirkt hat, der von der Ausübung des Richteramts *kraft Gesetzes ausgeschlossen* oder wegen Besorgnis der *Befangenheit* mit Erfolg abgelehnt war (Nr. 2);
- einem Beteiligten das *rechtliche Gehör versagt* war (Nr. 3). Dabei wird die Rüge der Verletzung des rechtlichen Gehörs nur dann ordnungsgemäß erhoben, wenn auch dargelegt wird, was der Revisionskläger vorgetragen haben würde, wenn ihm rechtliches Gehör gewährt worden wäre[969]. Der Revisionskläger muss also vortragen, ihm sei vor dem Finanzgericht die Möglichkeit eines bestimmten Vortrages verwehrt worden;
- ein Beteiligter im Verfahren nicht nach Vorschrift des Gesetzes *vertreten* war, außer wenn er der Prozessführung ausdrücklich oder stillschweigend zugestimmt hat (Nr. 4)[970];

---

964 BFH vom 7. 12. 2004 VII R 21/04, BFH/NV 2005, 1166.
965 BFH vom 26. 3. 1985 VIII R 168/84, BFH/NV 1987, 303; vom 10. 4. 1986 IV R 140/85, BFH/NV 1987, 720.
966 BFH vom 31. 10. 2002 VII R 4/02, BFH/NV 2003, 328.
967 BFH vom 31. 10. 2002 VII R 4/02, BFH/NV 2003, 328; vom 24. 6. 2003 IX R 28/01, n. v.
968 BVerwG vom 22. 6. 1984 8 B 121/83, HFR 1985, 536; BFH vom 7. 8. 1985 I R 309/82, BStBl. II 1986, 42.
969 BFH vom 17. 7. 1985 I R 142/82, BFH/NV 1986, 412; vom 17. 12. 1990 VI R 32/90, BFH/NV 1991, 469.
970 BFH vom 17. 3. 1992 IV R 51/91, BFH/NV 1992, 617; vom 30. 7. 1991 IX R 96, 90, BFH/NV 1992, 123.

- das Urteil auf eine mündliche Verhandlung ergangen ist, bei der die Vorschriften über die *Öffentlichkeit des Verfahrens* verletzt worden sind (Nr. 5). Eine Beeinträchtigung der Öffentlichkeit der mündlichen Verhandlung gewährt nur dann einen Revisionsgrund, wenn die Beeinträchtigung auf den Willen des Gerichts zurückzuführen ist[971]. Ist die Beeinträchtigung ohne oder gegen den Willen des Gerichts erfolgt, so ist dieser Revisionsgrund nicht gegeben;
- die Entscheidung *nicht mit Gründen versehen* ist (Nr. 6). Dies ist dann der Fall, wenn die Entscheidung des Finanzgerichts in einem Zeitraum von mehr als fünf Monaten nach der Beratung erst abgefasst wird[972] oder wenn die Entscheidung des Finanzgerichts unvollständig, unzureichend oder sonst fehlerhaft ist[973], die Entscheidung des Finanzgerichts nicht von den an der Entscheidung beteiligten Richtern unterschrieben worden ist[974] oder soweit die Begründung des Urteilsspruchs überhaupt oder in Hinsicht auf einen selbständigen – prozessualen – Anspruch oder ein selbständiges Angriffs- oder Verteidigungsmittel fehlt oder wenn die Entscheidungsgründe nur aus inhaltsleeren Floskeln bestehen oder missverständlich und verworren sind[975].

Die Rüge, das Finanzgericht habe eine entscheidungserhebliche Beweiserhebung unterlassen und den *Sachverhalt nicht hinreichend aufgeklärt*, ist nur dann zulässigerweise erhoben und begründet, wenn auch dargelegt wird, welche Beweismittel das Finanzgericht zwar nicht erhoben hat, deren Erhebung sich aber nach Lage der Verhältnisse dem Finanzgericht hätte aufdrängen müssen[976]. 852

Rüge von Verfahrensmängeln: Hier müssen jene Tatsachen exakt angegeben werden, die den Mangel auch tatsächlich ergeben. Die Bezeichnung der verletzten Rechtsnorm genügt in keinem Fall. Am häufigsten kommen hierbei die Fälle vor, in denen gerügt wird: 853

- *Verletzung des rechtlichen Gehörs* (s. Rz. 100 ff.). Hier muss der Revisionskläger substantiiert dartun, wozu er sich im Verfahren vor dem Finanzgericht nicht ausreichend hat äußern können und wozu er sich ausreichend hätte äußern müssen. Das rechtliche Gehör wurde durch das Finanzgericht z. B. nicht verletzt, wenn es den Revisionskläger nur auf einen entscheidungserheblichen Gesichtspunkt nicht hingewiesen hat[977]. Ausreichend ist jedoch die Rüge, das Finanzgericht habe den Revisionskläger nicht von der Beiziehung bestimmter Akten unterrichtet, obwohl diese im angefochtenen Urteil verwertet worden sind[978].

---

971 BFH vom 21. 3. 1985 IV S 21/84, BStBl. II 1985, 551.
972 So GmS-OBG vom 27. 4. 1993 GmS-OBG 1/92, NJW 1993, 2603; vgl. auch BFH vom 18. 4. 1996 V R 25/95, NJW 1997, 416.
973 BFH vom 22. 4. 1986 III R 176/85, BFH/NV 1987, 95.
974 BFH vom 19. 8. 1986 IV R 55/86, BFH/NV 1987, 722.
975 BFH vom 15. 4. 2005 II B 21/04, BFH/NV 2005, 1357.
976 BFH vom 20. 8. 1986 I R 283/82, BFH/NV 1987, 63; vom 4. 2. 1991 V B 94/89, BFH/NV 1992, 668; vom 17. 9. 1991 X R 19/91, BFH/NV 1992, 185; vom 31. 5. 1991 V S 1/91, BFH/NV 1992, 119.
977 BFH vom 23. 1. 1985 I R 292/81, BStBl. II 1985, 417.
978 BFH vom 3. 2. 1982 VII R 101/79, BStBl. II 1982, 355.

- *Verstoß gegen den Inhalt der Akten* (§ 96 FGO). Es müssen vom Revisionskläger auf alle Fälle jene Aktenstücke genau bezeichnet werden, gegen deren Inhalt das Finanzgericht verstoßen hat[979]. Pauschale Bezugnahme auf „bei den Akten befindliche Belege" genügt hierzu nicht. Handelt es sich um übergangenen Vortrag in Schriftsätzen, so müssen die Schriftsätze und die Teile daraus, die übergangen worden sind, genau angegeben werden[980]. Darüber hinaus muss der Revisionskläger darlegen, welche Schlussfolgerungen das Finanzgericht seiner Ansicht nach hätte ziehen müssen, wenn es die entsprechenden Stellen in den Akten berücksichtigt hätte.

- *Verletzung der Sachaufklärungspflicht* (§ 76 FGO; s. Rz. 59 ff.). Hierin liegt die Rüge, das Finanzgericht habe angebotenes Beweismaterial nicht erhoben oder habe Beweismaterial, das sich dem Finanzgericht hätte aufdrängen müssen, nicht ausgewertet. Hierbei muss Folgendes exakt bezeichnet werden: Das Beweisthema, genaue Angabe des Beweismittels (z. B. Schriftstück mit exakter Textstelle, Urkunde), Ausführungen zu dem möglichen Ergebnis, wenn die Beweisaufnahme stattgefunden hätte, Angabe des Grundes, weshalb das angefochtene Urteil des Finanzgerichts auf diesem Verfahrensfehler beruhen kann. Zusätzlich muss der Revisionskläger darauf hinweisen, dass er den Mangel in der mündlichen Verhandlung vor dem Finanzgericht gerügt hat. Die pauschale Behauptung, das Finanzgericht habe den Sachverhalt verkannt oder sei von unzutreffenden Voraussetzungen ausgegangen, genügt in keinem Fall. Bei der Prüfung, ob ein Verfahrensfehler vorliegt, ist von dem rechtlichen Standpunkt des Finanzgerichts auszugehen; nur wenn sich von diesem Standpunkt aus eine Verletzung der Sachaufklärungspflicht ergeben kann, ist auch die Rüge der Verletzung der Aufklärungspflicht des Finanzgerichts begründet[981]. Es ist also nicht die Sicht des Revisionsklägers entscheidend, sondern nur die Sicht des Finanzgerichts.

854 **Muster** für eine Revision:

---

979 BFH vom 8. 11. 1973 V R 130/69, BStBl. II 1974, 219.
980 BFH vom 16. 12. 1969 II R 90/69, BStBl. II 1970, 408; vom 17. 12. 1973 III R 141/68, BStBl. II 1974, 350.
981 BFH vom 7. 7. 1976 I R 218/74, BStBl. II 1976, 621; vom 27. 12. 1991 V B 48/91, BFH/NV 1992, 508; vom 4. 10. 1991 VII B 98/91, BFH/NV 1992, 603.

Dr. Peter Pingel   Ort, Straße, Datum
Rechtsanwalt

Bundesfinanzhof
Postfach 86 02 40
81629 München

In dem Rechtsstreit
des Kaufmanns Leo Luchs, ...,

                                                   Revisionskläger,

Bevollmächtigter: Rechtsanwalt Dr. Peter Pingel, ...,
                        gegen
Finanzamt Saarbrücken – Am Stadtgraben –,

                                                   Revisionsbeklagten,

vertreten durch seinen Vorsteher,
lege ich gegen das Urteil des Finanzgerichts des Saarlandes vom 10. Februar 2005, Gz. 1 K 5/04

Revision

Es wird *beantragt*,
das vorbezeichnete Urteil des Finanzgerichts des Saarlandes insoweit abzuändern, als darin die vom Revisionskläger geltend gemachten Werbungskosten bei den Einkünften aus nichtselbständiger Arbeit i. H. von 3.000 € einkommensmindernd berücksichtigt werden.

Zur *Begründung* wird geltend gemacht:
Das Finanzgericht hat die Revision nach § 115 Abs. 2 Nr. 1 FGO zugelassen. Das Finanzgericht ist in seinem Urteil von der bisher ständigen Rechtsprechung des BFH zur Frage ..... (wäre auszuführen) abgewichen. Diese Abweichung ist nicht gerechtfertigt. Sie verstößt gegen § 9 Abs. 1 Nr. 1 EStG.
Überdies rügt der Revisionskläger die Verletzung rechtlichen Gehörs. Zum einen hat das Finanzgericht den Revisionskläger nicht über die Beiziehung der Akten des Landgerichts Kaiserslautern (Gz. 3 O 127/04) unterrichtet. Zudem konnte der Unterzeichner aufgrund einer Autopanne nicht zum festgesetzten Termin der mündlichen Verhandlung vom 10. Februar 2005 erscheinen. Das Finanzgericht hat die mündliche Verhandlung eröffnet, ohne die nach der Rechtsprechung erforderliche Wartezeit einzuhalten. Als der Unterzeichner – noch innerhalb der an sich gebotenen Wartefrist – bei Gericht eintraf, war die mündliche Verhandlung bereits geschlossen. Insoweit ist der Kläger mit folgendem Sachvortrag ausgeschlossen worden: .... (wäre auszuführen).

Unterschrift
Dr. Peter Pingel

f) Entscheidung des BFH über die Revision

855 Für das Revisionsverfahren gelten die Vorschriften, die auch für das Klageverfahren vor dem Finanzgericht gelten (§§ 121 ff. FGO). Die Bestimmungen des § 79a FGO (Entscheidung im vorbereitenden Verfahren; s. Rz. 703 f.), § 79b FGO (Zurückweisung von Erklärungen und Beweismitteln; s. Rz. 706) und § 94a FGO (Verfahren nach billigem Ermessen; Rz. 736 ff.) bleiben jedoch im Revisionsverfahren ausgeschlossen. Die Beteiligten sind die gleichen Personen. Klageänderungen (s. Rz. 653 ff.) und Beiladungen (s. Rz. 618 ff.) sind – von notwendigen Beiladungen im Sinne des § 60 Abs. 3 FGO abgesehen (§ 123 Abs. 1 Satz 2 i. V. m. Abs. 2 FGO) – im Revisionsverfahren grundsätzlich unzulässig (§ 123 Abs. 1 Satz 1 FGO).

856 Der BFH prüft, ob die *Revision statthaft und ob sie in der gesetzlichen Form und Frist eingelegt und begründet* worden ist. Mangelt es an einem dieser Erfordernisse, so ist die Revision unzulässig (§ 124 FGO).

857 *Rücknahme der Revision* ist möglich bis zur Rechtskraft des Urteils des BFH. Nach Schluss der mündlichen Verhandlung oder bei Verzicht auf eine solche ist Rücknahme nur mit Einwilligung des Revisionsbeklagten möglich (§ 125 FGO).

858 Die Revision kann ansonsten zu sehr unterschiedlichen Entscheidungen führen (§ 126 FGO). Dabei entscheidet der BFH über die Revision grundsätzlich durch Urteil. *Ist die Revision jedoch unzulässig,* so verwirft er sie durch Beschluss (§ 126 Abs. 1 FGO).

859 *Ist die Revision unbegründet,* so weist der BFH sie zurück (§ 126 Abs. 2 FGO). *Ist die Revision jedoch begründet,* so kann der BFH entweder in der Sache selbst entscheiden oder das angefochtene Urteil des Finanzgerichts aufheben und die Sache zur anderweitigen Verhandlung und Entscheidung dorthin zurückverweisen. Das Gericht, an das die Sache zur anderweitigen Verhandlung und Entscheidung zurückverwiesen wird, hat seiner Entscheidung die rechtliche Beurteilung des BFH zugrunde zu legen. Die Entscheidung über die Revision bedarf keiner Begründung, soweit Rügen von Verfahrensmängeln ohne Erfolg erhoben wurden (§ 126 Abs. 6 FGO). Allerdings gilt dies nicht ausnahmslos. Soweit nämlich Rügen nach § 119 FGO erhoben worden sind – also etwa die der nicht vorschriftsmäßigen Besetzung des Gerichts[982] oder die der Versagung rechtlichen Gehörs[983] –, muss eine Begründung gegeben werden. Dies gilt gleichermaßen für den Fall, dass die Revisionszulassung aufgrund geltend gemachter Verfahrensfehler erfolgte, diese aber letztlich doch nicht zum Erfolg der Revision geführt haben (§ 126 Abs. 6 Satz 2 FGO).

860 § 126a FGO übernimmt seit dem 1. 1. 2001 dem Grunde nach die nicht unumstrittene, wenn auch verfassungsrechtlich unbeanstandet gebliebene[984] Regelung des Art. 1 Nr. 7 BFHEntlG. Danach kann der BFH über die Revision in der Besetzung von fünf Richtern durch Beschluss entscheiden, wenn er einstimmig die

---
[982] § 119 Nr. 1 FGO.
[983] § 119 Nr. 3 FGO.
[984] Vgl. BVerfG vom 4. 12. 1992, 1 BvR 1411/89, HFR 1993, 202.

Revision für unbegründet und eine mündliche Verhandlung nicht für erforderlich hält. Zuvor sind die Beteiligten zu hören. Auch soll der Beschluss eine (kurze) Begründung enthalten[985]. Damit soll dem für berechtigt gehaltenen Informationsinteresse der Prozessbeteiligten Rechnung getragen werden. Einem Kläger ist die Möglichkeit, Verfassungsbeschwerde einzulegen, auch dann nicht abgeschnitten, wenn der BFH im Verfahren nach § 126a FGO entscheidet[986].

Der BFH ist in allen bei ihm anhängigen Verfahren gehindert, *Tatsachenfeststellungen* eigenständig zu treffen. Die in dem angefochtenen Urteil oder dem angefochtenen Beschluss des Finanzgerichts getroffenen tatsächlichen Feststellungen sind für den BFH stets bindend. Ausnahmsweise gilt diese Bindung nur dann nicht, wenn in Bezug auf die tatsächlichen Feststellungen des Finanzgerichts eine zulässige oder begründete Revision anhängig gemacht wurde (§ 118 Abs. 2 FGO). Dabei wird häufig eine Grenze erkennbar zwischen bindender Tatsachenwürdigung und Beurteilung unbestimmter Rechtsbegriffe bzw. überprüfbarer Rechtswürdigungen. Diese Grenze ist sicher nicht ganz eindeutig. Sie wird vom BFH jeweils im Einzelfall festgelegt[987]. 861

An die tatsächlichen Feststellungen des Finanzgerichts ist der BFH ausnahmsweise dann nicht gebunden, wenn *Sachurteilsvoraussetzungen* geprüft werden müssen. Insoweit nimmt der BFH für sich in Anspruch, eigene Tatsachenfeststellungen treffen zu können und in der Würdigung des Sachverhalts frei zu sein. Er weist sich sogar die Durchführung einer Beweisaufnahme zu[988]. Dies gilt allerdings nur für den eng begrenzten Bereich der Prüfung von Sachurteilsvoraussetzungen! 862

An *rechtliche Beurteilungen des Finanzgerichts* ist der BFH nicht gebunden. Eine Bindung besteht jedoch im Hinblick auf die eigene frühere Rechtsauffassung. Stammt diese vom selben Senat, dann kann dieser sie ändern. Stammt sie von einem anderen Senat, dann muss er – falls er ändern will – den Großen Senat anrufen[989]. 863

Was die geltend gemachten Revisionsgründe betrifft, bestimmt § 118 Abs. 3 FGO, dass der BFH dann, wenn die Revision (nur) auf Verfahrensmängel gestützt wird und die Voraussetzungen des § 115 Abs. 2 Nr. 1 und 2 FGO (s. Rz. 816 ff., 821 ff.) nicht vorliegen, nur über die Verfahrensmängel zu entscheiden hat. Im Übrigen besteht jedoch keine Bindung an die geltend gemachten Revisionsgründe. 864

---

985 Der weitere Hinweis auf § 126 Abs. 6 FGO (s. Rz. 856) in § 126a Satz 4 FGO ist nicht ganz verständlich.
986 BFH vom 14. 12. 2004 VIII R 106/03, BFH/NV 2005, 616.
987 Vgl. BFH vom 27. 2. 1987 III R 217/82, BFH/NV 1987, 441.
988 BFH vom 23. 7. 1986 I R 173/82, BFH/NV 1987, 178.
989 Vgl. BFH vom 8. 11. 1983 VII R 141/82, BStBl. II 1984, 317.

2. Beschwerde

865 Gegen die Entscheidungen des Finanzgerichts, des Vorsitzenden oder des Berichterstatters, die nicht Urteile oder Gerichtsbescheide sind, steht den Beteiligten und den sonst von der Entscheidung Betroffenen die Beschwerde an den BFH zu (§ 128 Abs. 1 FGO).

866 Die Beschwerde ist jedoch nicht zulässig in folgenden Fällen (§ 128 Abs. 2 FGO):
- Prozessleitende Verfügungen,
- Aufklärungsanordnungen,
- Beschlüsse über eine Vertagung oder die Bestimmung einer Frist,
- Beweisbeschlüsse,
- Beschlüsse nach §§ 91a, 93a FGO über Videokonferenzen,
- Beschlüsse über Ablehnung von Beweisanträgen,
- Beschlüsse über Verbindung und Trennung von Verfahren und Ansprüchen,
- Beschlüsse über die Ablehnung von Gerichtspersonen, Sachverständigen und Dolmetschern,
- Einstellungsbeschlüsse nach Klagerücknahme,
- Beschlüsse im Verfahren der Prozesskostenhilfe.

867 Diese Entscheidungen des Finanzgerichts sind endgültig und nicht mehr angreifbar. Dies betrifft auch Ruhens- und Aussetzungsbeschlüsse (§ 74 FGO; s. Rz. 665 ff.). Sie sind im Gegensatz zur früheren Rechtslage (§ 128 Abs. 2 Halbsatz 2 FGO a. F.) nicht mehr beschwerdefähig.

868 Gegen Entscheidungen über *AdV* (s. Rz. 558 ff.) und über eine *einstweilige Anordnung* (s. Rz. 581 ff.) ist eine Beschwerde grundsätzlich nur dann gegeben, wenn sie vom Finanzgericht in der Entscheidung ausdrücklich zugelassen worden ist. Eine Nichtzulassungsbeschwerde hierüber gibt es nicht (§ 128 Abs. 3 FGO).

869 In *Streitigkeiten über Kosten* ist die Beschwerde nicht gegeben (§ 128 Abs. 4 FGO).

870 Neben der (normalen) Beschwerde ist in der FGO ein Rechtsmittel der „außerordentlichen Beschwerde" nicht vorgesehen[990]. Gleiches gilt für die Gegenvorstellung, mit der das Gericht bewegt werden soll, seine Entscheidung nochmals zu überprüfen. Die Statthaftigkeit solcher „Ausnahme-Rechtsbehelfs" hatte die Rechtsprechung allenfalls für Sonderfälle greifbarer Gesetzeswidrigkeit in Erwägung gezogen, d. h. für Fälle, in denen die erstinstanzliche Entscheidung jeglicher Grundlage entbehrt und sie damit eine nicht hinzunehmende Gesetzeswidrigkeit zur Folge hat[991]. Die erstinstanzliche Entscheidung musste dem gemäß unter schwerwiegender Verletzung von Verfahrensvorschriften zustande gekommen sein oder auf einer Gesetzesauslegung beruhen, die offensichtlich dem Wortlaut und dem Zweck des Gesetzes widerspricht und die eine Gesetzesanwendung zur Folge hat, die durch das Gesetz ersichtlich ausgeschlossen werden sollte[992].

---

[990] Dazu BFH vom 12. 7. 1999 VI B 20/99, BFH/NV 2000, 60; vom 7. 12. 1999 IV B 146/99, BFH/NV 2000, 413, und vom 17. 12. 1999 VI B 218/99, BFH/NV 2000, 481.
[991] Grundsätzlich BFH vom 26. 8. 1991 IV B 135/90, BFH/NV 1992, 509.
[992] BFH vom 22. 11. 1994 VII B 144/94, BFH/NV 1995, 791; vom 13. 7. 2000 XI B 24/00, BFH/NV 2001, 51.

Seit dem In-Kraft-Treten des Zivilprozessreformgesetzes vom 27. 7. 2001[993] *871* mit der Einfügung eines § 321a ZPO war die Beschwerde in Form einer außerordentlichen Beschwerde wegen sog. greifbarer Gesetzwidrigkeit grundsätzlich nicht mehr statthaft[994]. Soweit jedoch ein Kläger nicht die Verletzung rechtlichen Gehörs, sondern anderer Verfahrensnormen rügte, sollte die Eingabe als Gegenvorstellung im herkömmlichen Sinne zu würdigen sein. Durch die Schaffung und Reglementierung der Anhörungsrüge in allen Verfahrensordnungen soll nach Meinung des BFH das Institut der Gegenvorstellung nicht ausgeschlossen werden[995].

Durch Art. 10 Nr. 2 des Gesetzes über die Rechtsbehelfs bei Verletzung des *872* Anspruchs auf rechtliches Gehör (AnhRüG) vom 9. 12. 2004[996] wurde die Anhörungsrüge in § 133a FGO neu konzipiert. Sie hat mit Wirkung ab 1. 1. 2005[997] die zuvor gültige Regelung des § 155 FGO i. V. m. § 321a ZPO abgelöst. Die Rüge zielt ab auf Fortführung des Verfahrens vor dem Gericht, das die beanstandete Entscheidung, gegen die ein Rechtsmittel oder ein anderer Rechtsbehelf nicht gegeben ist, erlassen hat, sofern dieses Gericht den Anspruch des Beteiligten auf rechtliches Gehör in entscheidungserheblicher Weise verletzt hat (§ 133a Abs. 1 Satz 1 FGO). § 133a FGO gestattet es lediglich, ggf. das Verfahren vor dem Gericht, das die rechtskräftige Entscheidung erlassen hat, fortzuführen (vgl. § 133a Abs. 5 FGO)[998].

Auf eine Anhörungsrüge eines durch eine gerichtliche Entscheidung beschwer- *873* ten Beteiligten hin ist das Verfahren fortzuführen, wenn

- ein Rechtsmittel oder ein anderer Rechtsbehelf gegen die Entscheidung nicht gegeben ist und
- das Gericht den Anspruch dieses Beteiligten auf rechtliches Gehör in entscheidungserheblicher Weise verletzt hat[999].

Bei der Anhörungsrüge handelt es sich um einen außerordentlichen Rechtsbehelf, *874* mit dem nur vorgebracht werden kann, das Gericht habe im Rahmen der angegriffenen Entscheidung gegen den verfassungsrechtlich verbürgten Anspruch auf

---

993 BGBl. I 2001, 1887.
994 Vgl. dazu BFH vom 5. 12. 2002 IV B 190/02, BStBl. II 2003, 269; vom 12. 12. 2002 V B 185/02, BStBl. II 2003, 270. Allerdings wurde nach dem BFH-Beschluss vom 13. 5. 2004 IV B 230/02, BStBl. II 2004, 833 die außerordentliche Beschwerde von der Gegenvorstellung insoweit nicht verdrängt, als Verletzungen von Verfahrensvorschriften gerügt werden, deren Auslegung gerade den Gegenstand der angegriffenen Entscheidung bildet und deswegen eine Gegenvorstellung beim Ausgangsgericht in einem solchen Fall keinen wirksamen Rechtsschutz gewährleisten kann. Der X. Senat lässt offen, ob er sich dieser Entscheidung des IV. Senats vom 13. 5. 2004 anschließen kann; vgl. BFH vom 28. 6. 2005 X B 78/05, BFH/NV 2005, 1624.
995 BFH vom 13. 1. 2005 VII S 31/04, BFH/NV 2005, 898; a. A. VGH Mannheim vom 2. 2. 2005 3 S 83/05, NJW 2005, 920.
996 BGBl. I 2004, 3220
997 Art. 22 Satz 2 AnhRüG.
998 BFH vom 30. 3. 2005 VII S 13/05, BFH/NV 2005, 1349.
999 BFH vom 17. 6. 2005 VI S 3/05, BFH/NV 2005, 1458. Siehe auch Seer/Thulfaut, BB 2005, 1085.

Gewährung rechtlichen Gehörs (Art. 103 Abs. 1 GG) verstoßen[1000]. § 133a FGO beschränkt die Möglichkeit einer Selbstkorrektur der gerichtlichen Entscheidung durch den „judex a quo" ausdrücklich auf diesen Verfahrensverstoß[1001]. Der Anspruch auf Gewährung rechtlichen Gehörs verlangt von dem erkennenden Gericht vornehmlich, dass es die Beteiligten über den Verfahrensstoff informiert, ihnen Gelegenheit zur Äußerung gibt, ihre Ausführungen sowie Anträge zur Kenntnis nimmt und bei seiner Entscheidung in Erwägung zieht[1002]. Die Anhörungsrüge dient demnach nicht dazu, die angegriffene Entscheidung in der Sache in vollem Umfang nochmals zu überprüfen; ebenso wenig kann mit der Anhörungsrüge eine Begründungsergänzung herbeigeführt werden[1003]. Gerade diese Beschränkung der Anhörungsrüge auf die Verletzung rechtlichen Gehörs legt es nahe, die gesetzliche Normierung in § 133a FGO nicht als „Tod der Gegenvorstellung" zu werten. Durch die Schaffung und Reglementierung der Anhörungsrüge wird u. E. das Institut der Gegenvorstellung nicht ausgeschlossen[1004]. Insgesamt muss man demnach von der Art der gerügten Rechtsverletzung her unterscheiden:

- Soll die Verletzung rechtlichen Gehörs gerügt werden, ist die *Anhörungsrüge* statthaft.
- Wird geltend gemacht, dass die Entscheidung des Gerichts auf einer bewussten und objektiv greifbaren gesetzwidrigen Anwendung von Prozessrecht beruht, ist die *außerordentliche Beschwerde* statthaft.
- Ob neben diesen beiden Rechtsschutzmöglichkeiten eine *Gegenvorstellung* noch Platz findet, scheint fraglich.

a) Einlegung der Beschwerde

875 Im Gegensatz zur Nichtzulassungsbeschwerde (s. Rz. 834 f.), die stets unmittelbar beim BFH eingelegt werden muss, ist die (normale) Beschwerde *beim Finanzgericht* schriftlich oder zur Niederschrift des Urkundsbeamten der Geschäftsstelle *innerhalb von zwei Wochen nach Bekanntgabe der Entscheidung* einzulegen. Die Frist ist allerdings auch gewahrt, wenn die Beschwerde innerhalb der Frist beim BFH eingeht (§ 129 FGO).

876 Hält das Finanzgericht, der Vorsitzende oder der Berichterstatter, dessen Entscheidung angefochten wird, die Beschwerde für begründet, so ist ihr *abzuhelfen*. In allen anderen Fällen ist sie unverzüglich dem BFH vorzulegen (§ 130 FGO).

877 Die Beschwerde hat nur dann *aufschiebende Wirkung*, wenn sie die Festsetzung eines Ordnungs- oder Zwangsmittels zum Gegenstand hat (§ 131 FGO). Je-

---

[1000] Vgl. auch BT-Drucks. 15/3706, S. 14 l. Sp.
[1001] So Seer, in: Tipke/Kruse, § 133a FGO Tz. 2; Seer/Thulfaut, BB 2005, 1085 f.; vgl. auch FG Baden-Württemberg, Außensenate Karlsruhe vom 15. 3. 2005 7 V 55/04, EFG 2005, 885 mit weiterführender Anmerkung von Morsbach.
[1002] Ständige Rechtsprechung; z. B. BVerfG vom 4. 8. 2004 1 BvR 1557/01, NVwZ 2005, 81.
[1003] BFH vom 17. 6. 2005 VI S 3/05, BFH/NV 2005, 1458.
[1004] Vgl. BT-Drucks. 663/04, S. 33; BFH vom 13. 1. 2005 VII S 31/04, BFH/NV 2005, 898; BFH vom 8. 9. 2005 IV B 42/05, BFH/NV 2005, 2130; a. A. VGH Mannheim vom 2. 2. 2005 3 S 83/05, NJW 2005, 920.

doch kann das Finanzgericht, der Vorsitzende oder der Berichterstatter, dessen Entscheidung angefochten wird, auch sonst bestimmen, dass die Vollziehung der angefochtenen Entscheidung einstweilen auszusetzen ist.

b) Entscheidung des BFH über die Beschwerde
Über die Beschwerde entscheidet der BFH durch Beschluss. Der BFH darf nach Aufhebung eines Beschlusses des Finanzgerichts im Beschwerdeverfahren die Sache auch an das Finanzgericht zur erneuten Behandlung und Entscheidung *zurückverweisen*[1005].

878

3. Anrufung des BVerfG

Auch gegen Entscheidungen des Finanzgerichts oder des BFH kann das BVerfG mit der *Verfassungsbeschwerde* angerufen werden. Diese kann darauf gestützt werden, dass die Grundrechte oder die grundrechtähnlichen Rechte durch die Entscheidung der Steuergerichte (nach letztinstanzlicher Entscheidung) verletzt worden seien.

879

Beschwerdebefugt ist, wer Träger der angeblich verletzten Grundrechte oder grundrechtähnlichen Rechte sein und daher die Verletzung dieser Rechte durch die öffentliche Gewalt rügen kann (§ 90 Abs. 1 BVerfGG). Eine *Popularklage ist nicht zugelassen.*

880

Wenn sich die Verfassungsbeschwerde gegen einen Verwaltungsakt oder gegen eine Gerichtsentscheidung richtet, so muss zuvor der *Rechtsweg ausgeschöpft* sein (§ 90 Abs. 2 Satz 1 BVerfGG).

881

Die Verfassungsbeschwerde ist schriftlich beim BVerfG einzureichen. Der Beschwerdeführer kann die Beschwerde selbst erheben oder durch einen Rechtsanwalt oder Rechtslehrer an einer deutschen Hochschule erheben lassen (schriftliche Vollmacht!). Die Verfassungsbeschwerde, die sich gegen einen Verwaltungsakt oder gegen eine gerichtliche Entscheidung richtet, ist *binnen eines Monats nach Zustellung der vollständig abgefassten Entscheidung* (letzter Instanz) zu erheben (§ 93 Abs. 1 BVerfGG). Eine Rechtsbehelfsbelehrung hinsichtlich der Verfassungsbeschwerde gibt es nicht; das Fehlen einer solchen Belehrung hat nicht die Folge, dass die Einlegungsfrist nicht zu laufen begänne. Wiedereinsetzung in den vorigen Stand ist nicht möglich.

882

Durch jedes Gericht der Finanzgerichtsbarkeit kann auch innerhalb eines bereits anhängigen Verfahrens eine *Vorlage an das BVerfG* erfolgen, wenn das Gericht in einer steuerlichen Rechtsnorm einen Verfassungsverstoß erkennt. Vorlagen zu Regelungen des sekundären europäischen Gemeinschaftsrechts[1006] zur verfassungsrechtlichen Prüfung durch das Bundesverfassungsgericht entsprechend Art. 100 Abs. 1 GG sind jedoch nur dann zulässig, wenn ihre Begründung im Einzelnen darlegt, dass die gegenwärtige Rechtsentwicklung zum Grund-

883

1005 BFH vom 8. 7. 1980 VII B 18/80, BStBl. II 1980, 657.
1006 Vgl. dazu Art. 249 EGV: Verordnungen, Richtlinien, Empfehlungen und Stellungnahmen.

rechtsschutz im europäischen Gemeinschaftsrecht, insbesondere die Rechtsprechung des EuGH, den jeweils als unabdingbar gebotenen Grundrechtsschutz generell nicht gewährleistet[1007].

4. Vorlage an den EuGH[1008]

884 Die Finanzgerichte üben auch bezüglich des europäischen Rechts eine wichtige Rechtsschutzfunktion aus: Denn auch im Rahmen eines finanzgerichtlichen Rechtsstreits kann seitens des Rechtssuchenden gerügt werden, der Gesetzgeber oder die Verwaltung würden mit ihrer Tätigkeit gegen Gemeinschaftsrecht verstoßen. Das ist das Eine.

885 Trotz der zunehmenden Bedeutung des Europarechts im Bereich der Steuern bleibt jedoch, was den Rechtsweg zu den europäischen Gerichten (EuGH, EuG) betrifft, festzustellen, dass das diesbezügliche (europäische) Rechtsschutzsystem in erster Linie den sogenannten privilegierten Klagebefugten (Rat, Kommission, Mitgliedstaaten) das Recht einräumt, bestimmte Verfahren einzuleiten. Natürliche und juristische Personen hingegen können grundsätzlich nur klagen, wenn sie individuell und auch unmittelbar betroffen sind[1009].

886 Der Steuerpflichtige hat demnach keine Möglichkeit, sich durch eine unmittelbare Klage zum EuGH gegen die Steuerbescheide eines Mitgliedstaates zur Wehr zu setzen. Er kann sich allerdings im Verfahren vor den nationalen Gerichten auf eine ihm günstig erscheinende EG-Richtlinie berufen und die Vorlage der Rechtsfrage beim EuGH im sogenannten Vorabentscheidungsverfahren gem. Art. 234 EGV[1010] beantragen. Ist die Frage entscheidungserheblich, so *können*[1011] die nationalen Untergerichte (z.B. die Finanzgerichte) den EuGH anrufen (Vorlage-

---

1007 BVerfG vom 7. 6. 2000 2 BvL 1/97, NJW 2000, 3124.
1008 Seit 1989 erfährt der EuGH Unterstützung und Entlastung durch das Gericht erster Instanz (EuG). Das EuG befasst sich mit Beamtenklagen der Bediensteten sowie mit Klagen natürlicher und juristischer Personen. Insoweit stellt der EuGH die Rechtsmittelinstanz dar. Bei direkten Klagen muss folglich zuerst das EuG angerufen werden. Vgl. Art. 225 EGV.
1009 Art. 230 EGV.
1010 Art. 234 EGV lautet:
„(1) Der Gerichtshof entscheidet im Wege der Vorabentscheidung
  a) über die Auslegung dieses Vertrages,
  b) über die Gültigkeit und die Auslegung der Handlungen der Organe der Gemeinschaft,
  c) über die Auslegung der Satzungen der durch den Rat geschaffenen Einrichtungen, soweit diese Satzungen dies vorsehen.
(2) Wird eine derartige Frage einem Gericht eines Mitgliedstaats gestellt und hält dieses Gericht eine Entscheidung darüber zum Erlass seines Urteils für erforderlich, so kann es diese Frage dem Gerichtshof zur Entscheidung vorlegen.
(3) Wird eine derartige Frage in einem schwebenden Verfahren bei einem einzelstaatlichen Gericht gestellt, dessen Entscheidungen selbst nicht mehr mit Rechtsmitteln des innerstaatlichen Rechts angefochten werden können, so ist dieses Gericht zur Anrufung des Gerichtshofs verpflichtet."
1011 Zur Ermessensausübung durch die Finanzgerichte vgl. BFH vom 2. 4. 1996 VII R 119/94, BFH/NV 1996, 306; dazu auch BVerfG vom 19. 2. 1993 2 BvR 1753/89, HFR 1993, 409.

recht); die nationalen Obergerichte (z. B. der BFH) *müssen* dies tun (Art. 234 Abs. 3 EGV; Vorlagepflicht). Verstößt der BFH gegen die Vorlagepflicht, so ist die Entscheidung im Wege einer Verfassungsbeschwerde (Entzug des gesetzlichen Richters; Art. 101 Abs. 1 Satz 2 GG) jedoch nur dann aufzuheben, soweit dem BFH der Vorwurf gemacht werden kann, er habe seine Vorlagepflicht in objektiv willkürlicher Weise verletzt[1012].

5. Berichtigung wegen offenbarer Unrichtigkeiten

Schreibfehler, Rechenfehler und ähnliche offenbare Unrichtigkeiten im Urteil[1013] sind jederzeit vom Gericht zu berichten (§ 107 FGO). Eines Antrags hierzu bedarf es nicht; eine Anregung kann jedoch hilfreich sein, wenn die offenbare Unrichtigkeit vorher noch nicht erkannt worden ist[1014]. *887*

Über die Berichtigung kann ohne mündliche Verhandlung entschieden werden. Der Berichtigungsbeschluss wird dann auf dem Urteil und auf allen Ausfertigungen vermerkt (§ 107 FGO). *888*

6. Antrag auf Berichtigung des Tatbestandes eines Urteils

Wenn der Tatbestand eines Urteils oder Beschlusses[1015] *Unrichtigkeiten oder Unklarheiten* enthält, kann er berichtigt werden (§ 108 FGO). *889*

Dazu ist allerdings ein *Antrag* (des Klägers oder eines anderen Beteiligten) erforderlich. Der Antrag kann nur *binnen zwei Wochen nach Zustellung des Urteils* gestellt werden. Der Antrag auf Tatbestandsberichtigung gem. § 108 FGO ist nur jedoch zulässig, wenn ein Rechtsschutzinteresse an der begehrten Berichtigung besteht. Ein solches Rechtsschutzinteresse fehlt, wenn nicht ersichtlich ist, dass der Antragsteller eine Änderung des Urteils des Finanzgerichts erreichen oder aus sonstigen Gründen ein berechtigtes Interesse an der Berichtigung des Tatbestands haben kann. Gegen einen die beantragte Tatbestandsberichtigung ablehnenden Beschluss des Finanzgerichts ist die Beschwerde jedoch ausnahmsweise dann zulässig, wenn das Finanzgericht den Berichtigungsantrag ohne Sachprüfung als unzulässig abgewiesen hat[1016]. *890*

Über den Antrag entscheidet das Gericht durch *Beschluss* (§ 108 Abs. 2 FGO). Der Beschluss ist unanfechtbar. *891*

Der Berichtigungsbeschluss wird auf der Urteilsausfertigung oder der Beschlussausfertigung vermerkt. *892*

1012 BVerfG vom 8. 4. 1987 2 BvR 687/85, BVerfGE 75, 223 (245).
1013 Die Regelung gilt entsprechend für Beschlüsse. Vgl. § 113 Abs. 1 FGO.
1014 Eine solche Urteilsberichtigung wegen offenbarer Unrichtigkeit ist beispielsweise dann erforderlich, wenn das Urteil eine eindeutig unzutreffende Parteibezeichnung enthält. Vgl. BFH vom 20. 1. 1988 IX R 155/83, BFH/NV 1990, 104; vom 31. 1. 1992 IX B 101/91, BFH/NV 1992, 328.
1015 Vgl. § 113 Abs. 1 FGO.
1016 Zum besonderen Rechtsschutzbedürfnis vgl. BFH vom 30. 11. 1993 V R 161/93, BFH/NV 1995, 310; zur Einschränkung bei (nicht anfechtbaren) Kostenbeschlüssen s. BFH vom 20. 12. 1995 XI E 1/95, BFH/NV 1996, 559.

7. Antrag auf Urteilsergänzung

893 Wird in einer Entscheidung des Gerichts (Beschluss oder Urteil) der *Antrag eines Beteiligten* oder die *Kostenentscheidung* ganz oder teilweise übergangen, so ist das Urteil oder der Beschluss zu ergänzen (§ 109 Abs. 1 FGO).

894 Dazu ist ein *Antrag* erforderlich, der *binnen zwei Wochen nach Zustellung der Entscheidung* gestellt werden muss. Über diesen Antrag muss aufgrund *mündlicher Verhandlung* entschieden werden, falls nicht auf mündliche Verhandlung ausdrücklich verzichtet worden ist. Die mündliche Verhandlung hat allerdings nur den (noch) nicht erledigten Teil des Rechtsstreits zum Gegenstand (§ 109 Abs. 2 FGO).

8. Wiederaufnahme des Verfahrens

895 Ein rechtskräftig beendetes Verfahren kann nach den *Vorschriften der ZPO* wieder aufgenommen werden (§ 134 FGO). Dies geschieht durch Nichtigkeitsklage (s. Rz. 896 f.) oder durch Restitutionsklage (s. Rz. 898 f.).

896 Die *Nichtigkeitsklage* findet statt (§ 579 ZPO):

- wenn das erkennende Gericht *nicht vorschriftsmäßig besetzt* war;
- wenn ein Richter bei der Entscheidung mitgewirkt hat, der von der *Ausübung des Richteramts kraft Gesetzes ausgeschlossen* war, sofern nicht dieses Hindernis mittels eines Ablehnungsgesuchs oder eines Rechtsmittels ohne Erfolg geltend gemacht ist;
- wenn bei der Entscheidung ein Richter mitgewirkt hat, obgleich er wegen *Besorgnis der Befangenheit* abgelehnt und das Ablehnungsgesuch für begründet erklärt war;
- wenn eine *Partei* in dem Verfahren *nicht* nach Vorschrift der Gesetze *vertreten* war, sofern sie nicht die Prozessführung ausdrücklich oder stillschweigend genehmigt hat.

897 In den ersten drei Fällen (Gericht nicht vorschriftsmäßig besetzt oder Mitwirkung eines ausgeschlossenen oder abgelehnten Richters) findet die Nichtigkeitsklage nicht statt, wenn die Nichtigkeit auch mittels eines *Rechtsmittels* hätte geltend gemacht werden können (§ 579 Abs. 2 ZPO).

898 Die *Restitutionsklage* findet statt (§ 580 ZPO):

- wenn der Gegner durch Beeidigung einer Aussage, auf die das Urteil gegründet ist, sich einer vorsätzlichen oder fahrlässigen *Verletzung der Eidespflicht* schuldig gemacht hat;
- wenn eine *Urkunde,* auf die das Urteil gegründet ist, fälschlich angefertigt oder verfälscht war;
- wenn bei einem Zeugnis oder Gutachten, auf welches das Urteil gegründet ist, der *Zeuge oder Sachverständige* sich einer strafbaren *Verletzung der Wahrheitspflicht* schuldig gemacht hat;

- wenn das Urteil von dem Vertreter der Partei oder von dem Gegner oder dessen Vertreter durch eine in Beziehung auf den Rechtsstreit verübte *Straftat* erwirkt ist;
- wenn ein *Richter* bei dem Urteil mitgewirkt hat, der sich in Beziehung auf den Rechtsstreit einer *strafbaren Verletzung seiner Amtspflicht* gegen die Partei schuldig gemacht hat;
- wenn das *Urteil* eines ordentlichen Gerichts, eines früheren Sondergerichts oder eines Verwaltungsgerichts, auf welches das Urteil gegründet ist, *durch ein anderes rechtskräftiges Urteil aufgehoben* ist;
- wenn die Partei ein in derselben Sache erlassenes, *früher rechtskräftig gewordenes Urteil* oder eine *andere Urkunde* auffindet oder zu benutzen in den Stand gesetzt wird, die eine ihr günstigere Entscheidung herbeigeführt haben würde.

Auch die Restitutionsklage ist nur zulässig, wenn die Partei ohne ihr Verschulden außerstande war, den Restitutionsgrund in dem früheren Verfahren geltend zu machen (§ 582 ZPO). Wenn eine Straftat zur Restitutionsklage führt, ist diese nur dann zulässig, wenn eine rechtskräftige Verurteilung ergangen ist oder wenn die Einleitung oder Durchführung eines Strafverfahrens aus anderen Gründen als wegen Mangels an Beweisen nicht erfolgen kann (§ 581 ZPO).

899

9. Die Untätigkeitsbeschwerde

Aufgrund der Rechtsprechung des Europäischen Gerichtshofes für Menschenrechte[1017] müssen die Vertragsparteien der Konvention zum Schutze der Menschenrechte und Grundfreiheiten (EMRK), und hierzu rechnet auch Deutschland, innerstaatlich einen Rechtsbehelf vorhalten, mit dem Verletzungen der aus Artikel 6 Abs. 1 EMRK folgenden Verpflichtung, über eine Streitigkeit innerhalb angemessener Frist zu verhandeln, wirksam gerügt werden können. Spezielle Rechtsbehelfe, die diesen Anforderungen genügen, gab es für das innerstaatliche gerichtliche Verfahren bislang nicht. Der bestehende Handlungsbedarf veranlasste das Bundesjustizministerium zum Entwurf eines „Untätigkeitenbeschwerdegesetzes". Mit Hilfe einer Änderung des GVG – das Gesetz soll um die Vorschrift des § 198 ergänzt werden – soll eine Regelung geschaffen werden, die für alle Verfahrensordnungen und damit auch für das finanzgerichtliche Verfahren gilt. Nach dem Entwurf ist zur Entscheidung über eine Untätigkeitsbeschwerde, mit der eine unzureichende Förderung des Verfahrens innerhalb angemessener Frist gerügt werden kann, primär das Gericht befugt, bei dem das gerügte Verfahren anhängig ist. Es hat zunächst selbst zu prüfen, ob es die Beschwerde für berechtigt hält und ihr abhelfen will oder ob es angesichts des jeweiligen Verfahrensablaufs keinen Ansatz für zusätzliche verfahrensfördernde Maßnahmen sieht. Wird der Beschwerde nicht abgeholfen, so hat das nächsthöhere Gericht zu entscheiden.

900

Derzeit ist noch nicht absehbar, ob der Entwurf in dieser Form die parlamentarischen Hürden nehmen wird. Kritisch ist anzumerken, dass die Justiz, so der Entwurf Gesetz wird, mit einer weiteren Verfahrensbelastung rechnen muss, ohne dass die bestehenden strukturellen Probleme beseitigt werden.

901

1017 Entscheidung vom 26. 10. 2000 (Kudla ./. Polen), Nr. 30 210/96.

J. Kosten des finanzgerichtlichen Verfahrens (Überblick)

1. Allgemeines

Im finanzgerichtlichen Verfahren fallen Kosten in Form von *Gerichtskosten* und *außergerichtlichen Kosten* an, die sich jeweils in *Gebühren* und *Auslagen* gliedern. Zu den außergerichtlichen Kosten gehören die zur zweckentsprechenden Rechtsverfolgung oder Rechtsverteidigung *notwendigen Aufwendungen* der Beteiligten einschließlich der Kosten des Vorverfahrens (§ 139 Abs. 1 FGO). Dies sind vor allem die Aufwendungen für die Zuziehung eines Bevollmächtigten oder Beistandes (z. B. eines Steuerberaters oder Rechtsanwalts). Deren gesetzlich vorgesehenen Gebühren und Auslagen sind stets erstattungsfähig, wenn sie nach den Vorschriften des StBerG zur geschäftsmäßigen Hilfeleistung in Steuersachen befugt sind. Aufwendungen für einen Bevollmächtigten oder Beistand, für den Gebühren und Auslagen gesetzlich nicht vorgesehen sind, können bis zur Höhe der gesetzlichen Gebühren und Auslagen der Rechtsanwälte erstattet werden. Soweit ein Vorverfahren anhängig war, sind die Gebühren und Auslagen erstattungsfähig, wenn das Gericht zuvor die Zuziehung eines Bevollmächtigten oder Beistands für das Vorverfahren für notwendig erklärt hat (§ 139 Abs. 3 FGO). 902

Die Aufwendungen der Finanzbehörden (z. B. Personalkosten, Fahrtkosten zur Wahrnehmung von Gerichtsterminen) werden nicht erstattet (§ 139 Abs. 2 FGO), so dass der Kläger oder Antragsteller eines finanzgerichtlichen Verfahrens nur mit dem eigenen Kostenrisiko belastet ist. 903

Einem *Beigeladenen* (s. Rz. 618 ff.) können Kosten nur auferlegt werden, soweit er Anträge gestellt oder Rechtsmittel eingelegt hat (§ 135 Abs. 2 FGO). Die außergerichtlichen Kosten eines Beigeladenen können nur erstattet werden, wenn das Gericht sie aus Billigkeit der unterliegenden Partei oder der Staatskasse auferlegt (§ 139 Abs. 4 FGO). 904

Das Gericht hat im Urteil oder, wenn das Verfahren in anderer Weise beendet worden ist, durch Beschluss nach Maßgabe der §§ 135 – 138 FGO (s. Rz. 777 ff.) über die Kosten des Verfahrens zu entscheiden (§ 143 Abs. 1 FGO). Wird eine Sache vom BFH an das Finanzgericht zurückverwiesen, so kann er diesem die Entscheidung über die Kosten des Verfahrens übertragen (§ 143 Abs. 2 FGO). Eine isolierte Anfechtung der Kostenentscheidung kommt nicht in Betracht (§ 145 FGO). 905

Hat das Gericht bestimmt, dass einem Beteiligten Aufwendungen zu erstatten sind, werden diese auf Antrag vom Urkundsbeamten des Finanzgerichts festgesetzt (§ 149 Abs. 1 FGO). Gegen die Festsetzung ist die *Erinnerung* an das Gericht gegeben. Die Frist für deren Einlegung beträgt *zwei Wochen* (§ 149 Abs. 2 FGO). 906

2. Gerichtskosten

907 Für Verfahren vor den Gerichten der Finanzgerichtsbarkeit nach der FGO werden Kosten (Gebühren und Auslagen) nur nach dem GKG erhoben (§ 1 Nr. 3 GKG).

a) Gebühren

908 Die Gerichtsgebühren sind das pauschale Entgelt für die Inanspruchnahme des Gerichts als einem Organ der staatlichen Rechtspflege. Ihre Höhe richtet sich nicht nach dem Aufwand des Gerichts, sondern nach dem Streitwert (s. Rz. 928 ff.).

909 In *Klageverfahren*, die nach dem 30. 6. 2004 anhängig geworden sind, betragen die Gebühren für das Verfahren im Allgemeinen grundsätzlich 4,0 Gebühren (Nr. 6110 KV-GKG). Kommt es zur Erledigung des gesamten Verfahrens durch Zurücknahme der Klage

- vor dem Schluss der mündlichen Verhandlung oder,
- wenn eine solche nicht stattfindet, vor Ablauf des Tages, an dem das Urteil oder der Gerichtsbescheid der Geschäftsstelle übermittelt wird, oder

durch Beschluss wegen Erledigung des Rechtsstreits in der Hauptsache (§ 138 FGO), so ermäßigt sich die Verfahrensgebühr auf 2,0 Gebühren, es sei denn, dass bereits ein Urteil oder Gerichtsbescheid vorausgegangen ist (Nr. 6111 KV-GKG)[1018].

910 Im *Revisionsverfahren* beträgt die Verfahrensgebühr 5,0 Gebühren (Nr. 6120 KV-GKG). Kommt es zur Beendigung des gesamten Verfahrens durch Zurücknahme der Revision oder der Klage, bevor die Revisionsbegründungsschrift bei Gericht eingegangen ist, ermäßigt sich die Gebühr auf 1,0. Erledigungen in den Fällen des § 138 FGO stehen der Zurücknahme gleich (Nr. 6121 KV-GKG). Bei Beendigung des gesamten Verfahrens durch Zurücknahme der Revision oder der Klage

- vor dem Schluss der mündlichen Verhandlung, oder
- wenn eine solche nicht stattfindet, vor Ablauf des Tages, an dem das Urteil, der Gerichtsbescheid oder der Beschluss in der Hauptsache der Geschäftsstelle übermittelt wird, oder

durch Beschluss in den Fällen des § 138 FGO, ermäßigt sich die Verfahrensgebühr auf 3,0 Gebühren, es sei denn, dass bereits ein Urteil, ein Gerichtsbescheid oder ein Beschluss in der Hauptsache vorausgegangen ist (Nr. 6122 KV-GKG).

911 Im Verfahren zur *Gewährung vorläufigen Rechtsschutzes* (s. Rz. 538 ff.) beträgt die Verfahrensgebühr 2,0 Gebühren (Nr. 6210 KV-GKG). Bei Beendigung des gesamten Verfahrens durch Antragsrücknahme

---

1018 Zu den Kosten für Verfahren, die vor dem 1. 7. 2004 anhängig geworden sind, siehe Anhang 2 der Vorauflage.

- vor dem Schluss der mündlichen Verhandlung oder,
- wenn eine solche nicht stattfindet, vor Ablauf des Tages, an dem der Beschluss (§ 114 Abs. 4 FGO) der Geschäftsstelle übermittelt wird, oder

durch Beschluss in den Fällen des § 138 FGO, fallen 0,75 Gebühren an, es sei denn, dass bereits ein Beschluss nach § 114 Abs. 4 FGO vorausgegangen ist (Nr. 6211 KV-GKG).

Bei Beschwerden gegen Beschlüsse über einstweilige Anordnungen (§ 114 FGO) und über die Aussetzung der Vollziehung (§ 69 Abs. 3 und 5 FGO) fallen 2,0 Gebühren an (Nr. 6220 KV-GKG). Bei Beendigung des gesamten Verfahrens durch Zurücknahme der Beschwerde ermäßigt sich die Verfahrensgebühr auf 1,0 (Nr. 6221 KV-GKG).

Wird die Rüge wegen Verletzung des Anspruchs auf rechtliches Gehör (§ 133a FGO; s. Rz. 872 f.) in vollem Umfang verworfen oder zurückgewiesen, entsteht eine Gebühr von 50,00 € (Nr. 6400 KV-GKG). 912

Wird eine Beschwerde gegen die *Nichtzulassung der Revision* (s. Rz. 834 f.) verworfen oder zurückgewiesen, werden 2,0 Gebühren erhoben (Nr. 6500 KV-GKG). Wird die Beschwerde zurückgenommen oder das Verfahren durch anderweitige Erledigung beendet, beträgt die Gebühr 1,0. Die Gebühr entsteht aber nicht, soweit die Revision zugelassen wird (Nr. 6501 KV-GKG). 913

b) Auslagen

Auslagen werden nur nach Maßgabe der Nr. 9000 bis 9018 KV-GKG erhoben. Die Herstellung und Überlassung von Dokumenten auf Antrag sowie die Versendung und die elektronische Übermittlung von Akten können von der vorherigen Zahlung eines die Auslagen deckenden Vorschusses abhängig gemacht werden (§ 17 Abs. 2 GKG). 914

3. Kostenschuldner der Gerichtskosten

Kostenschuldner ist zunächst, wer das Verfahren des Rechtszugs beantragt hat (§ 22 Abs. 1 Satz 1 GKG), also der Kläger, Revisionskläger, Antragsteller, Beschwerdeführer oder Vertreter ohne nachgewiesene Vertretungsmacht („Veranlassungsschuldner"). 915

Die Kosten schuldet ferner (§ 29 GKG), 916

- wem durch gerichtliche Entscheidung die Kosten des Verfahrens auferlegt sind („Entscheidungsschuldner");
- wer sie durch eine vor Gericht abgegebene oder dem Gericht mitgeteilte Erklärung oder in einem vor Gericht abgeschlossenen oder dem Gericht mitgeteilten Vergleich übernommen hat; dies gilt auch, wenn bei einem Vergleich ohne Bestimmung über die Kosten diese als von beiden Teilen je zur Hälfte übernommen anzusehen sind („Übernahmeschuldner");
- wer für die Kostenschuld eines anderen kraft Gesetzes haftet (z. B. der Gesellschafter einer OHG gem. § 128 HGB; „Haftungsschuldner") und

– der „Vollstreckungsschuldner" für die notwendigen Kosten der Zwangsvollstreckung.

917 Mehrere Kostenschuldner haften grundsätzlich als *Gesamtschuldner* (§ 31 Abs. 1 GKG). Das bedeutet, dass sich die Staatskasse wegen des gesamten Anspruchs an jeden Kostenschuldner halten darf, die Leistung insgesamt aber nur einmal fordern kann (§ 421 BGB).

918 *Streitgenossen* (s. Rz. 607ff.) und *Beigeladene* (s. Rz. 618ff.), denen Kosten auferlegt worden sind, haften jeweils gesamtschuldnerisch, wenn die Kosten nicht durch gerichtliche Entscheidung unter sie verteilt sind. Soweit einen Streitgenossen oder Beigeladenen nur Teile des Streitgegenstandes betreffen, beschränkt sich seine Haftung als Gesamtschuldner auf den Betrag, der entstanden wäre, wenn das Verfahren nur diese Teile betroffen hätte (§ 32 GKG).

919 Soweit ein Kostenschuldner als *„Erstschuldner"* haftet, weil ihm die Kosten auferlegt worden sind (§ 29 Nr. 1 GKG) oder er sie übernommen hat (§ 29 Nr. 2 GKG), soll die Haftung eines anderen Kostenschuldners nur geltend gemacht werden, wenn eine Zwangsvollstreckung in das bewegliche Vermögen des ersteren erfolglos geblieben ist oder aussichtslos erscheint (§ 31 Abs. 2 Satz 1 GKG).

920 Soweit einem Kostenschuldner, der als *Entscheidungsschuldner* haftet (§ 29 Nr. 1 GKG), *Prozesskostenhilfe* (s. Rz. 442ff.) bewilligt worden ist, darf die Haftung eines anderen Kostenschuldners nicht geltend gemacht werden; von diesem bereits erhobene Kosten sind zurückzuzahlen (§ 31 Abs. 3 Satz 1 GKG).

4. Kostenfreiheit

921 Der *Bund* und die *Länder* sowie die nach Haushaltsplänen des Bundes oder eines Landes verwalteten öffentlichen Anstalten und Kassen sind in finanzgerichtlichen Verfahren von der Zahlung der Kosten befreit (§ 2 Abs. 1 Satz 1 GKG). Dies gilt jedoch nicht für die außergerichtlichen Kosten des Steuerpflichtigen (z. B. für einen Steuerberater oder Rechtsanwalt, der seine Prozessvertretung übernommen hat), wenn sie ganz oder teilweise der Behörde auferlegt worden sind.

5. Höhe der Kosten

922 Die Gerichtsgebühren richten sich grundsätzlich nach dem Wert des Streitgegenstands (*Streitwert*; § 3 Abs. 1 GKG). Dieser richtet sich im Allgemeinen nach der sich aus dem Antrag des Klägers für ihn ergebenden Bedeutung der Sache (§ 52 Abs. 1 GKG). Bietet der Sach- und Streitstand für die Bestimmung des Streitwerts keine genügenden Anhaltspunkte, ist ein Streitwert von 5.000 € anzunehmen (sog. *Auffangwert*; § 52 Abs. 2 GKG).

923 Betrifft der Antrag des Klägers eine bezifferte *Geldleistung* oder einen hierauf gerichteten Verwaltungsakt, ist deren Höhe maßgebend (§ 52 Abs. 3 GKG).

924 In Verfahren vor den Gerichten der Finanzgerichtsbarkeit darf der Streitwert *nicht unter 1.000 €* angenommen werden (§ 52 Abs. 4 GKG). Tatsächlich beträgt dieser Mindeststreitwert jedoch 1.200 €, da es nach der Gebührentabelle des § 34

Abs. 1 GKG i. V. m. Anlage 2 eine Gebührenstufe von 1.000 € gar nicht gibt. Auf die Gebührenstufe von 900 € folgt jene von 1.200 €. Übersteigen die Mindestgerichtskosten im Einzelfall den wirtschaftlichen Wert der Klage, so ist dies verfassungsrechtlich bedenklich[1019].

Der Streitwert wird nur ausnahmsweise durch das Finanzgericht festgesetzt, nämlich dann, wenn einer der Beteiligten oder die Staatskasse dies beantragt oder das Gericht eine Streitwertfestsetzung für angemessen erachtet (§ 63 Abs. 2 Satz 2 GKG).

Beispiele aus der Rechtsprechung zur Höhe des Streitwerts:
- *Aussetzung der Vollziehung:* Der Streitwert beträgt 10 v. H. des Betrags, um den in der Hauptsache gestritten wird; das ist in der Regel der streitige Steuerbetrag[1020].
- Bei einem *Änderungsbescheid* ergibt sich der Streitwert aus der Differenz zwischen dem Erstbescheid und dem angefochtenen Änderungsbescheid[1021].
- *Antrag nicht gestellt und/oder nicht begründet:* Der Streitwert im Revisionsverfahren ist mit dem „Auffangwert" des § 52 Abs. 2 GKG anzusetzen[1022]. Dieser beträgt derzeit 5.000 €.
- *Arrestanordnung:* Der Streitwert beträgt die Hälfte der Arrestsumme[1023].
- *Aufhebung eines Steuerbescheids:* Die Höhe der festgesetzten Steuer ist der Streitwert[1024].
- Der Streitwert bei *Aufrechnung gegen Steuerforderungen* bemisst sich nach dem vollen Wert der zur Aufrechnung gestellten Gegenforderung, wenn der Bestand der Gegenforderung streitig ist[1025]. Sonst ist der Betrag maßgeblich, hinsichtlich dessen die Aufrechnung angegriffen wird[1026].
- *Außenprüfung:* Bei einem *Antrag auf Durchführung einer Außenprüfung* beträgt der Streitwert 5.000 € (§ 52 Abs. 2 GKG)[1027]. Bei einem Antrag auf Durchführung einer *Schlussbesprechung* beträgt der Streitwert 10 v. H. der steuerlichen Auswirkungen der in der Schlussbesprechung zu erörternden Sachverhalte[1028]. Im übrigen beträgt bei der *Anfechtung einer Prüfungsanordnung* der Streitwert 50 v. H. der mutmaßlich zu erwartenden Mehrsteuern, die gegebenenfalls geschätzt werden müssen, jedoch mindestens 5.000 € (§ 52 Abs. 2 GKG), wenn keine Anhaltspunkte für die wirtschaftliche Bedeutung zu erkennen sind[1029].

1019 Thüringer FG vom 28. 2. 2005 II 70007/05, EFG 2005, 975.
1020 BFH vom 26. 4. 2001 V S 24/00, BStBl. II 2001, 498.
1021 BFH vom 13. 12. 1989 I R 217-218/85, BFH/NV 1991, 471.
1022 BFH vom 13. 9. 1985 III R 70/85, BFH/NV 1986, 230.
1023 BFH vom 12. 3. 1985 VII R 150/81, BFH/NV 1986, 752.
1024 BFH vom 7. 6. 1993 VII E 1/93, BFH/NV 1994, 255.
1025 BFH vom 29. 1. 1991 VII E 6/90, BStBl. II 1991, 467.
1026 BFH vom 24. 1. 1962 VII 186/58 U, BStBl. III 1962, 144.
1027 BFH vom 10. 4. 1990 III E 2/89, BFH/NV 1991, 552.
1028 BFH vom 29. 1. 1986 I R 31/85, BFH/NV 1987, 525.
1029 BFH vom 18. 3. 1991 VIII E 4/90, BFH/NV 1991, 763.

- *Bemessungsgrundlage:* Werden gegenüber der Steuerbemessungsgrundlage Abzugsbeträge geltend gemacht (z. B. Werbungskosten, Betriebsausgaben), so ist der Streitwert so hoch wie die steuerliche Auswirkung im Streitjahr[1030].

- Ist der *Besteuerungszeitraum* streitig, nicht jedoch der Steuerbetrag, ist der Streitwert geringer anzusetzen als der Steuerbetrag, und zwar nach dem Grundsatz der Verzinsung von Steueransprüchen mit 0,5 v. H. je Monat[1031].

- *Buchführungspflicht:* Bei Geltendmachung der Nichtigkeit der Mitteilung gem. § 141 Abs. 2 AO zur Verpflichtung, Bücher zu führen, beträgt der Streitwert 5.000 € (§ 52 Abs. 2 GKG)[1032].

- Bei einem *Duldungsbescheid* ist der Streitwert nach der Forderung zu bemessen, derentwegen der Duldungsbescheid erlassen worden ist[1033].

- *Einstweilige Anordnung:* Der Streitwert beträgt grundsätzlich ein Drittel des Werts der Hauptsache[1034]. In Ausnahmefällen kann er auch auf ein Zehntel des Streitwerts der Hauptsache angesetzt werden[1035].

- Bei einem Rechtsstreit um den *Erlass einer Steuer aus Billigkeitsgründen* bemisst sich der Streitwert nach dem Gesamtbetrag, dessen Erlass begehrt wird[1036].

- *Gewerbesteuer:* Bei der Anfechtung des Gewerbesteuermessbetragsbescheids ist der Streitwert so hoch wie die gewerbesteuerliche Auswirkung[1037]. Beim Streit über die Zerlegung des Gewerbesteuermessbetrags beträgt der Streitwert umgerechnet 2.500 € (§ 52 Abs. 2 GKG)[1038].

- *Gewinnfeststellungsbescheid:* Grundsätzlich beträgt der Streitwert 25 v. H. des streitigen Gewinn- oder Verlustbetrags[1039]. Nur soweit ohne weiteres erkennbar ist, dass der Satz von 25 v. H. den tatsächlichen Auswirkungen nicht gerecht wird, kommt der Ansatz eines niedrigeren oder höheren Prozentsatzes in Betracht[1040]. Der Streitwert beträgt auch 25 v. H. der erstrebten Einkunftsminderung, wenn nicht Gewinneinkünfte, sondern *Überschusseinkünfte* in Frage stehen[1041]. Ist die Höhe eines *Verlustes* streitig, so ist der Streitwert in der Regel mit 50 v. H. des streitigen Verlustbetrags zu bemessen[1042]. Ist die *Steuervergünstigung nach § 34 EStG* strittig, so beträgt der Streitwert 15 v. H. des streitigen Gewinnbetrags[1043]. Ergeben sich beim Angriff gegen einen Ge-

---

1030 BFH vom 6. 3. 1987 VI R 73/84, BFH/NV 1987, 456.
1031 BFH vom 25. 2. 1991 V E 5/90, BFH/NV 1992, 127.
1032 BFH vom 12. 3. 1999 XI E 1/99, BFH/NV 1999, 1346.
1033 BFH vom 9. 1. 1992 VII E 1/91, BFH/NV 1992, 690.
1034 BFH vom 29. 10. 1986 VII S 22/86, BFH/NV 1987, 459.
1035 BFH vom 18. 11. 1986 VII E 9/86, BFH/NV 1987, 597.
1036 BFH vom 23. 1. 1991 I E 3/90, BStBl. II 1991, 528.
1037 BFH vom 14. 9. 1995 VII E 4/95, BFH/NV 1996, 244.
1038 BFH v. 28. 1. 1986 VII E 7/85, BFH/NV 1986, 424.
1039 BFH vom 25. 6. 1985 VIII R 398/83, BFH/NV 1987, 525.
1040 BFH v. 5. 11. 1997 VIII E 3/97, BFH/NV 1998, 621.
1041 BFH vom 26. 11. 1985 IV E 9/85, BFH/NV 1987, 116.
1042 BFH vom 9. 3. 1993 IX E 1/93, BFH/NV 1993, 618.
1043 BFH vom 12. 9. 1985 VIII R 340/82, BFH/NV 1986, 229.

winnfeststellungsbescheid keine steuerlichen Auswirkungen, weil nur eine *Umqualifizierung von Einkünften aus Gewerbebetrieb in Einkünfte aus Vermietung und Verpachtung* streitig ist, so beträgt der Streitwert 1 v. H. des streitigen Betrags[1044]. Bei *Umqualifizierung der Einkünfte aus Gewerbebetrieb in Einkünfte aus Land- und Forstwirtschaft* beträgt der Streitwert 25 v. H. des Freibetrags nach § 13 Abs. 3 EStG[1045].

- *Haftungsbescheid:* Wird ein Haftungsbescheid angefochten, so ist der Streitwert so hoch wie die Haftungssumme[1046].

- *Kindergeld:* Die Klage auf Festsetzung von Kindergeld für einen bestimmten Zeitraum umfasst für jeden Bewilligungsmonat einen Streitgegenstand[1047]. Der Streitwert vervielfältigt sich entsprechend mit der Höhe des monatlichen Kindergeldes. In einem Verfahren, in dem eine Kindergeldfestsetzung von unbestimmter Dauer streitig ist, bemisst sich der Streitwert grundsätzlich nach dem Jahresbetrag des Kindergeldes; bis zur Einreichung der Klage zu zahlende Kindergeldbeträge sind hinzuzurechnen[1048]. Mittelbare Auswirkungen auf das Kindergeld für andere Zahl- oder Zählkinder, für die der Berechtigte dann ein erhöhtes Kindergeld erhält, weil z. B. das bisher als zweites Kind berücksichtigte Kind nunmehr als drittes Kind zählt, für das ein höheres Kindergeld gezahlt wird, bleiben unberücksichtigt[1049].

- Der Streitwert bei einem Verfahren um die Anerkennung einer bestimmten Person als Beratungsstellenleiter eines *Lohnsteuerhilfevereins* beträgt umgerechnet 2.500 € (§ 52 Abs. 2 GKG)[1050].

- Bei einem Verfahren wegen *Schließung der Beratungsstelle* eines *Lohnsteuerhilfevereins* beträgt der Streitwert 20 % des Beitragsaufkommens[1051].

- *Milchabgabe:* Der Streitwert ist so hoch wie die angefochtene oder erstrebte Milchabgabe[1052].

- *Mineralöl:* Ist die Bewilligung eines Mineralölsteuerlagers streitig, so ist der Streitwert so hoch wie der Zinsbetrag, den der Lagerinhaber durchschnittlich in einem Jahr dadurch erspart, dass er die Mineralölsteuer nicht schon beim Bezug des gelagerten Mineralöls entrichten muss[1053].

- Der Streitwert bei *Nichtzulassungsbeschwerde* entspricht im Regelfall dem voraussichtlichen Streitwert des angestrebten Revisionsverfahrens[1054].

1044 BFH vom 30. 6. 1989 VIII R 372/83, BFH/NV 1989, 802.
1045 BFH vom 9. 7. 1985 VIII R 21/84, BFH/NV 1986, 39.
1046 BFH vom 24. 11. 1994 VII E 7/94, BFH/NV 1995, 720.
1047 FG des Saarlandes vom 23. 8. 1996 1 K 139/96, EFG 1997, 34.
1048 BFH vom 24. 5. 2000 VI S 4/00, BStBl. II 2000, 544.
1049 BFH vom 20. 10. 2005 III S 20/05, n. v.; FG des Saarlandes vom 18. 12. 1997 2 K 84/97, n. v.
1050 BFH vom 2. 1. 1991 VII S 24/90, BFH/NV 1991, 473.
1051 BFH vom 2. 2. 1982 VII R 62/81, BStBl. II 1982, 360.
1052 BFH vom 18. 11. 1986 VII E 9/86, BFH/NV 1987, 597.
1053 BFH vom 22. 1. 1985, VII R 87/83, BFH/NV 1986, 771.
1054 BFH vom 14. 9. 1995 VII E 3/95, BFH/NV 1996, 244.

- *Prozesskostenhilfe:* Beim Rechtsstreit über Prozesskostenhilfe ist Streitwert der Betrag, den der bedürftige Beteiligte bei Versagung der Prozesskostenhilfe für die Rechtsverfolgung aufwenden muss[1055].

- *Referenzmenge:* Ist ein Feststellungsbescheid über eine Referenzmenge angefochten, so beträgt der Streitwert 10 v. H. der Abgabe[1056].

- *Steuerberater:* Ist die *Zulassung zur Steuerberaterprüfung* strittig, so beträgt der Streitwert 5.000 €[1057]. Ist die *Bestellung zum Steuerberater* strittig, so beträgt der Streitwert ebenfalls 5.000 €[1058]. Bei Prozessen über die Bestellung als *Steuerberater* sind als Streitwert regelmäßig die voraussichtlichen Einkünfte anzusetzen, die der Kläger im Laufe von fünf Jahren infolge der Bestellung zusätzlich erzielen könnte[1059].

- Bei Verfahren über die Anerkennung einer *Steuerberatungsgesellschaft* beträgt der Streitwert 25.000 €[1060].

- *Steuerbetrag:* Grundsätzlich ist der Streitwert so hoch wie der Steuerbetrag, um den gestritten wird[1061]. Bei Anfechtungsklagen mit dem Antrag, eine *Steuerfestsetzung um einen nicht bezifferten Betrag herabzusetzen*, kann der Wert des Streitgegenstandes auf die Hälfte der festgesetzten Steuer geschätzt werden[1062].

- *Verdeckte Gewinnausschüttung:* Ist die zeitliche Zuordnung einer verdeckten Gewinnausschüttung zu einem bestimmten Kalenderjahr (nicht jedoch die Höhe der verdeckten Gewinnausschüttung) streitig, so beträgt der Streitwert 10 v. H. der verdeckten Gewinnausschüttung[1063]. Im Übrigen beträgt der Streitwert ab 1994 grundsätzlich 30/70 des streitigen Ausschüttungsbetrages.

- *Verlust:* Ist die Höhe eines Verlustes streitig, die Steuer jedoch auf 0 € festgesetzt, so beträgt der Streitwert 5.000 € (§ 52 Abs. 2 GKG)[1064].

- Bei einem Verfahren auf Vorlage eines *Vermögensverzeichnisses* (§ 284 AO) und Abgabe der eidesstattlichen Versicherung beträgt der Streitwert grundsätzlich 50 v. H. der rückständigen Steuer[1065].

- *Vollstreckung:* Bei einem Antrag auf einstweilige Anordnung im Vollstreckungsverfahren beträgt der Streitwert 10 v. H. jenes Betrages, dessentwegen die Vollstreckung betrieben wird[1066].

1055 BFH vom 22. 5. 1985 VII S 9/85, BFH/NV 1987, 317.
1056 BFH vom 3. 9. 1986 VII S 9/86, BFH/NV 1987, 319.
1057 BFH vom 30. 7. 1985 VII R 48/85, BFH/NV 1985, 109.
1058 BFH vom 30. 7. 1985 VII S 2/85, BFH/NV 1986, 233.
1059 Bezirksgericht Magdeburg, Senat für Finanzrecht, vom 4. 2. 1991 BW 4/91, EFG 1992, 296.
1060 BFH vom 7. 11. 1995 VII S 10/95, BFH/NV 1996, 350.
1061 BFH vom 29. 10. 1986 VII S 21/86, BFH/NV 1987, 458.
1062 BFH vom 12. 7. 1991 VIII E 1/91, BFH/NV 1992, 190.
1063 FG des Saarlandes vom 7. 8. 1986 I 96/84, EFG 1986, 627.
1064 BFH vom 11. 10. 1985 III R 71/85, BFH/NV 1986, 160.
1065 BFH vom 20. 4. 1993 VII E 8/92, BFH/NV 1994, 118.
1066 BFH vom 28. 1. 1986 VII B 86/85, BFH/NV 1986, 552.

- *Zolltarifauskunft:* In einem Rechtsstreit über eine Zolltarifauskunft beträgt der Streitwert umgerechnet 2.500 € (§ 52 Abs. 2 GKG)[1067].
- Bei Verfahren wegen der *Zusammenveranlagung von Ehegatten* ist die wirtschaftliche Belastung für den Streitwert maßgebend, wobei sich diese aus dem nachgeforderten Steuerbetrag ergibt; im Falle einer Erstattung durch Halbteilung des Erstattungsbetrags[1068].
- Der Streitwert wegen *Zwangsgeldfestsetzung* (§§ 329, 333 AO) ergibt sich aus dem festgesetzten Betrag. Für die Klage gegen eine Zwangsgeldandrohung ist die Hälfte des angedrohten Betrags anzusetzen[1069].
- *Zwischenmietverhältnis:* Bei einem Rechtsstreit wegen eines Zwischenmietverhältnisses ist der Streitwert so hoch wie der Steuerbetrag aus dem angefochtenen Umsatzsteuerbescheid[1070].

6. Fälligkeit der Kosten
a) Gerichtsgebühren

Der Kostenansatz, d. h. die Berechnung der Gerichtskosten mit Feststellung des Kostenschuldners, erfolgt im finanzgerichtlichen Verfahren erst nach dessen Abschluss. Allerdings wird die *allgemeine Verfahrensgebühr* in Höhe von 4,0 Gebühren (Nr. 6110 KV-GKG) bereits mit der *Einreichung der Klage- oder Antragsschrift* bzw. mit der Abgabe der entsprechenden Erklärung zu Protokoll *fällig* (§ 6 Abs. 1 Nr. 4 GKG). Dies hat zur Folge, dass das Gericht zeitnah nach Eingang eine Kostenrechnung erstellen und zur Zahlung der fälligen Gebühr auffordern wird. Kommt der Schuldner ihr nicht (rechtzeitig) nach, hat dies jedoch keine Auswirkungen auf den Fortgang des Verfahrens, weil die Tätigkeit des Finanzgerichts nicht von der Zahlung abhängt (§ 10 i. V. m. § 12 Abs. 1 GKG). 927

Nach § 52 Abs. 4 Satz 1 i. V. m. § 63 Abs. 1 Satz 4 GKG darf der *Streitwert* (s. Rz. 922 ff.) in Klageverfahren vor den Gerichten der Finanzgerichtsbarkeit *nicht unter 1.000 €* angenommen werden. Hieraus errechnet sich eine allgemeine Verfahrensgebühr von (4,0 x 55 € =) 220 €. Sie ermäßigt sich gem. Nr. 6111 KV-GKG auf (2,0 x 55 € =) 110 €, wenn das gesamte Verfahren durch Zurücknahme der Klage vor dem Schluss der mündlichen Verhandlung oder, wenn eine solche nicht stattfindet, vor Ablauf des Tages beendet wird, an dem das Urteil oder der Gerichtsbescheid der Geschäftsstelle übermittelt wird, bzw. im Falle der Erledigung des Rechtsstreits in der Hauptsache (§ 138 FGO) vor Ergehen eines Urteils oder Gerichtsbescheids. 928

In *Verfahren des einstweiligen Rechtsschutzes* (s. Rz. 538 ff.) wird die allgemeine Verfahrensgebühr hingegen erst mit der unbedingten Kostenentscheidung *nach Abschluss des Verfahrens* fällig (§ 9 Abs. 1 Nr. 1 GKG). 929

1067 BFH vom 18. 12. 1991 VII E 8/91, BFH/NV 1992, 542.
1068 FG Baden-Württemberg (Stuttgart) vom 27. 2. 1991 IV K 232/88, EFG 1991, 503.
1069 FG Bremen vom 12. 12. 1989 II 81/89 K, EFG 1991, 99; OVG Bremen vom 13. 11. 1987 I B 102/87, JurBüro 1988, 372.
1070 BFH vom 10. 2. 1987 V E 1-2/87, BFH/NV 1987, 388.

b) Auslagen

930 Wird die Vornahme einer Handlung, mit der Auslagen verbunden sind, beantragt, hat derjenige, der die Handlung beantragt hat, einen zur Deckung der Auslagen hinreichenden Vorschuss zu zahlen. Das Gericht soll die Vornahme der Handlung von der vorherigen Zahlung abhängig machen (§ 17 Abs. 1 GKG).

931 Die Herstellung und Überlassung von Dokumenten auf Antrag sowie die Versendung von Akten können von der vorherigen Zahlung eines die Auslagen deckenden Vorschusses abhängig gemacht werden (§ 17 Abs. 2 GKG).

932 Bei Handlungen, die von Amts wegen vorgenommen werden, kann ebenfalls ein Vorschuss zur Deckung der Auslagen erhoben werden. (§ 17 Abs. 3 GKG).

933 Die Verpflichtung zur Zahlung eines Vorschusses bleibt gem. § 18 Satz 1 GKG auch dann bestehen, wenn die Verfahrenskosten einem anderen auferlegt oder von einem anderen übernommen sind.

7. Nichterhebung von Kosten

934 Kosten, die bei richtiger Behandlung der Sache im gerichtlichen Verfahren nicht entstanden wären, werden nicht erhoben (§ 21 Abs. 1 Satz 1 GKG). In derartigen Fällen besteht ein Rechtsanspruch darauf, dass die Kosten nicht erhoben werden.

935 Das gleiche gilt für Auslagen, die durch eine von Amts wegen veranlasste Verlegung eines Termins oder Vertagung einer Verhandlung entstanden sind (§ 21 Abs. 1 Satz 2 GKG). Auch hier ist von Amts wegen von der Erhebung der Auslagen abzusehen.

936 Für *abweisende Entscheidungen* sowie bei *Zurücknahme eines Antrags* kann von der Erhebung von Kosten abgesehen werden, wenn der Antrag auf unverschuldeter Unkenntnis der tatsächlichen oder rechtlichen Verhältnisse beruht (§ 21 Abs. 1 Satz 3 GKG). In diesen Fällen steht es im pflichtgemäßen Ermessen, ob Kosten erhoben werden oder nicht.

937 Die Entscheidung trifft das Gericht. Solange nicht das Gericht entschieden hat, können Anordnungen nach § 21 Abs. 1 GKG im Verwaltungsweg erlassen werden. Eine im Verwaltungsweg getroffene Anordnung kann nur im Verwaltungsweg geändert werden (§ 21 Abs. 2 GKG).

Anhang 1: Anschriften der Finanzgerichte und des BFH

Baden-Württemberg
Finanzgericht
Baden-Württemberg
Gutenbergstraße 109
70197 Stuttgart
Postfach 10 14 16
70013 Stuttgart
Tel.: 07 11 / 66 85 – 0
Telefax: 07 11 / 66 85 – 166

Außensenate Freiburg
Gresserstraße 21
79102 Freiburg
Postfach 52 80
79019 Freiburg
Tel.: 07 61 / 2 07 24 – 0
Telefax: 07 61 / 2 07 24 – 2 00

Außensenate Karlsruhe
Moltkestraße 80
76133 Karlsruhe
Postfach 100108
76231 Karlsruhe
Tel.: 07 21 / 926 – 0
Telefax: 07 21 / 926 – 35 59

Bayern
Finanzgericht München
Ismaninger Straße 95
81675 München
Postfach 86 03 60
81630 München
Tel.: 0 89 / 9 29 89 – 0
Telefax: 0 89 / 9 29 89 – 300

Außensenate Augsburg
Frohsinnstraße 21
86150 Augsburg
Postfach 10 16 61
86006 Augsburg
Tel.: 08 21 / 3 46 27 – 0
Telefax: 08 21 / 3 46 27 – 100

Finanzgericht Nürnberg
Deutschherrnstraße 8
90429 Nürnberg
Tel.: 09 11 / 2 70 76 – 0
Telefax: 09 11 / 2 70 76 – 290

Berlin
Finanzgericht Berlin
Schönstedtstraße 5
13357 Berlin
Tel.: 0 30 / 9 01 56 – 0
Telefax: 0 30 / 9 01 56 – 3 46

Brandenburg
Finanzgericht des Landes Brandenburg
Von-Schön-Straße 10
03050 Cottbus
Postfach 10 04 65
03004 Cottbus
Tel.: 03 55 / 49 91 – 61 00
Telefax: 03 55 / 49 91 – 61 99

Bremen
Finanzgericht Bremen
Am Wall 201
28195 Bremen
Tel.: 04 21 / 3 61 – 22 97
Telefax: 04 21 / 3 61 – 1 00 29

Hamburg
Finanzgericht Hamburg
Lübeckertordamm 4
20099 Hamburg
Tel.: 0 40 / 4 28 43 – 77 70
Telefax: 0 40 / 4 28 43 – 77 77

Hessen
Hessisches Finanzgericht
Königstor 35
34117 Kassel
Postfach 10 17 40
34017 Kassel
Tel.: 05 61 / 72 06 – 0
Telefax: 05 61 / 72 06 – 1 11

Mecklenburg-Vorpommern
Finanzgericht
Mecklenburg-Vorpommern
Lange Straße 2a

17489 Greifswald
Tel.: 0 38 34 / 7 95 – 0
Telefax: 0 38 34 / 7 95 – 2 13 und 2 28

Niedersachsen
Niedersächsisches Finanzgericht
Hermann-Guthe-Straße 3
30504 Hannover
Postfach 81 04 62
30594 Hannover
Tel.: 05 11 / 84 08 – 0
Telefax: 05 11 / 84 08 – 4 99

Nordrhein-Westfalen
Finanzgericht Düsseldorf
Ludwig-Erhard-Allee 21
40227 Düsseldorf
Postfach 10 23 53
40014 Düsseldorf
Tel.: 02 11 / 77 70 – 0
Telefax: 02 11 / 77 70 – 26 00

Finanzgericht Köln
Appellhofplatz
50667 Köln
Postfach 10 13 44
50453 Köln
Tel.: 02 21 / 20 66 – 0
Telefax: 02 21 / 20 66 – 4 20

Finanzgericht Münster
Warendorfer Straße 70
48145 Münster
Postfach 27 69
48014 Münster
Tel.: 02 51 / 37 84 – 0
Telefax: 02 51 / 37 84 – 1 00

Rheinland-Pfalz
Finanzgericht Rheinland-Pfalz
Robert-Stolz-Straße 20
67433 Neustadt/Weinstraße
Postfach 10 04 27
67404 Neustadt/Weinstraße
Tel.: 0 63 21 / 4 01 – 1
Telefax: 0 63 21 / 4 01 – 3 55

Saarland
Finanzgericht des Saarlandes

Hardenbergstraße 3
66119 Saarbrücken
Postfach 10 15 52
66015 Saarbrücken
Tel.: 06 81 / 5 01 55 – 46
Telefax: 06 81 / 5 01 55 – 95

Sachsen
Sächsisches Finanzgericht
Richterstraße 8
04105 Leipzig
Tel.: 03 41 / 7 02 30 – 0
Telefax: 03 41 / 7 02 30 – 99

Sachsen-Anhalt
Finanzgericht des Landes
Sachsen-Anhalt
Antoinettenstraße 37
06844 Dessau
Postfach 18 07
06815 Dessau
Tel.: 03 40 / 2 02 – 0
Telefax: 03 40 / 2 02 – 23 04

Schleswig-Holstein
Schleswig-Holsteinisches
Finanzgericht
Beseleralle 39 – 41
24105 Kiel
Tel.: 04 31 / 9 88 – 0
Telefax: 04 31 / 9 88 – 38 46

Thüringen
Thüringer Finanzgericht
Bahnhofstraße 3a
99867 Gotha
Postfach 10 05 64
99855 Gotha
Tel.: 0 36 21 / 4 32 – 0
Telefax: 0 36 21 / 4 32 – 2 99

Anschrift des BFH
Bundesfinanzhof
Ismaninger Straße 109
81675 München
Postfach 86 02 40
81629 München
Tel.: 0 89 / 92 31 – 0
Telefax: 0 89 / 92 31 – 2 01

Anhang 2: Tabelle zur Abschätzung des Prozesskostenrisikos

Das Verfahren vor dem Finanzgericht ist – anders als etwa das Einspruchsverfahren bei der Finanzbehörde – nicht kostenfrei. Es fallen Gerichtsgebühren an, deren Höhe sich nach dem **Streitwert** richtet (s. dazu Rz. 922 ff.); daneben können Auslagen (z. B. Schreibauslagen) angesetzt werden. Bedient sich ein Kläger zur Durchführung des finanzgerichtlichen Verfahrens der Hilfe eines Rechtsanwalts oder Steuerberaters, kommen dessen Kosten noch hinzu.

Ein Klageverfahren vor dem Finanzgericht kostet grundsätzlich 4,0 Gebühren (Nr. 6110 KV-GKG).

Im Verfahren zur Gewährung vorläufigen Rechtsschutzes in Form der Aussetzung der Vollziehung (s. Rz. 558 ff.) oder einstweiligen Anordnung (Rz. 581 ff.) fallen 2,0 Gebühren an (Nr. 6210 KV-GKG). Hierbei werden aber nur 10 v. H. des „normalen" Streitwertes angesetzt.

Die Gerichtsgebühren ermäßigen sich aber auf 2,0 Gebühren bei Beendigung des gesamten Verfahrens durch

- Zurücknahme der Klage vor dem Schluss der mündlichen Verhandlung oder, wenn eine solche nicht stattfindet, vor Ablauf des Tages, an dem das Urteil oder der Gerichtsbescheid der Geschäftsstelle übermittelt wird
- Beschluss in den Fällen des § 138 FGO (Erledigung der Hauptsache),

es sei denn, dass bereits ein Urteil oder ein Gerichtsbescheid vorausgegangen ist (Nr. 6111 KV-GKG). Erledigt sich ein Verfahren zur Gewährung vorläufigen Rechtsschutzes auf entsprechende Weise, ermäßigen sich die Gebühren auf 0,75 Gebühren (Nr. 6211 KV-GKG).

Der nachfolgenden Tabelle kann entnommen werden, wie hoch das Prozesskostenrisiko ist. Dabei wird unterstellt,

- dass der Kläger im Verfahren vor dem Finanzgericht durch einen Rechtsanwalt vertreten wird, der eine Verfahrensgebühr von 1,6 Gebühren (Nr. 3200 KV-RVG) und eine Terminsgebühr von 1,2 Gebühren (Nr. 3202 KV-RVG) sowie 20 v. H. der Gebühren (höchstens 20 €) als Pauschale für Entgelte für Post- und Telekommunikationsdienstleistungen (Nr. 7002 KV-RVG) zuzüglich 16 v. H. Umsatzsteuer berechnet. Der Kläger ist nicht zum Abzug der Umsatzsteuer als Vorsteuer berechtigt. Weitere Kosten (z. B. Reisekosten zur mündlichen Verhandlung) sind nicht angefallen;
- dass der Kläger vor dem Finanzgericht in vollem Umfang unterliegt. Ein (teureres) Verfahren vor dem BFH findet nicht statt;
- dass das Gericht durch Urteil entscheidet, so dass 4,0 Gebühren anfallen.

Gegebenenfalls erhöhen sich die Kosten um Entschädigungen für Zeugen oder Sachverständige.

Anhang 2

Streitwert bis €	Gerichts-gebühren €	Kosten des Rechtsanwalts			USt. €	Prozesskosten-risiko €
		1,6 Geb. €	1,2 Geb. €	Pauschale €		
300	100,00	40,00	30,00	14,00	13,44	197,44
600	140,00	72,00	54,00	20,00	23,36	309,36
900	180,00	104,00	78,00	20,00	32,32	414,31
1.200	220,00	136,00	102,00	20,00	41,28	519,28
1.500	260,00	168,00	126,00	20,00	50,24	624,24
2.000	292,00	212,80	159,60	20,00	62,78	747,18
2.500	324,00	257,60	193,20	20,00	75,33	870,13
3.000	356,00	302,40	226,80	20,00	87,87	993,07
3.500	388,00	347,20	260,40	20,00	100,42	1.116,02
4.000	420,00	392,00	294,00	20,00	112,96	1.238,96
4.500	452,00	436,80	327,60	20,00	125,50	1.361,90
5.000	484,00	481,60	361,20	20,00	138,05	1.484,85
6.000	544,00	540,80	405,60	20,00	154,62	1.665,02
7.000	604,00	600,00	450,00	20,00	171,20	1.845,20
8.000	664,00	659,20	494,40	20,00	187,78	2.025,38
9.000	728,00	718,40	538,80	20,00	204,35	2.209,55
10.000	784,00	777,60	583,20	20,00	220,93	2.385,73
13.000	876,00	841,60	631,20	20,00	238,85	2.607,65
16.000	968,00	905,60	679,20	20,00	256,77	2.829,57
19.000	1.060,00	969,60	727,20	20,00	274,69	3.051,49
22.000	1.152,00	1.033,60	775,20	20,00	292,61	3.273,41
25.000	1.244,00	1.097,60	823,20	20,00	310,53	3.495,33
30.000	1.360,00	1.212,80	909,60	20,00	342,78	3.845,18
35.000	1.476,00	1.328,00	996,00	20,00	375,04	4.195,04
40.000	1.592,00	1.443,20	1.082,40	20,00	407,30	4.544,90
45.000	1.708,00	1.558,40	1.168,80	20,00	439,55	4.894,75
50.000	1.824,00	1.673,60	1.255,20	20,00	471,81	5.244,61
65.000	2.224,00	1.796,80	1.347,60	20,00	506,30	5.894,70
80.000	2.624,00	1.920,00	1.440,00	20,00	540,80	6.544,80
95.000	3.024,00	2.043,20	1.532,40	20,00	575,30	7.194,90
110.000	3.424,00	2.166,40	1.624,80	20,00	609,79	7.844,99
125.000	3.824,00	2.289,60	1.717,20	20,00	644,29	8.495,09
140.000	4.224,00	2.412,80	1.809,60	20,00	678,78	9.145,18
155.000	4.624,00	2.536,00	1.902,00	20,00	713,28	9.795,28
170.000	5.024,00	2.659,20	1.994,40	20,00	747,78	10.445,38
185.000	5.424,00	2.782,40	2.086,80	20,00	782,27	11.095,47
200.000	5.824,00	2.905,60	2.179,20	20,00	816,77	11.745,57
230.000	6.424,00	3.094,40	2.320,80	20,00	869,63	12.728,83
260.000	7.024,00	3.283,20	2.462,40	20,00	922,50	13.712,10
290.000	7.624,00	3.472,00	2.604,00	20,00	975,36	14.695,36
320.000	8.224,00	3.660,80	2.745,60	20,00	1.028,22	15.678,62
350.000	8.824,00	3.849,60	2.887,20	20,00	1.081,09	16.661,89
380.000	9.424,00	4.038,40	3.028,80	20,00	1.133,95	17.645,15
410.000	10.024,00	4.227,20	3.170,40	20,00	1.186,82	18.628,42
440.000	10.624,00	4.416,00	3.312,00	20,00	1.239,68	19.611,68
470.000	11.224,00	4.604,80	3.453,60	20,00	1.292,54	20.594,94
500.000	11.824,00	4.793,60	3.595,20	20,00	1.345,41	21.578,21

Anhang 3: Vordruck für die Prozesskostenhilfe

Erklärung über die persönlichen und wirtschaftlichen Verhältnisse
- Anlage zum Antrag auf Bewilligung der Prozesskostenhilfe; **die notwendigen Belege sind beizufügen.** -

Geschäftsnummer des Gerichts

(A) Die Prozesskostenhilfe wird beantragt von (Name, Vorname, ggf. Geburtsname): | Beruf, Erwerbstätigkeit | Geburtsdatum | Familienstand

Anschrift (Straße, Hausnummer, Postleitzahl, Wohnort) | Tagsüber telefonisch erreichbar unter Nr.

Antragstellende Partei wird gesetzlich vertreten von (Name, Vorname, Anschrift, Telefon):

(B) Trägt eine **Rechtsschutzversicherung** oder **andere Stelle/Person** (z. B. Gewerkschaft, Arbeitgeber, Mieterverein) die Kosten Ihrer Prozessführung?
☐ Nein ☐ Ja, in voller Höhe ☐ Ja, in Höhe von EUR:

(C) Beziehen Sie **Unterhaltsleistungen** (z. B. Unterhaltszahlungen; Versorgung im elterlichen Haushalt; Leistungen des Partners einer eheähnlichen Lebensgemeinschaft)?
☐ Nein ☐ Ja, von Eltern/Vater/Mutter (Bitte auf Zweitstück dieses Vordrucks Angaben über deren/dessen Verhältnisse - s. Hinweise) ☐ Ja, vom getrenntlebenden/geschiedenen Ehegatten ☐ Ja, von anderer Person

Beleg-Nr.

(D) Angehörige, denen Sie Unterhalt gewähren

Name, Vorname (Anschrift nur, wenn sie von Ihrer Anschrift abweicht)	Geburtsdatum	Familienverhältnis (z. B. Ehegatte, Kind, Schwiegermutter)	Wenn Sie den Unterhalt ausschließlich durch Zahlung gewähren: Monatsbetrag in EUR	Haben die Angehörigen eigene Einnahmen? (z. B. Ausbildungsvergütung; Unterhaltszahlungen vom anderen Elternteil)	Beleg-Nr.
1				☐ Nein ☐ Ja, EUR mtl. netto	
2				☐ Nein ☐ Ja, EUR mtl. netto	
3				☐ Nein ☐ Ja, EUR mtl. netto	
4				☐ Nein ☐ Ja, EUR mtl. netto	
5				☐ Nein ☐ Ja, EUR mtl. netto	

Wenn Sie laufende Leistungen zum Lebensunterhalt nach dem Bundessozialhilfegesetz beziehen **und den letzten Bescheid des Sozialamtes beifügen,** sind Angaben zu (E) bis (J) entbehrlich, sofern das Gericht nicht etwas anderes anordnet.

(E) Bruttoeinnahmen

Bitte unbedingt beachten:
Die notwendigen Belege (z. B. Lohnbescheinigung der Arbeitsstelle) müssen beigefügt werden.

	Haben **Sie** Einnahmen aus			Hat Ihr **Ehegatte** Einnahmen aus			Beleg-Nr.
	nichtselbständiger Arbeit?	☐ Nein	☐ Ja, EUR mtl. brutto	nichtselbständiger Arbeit?	☐ Nein	☐ Ja, EUR mtl. brutto	
	selbständiger Arbeit/Gewerbebetrieb/Land-, Forstwirtschaft?	☐ Nein	☐ Ja, EUR mtl. brutto	selbständiger Arbeit/Gewerbebetrieb/Land-, Forstwirtschaft?	☐ Nein	☐ Ja, EUR mtl. brutto	
	Vermietung und Verpachtung?	☐ Nein	☐ Ja, EUR mtl. brutto	Vermietung und Verpachtung?	☐ Nein	☐ Ja, EUR mtl. brutto	
	Kapitalvermögen?	☐ Nein	☐ Ja, EUR mtl.	Kapitalvermögen?	☐ Nein	☐ Ja, EUR mtl.	
	Kindergeld?	☐ Nein	☐ Ja, EUR mtl.	Kindergeld?	☐ Nein	☐ Ja, EUR mtl.	
	Wohngeld?	☐ Nein	☐ Ja, EUR mtl.	Wohngeld?	☐ Nein	☐ Ja, EUR mtl.	
Bitte Art und Bezugszeitraum angeben z. B. Unterhaltsrente mtl. Altersrente mtl. Weihnachts-/Urlaubsgeld jährl. Arbeitslosengeld mtl. Arbeitslosenhilfe mtl. Ausbildungsförderg. mtl. Krankengeld mtl.	Andere Einnahmen (auch einmalige oder unregelmäßige)?	☐ Nein	☐ Ja, und zwar _____ EUR brutto	Andere Einnahmen (auch einmalige oder unregelmäßige)?	☐ Nein	☐ Ja, und zwar _____ EUR brutto	
			EUR brutto			EUR brutto	
			EUR brutto			EUR brutto	

Falls zu den Einnahmen alle Fragen verneint werden: Auf welche Umstände ist dies zurückzuführen? Wie bestreiten Sie Ihren Lebensunterhalt?

(F) Abzüge

Bitte kurz bezeichnen
z. B. ☐ Lohnsteuer ☐ Pflichtbeiträge ☐ Lebensvers. ☐ Fahrt zur Arbeit ... km / einfache Entfernung

Die notwendigen Belege müssen beigefügt werden.

Welche Abzüge haben **Sie**?		Welche Abzüge hat Ihr **Ehegatte**?		Beleg-Nr.
[1] Steuern	EUR mtl.	[1] Steuern	EUR mtl.	
[2] Sozialversicherungsbeiträge	EUR mtl.	[2] Sozialversicherungsbeiträge	EUR mtl.	
[3] sonstige Versicherung	EUR mtl.	[3] sonstige Versicherung	EUR mtl.	
[4] Werbungskosten, Betriebsausgaben	EUR mtl.	[4] Werbungskosten, Betriebsausgaben	EUR mtl.	

Anhang 3

G) Ist Vermögen vorhanden?

A / B oder C — In dieser Spalte mit Großbuchstaben bitte jeweils angeben, wem der Gegenstand gehört: A = mir allein B = meinem, Ehegatten allein C = meinem Ehegatten und mir gemeinsam

Verkehrswert Guthabenhöhe, Betrag in EUR | Beleg-Nr.

Grundvermögen? (z. B. Grundstück, Familienheim, Wohnungseigentum, Erbbaurecht)
Nutzungsart, Lage, Größe, Grundbuchbezeichnung, Jahr der Bezugsfertigkeit, Einheits-, Brandversicherungswert:
☐ Nein ☐ Ja

Bausparkonten?
Bausparkasse, voraussichtlicher oder feststehender Auszahlungstermin, Verwendungszweck:
☐ Nein ☐ Ja

Bank-, Giro-, Sparkonten u. dgl.?
Kreditinstitut, Guthabenart:
☐ Nein ☐ Ja

Kraftfahrzeuge?
Fahrzeugart, Marke, Typ, Bau-, Anschaffungsjahr:
☐ Nein ☐ Ja

Sonstige Vermögenswerte, Lebensversicherung, Wertpapiere, Bargeld, Wertgegenstände, Forderungen, Außenstände?
Bezeichnung der Gegenstände:
☐ Nein ☐ Ja

H) Wohnkosten
Angaben sind zu belegen

| Größe des Wohnraums, den Sie mit Ihren oben unter (D) bezeichneten Angehörigen bewohnen | Größe in qm | Art der Heizung (z.B. "Zentrale Ölheizung") | | | | | Beleg-Nr. |

	Miete ohne Mietnebenkosten EUR mtl.	Heizungskosten EUR mtl.	Übrige Nebenkosten EUR mtl.	Gesamtbetrag EUR mtl.	Ich zahle darauf EUR mtl.	Ehegatte zahlt EUR mtl.
Wenn Sie den Raum als **Mieter** oder in einem ähnlichen Nutzungsverhältnis bewohnen						
	Belastung aus Fremdmitteln EUR mtl.	Heizungskosten EUR mtl.	Übrige Nebenkosten EUR mtl.	Gesamtbetrag EUR mtl.	Ich zahle darauf EUR mtl.	Ehegatte zahlt EUR mtl.
Wenn Sie den Raum als **Eigentümer**, Miteigentümer, Erbbauberechtigter o. dgl. bewohnen						
Genaue Einzelangaben zur Belastung aus Fremdmitteln (z. B. „, ... % Zinsen, ... % Tilgung aus Darlehn der Sparkasse ... für Kauf des Eigenheims; Zahlungen laufen bis..."):	Restschuld EUR			Ich zahle darauf EUR mtl.	Ehegatte zahlt EUR mtl.	

I) Sonstige Zahlungsverpflichtungen Bitte angeben an wen, wofür, seit wann die Zahlungen geleistet werden und bis wann sie laufen (z.B. "Ratenkredit der ... Bank vom ... für Kauf eines Pkw; Raten laufen bis ..."):

| Restschuld EUR | Ich zahle darauf EUR mtl. | Ehegatte zahlt EUR mtl. | Beleg-Nr. |

J) Als besondere Belastung mache ich geltend:
Besondere Belastung (z.B. Mehrausgaben für körperbehinderten Angehörigen) bitte begründen. Die Angaben sind zu belegen.

| Ich bringe dafür auf EUR mtl. | Ehegatte bringt dafür auf EUR mtl. | Beleg-Nr. |

Ich versichere hiermit, daß meine Angaben vollständig und wahr sind. Das Hinweisblatt zu diesem Vordruck habe ich erhalten.

Anzahl

K) .... **Belege** füge ich bei.
Ort, Datum

Aufgenommen:

_____
Unterschrift der Partei oder der Person, die sie gesetzlich vertritt

_____
Unterschrift, Amtsbezeichnung

Anhang 3

Hinweisblatt
zum Vordruck für die Erklärung
über die persönlichen und wirtschaftlichen
Verhältnisse bei Prozesskostenhilfe

- Bitte bewahren Sie dieses Blatt bei Ihren Prozessunterlagen auf -

Allgemeine Hinweise

Wozu Prozesskostenhilfe?

Ein Rechtsstreit vor einem Gericht kostet Geld. Wer eine Klage erheben will, muss für das Verfahren in der Regel Gerichtskosten zahlen. Schreibt das Gesetz eine anwaltliche Vertretung vor oder ist aus sonstigen Gründen anwaltliche Vertretung notwendig, kommen die Kosten für diese hinzu. Entsprechende Kosten entstehen einer Partei, die sich gegen eine Klage verteidigt.

Die Prozesskostenhilfe will Parteien, die diese Kosten nicht aufbringen können, die Verfolgung oder Verteidigung ihrer Rechte ermöglichen.

Wer erhält Prozesskostenhilfe?

Dazu schreibt das Gesetz vor:

„Eine Partei, die nach ihren persönlichen und wirtschaftlichen Verhältnissen die Kosten der Prozessführung nicht, nur zum Teil oder nur in Raten aufbringen kann, erhält auf Antrag Prozesskostenhilfe, wenn die beabsichtigte Rechtsverfolgung oder Rechtsverteidigung hinreichende Aussicht auf Erfolg bietet und nicht mutwillig erscheint."

Einen **Anspruch auf Prozesskostenhilfe** hat danach, wer
- einen Prozess führen muss und die dafür erforderlichen Kosten nicht aufbringen kann **und**,
- nach Einschätzung des Gerichts nicht nur geringe Aussichten hat, den Prozess zu gewinnen.

Ein Anspruch auf Prozesskostenhilfe besteht **nicht**, wenn eine **Rechtsschutzversicherung** oder eine **andere Stelle** die Kosten übernimmt.

Sie kann ferner z. B. dann nicht gewährt werden, wenn der Ehegatte oder bei einem unverheirateten Kind die Eltern oder ein Elternteil aufgrund **gesetzlicher Unterhaltspflicht** für die Kosten aufkommen müssen.

Was ist Prozesskostenhilfe?

Die Prozesskostenhilfe bewirkt, daß die Partei auf die Gerichtskosten und auf die Kosten **ihrer** anwaltlichen Vertretung je nach ihren persönlichen und wirtschaftlichen Verhältnissen **keine Zahlungen** oder **Teilzahlungen** zu leisten hat. Aus ihrem Einkommen hat sie gegebenenfalls **bis höchstens 48 Monatsraten** zu zahlen, deren Höhe gesetzlich festgelegt ist.

Auf die Kosten einer anwaltlichen Vertretung erstreckt sich die Prozesskostenhilfe, wenn das Gericht der Partei einen Rechtsanwalt oder eine Rechtsanwältin **beiordnet.** Dies muss besonders beantragt werden. Der Rechtsanwalt oder die Rechtsanwältin muss grundsätzlich bei dem Gericht **zugelassen** sein. Sollte dies nicht zutreffen, kann das Gericht dem Beiordnungsantrag nur entsprechen, wenn der Rechtsanwalt oder die Rechtsanwältin auf die Vergütung der Mehrkosten verzichtet.

Verbessern sich die Verhältnisse der Partei **wesentlich**, kann sie vom Gericht auch noch nachträglich bis zum Ablauf von **vier Jahren seit Prozessende** zu Zahlungen herangezogen werden, u. U. bis zur vollen Höhe der Gerichtskosten und der Kosten ihrer anwaltlichen Vertretung. **Verschlechtern** sich ihre Verhältnisse, ist eine Veränderung etwa festgesetzter Raten zugunsten der Partei möglich.

Welche Risiken sind zu beachten?

Wer einen Rechtsstreit führen muss, sollte sich zunächst möglichst genau über die Höhe der zu erwartenden Gerichts- **und** Anwaltskosten informieren lassen. Dies gilt auch bei Prozesskostenhilfe. Sie schließt nicht jedes Kostenrisiko aus.

Insbesondere erstreckt sie sich nicht auf die Kosten, die die gegnerische Partei für ihre Prozessführung, z. B. für ihre anwaltliche Vertretung, aufwendet. **Verliert eine Partei den Prozess, so muss sie dem Gegner diese Kosten in der Regel auch dann erstatten, wenn ihr, Prozesskostenhilfe bewilligt worden ist.** Eine Ausnahme gilt in der **Arbeitsgerichtsbarkeit:** hier hat die unterliegende Partei in der ersten Instanz die Kosten der gegnerischen Prozessvertretung nicht zu erstatten.

Schon für eine anwaltliche Vertretung im Verfahren über die Prozesskostenhilfe entstehen Kosten. Diese muß die Partei begleichen, wenn ihrem Antrag auf Prozesskostenhilfe nicht entsprochen wird. Das gleiche gilt für bereits entstandene und noch entstehende Gerichtskosten.

Allgemeine Fassung

Anhang 3

Wie erhält man Prozesskostenhilfe?

Erforderlich ist ein **Antrag**. In dem Antrag muß das Streitverhältnis ausführlich und vollständig dargestellt sein. Es muss sich aus ihm für das Gericht die vom Gesetz geforderte "hinreichende Aussicht auf Erfolg" (s. oben) schlüssig ergeben. Die **Beweismittel** sind anzugeben. Zu diesen Fragen sollten Sie sich, wenn nötig, anwaltlich beraten lassen. Lassen Sie sich dabei auch über das **Beratungshilfegesetz** informieren, nach dem Personen mit geringem Einkommen und Vermögen eine kostenfreie oder wesentlich verbilligte Rechtsberatung und außergerichtliche Vertretung beanspruchen können.

Dem Antrag sind außerdem eine **Erklärung über die persönlichen und wirtschaftlichen Verhältnisse** (Familienverhältnisse, Beruf, Vermögen, Einkommen und Lasten) sowie entsprechende **Belege** beizufügen. **Für die Erklärung muss der vorliegende Vordruck benutzt werden.** Prozesskostenhilfe kann grundsätzlich nur für die Zeit **nach Vorlage** des vollständigen Antrags einschließlich dieser Erklärung und aller notwendigen Belege bewilligt werden.

Das Gericht verfügt mit der Bewilligung der Prozesskostenhilfe über Mittel, die von der Allgemeinheit durch Steuern aufgebracht werden. Es muss deshalb prüfen, ob ein Anspruch auf Prozesskostenhilfe besteht. Der Vordruck soll diese Prüfung erleichtern. Haben Sie daher bitte Verständnis dafür, daß Sie Ihre persönlichen und wirtschaftlichen Verhältnisse darlegen müssen.

Lesen Sie den Vordruck sorgfältig durch und füllen Sie ihn vollständig und gewissenhaft aus.

Die Ausfüllhinweise zum Vordruck finden Sie im Folgenden. Wenn Sie beim Ausfüllen Schwierigkeiten haben, können Sie sich an Ihren Rechtsanwalt, an Ihre Rechtsanwältin oder an das Gericht wenden.

Sollte der Raum im Vordruck nicht ausreichen, können Sie die Angaben auf einem besonderen Blatt machen. Bitte weisen Sie in dem betreffenden Feld auf das beigefügte Blatt hin.

Bitte fügen Sie die **notwendigen Belege** nach dem jeweils neuesten Stand bei, nummerieren Sie sie und tragen Sie die Nummer in dem dafür vorgesehenen Kästchen am Rand jeweils ein.

Fehlende Belege können zur **Versagung** der Prozesskostenhilfe führen, **unvollständige** oder **unrichtige** Angaben auch zu ihrer **Aufhebung** und zur Nachzahlung der inzwischen angefallenen Kosten. Bewusst unrichtige oder unvollständige Angaben können eine **Strafverfolgung** nach sich ziehen.

Ausfüllhinweise

Füllen Sie den Vordruck bitte in **allen Teilen vollständig** aus. Wenn Fragen zu **veneinen** sind, kreuzen Sie bitte das dafür vorgesehene Kästchen an. Wenn ein solches nicht vorgesehen ist, tragen Sie bitte das Wort „nein" oder einen waagerechten Strich ein.

Ⓐ Bitte bezeichnen Sie auch die **Erwerbstätigkeit**, aus der Sie Einnahmen (Abschnitt (E) des Vordrucks) beziehen. Ihren **Familienstand** können Sie abgekürzt (l = ledig; vh = verheiratet; gtrl = getrennt lebend; gesch = geschieden; verw = verwitwet) angeben.

Ⓑ Sollten Sie eine **Rechtsschutzversicherung** haben, prüfen Sie bitte zuerst, ob diese die Kosten übernimmt. **Fügen Sie bitte in jedem Fall den Versicherungsschein bei.** Fragen Sie im Zweifelsfall bei der Versicherung, Ihrem Rechtsanwalt oder Ihrer Rechtsanwältin nach. Falls Ihre Versicherung die Übernahme der Kosten ablehnt, fügen Sie bitte auch den Ablehnungsbescheid bei. Entsprechendes gilt, wenn die Kosten von einer **anderen Stelle oder Person** (z. B. Haftpflichtversicherung, Arbeitgeber) übernommen werden oder wenn Sie eine kostenlose Prozeßvertretung durch eine Organisation (z. B. **Mieterverein, Gewerkschaft**) beanspruchen, können.

Ⓒ Die Frage ist auch dann zu bejahen, wenn Ihnen die Leistungen nicht als Unterhaltsrente, sondern als **Naturalleistung** (z. B. freie Wohnung, Verpflegung, sonstige Versorgung im elterlichen Haushalt; Leistungen des Partners einer eheähnlichen Lebensgemeinschaft) gewährt werden. Der Betrag dieser Leistungen ist unter (E) "Andere Einnahmen" einzutragen.

Falls die unterhaltsverpflichtete Person Ihr **getrennt lebender Ehegatte** ist, oder mit Ihnen **in gerader Linie verwandt** ist (z. B. Vater/Mutter) und Ihr Prozess eine persönliche Angelegenheit betrifft (z. B. Unterhaltsprozess, Scheidungssache), benötigt das Gericht zusätzlich Angaben über die persönlichen und wirtschaftlichen Verhältnisse dieser Person. Für den getrennt lebenden Ehegatten können die Angaben in den Abschnitten (E) bis (J) dieses Vordrucks gemacht werden. In den übrigen Fällen bitte ein **Zweitstück** dieses Vordrucks verwenden. Streichen Sie in diesem in der ersten Zeile unter (A) die Worte „Die Prozesskostenhilfe wird beantragt von" und schreiben Sie darüber - je nachdem wer Ihnen den Unterhalt gewährt - die für Ihren Fall zutreffende Bezeichnung „[Eltern] [Vater] [Mutter] der Person, die Prozesskostenhilfe beantragt". Bitte lassen Sie es dann von den Eltern bzw. dem Elternteil in den Abschnitten (A), (D) bis (J) ausfüllen, und unterschreiben und fügen Sie es Ihrer Erklärung bei.

Falls die unterhaltsverpflichtete Person die Mitwirkung ablehnt, geben Sie bitte den Grund der Weigerung sowie das an, was Ihnen über deren persönliche und wirtschaftliche Verhältnisse bekannt ist.

Anhang 3

(D) Wenn Sie **Angehörigen** Unterhalt gewähren, wird dies bei der Bewilligung der Prozesskostenhilfe berücksichtigt. Deshalb liegt es in Ihrem Interesse, wenn Sie angeben, welchen Personen Sie Unterhalt leisten, ob Sie den Unterhalt ausschließlich durch Geldzahlungen erbringen und ob die Personen eigene Einnahmen haben. Zu den eigenen Einnahmen einer Person, der Sie Unterhalt gewähren, gehören z. B. auch Unterhaltszahlungen eines Dritten, insbesondere diejenigen des anderen Elternteils für das gemeinsame Kind, oder eine Ausbildungsvergütung, die ein unterhaltsberechtigtes Kind bezieht.

(E) **Zu Ihren Angaben müssen Sie die notwendigen Belege beifügen.**

Einnahmen aus **nichtselbständiger Arbeit** sind insbesondere Lohn oder Gehalt. Anzugeben sind die **Bruttoeinnahmen des letzten Monats vor der Antragstellung.** Falls Sie monatlich weniger oder mehr verdienen, geben Sie bitte die niedrigeren bzw. höheren Durchschnittseinnahmen an. Erläutern Sie diese auf einem besonderen Blatt. Urlaubs-, Weihnachtsgeld und andere einmalige oder unregelmäßige Einnahmen bitte gesondert unter „Andere Einnahmen" angeben. Beizufügen sind:

1. eine **Lohn-** oder **Gehaltsabrechnung** der Arbeitsstelle für die letzten zwölf Monate vor der Antragstellung.

2. falls vorhanden, der **letzte Bescheid des Finanzamts über einen Lohnsteuerjahresausgleich** oder die **Einkommensteuer,** sonst die **Lohnsteuerbescheinigung** der Arbeitsstelle, **aus der die Brutto- und Nettobezüge des Vorjahrs ersichtlich sind.**

Einnahmen aus **selbständiger Arbeit, Gewerbebetrieb** oder **Land- und Forstwirtschaft** sind, in einem aktuellen Monatsbetrag anzugeben. Das gleiche gilt für die Eintragung der entsprechenden **Betriebsausgaben** als Abzüge unter(F) [4] Stellen Sie die Monatsbeträge bitte auf einem besonderen Blatt anhand eines **Zwischenabschlusses** mit dem sich aus ihnen ergebenden Reingewinn dar. Saisonale oder sonstige Schwankungen im Betriebsergebnis sind durch angemessene Zu- oder Abschläge zu berücksichtigen; die in den Vordruck einzusetzenden Monatsbeträge der Einnahmen und der Betriebsausgaben sind daraus zeitanteilig zu errechnen. Auf Anforderung des Gerichts sind die Betriebseinnahmen mit den entsprechenden Umsatzsteuervoranmeldungen und die Betriebsausgaben mit den angefallenen Belegen nachzuweisen. Der **letzte Jahresabschluß** und der **letzte Steuerbescheid, aus dem sich die erzielten Einkünfte ergeben,** sind beizufügen

Bei Einnahmen aus **Vermietung und Verpachtung** und aus **Kapitalvermögen** (z. B. Sparzinsen, Dividenden) bitte ein **Zwölftel der voraussichtlichen Jahreseinnahmen** eintragen.

Wenn Sie **Unterhaltszahlungen** für sich und Kinder beziehen, ist bei Ihrer Angabe unter „Andere Einnahmen" nur der für Ihren Unterhalt bestimmte Betrag einzutragen. Die für die Kinder bestimmten Beträge bitte im letzten Feld des Abschnitts (D) angeben.

Beispiele für **andere Einnahmen** sind auch Leistungen wie Pensionen, Versorgungsbezüge, Renten jeglicher Art, Ausbildungsförderung, Krankengeld, Arbeitslosengeld, Arbeitslosenhilfe, Sozialhilfe und dergleichen. Der **letzte Bewilligungsbescheid** und die Unterlagen, aus denen sich die derzeitige Höhe der Leistungen ergibt, sind beizufügen.

Anzugeben mit ihrem Geldwert sind hier ferner **alle sonstigen,** in den vorhergehenden Zellen des Vordrucks nicht erfassten **Einnahmen,** auch Naturalleistungen (z. B. Deputate, freie Verpflegung und sonstige Sachbezüge; freie Wohnung jedoch nur, wenn unter (H) Wohnkosten angegeben werden).

(F) **Als Abzüge** können Sie geltend machen:

[1] die auf das Einkommen entrichteten **Steuern** (auch Kirchen-, Gewerbesteuer, nicht Umsatzsteuer);

[2] Pflichtbeiträge zur **Sozialversicherung** (Renten-, Kranken-, Invaliden-, Arbeitslosenversicherung);

[3] Beiträge zu **öffentlichen oder privaten Versicherungen oder ähnlichen Einrichtungen,** soweit diese Beiträge gesetzlich vorgeschrieben oder nach Grund und Höhe angemessen sind; bitte erläutern Sie Art und Umfang der Versicherung auf einem besonderen Blatt falls dies nicht eindeutig aus den beizufügenden Belegen (z. B Versicherungsschein, Beitragsrechnung) hervorgeht;

[4] **Werbungskosten,** d. h. die notwendigen Aufwendungen zur Erwerbung, Sicherung und Erhaltung der Einnahmen (z. B. auch Berufskleidung, Gewerkschaftsbeitrag). Wenn Sie Kosten der **Fahrt zur Arbeit** geltend machen, ist die einfache Entfernung in km anzugeben, bei Benutzung eines Pkw auch der Grund, warum kein öffentliches Verkehrsmittel benutzt wird. Bei Einnahmen aus selbständiger Arbeit hier bitte die **Betriebsausgaben** angeben; soweit diese Aufwendungen zugleich unter (F) [1], [2] oder [3] oder unter (J) fallen, dürfen sie jedoch nur einmal abgesetzt werden.

Anhang 3

(G) Hier sind **alle Vermögenswerte** (auch im Ausland angelegte) anzugeben, die Ihnen und Ihrem Ehegatten gehören. Sollten eine oder mehrere dritte Personen Miteigentümer sein, bitte den Anteil bezeichnen, der Ihnen bzw. Ihrem Ehegatten gehört.

Prozesskostenhilfe kann auch dann bewilligt werden, wenn zwar Vermögenswerte vorhanden sind, diese aber zur Sicherung einer angemessenen Lebensgrundlage oder einer angemessenen Vorsorge dienen. Derartige Vermögenswerte sind zum Beispiel:

- ein eigengenutztes angemessenes Hausgrundstück (Familienheim);
- kleinere Barbeträge oder Geldwerte (Beträge bis insgesamt 2301 Euro für die hilfebedürftige Partei zuzüglich 256 Euro für jede Person, die von ihr überwiegend unterhalten wird, sind in der Regel als ein solcher kleinerer Betrag anzusehen).

Diese Vermögenswerte müssen Sie aber trotzdem angeben.

Hausrat, Kleidung sowie Gegenstände, die für die Berufsausbildung oder die Berufsausübung benötigt werden, müssen nur dann angegeben werden, wenn sie den Rahmen des Üblichen übersteigen oder wenn es sich um Gegenstände von hohem Wert handelt.

Ist **Grundvermögen** vorhanden, das bebaut ist, geben Sie ggf. bitte auch die jeweilige Gesamtfläche an, die für Wohnzwecke bzw. einen gewerblichen Zweck genutzt wird, nicht nur die von Ihnen und Ihren Angehörigen (oben (D)) genutzte Fläche.

In der letzten Spalte des Abschnitts ist bei **Grundvermögen** der **Verkehrswert** (nicht Einheits- oder Brandversicherungswert) anzugeben, bei **Bauspar-, Bank-, Giro-, Sparkonten** u. dgl. die derzeitige **Guthabenhöhe**, bei **Wertpapieren** der derzeitige **Kurswert** und bei einer **Lebensversicherung** der Wert, mit dem sie **beliehen** werden kann.

Unter „**Sonstige Vermögenswerte**" fallen auch Forderungen und Außenstände, in Scheidungsverfahren insbesondere auch der Anspruch aus Zugewinn.

Sollte der Einsatz oder die Verwertung eines Vermögensgegenstandes für Sie und Ihre Familie eine besondere Härte bedeuten, erläutern Sie dies bitte auf einem besonderen Blatt.

(H) Wenn **Wohnkosten** geltend gemacht werden, bitte Wohnfläche und Art der Heizung angeben. Die Kosten bitte wie im Vordruck vorgesehen aufschlüsseln.

Mietnebenkosten sind außer den gesondert anzugebenden **Heizungskosten** die auf die Mieter umgelegten **Betriebskosten** (Grundsteuer, Entwässerung, Straßenreinigung, Aufzug, Hausreinigung, Gemeinschaftsantenne **usw.**).

Zu der **Belastung aus Fremdmitteln** bei **Wohneigentum** gehören insbesondere die Zins- und Tilgungsraten auf Darlehn/Hypotheken/Grundschulden, die für den Bau, den Kauf oder die Erhaltung des Familienheims aufgenommen worden sind. **Nebenkosten** sind auch hier außer den gesondert anzugebenden Heizungskosten die Betriebskosten.

Sollten Sie sich den Wohnraum mit einer anderen Person als einem Angehörigen (oben (D)) teilen, tragen Sie bitte nur die auf Sie entfallenden anteiligen Beträge ein.

Die notwendigen Belege (z. B. Mietvertrag, Darlehnsurkunden, Nebenkostenabrechnung) **müssen beigefügt werden.**

(I) Auch über die monatlichen Zahlungen und die derzeitige Höhe der Restschuld sind die notwendigen Belege beizufügen, wenn die Zahlungsverpflichtung für die Anschaffung eines unter (G) anzugebenden Vermögensgegenstandes eingegangen worden ist oder wenn sie unter (J) als besondere Belastung geltend gemacht wird.

(J) Wenn Sie eine **besondere Belastung** geltend machen, bitte den Monatsbetrag oder die anteiligen Monatsbeträge angeben, die von Ihren Einnahmen bzw. den Einnahmen Ihres Ehegatten abgesetzt werden sollen. Bitte fügen Sie außer den Belegen auf einem besonderen Blatt eine Erläuterung bei. Eine Unterhaltsbelastung des Ehegatten aus seiner früheren Ehe kann hier angegeben werden. Auch hohe Kreditraten können als besondere Belastung absetzbar sein. Aus den Einzelangaben dazu unter (I) des Vordrucks muß sich ergeben, wofür, seit wann und bis wann die Ratenverpflichtung besteht. Anzugeben ist ferner, ob Sie die Kreditraten laufend begleichen. Ihre tatsächlichen Zahlungen müssen Sie belegen.

(K) Die Erklärung ist in der letzten Zelle von der Partei selbst bzw. der Person zu unterschreiben, die sie gesetzlich vertritt.

Anhang 4: Raten-Tabelle für Prozesskostenhilfe

1. Einzusetzendes Einkommen (§ 115 Abs. 1 Satz 4 ZPO)
Von dem nach bestimmten Abzügen verbleibenden, auf volle Euro abzurundenden Teil des monatlichen Einkommens (einzusetzendes Vermögen) sind unabhängig von der Zahl der Rechtszüge höchstens achtundvierzig Monatsraten aufzubringen, und zwar bei einem

	einzusetzenden Einkommen (EUR)	eine Monatsrate von (EUR)
bis	15	0
	50	15
	100	30
	150	45
	200	60
	250	75
	300	95
	350	115
	400	135
	450	155
	500	175
	550	200
	600	225
	650	250
	700	275
	750	300
über	750	300 zuzüglich des 750 übersteigenden Teils des einzusetzenden Einkommens

Anhang 4

2. Gebühren des Rechtsanwalts (§ 49 RVG)

Aus der Staatskasse (§ 45 Abs. 1 RVG) werden bei einem Gegenstandswert von mehr als 3. 000 Euro anstelle der vollen Gebühr (§ 13 Abs. 1 RVG) folgende Gebühren vergütet:

	Gegenstandswert bis ... EUR	Gebühr (... EUR)
	3.500	195
	4.000	204
	4.500	212
	5.000	219
	6.000	225
	7.000	230
	8.000	234
	9.000	238
	10.000	242
	13.000	246
	26.000	257
	19.000	272
	22.000	293
	25.000	318
	30.000	354
über	30.000	391

Literaturhinweise

Beermann: Steuerliches Verfahrensrecht, Kommentar, Loseblatt

ders.: Neues Revisionsrecht für das finanzgerichtliche Verfahren ab 1. Januar 2001, in: DStZ 2000, 773

Bilsdorfer: Ermittlungsrecht und Ermittlungspflicht im finanzgerichtlichen Verfahren, in: DStZ 1989, 287

ders.: Rechtsschutz in der Betriebsprüfung, in: INF 1996, 225, 261

ders.: Die Fürsorgepflicht des Finanzgerichts, in: NWB F. 2, 7147 (Nr. 1/1999)

ders.: Die mündliche Verhandlung vor dem Finanzgericht: Eine Bewährungssituation für den steuerlichen Berater, in: StB 2001, 4

ders.: Der Rechtsanwalt und die mündliche Verhandlung vor dem Finanzgericht, in: NJW 2001, 331

Bilsdorfer – Carl – Klos: Handbuch des steuerlichen Einspruchsverfahrens, Bielefeld 1995

Bilsdorfer – Weyand: Der Steuerberater in der Betriebsprüfung, 2. Aufl., Freiburg 2000

Buciek: Sechs Jahre FGO-Änderungsgesetz – Erfahrungen und Ausblick, in: StuW 1999, 53

Dürr: Die Reform des Finanzgerichtsprozesses zum 1. 1. 2001, in: INF 2001, 65

Gräber: FGO, Kommentar, 5. Aufl., München 2002

Gramich: Der Einzelrichter nach dem Gesetz zur Änderung der Finanzgerichtsordnung, in: DStR 1993, 6

Heißenberg: Beratungshinweise zur FGO-Novelle, in: KÖSDI 2001, 12768 (Nr. 3/2001)

Herden: Gesetzentwurf zur Änderung des finanzgerichtlichen Revisionsverfahrens, in: DStZ 2000, 394

Hoffmann: Zum Klageantrag im finanzgerichtlichen Verfahren, in: DStR 1983, 446

Hübschmann – Hepp – Spitaler: AO/FGO, Kommentar, Loseblatt

Kretzschmar: Finanzgerichtsurteile durch einen einzelnen Richter, in: BB 1993, 545

Kühn/v. Wedelstädt: Abgabenordnung und Finanzgerichtsordnung, Kommentar

Literaturhinweise

Lange: Zurückweisung verspäteten Vorbringens und gerichtliche Prozessförderungspflicht – Anmerkungen zum BFH-Urteil vom 9. September 1998 I R 31/98 –, in: DStZ 1999, 176

List: Die permanente Reform der finanzgerichtlichen Revision, in: DStR 2000, 1499

ders.: Die Zulassung der Revision zum Bundesfinanzhof nach dem 2. FGO-ÄndG-Entwurf, in: DB 2000, 2294

Pelka: Sechs Jahre FGO-Novelle: Erfahrungen aus der Sicht eines Beraters, in: StuW 1999, 61

Pöllath: Anordnungsgrund bei einstweiliger Anordnung am Beispiel sogenannter negativer Feststellungsbescheide, in: BB 1983, 688

Pump: Die Änderungen der FGO, in: INF 1993, 121

Rüsken: Rechtsbehelfe gegen willkürliche Gerichtsentscheidungen – Mindeststandards der Überprüfbarkeit gerichtlicher Entscheidungen –, in: DStZ 2000, 815

Sangmeister: Anspruch auf rechtliches Gehör auch nach Schluß der mündlichen Verhandlung?, in: BB 1992, 1535

Schaumburg: Reform des finanzgerichtlichen Revisionsrechts, in: StuW 1999, 68

Schmidt-Liebig: Fangeisen des finanzgerichtlichen Verfahrens, in: NWB F. 2, 6755 (Nr. 19/1997)

Schmidt-Troje: Typische Fehler im Finanzgerichtsverfahren, Köln 1986

Schwarz: Abgabenordnung, Kommentar, Loseblatt

ders.: Finanzgerichtsordnung, Kommentar, Loseblatt

Seer: 2. FGO-Änderungsgesetz – Zweitinstanzlicher Rechtsschutz bleibt auf der Strecke!, in: BB 2000, 2387

ders.: Defizite im finanzgerichtlichen Rechtsschutz – zugleich eine kritische Auseinandersetzung mit dem 2. FGO-Änderungsgesetz vom 19. 12. 2000, in: StuW 2001, 3

Seitrich: Die isolierte Anfechtung der Einspruchs- und Beschwerdeentscheidung, in: BB 1984, 1935

Spindler: Vorläufiger finanzgerichtlicher Rechtsschutz bei behaupteter Verfassungswidrigkeit von Steuergesetzen, in: DB 1989, 596

ders.: Das 2. FGO-Änderungsgesetz, in: DB 2001, 61

Streck: Der Steuerstreit, 2. Aufl., Köln 1993

Tipke – Kruse: AO/FGO, Kommentar, Loseblatt

Weyand: Zur Beantragung richterlicher Untersuchungshandlungen durch die Finanzbehörde, in: DStZ 1988, 191

Zenke – Brandenburg: Kosten des finanzgerichtlichen Prozesses, Heidelberg 1997

Stichwortverzeichnis
(Die Stichworte verweisen auf die Randziffern)

Abgabenangelegenheiten 7, 10 ff.
Abgabenberechtigte 273
Ablauf der Klagefrist 357 f.
Ablauf des Verfahrens 593 ff.
Ablehnung 84, 130, 135, 217 f., 246, 432, 464, 546, 549, 554, 562 f., 586, 624, 748, 829, 862, 888
Ablehnung von Richtern 145 ff.
Abschöpfungen 12, 16
Absenderangaben 326
Abtrennung von Verfahren 57
Abwicklung des Gesamthandsvermögens 226
Abzugsteuern 267
Adressat 202, 219, 344, 530, 537
Akteneinsicht 69 ff., 104, 110 ff., 183, 598 ff., 619, 720
Aktiengesellschaft 215
Aktivvermögen 227
Allgemeine Leistungsklage 181 ff.
Allgemeines Rechtsschutzbedürfnis s. Rechtsschutzbedürfnis
Allgemeinwohl 219
Alternativ-Anträge 373 ff.
Amts-Ermittlungspflicht 57 ff., 92 f., 392, 399, 744
Amtspflicht 890
Anbringung bei der Finanzbehörde 320, 332 ff., 480
Änderung der örtlichen Zuständigkeit 30
Änderung einer gerichtlichen Entscheidung 802 ff.
Änderung eines Bescheids 96, 168 ff., 203, 312, 546, 549, 564, 570, 580, 595, 669 ff., 687, 743 ff., 798, 802
Änderung eines Steuerbescheids 371, 412 ff., 420 ff., 643
Änderungsbescheid 274 ff., 415, 549, 564, 595, 671, 680, 687
Änderungsklage 171 f.
Anfechtungsklage 155 ff., 184, 193, 198, 200 ff., 254, 293, 311 f., 346, 357, 361 ff., 385, 412 ff., 418, 425 ff., 438, 475 ff., 482 ff., 556, 656, 674, 758, 760
Anordnung, einstweilige s. Einstweilige Anordnung
Anordnungsanspruch 583 ff.
Anordnungsgrund 543, 583 ff., 586 f., 592
Anrufungsauskunft 198

Anteilsbewertung 431, 641
Anteilseigner 239, 641
Antrag 127, 130 f., 140 ff., 167, 172 f., 180, 186, 192, 203, 207, 308, 354, 370 ff., 395, 412 ff., 506 ff., 515 f., 521 ff., 531 ff., 604, 617, 622, 642, 644, 670 f., 691, 713 f., 742 f., 772, 779, 787 f., 835 f.
Antrag auf Aussetzung der Vollziehung 539 ff., 550 ff., 559 ff.
Antrag auf einstweilige Anordnung 539 ff., 550 ff., 582 ff.
Antrag auf mündliche Verhandlung 508 ff., 709, 738, 765 ff.
Antrag auf Prozesskostenhilfe 441 ff.
Antrag auf Tatbestandsberichtigung 512, 881 f.
Antrag auf Urteilsberichtigung 879 f.
Antrag auf Urteilsergänzung 513, 885 f.
Arbeitgeber 13, 266
Arbeitnehmer 13, 266
Arbeitnehmersparzulage 16, 404
Arbeitsgerichtsbarkeit 3, 13, 36, 87
Arbeitsüberlastung 305, 603
Arbeitsverhältnis 3, 211
Arrestanordnung 553
Art-Feststellung 431 ff.
Atypisch stille Gesellschaft 235, 435, 640
Aufbereitung des Prozeßstoffes 597 ff.
Aufhebung der Vollziehung 539 f., 548, 559 ff., 566, 571
Aufhebung einer gerichtlichen Entscheidung 802 ff.
Aufhebung eines Verwaltungsakts 1, 168 ff., 412 ff.
Aufhebung von Finanzbehörden 30
Aufhebungsantrag 172, 353, 375
Aufklärungsanordnung 105, 862
Aufrechnung 579, 789
Augenschein 70, 84
Ausgangskontrolle 530
Ausgeschiedene Gemeinschafter 222
Auskunftsersuchen 12, 13, 72, 94, 159, 198, 206, 589
Auslagen 13, 379 f., 458, 786, 793
Ausländer 211
Auslandssachverhalt 71, 82, 96
Auslegung 49, 65, 100, 167, 220, 224, 344, 348, 366, 398, 558, 682, 817, 822, 866
Ausschluss von Richtern 141 ff.

317

Ausschlussfrist 52 f., 73, 105, 123, 340 ff., 400, 469 ff., 494, 503 f., 700, 705, 721, 766, 776, 835
Ausschlussgründe 142 ff.
Außenprüfung 12, 13, 161, 200, 210, 305, 437, 440, 552, 588, 751, 926
Außenwirkung eines Verwaltungsakts 163
Außergerichtliche Kosten 786, 902
Außergerichtlicher Rechtsbehelf s. Einspruch
Außergerichtliches Rechtsbehelfsverfahren s. Einspruchsverfahren
Außergerichtliches Vorverfahren s. Einspruchsverfahren
Außerordentliche Beschwerde 870 ff.
Aussetzung der Vollziehung 67, 99, 188, 538 f., 550, 558 ff., 801, 868, 926
Aussetzung des Klageverfahrens 283, 665 ff., 867
Aussetzungszinsen 540

Bankermittlungen 161, 185, 588, 591
Bankkonten 13, 449
Bedingungsfeindlichkeit 372 f., 405, 682
Befähigung zum Richteramt 54, 840 f.
Befangenheit 142 ff., 851, 896
Befangenheitsantrag 142 ff.
Behinderte 216
Begründetheit 31, 68, 290, 845
Begründung der Klage 349 f., 358, 391 ff.
Begründung der Revision 523 f.
Beiladung 127, 233, 402, 594, 607 ff., 618 ff., 696, 779, 839, 855
Beiordnung eines Bevollmächtigten 442, 466
Beistand 42, 143, 786
Bekanntgabe 194, 198, 475 f., 507, 517, 533, 548, 670 f., 875
Beklagter 345 ff.
Bemessungsgrundlage 12, 119, 253 ff., 419 ff., 426, 574, 926
Berechnungsgrundlage 426, 431
Berechtigtes Interesse 196 f., 205, 437, 620, 666, 751, 890
Bergmannsprämiengesetz 16
Berichterstatter 19, 25, 51, 74 f., 339, 401, 412, 468, 487, 493, 498 ff., 516, 592 ff., 697 f., 774, 865, 876
Berichtigung 287, 415, 472, 662, 808, 887 ff.
Berichtigung des Tatbestands 511, 889 ff.
Berichtigung eines Urteils 808, 887 ff.
Berichtigungsbescheid 415
Berichtigungsbeschluss 888, 892
Berlinförderungsgesetz 16
Berufsausübung 14, 347, 538 ff.
Berufsmäßige Vertreter 67
Berufsrechtliche Streitigkeiten 7, 14

Berufsrichter 21 ff., 142 ff., 707, 726, 735, 764, 768, 771
Beschlagnahme von Geschäftsunterlagen 529, 591
Beschluss 1, 22 f., 34 ff., 53, 59, 86, 117, 138 f., 145, 153, 156, 229, 317, 356, 390, 466, 483, 525, 541, 555, 577, 590, 619, 623, 643, 682 f., 745, 770 ff., 836, 839, 858 f., 878, 888 ff.
Beschränkt Geschäftsfähige 214
Beschränkung des Klagebegehrens 359
Beschwer 76, 123, 168, 285, 409 f.
Beschwerde 25, 35, 53, 55, 59, 74, 92, 108, 153, 286, 386, 466, 472, 515 f., 580, 590, 605 f., 625, 684, 707, 713 f., 720, 772 f., 787, 806 f., 865 f., 911 f.
Beschwerdefrist 875
Beschwerdeverfahren 464, 806, 834, 865 ff.
Besetzungsrüge 23, 859
Besonderes Feststellungsinteresse 196, 265
Besonderes Rechtsschutzbedürfnis 187 f.
Besorgnis der Befangenheit 137, 142 ff.
Bestellung eines Bevollmächtigten durch das Gericht 42, 53 f.
Bestellung eines Bevollmächtigten durch einen Beteiligten 42 ff.
Besteuerungsmerkmal 253, 355
Bestimmter Antrag 370 ff., 412 ff., 574, 845, 848 f.
Bestimmung einer Frist 866
Beteiligte des Verfahrens 343 ff., 345 ff., 618 ff.
Betreten von Grundstücken 72
Betreuung 216
Betriebsausgaben 98, 352, 387, 406, 409, 423, 431, 444, 926
Betriebssteuern 213, 225, 236
Betriebsprüfungsbericht 12, 437, 598
Betroffenheit 251 ff.
Bevollmächtigter s. Prozessbevollmächtigter
Bevollmächtigung 42 ff., 490
Beweisanträge 59 f., 83 ff., 125, 594, 720, 866
Beweisbeschlüsse 866
Beweise 12, 59, 77, 82 f., 86 f., 98, 396, 700, 720 f.
Beweiserhebung 77, 82 f., 86 f., 122, 125, 727, 852, 862
Beweisgegenstand 86, 399
Beweislast 93 ff., 568
Beweismittel 13, 59 f., 73, 75, 77, 82 f., 391 ff., 397 f., 451, 497 ff., 536, 546, 568, 576, 586, 706 f., 720, 727, 785, 852
Beweissicherung 12
Beweisvorsorge 73, 98
Bezeichnung der Einspruchsentscheidung 361 ff.
Bezeichnung des Beklagten 345 ff.

318

Stichwortverzeichnis

Bezeichnung des Gegenstands des Klagebegehrens 349 ff.
Bezeichnung des Klägers 343 f.
Bezeichnung des Verwaltungsakts 361 f.
BFH 9, 17, 19, 25, 35, 37 f., 54 ff., 94, 109, 139, 153, 226, 335, 350 f., 386, 390, 398, 462, 466, 472, 478, 506, 514 f., 523, 529, 531, 537, 563, 579, 590, 603, 623, 666 f., 684, 688, 692, 747, 773, 792, 806 ff.
BGB-Gesellschaft s. GbR
Bilanzen 98
Billigkeitsmaßnahmen 553
Bindungswirkung 646, 759
Bote 330, 529
Buchführung 98, 552
Buchprüfer 15, 44, 49, 55 ff., 840 f.
Buchprüfungsgesellschaft 44, 49, 55 ff.
Bund 274, 384
Bundesfinanzbehörden 7, 10, 11
Bürgerlich-rechtliche Rechtsstreitigkeiten 2, 3
Büroorganisation des Prozessbevollmächtigten 529
Butterfahrten 13
BVerfG 22, 529, 603, 666, 823, 879 ff.

Devolutiveffekt 806
Dienstverhältnis 213
Dinglicher Arrest 311
Diplomjurist 840
Divergenzrevision 825
Dolmetscher 136, 866
Dritte Personen 12, 13, 67, 161, 197, 231 ff., 269, 449, 529, 601, 618, 622, 625, 644, 646
Drohende Vollstreckung 560, 564, 577
Duldung 413, 550, 926
Durchsuchung 13, 591

EG-Richtlinie 886
Ehe 143, 242
Ehefrau 423, 611, 645
Ehegatten 49, 89, 143, 242, 270, 448, 601, 607, 611, 926
Ehemann 611, 645
Ehrenamtliche Richter 16, 21, 142, 723
Eid-Abnahme 12
Eidespflicht 898
Eidesstattliche Versicherung 547
Eigenheimzulage 16
Eigenvertretung 42
Eingangsabgaben 12
Eingangsstempel 331, 335
Einheitliche Feststellung 223, 253, 404, 431, 613
Einheitsbewertung 12, 423, 427, 431 f.
Einkommensteuer 59, 170 f., 242, 252, 255, 257, 267, 272, 354 f., 371, 376, 404, 406, 409, 422 f., 432, 557, 601, 607

Einkunftsfeststellung 232, 404
Einlegung der Revision 55, 472, 514, 625, 836, 838 ff.
Einleitung des Strafverfahrens 13
Einspruch 1, 159, 177, 182, 195, 207, 233, 262, 279 ff., 297 f., 307 f., 410, 475, 480, 528, 548, 566, 611, 671 f., 743
Einspruchsentscheidung 168 f., 226, 233, 284 f., 323 f., 330 f., 344 f., 352, 358, 361 ff., 392, 396 f., 403 ff., 671 ff., 744, 758, 926
Einspruchsverfahren 78, 168 f., 177, 182, 195, 226, 235, 279 ff., 293 ff., 313, 321 ff., 334, 343 f., 361 ff., 379, 403, 409, 544, 563, 576, 744
Einstellung, Steuerstrafverfahren 13
Einstweilige Anordnung 8, 67, 99, 188, 383, 538 f., 554 f., 581 ff., 773 f., 868
Einzelrichter 20 ff., 708, 729
Einziehungsermächtigung 267
Einziehungsverfügung 552
Elektronische Kommunikation 802 ff.
Empfangsbevollmächtigung 43, 224
Endurteil 537, 625, 760 f., 775, 818
Entschädigungen 16, 424
Entscheidung 592, 739 ff.
Entscheidungsphase 592, 697 ff.
Entscheidung ohne mündliche Verhandlung 38, 51, 507, 577, 697, 708, 727 ff., 762 ff., 888
Erben 214, 243, 272, 638
Erbengemeinschaft 243, 627
Erblasser 243
Ergänzung der Klage 339, 493 ff., 700
Ergänzung des Urteils 512, 757, 808, 893 f.
Ergänzungsurteil 818
Erinnerung 605, 791
Erklärung über die persönlichen Verhältnisse 447, 463
Erklärung zu Protokoll 45, 49, 663, 714, 717, 719, 721, 725, 727
Erkrankung 53, 130, 132, 529
Erlass von Gerichtskosten 793
Erlass von Steuern 12, 433, 436, 585, 926
Erledigter Verwaltungsakt 161, 205 ff., 438 f., 547, 741 f., 751 ff.
Erledigung der Hauptsache 117, 284, 309, 355, 376, 452, 678, 686 ff., 700
Ermessen des Gerichts 374, 387, 417, 603, 624, 709, 736, 763, 784, 788, 838, 855
Ermessensentscheidung 21, 78, 81, 132, 139, 179, 573, 603, 620
Ermittlungen 13, 59, 75 f., 83, 185, 317, 341, 416, 484, 706, 721, 728, 733, 744 f.
Ermittlungspflicht 59 ff., 83, 94, 96, 98, 392, 399, 744
Ernstliche Zweifel 568 ff.
Erörterung 74, 562, 700, 715, 722 f.
Erörterungstermin 74, 135, 700, 727, 734

319

Stichwortverzeichnis

Erstattungsbetrag   185, 267, 926
Erstattungszinsen   540
Erweiterung des Klagebegehrens   357 f., 657, 664, 744
Erweiterung des Revisionsantrags   815, 849
Erwerbsgeschäft   213
EuG   885
EuGH   546, 808, 823, 885 ff.
Europarecht   885
Eventual-Anträge   376

Familiengericht   89
Familienkasse   1, 8, 347, 576, 603
Faxgerät   330, 529
Fehlende Anhörung   529
Fehlende Begründung   529
Fehler des Gerichts   529
Feiertag   477, 529
Feststellung der Bemessungsgrundlagen   253
Feststellungsbescheid   98, 167, 224, 226 f., 237 f., 241 f., 404, 425 ff., 550, 557, 560, 574, 627 f., 633, 926
Feststellungsinteresse   196 ff., 210, 265 f.
Feststellungsklage   157, 165 f., 189 ff., 265, 280, 346, 437 f., 657
Feststellungslast   91 ff., 568
Fiktion der Bekanntgabe   477
Finanzbehörde   8, 12 f., 27 f., 60, 63, 70, 73, 78, 85, 90, 93 f., 98, 123, 173, 186, 220, 274 f., 313 f., 320, 331, 333 ff., 380, 434, 460, 465, 483, 540, 548, 550 ff., 597 f., 627, 646, 655, 670 ff., 690, 695, 698, 705, 713, 741 ff.
Finanzgerichtsbarkeit   1, 4, 12, 16, 18 f., 24, 32 ff., 387, 883
Finanzmonopole   10
Finanzrechtsweg   1, 4, 7 ff., 157
Folgebescheid   257 f., 275 f., 404, 567, 799
Folgenbeseitigungsanspruch   4, 186
Forderungsabtretung   267
Forstabsatzfondsabgaben   13
Fortsetzungsfeststellungsklage   157, 162, 205 ff., 266, 346, 439 f., 547, 751 f.
Fotokopie   45, 71, 328
Freiberufler   235
Freibetrag   161, 647, 926
Frist   53, 72 f., 96, 112, 116, 137, 182, 291, 295, 300 ff., 333, 340 f., 354, 371, 391 f., 400 f., 434, 462, 467 ff., 538, 560, 612, 623, 643, 652, 700, 706, 724, 747, 768, 834 ff., 843, 856, 866, 875
Fristablauf   348, 476, 528 f., 844
Fristbeginn   475 f., 528
Fristbestimmung   866
Fristenkontrolle   529
Fristsetzung   70, 76, 78, 339, 361, 467 ff., 866

Fristüberschreitung s. Verfristung
Fristverlängerung   473, 487, 494, 520 ff., 553
Fristversäumnis   75, 467 ff., 494, 502, 527 ff., 721, 844
Funktionelle Zuständigkeit   17, 19 ff., 26
Fürsorgepflicht des Gerichts   67, 69, 85, 169, 174

GbR   217, 222 f., 232, 235, 273, 430, 613, 640
Gebühren   13, 377 f., 389, 458 f., 540, 685, 694, 786, 790
Gegenstand der Einkunftserzielung   427
Gegenstand des Klagebegehrens   349 ff., 493 ff., 680
Gegenvorstellung   806, 870 f.
Geistesgestörte   216, 529
Geldzahlung   384
Gemeinden   11 ff., 274, 384
Gemeindeverbände   11
Gemeinnützigkeit   198
Gemeinsame Klagebefugnis   225
Gemeinschaft   223 ff., 242, 273, 344, 609, 613, 627, 640
Gemeinschafter   223 ff., 627 f., 640, 759
Gemeinschaftsrecht (EU)   12, 884 f.
Gemeinschuldner   214 f.
Genehmigung der Klageerhebung   51
Genossenschaft   217
Gericht der Hauptsache   559 f., 579, 581, 589, 619
Gerichtsbarkeit   6
Gerichtsbescheid   51, 472, 507 ff., 516, 681, 685 f., 699, 708, 735, 737, 739, 741, 762 ff., 833, 865
Gerichtskosten   13, 457 f., 540, 786, 793, 902 ff.
Gerichtssystem   1, 24
Gesamtgewinn   234, 431, 632, 636, 638
Gesamthandsvermögen   228, 243
Gesamtrechtsnachfolger   228, 231, 243, 271, 660
Gesamtschuldner   270
Geschäftsführer   131, 217, 222, 226 f., 232, 240, 374, 431, 627, 630
Geschäftsinhaber   236
Geschäftsleitung   28
Geschäftsstelle   128, 325, 330, 597 f., 605, 720, 791, 875
Geschäftsunfähigkeit   216, 529
Geschäftsverteilungsplan   21 ff., 595
Gesellschaft   14, 44, 50, 53 f., 98, 217, 223 ff., 233 ff., 431, 455, 574, 613, 629 ff., 759, 926
Gesellschafter   217, 223 ff., 233 ff., 431, 455, 574, 613, 629 ff., 759, 926
Gesellschafter-Geschäftsführer   217, 224, 431

Stichwortverzeichnis

Gesetzliche Fristen 467 ff., 521 ff.
Gesetzlicher Richter 21
Gesetzlicher Vertreter 143, 217 f., 240
Gesonderte und einheitliche Feststellung 167, 224 f., 253, 404, 431, 613
Gestaltungsklage 202
Geständnis 90
Gewerbebetrieb 252, 352, 409, 423, 427, 436, 538, 613, 641, 926
Gewerbesteuer 11, 12, 213, 223, 236, 243, 252, 274, 404, 418, 422 f., 425, 641, 926
Gewerbesteuermessbescheid 223, 243, 404, 425, 641
Gewerbesteuer-Rückstellung 423
Gewerbeuntersagung 200
Gewillkürte Prozessstandschaft 245
Gewinnfeststellung 167, 223 f., 233, 237, 243, 425 ff., 436, 574, 613, 638, 926
Gewinnfeststellungsbescheid 167, 243, 425 ff.
Gewinnfeststellungsbescheid, positiv-negativer 167
Gewinnverteilung 233, 431
Gewinnzurechnung 431
Gewöhnlicher Aufenthalt 28
Glaubhaftmachung 59, 397, 494, 536, 546, 582 ff.
GmbH 131, 217, 240, 630, 632, 641 f.
Grobbegründung 352
Großer Senat 863
Grunderwerbsteuer 223, 225, 423
Grundlagenbescheid 257 f., 277 f., 404, 558 f., 567, 799
Grundsatzrevision 813, 819 ff.
Grundsätzliche Bedeutung 20, 812 f., 819 ff., 836
Grundsteuer 11, 12, 274
Grundstücksgemeinschaft 225, 627

Halbjahresfrist 300 ff.
Haftungsbescheid 267, 302, 422 f., 926
Handelsregister 240 f.
Härte, unbillige 571 f., 793
Hauptantrag 373, 376 f.
Hauptsachenerledigung 67, 309, 355, 594, 596, 626, 678, 686 ff., 703, 772 f., 784, 798
Hauptzollamt 8, 347
Hausbriefkasten 330 f.
Hebesatz 11, 12
Hebesatzfestsetzung 11
Hilfeleistung in Steuersachen 14, 347, 418
Hilfsanträge 376 ff.
Hinweispflicht des Gerichts 67, 722
Hinzuziehung im Einspruchsverfahren 233, 618
Höhere Gewalt 475, 530

Informant 12, 601
Inhalt der Klageschrift 336 ff.
In-Sich-Prozess 12
Insolvenz 214 f., 229, 438, 457, 601
Investitionszulage 16, 418, 422 f., 433
Investitionszulagengesetz 16
Irrtum über Rechtslage 529
Isolierte Anfechtung 410

Jahresfrist 475, 530
Jahressteuerbescheid 208, 551

Kanzleiangestellter 529
Kapitalertragsteuer 269
Kapitalgesellschaft 228
KG 217, 273, 431, 631
Kindergeld 1, 8, 34, 93, 347, 418, 423, 433, 550, 598, 603, 648, 698, 926
Kirchensteuer 12, 172, 242, 257, 274, 404, 422
Klage 157 ff., 320 ff., 467 ff.
Klageabweisung 51, 376
Klageänderung 203, 355, 360, 365, 594, 596, 615, 654 ff., 670, 839, 849, 855
Klageantrag 250, 284, 351 f., 370 ff., 398, 412 ff., 654, 657 f., 664, 686, 784, 788, 848
Klagearten 157 ff., 412 ff.
Klagebefugnis 219 ff., 343 f., 627 f., 634
Klagebefugte Personen 219 ff., 627 ff., 885
Klagebegehren 6, 174 f., 284, 337, 349 ff., 370 ff., 396, 406 f., 441, 493 f., 547, 642, 679 f.
Klagebegrenzung 275 ff.
Klagebegründung 48, 350 ff., 391 ff.
Klageergänzung 493 f., 700
Klageerhebung 21, 49, 51, 63, 70, 161, 206, 208, 212, 226, 279, 300, 320 ff., 470, 490, 497, 543, 596, 615, 633, 652, 671, 677
Klagefrist 112, 165, 178, 202, 222, 228, 302, 321, 332 f., 339, 344 f., 357 f., 362 f., 462, 475 f., 479, 654, 664, 677
Klagehäufung 204, 356, 373
Kläger 222, 226, 343 f.
Klagerecht 226 ff., 274, 680
Klagerücknahme 51, 68, 355, 594, 596, 614 f., 680 ff., 690 f., 703, 782 f., 866
Klage-Sachantrag 395, 412
Klageschrift 47, 113, 222, 311, 314, 320 ff., 336 ff., 394 ff., 405 ff., 442, 479, 483, 698, 746
Klageverfahren 12, 78, 89, 119, 201, 206, 227, 233, 243, 278, 283, 309, 358, 362 f., 378 ff., 396, 435, 439, 540, 544, 560, 563, 593, 619, 633, 641, 665 f., 671, 677, 686, 855
Klageziel 59, 167, 175, 350, 370, 405, 412, 495, 664, 690
Klärungsbedürftigkeit 823
Klärungsfähigkeit 824

321

Kommanditisten 231, 241, 427
Kompetenzkonflikte 32 ff.
Konkretisierung der Klage 76, 361, 401, 547, 848
Konkurrentenklage 13
Kontrollmitteilung 106, 597
Körperschaften, öffentlich-rechtliche 11
Körperschaftsteuer 274, 403, 418, 422 f., 436, 570
Kosten 51, 71, 175, 309, 359, 382, 384 f., 445 ff., 457 f., 490, 597, 653, 678, 685, 687, 694 f., 703, 740, 777 ff., 796, 800, 869, 902 ff.
Kostenansatz 791 ff.
Kostenauferlegung 51, 377, 382
Kostenentscheidung 117, 284, 653, 678, 691, 703, 777 ff., 893, 902 ff.
Kostenerstattung 379, 381, 784
Kostenfestsetzungsbeschluss 382, 795
Kostenrisiko 175, 389, 404, 779, Anhang 2
Kostentragungspflicht 382, 450, 458, 490
Krankheit 53, 130 f., 216, 529
Kumulative Klagehäufung 373

Ladung 69, 129, 506, 733
Ladungsfrist 506
Land- und Forstwirtschaft 427, 433, 926
Landesfinanzbehörden 7, 10, 11, 12
Länder 12, 274
Leistung 176 f., 220, 231, 243, 247, 264, 270, 346, 357, 413, 437, 553, 657, 749
Leistungs-Bescheide 418
Leistungsklage 157, 164, 176 f., 183 ff., 202 f., 264, 281, 346, 437, 657, 760
Leistungsurteil 384
Liquidation 228, 239
Liquidationsverfahren 228
Liquidator 217, 239 f.
Lizenzvertrag 185
Lohnsteuer 12, 161, 163, 213, 267, 422 f., 570
Lohnsteuer-Abführung 13
Lohnsteuerabzugsverfahren 161
Lohnsteuerermäßigung 163
Lohnsteuerhaftung 267, 423 f.
Lohnsteuerkarte 161

Mehrere Klagebegehren 356
Mehrheit von Personen 225
Messbescheide 274
Messbeträge 11, 274
Milchprämie 12
Minderjährige 216
Miterben 243, 272
Mitunternehmer 167, 224, 231, 236, 240, 430, 637 f.
Mitwirkungspflichten 59 f., 73, 83 ff., 96 ff., 123, 132, 301

Monopolabgaben 29
Mündliche Verhandlung 38, 51, 69, 74 f., 120, 128 ff., 358, 472, 507 ff., 577, 681, 685, 697, 708, 711 ff., 727 ff., 757, 762, 765 f., 770, 808, 851, 860, 888, 894
Muss-Inhalt der Klage 336 ff., 400, 472, 493
Muster einer Klageschrift 405 ff.
Muster einer Nichtzulassungsbeschwerde 837
Muster einer Revisionsschrift 854
Muster eines Antrags auf Aussetzung der Vollziehung 576
Muster eines Antrags auf einstweilige Anordnung 591
Muster eines Antrags auf Prozesskostenhilfe 444
Muster eines Antrags auf Ruhen des Verfahrens 669
Muster eines Rubrums und Tenors 754

Nachgeschobene Begründung 358
Nachlass 214, 272
Nachschüsse 229
Nachtbriefkasten 331 f.
Namenszeichen 328
Nebenansprüche 418
Nebenanträge 377 ff.
Nebenbestimmung 220
Nebenentscheidung 777 ff.
Nebenintervention 244
Negativer Feststellungsbescheid 167, 238, 430
Negativer Leistungsbescheid 166, 418
Negativer Verwaltungsakt 166
Nichtigkeit 31, 165, 189, 193, 198, 200, 376
Nichtigkeit eines Verwaltungsakts 189 ff., 265, 346, 436, 438
Nichtigkeitsklage 146, 212, 472, 518 f., 895 ff., 926
Nichtzulassungsbeschwerde 472, 508 f., 515, 522 f., 580, 625 f., 662, 743, 761, 811, 817, 832, 834 ff., 842, 868, 875, 926
Niederschrift 325, 479, 725, 727, 875
Notar 44

Oberste Finanzbehörde 28, 347
Offenbare Unrichtigkeit 287, 755 f., 887
Offensichtlicher Fehler 392
Öffentlichkeit des Verfahrens 712, 715, 851
Öffentlich-rechtliche Körperschaften 11
Öffentlich-rechtliche Rechtsstreitigkeiten 2, 4, 8 ff., 16
OHG 217, 226, 273, 431
Ordentliche Gerichtsbarkeit 3, 4, 13, 15, 36, 89
Ordnungsmittel 601, 714, 877

Organe 19, 216, 228, 645, 841
Organisationsmangel des Finanzamts 529
Originalunterschrift 328
Ort der Akteneinsicht 603
Örtliche Zuständigkeit 17, 27 ff.

Paraphe 328
Parlament 13
Partei kraft Amtes 457, 660
Partnerschaftsgesellschaft 56
Patentanwalt 44
Personengemeinschaft 223 ff., 273, 344
Personengesellschaft 227 ff., 234, 239, 273, 627, 635 f., 643 ff., 759
Personenmehrheit 225
Personenzusammenschlüsse 223 ff., 273, 454, 645
Persönliches Erscheinen 74, 134, 700, 717
Pfändungsverfügung 552
Popularklage 221, 880
Positiv-negativer Gewinnfeststellungsbescheid 167
Posteingangsstelle 330 f.
Postfach 330
Postlaufzeit 529
Postulationsfähigkeit 44, 531, 692
Präferenznachweis 12
Prämien-Rückforderung 423
Präsente Beweismittel 546, 575
Prozessbevollmächtigter 13, 42 ff., 67, 130 f., 143, 152, 202, 324 f., 343, 402, 487 ff., 529, 533, 557, 600, 606
Prozessfähigkeit 43 f., 211 ff., 343 f.
Prozessförderung 64 f., 391
Prozessführung 42 ff., 211 f., 229
Prozesshandlung 42 ff., 211, 315, 343, 372 f., 405
Prozesskostenhilfe 442 ff., 844, 866
Prozessleitende Verfügung 74, 92, 606, 713, 720, 866
Prozessstandschaft 227
Prozessunfähigkeit 212 ff.
Prozessurteil 51, 212, 662
Prozessvollmacht 43 ff.
Prozessvoraussetzung 32, 201, 209
Prozesszinsen 437 f., 540, 797 f.
Prüfungsanordnung 161, 200, 204, 210, 418, 440, 751, 926

Ratenzahlung 445, 458
Realsteuern 12
Rechenfehler 887
Rechte Dritter 13, 161, 221 f., 269, 449, 529, 601, 618 ff., 644 f.
Rechtliches Gehör 62, 67, 91, 100 ff., 382, 597, 716, 851, 853
Rechtsanwalt 15, 44, 55 ff., 442, 531, 840 f., 882

Rechtsbehelfe 806 ff.
Rechtsbehelfsbelehrung 475, 481, 882
Rechtsbehelfsentscheidung 279 ff., 308, 480 f.
Rechtseinheit 814, 823
Rechtsfortbildung 813 f., 820 f.
Rechtshängigkeit 30, 39, 332, 654, 797
Rechtskraft 146, 212, 355, 625, 680, 743, 836, 857
Rechtslage, Irrtum über 529
Rechtsmittel 1, 9, 19, 25, 68, 108, 407, 529, 580, 590, 626, 680, 685, 708, 765 f., 772 f., 779, 782, 787, 792, 806 ff.
Rechtsnachfolge 228, 231, 243, 271, 344, 615, 660, 759
Rechtsschutzbedürfnis 187, 210, 221, 247 ff., 343, 390, 439, 464, 554, 569, 571, 605, 625, 634, 687
Rechtsschutzbedürfnis, besonderes 187 f.
Rechtssicherungsrevision 812, 825 f.
Rechtsstreitigkeiten, berufsrechtliche 14
Rechtsstreitigkeiten, bürgerlich-rechtliche 2, 3
Rechtsstreitigkeiten, öffentlich-rechtliche 2, 4
Rechtsstreitigkeiten, verfassungsrechtliche 2, 5
Rechtsstreitigkeiten, zugewiesene 16
Rechtsvereinheitlichung 813 f., 825 f.
Rechtsverhältnis 3 f., 189 ff., 265, 269, 346, 438, 581 f., 612, 622, 652, 665 f.
Rechtsverletzung 113, 164, 247 ff., 267 ff., 367
Rechtsvorgänger 231
Rechtsweg 1 ff., 9
Regelungsanordnung 584 ff.
Restitutionsgrund 899
Restitutionsklage 472, 518 f., 895, 898 f.
Revision 25, 33, 55, 91, 108, 125, 156, 212, 377, 386, 446, 462, 472, 507 f., 513, 515, 523, 625 f., 662 f., 680 f., 740, 744, 754, 761, 765, 810 ff.
Revisionsantrag 845
Revisionsbegründung 472, 514, 523 f., 844 ff.
Revisionsbegründungsfrist 844
Revisionseinlegung 842 ff.
Revisionsfrist 842 ff.
Revisionsgrund 62, 110, 146, 812
Revisionsschrift 55, 843
Revisionsverfahren 94, 201, 360, 462, 478, 522 f., 563, 569, 597, 623, 680, 780, 784, 926
Richterablehnung 147 ff.
Richterausschluss 143 ff.
Richterliche Fristen 468 ff., 524 f.
Richtiger Beklagter 27, 345 ff.
Richtiger Kläger 343 ff.
Rückforderungsbescheid 1, 418, 550

Stichwortverzeichnis

Rücknahme der Klage s. Klagerücknahme
Rücknahme der Revision   857
Rüge der Verletzung rechtlichen Gehörs 107 f., 853
Rüge des Verstoßes gegen den Inhalt der Akten   853
Rüge mangelnder Sachaufklärung   59, 82, 123, 827, 851, 853
Ruhen des Verfahrens   596, 665 ff., 703

Sachanträge   60, 395, 412 ff., 621 f., 688, 721
Sachaufklärung   59 ff., 72, 82, 93 f., 123, 317, 416, 484, 744, 746 f.
Sachaufklärungspflicht   59 ff., 96, 123, 853
Sachliche Unzuständigkeit   39
Sachliche Zuständigkeit   17, 18
Sachurteilsvoraussetzungen   49, 211, 218, 356, 862
Sachverhalt   4, 8, 59 ff., 72 ff., 93 ff., 191 f., 308, 312, 367, 370 ff., 391 f., 397, 499, 530, 568 f., 576, 594, 623, 644, 664, 668, 699, 706, 714, 718 f., 731, 733, 744, 839, 852 f., 862, 926
Sachverhaltszweifel   397
Sachverständiger   72, 74, 86, 98, 143, 399, 700, 714, 720, 744, 866, 898
Samstag   477
Schätzung   74, 78, 96 ff., 141, 352 f., 451, 746
Schätzungsbescheid   78, 88, 321, 423
Schenkungsteuer   423, 646
Schlüssigkeit des Klägervortrags   396
Schreibfehler   887
Schriftform   45, 48, 324 f., 327 f., 771
Schriftliche Vollmacht   45, 329, 487, 882
Schriftlichkeit der Klageerhebung   324 ff.
Schriftsätze   48, 60, 70, 74, 86, 138, 342, 402, 462, 592, 681, 700, 853
Schriftstücke   84, 322 f., 529, 598, 602, 847, 853
Selbstablehnung   154
Selbstanzeige   13
Senat   19 ff., 81, 128, 139, 152, 468, 515 f., 595, 600, 605, 697, 703, 711 f., 727 f., 763 f., 774, 823, 844, 863
Sicherheitsleistung   437, 457, 567, 573
Sicherungsanordnung   584 ff.
Sicherungshypothek   552
Soll-Inhalt der Klage   338 ff., 367 ff., 392, 493
Sonderbetriebsausgaben   224
Sonderbetriebseinnahmen   224
Sondergericht   898
Sonntag   477
Sonstige Leistung   177, 183, 413, 553
Sorgfaltspflicht des Bevollmächtigten   529
Sozialgerichtsbarkeit   1, 4, 34, 36
Sozietät   235

Spendenbescheinigung   198
Spielgerätesteuer   12
Sprungklage   311 ff., 408, 474, 483 ff., 758
Staatshaftung   13
Steuerabrechnung   433
Steuerakte   13, 112, 185, 392, 601, 747
Steuerbemessungsgrundlagen   424 f., 926
Steuerberater   14, 44, 50, 55 f., 198, 323, 344, 347, 436, 442, 489, 529, 531, 649, 840 f.
Steuerberaterkammer   198, 347, 649
Steuerberatungsgesellschaft   14, 44, 50, 55 f.
Steuerberatungsgesetz   7, 14 f., 44, 347, 436
Steuerbevollmächtigter   14, 44, 50, 55, 840
Steuererhebung   11
Steuererklärung   12, 72, 78, 321, 353, 746
Steuerfahndung   12, 13, 185
Steuerfestsetzung   13, 250, 255, 260, 270, 274, 355, 371, 375, 419, 423, 743, 926
Steuergeheimnis   601, 620, 720
Steuermessbeträge   11
Steuerrechtsfähigkeit   271
Steuerrechtssubjekt   235
Steuersatz   421, 424
Steuerschuldner   223, 230 f., 268 f., 272, 554
Steuerstraf- und Bußgeldverfahren   4, 10
Steuerstrafverfahren   12, 13
Steuertarif   421, 424
Steuervergütung   1, 93, 797
Stille Gesellschaft   217, 236 f., 436, 641
Strafakten   115, 598
Strafsachen   4
Straftat   89, 898 f.
Straf- und Bußgeldverfahren   10
Strafverfahren   12, 899
Streitgegenstand s. Klagebegehren
Streitgenossen   234, 596, 607 ff., 652, 727
Streitgenossenschaft   607 ff., 652
Streitverkündung   246, 596, 696
Streitwert   175, 359, 373, 377, 387 f., 423, 540, 703, 736, 926 ff.
Streitwertfestsetzung   387 f., 926
Streitwertrevision   811, 816
Stromversorgungsunternehmen   12
Stundung von Gerichtskosten   13
Subjektive Betroffenheit   267
Subsidiarität der Rechtsbehelfe   158, 202 f.
Supranationale Rechtsstreitigkeiten   2
Suspensiveffekt   806

Tarif   419, 421, 424
Tatbestand eines Urteils   511, 719, 756
Tatbestandsberichtigung   511, 889 f.
Tatsachen   59 ff., 93 ff., 101, 103, 109, 116, 123, 139, 192, 338, 369, 391 ff., 451, 465, 497 ff., 505, 530, 534, 546, 561, 568 f.,

Stichwortverzeichnis

575, 592, 597, 649, 665, 705, 722, 744, 781, 785, 800, 814 f., 845 f., 853
Tatsachenfeststellung 78, 86, 89, 109, 623, 839, 861 f.
Teilurteil 616, 739, 760, 818
Telefax 45, 326, 529
Telegramm 326, 529
Telekopie 326
Tenor 254, 386, 412, 740, 743, 750, 754, 771, 833
Terminaufhebung, -verlegung 128 ff.
Termin zur mündlichen Verhandlung 128 ff., 392, 506, 703, 853
Testamentsvollstreckung 214, 272
Trennung von Verfahren 59, 356, 616, 866
Treugeber 241, 639
Treuhänder 231, 241, 245, 639
Typisch stille Gesellschaft 236 ff.

Überraschungsentscheidung 62, 102, 119, 123, 663, 701, 722, 734
Umdeutung 67, 169, 174, 222, 373, 557
Umwandlung 228
Unbillige Härte 571 f., 793
Unechte Alternativanträge 373 f.
Unparteilichkeit 148 ff.
Unrichtigkeiten 887, 889
Untätigkeit 178 f., 262, 291 ff., 346, 408, 434 f., 485, 560, 576
Untätigkeitsbeschwerde 900 f.
Untätigkeitseinspruch 182, 310, 434 f.
Untätigkeitsklage 182, 262, 291 ff., 346, 485 f.
Unterbeteiligung 237
Unterbrechung des Verfahrens 215
Unterlassungsklage 187, 263, 418, 437, 588
Unterschrift 45, 324, 327 ff.
Unverschuldete Fristversäumung 527 ff.
Unwirksamkeit 194, 198, 200, 683
Unzulässigkeit 68, 245, 299, 339 ff., 494, 502, 841
Urheber der Klageschrift 327
Urkunde 47 f., 70, 72 ff., 118, 192, 399, 487, 500, 546, 700, 705, 721, 725, 853, 898
Urkundsbeamter 19, 605
Urlaub 529
Urteil 510 f., 739 ff., 858
Urteilsberichtigung 808, 887 f.
Urteilsergänzung 512, 757, 808, 893 ff.
Urteilsgründe 386, 743

Veranlagung 132, 200, 242, 433, 436, 646, 926
Veränderte Umstände 579
Verbindung von Verfahren 356, 615, 866
Verböserung 409
Verbrauchsteuern 29
Verein 217, 267

Verfahren der Prozeßkostenhilfe 442 ff.
Verfahren nach billigem Ermessen 736 ff., 838, 855
Verfahrensfehler 62, 156, 168
Verfahrensgrundsätze 42 ff.
Verfahrensherrschaft 63 ff.
Verfahrensmangel 73, 110, 125, 173, 623, 625, 812, 819, 827 f., 836, 839, 846, 853, 859
Verfahrensrevision 60, 812, 819, 827 ff., 836
Verfassungsbeschwerde 5, 544, 879 f., 886
Verfassungsrechtliche Rechtsstreitigkeiten 2, 5
Verfristung 290, 410, 441, 467 ff., 526 ff.
Verfügungen des Gerichts 774 ff.
Verlängerungsfähige Fristen 467 ff.
Verlängerung von Fristen s. Fristverlängerung
Verletzung der Sorgfaltspflicht 529
Verlust 421, 431, 555, 633, 651, 926
Verlustabzug 427, 555, 665
Vermögen 98, 447 f., 457
Vermögensbildungsgesetz 16
Vermögensmassen 216
Verpflichtungsklage 157 f., 176 ff., 202 f., 261, 280, 292, 312 f., 346, 384, 411, 433, 437, 480 ff., 483
Verschulden des Prozeßbevollmächtigten 529
Verspätungszuschlag 409
Vertagung 115, 129 f., 792, 866
Vertretung 43 ff., 53, 55, 216, 224, 329, 489, 627, 841
Vertretungsverhältnis 329
Vertretungszwang vor dem BFH 42, 55 ff., 462, 692, 792, 840
Verwaltungsakt 4, 10 ff., 30, 159 ff., 184 f., 189 ff., 220, 235, 254, 309, 361 ff., 387, 403, 413, 544, 547 ff., 657, 670 ff., 736, 741 f., 751 f., 760, 784, 881 f.
Verwaltungsakt, negativer 166
Verwaltungsgerichtsbarkeit 4, 11 ff., 36
Verwaltungshandeln 4, 180, 322, 357
Verweisung 1, 34 f., 40
Verwendbares Eigenkapital 427
Verwertungsverbot 200, 210, 572
Verzinsung 797 ff., 926
Videokonferenz 74, 713, 720, 866
Völkerrecht 2
Vollbeendigung 223, 230, 638
Volljährige 213
Vollmacht 43 ff., 98, 487 ff.
Vollmachtloser Vertreter 51, 329, 490, 600
Vollmachtsurkunde 47, 49, 487 ff.
Vollstreckbarkeit 385, 740, 795 ff.
Vollstreckung 12, 13, 301, 377, 383 f., 438, 554, 560, 564, 577, 585, 588, 621, 741, 795

325

Stichwortverzeichnis

Vollstreckungsgericht 383
Vollstreckungsschuldner 13
Vorabentscheidung 760 f., 886
Vorauszahlungsbescheid 208, 551
Vorbereitendes Verfahren 74 ff., 503, 592, 596 ff., 698 ff., 855
Vorbeugende Feststellungsklage 198
Vorbeugende Unterlassungsklage 187
Vorfeldermittlungen 13
Vorfragen 192, 252 f.
Vorlage an das BVerfG 879
Vorlage an den EuGH 546, 808, 884 ff.
Vorlagepflicht 886
Vorlagerecht 886
Vorläufiger Rechtsschutz 8, 13, 99, 187, 538 ff., 651
Vorsitzender 19, 23, 25, 51, 66 ff., 81, 134, 138, 339, 391, 401, 412, 468, 487, 493, 498 ff., 503, 506 f., 515 f., 577, 590 ff., 605, 623, 698 ff., 708 f., 714 ff.
Vorstand 217
Vorverfahren s. Einspruchsverfahren

Wahrheitspflicht 59, 65, 898
Warenverkehr 12
Wechsel eines Beteiligten 656, 659 f.
Weiterverweisung 40
Werbungskosten 62, 284, 352 f., 371, 423
Wiederaufnahme des Verfahrens 518 ff., 808, 895 ff.
Wiedereinsetzung in den vorigen Stand 51, 340, 462 f., 470, 488, 494, 502, 504 ff., 526 ff., 643, 761, 818, 882
Wiedereinsetzungsfrist 532
Wiedereinsetzungsgrund 530
Wiedereröffnung der mündlichen Verhandlung 139 ff.
Wille zur Klageerhebung 321 ff.
Willkür 148, 160, 886
Wirtschaftsprüfer 15, 44, 49, 55 f., 531, 840 f.
Wirtschaftsprüfungsgesellschaft 44, 49, 56 f., 531, 840 f.

Wohnsitz 28
Wohnungsbauprämiengesetz 16

Zerlegungsgesetz 16
Zeuge 73 f., 86, 88, 122, 143, 399, 700, 714 f., 720 f., 738, 898 f.
Zinsen 418, 422, 423, 437, 797 ff.
Zollanmeldungen 12
Zollbehörden 12, 13
Zölle 1, 29
Zugangsvoraussetzungen 561, 576
Zugewiesene Streitigkeiten 16
Zulässigkeit des Rechtswegs 9, 32 ff., 41
Zulässigkeitsvoraussetzungen 211 ff., 343, 394
Zulassung der Revision 156, 377, 386, 507, 513 ff., 740, 807, 810 ff.
Zurückverweisung 156, 859
Zurückweisung verspäteten Vorbringens 77, 368, 706 ff., 838, 855
Zurückweisung von Bevollmächtigten 44
Zusammenlegung von Finanzbehörden 30
Zuständigkeit der Finanzgerichte 1 ff., 17, 32, 36, 41
Zuständigkeit einer Behörde 30, 31
Zuständigkeit, funktionelle 19 ff.
Zuständigkeit, örtliche 27 ff.
Zuständigkeit, sachliche 18
Zuständigkeitskonflikte 32 ff.
Zuständigkeitswechsel 346
Zustellung 51, 138 f., 311, 314, 317, 484 f., 507 ff., 623, 708, 717, 734, 756 f., 766, 774, 835 f., 839, 844, 882, 894
Zustimmungserklärung 314
Zuziehung eines Bevollmächtigten 377, 379 f., 695, 786
Zwangsmittel 14
Zwangsvergleich 215
Zwangsversteigerung 552
Zwangsvollstreckung 12, 13, 438
Zweifelhafte Zuständigkeit 441
Zwischenurteil 33, 441, 537, 662, 739, 760 f., 818

Dieses Buch ist in seiner Art einzigartig!

Gebühren- und Kostenrecht im FG- und BFH-Verfahren

Ratgeber für Steuerberater und Rechtsanwälte

Von Dipl.-Finanzwirt Walter Jost, Kostenbeamter und Geschäftsstellenleiter des Finanzgerichts des Saarlandes
2005, 238 Seiten, € (D) 36,80/sfr. 63,–. ISBN 3 503 08768 0

Bestellen Sie online unter: www.ESV.info/3 503 08768 0

Immer häufiger haben Steuerberater und Rechtsanwälte als Prozessvertreter in finanzgerichtlichen Verfahren Probleme beim Gebühren- und Kostenrecht zu bewältigen. Maßgeblich dazu beigetragen haben die Einführung des Rechtsanwaltsvergütungsgesetzes, die Neuerungen des Gerichtskostengesetzes zum 1.7.2004, die Euro-Umstellung, die wegen der häufig langen Verfahrensdauer im Finanzgerichtsprozess ebenfalls zu berücksichtigen ist, sowie Unterschiede bei den Regelungen für Steuerberater und für Rechtsanwälte.

Vermeiden Sie ab sofort zeitraubende Recherchen! Greifen Sie lieber zum praxisgerechten Ratgeber von **Walter Jost**. Seine **wertvollen Tipps** zeigen Ihnen, wie Sie

- Ihre Mandanten zum Prozesskostenrisiko richtig beraten
- Gerichtskostenrechnungen schnell überprüfen
- Gebühren wirklich korrekt berechnen und
- den Kostenerstattungsanspruch gegen den Beklagten geltend machen.

Ob Sie nun als Steuerberater oder Anwalt im Prozess auftreten, das Verfahren vor oder nach den oben genannten Änderungen begonnen wurde: Die Bereiche werden deutlich voneinander getrennt.

Das Buch ist in seiner Art einzigartig auf dem Markt, denn es bietet Ihnen
- ausführliche Informationen zu **alten und neuen Rechtsständen**
- praktische **Checklisten**, die Ihnen die Orientierung erleichtern
- **Musterformulare** zur Beantragung einer Kostenfestsetzung – vom Vorverfahren bis zum Abschluss des finanzgerichtlichen Verfahrens
- ein umfangreiches **Streitwert-ABC**, das die umfassende Rechtsprechung verlässlich auswertet.

ERICH SCHMIDT VERLAG

Postfach 30 42 40, 10724 Berlin
Fax 030/25 00 85-275
www.ESV.info
E-Mail: ESV@ESVmedien.de

Die Informations-quellen und -wege der Finanzverwaltung

Auf dem Weg zum „gläsernen Steuerbürger"!

Von Dr. Peter Bilsdorfer, Richter am FG des Saarlandes, Lehrbeauftragter an der Universität des Saarlandes, und Raimund Weyand, Oberstaatsanwalt, Stellvertretender Leiter der Staatsanwaltschaft Saarbrücken

7., neu bearbeitete Auflage 2005, 197 Seiten, € (D) 29,80/ sfr. 51,–. ISBN 3 503 08743 5

Online-Bestellung unter: www.ESV.info/3 503 08743 5

Seit dem 1. April 2005 sind die Finanzbehörden ermächtigt, Bankdaten aller Steuerbürger computergestützt beim Bundesamt für Finanzen abzufragen.

Durch das Alterseinkünftegesetz wurden Rentenversicherungsträger usw. verpflichtet, den Finanzbehörden Renteneinkünfte und andere Leistungen elektronisch zu melden.

Künftig erhält jeder Bürger mit dem Tag seiner Geburt eine steuerliche Identifikationsnummer, die ihn ein Leben lang begleiten wird.

Der „gläserne Steuerbürger" ist damit in weiten Bereichen zur Realität geworden.

Dieses Standardwerk vermittelt Ihnen ein umfassendes Bild des steuerlichen Informationssystems, das jeder Steuerbürger kennen sollte.

Es beleuchtet die Informationsquellen und -wege der Finanzverwaltung und zeigt auf, in welchen Bereichen dem Finanzamt der Blick durch Ermittlungshindernisse noch erschwert oder gar verstellt ist und wo eine uneingeschränkte „Durchsicht" möglich ist.

Neben nationalen werden auch internationale Aspekte einbezogen, u.a. das EU-Informationssystem bei der Zinsbesteuerung.

Außerdem enthält das Buch einen Überblick zu den Rahmenbedingungen und Gefahrenpunkten bei Geldanlagen in Steueroasen (Nullsteuerländer, Quasi-Steueroasen und Vorzugssteuerländer). Behandelt werden: Schweiz, Luxemburg, Liechtenstein, Monaco, Österreich, Kanalinseln, Isle of Man, Bahamas, Bermudas, Cayman Islands.

ERICH SCHMIDT VERLAG
Postfach 30 42 40, 10724 Berlin
Fax 030 / 25 00 85-275
www.ESV.info
E-Mail: ESV@ESVmedien.de